Manet Velázquez

La manière espagnole au XIXe siècle

Manet
Velázquez

La manière espagnole au XIXe siècle

Paris, musée d'Orsay

16 septembre 2002 – 5 janvier 2003

New York, The Metropolitan Museum of Art

24 février – 8 juin 2003

Réunion des Musées Nationaux

Liberté • Égalité • Fraternité
RÉPUBLIQUE FRANÇAISE

Ministère Culture Communication

M'O

Cette exposition a été organisée par
la Réunion des musées nationaux, le musée d'Orsay, Paris
et The Metropolitan Museum of Art, New York

L'exposition a reçu à Paris le soutien du groupe ABN AMRO

ABN·AMRO

Sa muséographie a été conçue à Paris par Didier Blin

Au département des Expositions de la Réunion des musées nationaux,
le projet a été coordonné par Anne Fréling assistée d'Anne Behr,
et par Isabelle Mancarella pour le mouvement des œuvres

Couverture : Édouard Manet
L'Enfant à l'épée (cat. 73), 1861
New York, The Metropolitan Museum of Art

En quatrième de couverture : atelier de Velázquez
L'Infante Marguerite (cat. 35)
Paris, musée du Louvre

49, rue Étienne-Marcel
75001 Paris

ISBN : 2-7118-4490-0

Commissaires

Geneviève Lacambre
Conservateur général honoraire
musée d'Orsay

Gary Tinterow
Engelhard Curator for European Paintings
The Metropolitan Museum of Art

assisté de Deborah L. Roldán

Directeur du musée d'Orsay : Serge Lemoine
Directeur du Metropolitan Museum of Art : Philippe de Montebello.

Que tous les collectionneurs qui ont permis par leur généreux concours la réalisation de cette exposition trouvent ici l'expression de notre profonde gratitude.

Nos remerciements s'adressent également aux responsables des collections publiques suivantes :

Allemagne
Munich, Bayerische Staatsgemäldesammlungen,
Neue Pinakothek

Belgique
Bruxelles, musées royaux des Beaux-Arts de Belgique

Brésil
São Paulo, Museu de Arte de São Paulo

Danemark
Copenhague, Ny Carlsberg Glyptotek

Espagne
Bilbao, Museo de Bellas Artes de Bilbao
Madrid, Museo Nacional del Prado
Museo Thyssen-Bornemisza

États-Unis
Boston, Museum of Fine Arts
Chapel Hill, Ackland Art Museum,
University of North Carolina at Chapel Hill
Chicago, The Art Institute of Chicago
New York, The Metropolitan Museum of Art,
Department of European Painting
Norfolk, Chrysler Museum of Art
Washington D. C., National Gallery of Art
The Phillips Collection

France
Angers, musée des Beaux-Arts
Bayonne, musée Bonnat
Besançon, musée des Beaux-Arts et d'Archéologie
Béziers, musée des Beaux-Arts
Boulogne-sur-Mer, château-musée
Chartres, musée des Beaux-Arts
Cherbourg-Octeville, musée d'art Thomas-Henry
Dijon, musée des Beaux-Arts
La Rochelle, musée des Beaux-Arts
Lille, palais des Beaux-Arts
Lyon, musée des Beaux-Arts
Paris,
Bibliothèque nationale de France,
département des Estampes et de la Photographie
Maison Marie-Thérèse
musée des Arts décoratifs
musée-atelier Eugène-Delacroix
musée national Jean-Jacques-Henner
musée Gustave-Moreau
musée du Louvre, département des Arts graphiques,
département des Peintures
musée d'Orsay,
Petit-Palais, musée des Beaux-Arts de la Ville de Paris
Pau, musée des Beaux-Arts
Rouen, musée des Beaux-Arts
Versailles, musée national des châteaux de Versailles
et de Trianon

Grande-Bretagne
Édimbourg, National Gallery of Scotland
Londres, National Gallery

Italie
Rome, ambassade de France auprès du Saint-Siège

Pays-Bas
Amsterdam, Van Gogh Museum

Russie
Saint-Pétersbourg, musée d'État de l'Ermitage

Remerciements

En 1997, Henri Loyrette proposait à ses collègues du Metropolitan Museum of Art et du musée du Prado une exposition juxtaposant l'œuvre de Manet et celle de Velázquez, dans l'esprit de l'exposition *Millet-Van Gogh,* alors en préparation. Le projet fut confié à Geneviève Lacambre, conservateur général au musée d'Orsay et à Gary Tinterow, Engelhard Curator of European Paintings au Metropolitan ; entre leurs mains, il commença à évoluer vers un examen plus large du phénomène de l'hispanisme en France au XIXe siècle, où Manet occupait une place centrale, mais non exclusive. Au cours des cinq années de préparation de l'exposition, les organisateurs ont contracté des dettes envers de nombreux interlocuteurs. C'est avec un très vif plaisir que nous leur exprimons ici notre vive gratitude.

Tout d'abord, nous remercions nos directeurs et administrateurs anciens et actuels pour leur soutien et pour les moyens mis à notre disposition : Philippe de Montebello et Mahruck Tarapor au Metropolitan ; Henri Loyrette, Dominique Viéville et Serge Lemoine au musée d'Orsay ; Fernando Checa, Miguel Zugaza et Eduardo Serra au musée du Prado ; Irène Bizot, Françoise Cachin, Philippe Durey, Francine Mariani-Ducray, Bénédicte Boissonnas à la Réunion des musées nationaux.

Sans la collaboration de nombreux prêteurs, aucune exposition ne serait possible. La liste des institutions est longue et nous remercions chaleureusement tous ceux qui nous ont aidés. Quelques ardents supporters méritent une reconnaissance spéciale : Malcolm Rogers et George Shackleford à Boston ; James Wood, Douglas Druick et Gloria Groom à Chicago ; Everett Fahy et Keith Christiansen à New York ; Anne d'Harnoncourt et Joseph Rishel à Philadelphie ; Earl A. Powell et Philip Conisbee à Washington ; Jean-Louis Augé à Castres ; Vincent Pomarède à Lyon ; Jean-Pierre Cuzin et Françoise Viatte à Paris ; Miguel Zugaza et Xavier Bray à Bilbao ; Laurent Salomé à Rouen ; Mikhail Piotrovski à Saint-Pétersbourg ; Neil MacGregor à Londres.

En Espagne, plusieurs personnalités se sont dépensées sans relâche pour permettre la réalisation de notre projet : Placido Arango, Miguel Angel Cortes, Carmen Giménez, Bernardo Laniado, Manuela Mena Marqués et Javier Portús. Nous les remercions tous.

Nous sommes particulièrement heureux que le catalogue ait pu bénéficier du savoir d'auteurs américains, espagnols et français, parmi lesquels des historiens de l'art chevronnés qui ont étudié le sujet depuis de nombreuses années comme Jeannine Baticle et Ilse Hempel Lipschutz, aussi bien que des chercheurs plus jeunes comme María de los Santos García Felguera, Javier Portús, Stéphane Guégan et Dominique Lobstein. Tous ces collaborateurs ont aidé à la préparation de l'exposition. Nous souhaitons également exprimer notre profonde gratitude à Juliet Wilson-Bareau, assistée de David C. Degener, qui nous a fait partager sa riche documentation et son expérience.

L'exposition a été entièrement organisée à New York, et cette lourde responsabilité fut assurée avec grâce et ténacité par Deborah L. Roldán. En plus de la correspondance concernant les prêts, Mme Roldán a accumulé une vaste documentation sur le sujet de l'hispanisme américain et français ; son excellente chronologie représente le sommet d'un énorme iceberg. Chaque aspect de l'exposition et du catalogue a bénéficié de son travail et de son intelligente vision du projet, et les organisateurs comme les auteurs du catalogue lui doivent beaucoup. Nous remercions aussi celles qui l'ont assistée, Kathryn Calley Galitz, Lucia Martinez, Elizabeth A. Pergam, Catherine Donnelier et Rebecca A. Rabinow.

À Paris, Geneviève Lacambre a bénéficié de la collaboration de Dominique Lobstein.

À la Réunion des musées nationaux, le projet a été suivi par Anne Freling, Isabelle Mancarella et leurs collaboratrices. L'édition française du catalogue a été réalisée, au sein du département de l'Édition, dirigé par Béatrice Foulon, par Marie-Dominique de Teneuille, assistée de Julie Lecomte, Katia Lièvre en a assuré la relecture et Évelyne Simonin la mise en pages.

Aux personnalités, aux amis, aux collègues cités ci-dessous, nous exprimons aussi nos chaleureux remerciements pour leur aide :

Geneviève Aitken, Magali Albert, Adeline de Almeida, René Andioc, Monique Antilogus, Philippe Arbaizar, Colin Bailey, Joseph Baillio, Claire Barbillon, Dominique Bardin, Pierre Bazin, Sylvain Bellenger, Dominique Brachlianoff, Claude Bouret, Jonathan Brown, Bernadette Buiret, Markus Burke, Monique Bussac, Ignacio Cano Rivera, Benoît Castillon du Perron, Béatrice de Chancel-Bardelot, Mitchell Codding, Steven Cohen, Patrick Cooney, Odile Cortet, Marie-Colette Depierre, Anne Distel, Caroline Durand-Ruel Godfroy, Trevor Fairbrother, Enriqueta Frankfort-Harris, Lionel Gallois, Chantal Georgel, Judith Geskó, Eric Gillis, Ana Maria Gutiérrez, E. Heller, Margaret Hempel, frère Jean Hilaire, Ay-Whang Hsia, Patrick Lastavel, Marie-Hélène Lavallée, Patrick Le Chanu, Stéphane Loire, Delphine Maeyaert, Françoise Maison, Joël Maleau, Laure de Margerie, Gudrun Maurer, Caroline Mathieu, Andrew McClellan, Peter Meller, Mitchelle Merling, Olivier Meslay, Christine Minas, Jean-Pierre Mohen, Malcolm Park, Robert McDonald Parker, Carole Parnaso, Sylvie Patin, Yves Pellet, Sophie Piétri, Anne Pingeot, Gilles Poizat, Nathalie Poux, Jean-Jacques Renaudet, Claudie Ressort, Elisabeth Rey, Almudena Ros, Francis Russell, Jean-Claude Serrier, Madeleine de Terris, Agurtxane Urraca, Florence Vielfaure, Bodo Vischer, Nathalie Volle, H. Barbara Weinberg, Mathias Weniger, Guy Wildenstein, et les maires d'Avaray, Bardigues, Cély-en-Bière, Ecommoy, Le Folgoët, Saint-Genis-Laval, Saint-Maurice-de-Pionsat, Souvigny et Saint-Quentin.

Geneviève Lacambre
Gary Tinterow

Depuis qu'Émile Zola a écrit, en 1866 : « On dit qu'Édouard Manet a quelque parenté avec les maîtres espagnols, et il ne l'a jamais avoué autant que dans *l'Enfant à l'épée* », l'admiration de l'un des plus célèbres « refusés » du XIXe siècle pour l'art du Siècle d'or espagnol, avant et après son voyage en Espagne de 1865, est une évidence pour les historiens de l'art.

Il a cependant semblé pertinent, près de vingt ans après la rétrospective *Manet* présentée, en 1983, dans les Galeries nationales du Grand Palais, à Paris, et au Metropolitan Museum of Art, à New York, de réexaminer cette question en replaçant l'artiste dans son siècle, à côté de ses aînés – Delacroix, Millet, Courbet – et de ses contemporains – Degas, Legros, Ribot et quelques autres. Tous ont admiré les chefs-d'œuvre de Murillo, Ribera, Zurbarán, Velázquez ou Goya, venus par vagues successives d'outre-Pyrénées. Et certains, dont Manet, sont allés en Espagne pour étudier sur place l'incomparable collection du musée du Prado.

Une présentation des peintures espagnoles que les artistes français ont découvertes directement ou par la reproduction s'imposait donc. Le visiteur pourra lui-même juger de l'usage que les peintres ont fait de ces nouveaux modèles, qu'ils ont copiés ou dont ils se sont inspirés.

Pour faire aboutir cet ambitieux projet, le Metropolitan Museum of Art en a coordonné l'organisation, en collaboration avec la Réunion des musées nationaux et le musée d'Orsay.

Qu'ils en soient remerciés, ainsi que les dirigeants d'ABN AMRO, qui ont apporté leur généreux soutien à la présentation parisienne de l'exposition.

Jean-Jacques Aillagon
Ministre de la Culture et de la Communication

Dimension internationale, approche européenne, esprit d'innovation, mise en valeur de notre patrimoine : le soutien qu'apporte ABN AMRO à l'exposition *Manet Velázquez, la manière espagnole au XIXe siècle* participe d'une politique de mécénat bien établie.

En la circonstance, la qualité exceptionnelle des œuvres réunies dans cette exposition suffirait à elle seule à justifier que la première banque néerlandaise, l'une des plus grandes banques européennes, eût associé ses efforts à ceux des plus importants musées du monde.

Mais l'enthousiasme qui nous anime dans ce projet et que nous voudrions communiquer tient à d'autres raisons. Les généreux prêteurs s'étant sacrifiés et les historiens de l'art ayant préparé les yeux du visiteur, l'exposition est en place. Entrons. Voilà que le temps et l'espace s'abolissent ; du dialogue silencieux qui s'établit entre Édouard Manet et Diego Velázquez nous ne percevons que des bribes, des traces, des éclairs ; pourtant, ce dialogue est si intense, si fortes sont nos sensations devant les œuvres, les chefs-d'œuvre, rassemblées, confrontées, que nous sommes bouleversés.

D'ailleurs, on pourrait s'étonner : Manet, dont *le Déjeuner sur l'herbe* et l'*Olympia* marquèrent la naissance de la peinture moderne, fut l'admirateur le plus acharné de l'art des maîtres anciens, dont il s'imprègne, qu'il étudie sans relâche. Il va les chercher au Louvre, bien sûr, et en Italie, en Hollande, mais aussi en Allemagne et en Autriche, puis en Espagne, enfin, d'où il écrit à Fantin-Latour : « Velázquez est le peintre des peintres. »

Et décidément, le monde de la création artistique est un modèle à suivre. C'est, envers et contre tout, un espace de liberté qui se renouvelle sans cesse, qui s'enrichit clandestinement de ses traditions, d'où qu'elles viennent, et qui sécrète, on ne sait comment, les remèdes à ses propres errements.

Voilà bien des raisons pour lesquelles ABN AMRO est fière de contribuer, une fois encore, à faire mieux connaître les trésors de notre culture.

Pierre Fleuriot
Président du Directoire d'ABN AMRO France

La collaboration entre le musée d'Orsay, la Réunion des musées nationaux et le Metropolitan Museum of Art se concrétise une nouvelle fois avec cette exposition *Manet Velázquez, la manière espagnole au XIXe siècle*, qui aborde la délicate question de l'influence d'une école étrangère de peinture sur la manière de peindre de quelques artistes français parmi les plus novateurs. Cette influence, si elle n'est pas exclusive, n'en a pas moins été relevée avec insistance par les commentateurs du temps et revendiquée par les artistes eux-mêmes.

Après la présentation, en 1994, dans les Galeries nationales du Grand Palais, à Paris, puis au Metropolitan Museum of Art, à New York, de l'exposition *l'Impressionnisme. Les origines 1859-1869*, les deux musées ont décidé de s'associer à nouveau pour mettre en évidence un autre aspect de ces grandes mutations artistiques du XIXe siècle qui sont à l'origine de l'art moderne. Il s'agit ici du noir comme couleur plus que de la peinture claire chère aux impressionnistes, mais aussi d'une manière de peindre, rapide, incisive, allusive qui donne l'impression de vie et contraste avec la technique lisse héritée du néoclassicisme.

Le génie de Velázquez éclipse celui de Raphaël et l'art de la peinture s'en trouve bouleversé.

La conception de cette exposition, pour laquelle, avant sa nomination au musée du Louvre, Henri Loyrette, alors directeur du musée d'Orsay, a joué un rôle primordial, n'était pas possible sans l'étroite collaboration du musée du Prado et de ses directeurs successifs Fernando Checa et Miguel Zugaza. Nous sommes heureux qu'un conservateur du musée du Prado ait accepté de faire partie de l'équipe internationale d'historiens de l'art qui ont participé à la rédaction du catalogue.

Enfin, il convient de souligner l'apport essentiel de Geneviève Lacambre et de Gary Tinterow, assistés de Deborah Roldán, sans lesquels cette exposition n'aurait pu voir le jour ni réunir autant de chefs-d'œuvre pour la plus grande délectation de nos visiteurs.

Serge Lemoine
Directeur du musée d'Orsay

Philippe de Montebello
Directeur du Metropolitan
Museum of Art

Auteurs du catalogue

Jeannine Baticle
Conservateur en chef honoraire des Musées nationaux

Stéphane Guégan
Responsable des colloques et conférences, musée d'Orsay

Geneviève Lacambre
Conservateur général honoraire, musée d'Orsay

Dominique Lobstein
Chargé d'études documentaires, musée d'Orsay

Javier Portús
Conservateur au musée du Prado

Deborah L. Roldán
The Metropolitan Museum of Art

María de los Santos García Felguera
Professeur, Universidad Complutense, Madrid

Gary Tinterow
Engelhard Curator of European Paintings, The Metropolitan Museum of Art

Juliet Wilson-Bareau
Historienne de l'art

Note aux lecteurs : les dimensions des œuvres sont exprimées en centimètres

Geneviève Lacambre : G. L.
Dominique Lobstein : D. L.
Javier Portús : J. P.
María de los Santos García Felguera : M. G. F.
Gary Tinterow : G. T.
Deborah L. Roldán : D. R.
Juliet Wilson-Bareau : J. B.

Catalogues raisonnés abrégés

A : Angulo Diego Íñiguez, *Murillo. Catálogo crítico,* Madrid, 1981, 2 t.
G : Guérin Marcel, *l'Œuvre gravé de Manet,* New York et Amsterdam, 1969.
G-G : Gállego Julián et Gudiol José, *Zurbarán 1598-1664,* Paris, Éditions Cercle d'Art, 1987.
G-W : Gassier Pierre et Wilson Juliet, *The Life and Complete Work of Francisco Goya with a catalogue raisonné of the paintings, drawings, and engravings,* New York, William Morrow & Co., 1971.
J : Johnson Lee, *The Paintings of Eugène Delacroix : A Critical Catalogue,* Oxford, Clarendon Press, 1981, 4 t.
LR : López Rey José, *Velázquez. Catalogue Raisonné,* Cologne 1996, 2 t.
LR-1963 : López-Rey José, *Velázquez : A catalogue raisonné of his œuvre,* Londres, 1963.
Lugt : Fritz Lugt, *Répertoire des catalogues de ventes intéressant l'art ou la curiosité,* La Haye, t. 2, 1953, t. 3, 1964.
MR : Martínez Ripoll Antonio, *Francisco de Herrera « El Viejo »,* Séville, 1978.
PS-S : Pérez Sánchez Alfonso de et Spinosa Nicola, *l'Opera completa del Ribera,* Milan, 1978.
R-W : Rouart Denis et Wildenstein Daniel, *Édouard Manet. Catalogue raisonné,* Paris, 1975, 2 t.
S : Sullivan Edward, *Baroque Painting in Madrid : The Contribution of Claudio Coello with a catalogue raisonné of his work,* Columbia, University of Missouri, Missouri Press, 1986.
W : Wethey Harold E., *El Greco and His School,* Princeton, 1962, 2 vol.

Sommaire

Fig. 1
Édouard Manet
L'Enfant à l'épée
1860-1861
New York, The Metropolitan Museum of Art, don d'Erwin Davis, 1889 (cat. 73)

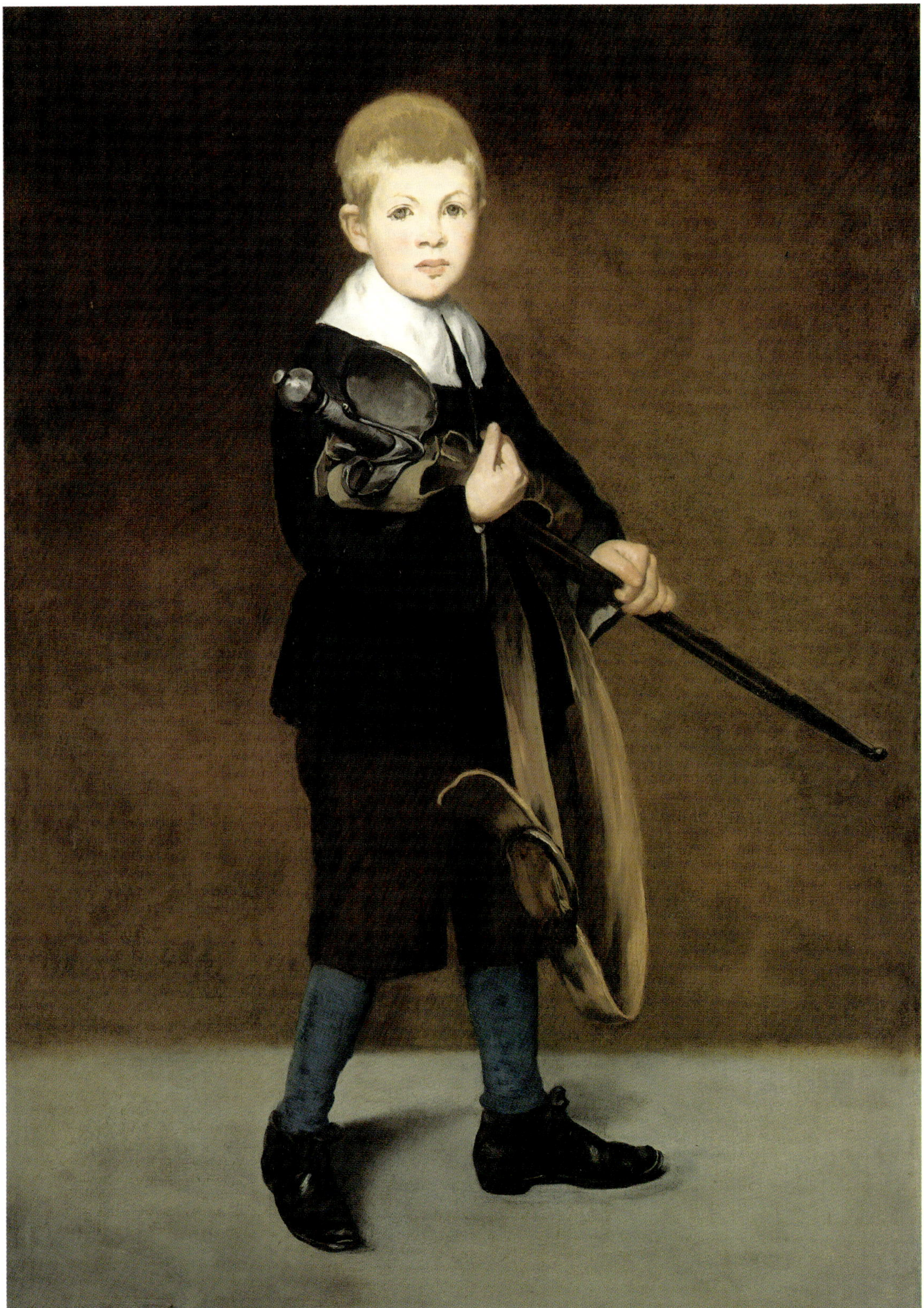

Raphaël supplanté : le triomphe de la peinture espagnole en France

• Gary Tinterow

À l'aube de l'Empire, en 1804, il n'y avait guère qu'une poignée de tableaux espagnols dans les collections publiques françaises. Quelque trente ans plus tard, en 1838, Louis-Philippe inaugurait la Galerie espagnole, au Louvre, avec 400 tableaux de sa collection personnelle, la plupart attribués alors à des maîtres espagnols. Si les Goncourt ne pouvaient citer en 1861 à propos des grands styles de peinture que « deux grands peintres[1] », Rembrandt et le Tintoret, Edmond de Goncourt affirmait en 1889 que « la vraie peinture [...] compte trois hommes : Rembrandt, Rubens, Velázquez[2] ». Comment Velázquez, un « inconnu » disait Adrien Félibien en 1725 dans son traité sur la peinture[3], a-t-il été reconnu comme l'un des plus grands artistes de tous les temps, « le peintre des peintres », d'après Manet, « le plus peintre qui ait jamais existé », selon Thoré-Bürger (1857)[4] ? Comment, en France, l'école de peinture espagnole est-elle passée de la quasi-obscurité à la place d'honneur en moins de cinquante ans, au point que, en 1852, le Louvre consacrait plus d'argent à l'achat de l'*Immaculée Conception* de Murillo (fig. 125) qu'à toute autre acquisition antérieure ? Pourquoi un jeune peintre ambitieux comme Manet passa-t-il l'essentiel du début de sa carrière à étudier le style de Velázquez et de Goya avant même de se rendre en Espagne ?

Cette exposition et cet essai ont pour objectif de proposer une réponse à toutes ces questions, en montrant comment les musées et les collectionneurs français se mirent à acquérir des œuvres des maîtres espagnols, et comment les auteurs et les artistes français du XIXe siècle en vinrent à apprécier, à comprendre et à imiter la peinture espagnole du Siècle d'or. L'exposition

Notes

1 Goncourt, 1989, vol. I, p. 726, 8 septembre 1861. En 1887, l'entrée fut modifiée par la réserve suivante : « Je dois dire que je ne connais pas les Velázquez de Madrid, que je ne connais pas les fameuses *Ouvrières en tapisserie*. »
2 Idem, *op. cit.*, vol. III, p. 294, 12 juillet 1889.
3 Félibien, 1725, p. 175.
4 Dans critique de Thoré-Bürger sur l'exposition de Manchester de 1857, cité dans Jowell, 1971, p. 222.

s'attachera à retracer l'évolution fascinante d'un modèle de peinture qui passa de l'idéalisme au réalisme, de l'Italie à l'Espagne, de la Renaissance au baroque, et des surfaces léchées à « l'outrance de la cuisine[5] » – le fondement de l'esthétique de l'esquisse impressionniste. Et surtout, elle montrera que le contact direct avec la peinture espagnole – tantôt superbe, tantôt médiocre – fut l'étincelle qui enflamma l'imagination des artistes français et provoqua le triomphe du réalisme dans les années 1860.

• Le XVIIIe siècle et la création du musée du Louvre

« Car je ne me souviens pas d'en avoir ouï parler ; aussi n'est-il guère sorti de grands Peintres de leur pays ? » C'est ainsi que Félibien, dans son premier traité, exprimait les préjugés de ses contemporains et leur ignorance de la peinture espagnole, qui, par opposition au « bel air » de l'art italien, n'offrait, selon lui, que « la naturelle ressemblance » et, par conséquent, des œuvres mineures[6]. Pendant la majeure partie du XVIIIe siècle, les seules œuvres espagnoles de la collection royale française étaient *le Buisson ardent* de Collantes (Paris, musée du Louvre, Inv. 924) et une suite de vingt petits portraits des Habsbourg réalisés dans l'atelier de Velázquez, et commandés en 1655 pour Anne d'Autriche, fille de Philippe III d'Espagne. Disposés en frise dans la salle des Bains de son appartement au Louvre, ils étaient difficiles d'accès et rarement visibles[7]. Cette situation changea dans les années 1780. Après la fermeture, en 1779, de la seule galerie d'art publique de Paris, la galerie du Luxembourg, Charles-Claude Flahaut, comte de la Billarderie d'Angiviller, directeur général des Constructions royales sous Louis XVI, commença à transformer la Grande Galerie du Louvre. Cette dernière, qui avait servi jusqu'alors à exposer les cartes et les plans-reliefs (Paris, hôtel des Invalides ; Lille, palais des Beaux-Arts) des grands ports et des principales villes de France, devait devenir une galerie d'art royale scientifiquement organisée. Le projet s'enlisa dans des conflits quant à l'éclairage et à la disposition de l'espace, mais, tout en se débattant avec les architectes et les artistes, Angiviller entreprit d'acheter des tableaux pour développer la collection du roi. Bien que très vantée à Paris, où elle passait pour la plus vaste collection princière d'Europe, celle-ci, conservée principalement à Versailles, se révélait incomplète : riche en œuvres de la Renaissance italienne, les écoles baroques du Nord – flamande, hollandaise et française – y étaient inégalement représentées, bien qu'elle comportât certains chefs-d'œuvre incontestables, comme l'*Histoire de Marie de Médicis* de Rubens, en vingt et un tableaux. Les guerres perpétuelles du XVIIe et du XVIIIe siècle épuisaient le trésor, laissant très peu d'argent pour acquérir des œuvres d'art. En 1772, par exemple, la couronne se trouva dans l'incapacité d'acheter la collection Crozat, qui, réunie par deux générations de collectionneurs, comprenait 500 toiles de la Renaissance italienne, du baroque des écoles du Nord et du XVIIIe siècle français (ainsi que 19 000 dessins, qui furent toutefois acquis par l'État)[8]. Les tableaux furent achetés par Catherine de Russie, qui amassait alors la plus grande collection de peinture européenne du monde, plus représentative et plus variée même que celle des rois d'Espagne ou des princes électeurs de Saxe.

Angiviller travailla d'arrache-pied à compenser la perte de la collection Crozat. Entre 1775 et 1789, il acheta 200 œuvres pour la collection du roi, dépensant près de 1 000 000 livres[9].

Bien qu'il fût essentiellement un militaire, il comptait parmi ses amis plusieurs artistes, notamment Jean-Baptiste Greuze, et avait, semble-t-il, une vaste culture et un esprit curieux. Conscient de l'absence de la peinture espagnole en France, il écrivit à l'ambassadeur français à Madrid en 1779 : « Je sais qu'il y a des tableaux des grands maîtres perdus et oubliés dans les greniers en Espagne, je sais que les marchands d'art n'y ont pas encore pénétré. J'avois pensé qu'on aurait pu trouver à bon marché des Titiens, des Velasquets, des Murillos, etc., et qu'on pourroit augmenter facilement et fortifier la magnifique collection du Roi le tout à bon marché ; marquez moi je vous prie si vous prévoyés pouvoir trouver dans des maisons particulières dans des gardemeubles des tableaux ou autres curiosités[10]. » Angiviller n'était peut-être pas au courant du décret récent, pris par le comte de Floridablanca, premier ministre d'Espagne (et protecteur de Goya), qui interdisait d'exporter les œuvres d'art d'Espagne[11]. Finalement, Angiviller n'acheta rien dans ce pays, mais acquit des œuvres espagnoles à Paris.

Tout comme les artistes, les académiciens et autres connaisseurs, Angiviller devait avoir connaissance des rares tableaux espagnols des collectionneurs parisiens de son époque. À Paris, le plus grand nombre de tableaux anciens se trouvait au Palais-Royal, où était exposée la collection des ducs d'Orléans. Neveu de Louis XIV, Philippe II (1674-1723), duc d'Orléans, était un fervent protecteur des arts, qui profita de sa position de régent (et, *de facto,* de monarque de France) pour développer sa collection. En 1721, il parvint à récupérer les plus belles toiles de Christine de Suède, acquérant 123 œuvres, dont certaines avaient appartenu à l'empereur Rodolphe II (Pierre Crozat acheta la plupart des tableaux restants de la reine Christine). En 1733, le catalogue de la collection d'Orléans comptait

Notes

5 Goncourt, 1989, vol. III, p. 617, 12 août 1891. À propos de Turner, Goncourt parlait de « l'outrance de la cuisine, de cette cuisine, je le répète, qui est toute la peinture des grands peintres qui se nomment Rembrandt, Rubens, Velázquez, le Tintoret ». Lettre de Manet à Zacharie Astruc, 17 septembre 1865, dans Wilson-Bareau, 1988, p. 49.

6 Félibien, 1725.

7 Seuls 7 de ces 20 tableaux peuvent être identifiés aujourd'hui : 6 d'entre eux sont à Versailles, et la célèbre *Infante* (fig. 129) est u Louvre depuis au moins 1813. J.-B.-P. Lebrun a écrit (1809, p. 22) qu'« il en existait plusieurs dans le Louvre, représentant les portraits de la maison d'Autriche. Ces tableaux ayant été abandonnés, le manque de soins en détruisant une partie, qui fut vendue, sans châssis, à la vente du dépôt de Nesle » (vente, hôtel de Nesle, 24 juillet 1797 au 12 janvier 1798).

8 Nombre des plus belles œuvres provenaient de la collection de la reine Christine de Suède et avaient été acquises en 1721 par Pierre Crozat. La plupart sont conservées aujourd'hui à Saint-Pétersbourg, à l'Ermitage. Le *Voyage pittoresque de Paris* de Dezallier d'Argenville (1757) mentionne 2 tableaux espagnols : un Ribera, « tableau ovale représentant un buste de vieillard, par l'Espagnolet ; il est gravé dans le Cabinet d'Aiguilles » (p. 127), et un Moro, « portrait [...] d'un vieillard » (p. 118). Le *Saint Barthélemy* de Ribera (l'Espagnolet) est aujourd'hui au palais de Pavlovsk ; la *Sainte Famille* de Ribera a été achetée en 1756 par Crozat à la vente du duc de Tallard, et n'est donc pas citée par Dezallier d'Argenville ; elle se trouve aujourd'hui à Saint-Pétersbourg, à l'Ermitage.

9 McClellan, 1999, p. 61.

10 McClellan, 1999, p. 63, note 64 ; Arch. nat., O1 1915 (79).

11 L'interdiction portait plus sur les artistes morts que sur les peintres vivants ; de nombreux achats d'œuvres de Murillo, surtout par des marchands et des collectionneurs anglais, avaient motivé ce décret. Voir, sur ce dernier, la date 1779 dans la « Chronologie ».

neuf tableaux espagnols : *la Découverte de Moïse* de Velázquez (château Howard, Yorkshire, attribué aujourd'hui à Honthorst), sept œuvres de Ribera et une toile de Luis de Vargas, qui, jusqu'à la Révolution, pouvaient être vus sur autorisation spéciale. En 1791, pour financer sa carrière politique, Louis-Philippe-Joseph d'Orléans, dit Philippe Égalité (fils de Philippe II), vendit tous les tableaux de la collection à des spéculateurs, qui les mirent en exposition-vente à Londres entre 1793 et 1800. Comme l'a observé, entre autres, Francis Haskell, la présence, dans les années 1790, de la collection d'Orléans à Londres raviva l'intérêt des collectionneurs pour les tableaux anciens et marqua la peinture des artistes anglais de l'époque.

Les toiles espagnoles achetées par d'Angiviller étaient toutes issues de collections privées françaises. Outre les œuvres espagnoles du Palais-Royal, la France abritait depuis longtemps plusieurs tableaux de Murillo, qui se partageaient également entre les peintures religieuses et les scènes de genre. Le *Jeune Mendiant*[12] (fig. 148), le premier des tableaux célèbres de Murillo figurant des enfants pauvres et des gamins des rues, provenait de la collection de Jean-Louis Gaignant, ancien secrétaire du roi et receveur des Consignations, qui possédait également un *Repos pendant la fuite en Égypte* (Saint-Pétersbourg, musée de l'Ermitage) ; Angiviller acheta la *Sainte Famille* au comte de Serrant[13] ; et *la Vierge du rosaire,* acquise en 1784, avait été la propriété du sieur de Langlois à Séville, puis était passée entre les mains de Randon de Boisset et du comte de Vaudreuil avant d'entrer dans la collection du roi[14] ; Angiviller avait acheté également deux petites peintures sur obsidienne, le *Christ au jardin des Oliviers* et *Saint Pierre devant le Christ à la colonne,* à la vente du comte de Vaudreuil[15]. Le fait que la plupart de ces transactions aient été réalisées par l'entremise de Jean-Baptiste-Pierre Lebrun, mari d'Élisabeth Vigée-Lebrun et grande figure du monde de l'art parisien, ne peut être une coïncidence. Angiviller se méfiait de Lebrun et préférait généralement recourir aux services du marchand Alexandre-Joseph Paillet[16]. Mais Lebrun s'intéressait manifestement à la peinture espagnole, dont il avait probablement une bonne connaissance. À l'automne de 1807, il fit un voyage en Espagne, où il acheta quinze grands tableaux, qu'il vendit aux enchères à Paris en 1810. Parmi ces œuvres figurait la majestueuse *Sainte Famille* de Ribera, aujourd'hui à New York, au

Notes

12 Inv. 933. Le tableau avait été vendu à la vente Gaignant à Paris (décembre 1768 ou 14 février 1769, lot 8), pour 1 544 livres ; onze ans plus tard, à la vente Radix de Sainte-Foy (Paris, 22-24 avril 1782, lot 1), Lebrun propose la toile en fixant la mise à prix à 3 000 livres. Il la rachète lui-même pour 3 600 livres et la revend, le 22 décembre 1782, 4 200 livres à Angiviller pour la couronne.

13 En 1786, pour 22 000 livres. Inv. 930.

14 Lebrun l'avait achetée pour Angiviller à la vente de Vaudreuil. Le tableau est en dépôt au musée Goya de Castres depuis 1939 (Inv. 929).

15 Inv. 931 et 932. Ces deux peintures, qui avaient appartenu autrefois à Justino de Neve (1685) et à l'Électeur de Cologne (mort en 1761), ont été achetées 2 001 livres par Lebrun pour Angiviller à la vente Vaudreuil (24-25 novembre 1784), à Paris. Voir, sur Vaudreuil, Bailey, juillet 1989, p. 19-26.

16 McClellan, 1999, p. 67. L'auteur cite une lettre fascinante, mais probablement typique, écrite par Lebrun à Angiviller en mars 1786 : « La protection dont vous l'honorez [Paillet] me devient de jour en jour plus préjudiciable… », note 79, p. 236-237.

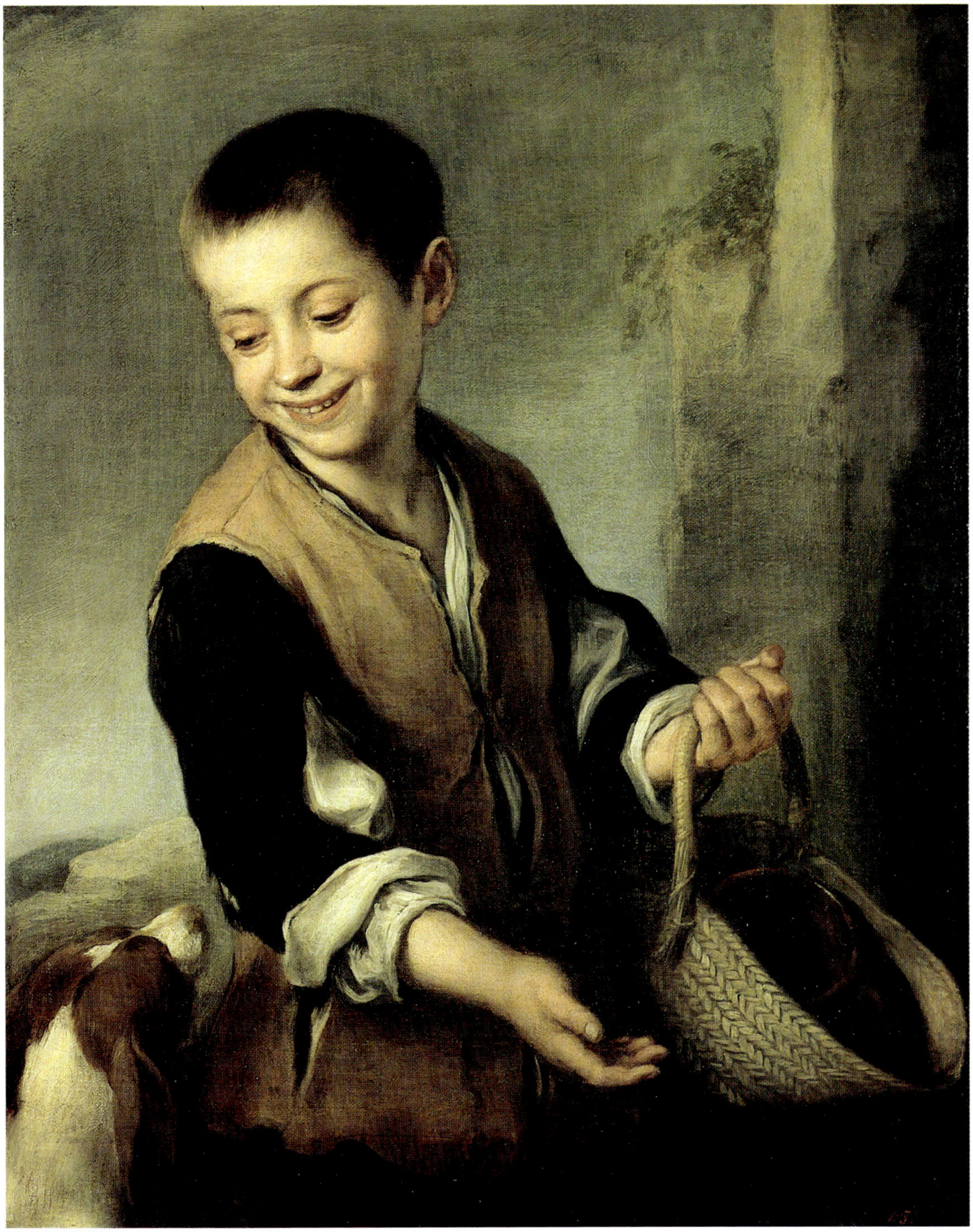

Fig. 2
Bartolomé Esteban Murillo
L'Enfant au chien
Avant 1660
Saint-Pétersbourg, musée de l'Ermitage
(cat. 26)

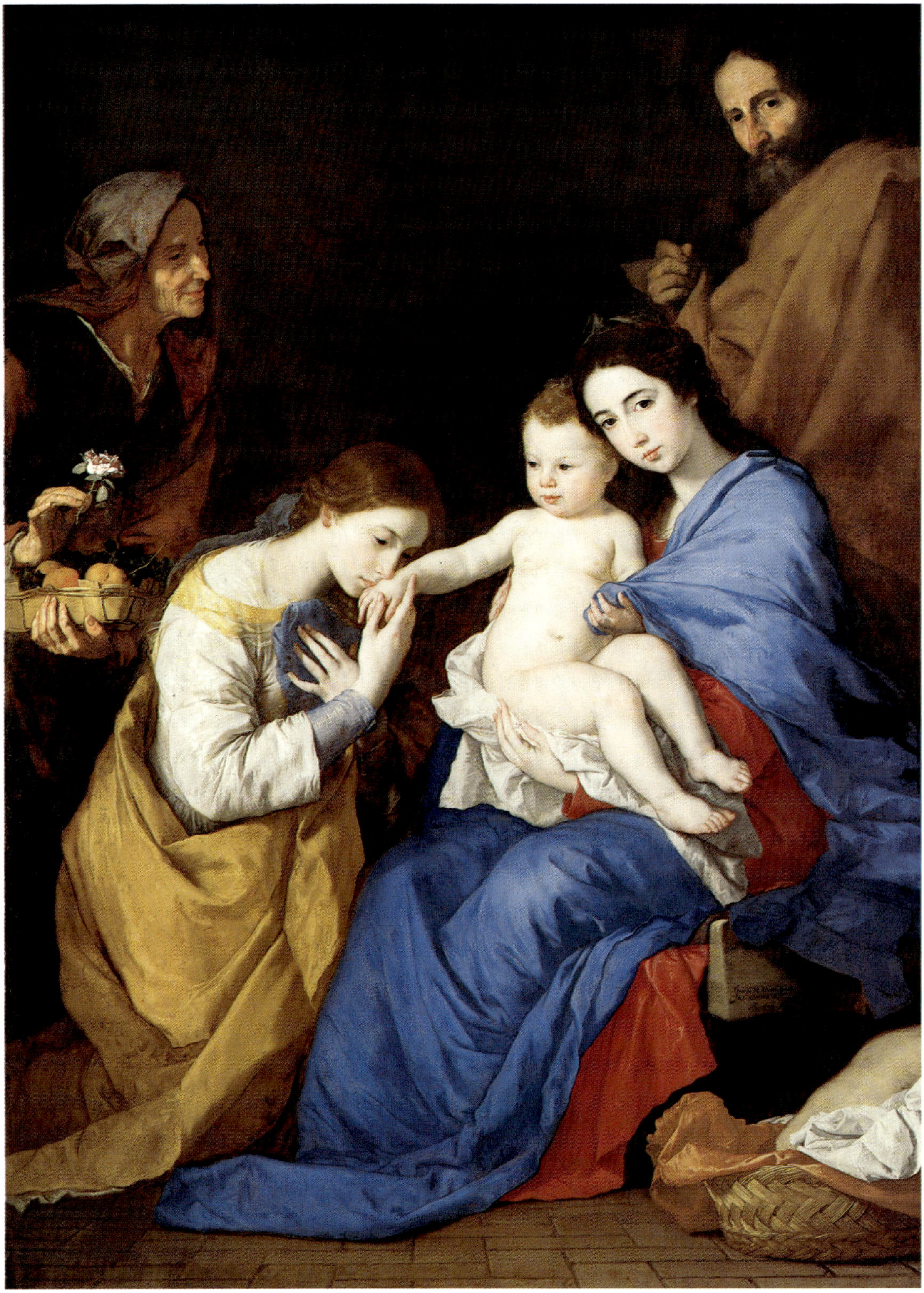

Fig. 3
Jusepe de Ribera
La Sainte Famille avec sainte Anne et sainte Catherine d'Alexandrie
Huile sur toile
H. 209,6 ; L. 154,3
New York, The Metropolitan Museum of Art, fonds Samuel D. Lee, 1934

Metropolitan Museum (fig. 3)[17]. Lebrun avait bien compris les possibilités qu'offrait ce pays : « L'Espagne est une mine de richesse de l'art, formée de toutes les écoles. Mon admiration me donna bientôt le désir d'arracher à l'oubli plusieurs maîtres célèbres qui sont inconnus de tout ce qui n'est pas l'Espagne ; mais de grands obstacles s'opposaient à mes projets : 1. Il est défendu de laisser sortir des tableaux des maîtres espagnols. 2. Les collections sont presque toutes substituées, et périssent par ignorance. 3. Les couvents possèdent beaucoup de tableaux ; mais ils s'en détachent difficilement, et les offres immenses qu'on leur a souvent faites rendent les acquisitions presque impossibles[18]. »

Il y a d'autres Murillo qu'Angiviller n'a pu acquérir. En 1772, avant d'avoir formé le projet d'enrichir la galerie royale, l'agent de Catherine II de Russie, le prince Galitzine, avait acheté *l'Enfant au chien* (fig. 2) pour la tsarine à la vente aux enchères de la collection du duc de Choiseul. En 1777, le marchand Jean-François Boileau, conseiller artistique de Choiseul, avait lui-même acheté *les Noces de Cana* (Birmingham, Barbert Institute) à la vente de la collection du prince de Conti. De plus, au début du XVIIIe siècle, la collection de la comtesse de Verrue comprenait trois Murillo[19]. Et en 1795, Calonne, ministre et contrôleur des Finances, qui avait quitté la France pour l'Angleterre huit ans auparavant, vendit deux toiles de Murillo : une *Sainte Famille* (anciennement Biarritz, collection privée) et la *Vierge et l'Enfant* (Pasadena, musée Norton Simon). Certaines collections de province possédaient aussi des Murillo[20].

Dans la mesure où les collections parisiennes comprenaient au moins une douzaine d'œuvres de Murillo et où des tableaux isolés apparaissaient régulièrement dans les ventes aux enchères, les achats du comte d'Angiviller ne sont pas surprenants. Il semble que chaque grande collection possédait un ou deux Murillo. N'en déplaise à Félibien, la plupart des dictionnaires artistiques de la fin du XVIIIe siècle exprimaient une opinion favorable à l'égard du maître espagnol. En 1745, dans son *Abrégé de la vie des plus fameux peintres,* inspiré des « nouveaux mémoires que j'ai reçus d'Espagne », les *Vies des éminents peintres et sculpteurs espagnols,* Dezallier d'Argenville écrivit un chapitre entier sur les « Napolitains et Espagnols[21] ». Il prisait beaucoup l'œuvre du « fameux Murillo » et se flattait de posséder l'un de ses « rares » dessins : « On

Notes

17 Voir Bailey, 1984, p. 35-36.
18 Lebrun, 1809, p. vj-vi *(sic).*
19 *Le Petit Paysan espagnol* (aujourd'hui à Londres, National Gallery), *la Marchande de fleurs* (Londres, Dulwich Picture Gallery) et *le Bon Pasteur enfant* (Londres, Lane Collection). En 1750, le comte de Lassay possédait *le Petit Saint Jean-Baptiste* (Londres, National Gallery), qui a appartenu plus tard au comte de la Guiche ; il a été vendu à Paris en 1771, en 1772 et en 1801. *Bartolomé Esteban Murillo,* cat. exp., Madrid et Londres, 1983, n° 35, p. 175-176.
20 Une *Vierge et l'Enfant* (Dresde) a été vendue avec la collection Pasquier en 1755 à Rouen. Sept œuvres attribuées à Murillo sont apparues en 1757 à la vente du duc de Tallard de Besançon. Guillaume Bouton de Toulouse a acheté en Espagne un croquis de Murillo pour la *Délivrance de saint Pierre* (Prague, galerie Narodní). Voir Claudie Ressort, « Murillo et les amateurs français », dans cat. exp., Paris, 1983.
21 Dezallier d'Argenville, 1745, p. 343, 1715-1724, éd. anglaise, 1739, éd. espagnole abrégée, 1742 et 1744, éd. française, 1749.

y trouve une grande vérité »[22] disait-il. « Ce fut alors qu'il porta son art au point que ses tableaux sont extrêmement recherchés dans toute l'Europe : on y trouve une peinture moelleuse, un pinceau frais, des carnations admirables, une entente de couleur qui surprend, une vérité qui ne peut être effacée que par la nature même, de ces passages heureux qui font briller avec prudence les endroits qui doivent être piqués des plus grandes lumières, enfin toute la partie du coloris est parfaite ; un peu plus de correction, un choix plus heureux et tiré de la noblesse des têtes antiques, mettroient les tableaux de ce maître au plus haut degré[23]. »

Si Dezallier louait pareillement Velázquez, il était moins bien informé sur ce peintre. Avec un parti pris caractéristique, il rejetait l'humble réalisme des premières œuvres et voyait, dans le voyage en Italie, l'événement transformateur qui avait « ennobli les pensées de Velázquez ; il quitta aussitôt les sujets bas pour s'attacher à l'histoire et au portrait. [...] Velázquez, par son talent de rendre la nature avec tant de liberté, fut nommé un second Caravage. On trouve dans ses ouvrages l'énergie des Grecs, la correction des Romains, la tendre et agréable manière des Vénitiens. L'on peut dire même que Velázquez se transformoit en tant de manières, que si les ouvrages des anciens nous manquoient malgré la grande quantité que nous en avons, on retrouveroit le même goût dans le petit nombre de tableaux que nous possédons de sa main[24] ». Dezallier d'Argenville mentionnait la frise de portraits du Louvre, le grand *Moïse sauvé des eaux* (qui n'est pas de Velázquez) de la collection d'Orléans au Palais-Royal et de curieux portraits en Franche-Comté[25]. Mais il ne connaissait pas le seul grand Velázquez que possédait la France au XVIIIe siècle, *Démocrite* (fig. 4). Bien que l'on ignore où il se trouvait entre 1692 et la fin de l'Ancien Régime, ce tableau apparut en 1789 au bureau des Finances de Rouen et fut remis à l'abbaye de Saint-Ouen en 1790 ; il fut acheté par le peintre Lemonnier en 1797 et donné au musée des Beaux-Arts de Rouen en 1822. Entré en tant que Ribera, il fut réattribué à Velázquez en 1881.

Les critiques français du XVIIIe siècle, gênés par leur manque de contact direct avec l'œuvre de Velázquez, se bornaient simplement à répéter les idées de Dezallier d'Argenville et de Palomino. Comme eux, l'abbé de Fontenay tenait le peintre pour un Caravage espagnol[26], et Piganiol de la Force observa qu'il « voulait [...] saisir l'esprit et les mouvements particuliers de la personne qu'il peignait[27] ». Mais ce fut le grand collectionneur et connaisseur Pierre-Jean Mariette qui émit les observations les plus pertinentes sur Velázquez au début du XVIIIe siècle, déclarant que ses tableaux étaient « touchés avec une hardiesse inconcevable et [...], à leur distance, faisaient un effet surprenant, [allant] jusqu'à produire une illusion parfaite[28] ». Bien que cette réflexion porte à croire qu'il avait vu *les Fileuses*

Notes

22 Dezallier d'Argenville, 1745, « Le fameux Murillo », p. 335, 345.
23 Idem, *op. cit.*, p. 343-344.
24 Idem, *op. cit.*, p. 331.
25 « On voit plusieurs portraits de Dames de la famille du Baron de Vauteville qui sont restés imparfaits et que le père Courtois appelé le Bourguignon a achevés dans la suite. » (Idem, *op. cit.*, p. 335).
26 Fontenay, 1776, p. 715.
27 1776, vol. I, p. 462.
28 *Abecedario*, Paris, 1862, vol. 6, p. 43, cité dans Dorival, 1960, p. 531.

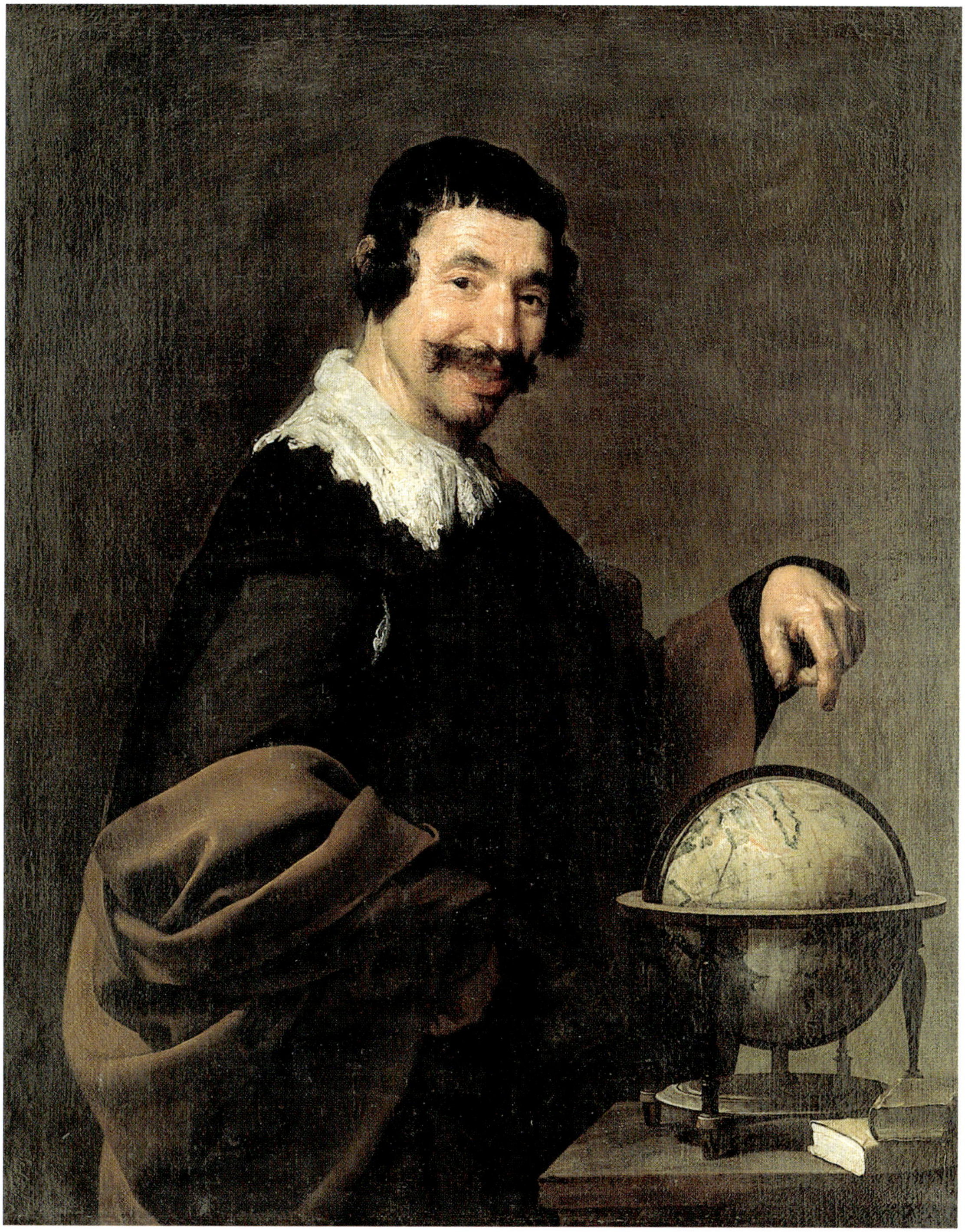

Fig. 4
Diego Velázquez
Démocrite
1628-1629
Rouen, musée des Beaux-Arts (cat. 30)

de Velázquez, rien n'indique cependant que Mariette soit allé en Espagne. Mais il passa les années 1717 et 1718 à Vienne, qui abrite de merveilleux portraits de Velázquez – certains avec de remarquables natures mortes et représentations de chien – , et posséda, dit-on, une œuvre de l'artiste[29].

Le cas de Ribera est plus complexe, car il a toujours été considéré comme un membre de l'école italienne, même s'il a toujours revendiqué son identité espagnole. Né près de Valence, il effectua toute sa carrière en Italie, et, après la mort du Caravage, il devint l'un des principaux représentants du style ténébriste. Son installation à Naples facilita la diffusion de son œuvre auprès de presque tous ses contemporains d'Italie, et même des pays du Nord : Rubens et Rembrandt possédaient des œuvres de lui. Il passait l'essentiel de son temps à réaliser des commandes pour le vice-roi de Naples, la cour de Madrid ou diverses institutions religieuses espagnoles, ce qui explique que, en dehors des dessins et des gravures, très peu de ses œuvres étaient visibles en France. En 1793, le catalogue du Muséum français comprenait quatre tableaux de « l'Espagnolet », mais ils avaient été attribués à d'autres peintres lorsque le catalogue de 1800 fut publié ; de plus, aucune des sept toiles attribuées à Ribera dans la collection d'Orléans du Palais-Royal n'est considérée aujourd'hui comme étant de lui. Mais les artistes français qui faisaient le voyage à Rome ne manquaient pas de séjourner à Naples pour étudier son œuvre. La *Pietà* de la Certosa di San Martino fut copiée par d'innombrables peintres français, dont Fragonard et Guillon-Lethière, qui fut le conseiller artistique de Lucien Bonaparte, lorsque le frère de Napoléon était ambassadeur de France en Espagne. Déjà en 1699, Roger de Piles, qui s'était rendu en Espagne, parlait de la préférence de Ribera pour les « sujets mélancoliques[30] ». Des œuvres comme la *Pietà* et le célèbre *Martyre de saint Philippe* (Madrid, musée du Prado) étaient considérées, surtout en France, comme des expressions de l'aspect sombre et espagnol de la sensibilité de Ribera. Mais, en réalité, nombre de toiles violentes attribuées à « l'Espagnolet » en France aux XVIIIe et XIXe siècles ont été reconnues plus tard comme des œuvres d'autres artistes, notamment Luca Giordano.

Si, dans la France du XVIIIe siècle, Murillo était assez célèbre et bien représenté dans les collections privées, si les œuvres de Velázquez étaient appréciées, mais non visibles, si Ribera était connu comme artiste napolitain, mais représenté seulement par des œuvres mineures, le Greco et Zurbarán étaient totalement inconnus. Jusqu'à la fin du XVIIIe siècle, le seul tableau de Zurbarán qui existait en France était l'impressionnant *Saint François mort* (fig. 126). En dépit de son grand format, il fut découvert à Lyon, avant 1793, dans un grenier du couvent des « Collinettes ». Attribué à Ribera, il fut acheté, moins de quatre ans plus tard, par le peintre et marchand d'art Jean-Jacques de Boisseu à une vente publique[31]. Voilà les problèmes épineux de la connaissance de l'école espagnole en France au XVIIIe siècle. Fait révélateur, dans la grande *Encyclopédie* de Diderot, le chevalier de Jaucourt distinguait, en 1759, huit écoles de peinture en Europe, dont aucune n'était espagnole : les écoles « romaine, florentine, lombarde, vénitienne, allemande, flamande, hollandaise, et francoise[32] ». En 1816, Frédéric Quilliet, un connaisseur français qui avait joué un rôle actif en Espagne pendant l'occupation napoléonienne, commentait cette absence dans son *Dictionnaire des peintres espagnols :* « Qui pourrait croire que M. le chevalier de Jaucourt, savant aussi vraiment instruit qu'aimable, n'en ait pas dit un mot dans son article *Peinture* de l'Encyclopédie ! Qui pourrait croire que dans ce réservoir des sciences, vous ne trouverez rien qui rappelle ces nombreux émules de toutes les écoles et de tous les genres[33] ? »

Pourtant, les Murillo qui se vendaient en France à la fin du XVIIIe siècle atteignaient des prix très élevés, bien supérieurs à ceux des supposés Velázquez. La valeur des Murillo avait été établie par les collectionneurs anglais, qui avaient acheté des œuvres du maître tout au long du XVIIIe siècle. Parallèlement, les peintres anglais Reynolds et Gainsborough admiraient les effets de Murillo et imitaient ses sujets – des peintures de genre représentant de jeunes enfants – dans leurs scènes de fantaisie. Il n'en allait pas de même en France. Il se peut que Watteau ait étudié les *Noces de Cana* de Murillo dans la collection Jean de Julienne, mais il est difficile de trouver des échos de la peinture sévillane dans l'œuvre des artistes français du XVIIIe siècle. Même l'art des peintres qui travaillaient en Espagne, tels Louis-Michel Van Loo, Jean Ranc et Charles-Joseph Flipart, ne révèle pas d'intérêt pour la technique des maîtres espagnols du XVIIe siècle[34].

• Le Louvre révolutionnaire et le Muséum central des arts

Les événements politiques empêchèrent le comte de la Billarderie d'Angiviller de mener à bien son projet de musée royal. Mais, lorsque le Muséum français ouvrit au Louvre, le 10 août 1793, premier anniversaire de la prise des Tuileries et de l'arrestation de Louis XVI, la galerie publique qu'il avait imaginée devint enfin réalité. Dans le catalogue, qui comprenait la plupart des tableaux de chevalet de l'ancienne collection royale, figuraient dix toiles espagnoles[35] : les cinq Murillo achetés par Angiviller et trois œuvres de Ribera qui, aujourd'hui, ne sont plus données au maître[36]. Comme le dit Andrew McClellan, les ambitions nourries par l'Assemblée nationale pour le nouveau musée étaient plus vastes encore que celles qu'avait jamais conçues Angiviller[37]. Les collections du musée furent immédiatement associées à l'envergure du nouveau gouvernement et à l'identité même de la nation française. Les caprices et les insuffisances d'une collection formée au gré des fantaisies du goût royal devaient par conséquent être

Notes

29 Walsh, 1996, p. 417.
30 Piles, 1715, p. 333.
31 Il se peut que le tableau ait été un cadeau diplomatique, offert au couvent franciscain de Lyon par la reine d'Espagne Marie-Anne d'Autriche (1634-1696), deuxième femme de Philippe IV et donc belle-mère de Marie-Thérèse d'Autriche, épouse de Louis XIV. Voir Lavergne-Durey, 1992, p. 104, où les relations des reines sont inversées.
32 *Encyclopédie ou Dictionnaire raisonné…*, 1759, p. 265.
33 Quilliet, 1816, p. XXXI.
34 Je dois cette observation à Colin Bailey.
35 Cependant, l'une d'elles fut accidentellement attribuée au peintre italien Domenico Fetti : *le Buisson ardent* de Collantes, n° 258.
36 Les trois œuvres de « L'Espagnolet » sont : *Saint Paul*, n° 3 (disparu ?) ; *Saint Pierre*, n° 9 (aujourd'hui attribué à Mola ; Paris, musée du Louvre, Inv. 330) ; *Un buveur*, n° 310, et *Soldat appuyé sur sa lance* (tous deux donnés à présent à Fracanzano, château de Compiègne). Je dois cette information à Marie-Martine Dubreuil.
37 Mon résumé sur les débuts du musée du Louvre reprend l'excellente étude d'Andrew McClellan, citée plusieurs fois dans ce texte.

palliés afin que le musée puisse représenter l'histoire de l'art dans son entier. Le nouveau ministre de l'Intérieur, Jean-Marie Roland, expliqua en substance à David que « ce musée doit montrer les grandes richesses de la nation [...] La France doit étendre sa gloire à travers les siècles et les peuples : le musée national englobera le savoir dans toute la diversité de sa beauté et sera l'admiration de l'univers. En incarnant ces grandes idées, dignes d'un peuple libre [...] le musée [...] deviendra la manifestation la plus puissante de la République Française[38] ». En 1794, David faisait écho à ce point de vue : « Le musée n'est pas censé être une collection d'objets de luxe qui ne servirait qu'à satisfaire la vaine curiosité. Il doit être une école imposante[39]. » Ici, David faisait pression pour que les artistes puissent venir copier au musée national et pour que, selon la vocation de l'institution, la formation des peintres français passe avant le plaisir des connaisseurs. Cette logique aboutira bien sûr au musée du Louvre actuel. Mais, sur le plan idéologique, elle autorisera la prise de centaines d'œuvres d'art, butin de guerre des campagnes napoléoniennes. Ce fut par le biais de la guerre, de l'occupation, de la saisie et du tribut que l'école espagnole du Louvre se développa après ses débuts peu prometteurs.

Le premier signe de cette évolution apparut pendant l'été de 1794, lorsque les Français eurent vaincu l'Autriche et annexé les Flandres (actuelle Belgique). Dès septembre, 150 œuvres du territoire occupé furent déballées à Paris. Les premières arrivées furent trois grands retables de Rubens, la *Descente de Croix*, l'*Élévation de la Croix* et la *Crucifixion*. Cecil Gould a suggéré que bien que plusieurs fonctionnaires du gouvernement aient établi les inventaires, on pouvait déceler l'influence de Lebrun dans la composition de ce butin[40]. La présence à Paris de ces fameuses œuvres monumentales conduisit les Français à des paroxysmes d'éloquence. Luc Barbier, un officier qui escortait l'expédition, expliqua : « Trop longtemps, ces chefs-d'œuvre avaient été souillés par l'aspect de la servitude : c'est au sein des peuples libres que doit rester la trace des hommes célèbres [...] Les ouvrages immortels de Rubens, de van Dyck et des autres fondateurs de l'école flamande, ne sont plus dans une terre étrangère [...] ils sont aujourd'hui déposés dans la patrie des arts et du génie, au pays de la liberté et de l'égalité sainte, dans la république française[41]. » Boissy d'Anglas, ami de David, voyait en Paris la future « capitale des arts ; qu'il retrouve dans l'avantage inestimable d'être l'asile de toutes les connaissances humaines et de tous les trésors de l'esprit [...] ; il doit être l'école de l'univers, la métropole de la science humaine et exercer sur le reste du monde cet empire irrésistible de l'instruction et du savoir[42] ». En 1797, alors que Napoléon s'enfonçait dans la péninsule italienne, des convois de butin de guerre étaient avidement attendus à Paris. Avec la prise du Vatican, Bonaparte tomba sur un filon inestimable : une prodigieuse collection de chefs-d'œuvre – la *Transfiguration* de Raphaël, la *Descente de Croix* du Caravage et les marbres romains de *l'Apollon du Belvédère* et du *Laocoon* –, qui furent ôtés de leur cadre, placés dans des cylindres ou serrés dans de la paille et du plâtre pour être transportés à Paris. Un témoin, évidemment français, s'émerveillait au spectacle du convoi : « ... tout le monde était sorti de la ville pour voir arriver ce convoi ; tous ces spectateurs étaient étonnés de la puissance d'une nation qui, à quatre cents lieues de chez elle avait enlevé de Rome, et fesait voyager à travers les montagnes de l'Apennin des masses aussi considérables que précieuses, pour en décorer la capitale de son empire. Quelle nation, disaient-ils, que cette nation française ; ils en conservent une si haute idée que sans employer d'épithète distinctive, et comme s'il n'y avait qu'une dans le monde qui méritât de porter ce titre, ils l'appellent la NATION[43]. »

L'objectif déclaré du Louvre, rebaptisé Muséum central des arts, était de « former une collection d'objets d'art plus riche et plus complète, qu'il n'en existe en aucun lieu du monde[44] ». En poursuivant ce dessein, les responsables du musée, qui travaillaient souvent de concert avec l'armée française, prévoyaient de créer une histoire de l'art illustrée destinée à orner les murs de la Grande Galerie. Désaccords et débats furent nombreux sur le meilleur moyen d'y parvenir. Les amateurs de la vieille école, et moult peintres associés à l'Ancien Régime, voulaient appliquer le système du savoir comparé prôné au XVIIe siècle par Roger de Piles – qui consistait à juxtaposer des œuvres de pays différents et d'époques diverses pour susciter des comparaisons formelles. Jacques-Louis David et d'autres jeunes artistes, qui méprisaient l'art « frivole », ne souhaitaient exposer que des œuvres qui portaient à l'émulation. Les intellectuels et les marchands, dont le puissant Lebrun, désiraient disposer les tableaux selon une classification logique, par écoles nationales et par ordre chronologique. Ce fut ce dernier système qui l'emporta. À mesure que la collection augmentait, et qu'un nombre croissant de fonctionnaires français se rendaient en Espagne, l'absence de l'école espagnole au Louvre devint de plus en plus flagrante. Mais la pleine appréciation des œuvres espagnoles était également entravée par d'autres obstacles, d'ordre idéologique.

Quand, le jour de l'an 1803, le nouveau directeur du Muséum central, Dominique Vivant Denon, fit visiter la Grande Galerie au Premier consul, il offrit spontanément de lui expliquer la nouvelle disposition des œuvres de Raphaël, qui avaient été en grande partie fournies par les campagnes de la République française. « Vous verrez que c'est une espèce de vie du premier de tous les peintres. La première fois que vous traverserez la gallerie, j'espère que vous trouverez que cette opération porte déjà un caractère d'ordre, d'instruction et de classification. Je continuerai dans le même esprit pour toutes les Ecoles, et dans quelques mois, on pourra faire sans s'en apercevoir… un cours historique de l'art de la peinture[45]. »

Depuis la parution des *Vies des peintres* de Vasari, en 1550, l'œuvre de Raphaël avait été considéré comme un sommet de perfection rarement égalé, voire jamais, par aucun autre artiste. Mais, au début du XIXe siècle, le culte de Raphaël avait atteint son apogée. En 1807, Taillasson, dans son *Observation sur quelques grands peintres,* qualifiait Raphaël d'« Apelle moderne […] un esprit rempli de beautés célestes. […] Si tout doit périr, et les productions

Notes

38 *Le Moniteur,* vol. 14, p. 263. Cité par McClellan, 1994, p. 91-92.
39 David, 1794. Cité par McClellan, 1994, p. 91.
40 Gould, 1965, p. 31.
41 Barbier, 1794, Cité par McClellan, 1994, p. 116.
42 *Quelques idées sur les arts…,* Paris, an II, p. 28. Cité par McClellan, 1994, p. 116.
43 Lettre publiée dans *la Décade philosophique,* 20 floréal an V, p. 305, citée par McClellan, 1994, p. 120.
44 Rapport du conservatoire du Louvre, 1795, cité dans McClellan, 1994, p. 124.
45 Arch. nat., AF IV, 1049 (2), cité dans McClellan, 1994, p. 140.

des hommes et leurs noms ; s'il est vrai que tout ce qui fut la richesse, l'honneur et l'amour de tant de siècles doive disparaître pour jamais, le nom fameux de Raphaël est celui de tous les peintres modernes qui surnagera le plus longtemps sur l'océan terrible de l'oubli[46] ». Grâce au pouvoir de Jacques-Louis David et à l'influence croissante de ses élèves, la vénération de Raphaël était considérable, même si David lui-même avait une attitude ambivalente à son égard. On connaît, par exemple, l'admiration d'Ingres pour le maître italien. En évoquant son premier voyage en Italie, Ingres déclarait : « J'ai pris le chemin des maîtres, moi, messieurs, celui de Raphael, (et en s'exaltant) qui n'est pas un homme, qui est un dieu descendu sur la terre[47]. » Ce n'était pas seulement l'équilibre et l'harmonie des œuvres de Raphaël, mais sa capacité à idéaliser sans sortir de la description naturaliste qui plaisait tant à la génération des peintres néoclassiques. Comme disait le théoricien Quatremère de Quincy : « Idéal, dans l'art de l'imitation, joint au mot beau, signifiera donc cette qualité, cette perfection, cette excellence, dont le type complet ne sauroit jamais se rencontrer dans un modèle isolé[48] [...] [Raphaël] a cumulé, [...] toutes les qualités, toutes les conditions qui pouvoient élever son sujet à la hauteur de ce que nous avons appelé le genre idéal et poétique[49]. » Dans une mesure non négligeable, ce culte de Raphaël allait empêcher, pendant des années, la véritable appréciation de la peinture espagnole en France. Surtout à l'Académie des beaux-arts, car le réalisme frappant des nains de Velázquez et des mendiants de Murillo, les saints martyrs de Ribera et le ténébrisme excessif des moines encapuchonnés de Zurbarán étaient une abomination pour les partisans du Beau idéal. En 1878, le disciple d'Ingres Amaury-Duval exprimait clairement ce dégoût quand il fustigeait Murillo et « tous ces grands artistes qui n'ont représenté jamais que des choses laides, hideuses, dont on détournerait les yeux, si elles étaient en nature[50] ». Ce ne fut qu'au milieu du siècle, quand le néoclassicisme expira entre les mains du réalisme, que la victoire espagnole fut complète.

• Les premières incursions françaises en Espagne

Il semble que l'ambassade de France à Madrid ait été habitée souvent par des amateurs d'art. En 1779, on l'a vu, d'Angiviller avait demandé à l'envoyé français en Espagne de rechercher des œuvres de valeur. En 1788, Jean-François Bourgoing (1748-1811), assistant de l'ambassadeur français Montmorin-Saint-Hérem, publia un livre qui devint un guide très apprécié, *Nouveau Voyage en Espagne ou tableau de l'état actuel de cette monarchie*. Il y répertoriait les œuvres qu'il avait vues dans ce pays au début de sa carrière, y compris des toiles de Goya. Nommé, en 1784-1785, ambassadeur intérimaire en Espagne pour dix-huit mois, il y revint, en 1792, ambassadeur en titre. Ferdinand Guillemardet lui succéda, en 1798. Ce dernier, aussitôt après son arrivée, commanda son portrait à Goya (fig. 51), qui déclara plus tard n'avoir « jamais rien fait de meilleur[51] ». Guillemardet dut avoir des contacts fréquents avec l'artiste, car il lui permit d'utiliser la presse de l'ambassade, au palais de Superunda, pour imprimer les gravures de sa série d'eaux-fortes satiriques, les *Caprices*[52] (fig. 52, 53, 64, 66 et 68). En 1800, l'ambassadeur rentra en France avec plusieurs Goya : son portrait, une petite toile représentant une femme en costume de *maja*, et au moins un exemplaire complet des *Caprices,* celui-là même, peut-être, que Delacroix étudia près de vingt ans plus tard. En Espagne, toutefois, Guillemardet avait déçu : selon la correspondance officielle, il avait été accusé d'insensibilité au peuple et à la culture espagnols. Il joua néanmoins un rôle inestimable dans l'introduction de Goya auprès des artistes du cercle de Delacroix.

Le mandat de son successeur à l'ambassade de France, Lucien Bonaparte, fut encore plus désastreux pour l'Espagne. La veille de Noël 1799, grâce à son rôle décisif dans le coup d'État du 18 brumaire (9 novembre 1799), le frère du Premier consul fut nommé ministre de l'Intérieur et des Arts. Il conserva ce poste moins d'un an, mais il envoya entre-temps le peintre Neveu en Bavière, avec la mission de choisir « dans les différentes demeures de l'Électeur et dans les établissements publics de la ville de Munich, les objets d'art et de science qui peuvent servir à compléter et à embellir les musées et bibliothèques de la République française[53] ». Ce fut avec la même soif de possession que, à la suite d'un entretien houleux avec son frère, Lucien quitta Paris pour Madrid le 8 novembre 1800. Moins de quatre mois plus tard, le 21 mars 1801, il signa le traité d'Aranjuez, par lequel la France cédait le trône de Toscane à Louis de Bourbon, fils du duc de Parme et donc beau-fils de la reine d'Espagne ; en échange, l'Espagne cédait à la France l'immense territoire de la Louisiane. Le même jour, Lucien écrivit à Napoléon : « Pour le traité de Toscane j'ai reçu vingt bons tableaux de la galerie du Retiro pour ma galerie, et on fait monter cent mille écus de diamants pour moi. J'en recevrai autant pour la paix du Portugal [...] Je ne vous cacherai rien à mon retour[54]... » Manuel Godoy, premier ministre d'Espagne et favori de la reine, observa que Lucien demanda beaucoup plus, « cinq millions », pour le traité de Badajoz[55]. Inquiets de ce qu'avaient fait les Français en Italie et en Flandres, le roi et la reine d'Espagne ne demandaient qu'à satisfaire l'appétit de l'ambassadeur de France et à flatter son ego à n'importe quel prix. Pendant ce seul mandat, Lucien amassa une véritable fortune et commença à constituer sa galerie de tableaux. À sa demande, son conseiller, le peintre Guillon-Lethière, acheta 70 tableaux au marchand d'art Juan de Aguirre pour la somme de 8 000 duros. En apprenant cette transaction, certains milieux ouvrirent les yeux. Bernardo de Iriarte, ministre et membre de l'Académie de San Fernando, écrivit : « Peu après l'arrivée de Lucien Bonaparte à Madrid, je compris, par un membre de sa suite, qu'il se proposait de les obtenir [les 70 tableaux] pour les envoyer en France. Je vis ainsi que la République envisageait de piller, en temps de paix, les reliquaires des beaux-arts en Espagne[56]... » Les 20 tableaux du palais du Buen Retiro et les 70 œuvres achetées à Aguirre n'ont pas encore été identifiés, mais ils comptaient, entre autres, un Moro,

Notes

46 Taillasson, 1807. Cité dans Thuillier, 1983, p. 24.
47 Amaury-Duval, 1993, p. 167.
48 Quatremère de Quincy, 1837, p. 31.
49 Idem, *op. cit.,* p. 79.
50 Amaury-Duval, *op. cit.,* p. 298.
51 Cité par Jeannine Baticle dans le cat. exp., Madrid, 1980, p. 78.
52 D'après Baticle, 1989, p. LXII et note 76.
53 Cité dans Edelein-Badie, 1997, p. 327.
54 Idem, *op. cit.,* p. 330.
55 Idem, *op. cit.,* p. 32.
56 Sanchez-Canton, janvier 1937, p. 165-166.

Fig. 5
Diego Velázquez
Femme à l'éventail
Vers 1635
Huile sur toile
H. 95 ; L. 70
Londres, Wallace Collection

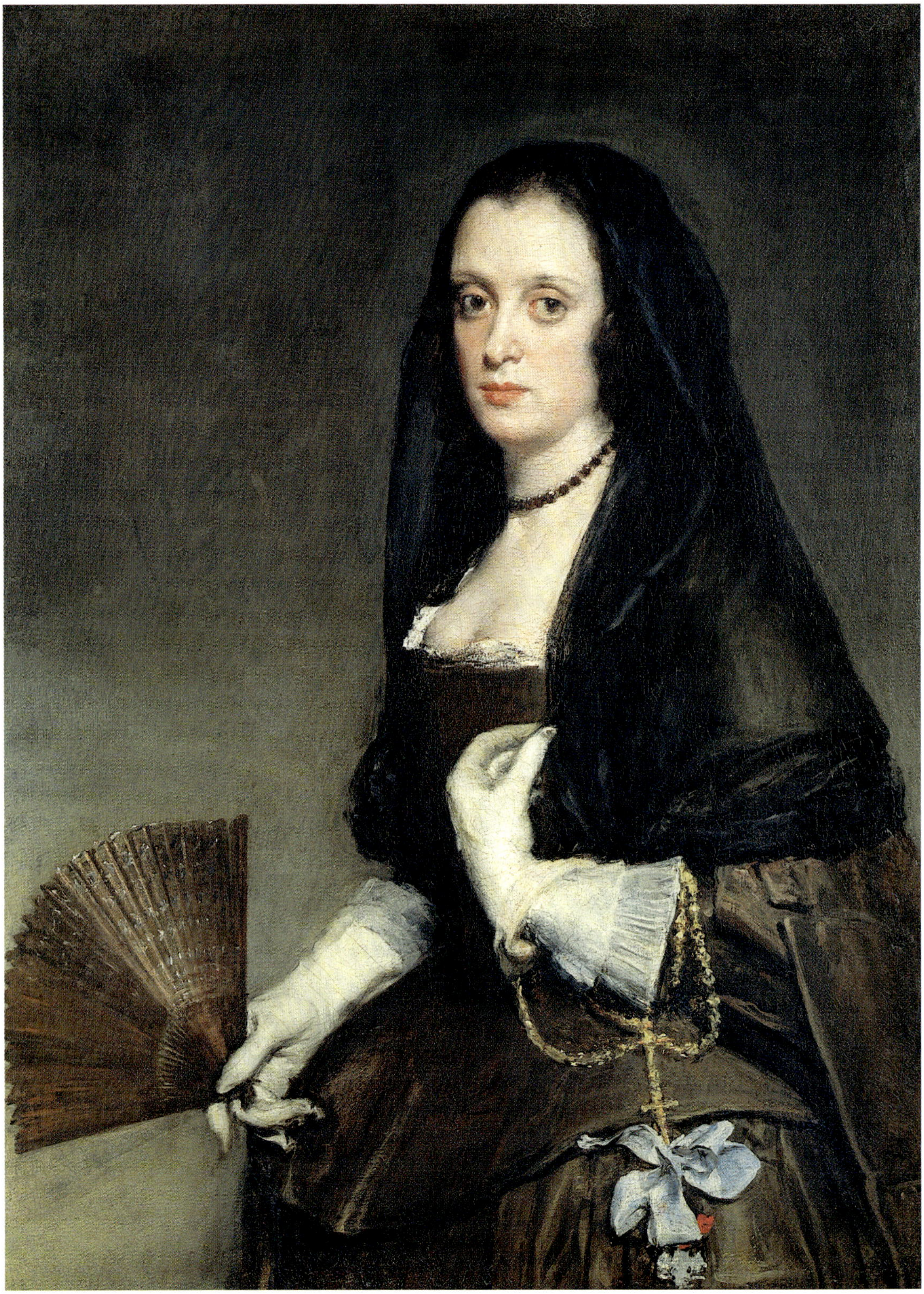

trois Murillo et un magnifique Velázquez, *Femme à l'éventail* (fig. 5)[57]. Lorsque l'ambassadeur quitta Madrid, le roi lui offrit un portrait miniature dans un cadre somptueux, avec une quantité de diamants non montés[58]. De retour à Paris, en novembre 1801, Lucien fit installer ses tableaux dans sa nouvelle demeure princière, à l'hôtel de Brienne. Mais à la fin de l'année 1803, les toiles furent réemballées pour être transportées en Italie, où, rejeté par Napoléon, Lucien s'exila avec sa nouvelle femme. Sa résidence romaine devint un lieu de rendez-vous pour les artistes français en Italie, notamment Ingres, jusqu'à ce que Lucien quitte le pays, en 1814. Sa collection fut vendue à Londres en 1816.

À Madrid, Lucien avait eu pour attaché d'ambassade Alexandre Louis Joseph de Laborde, qui, après avoir parcouru l'Espagne entre 1800 et 1805, décrivit son périple dans *Voyage pittoresque et historique de l'Espagne* (1806-1820). Laborde fut le premier qui porta un jugement objectif sur l'originalité et la qualité de l'école espagnole : « Le règne de Philippe III et les génies sans nombre de cette époque qui se prosternent tous cependant devant quelques noms classiques qui les effacent, tels que Velázquez, Murillo, Cano, Coello, Zurbarán. C'est ce moment qu'il faut étudier pour connaître la véritable école espagnole qui a un caractère particulier que n'ont point les autres écoles ; elle tient l'intermédiaire entre l'école italienne et flamande ; plus rapprochée de la nature que la première, elle est plus noble que la seconde, et participe des beautés de toutes les deux ; cette école se distingue particulièrement dans les peintures sacrées, et l'on reconnaît dans les tableaux des Espagnols les sentiments que ce peuple éprouve en général pour les mystères de la religion ; nulle part l'extase, l'onction, la vraie piété, ne sont aussi bien exprimées que dans leurs ouvrages, et les passions mystiques rendues avec plus de chaleur ; les têtes de vierges sont d'une expression admirable ; le coloris et l'effet en sont frappants, et quoique les peintres espagnols ne se soient point livrés à des sujets profanes, et qui supposent l'étude du nu, lorsqu'ils eurent l'occasion de s'en occuper, ils s'y distinguèrent[59]. » La luxueuse édition du livre de Laborde, pour reproduire les plus célèbres tableaux dont elle traitait, avait eu recours à la gravure au trait, qui était à la mode à l'époque. Il va sans dire que les contours marqués, très appréciés des théoriciens néoclassiques, étaient totalement inadaptés pour rendre les lignes fondues et estompées qui caractérisaient la peinture baroque espagnole.

À peine Laborde avait-il quitté l'Espagne qu'un autre Français, Frédéric Quilliet, vint s'établir comme expert de la peinture espagnole. Auteur et marchand d'art sans moyens d'existence connus, Quilliet offrit ses services à des collectionneurs pour dresser des catalogues et accéder ainsi aux œuvres d'art et à leurs propriétaires. Très vite, il travailla pour le Prince de la paix, Manuel Godoy ; et au printemps de 1808, alors que le roi d'Espagne négociait avec Napoléon pour sauver son trône, Quilliet inventoriait la collection du palais royal de Madrid.

Notes

57 Voir, pour les tableaux, les dates 1800 et 1816 dans la « Chronologie ». Les deux Ribera vendus en 1816 dans la collection de Lucien Bonaparte avaient peut-être été acquis pendant son séjour à Rome plutôt qu'à Madrid. Pendant de nombreuses années, il fut possible de voir *la Femme à l'éventail* dans la maison parisienne de lord Hertford, avant que la collection ne soit transférée à Londres.

58 Edelein-Badie, 1997, p. 332.

59 Laborde, 1820, p. 34.

Ce dernier fut d'abord opposé à Napoléon, mais, par la suite, il coopéra avec l'occupation française. Il accompagna Lebrun en 1807-1808, lorsque le marchand vint acheter des œuvres d'art en Espagne, il aida peut-être Denon pendant ses voyages dans la Péninsule et, surtout, il conseilla le maréchal Soult en 1810, au cours du pillage de Séville. En 1816, il publia à Paris son *Dictionnaire des peintres espagnols,* qui contribua largement à faire connaître la peinture espagnole, mais qui n'était pour l'essentiel qu'une réécriture du *Diccionario* de Ceán Bermúdez, paru en 1800 à Madrid.

• L'invasion française en Espagne

Avec les traités de San Ildefonso, de Badajoz et d'Aranjuez, Napoléon avait obtenu ce qu'il voulait : des territoires en Amérique du Nord et aux Antilles et l'adhésion de l'Espagne au blocus continental. En 1801, poussée par la France, l'Espagne déclara même la guerre au Portugal, allié de l'Angleterre, mais la cour espagnole n'avait guère intérêt à participer à la construction de l'empire français. En 1802, Madrid put mesurer l'inconstance de Napoléon quand il céda, par le traité d'Amiens, la colonie espagnole de la Trinidad à l'Angleterre et vendit la Louisiane aux États-Unis, violant ainsi le traité d'Aranjuez. La paix signée à Amiens avec l'Angleterre fut de courte durée et, dès 1804, Napoléon prévoyait à nouveau d'envahir cette dernière. Après avoir compris qu'il n'y parviendrait pas, il se tourna vers l'Est, défit les armées d'Autriche et de Prusse, libéra la Pologne et, alors qu'il marchait sur Moscou, signa un traité de paix avec la Russie, tout en isolant l'Angleterre, seul grand ennemi à présent d'une Europe française. En 1807, pour barrer la route au commerce anglais sur le continent, Napoléon ordonna au maréchal Junot de prendre Lisbonne. Mais quand Junot entra dans la capitale portugaise, la famille royale s'était déjà enfuie au Brésil. Les troupes françaises s'attardèrent en Espagne, ce qui provoqua une crise de la monarchie espagnole. Charles IV, que la défaite des flottes espagnole et française à Trafalgar avait fait réfléchir, était lassé de ses alliés français, mais voulait à tout prix éviter la guerre. Il savait à quoi il s'exposait, car la puissance de Napoléon lui était sans cesse rappelée par le tableau de David *Bonaparte franchissant les Alpes* (fig. 6), placé depuis 1802 dans un salon du palais royal de Madrid[60]. Si le premier ministre Godoy, amant présumé de la reine et favori du roi, voulait coopérer avec la France, le prince héritier, Ferdinand, qui aspirait à l'évincer, avait pris contact lui aussi avec Eugène de Beauharnais, le représentant de Napoléon. Au début de l'année 1808, les troupes françaises, commandées par Murat, entrèrent massivement en Espagne. Le peuple se révolta contre Godoy et, pour protéger son ministre de la fureur populaire, le roi abdiqua en faveur de son fils, Ferdinand. Mécontent de la tournure des événements, Napoléon prit le roi, la reine

Notes

60 On oublie souvent que ce tableau célèbre avait été commandé par Charles IV en 1800 pour commémorer le traité de San Ildefonso ; cette œuvre a peut-être un rapport avec le portrait équestre du comte-duc d'Olivares exécuté par Velázquez, qui se trouvait aussi dans le salon des Grands Capitaines. Voir Gerard Powell, 1998, p. 407-414.

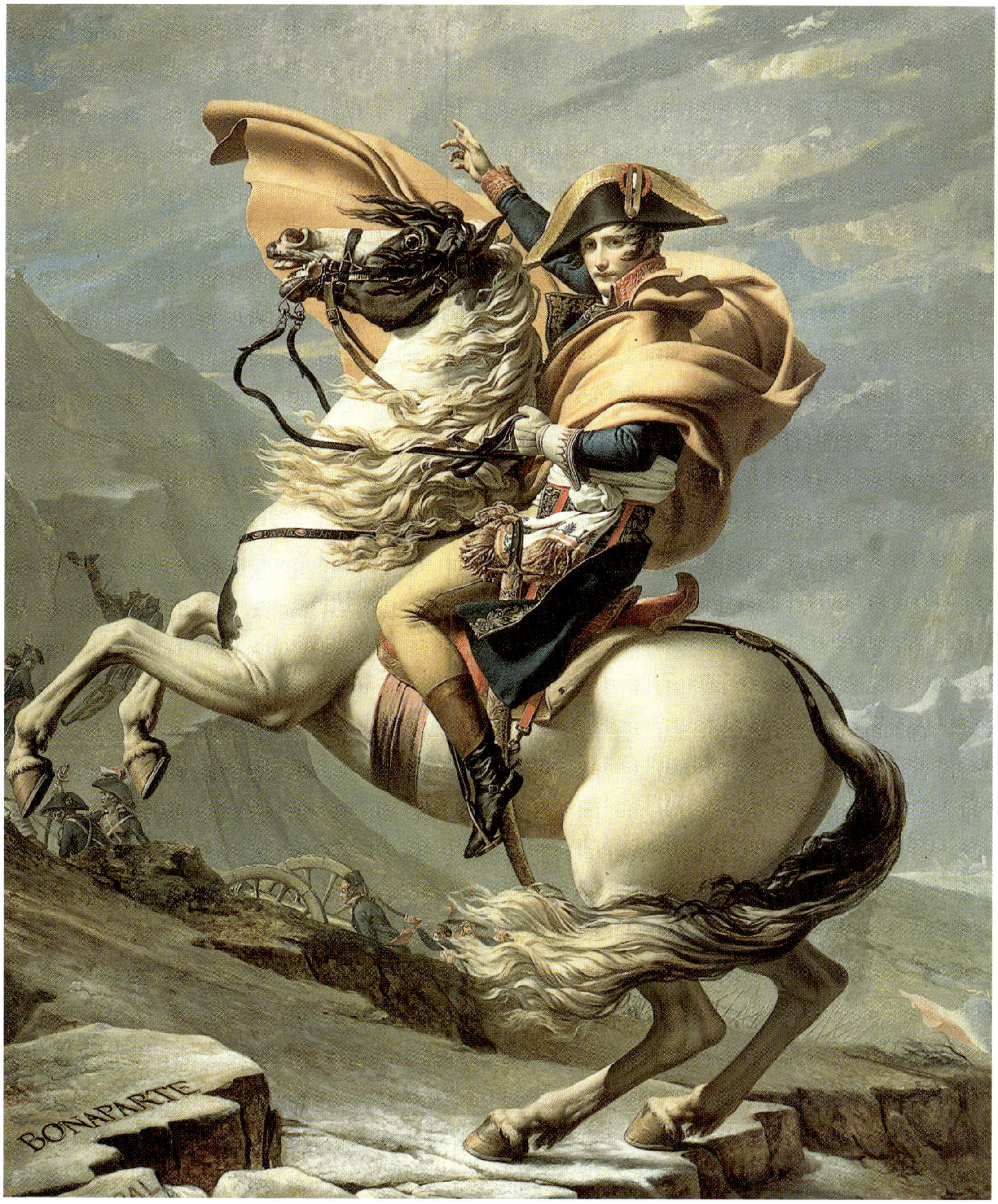

Fig. 6
Jacques-Louis David
Le Premier consul franchissant les Alpes au col du Grand Saint-Bernard
Huile sur toile
H. 259 ; L. 221
Rueil-Malmaison, musée national des châteaux de Malmaison et de Bois-Préau

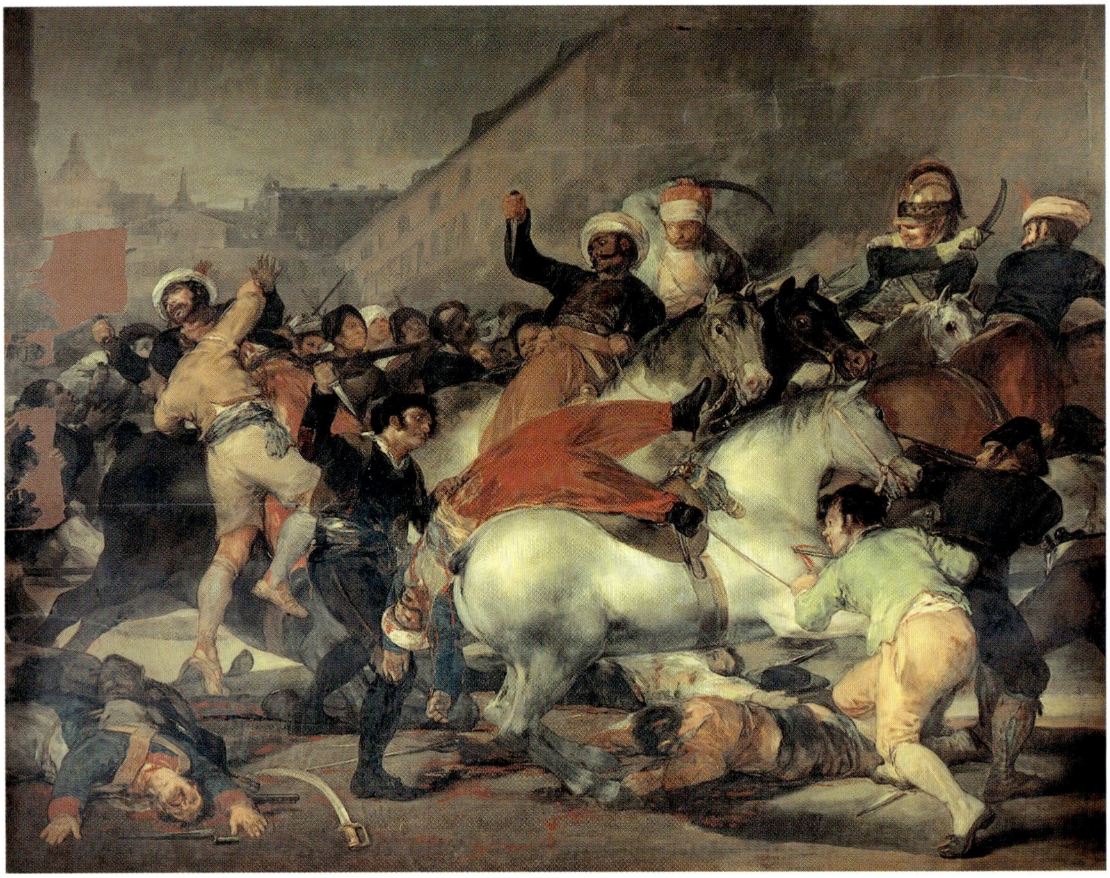

Fig. 7
Francisco de Goya
Deux Mai 1808
1814
Huile sur toile
H. 226 ; L. 345
Madrid, musée du Prado

et Godoy en otages à Bayonne, et Ferdinand, attiré à leur suite par la ruse, fut contraint de rendre la couronne à son père, qui abdiqua en faveur de Napoléon. La nouvelle de cette capitulation déclencha des émeutes à Madrid. La révolte espagnole et la répression française furent commémorées par les grandes toiles de Goya, *Deux Mai 1808* et *Trois Mai 1808* (fig. 7 et 8), que l'artiste peignit en 1814.

Le 6 juin 1808, Napoléon nomma son frère aîné, Joseph, roi d'Espagne, mais il se heurta à une résistance acharnée, qui tint Madrid jusqu'à la fin de l'année. Finalement, le 4 décembre, il entra lui-même à Madrid pour mettre Joseph sur le trône. Trois semaines plus tard, Dominique Vivant Denon, le directeur du musée Napoléon, alla chercher 20 toiles en Espagne pour enrichir les collections de son musée. L'Empereur écrivit à son frère : « Denon voudrait prendre quelques tableaux. Je préférerais que vous prissiez tous ceux qui se trouvent dans les maisons confisquées, et dans les couvents supprimés et que vous me fissiez présent d'une cinquantaine de chefs-d'œuvre qui manquent au Muséum de Paris. En temps et lieu, je vous en donnerai d'autres. Faites venir Denon et parlez-lui dans ce sens. Il peut vous faire les propositions. Vous sentez bien qu'il ne faut que de bonnes choses, et l'opinion est que vous êtes immensément riches en ce genre[61]. » De toute évidence, Joseph ne se montra pas coopératif, car Denon se plaignit à l'Empereur : « Si tout autre prince que le frère de Votre Majesté eût occupé le trône d'Espagne, je les aurais sollicités pour ajouter à la collection du musée vingt tableaux de l'école espagnole

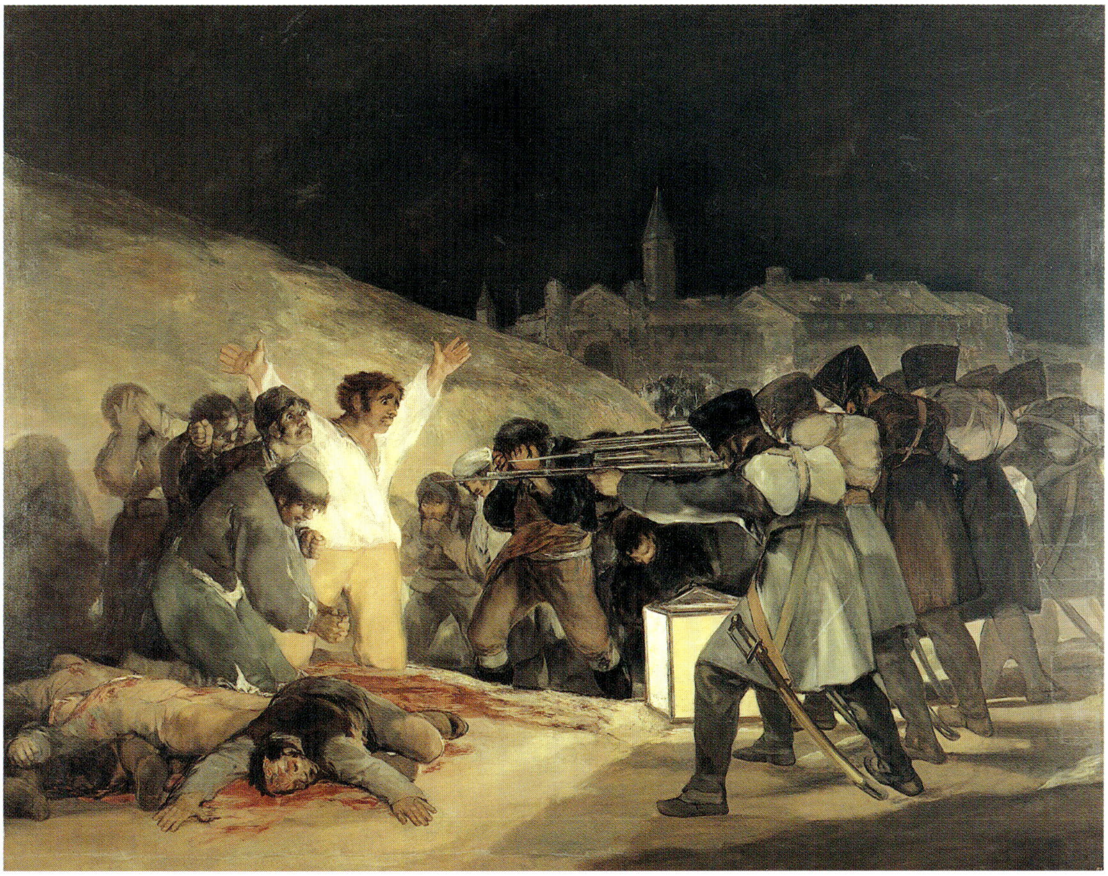

Fig. 8
Francisco de Goya
Trois Mai 1808
1814
Huile sur toile
H. 266 ; L. 345
Madrid, musée
du Prado

dont elle manque absolument et qui auraient été à perpétuité un trophée de cette dernière campagne[62]. » Denon proposa de choisir les œuvres dans la collection royale ou dans celle de Godoy (qui possédait, entre autres, la *Maja vêtue* et la *Maja nue,* de Goya), ou encore dans les collections des familles nobles d'Espagne. Il dressa plusieurs listes de tableaux pendant son séjour, à la faveur duquel il réunit peut-être quelques œuvres pour sa collection personnelle. Après quoi, durant les cinq années suivantes, une lutte acharnée se livra entre Joseph, ses conseillers (dont Goya fit partie à un moment donné) et Denon, qui refusait constamment les confiscations proposées en jugeant les tableaux indignes de son musée. En fait, le « cadeau » officiel de Joseph ne quitta pas Madrid avant 1813. Entre-temps, le 20 décembre 1809, ce dernier signa un décret annonçant la création d'un musée national à Madrid, « pour que la valeur des grands peintres espagnols, peu connus des nations voisines, rayonne [...] ». Il voulait un « Museo de Pintura » qui renferme « toutes les œuvres nécessaires [...] tirées de tous les établissements publics et même de nos palais » (la suppression des institutions religieuses, en 1810, fournira d'amples ressources à ce musée).

Notes

61 Voir 1809 dans la « Chronologie ».

62 Voir 1809 dans la « Chronologie ».

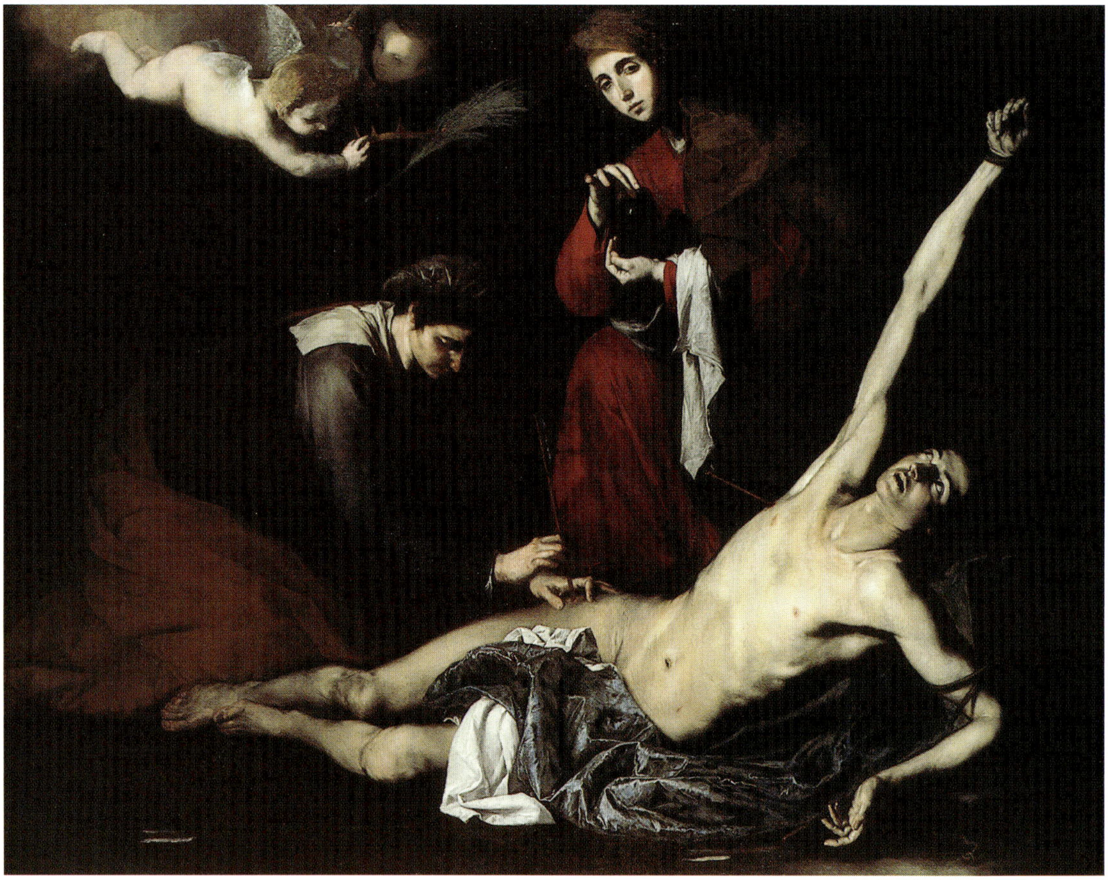

Fig. 9
Jusepe de Ribera
Saint Sébastien soigné par les Saintes Femmes
1621(?)
Bilbao, musée des Beaux-Arts (cat. 28)

De plus, il décréta qu'il allait rassembler « une collection générale de peintres célèbres de l'école espagnole, que nous offrirons à notre auguste frère l'Empereur des Français [...] Monument à la gloire des peintres espagnols, elle témoignera de l'union de nos deux nations[63] ». En 1810, Joseph reconduisit l'interdiction d'exportation des œuvres d'art qui avait été prise, en 1779, par Floridablanca.

Tout au long des hostilités, les forces françaises n'ignoraient pas que des trésors dormaient dans les couvents, les monastères, les cathédrales et les palais ; et à mesure que les troupes avançaient en Andalousie, le maréchal Soult, commandant de l'armée française du sud, se révéla être un pillard très différent de Joseph Bonaparte. Conseillé par Frédéric Quilliet, qui avait toujours sur lui un exemplaire du *Diccionario* de Bermúdez, Soult fit transférer tout le patrimoine artistique de Séville à l'Alcazar. Le 7 février 1810, Quilliet informa le ministre de l'Intérieur de Joseph qu'il avait identifié 891 « tableaux de toutes grandeurs, qui constituent la base de l'Ecole Espagnole puisque vous y verrez des Villegas que l'on doit regarder comme le fondateur de l'Ecole dont Murillo est le Prince[64] ». Les Espagnols se montrèrent peu coopératifs. Nombre d'institutions religieuses tentèrent de cacher des toiles et des gravures ; plusieurs familles vendirent des œuvres à des marchands pour éviter qu'elles ne soient saisies ; et des édiles projetèrent de placer le trésor de la cathédrale sur un navire qui devait prendre la mer si les Français marchaient sur leur ville. Malgré cela, le 2 juin 1810, 999 toiles confisquées furent inventoriées à l'Alcazar. Quilliet n'avait pas exagéré : la forteresse contenait des œuvres inestimables, dont des cycles entiers de Zurbarán[65] et de Murillo. Les tableaux destinés au futur musée de Madrid et au musée de Paris firent l'objet de plusieurs sélections. Parmi les dernières figuraient *l'Apparition de la vierge* de Zurbarán et *le Songe du patricien* de Murillo. L'analyse d'Ignacio Cano montre que, pendant l'occupation française, 173 tableaux furent enlevés définitivement de Séville[66]. Beaucoup furent saisis illégalement par le maréchal Soult.

Joseph avait donné à Soult, comme aux autres grands généraux français en Espagne – Sebastiani, de Faviers et Desolles –, un certain nombre de tableaux en récompense de ses succès militaires. C'est ainsi que Soult possédait un magnifique choix de Titien, Navarrete, Sebastiano del Piombo, Guido Reni, Ribera (fig. 9) et Van Dyck. Mais, outre ces tableaux, il avait réquisitionné des douzaines d'œuvres à l'Alcazar pour décorer l'ancien palais de l'évêque, dont il avait fait sa résidence à Séville, et il les emporta lors de son départ. Contrairement à Joseph, qui atermoya longuement avant d'envoyer son « cadeau » à son frère, Soult réunit très vite la plus grande collection privée de peinture espagnole conservée en des mains étrangères. Après 1812, son hôtel particulier, rue de l'Université, apparut *de facto* comme le musée espagnol de la France, attirant de multiples artistes. Il avait acquis, au total, près de 180 tableaux espagnols, dont l'*Immaculée Conception* de Murillo (fig. 125) est de loin le plus célèbre. Montrant fièrement sa collection à l'auteur anglais Richard Ford en 1816, il prétendit que la Vierge avait sauvé la vie de deux hommes, qu'il avait épargnés quand ils l'avaient laissé prendre la toile dans la cathédrale de Séville[67]. Il est impossible d'imaginer l'effet que produisaient les grands cycles religieux de Murillo et de Zurbarán chez Soult, mais il devait être bouleversant. Delacroix (fig. 10) qui était de cet avis, écrivit à propos d'un entretien avec Delaroche : « Je lui parlais un jour des admirables Murillo du maréchal Soult, qu'il voulait bien me laisser admirer[68]. »

• Le cadeau de Joseph à Napoléon

Finalement, 50 tableaux destinés au musée Napoléon quittèrent Madrid à la fin de l'été de 1812, quelques jours avant l'arrivée d'Arthur Wellesley dans la capitale. Ces toiles étaient accompagnées de 250 autres, saisies dans les grandes collections privées d'Espagne[69]. Lorsque

Notes

63 Voir, pour le texte complet du décret, l'essai de Cano dans l'édition américaine de ce catalogue, note 52.
64 Idem, *op. cit.*, note 58.
65 Voir Gómez Ímaz, 1896.
66 D'après Ignacio Cano, 32 œuvres de Murillo, 24 toiles d'Alonso Cano et 28 tableaux de Zurbarán. Voir l'essai de Cano dans l'édition américaine de ce catalogue.
67 Ford, 1845.
68 Et Delacroix (*Journal*, II, 30 novembre 1853, p. 125) poursuit : « Seulement, disait-il, *ce n'est pas de la peinture sérieuse.* » Cette remarque témoigne du dégoût persistant des peintres académiques français pour la peinture espagnole ; Murillo et Velázquez sont les seuls artistes d'Espagne représentés par Delaroche dans le grand hémicycle de l'École des beaux-arts.
69 Voir, pour l'histoire des vicissitudes de cette liste, la « Chronologie », de 1808 à 1813. Chose intéressante, mais non surprenante, le Greco n'a jamais figuré sur aucune version de cette liste. À la fin, un seul Velázquez a été envoyé, *la Tunique de Joseph* (Madrid, musée du Prado).

Fig. 10
Eugène Delacroix
Sainte Catherine, d'après un tableau de la collection Soult
1824-1827
Béziers, musée des Beaux-Arts (cat. 60)

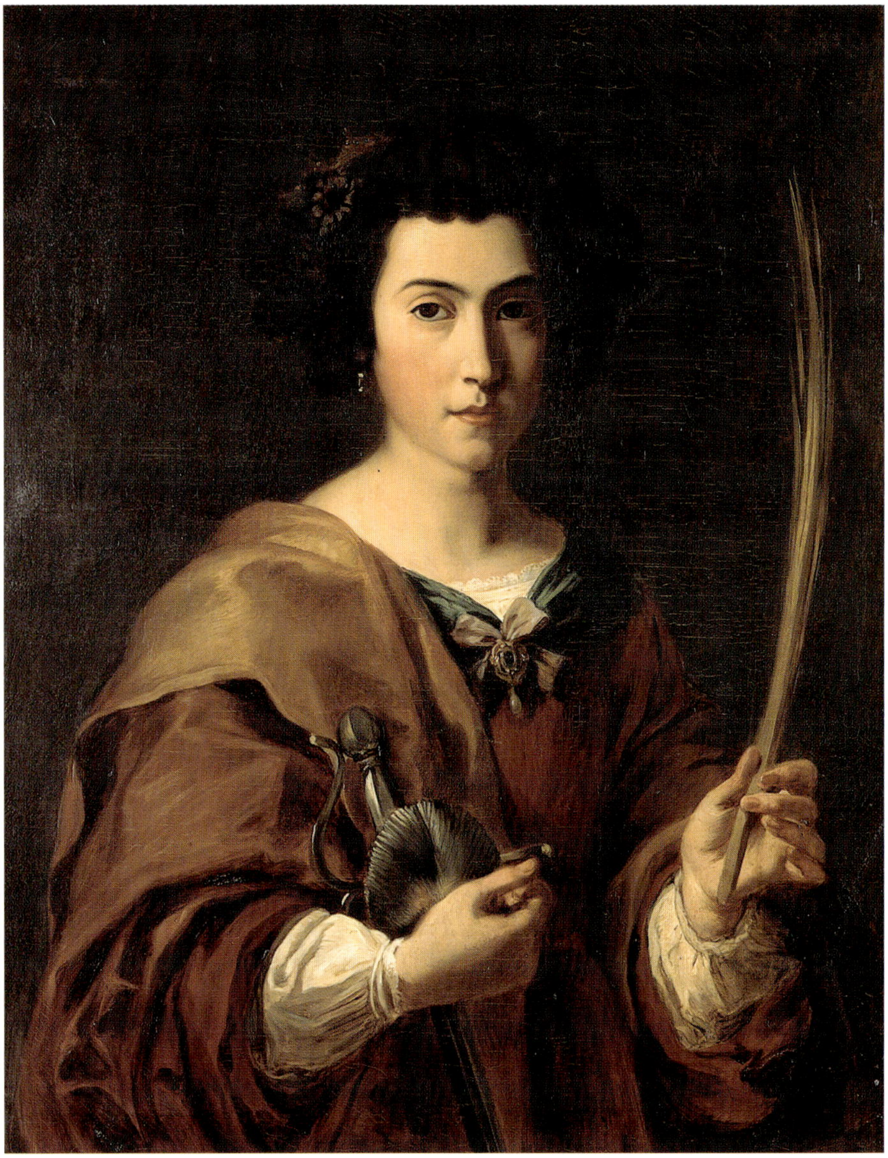

les caisses furent ouvertes, un an plus tard à Paris, Denon, qui était aussi clairvoyant qu'avide, exprima sa déconvenue : « Je ne puis vous dissimuler, Monseigneur, que parmi les premiers il se trouve au plus 6 tableaux qui pourront entrer au musée Napoléon et l'on peut s'apercevoir facilement par ce choix combien Sa Majesté le roi d'Espagne a été trompée par les personnes qu'elle avait chargé du soin de les désigner. Quant aux tableaux recueillis par le domaine extraordinaire de la Couronne, il se trouve dans le nombre deux tableaux du premier ordre et 150 autres qui seront très avantageusement placés dans les palais de Sa Majesté et particulièrement dans les rendez-vous de chasse, cet envoi se composant d'une suite nombreuse de tableaux de Sneyders et de Paul de Vos, artistes qui ont excellé à peindre des animaux et des chasses[70]. » La déception de Denon reflétait peut-être l'énorme coût humain de la guerre menée par la France en Espagne : les pertes se montaient à 200 000 hommes chez les Français et à 60 000 chez les alliés, les victimes espagnoles étant estimées à 300 000[71]. Denon

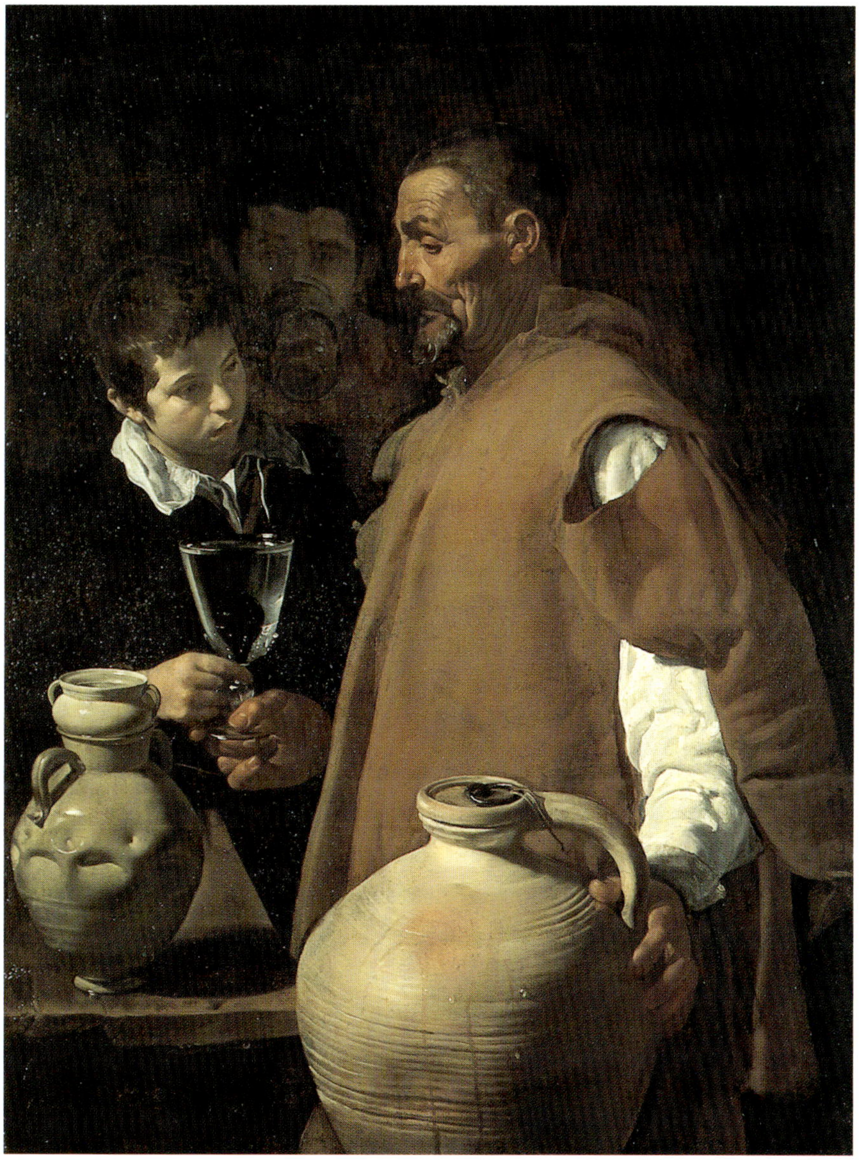

Fig. 11
Diego Velázquez
Vendeur d'eau de Séville
1620
Huile sur toile
H. 106,7 ; L. 81
Londres, Apsley House,
The Wellington
Museum

ne pouvait pas savoir que Joseph quitterait Madrid quelques semaines plus tard, avec une longue caravane menée par le général Hugo, dont Wellesley allait s'emparer au cours de la bataille de Vitoria, en septembre 1813. Wellesley prit alors 165 tableaux, dont le *Vendeur d'eau de Séville* de Velázquez (fig. 11) et des toiles assez importantes de Ribera et de Murillo. Ces œuvres, offertes par Ferdinand VII à Arthur Wellesley devenu duc de Wellington, se trouvent toujours dans sa demeure à Londres. La plupart de ces toiles provenaient des appartements privés de Joseph et de sa femme au palais royal de Madrid. Mais hormis les œuvres saisies par Wellington,

Notes

70 Voir 1813 dans la « Chronologie ».

71 Tulard, 1987, vol. 1, p. 752. Voir aussi Glover, 1974.

le 6 avril, et l'arrivée de Louis XVIII, le 24. Dans un premier temps, pour ne pas humilier ou irriter le peuple français, les alliés n'insistèrent pas sur la restitution des œuvres d'art, que les Français avaient cherché à interdire en tentant d'introduire une clause sur ce point dans les traités de paix. C'est dans ce souci de ménagement que Louis XVIII annonça, le 4 juin 1814 : « La gloire des armées françaises n'a reçu aucune atteinte : les monuments de leur valeur subsistent, et les chefs-d'œuvre des arts nous appartiennent désormais par des droits plus stables que ceux de la victoire[75]. » Mais, en réalité, le roi avait signé un décret, le 14 mai, ordonnant la restitution de toutes les toiles confisquées des grands d'Espagne et de tous les objets du Louvre pris à des personnes privées (par ailleurs, il promit verbalement aux Prussiens que tous leurs biens saisis leur seraient rendus en temps voulu). Denon tenta vainement de conserver les Murillo que Soult avait donnés au Louvre, sous prétexte qu'ils auraient été offerts au maréchal français par la ville de Séville. La réponse de l'ambassadeur espagnol fut vive et sans réplique : « La ville de Séville ne pouvait pas donner à M. le maréchal Soult ce qui ne lui appartenait pas, ce qui ne lui a jamais appartenu[76]... » Toutefois, Soult put garder ce qu'il avait ramené d'Espagne et placé dans sa maison parisienne, car le décret de restitution s'appliquait uniquement aux institutions gouvernementales ; les particuliers en étaient exemptés, ainsi que les musées de province, auxquels Denon avait envoyé des œuvres d'art.

À la fin de l'année 1814, les négociations avec les parties dépossédées n'étaient toujours pas réglées. Après Waterloo, cependant, les alliés se montrèrent moins patients. Denon ayant informé l'armée prussienne qu'il n'était pas autorisé à sortir quoi que ce soit du Louvre, et qu'il ne le ferait que sous la contrainte, celle-ci surveilla l'enlèvement du butin du musée pendant toute l'année 1815[77]. Au total, les commissaires espagnols reçurent 284 œuvres de diverses écoles[78]. Les Murillo donnés au Louvre par Soult furent récupérés par la force. De plus, la France restitua le petit nombre de toiles espagnoles qu'elle avait pris dans d'autres pays, comme la *Mater Dolorosa* de Ribera, saisi à Kassel en 1806, et la *Famille de l'artiste* de Velázquez (aujourd'hui attribué à Mazo), enlevé à Vienne en 1809. Ces deux tableaux, exposés entre 1809 et 1815, furent copiés par le jeune Géricault avant leur retour[79]. Les collections du Louvre se réduisirent à un point tel qu'elles en devinrent méconnaissables, ce qui souleva une avalanche de protestations. Aux obsèques de Dominique-Vivant Denon, le baron Gros répéta la fameuse remarque qu'avait prononcée le conservateur au sujet de la restitution des œuvres confisquées : « Qu'ils les prennent. Mais ils n'ont pas d'yeux pour les voir. La France prouvera toujours, par sa supériorité artistique, que les chefs-d'œuvre y étaient mieux qu'ailleurs[80]. »

Toutes les œuvres rendues à l'Espagne ne retournèrent pas d'où elles venaient. Les institutions religieuses retrouvèrent généralement les leurs, notamment à Séville. Mais la collection royale ne regagna pas les palais. La plus grande partie des œuvres qui la composaient fut placée dans un bâtiment (conçu par Juan de Villanueva, en 1787, comme un musée d'histoire naturelle attenant au palais du Buen Retiro) qui ouvrit ses portes, en novembre 1819, sous le nom Real Museo de Pintura y Escultura. Ce Musée royal, baptisé après 1869 Museo del Prado, était le point d'aboutissement de plusieurs tentatives menées depuis le XVIIIe siècle pour créer une galerie royale de peinture à Madrid. Depuis le jour de son ouverture, le musée du Prado se présenta comme une exposition majeure de l'école espagnole, doté d'une galerie centrale consacrée aux peintres vivants, tels Goya, Paret et Maella, selon une disposition conforme au décret pris par Joseph Bonaparte en 1809 (les 311 toiles accrochées initialement provenaient toutes des collections royales). Plus tard, les tableaux modernes furent déplacés en faveur des œuvres de la Renaissance italienne, notamment de Titien. Après l'invasion française, le Prado devint ce que plusieurs monarques et conservateurs français avaient toujours souhaité : une exposition majeure de l'école espagnole, associée mais subordonnée aux œuvres de la Renaissance italienne.

À l'exception d'un voyage à Naples pour contempler les Ribera, ou d'une rencontre occasionnelle à Rome avec le *Portrait d'Innocent X* de Velázquez à la galerie Doria-Pamphili, c'est à Paris que les peintres français eurent leurs premiers contacts avec l'Espagne – au Louvre, dans la résidence du maréchal Soult, et chez d'autres collectionneurs privés (à l'exception de David, qui emprunta la composition de son *Saint Jérôme* à une gravure de Ribera et celle de son *Napoléon franchissant les Alpes* [1800] au *Comte-Duc d'Olivares* de Velázquez). Les jeunes artistes qui virent les œuvres fraîchement arrivées des pays conquis semblent avoir été attirés par leur expressivité et par la composante fortement mystique et spirituelle de l'art espagnol, car c'était là un trait qui le distinguait des peintures française, italienne et flamande déjà connues en France. La copie de la *Mater Dolorosa* de Ribera par Géricault, la *Sainte Thérèse* par laquelle Gérard s'essaya dans la manière de Zurbarán et la grande fascination de Delacroix pour les *Caprices* de Goya s'inscrivaient dans cette veine. Indéniablement, le *Christ au jardin des Oliviers* de Delacroix de l'église Saint-Paul-Saint-Louis et le *Christ sur la Croix* de Prud'hon (1820-1822) reflètent l'étude des œuvres espagnoles de la collection Soult (fig. 14 à 17). Mais Delacroix s'intéressait aussi aux aspects purement techniques de la peinture espagnole. Vers 1824, il copia un Zurbarán dans la collection Soult et un *Portrait*

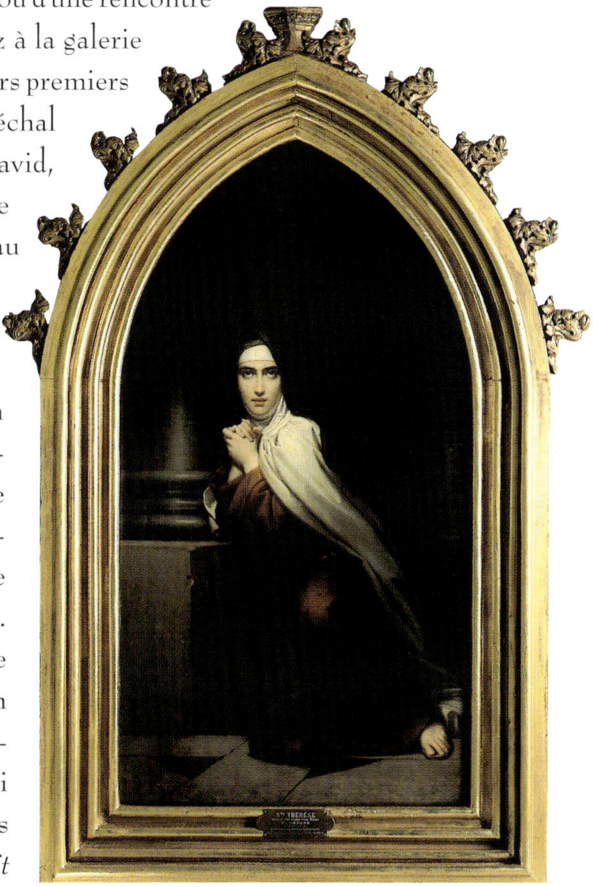

Fig. 14
François, baron Gérard
Sainte Thérèse
1828
Paris, maison Marie-Thérèse (cat. 63)

Notes

75 Cité par Saunier, 1902, p. 85.
76 Voir la date 1814 dans la « Chronologie ».
77 Voir le rapport fascinant de Wellington sur le problème de la restitution et de l'intransigeance française, réimp. dans Gould, 1965, p. 131-135.
78 Beroqui, 1932, p. 87.
79 L'inventaire de l'atelier de Géricault après sa mort comprenait une « esquisse [encadrée] d'après Vael Laschesse », lot 21 dans la vente de l'atelier : « Une copie d'après Velázquez, représentant une mère de famille. Ce tableau est encadré. » Delacroix acheta un grand nombre d'œuvres à la vente Géricault en 1824, notamment des copies d'après des œuvres d'artistes plus anciens. (voir, dans la « Chronologie », 1824, pour la remarque de Delacroix sur l'achat de ces œuvres). En 1863, la vente, après-décès, de Delacroix comprenait 18 tableaux de Géricault (lots 222-239) et une toile intitulée *les Enfants de Philippe II, d'après Velasquez* (lot 234 ; H. 45 ; L. 55 ; collection particulière). Je dois cette information à Wheelock Whitney. La copie de Géricault d'après Ribera se trouvait vers 1950 dans une collection à Bâle ; Bazin 1987, n° 363.
80 Gould, 1965, p. 123.
81 Delacroix, *Journal*, I, 11 avril 1824, p. 72, 74.

Fig. 15
Eugène Delacroix
Jésus au jardin des Oliviers
1824-1827
Huile sur toile
H. 294 ; L. 362
Paris, église Saint-Paul-Saint-Louis

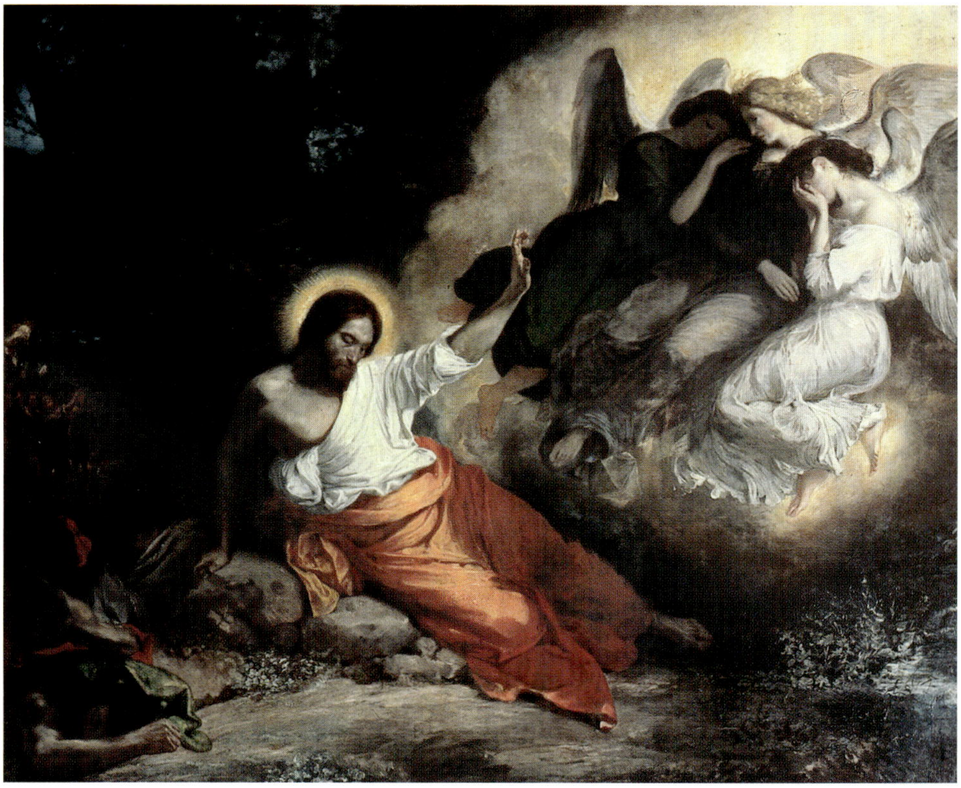

Fig. 16
Bartolomé Esteban Murillo
La Libération de saint Pierre
Huile sur toile
H. 238 ; L. 260
Saint-Pétersbourg, musée de l'Ermitage

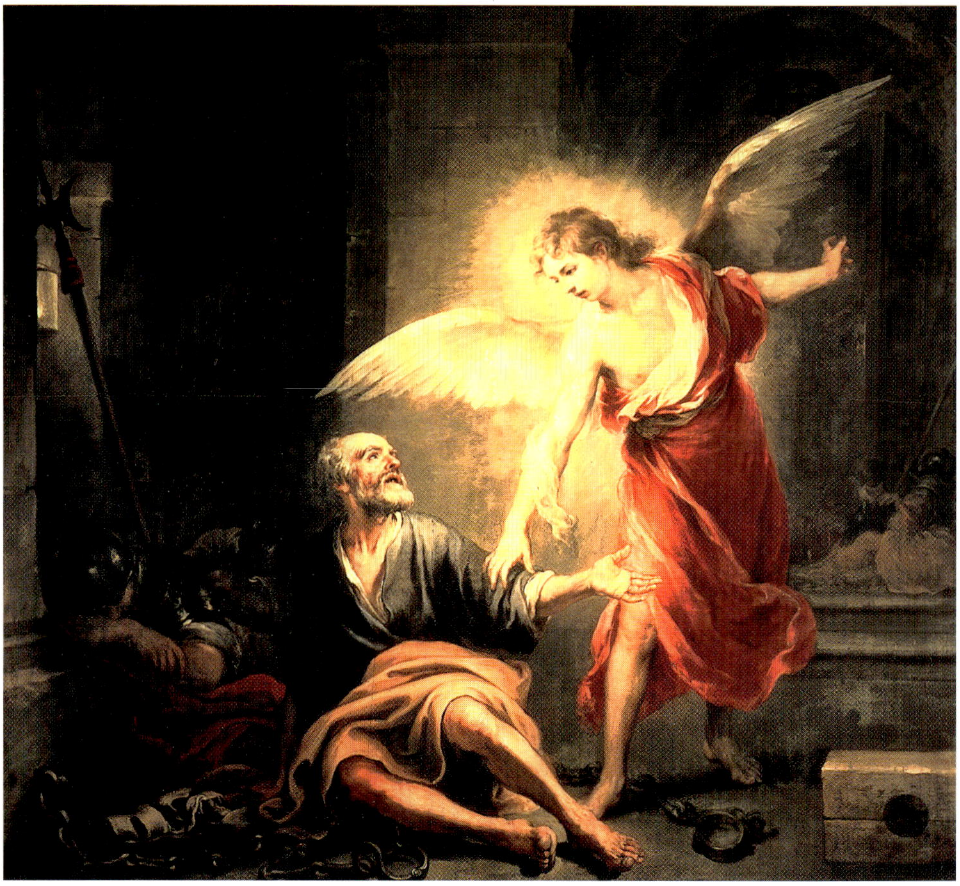

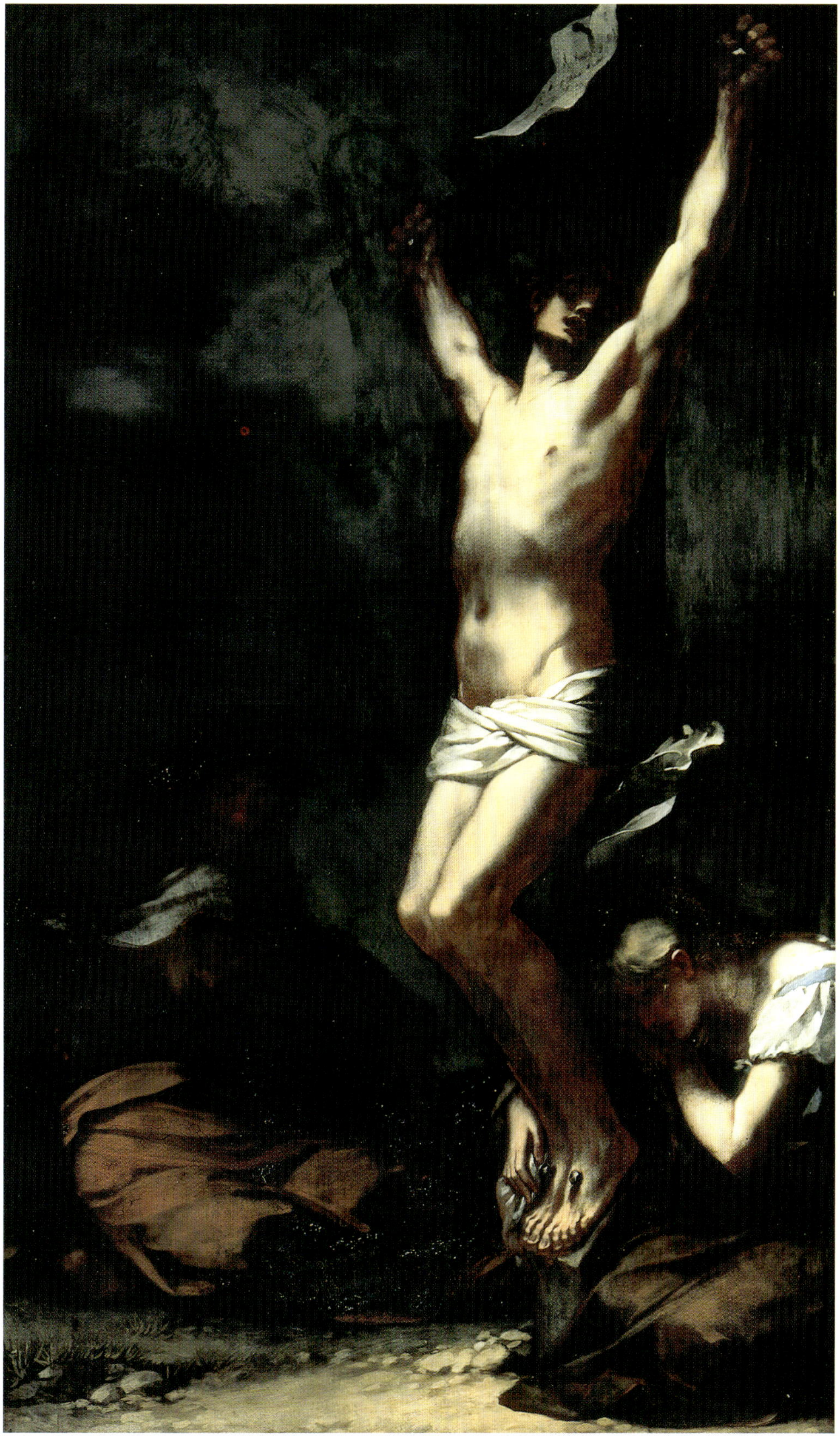

Fig. 17
Pierre-Paul Prud'hon
Christ sur la Croix
1822-1823
H. 274 ; L. 165,5
Huile sur toile
Paris, musée du Louvre

de Charles II d'Espagne de Carreño de Miranda, à l'époque dans la collection d'Orléans au Palais-Royal. Pensant que ce portrait était de Velázquez, il écrivit dans son *Journal* : « Voilà ce que j'ai cherché si longtemps, cet empâté ferme et pourtant fondu. Ce qu'il faut principalement se rappeler, *ce sont les mains*... si je prenais la palette en ce moment, et j'en meurs de besoin, le beau Velásquez me travaillerait. Je voudrais étaler sur une toile brune ou rouge de la bonne grasse couleur et épaisse[81]. » Ici, Delacroix identifiait un aspect de la peinture espagnole qui préoccuperait Manet dans les années 1860.

Avec la restitution du butin de guerre à l'Espagne et l'ouverture du musée du Prado, Madrid devint un lieu privilégié pour l'étude de l'art espagnol. On y trouvait des Murillo (visibles auparavant dans plusieurs collections françaises) et des Zurbarán (accessibles en France dans la collection Soult et en Espagne, dans des églises, des monastères et des couvents), mais aussi des Velázquez (dont les œuvres, concentrées jusqu'alors dans les divers palais des rois d'Espagne, étaient de ce fait peu connues). Hormis la collection royale de Vienne, aucun musée ne permettait une étude approfondie de Velázquez avant l'ouverture du Prado. Soult, par exemple, n'avait pas de Velázquez dans sa collection ; le petit portrait de l'*Infante Marguerite* était tout ce qui restait au Louvre ; et, en 1831, Prosper Mérimée écrivait en parlant du Prado : « C'est là seulement que j'ai vu une collection de Velázquez[82]. »

• Les voyageurs français en Espagne

Pour des raisons évidentes, il n'y eut pas beaucoup de visiteurs français à Madrid pendant l'immédiat après-guerre. Mais les choses changèrent en 1823, avec l'arrivée en Espagne de la compagnie Les cent mille fils de Saint-Louis – une immense armée envoyée par Louis XVIII pour aider à réprimer une insurrection libérale et restaurer une nouvelle fois la monarchie absolue de Ferdinand VII. Le Prado publia pour l'occasion un nouveau catalogue en français. Parmi les soldats qui participèrent à l'intervention se trouvaient deux jeunes français qui adoptèrent l'art espagnol avec enthousiasme : Louis Viardot et l'artiste Isidore-Séverin-Justin Taylor (qui deviendra le baron Taylor), qui commença alors à travailler à son *Voyage pittoresque en Espagne, en Portugal et sur la côte d'Afrique, de Tanger à Tetouan,* un livre en trois volumes qui parut entre 1826 et après 1848. Comme nous le rappelle Jeannine Baticle (voir ci-dessous), Taylor retourna plusieurs fois en Espagne et joua un rôle essentiel dans la création de la collection d'art espagnol de Louis-Philippe.

L'expédition de 1823 ouvrit la porte de l'Espagne à une génération nouvelle : « Le Musée de Madrid », l'article publié en 1831 par Mérimée, le futur auteur de *Carmen,* montre bien le regain d'intérêt pour l'Espagne et le nouveau regard porté sur son art. La façon dont l'auteur perçoit le Prado est déjà guidée par une sensibilité historique : « On retrouve sur les murs des souvenirs de l'invasion de 1809 : des inscriptions tracées par des soldats français et anglais s'y lisent encore distinctement... » Mais l'écrivain n'était pas à l'abri de l'arrogance culturelle : « Bien souvent les Espagnols, en vous montrant leurs riches collections de tableaux ou leurs magnifiques bibliothèques, soupirent et vous disent tristement : " Hélas, nous n'avons plus rien. Les Français ont tout emporté. " Moi, je trouverais plutôt que les Français ont eu le tort de laisser tant de trésors d'art qui souvent ne sont pas estimés à leur juste valeur par leurs légitimes propriétaires. Le Musée de Madrid, malgré ce que les Français ont pu prendre, est certainement un des plus riches de l'Europe [...] On ne voit point au Musée de Madrid ce grand nombre d'ouvrages médiocres qu'au Louvre on est étonné de rencontrer à côté de chefs-d'œuvre des plus grands maîtres[83]. » Il donne à Velázquez la place d'honneur, « il faut remarquer que les ouvrages de ce maître sont rares, même en Espagne. J'ai admiré la variété de sa manière », même s'il juge les portraits royaux trop uniformes, avec « la même expression de morgue superbe et d'absence d'idées »[84]. Plus tard, Mérimée considéra *les Ménines,* exposées au Prado depuis 1819, comme le sommet de l'art de Velázquez : « Aucun tableau, sans en excepter ceux de Rembrandt, n'égale celui-ci pour la science de la perspective aérienne et la distribution magique de la lumière [...] Plus on regarde ce tableau et plus il semble vrai [...] En un mot, le *faire* de l'artiste ne paraît nulle part[85]. » En 1835, Louis Viardot, dans son essai bien plus long sur le Prado, respecta la même hiérarchie, mais sans pouvoir décider qui, de Velázquez ou de Murillo, était le plus grand artiste : « Certes, si l'art de peindre n'était que l'art d'imiter la nature, Velázquez serait le premier peintre du monde[86]. » (En 1839, Viardot publiera un catalogue des chefs-d'œuvre de la collection de 240 peintures espagnoles du banquier parisien Aguado, marquis de las Marismas.) À l'instar de nombreux artistes et critiques de sa génération, Viardot n'était pas prêt à concéder que le naturalisme en soi pouvait relever du grand art. Pourtant, grâce au goût éclectique des peintres romantiques comme Delacroix, l'autorité du Beau idéal de Quatremère de Quincy commençait à s'éroder. « La meilleure école est celle où l'imitation touche de plus près à la réalité [...] où l'art s'efface, où la nature se montre. Voilà ce qui me fait dire que Velázquez est le premier des maîtres[87]. » Bientôt, Velázquez lui-même fut déclaré romantique : « Un peintre qu'on ne peut admirer qu'en Espagne, c'est Velázquez, écrivit Théophile Gautier en 1846, le plus grand coloriste du monde après Vecelli. Nous le mettrons pour notre part bien au dessus de Murillo, malgré toute la tendresse et la suavité de ce Corrège sévillan. Don Diego Velázquez de Silva est vraiment le peintre de l'Espagne féodale et chevaleresque, son art est frère de celui de Calderón et ne relève en rien de l'antiquité. Sa peinture est romantique dans toute l'acception du mot [88]. »

• Le baron Taylor et la Galerie espagnole de Louis-Philippe

Louis-Philippe, que ses détracteurs qualifiaient souvent d'opportuniste, profita de plusieurs occasions pour former, au milieu des années 1830, la plus grande collection privée de peinture espagnole. Comme l'explique Jeannine Baticle, Louis-Philippe était un ardent hispanophile. Il avait visité l'Espagne, voyagé en Amérique latine et épousé Marie-Amélie de Bourbon-Sicile, cousine de Ferdinand VII. Après la mort de Ferdinand, en 1833, le gouvernement espagnol connut une période de troubles lorsque don Carlos, frère du roi, lutta pour

Notes

82 Mérimée, 1831, p. 74.
83 Idem, *op. cit.,* p. 73-74.
84 Idem, *op. cit.,* p. 74.
85 Idem, 15 novembre 1848. Cité dans Guinard, 1960, vol. 1, p. 570.
86 Viardot, 1835, cité dans Guinard, 1960, p. 566.
87 Idem, *ibid.*
88 Gautier, 1865. Cité dans Guinard, 1960, p. 570.

Fig. 18
Bartolomé Esteban Murillo
Portrait de don Andrés de Andrade y la Cal
Huile sur toile
H. 200,7 ; L. 119,4
New York, The Metropolitan Museum of Art, legs de Collis P. Huntington, par échange, 1927

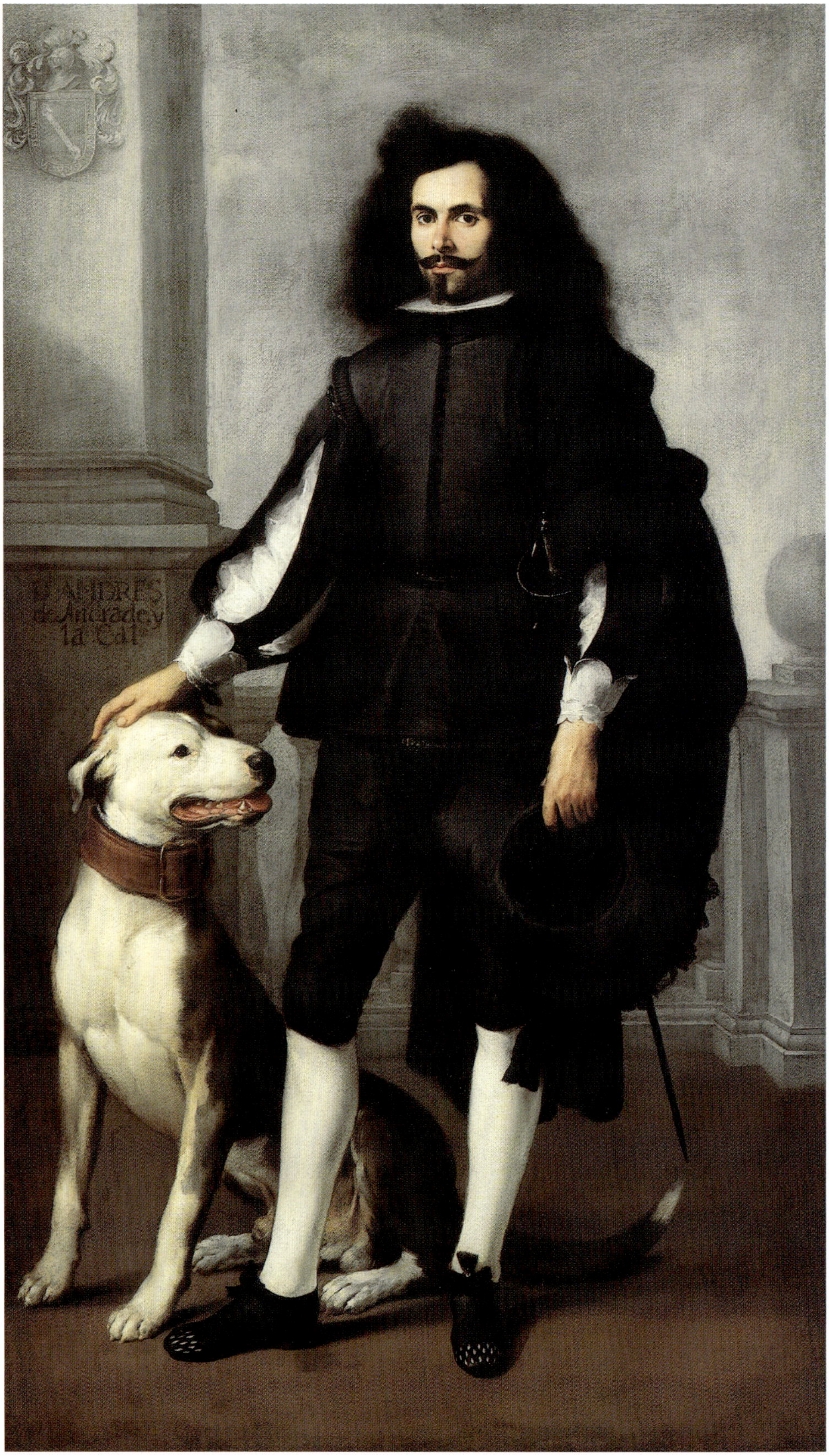

obtenir la couronne de la future Isabelle II, fille du monarque défunt. En 1835, les monastères et les couvents rétablis sous Ferdinand VII furent à nouveau supprimés par un gouvernement libéral. En conséquence, beaucoup d'œuvres d'art de valeur affluèrent sur le marché, et l'État espagnol se montra incapable d'en contrôler l'exportation. À la fin de l'année 1835, Louis-Philippe envoya le baron Taylor acheter des œuvres d'art en Espagne. Comme l'écrivit Dumas dans *la Presse* en 1837 : « Le roi avait décidé qu'il formerait, pour la donner à la France, une galerie complète de peintures espagnoles, dont nous connaissions bien les maîtres, mais à peine les œuvres[89]... » Au dire de tous, Taylor était un homme remarquable : écrivain infatigable, partisan de la conservation des monuments médiévaux ; responsable de l'acquisition de l'obélisque de Louxor qui orne aujourd'hui la place de la Concorde ; et enfin, brillant imprésario au Théâtre-Français, où il mit en scène, en 1830, la première d'*Hernani,* le drame espagnol de Victor Hugo. Avec les peintres Pharamond Blanchard et Adrien Dauzats, il resta jusqu'en avril 1837 en Espagne, « sa seconde patrie » selon Dumas, où il acheta plus de 400 toiles pour 1 327 000 francs. L'Academia de Bellas Artes protesta vainement contre l'exportation de ces œuvres, réalisée par des moyens douteux ; les toiles furent attribuées à des peintres mineurs afin d'en faire baisser leur valeur et les caisses envoyées en France sur des frégates de guerre (au terme de sa mission en Espagne, Taylor acheta quelques œuvres à Londres, dont le célèbre *Portrait de don Andrés de Andrade y la Cal* de Murillo [fig. 18]).

La collection, avec quelques œuvres italiennes et de peintres du Nord, fut installée en 1837 et ouverte au public le 7 janvier 1838. Elle était placée dans les salles de la colonnade, où elle resta exposée jusqu'au 1er janvier 1849 (Louis-Philippe ayant été détrôné par la Révolution de 1848). Avec des ajouts au fil des ans, dont la collection de 120 œuvres léguée, en 1842, à Louis-Philippe par lord Standish, un excentrique collectionneur anglais, le nombre de tableaux espagnols du Louvre devint supérieur à celui du Prado.

La Galerie espagnole de Louis-Philippe marqua un progrès fascinant dans l'histoire des beaux-arts en France. Elle semble avoir été, à bien des égards, un acte de réparation monumental, destiné à compenser la vente de la fameuse collection d'Orléans, à la fin du XVIIIe siècle, la restitution du butin de guerre du Louvre après 1814 et la prétendue illégitimité de la monarchie d'Orléans. Elle était même en partie vouée à expier les péchés du passé : « La France a payé avec l'or de la liste civile ce qu'elle possède », écrivit Gozlan. « Elle a acheté, ce qui est plus noble et plus durable que de conquérir ; et cette galerie promise au peuple sera aussi légitime que bien des galeries de héros »[90]. Curieusement, bien qu'ayant été achetée avec l'argent de l'État, toute la collection fut « rendue » à la famille d'Orléans en dédommagement, après la perte du trône : « Ce merveilleux Musée espagnol, déplorait Baudelaire, que la stupide République française, dans son respect abusif de la propriété, a rendu aux princes d'Orléans[91]. » Louis-Philippe mourut en 1850, en exil, et les œuvres furent vendues à Londres trois ans plus tard lors d'une série de ventes aux enchères. Leur dispersion vint enrichir les grandes

Notes

89 Dumas, 28 mai 1837.

90 Gozlan, 1837, p. 111.

91 Réau, 1906, p. 98.

Fig. 19
Francisco de Zurbarán
La Bataille de Jerez
Huile sur toile
H. 335 ; L. 191,1
New York,
The Metropolitan
Museum of Art,
fonds Kretschmar, 1920

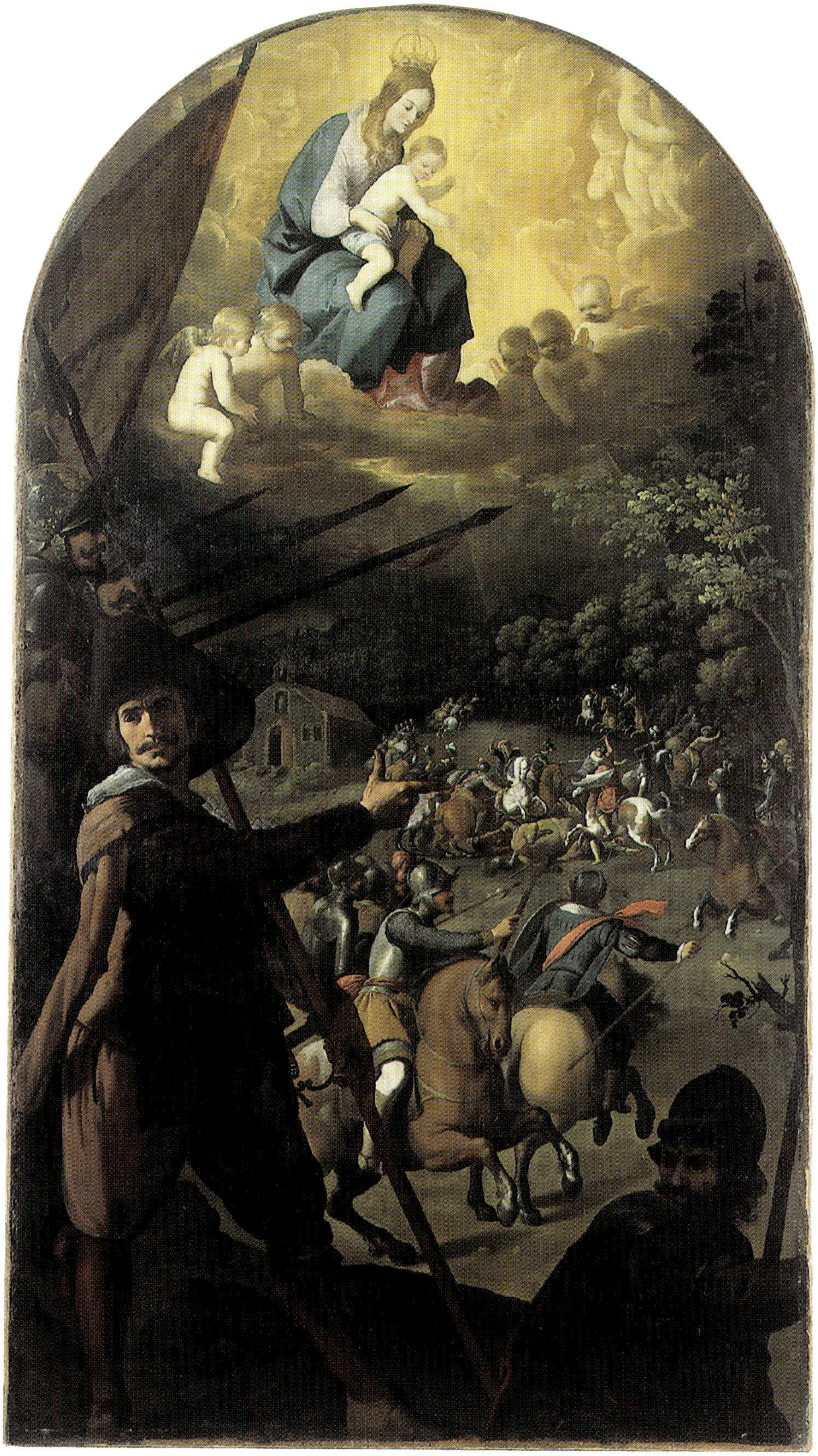

collections nationales des capitales d'Europe – Berlin, Dresde, Budapest, Londres, Munich, Vienne et Saint-Pétersbourg –, et bientôt, des œuvres de la Galerie espagnole allèrent orner les murs des collectionneurs du Nouveau Monde[92]. La collection elle-même était très inégale : les 19 œuvres attribuées à Velázquez ne sont plus aujourd'hui considérées sans réserve comme des toiles du maître. « On a voulu, ne pouvant payer les qualités, se retirer sur la quantité », raillait Alexandre Decamps[93]. Mais les 80 œuvres de Zurbarán, dont *la Bataille de Jerez* (fig. 76 et 139), *l'Adoration des Mages* (Grenoble, musée des Beaux-Arts) et une série de saintes (cat. 39 et 41) étaient exceptionnelles ; le *Saint François en extase* ne tarda pas à devenir l'un des plus fameux tableaux du Louvre. Ce fut alors que des toiles du Greco apparurent pour la première fois dans un musée parisien ; et sur les 8 tableaux exposés, 6 étaient des chefs-d'œuvre, comme le *Christ en Croix avec le portrait de deux donateurs* (fig. 20). Mais celui qui fascina le plus l'imagination du public était le prétendu *Portrait de la fille de l'artiste* (fig. 21), qui est attribué aujourd'hui à Sofonisba Anguissola. Les Goya étaient réellement exceptionnels, car la plupart avaient été achetés par Taylor au fils du peintre, Javier. Ces œuvres, des grandes scènes de genre issues de la maison de Goya, ne ressemblaient à aucune autre : *la Forge* (New York, Frick Collection) et les *Majas au balcon* (voir cat. 17) étaient l'expression d'un style que, jusqu'alors, on avait seulement vu dans de petites gravures et des huiles miniatures de l'artiste[94]. La force d'un tableau comme *les Vieilles* (fig. 22) était si grande qu'il ne fut pas exposé, peut-être à cause de sa satire trop corrosive. Mais la création de la collection et l'ouverture des galeries au Louvre n'auraient pu tomber à un meilleur moment pour tirer parti de la vogue romantique de l'Espagne. Comme disait Théophile Gautier, lui-même adepte du mouvement : « L'école romantique remit [l'Espagne] à la mode par les orientales de Victor Hugo, les contes d'Alfred de Musset, le théâtre de Clara Gazul et les nouvelles de Mérimée[95]. »

• L'impact de la Galerie espagnole

« Le musée espagnol est venu, déclara Baudelaire en 1846, augmenter le volume des idées générales que vous devez posséder sur l'art [...] un musée étranger est une communion internationale, où deux peuples, s'observant et s'étudiant plus à l'aise, se pénètrent mutuellement, et fraternisent sans discussion[96]. » De plus, la présence de la collection espagnole au Louvre conférait un statut distinctif à cette école, un statut qu'elle n'avait jamais vraiment possédé en dehors de l'Espagne. En 1837, Gautier pouvait encore écrire par plaisanterie : « Existe-t-il réellement une école espagnole ? » Mais, en 1838, le *Journal des demoiselles* affirmait : « Vous savez, mesdemoiselles, que Sa Majesté Louis-Philippe est enfin parvenue à compléter notre galerie de tableaux, déjà sans contredit l'une des plus riches du monde. Les quatre écoles,

Notes

92 Voir l'essai de Matthias Weniger dans l'édition américaine de ce catalogue sur les numéros d'inventaire des tableaux qui avaient figuré dans la Galerie espagnole.
93 Decamps, 15 février 1838.
94 Voir, sur la question épineuse de l'attribution des œuvres achetées par Taylor au fils de Goya, l'essai de Juliet Wilson-Bareau dans cet ouvrage.
95 Gautier, 1850, cité dans Lipschutz, 1972, p. 184.
96 Baudelaire, 1992, p. 73.

Fig. 20
Le Greco
Le Christ en Croix avec le portrait de deux donateurs
1585-1590
Huile sur toile
H. 274 ; L. 165,5
Paris, musée du Louvre

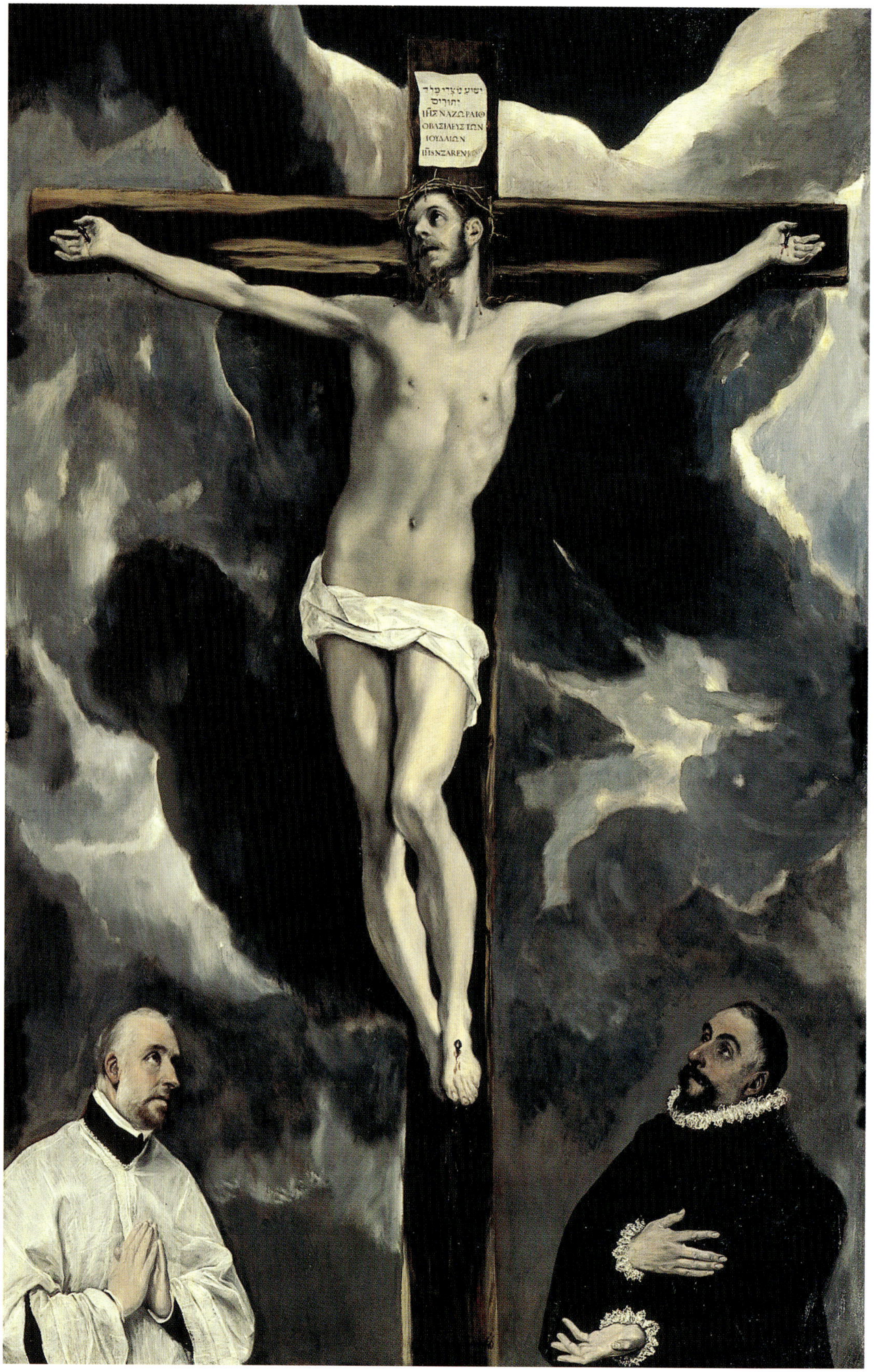

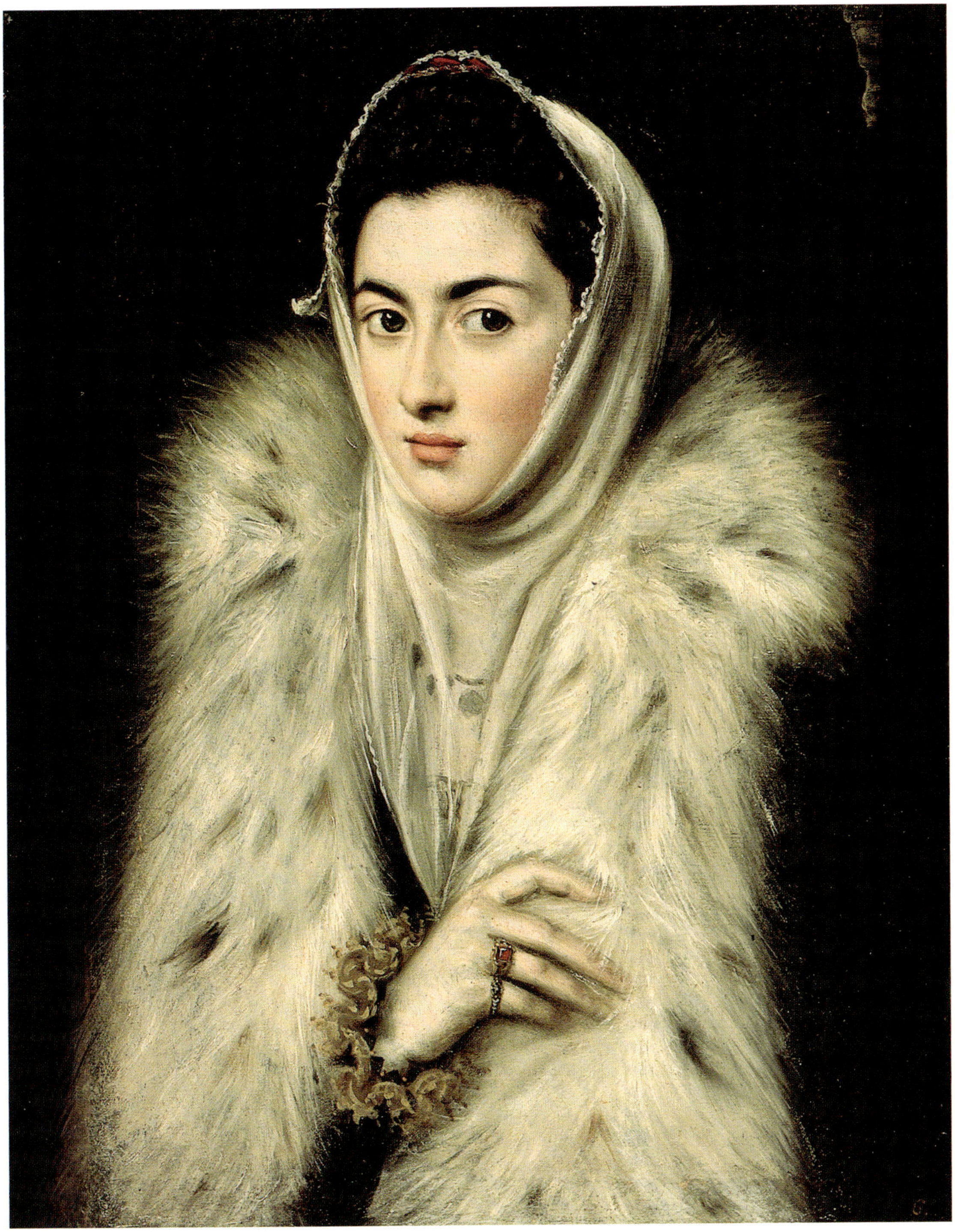

Fig. 21
Le Greco
Femme en manteau de fourrure
Huile sur toile
H. 62,5 ; L. 48,9
Glasgow, Pollok House, Collection Mme Maxwell Macdonald

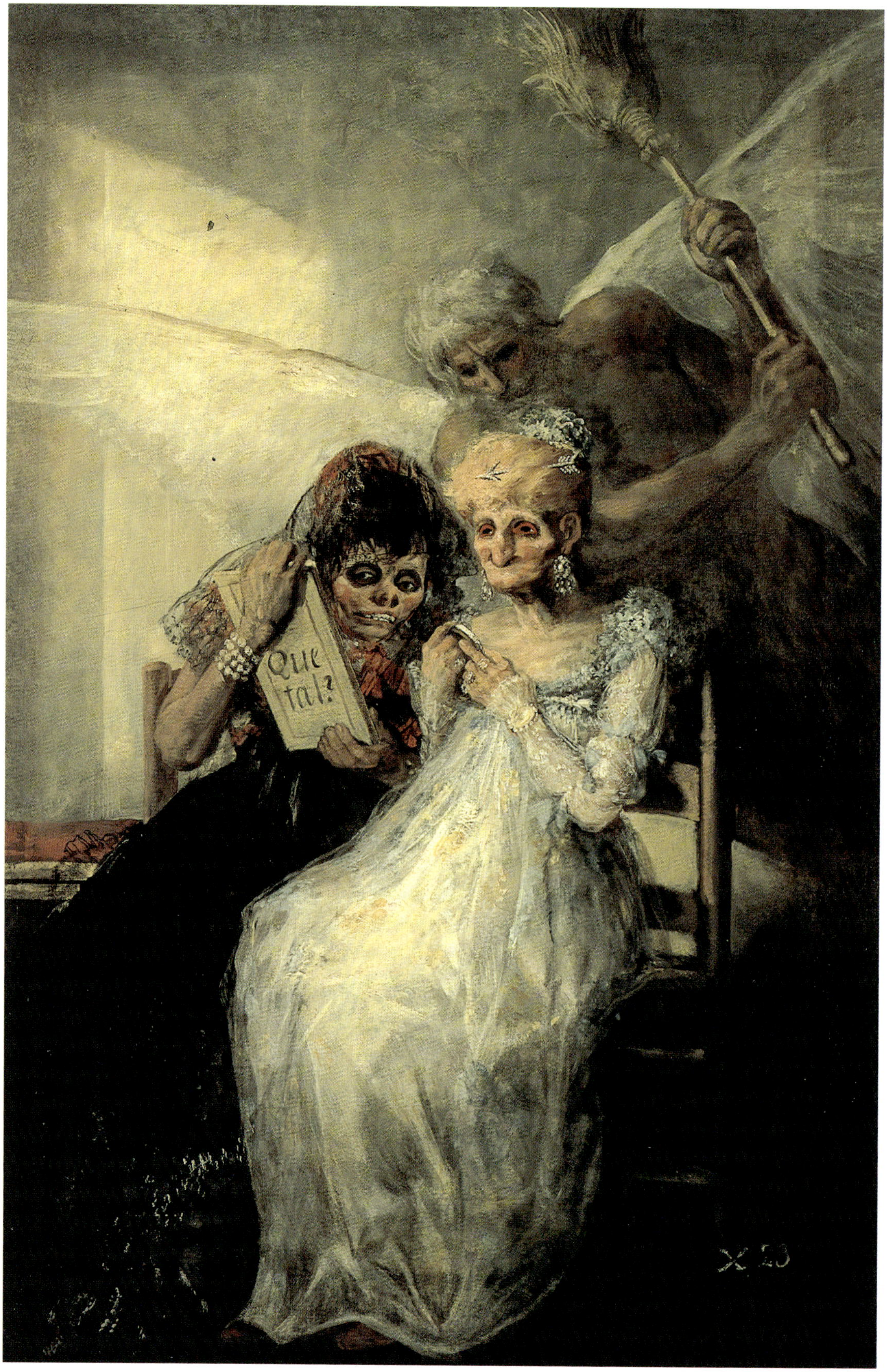

Fig. 22
Francisco de Goya
Les Vieilles ou le Temps
1808-1812
Huile sur toile
H. 181 ; L. 125
Lille, palais
des Beaux-Arts

italienne, flamande, française et *espagnole* y sont maintenant représentées[97]. » Désormais, la peinture espagnole était considérée à l'égal des autres écoles, et tous les critiques de l'époque en ébauchaient des définitions. Les arguments restaient dans la ligne habituelle, mais n'avaient jamais été si élogieux. Pour Henri Blaze, « le caractère de l'école espagnole, c'est la puissance, l'animation, la vie ; un luxe de couleur qui vous entraîne, une exubérance de sève qui déborde. Du reste, on le sait, elle n'idéalise guère ; et pour se convaincre de cette vérité, il suffit de comparer un instant les madones de Raphaël avec les vierges de Murillo[98] ». « Attendons-nous donc au triomphe, écrivait Léon Gozlan, sans doute passager, de l'école espagnole sur les écoles française et italienne, lesquelles, nous le répétons, subiront sans dommage cette atteinte portée à leur souveraineté reconnue [...] il sera démontré [...] que la tutelle de l'Italie n'a été jusqu'ici qu'un préjugé ; que d'innombrables peintres, murés dans des cloîtres, cachés dans les combles des palais [...] presque tous sans communication avec cette éternelle Italie, dont nous sortirons un jour, s'il plaît à Dieu ; que ces peintres ont trouvé dans leur isolement, sous leur cilice, dans leur pauvreté ou dans leur juste mépris pour les autres nations, une énergie de talent, une magnificence de coloris, une austérité de dessin, une science de composition qui sont à eux, à eux seuls, comme leur accent rocailleux, leur visage brun, leur sang chaud et leur nom sonore. Cette vérité jaillit aux yeux, en effleurant seulement la surface de cet océan de tableaux étalés dans les salles du Louvre. On est écrasé sous cette peinture, comme par le soleil d'Afrique en plein midi[99]. »

Avant tout, les critiques soulignaient la différence. Charles Blanc évoquait l'effet produit par les salles espagnoles du Louvre : « Quand le monde frivole des visiteurs, après avoir traversé la salle de Henri II, entrait tout à coup dans la grande pièce consacrée aux Espagnols et venait se heurter contre cette formidable peinture [référence au *Saint François* de Zurbarán, Londres, National Gallery] placée comme tout exprès au grand jour d'une croisée, il y avait parmi la foule un mouvement de stupeur et presque d'effroi. On eût dit qu'au milieu d'une musique mondaine, on entendait subitement retentir les sons lugubres du *Dies Irae*[100]. » Gautier voyait aussi dans cette peinture un esthétisme particulier – « aucune autre nation n'a moins emprunté à l'antiquité[101] » –, un ascétisme morbide qui lui inspira un poème :

« Moines de Zurbarán, blancs chartreux qui dans l'ombre
Glissez silencieux sur les dalles des morts
Murmurant des *Pater* et des *Aves* sans nombre.

Quel crime expiez-vous par de si grands remords
Fantômes tonsurés, bourreaux à face blême,
Pour le traiter ainsi, qu'a donc fait votre corps[102] ? »

Notes

97 Savignac, janvier 1838, p. 39.
98 Blaze, 15 mai 1837, p. 533-534.
99 « Musée espagnol à Paris. Deuxième article », Gozlan, 1837, p. 113.
100 Blanc, *Histoire des peintres*, « Zurbaran », p. 3-4.
101 Gautier, 27 août 1850, p. 2.
102 Cité dans Guinard, 1939, p. 32.

Les peintres réagirent aussitôt aux toiles exposées dans la Galerie espagnole. Millet parla de son excitation à « l'ouverture d'une galerie remplie des plus grands maîtres espagnols, où il se trouve des choses impossibles à décrire [...] Plusieurs moines de Zurbarán et de Murillo sont ce qu'on peut imaginer de plus incroyable comme expression de sainteté ; leur regard n'a plus rien de terrestre ; c'est l'amour brûlant des séraphins[103] ». Il peignit une *Sainte Barbe enlevée au ciel* et une *Notre-Dame-de-Lorette* profondément marquées par la sensibilité espagnole (fig. 23 et 75) ; et ses portraits de la fin des années 1830 et du début des années 1840 rappellent la sobriété religieuse de la cour de Philippe IV. Corot imita les saints moines de Zurbarán et réalisa plusieurs tableaux inspirés directement par les œuvres du Louvre ; tout au long des années 1840, un grand nombre de ses portraits furent empreints d'une naïveté qui découlait peut-être en partie des modèles espagnols. Chassériau copia plusieurs œuvres de la Galerie espagnole mais, ce qui aurait été inimaginable pour la génération précédente, il préférait la peinture maniériste du xvie siècle – celle de Pacheco et Luis de Morales – à celle de Murillo, Velázquez et Zurbarán. Comme l'explique Stéphane Guégan, Chassériau et les artistes du même courant, comme Ziegler, développèrent un « ingrisme noir » en mêlant à leurs thèmes des modèles espagnols. Gautier constata ce phénomène en 1850 : « Par une réaction bien concevable contre le goût pseudo-classique qui régnait alors en peinture comme en poésie, on s'était tourné vers le moyen âge, les cathédrales, les barons bardés de fer, les moines ensevelis dans leurs frocs et nul pays mieux que l'Espagne ne réalisait cet idéal chevaleresque et catholique[104]... » Il souligne bien la composante anticlassique de l'hispanisme. Mais lorsqu'il parle de l'Espagne catholique et féodale, il évoque aussi tout le pittoresque cher aux auteurs romantiques et aux peintres de genre, comme Dauzats, Dehodencq et Decamps (voir cat. 53).

• Courbet et l'émergence du réalisme

L'hispanisme de Courbet suivit une voie différente. Évitant l'historicisme, il tenta d'adopter, dans ses représentations de la vie quotidienne, la sensibilité du naturalisme espagnol et la technique picturale de Velázquez. Champfleury, critique et ami fidèle de Courbet, faisait constamment référence à l'art espagnol dans son analyse du travail de l'artiste. « On mettrait dans le musée espagnol, écrivit-il en 1848, son portrait d'Homme à la basse [*le Violoncelliste* fig. 24] qu'il resterait fier et tranquille, sans craindre les Velázquez et Murillo[105] » (fig. 25). À propos d'*Un enterrement à Ornans,* œuvre profondément espagnole qui suscita une controverse au Salon de 1851 (fig. 26), Champfleury estimait : « Par la composition et l'arrangement des groupes, Courbet rompait déjà avec la tradition. Sans connaître les admirables toiles de Velázquez, il se trouve d'accord avec l'illustre maître, qui a placé des personnages les uns à côté des autres, et ne s'est pas inquiété des lois posées par des esprits pédants et médiocres. Qui n'a pas l'intelligence de Velázquez ne saurait comprendre Courbet. Si les Parisiens connaissaient davantage les œuvres de Velázquez, ils se seraient sans doute moins fâchés contre *l'Enterrement à Ornans*[106]. » L'immense *Atelier du peintre* (fig. 27), exposé en 1855 dans le pavillon personnel de Courbet est aussi, parmi bien d'autres choses, une étude de la représentation de l'espace donnée par Velázquez dans *les Ménines.* On conviendra donc avec Champfleury : « Le maître

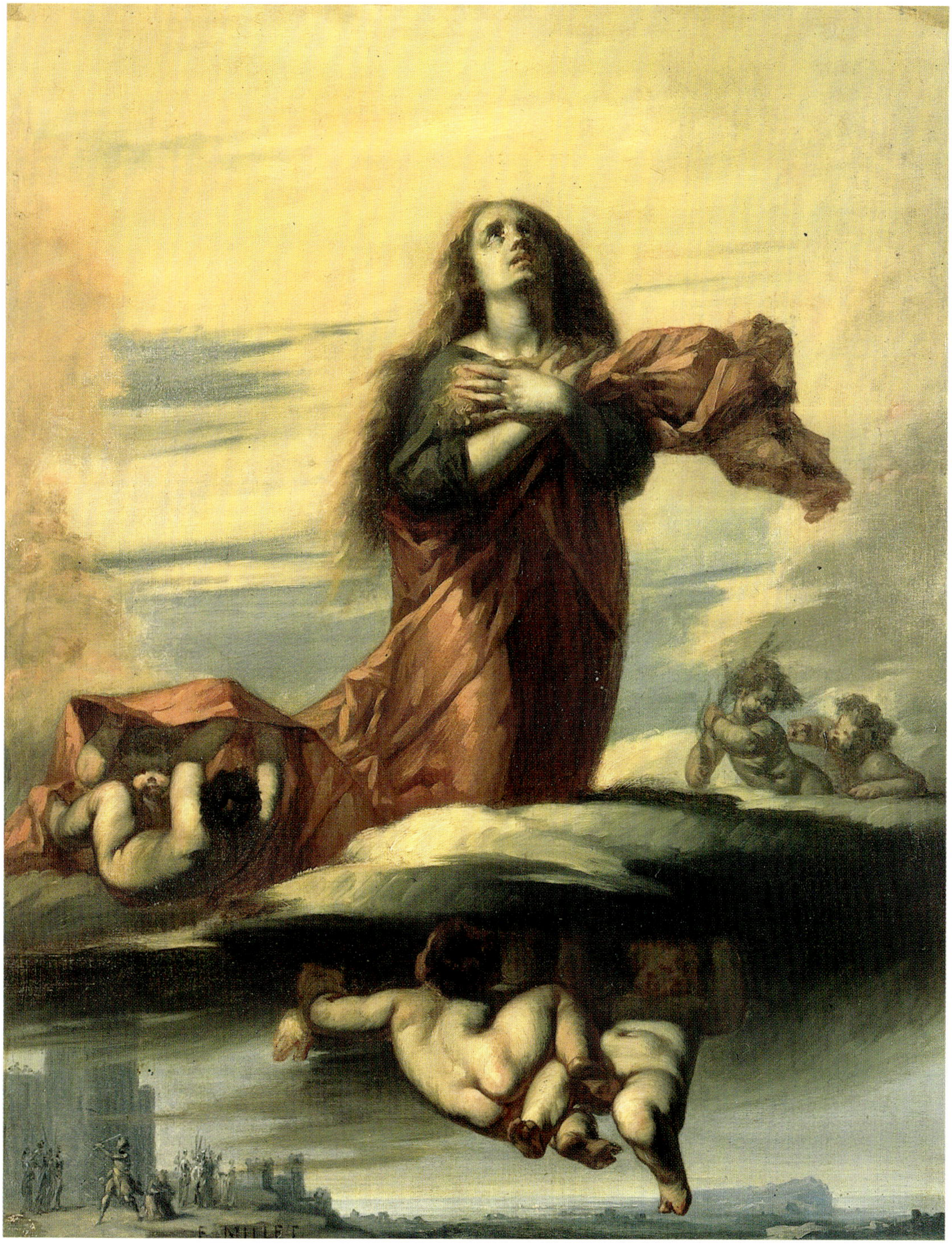

Fig. 23
Jean-François Millet
Sainte Barbe enlevée au ciel
1841
Angers, musée des Beaux-Arts (cat. 106)

Notes

103 Moreau-Nélaton, 1921, p. 29-30.
104 Gautier, 1850, p. 1.
105 Champfleury, 28-30 septembre 1848, réimp. dans Lacambre, 1973, p. 153-154. Les Lacambre ont observé qu'en reprenant cette critique dans *ses Souvenirs et portraits de jeunesse*, en 1872, Champfleury avait coupé la comparaison favorable avec les peintres espagnols (note 1, p. 153).
106 Champfleury, 1861, réimp. dans Lacambre, *op. cit.*, p. 182.

Fig. 24
Gustave Courbet
Le Violoncelliste ou
Autoportrait
1847
Stockholm,
Nationalmuseum
(cat. 49)

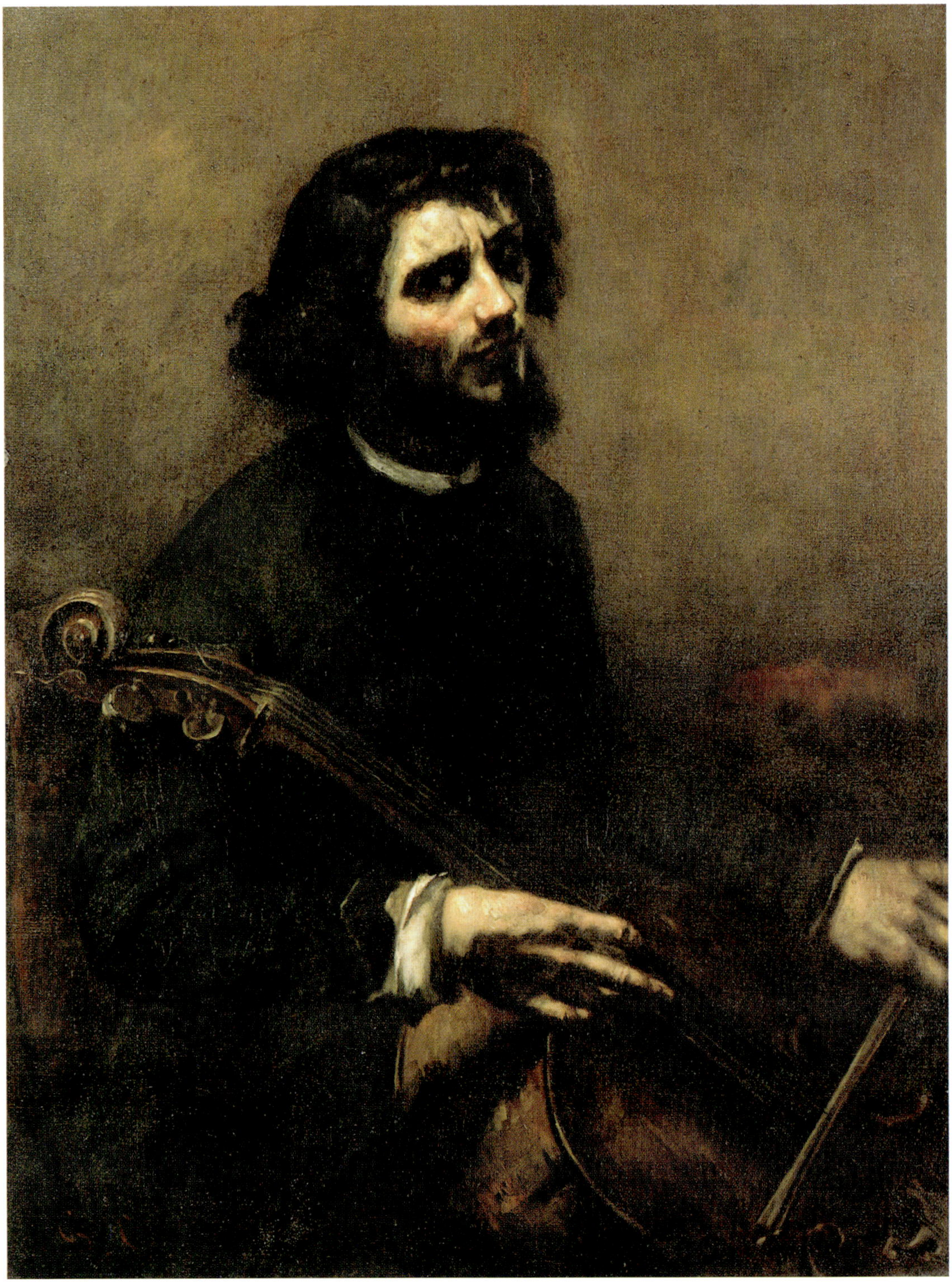

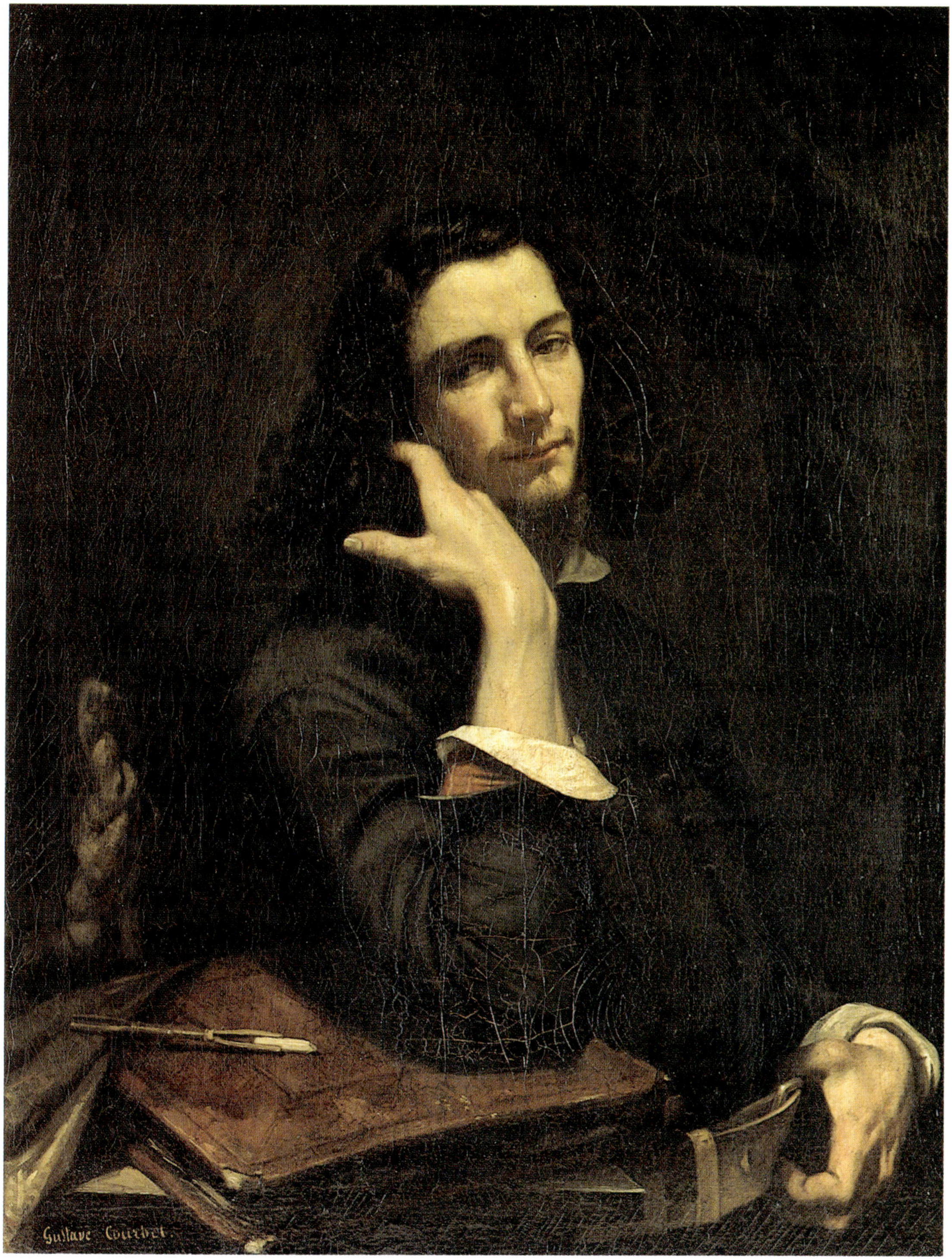

Fig. 25
Gustave Courbet
L'Homme à la ceinture de cuir ou *Autoportrait*
1846
Paris, musée d'Orsay
(cat. 48)

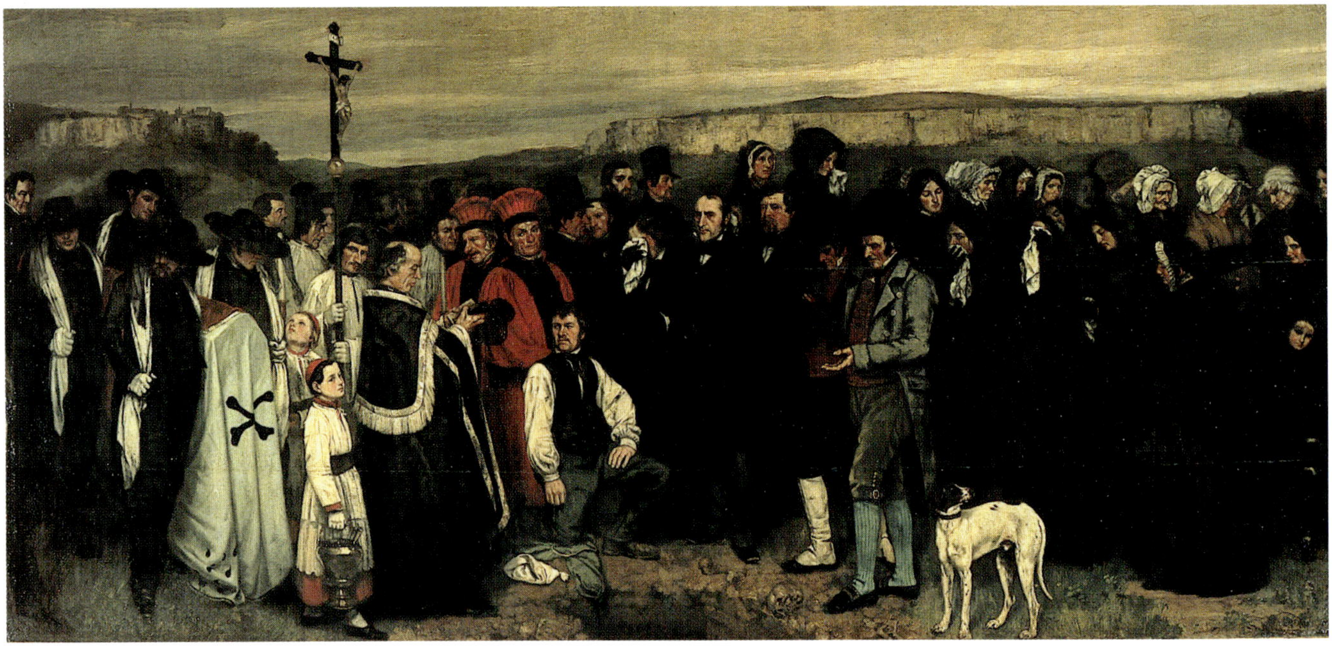

Fig. 26
Gustave Courbet
Un enterrement à Ornans
1849-1850
Huile sur toile
H. 311,5 ; L. 668
Paris, musée d'Orsay

[Courbet], avec sa réhabilitation du moderne et les excellents procédés dont il recouvre la représentation du moderne, facilitera peut-être l'arrivée d'un Velázquez noble et grand, d'un Goya railleur et satyrique[107]. » De manière caractéristique, Courbet utilisait les maîtres espagnols pour se valoriser aux yeux des classicistes de l'Académie (et du jury du Salon) : « Ribera, Zurbarán, et surtout Velázquez, je les admire [...] Quant à monsieur Raphaël, il a fait sans doute quelques portraits intéressants, mais je ne trouve dans ses tableaux aucune pensée. C'est probablement pour cela que nos prétendus idéalistes l'adorent. L'idéal ! Oh ! oh ! oh ! ah ! ah ! ah ! Quelle balançoire ! Oh ! Oh ! Oh ! ah ! ah ! ah ! ah[108] ! » Et quand cela l'arrangeait, Courbet critiquait un maître espagnol pour mieux se poser en victime : « Je fais des casseurs de pierre, Murillo peint un casseur de poux. Je suis un socialiste et Murillo est un honnête homme, c'est incroyable[109] ! » Courbet fit un voyage à Madrid vers la fin de l'été de 1868, qui ne commence à être étudié que depuis peu[110].

• Manet et la peinture figurative réaliste

En 1861, année où le Salon de Paris accepta pour la première fois une œuvre de Manet, Gustave Courbet était le grand protagoniste de la bataille qui se livrait alors pour définir l'orientation des scènes réalistes de personnages. De l'avis du critique Castagnary, Courbet « a véritablement décidé le mouvement nouveau[111] ». Pourtant, les historiens modernes se souviennent rarement que le discours critique sur le style de Courbet était imprégné de comparaisons avec la peinture espagnole du XVIIe siècle, une école qui avait été amplement exposée à la Galerie espagnole, mais n'était plus visible depuis 1848. « Pour cette puissance et cette variété, écrivit Castagnary, je le rapprocherais volontiers de Velázquez le grand naturaliste espagnol ; mais avec une nuance : Velázquez était un courtisan de la cour, Courbet est un Velázquez du peuple[112]. »

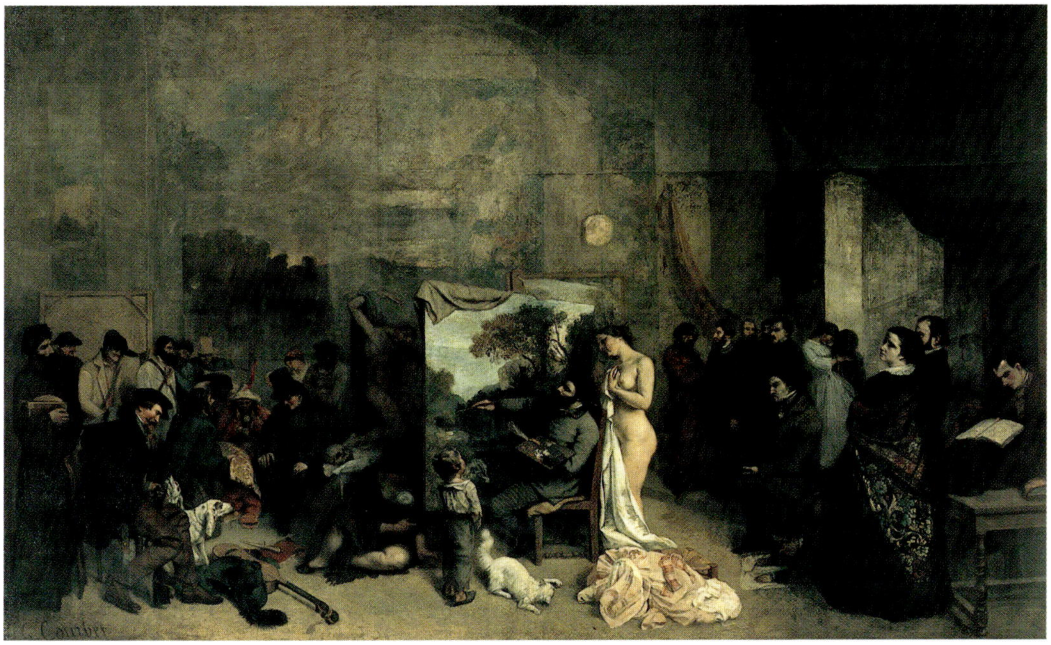

Fig. 27
Gustave Courbet
L'Atelier du peintre
1854-1855
Huile sur toile
H. 361 ; L. 598
Paris, musée d'Orsay

Tout au long des années 1860, Manet étudia amplement les modèles espagnols, de Murillo jusqu'à Goya en passant par Velázquez et Zurbarán. Les tableaux qui en résultèrent, dont la plupart figurent dans cette exposition, ont été placés traditionnellement dans le cadre d'un projet plus vaste, cherchant à concilier les méthodes de la peinture ancienne avec la représentation de la vie moderne. Après tout, Manet tira également son inspiration de la *Fête champêtre* de Giorgione (attribué aujourd'hui à Titien, Paris, musée du Louvre), des portraits de mariage de Rubens et des superbes Vénus de Titien. Mais son intérêt pour la peinture espagnole était plus flagrant et, finalement, plus fécond, et puisait certainement dans l'exemple de Courbet. En 1861, Champfleury affirma, défendant le maître d'Ornans : « Les Espagnols, Murillo et Velázquez en tête, ont peint des mendiants, des pouilleux, des culs-de-jatte de la même taille que les grands et infantes d'Espagne[113]. » Est-ce une coïncidence si Manet a peint des orphelins et des mendiants en leur donnant une stature de princes espagnols ?

La même année, Manet fit ses débuts au Salon avec le joyeux *Chanteur espagnol* (fig. 40), qui lui valut ce commentaire de Théophile Gautier : « Velázquez le saluerait d'un petit clignement d'œil amical et Goya lui demanderait du feu pour allumer son papelito[114]. » (Il exposa aussi un portrait austère, mais conventionnel, de ses parents [Paris, musée d'Orsay].) Le tableau reçut

Notes

107 Champfleury, 1861, réimp. dans Lacambre, 1973, p. 182-183.
108 Courbet, préface au catalogue de son exposition de 1855, cité par Silvestre dans 1856, p. 268.
109 Lettre de Courbet à Francis Wey (1er janvier 1852), dans laquelle il compare ses *Casseurs de pierre* au *Jeune Mendiant* de Murillo du Louvre et s'élève contre la politisation de son art. Chu, 1996, p. 98. Je remercie tout particulièrement Kathryn Calley Galitz d'avoir porté cela à mon attention.
110 Récemment découvert par Alisa Luxenberg, novembre 2001, p. 690-693.
111 Castagnary, 1892, I, p. 148.
112 Idem, *op. cit.*, p. 149.
113 Réimp. dans Lacambre, *op. cit.*, p. 163.
114 Gautier, 3 juillet 1861.

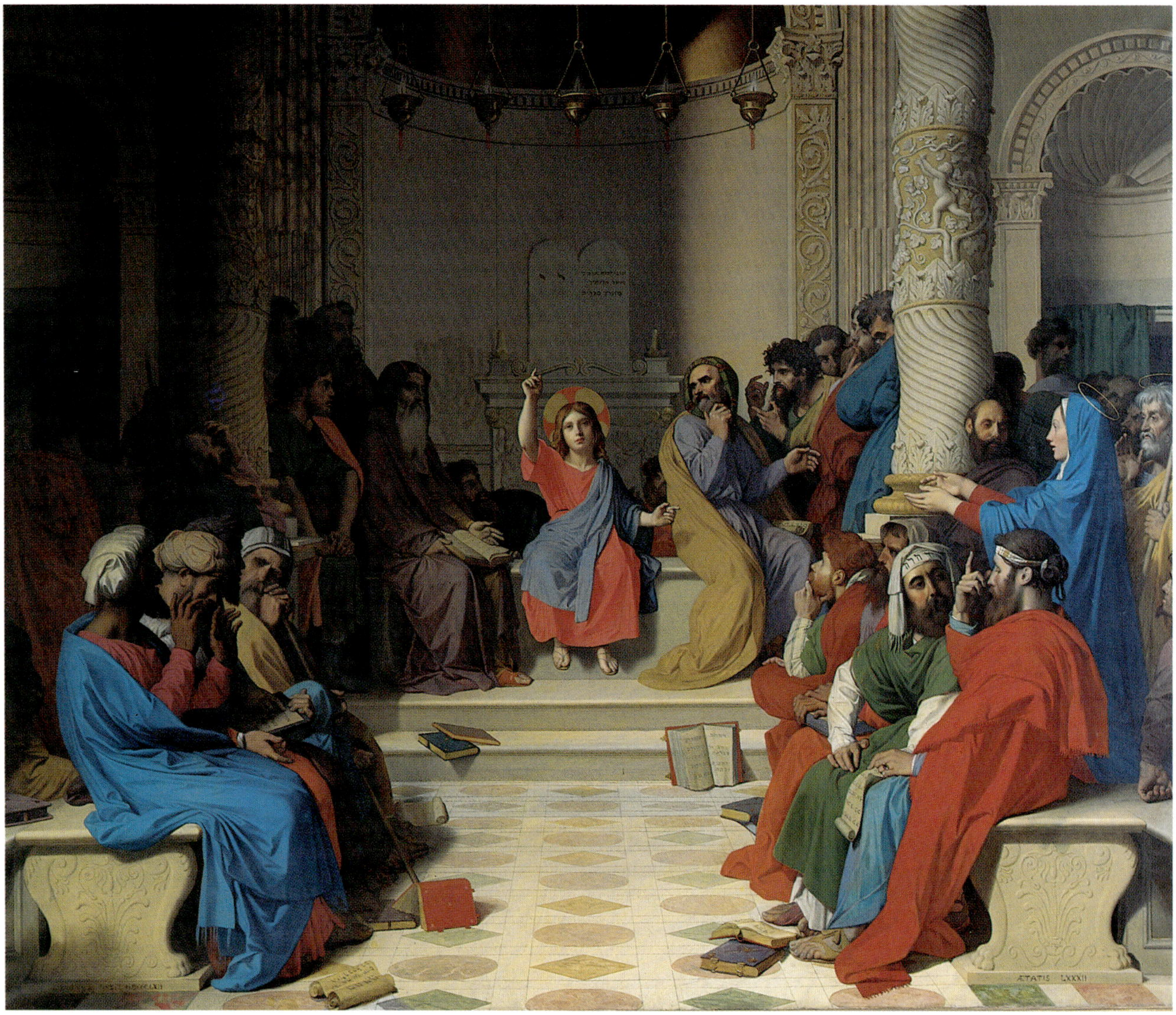

Fig. 28
Jean-Dominique Ingres
Jésus au milieu des docteurs
Huile sur toile
H. 265 ; L. 320
Montauban, musée Ingres

une mention honorable, peut-être grâce à l'intervention de Delacroix et à l'admiration d'un groupe de jeunes artistes : « MM. Legros, Fantin, Karolus Durand et autres, se regardèrent avec étonnement, interrogeant leurs souvenirs et se demandant, comme dans les féeries à trappes, d'où pouvait sortir M. Manet ? Le musicien espagnol était peint d'une certaine façon, étrange, nouvelle, dont les jeunes peintres étonnés croyaient avoir le secret, peinture qui tient le milieu entre celle dite réaliste et celle dite romantique[115]. » C'est ainsi que le *Chanteur espagnol* fit naître la « bande de Manet », non pas à cause de son sujet, mais plutôt du style de sa peinture. L'année suivante, Ingres offrit un contraste des plus marqués avec la manière de l'époque en exposant, à quatre-vingt-deux ans, *Jésus au milieu des docteurs* (fig. 28), qui était sans doute un reproche adressé aux jeunes artistes. Ce fut le dernier souffle du culte de Raphaël.

Dans son essai, « Manet et l'Espagne », Juliet Wilson-Bareau explique en détail l'intérêt de l'artiste pour le pays et ses peintres. Il faut souligner que cet intérêt naquit à une époque où la vogue de l'Espagne était très prononcée dans le théâtre (avec le ballet *La Flor de Sevilla*), dans la litté-

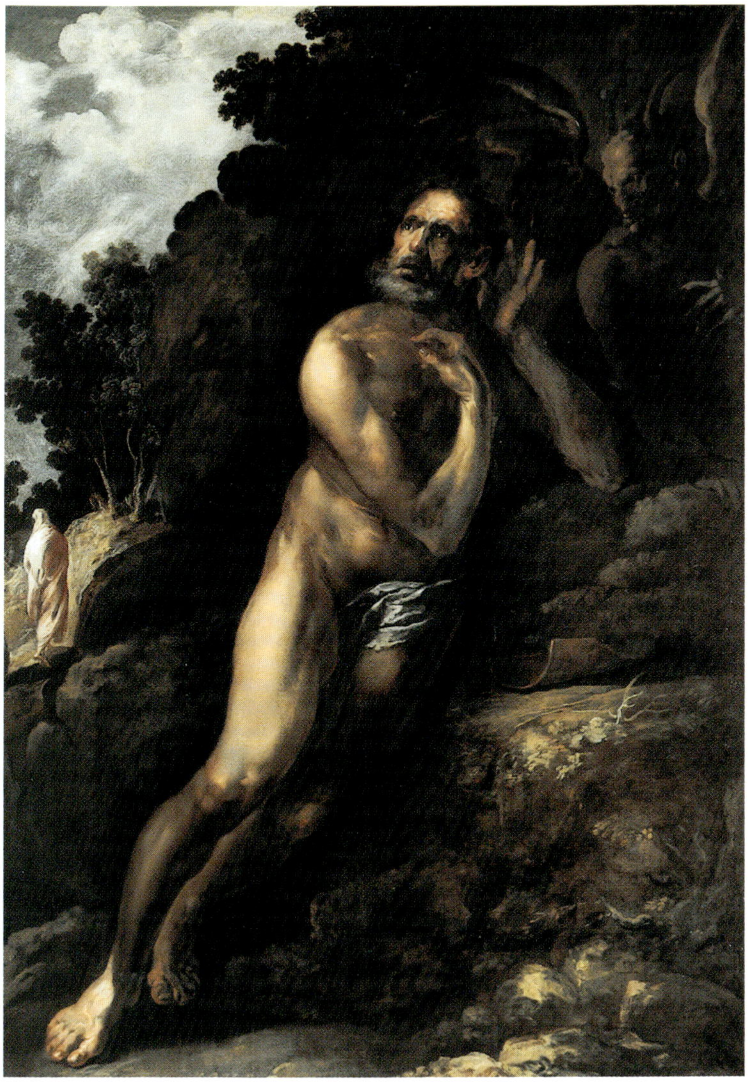

Fig. 29
Francisco de Herrera le Vieux
La Tentation de Job
1636
Rouen, musée des Beaux-Arts (cat. 22)

rature (*Militona* de Théophile Gautier) et au palais des Tuileries (l'impératrice, Eugénie de Montijo, était née et avait été élevée en Espagne). Malgré tout, privée de la Galerie espagnole, la collection espagnole du Louvre avait été réduite à une douzaine d'œuvres composites ; et l'achat de l'*Immaculée Conception* de Murillo, en 1852, à la vente de la collection Soult, fut à nouveau un acte de compensation, cette fois-ci pour la perte de la collection Louis-Philippe. Pourtant, la France ne manquait pas de tableaux espagnols. Les ventes des collections Soult et de la Galerie espagnole avaient disséminé des centaines d'œuvres, mais quelques-unes étaient revenues. De plus, les musées de province – Caen, Grenoble, Lyon et Rouen (fig. 29) – avaient effectué alors des acquisitions importantes. Des collections privées parisiennes, comme celle du

Notes

115 Desnoyers, 1863, p. 40-41.

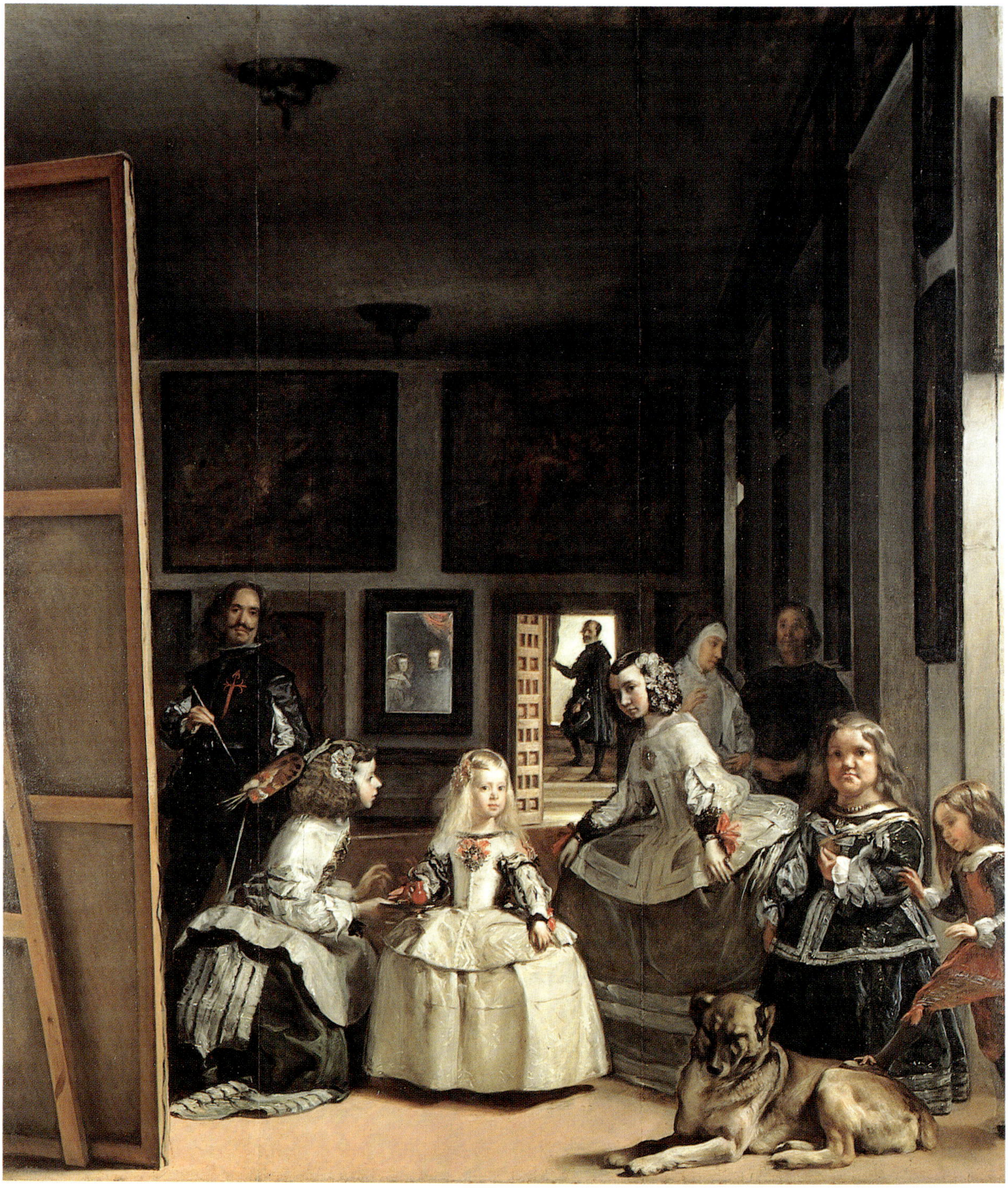

Fig. 37
Diego Velázquez
Les Ménines
1656-1657
Huile sur toile
H. 318 ; L. 276
Madrid, musée
du Prado

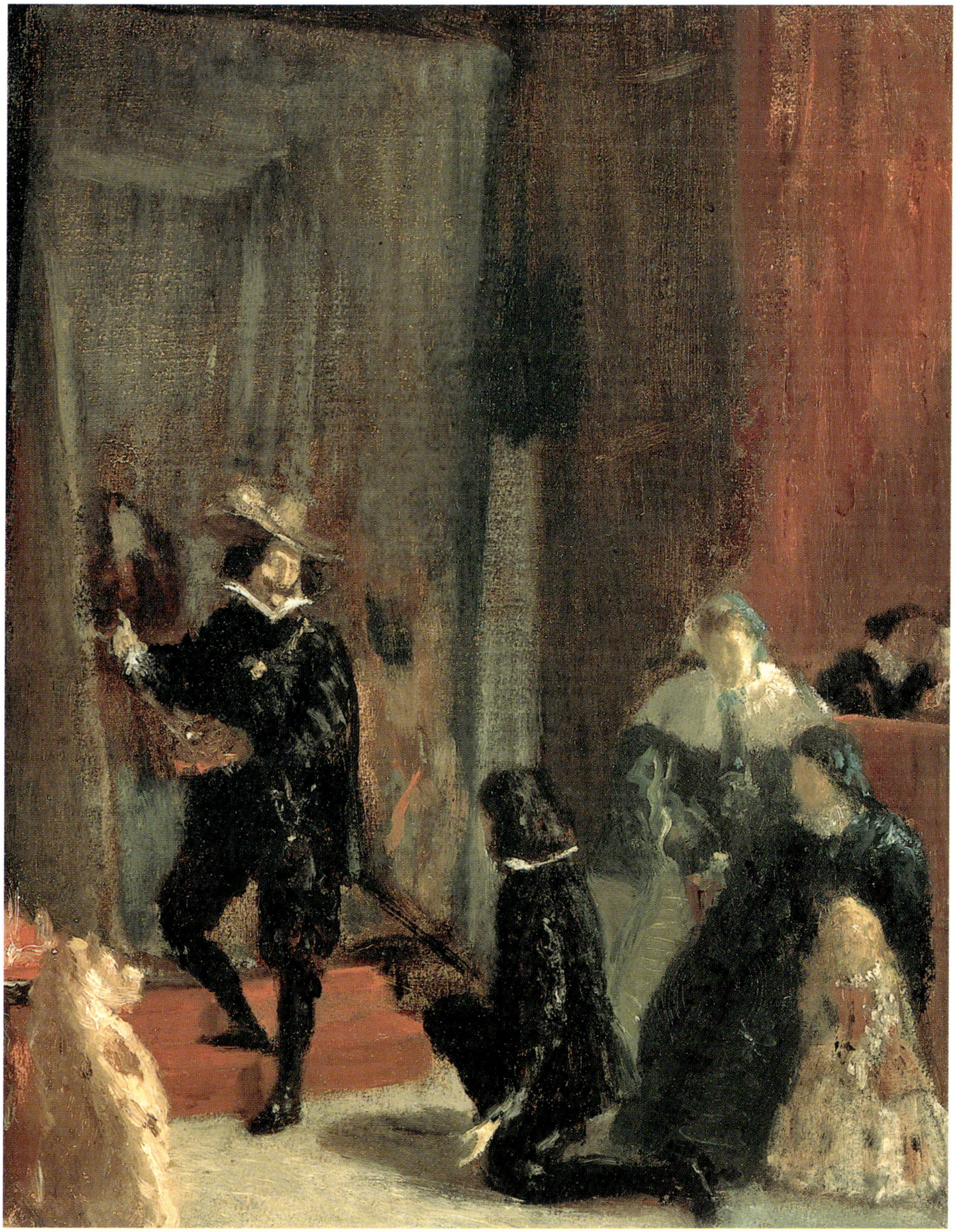

Fig. 38
Edgar Degas
Variation sur les Ménines de Velázquez
1857-1858
Munich, Bayerische Staatsgemäldesammlungen
(cat. 51)

Fig. 39
Edgar Degas
Lorenzo Pagans et Auguste De Gas
1871-1872
Huile sur toile
H. 54,5 ; L. 40
Paris, musée d'Orsay

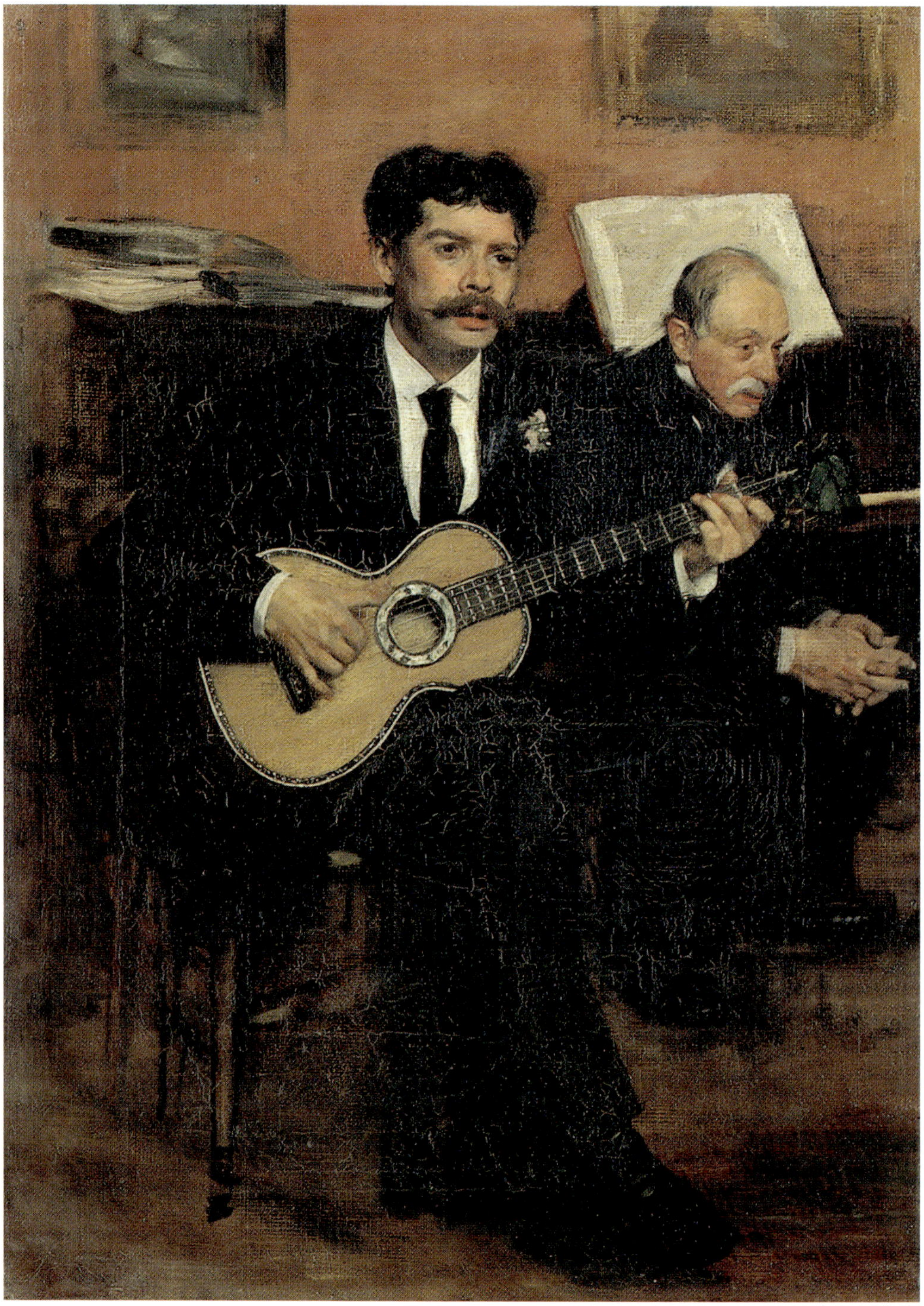

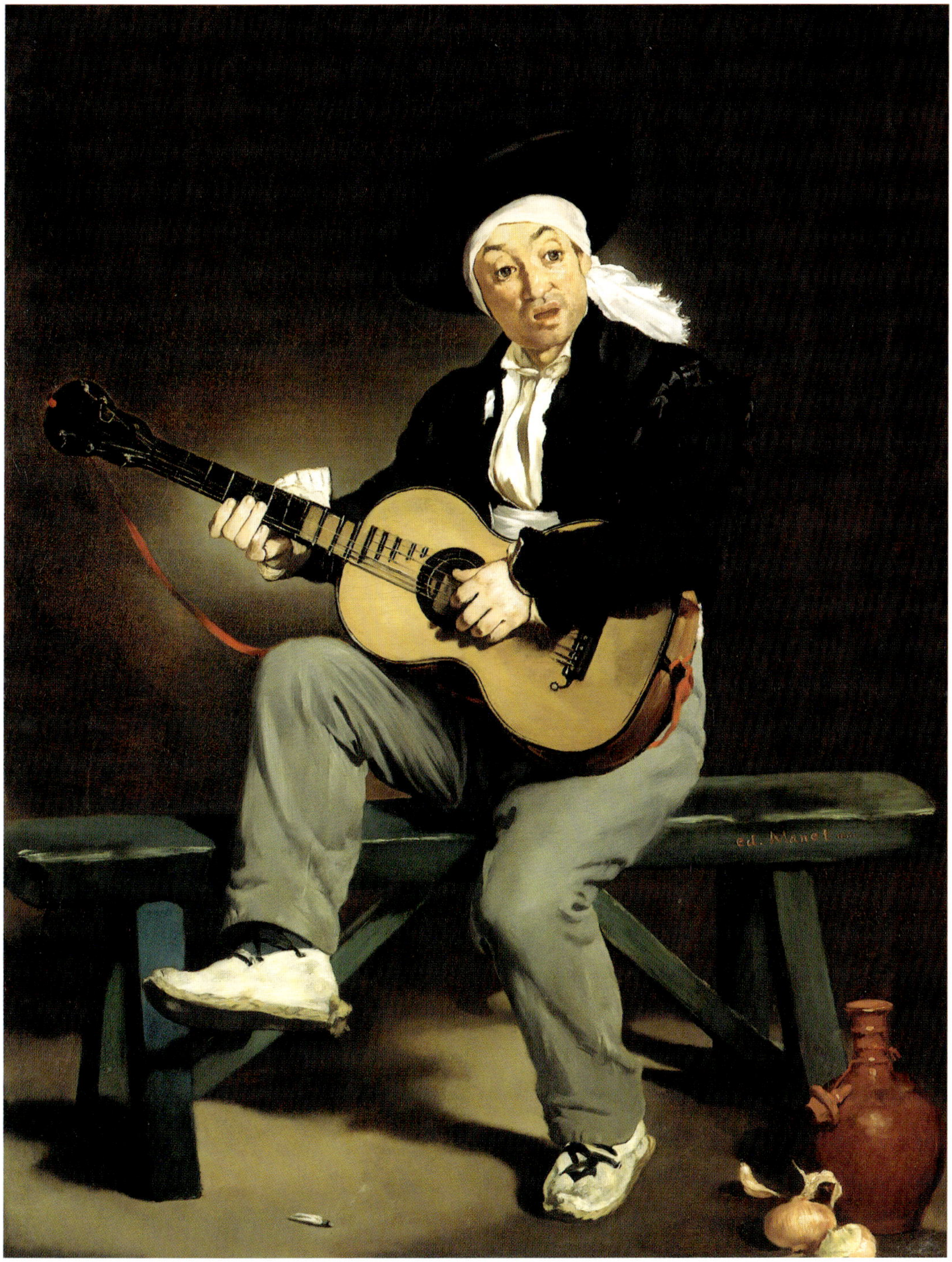

Fig. 40
Édouard Manet
Le Chanteur espagnol
1860
New York,
The Metropolitain
Museum of Art, don de
William Church
Osborn, 1949 (cat. 72)

Fig. 41
Edgar Degas
Thérèse De Gas
Vers 1863
Paris, musée d'Orsay
(cat. 52)

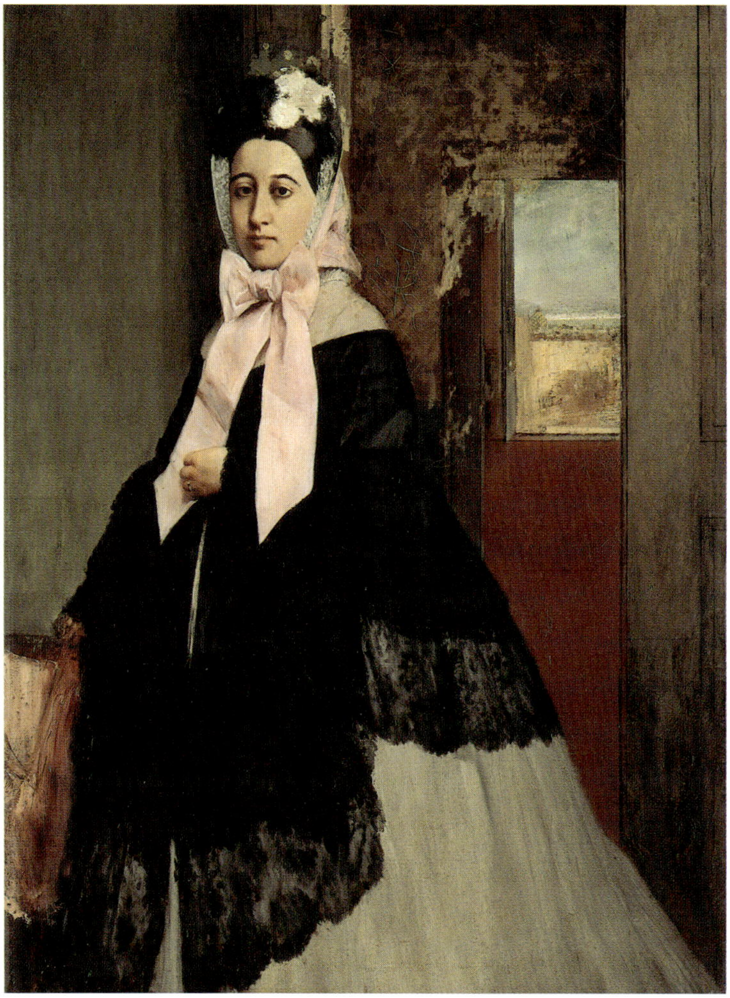

toiles des années 1860 et 1870, sa technique picturale a peut-être été influencée par celle de Velázquez – « le boueux tendre de Velasquez[124] » via l'œuvre de Manet : le portrait de sa sœur, Thérèse De Gas, en est une parfaite illustration (fig. 41). Mais on retrouve la même application de la peinture, matifiée par touches fluides, dans la reproduction du portrait de Pagans (Boston, Museum of Fine Arts) et dans des portraits du milieu des années 1870, comme la magnifique *Duchesse de Montejasi et ses filles Elena et Camilla* (collection particulière). On y trouve l'obsession du noir, observée par Mantz dans l'œuvre de Manet, et la suggestion du mouvement notoirement associée à Velázquez. Le portrait de Tissot par Degas – le plus grand de la période, hormis celui de la famille Bellelli – rappelle non seulement le cadre des *Ménines,* mais évoque, comme le tableau de Velázquez, un moment suspendu. Degas n'alla pas en Espagne avant 1889, mais le voyage fut pour lui une révélation : « Rien, non rien ne peut donner l'idée de Velasquez. Nous en parlerons tout de même au retour, avec le reste[125]. » Quand Degas assembla sa collection privée, dans les années 1890, il s'efforça notamment d'acheter des œuvres du Greco (qui, à la fin du XIXe siècle, jouissait de la même considération que celle de Velázquez cent ans plus tôt : il était célèbre, mais inconnu.) Il acheta un *Saint Ildefonse* à la vente de la collection Millet, le 25 avril 1894, et l'extraordinaire *Saint Dominique* (Boston, Museum of Fine Arts) à Zacharie Astruc, en 1896.

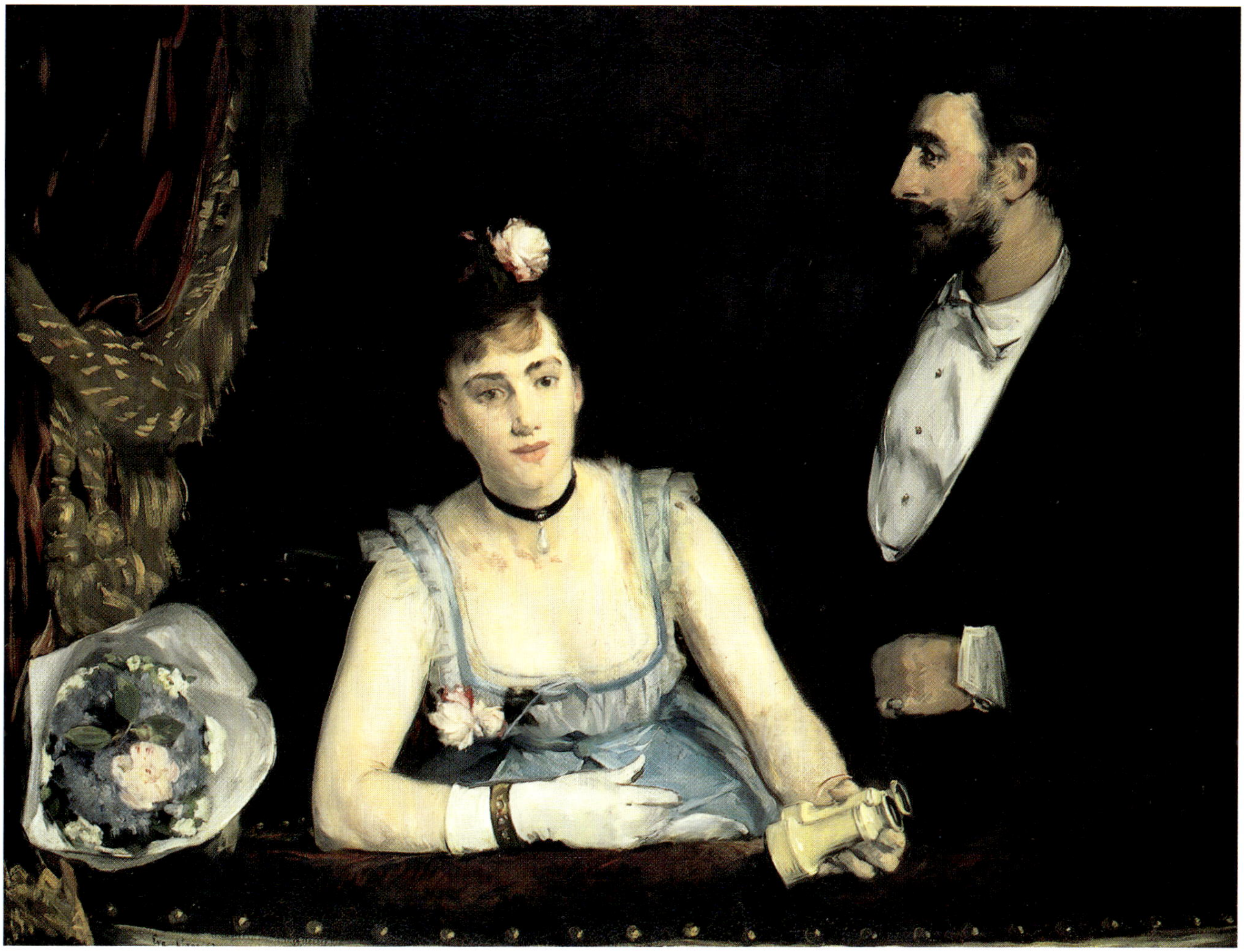

Fig. 42
Eva Gonzalès
Une loge aux Italiens
1874
Paris, musée d'Orsay
(cat. 64)

La Nouvelle Peinture, le manifeste du réalisme publié par Edmond Duranty, en 1876, ne mentionne nulle part que la peinture espagnole fut à l'origine de ce mouvement nouveau. Il semble qu'une grande partie du texte de Duranty ait été dictée par Degas, qui, par rivalité avec Manet, aurait voulu minimiser une caractéristique si étroitement associée avec ce dernier, qui refusait de prendre part aux manifestations impressionnistes où exposaient Degas et ses amis. Pourtant, vers le milieu des années 1870, le réalisme et le naturalisme étaient devenus la norme, et l'excès de la technique de la touche – « l'outrance de la cuisine » décriée par Goncourt – était monnaie courante. Les références à la peinture espagnole étaient omniprésentes, mais passaient généralement inaperçues. *Le Balcon* de Manet, *Une loge aux Italiens* d'Eva Gonzalès (fig. 42), *À l'Opéra* de Mary Cassatt sont à l'évidence des variantes des *Majas au balcon* de Goya (voir cat. 17) ; mais les tableaux de Cassatt et de Gonzalès s'inspirent autant de Manet que de Goya.

Notes

124 Cité par Goncourt, 1895, p. 88-89.

125 Lettre (de Madrid) à Bartholomé, 8 septembre [1889], dans *Lettres de Degas*, 1931, lettre 92, p. 138-139.

Fig. 43
Auguste Renoir
Mademoiselle Romaine Lacaux
1864
Huile sur toile
H. 81,3 ; L. 65
Cleveland, The Cleveland Museum of Art, don du fonds Hanna

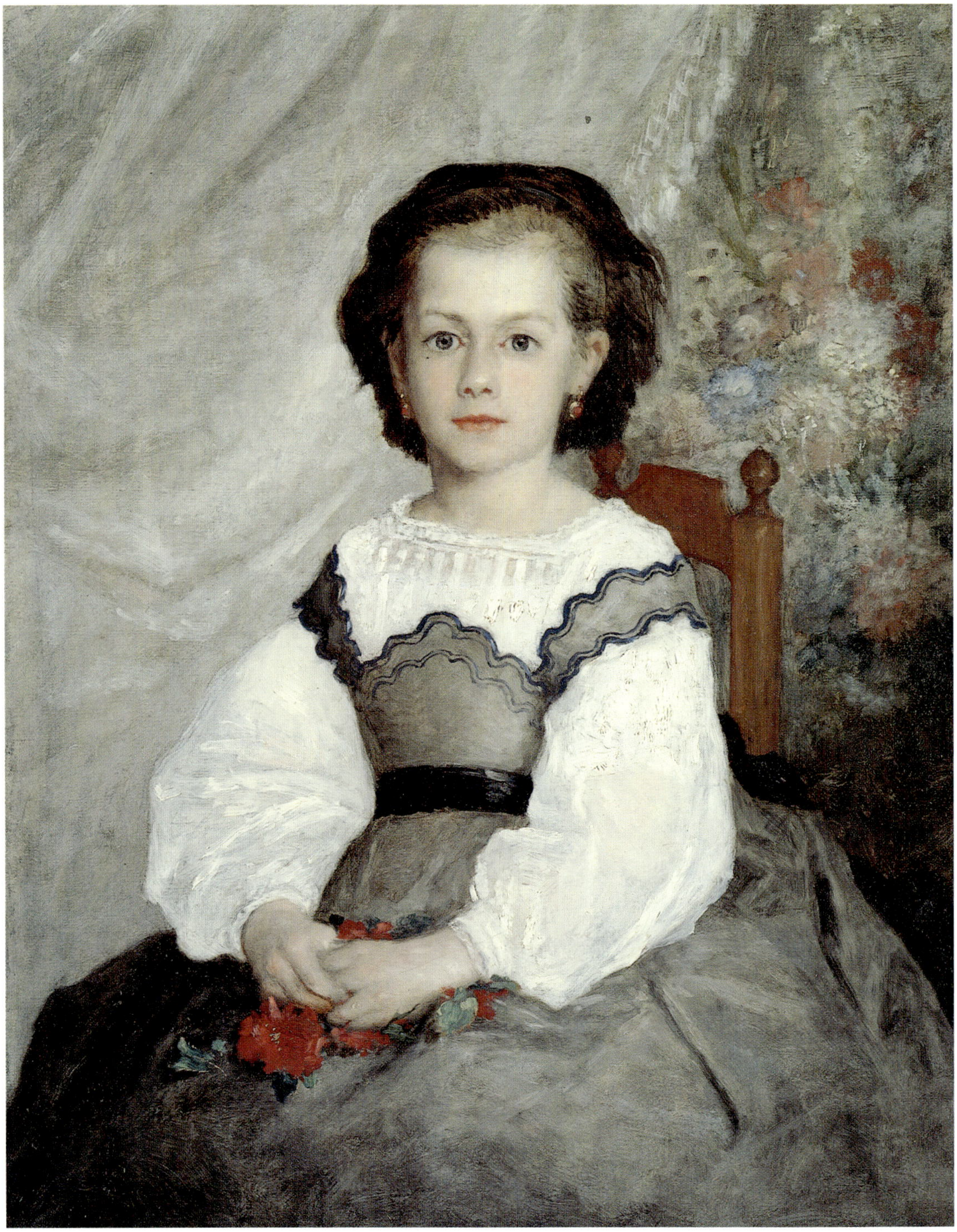

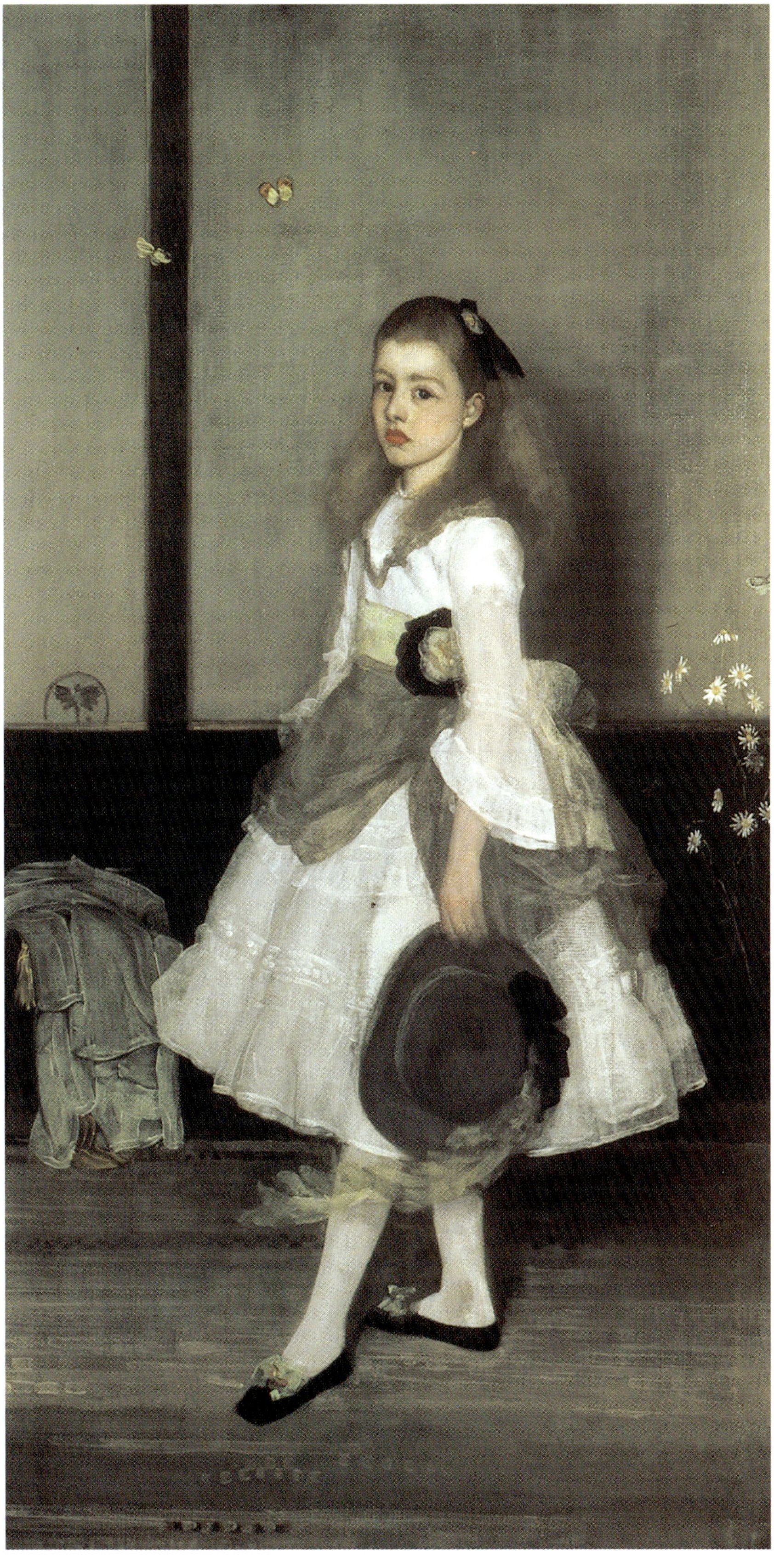

Fig. 44
James Whistler
Mademoiselle Cicely Alexander : Harmonie en gris et vert
Huile sur toile
H. 190,2 ; L. 97,8
Londres, Tate Gallery

L'hispanisme et la manière de Manet dans les années 1860 étaient souvent confondus, puis mêlés à une autre influence pour former un nouvel amalgame. Le *Portrait de mademoiselle Romaine Lacaux,* de Renoir (fig. 43) rappelle l'*Infante Marguerite* de Velázquez, au Louvre ; son *Clown au cirque* de 1868 (Otterloo, Rijksmuseum Kroller-Müller) s'inspire de Velázquez à travers Manet, et sa *Madame Henriot « en travesti »* (1875-1876) traduit l'influence de Velázquez reflétée par Manet et Watteau. Entre-temps, l'idée de la peinture espagnole continuait à évoluer. Présentées à Paris à l'Exposition universelle de 1878, les *Peintures noires* de Goya – ses œuvres les plus personnelles et les plus radicalement réduites – furent aussitôt considérées sous l'angle de l'art contemporain : « Ces toiles, peintes avec une audace étonnante, soulèvent bien des critiques et sont l'objet de bien des discussions. Elles plaisent sans nul doute aux peintres impressionnistes, mais elles doivent leur rappeler que Goya, qui a fait ces œuvres à la fin du siècle dernier et au commencement du siècle actuel, les avait devancés, et n'avait pas craint d'exagérer de beaucoup le système de peinture qu'il cherchait à nous faire accepter[126]. » La coïncidence de la découverte des *Peintures noires* avec la palette très nuancée de l'impressionnisme (encouragée par les estampes japonaises) et l'apparition de la nouvelle imagerie symboliste allaient promouvoir Goya et ses épigones au début du siècle suivant.

Tandis que Manet suivait Monet dans la voie de l'impressionnisme, une nouvelle génération de peintres étrangers commença à voir l'art espagnol à travers les yeux de Manet. James Whistler rencontra celui-ci au début des années 1860, par l'intermédiaire de ses amis Fantin-Latour, Legros et Carolus-Duran ; et l'on peut dire que le peintre américain marqua autant la vision de l'art espagnol de son cercle d'amis que Manet influa sur la sienne. Son *Harmonie en gris et vert* est une interprétation novatrice d'une infante d'Espagne vue à la cour de Kyoto ; et son portrait de Théodore Duret est un hommage à Manet. Mais quand des artistes comme Mary Cassatt, Thomas Eakins et John Singer Sargent arrivèrent à Paris, où ils étudièrent avec des maîtres aussi divers que Bonnat, Gérôme et Carolus-Duran, ils allèrent puiser leur inspiration directement chez les peintres espagnols (fig. 45). Et s'ils n'avaient pas encore vu Madrid, ils le firent. Le voyage en Italie n'était plus un passage obligé ; l'Espagne était devenue la source. Mais l'art espagnol n'était plus ce qu'il avait été à peine cent ans plus tôt, une école estimée, mais isolée ; le goût français pour la peinture espagnole l'avait mué en un fondement de l'art moderne. •

Je voudrais citer ici tout spécialement Deborah Roldán, qui a travaillé sans relâche pour cette exposition en y apportant des idées nouvelles et beaucoup de documentation. Elle a aussi contribué de manière significative à cet essai, ainsi que Kathryn Calley Galitz.

Notes

126 Bréban, 1878, p. 126.

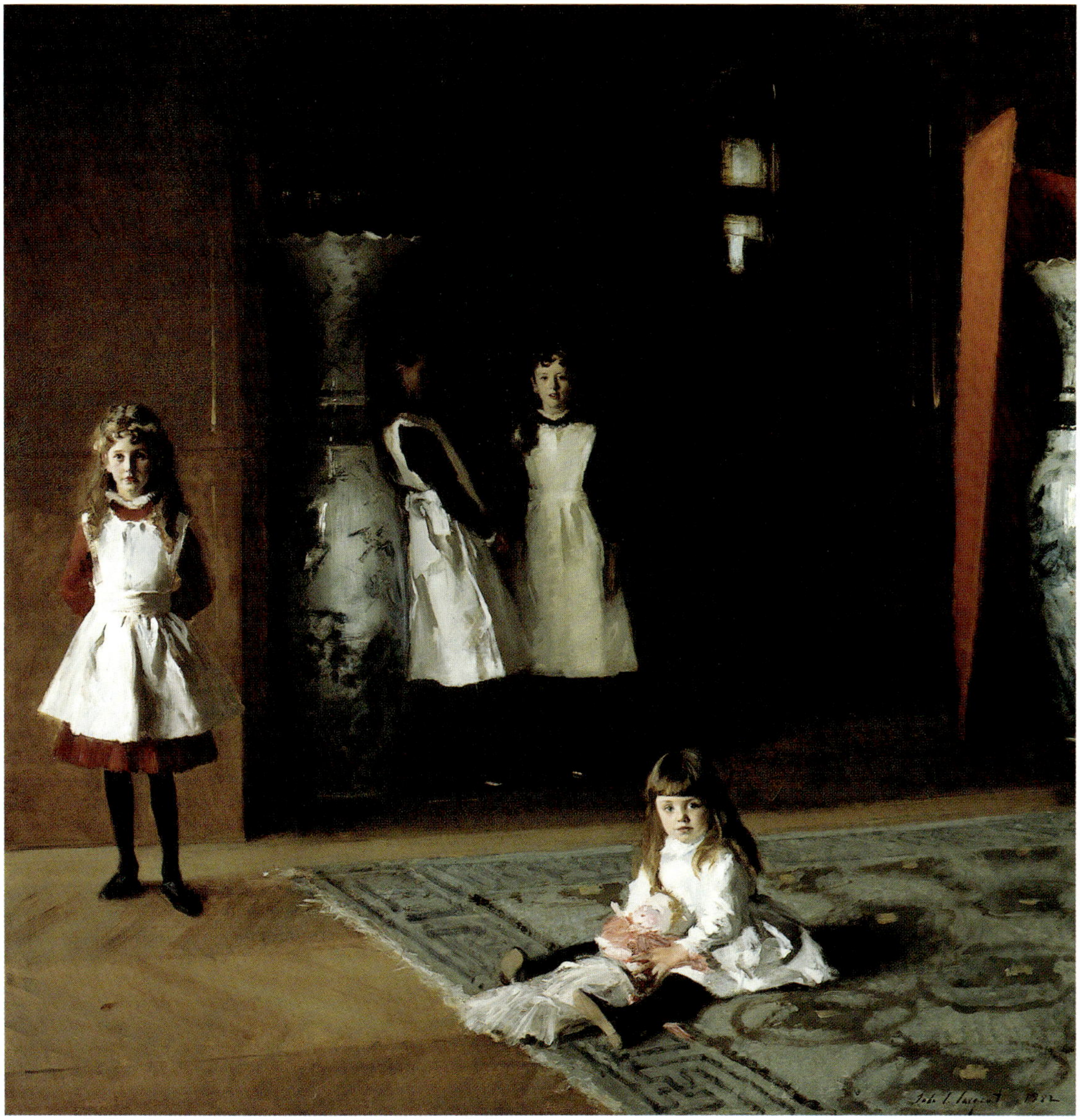

Fig. 45
John Singer Sargent
Les Filles d'Edward Darley Boit
Huile sur toile
H. 221,93 ; L. 222,57
Boston, Museum of Fine Arts, don de Louisa Boit, Julia Overing Boit, et Florence D. Boit en mémoire de leur père Edward Darley Boit

Fig. 46
Diego Velázquez
El Primo
Madrid, musée
du Prado (cat. 32)

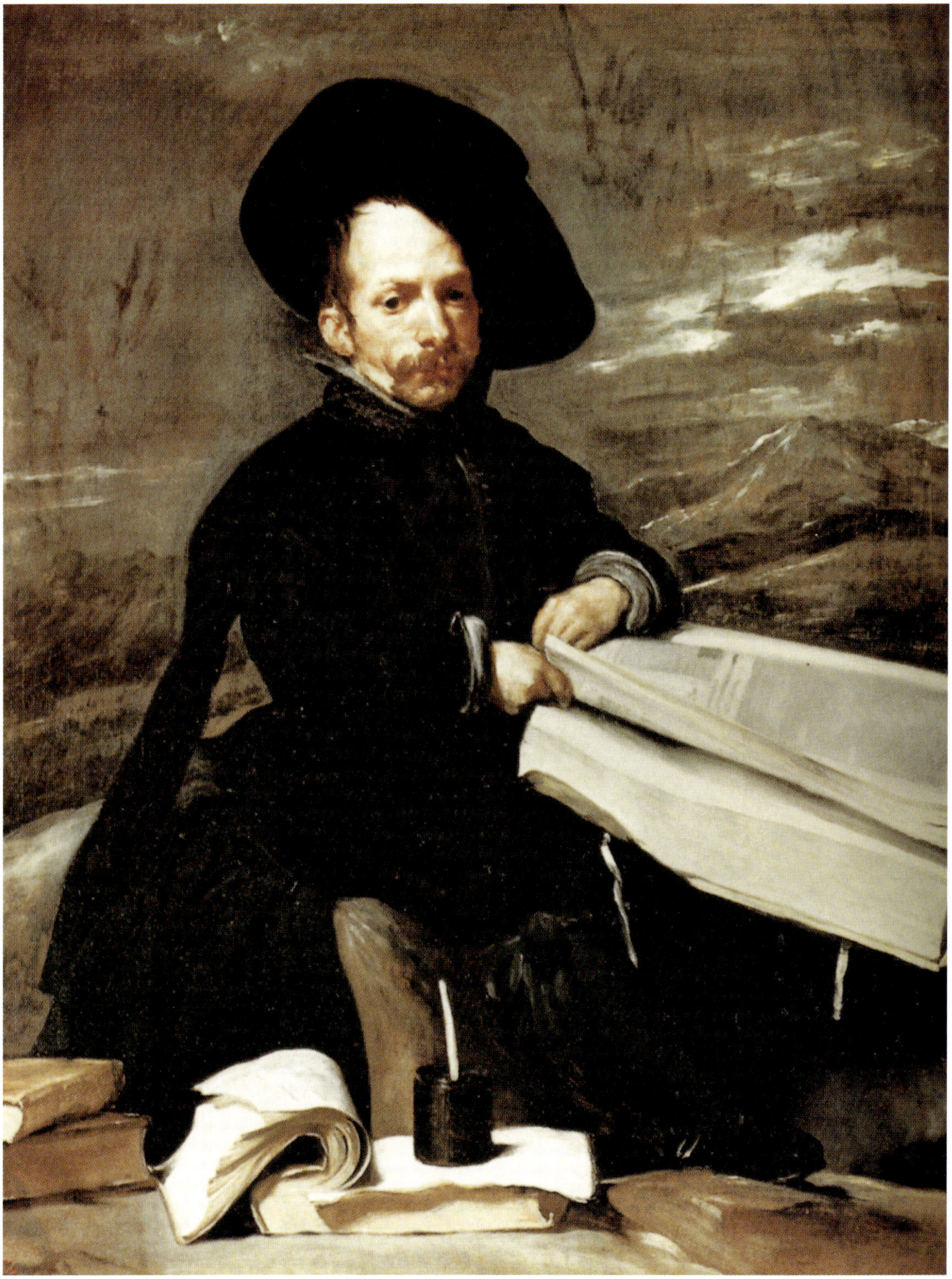

Les origines du musée du Prado

• Javier Portús
• María de los Santos García Felguera

Le musée du Prado fut l'un des piliers essentiels sur lequel les artistes et le public du XIXe siècle fondèrent en général leur connaissance de la peinture espagnole. Des peintres d'origine si variée et à l'idéal esthétique si divers que Wilkie, Lundgren, Zorn, Chase, Courbet, Sargent, Israels, Regnault, Degas, Monet ou Manet, parmi beaucoup d'autres[1], complétèrent dans les salles du Prado la connaissance qu'ils avaient déjà de la peinture espagnole et découvrirent un peintre dont l'œuvre ne pouvait être vue de façon satisfaisante nulle part ailleurs et qui exercerait sur eux tous une influence considérable : Diego Velázquez.

Le Prado ouvrit ses portes au public en novembre 1819, selon le souhait du roi Ferdinand VII de réunir une sélection des meilleures peintures qui lui appartenaient dans l'édifice construit par Juan de Villanueva, à la fin du siècle précédent, pour abriter une Académie d'histoire naturelle[2]. On s'interroge beaucoup sur les raisons concrètes qui poussèrent le monarque à prendre cette décision, qui serait l'un des actes les plus réussis de son règne, controversé, et de grande conséquence pour l'avenir. En 1845, Richard Ford attribua cette décision au désir du roi de décrocher les tableaux des murs de ses palais pour les décorer de papiers peints, ce qui ne correspond pas à la réalité[3]. Au cours du temps, beaucoup ont attiré l'attention sur le rôle que joua son épouse Isabelle de Bragance : il reste quelques témoignages assez explicites de sa renommée de fondatrice, comme une oraison funèbre ou un portrait de Bernardo López (Madrid, musée du Prado) où la reine apparaît montrant d'une main le bâtiment du musée et de l'autre quelques papiers sur lesquels est esquissée la disposition des peintures. Mais, indépendamment de ces causes concrètes, le fait est que Ferdinand VII décida de se défaire de ses meilleures peintures pour les exposer publiquement et supporta les énormes dépenses qu'entraîna cette initiative. En la prenant, le roi était en accord avec les idées du temps, communes

Notes

1 Une vision générale sur ce type de visiteurs dans Portús, « Un museo para los pintores », cat. exp., Madrid, 1996.
2 Sur les premières années de l'histoire du musée, voir Beroqui, 1932 ; Madrazo, 1945 ; Gaya Nuño, 1969 ; Pérez Sánchez, 1977.
3 Sur l'improbabilité de cette hypothèse voir Anes, 1996, p. 88.

à toute l'Europe, au sujet de la politique du patrimoine et se montrait aussi le digne héritier des monarques qui, pendant des générations, avaient amassé ces richesses artistiques. Nous le verrons plus loin, sa décision peut s'inscrire dans le double contexte de l'idéologie du patrimoine qui s'est propagée dans le sillage de la Révolution française et de la tradition séculaire du pays sur l'usage représentatif des œuvres d'art.

Jusqu'en 1868, le Prado fut un musée de propriété royale, et ses collections comprenaient uniquement des œuvres provenant des résidences royales ou achetées par les monarques pour l'institution. Quand il fut inauguré, en 1819, il lui restait un long chemin à parcourir pour offrir un programme d'exposition complet et cohérent, car seules 311 œuvres[4] y étaient montrées. Au cours des deux décennies suivantes, des œuvres des collections royales vinrent s'ajouter, mais l'aménagement complet de l'édifice pour sa nouvelle fonction ne fut pas terminé avant le milieu du siècle. Toutefois, dans les dix premières années de son existence, il se produisit une série de faits très intéressants pour la connaissance des aspirations primordiales qui ont présidé à la naissance de l'institution. Globalement, ces faits nous parlent à la fois de sentiments nationalistes et de désirs de projection internationale.

Le projet global d'exposer les grandes richesses artistiques des collections royales dissimulait une intention plus concrète, celle de montrer à l'Europe la qualité et la personnalité de l'école espagnole. C'est pourquoi, lorsque le musée fut ouvert au public, les seules œuvres exposées étaient des tableaux d'artistes locaux, comme le reflète le catalogue édité cette même année 1819, où sont mentionnées 311 peintures disposées selon un critère exclusivement décoratif, et non pas thématique, ou chronologique, par auteur ou par style. La seule exception était la salle qui donnait accès à la galerie centrale, où étaient regroupés les peintres modernes, comme Goya, Paret ou Maella. La situation que révèle le catalogue donne lieu à deux réflexions : il est certain que la diffusion de la peinture espagnole était considérée comme prioritaire, mais il est vrai également que l'espace d'exposition le plus vaste et le plus symbolique (la galerie centrale) allait être réservé pendant des décennies aux écoles italiennes, qui détenaient toujours la première place dans les jugements historico-artistiques.

À ce premier catalogue de 1819, rédigé par Luis Eusebi, succédèrent quatre autres jusqu'en 1828, justifiés non seulement par le processus constant d'agrandissement de la surface d'exposition, mais aussi parce que les catalogues étaient le seul instrument que possédait le visiteur pour identifier les tableaux, qui ne portaient pas de cartels. Signalons que celui de 1823 fut rédigé en français (il coïncidait avec l'arrivée à Madrid de l'expédition militaire française appelée Les cent mille fils de Saint-Louis), et que celui de 1828 connut des éditions en espagnol, français et italien. C'est dire que ces publications officielles se faisaient l'écho d'une double réalité, présente tout au long de l'histoire de cette institution : sa vocation à faire connaître ses trésors au-delà du public espagnol et la certitude d'avoir atteint cet objectif dès les premières années de son existence. De fait, les visiteurs étrangers et les copistes disposaient de l'horaire de visite le plus favorable.

Un autre indice de la « vocation » du Prado dès sa création nous est donné par la politique d'acquisitions de peintures au cours de ses premières années. En 1820, Ferdinand VII acheta au peintre Agustín Esteve *la Trinité,* l'un des chefs-d'œuvre de Ribera ; l'année suivante, il fit un échange avec le doyen López Cepero, célèbre collectionneur sévillan, qui reçut quelques tableaux des collections royales contre deux chefs-d'œuvre de Zurbarán : *Vision de saint Pierre Nolasque* et *Apparition de saint Pierre Apôtre à saint Pierre Nolasque* ; en 1826, il acquit *la Visitation* et *le Couronnement de la Vierge,* du peintre valencien Vicente Masip, attribués alors à son fils Joan de Joanes ; en 1827, il acheta *la Trinité* au sculpteur Valeriano Salvatierra, œuvre splendide du Greco ; deux ans après, entrèrent dans les collections *le Ravissement de la Madeleine* de José Antolínez et *l'Assomption de la Vierge* attribuée actuellement à Juan Martín Cabezalero. Ce pari pour la peinture de la pleine période du baroque madrilène fut complété avec l'achat, en 1833, du *Triomphe de saint Hermenegilde,* l'un des chefs-d'œuvre de son auteur, Francisco de Herrera le Jeune, et de la peinture espagnole du milieu du XVIIe siècle. À ces acquisitions, il faut ajouter *le Christ en Croix* de Velázquez, donné par le duc de San Fernando au roi, et que celui-ci destina à son musée en 1829.

Ce sont toutes des œuvres très importantes qui, excepté celles de Ribera, Velázquez ou Masip, ont en commun d'avoir été peintes par des artistes peu représentés dans les collections royales. Du Greco ne figuraient que huit portraits, de Zurbarán uniquement les tableaux réalisés pour le palais du Buen Retiro, et la grande peinture religieuse du plein baroque madrilène était rare également. Ces achats contribuèrent donc à compléter de manière décisive le panorama historique de la peinture espagnole que le musée du Prado offrait jusqu'alors.

À partir de ce moment s'est produite une association très intime entre « école espagnole » et « musée du Prado », qui a présenté de nombreuses expressions au fil du temps. L'institution prit tout de suite conscience de sa condition de mémoire picturale de la nation, et elle l'exprima tant dans sa politique d'acquisitions que dans l'organisation de ses salles, ou même dans sa politique d'expositions. Cela fut favorisé aussi par le comportement du public étranger qui fréquentait l'institution, animé fondamentalement par la possibilité d'y trouver les chefs-d'œuvre de la peinture espagnole. Ainsi, nombre d'écrivains du XIXe siècle, bien que conscients de la richesse du Prado en artistes non espagnols, y ont recouru surtout pour retracer une histoire de l'art national. Ce que firent, par exemple, Louis Viardot[5] ou Richard Ford[6]. En effet, aucune autre institution au monde ne permet de suivre l'histoire de la peinture espagnole avec plus de précision, et ce, avec autant de chefs-d'œuvre ; un artiste comme Velázquez ne peut être raisonnablement étudié qu'à Madrid. Cependant, cette situation renferme un profond paradoxe. En effet, s'il y a un lieu qui démontre qu'à l'âge moderne la peinture était en Europe un langage qui ne connaissait pas de frontières, c'est bien le Prado et ses collections, où se mêlent des pièces maîtresses d'artistes flamands, italiens, français ou espagnols, commandées ou réunies par les monarques des maisons d'Autriche et de Bourbon. Les collections royales furent la scène où les peintres de nationalités différentes rencontrèrent certains de leurs maîtres. Le Flamand Rubens, à Madrid en 1628-1629, apprit de nombreux secrets de

---

Notes

4 Eusebi, 1819.

5 *Les Musées d'Espagne,* 1860.

6 *A Handbook of Travellers in Spain and Readers at home,* 1845.

l'Italien Titien, et l'Espagnol Velázquez eut l'occasion de côtoyer le premier et de vivre en compagnie des tableaux du second. En un sens, pour connaître ce que signifient les collections royales et une part fondamentale de la tradition picturale occidentale, il n'existe pas de meilleure œuvre que *les Fileuses* de Velázquez, où se retrouvent de manière géniale Titien et Rubens, ses deux maîtres auxquels il rend ainsi hommage. Un siècle plus tard, Goya tirerait des enseignements de tous. L'histoire ne se termine pas avec le peintre aragonais. La preuve nous en est donnée avec cette exposition, qui nous montre comment le Français Édouard Manet trouva au Prado un interlocuteur artistique lui permettant d'enrichir son propre style et l'histoire de la peinture contemporaine.

D'autre part, l'orientation « nationaliste » prise par le musée et favorisée dans le pays et à l'extérieur n'est pas un fait isolé dans la pratique muséographique moderne. De nombreuses institutions se sont appuyées sur de tels critères (l'un des cas les plus frappants est le Rijksmuseum d'Amsterdam au XIXe siècle), qui, de plus, ont défini l'historiographie de l'art des origines à nos jours. L'organisation topographique, ou le concept d'« école nationale », conditionne encore l'aménagement des musées et les monographies. Tout cela est naturellement le reflet de la réalité historique de l'Europe sous l'Ancien Régime, mais répond aussi aux intérêts concrets de l'époque où naquit la discipline de l'histoire de l'art et où se généralisa la création des musées.

Nous l'avons dit plus haut, l'origine du Prado doit être étudiée en fonction de la nouvelle mentalité concernant le patrimoine, qui s'est répandue en Europe à partir de la fin du XVIIIe siècle, mais aussi en fonction de la propre dynamique historique des collections royales espagnoles. Cela explique pourquoi l'un des rois qui appréciait le moins l'art qui rappelait l'histoire de son pays fut le créateur d'une institution qui ferait connaître les principaux trésors de sa collection et contribuerait de manière décisive à la diffusion de la peinture espagnole.

Parlant d'abord de la tradition interne, il faut dire que culmine au Prado une tradition séculaire de collectionner à grande échelle, qui a commencé avec les Rois Catholiques et a atteint parfois des sommets inégalés. Il ne faut pas étudier cette tradition exclusivement comme le produit du goût ou de l'inclination des monarques successifs, car c'est en fait une conception de l'œuvre d'art comme objet représentatif du pouvoir, avec une conception de la collection comme un bien associé à la mémoire dynastique elle-même. Cette nature représentative explique l'abondance dans l'histoire des collections royales d'épisodes montrant que les tableaux et autres objets artistiques ne sont pas réservés au plaisir de la cour mais se conçoivent comme des pièces pouvant être présentées aux visiteurs, et dont le prestige retomberait en dernier ressort sur leurs possesseurs. Nous en avons des exemples depuis le XVIe jusqu'au XVIIIe siècle, qui se rapportent aussi bien aux palais royaux qu'aux édifices religieux liés à la monarchie, comme le monastère de l'Escorial.

L'Escorial est né avec la vocation de devenir une fondation « célèbre » qui signifierait au monde le pouvoir, la sagesse et la foi de son édificateur et de la dynastie des Habsbourg. Philippe II en personne se fit, à différentes reprises, le guide du bâtiment pour des amateurs de marque et laissa des instructions écrites précises sur la façon de le faire visiter en son absence[7]. Au cours du XVIIe siècle, l'Escorial fut la visite obligée de tout étranger illustre qui venait à la cour et se rendait au monastère de *la sierra,* non seulement pour s'émerveiller de son architecture et de ses proportions mais aussi pour connaître ses peintures, sa bibliothèque, etc. De fait, dans les années cinquante de son règne, Philippe IV se soucia de réorganiser les collections de peintures, notamment avec l'aide de Velázquez. Tout cela fut accompagné d'une intense activité littéraire destinée à faire connaître l'histoire du lieu et de ce qu'il contenait, avec comme ouvrages marquants *la Fundación del Monasterio de San Jerónimo el Real* (1604) de José de Sigüenza, l'un des premiers livres de littérature historico-artistique en Espagne (1604), et *la Descripción del Monasterio San Lorenzo el Real del Escorial* (1657) de Francisco de los Santos, qui connut plusieurs éditions dans la seconde moitié du XVIIe siècle, avec chaque fois des renseignements sur l'entrée de nouvelles peintures ou sur les changements d'emplacement[8].

Sans être l'objet de campagnes de divulgation graphique ou littéraire comme le monastère, le Real Alcázar de Madrid était également visité par les étrangers de qualité qui venaient dans cette ville, ce qui semble logique puisque cet édifice était le siège de la cour.

L'Alcázar abritait une splendide collection de peintures comptant des chefs-d'œuvre de Titien, Rubens, Velázquez, Carracci, Reni, Ribera, etc., qui font aujourd'hui l'orgueil du Prado. Bien qu'il existât théoriquement des parties privées et des parties publiques, il est certain que les visiteurs d'une certaine condition sociale pouvaient accéder à la quasi-totalité de l'enceinte pour admirer les œuvres. C'est ce que l'on déduit de la lecture du journal de deux personnalités écrivant sous les règnes de Philippe IV et de Charles II. L'un d'entre eux, Cassiano dal Pozzo, un érudit romain, protégea Nicolas Poussin et joua un rôle important dans le développement de l'art de son époque. Il arrive à Madrid en 1626, accompagnant le cardinal-légat Francesco Barberini et raconte dans son journal la visite de l'Alcázar, décrivant les salles et les tableaux qui l'impressionnèrent le plus[9]. Parmi eux figurent les « poésies » ou fables mythologiques peintes par Titien pour Philippe II, accrochées dans les appartements privés de Philippe IV. C'était une série très liée à la mémoire historique de la monarchie espagnole et qu'il convenait, estimait-on, de montrer à des personnages illustres, malgré sa localisation, dans un lieu si intime. Vers les années 1660, elle fut regroupée avec d'autres tableaux de nu dans les « voûtes de Titien », et c'est là que les vit Cosme de Médicis quand il visita Madrid en 1668[10].

Le Buen Retiro était une autre « résidence royale » abritant une magnifique collection de peintures, quoique pour la plupart d'œuvres contemporaines. Ce palais fut construit dans les années 1630 aux alentours de Madrid comme extension de la cour. L'on fit appel pour sa décoration non seulement aux meilleurs peintres qui travaillaient à Madrid mais aussi à des Français actifs à Rome, Claude Lorrain ou Poussin, et à des Italiens comme Lanfranco, Massimo Stanzione, Artemisia Gentileschi et beaucoup d'autres. Ces œuvres n'avaient pas

Notes

7 Jesús Sáenz de Miera, « La magnificiencia del rey Prudente y la fama de El Escorial », cat. exp., Madrid, 1998, p. 117.

8 Álvarez Turienzo, 1984.

9 Volk, 1981, p. 513-529.

10 *Viaje de Cosme de Médicis…*, 1993, p. 123-126.

pour seul objet le plaisir du roi et de sa cour, elles constituaient aussi les pièces d'un discours sur le pouvoir et la magnificence qui s'adressait aux Espagnols et aux étrangers. Le Buen Retiro, comme l'Escorial ou l'Alcázar, était un lieu fréquenté par les étrangers curieux qui venaient à Madrid. Ceux-ci n'étaient pas seulement des érudits comme Cassiano ou des princes comme Cosme de Médicis, mais aussi des commerçants comme Robert Bragrave, qui décrivit dans son journal la visite qu'il fit au cours de l'hiver de 1654-1655[11].

L'idée était déjà répandue à l'époque que le prestige associé aux tableaux et aux collections rejaillissait sur leurs propriétaires. Les grandes œuvres d'art étaient destinées à procurer plaisir et renommée à ceux qui les possédaient et avaient aussi une véritable vocation publique, même celles qui ornaient les parties réservées ou privées des palais royaux. En revanche, les critères de sélection du « public » qui avait accès à ces lieux étaient très restrictifs.

Le journal de Cassiano dal Pozzo souligne que cette fonction de la peinture n'était pas réservée aux œuvres de propriété royale ; les nobles aussi ouvraient les portes de leurs collections. Les grands aristocrates espagnols amassèrent un nombre très élevé de tableaux, beaucoup de grande qualité, selon un processus qui révèle un désir de rivaliser avec les habitudes de collectionner de la couronne. Le comte de Monterrey, le marquis de Leganés, don Luis de Haro ou le duc et la duchesse d'Álcala comptèrent parmi les collectionneurs les plus importants de leur temps en Europe. Certains exposaient leurs tableaux et c'est au sein de l'aristocratie que l'on peut déceler les premières tentatives d'organisation « prémuséographique » d'une collection. Ainsi, les amiraux de Castille, à la fin du XVIIe siècle, réunissaient leurs tableaux dans un palais près du Prado de San Jerónimo, à Madrid, parmi lesquels figuraient des œuvres de Rubens, Titien, Raphaël, Guido Reni, Ribera, Sebastiano del Piombo, Andrea del Sarto, des Bassano[12]... Ce qui singularisait leur collection n'était pas tant son excellente qualité mais le fait que les peintures étaient réparties par thèmes, auteurs ou écoles, avec une salle de paysages, une autre consacrée à Rubens, une autre qui réunissait des œuvres de peintres espagnols, etc. De plus, la collection disposait d'une sorte de conservateur : le peintre Juan de Alfaro[13]. Le palais était un authentique musée, organisé selon des critères historico-artistiques qui présupposaient une mise en valeur du créateur de l'œuvre et des écoles nationales de peinture. Il comptait même une salle consacrée exclusivement à l'éloge de la peinture par l'illustration de ses qualités, et qui rassemblait quelques chefs-d'œuvre. Évidemment, un lieu affichant un tel programme devait avoir une ambition publique et nous connaissons en effet, grâce au traité de Palomino, le prestige qu'atteignit cette collection. Des documents évoquent une situation similaire au milieu du XVIIIe siècle dans le palais des comtes d'Altamira à Morata de Tajuña, dans la province de Madrid. La collection provenait de tableaux réunis par le marquis de Leganés à l'époque de Philippe IV et était ordonnée également selon des critères thématiques. La salle la plus importante, d'un point de vue symbolique, comprenait des portraits de peintre et de poète illustrés de quelques vers faisant allusion aux traits de ressemblance entre les deux arts, un des lieux communs de la théorie humaniste de la peinture[14].

Dans l'histoire des collections royales, au XVIIIe siècle apparaissent plusieurs épisodes liés à la nouvelle sensibilité pour l'histoire et le patrimoine qui s'est propagée avec l'*Ilustración* (les Lumières). Les collections continuèrent à s'enrichir grâce à des peintures nées de la dynamique décorative et représentative habituelle de la cour : on peignait toujours des portraits royaux, et les palais construits à cette époque exigeaient d'être décorés de fresques et autres œuvres picturales. L'acquisition de tableaux des maîtres anciens se poursuivit aussi, mais moins intensément qu'au siècle précédent et selon une nouvelle orientation. Les yeux n'étaient plus tournés, comme du temps de Philippe IV, vers Raphaël, Titien et d'autres peintres vénitiens, mais vers l'école espagnole. Le grand bénéficiaire de cette politique d'achats fut un Espagnol, Murillo, dont la reine Isabelle Farnèse amassa une magnifique collection de peintures dans les années 1729-1733, période où la cour résida à Séville[15]. Le peintre valencien Joan de Joanes retint également l'attention des monarques espagnols.

À cette époque, l'ordre et l'emplacement des peintures dans les résidences royales étaient régis par des considérations décoratives ou honorifiques, et non selon un critère historico-artistique. C'est face à cette situation que se trouva Anton Raphaël Mengs, l'influent peintre de Bohême, qui arriva à la cour espagnole en 1761. Quelques années plus tard, il recommanda que les principaux tableaux dispersés dans plusieurs résidences soient regroupés au palais royal de Madrid en vue de former une galerie de peintures : « Je souhaiterais que tous les précieux tableaux répartis entre les résidences royales soient rassemblés au palais royal dans une galerie digne d'un si grand monarque afin de pouvoir constituer pour votre grâce, bien ou mal, un discours, qui des peintres les plus anciens dont nous avons connaissance guide l'entendement du curieux vers les derniers qui ont mérité quelque éloge, afin de comprendre la différence essentielle qui existe entre eux et d'éclaircir mes idées[16]. »

Cette initiative à caractère muséographique ne put être menée à bien avant l'ouverture du musée du Prado. Cependant, en tant que tentative d'apporter une vision historico-artistique du patrimoine, elle rejoint d'autres projets menés en Espagne au cours du même siècle, qui eurent comme dénominateur commun l'intention de décrire une histoire de la peinture nationale et d'identifier les traits qui singularisaient l'école espagnole[17]. En 1724 fut publié *El Parnaso español pintoresco y laureado* d'Antonio Palomino, une collection complète de vies d'artistes nés en Espagne ou qui y ont travaillé. Ainsi était démontrée de manière implicite l'existence d'une « histoire » de la peinture dans le pays. Dans la seconde moitié du siècle apparurent plusieurs entreprises singulières par leur envergure, comme le *Viaje de España* d'Antonio Ponz, qui constitue un registre monumental de la richesse du patrimoine du pays, ou le *Diccionario de los más ilustres profesores de las bellas Artes en España* de Juan Agustín Ceán Bermúdez. Ce dernier, publié en 1800, offre, selon une méthode historique déjà moderne, des biographies d'un grand nombre d'artistes et artisans formant une histoire complète de l'art espagnol. Sa rigueur et sa richesse documentaire en font un instrument toujours indispensable.

Notes

11 Brown et Elliott, 1981, p. 113.
12 Sur cette collection voir Burke et Cherry, 1997, t. I, p. 892-962.
13 Palomino, 1986, p. 263.
14 Sur la salle, voir Portús, 1998, p. 144-145.
15 Santos García Felguera, « Niños afortunados », cat. exp., Madrid, 2001.
16 Dans une lettre à Ponz (1988, p. 325). Voir Tomlinson, 1993, p. 97-99.
17 Géal, 1999, p. 293-303.

Quand on désire trouver des figures clés de l'histoire de la peinture espagnole comparables à celles de la peinture italienne, on rencontre Velázquez, dont l'œuvre fut revendiquée de différentes parts. Bien qu'il soit certain que le Sévillan ait retenu l'attention de Mengs, celui-ci ne manqua pas de le considérer comme un artiste limité par son intérêt pour le naturalisme, et très éloigné du Beau idéal auquel devait aspirer la peinture. Ce furent les intellectuels et les artistes locaux qui durent bâtir un discours louangeur. Palomino et Ceán lui consacrèrent des biographies détaillées et élogieuses ; mais l'écrivain le plus prestigieux qui se confronta à son œuvre fut Gaspar Melchor de Jovellanos, l'un des pivots des Lumières espagnoles. Dans son *Elogio de las Bellas Artes* (1782) ou son essai sur le dessin des *Ménines* (1789), il fait l'éloge de Velázquez, revendiquant le naturalisme dans l'art et le qualifiant de héros de l'histoire artistique nationale, et le propose comme modèle aux nouveaux artistes qui recherchent la vérité dans la nature.

De la conversion de Velázquez en figure centrale de la mémoire artistique espagnole dans la seconde moitié du XVIIIe siècle, nous avons quelques exemples très significatifs. Le plus révélateur fut Francisco de Goya, qui, tout au long de sa carrière, reconnut explicitement et implicitement sa grande dette envers son confrère et consacra sa première série de gravures à reproduire ses tableaux[18]. Un autre exemple de reconnaissance artistique de l'importance de Velázquez est l'actuel salon des Miroirs du palais royal de Madrid, décoré de fresques réalisées par Francisco Bayeu. La scène principale décrit l'apothéose d'Hercule, encadrée par des allégories de la Philosophie, de la Peinture, de la Musique et de la Poésie. La Peinture est représentée par une femme assise près d'un chevalet avec, près d'elle, une toile où est esquissé l'*Ésope* de Velázquez[19].

Face à cette revendication interne, durant la seconde moitié du XVIIIe siècle, de la peinture espagnole en général et de Velázquez en particulier, c'est à peine si la connaissance et l'estime de l'école espagnole se propagèrent chez les étrangers[20]. Seuls quelques voyageurs séjournant en Espagne eurent l'occasion de se faire une idée de son histoire artistique[21]. Ce déséquilibre se traduisit par un certain ton revendicatif chez les écrivains espagnols, qui réclamaient pour les artistes locaux la reconnaissance d'une place plus importante dans l'histoire de la peinture européenne.

Parallèlement à cette conscience de la nécessité de souligner l'importance de l'art local se développa l'idée de faire connaître les richesses des collections royales, abondantes en peintures d'époques et d'écoles variées. Le livre de Ponz y contribua de même que les récits de voyageurs tels que Joseph Townsend, Caimo, Swinburne, etc. Exista même un projet de réaliser des estampes qui reproduiraient les principales œuvres des palais : la *Compaña para el Grabado de los cuadros de los Reales palacios* fut créée en 1789 pour « favoriser dans tout le royaume l'étude des grands modèles nationaux et étrangers et propager la connaissance et la gloire de l'ancienne école espagnole, peu ou mal connue dans la plus grande partie de l'Europe[22] ». Bien que le projet fût très ambitieux, avec un programme de reproduction de 95 peintures, seule une cinquantaine de planches, commandées non seulement à des artistes espagnols, mais aussi italiens et français fut gravée. Les œuvres des grands maîtres italiens de la Renaissance et du baroque sont présentes mais l'effort principal a porté sur la reproduction des peintures de l'école espagnole : dix de Ribera, une de Zurbarán, une autre d'Alonso Cano, six de Murillo, une de Carreño et quinze de Velázquez, qui fut ainsi consacré comme l'étoile espagnole de la collection royale.

D'autre part, à propos de l'histoire de la peinture espagnole, ce ton revendicatif que l'on peut déceler à la fin du XVIIIe siècle doit être apprécié également dans le contexte d'une requête plus générale quant aux apports du pays à l'histoire de la culture européenne, mis en doute par l'*Encyclopédie*.

Jusqu'à maintenant nous avons pu mettre en évidence une série d'épisodes qui montrent une timide vocation « publique » des collections royales, et nous avons vu aussi quelques tentatives pour construire une histoire de la peinture espagnole et revendiquer son importance. Cependant le « public », dans tous les cas, n'était pas une masse anonyme aux préoccupations intellectuelles mais des personnalités des élites sociales. Nous n'avons pas la preuve d'un accès sans discrimination aux palais ; et même si nous savons que toute personnalité présentée à la cour, au moins au XVIIIe siècle, pouvait entrer librement dans de nombreuses salles, il est certain qu'il s'agissait de groupes relativement restreints. Même si le peuple espagnol possédait une grande culture visuelle, rien n'indique qu'il aurait développé des intérêts spécifiques de caractère historico-artistique. N'existait pas non plus dans les villes une bourgeoisie réclamant l'accès public aux œuvres d'art, comme par exemple à Paris. En fait, la clientèle des artistes continuait à être, de préférence, l'Église, la cour, l'aristocratie et une bourgeoisie naissante mais encore réduite. C'est pourquoi les initiatives d'ouverture des collections royales eurent une portée socialement limitée ; de fait, la *Compañia para el Grabado…*, déjà cité, n'eut pas le succès escompté faute d'une sérieuse demande sociale.

Toutefois, nombre de ces épisodes fertilisèrent peu à peu le terrain pour que se propage parmi les classes dirigeantes espagnoles l'idée de l'existence d'un patrimoine artistique d'une grande richesse qui était également l'expression d'une histoire commune. Un patrimoine qu'il était nécessaire de conserver, d'étudier et de faire connaître. Cette notion s'implanta solidement en Espagne au cours de la seconde moitié du XVIIIe siècle grâce à des intellectuels comme Ponz ou Jovellanos[23] – on constate un processus similaire dans toute l'Europe occidentale – et reste fondamentale pour expliquer la conversion des collections royales en musée d'accès public.

Le pays dans lequel le concept de « patrimoine national » se développa le plus intensément fut la France, où, depuis le milieu du XVIIIe siècle, les intellectuels réclamaient le droit pour la société de connaître les collections royales. Tout cela culmina avec la création du musée du Louvre, en août 1793, qui devint le point de référence où se cristallisaient les aspira-

Notes

18 Vega, Glendinning et Portús, 2000.
19 Morales y Marín, 1979, p. 83-84.
20 Santos García Felguera, 1991, p. 19-41.
21 C'est le cas de lord Grantham. Voir Glendinning, Harris et Russell, 1999, p. 698-605.
22 Ce sont les paroles de celui qui deviendrait le favori de Charles IV, Manuel Godoy. Voir Carrete, 1987, p. 564 et *sqq.*
23 Sur ces thèmes, la thèse de doctorat de Pierre Géal (en cours de publication) est fondamentale, 1998, p. 36 et *sqq.*

Fig. 47
John Singer Sargent
Tête d'Ésope
(d'après Velázquez)
1879
Ackland Art Museum,
University of North
Carolina at Chapel Hill
(cat. 114)

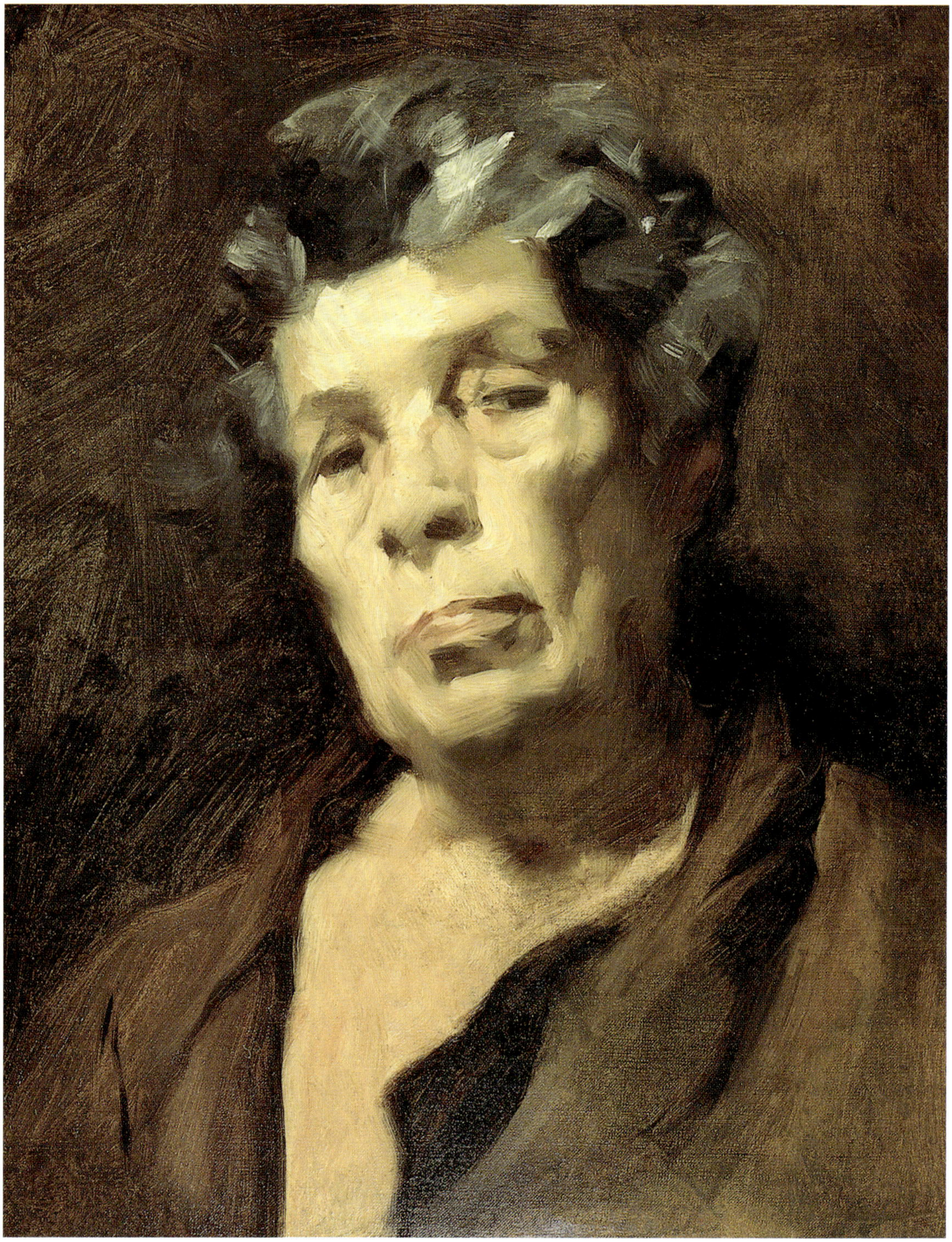

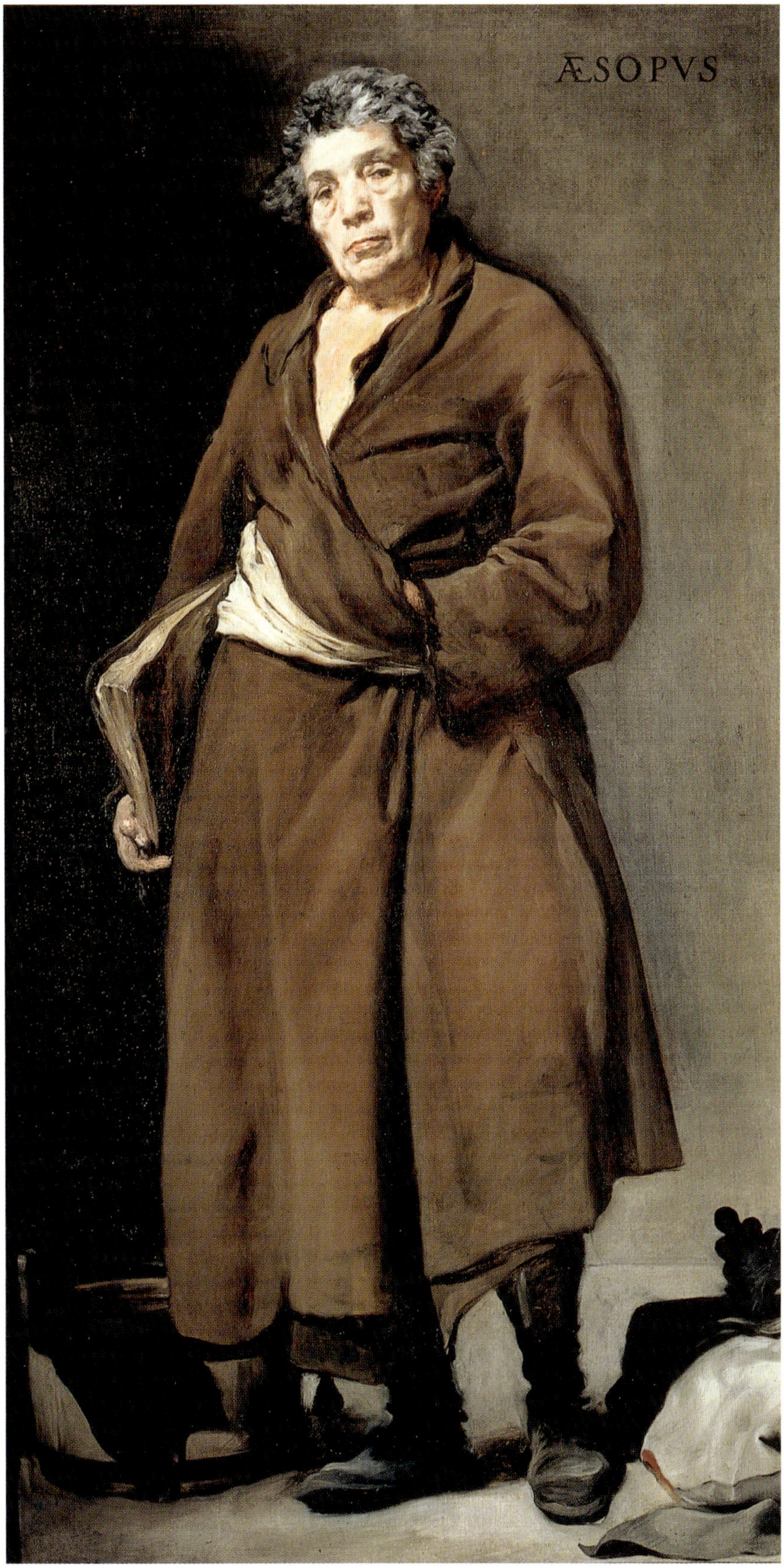

Fig. 48
Diego Velázquez
Ésope
Vers 1639-1641
Huile sur toile
H. 179 ; L. 94
Madrid, musée
du Prado

tions à la jouissance générale d'un patrimoine commun. Bien que la création du musée du Prado soit la conséquence des changements d'usage des collections royales, de l'extension du concept de patrimoine, de l'élargissement du public ou d'un désir de revendication nationaliste de la peinture locale, nul doute qu'elle s'encadre aussi dans un contexte européen plus vaste, avec, comme principale référence, la nouvelle sensibilité révolutionnaire, que reflète la naissance du Louvre.

Du point de vue culturel, se dégage une association étroite entre bonapartisme et musée ; de fait, la première tentative en Espagne d'un musée public de peintures est due à Joseph Ier, le frère de Napoléon, qui régna quelques années. Le 20 décembre 1809, il décida la création d'un musée de peintures qui serait alimenté par des œuvres provenant essentiellement des couvents et des palais royaux et aristocratiques et qui servirait notamment à présenter « le mérite des célèbres peintres espagnols, peu connus des nations voisines[24] ». Il commanda aussi de sélectionner une cinquantaine de tableaux de peintres espagnols pour les offrir à son frère. À la même époque, les hommes de confiance de Napoléon réalisaient des opérations semblables en Belgique, Italie, Pologne et Allemagne.

Bien que la chute de Joseph Ier, en 1813, mît fin au projet, l'idée d'un musée madrilène ne fut pas abandonnée pour autant, mais elle se maintint en des termes différents de ceux que ce dernier avait proposés. Dans un premier temps, Ferdinand VII laissa à l'Académie des beaux-arts de San Fernando l'initiative de cette création et céda à cet effet le palais de Buenavista, sur la Plaza de Cibeles. Mais l'institution académique ne put en assumer la responsabilité ni les dépenses et, en août 1814, le projet avorta[25]. Le 29 novembre de la même année, le Conseil royal envoya un écrit à Ferdinand VII pour clarifier la situation. Il indiquait que l'état des finances de la nation ne permettait pas d'affronter les dépenses qu'entraînait la création d'un musée, mais il reconnaissait (et c'était le plus important) qu'une institution de ce genre « honore et distingue une nation », est une preuve de « bon goût, de gloire et de magnificence » et est très bénéfique « pour le progrès et le développement des Arts et des Sciences »[26]. Il ajoutait que, dans le cas où le roi ne pourrait assumer une telle dépense, il serait préférable d'investir le bâtiment du Paseo del Prado.

L'idée d'un musée institution utile et profitable, vouée au prestige de la nation et de son souverain, était déjà pleinement établie en Europe et en Espagne, grâce surtout à la politique révolutionnaire, qui recourut à ces institutions comme emblème de l'aspiration à un accès universel aux biens culturels. En Espagne, le terrain était préparé depuis suffisamment longtemps pour que les peintures et les sculptures sortent des palais royaux et soient exposées publiquement à l'admiration des Espagnols et des étrangers. De fait, à la fin du XVIIIe siècle, l'Académie de San Fernando demanda à diverses reprises des peintures pour son usage à Charles IV. Un roi aussi absolutiste et aussi peu préoccupé d'art et de culture que Ferdinand VII se révéla conscient des bénéfices qu'il pouvait tirer de l'exposition publique de biens que, par ailleurs, il ne savait pas apprécier. Au fond, les tableaux avaient la même fonction représentative qu'à l'époque de Philippe II ou de Philippe IV, mais, en accord avec les temps nouveaux et la société nouvelle, ils remplissaient mieux ce rôle dans un édifice ouvert à tous les publics que dans un palais royal accessible aux seuls membres d'un rang social donné. De plus, ces valeurs représentatives variaient : leur importance n'était pas uniquement personnelle et dynastique comme à l'époque des Habsbourg, la notion de patrimoine collectif leur était associée, ainsi que la fonction d'objets devenant par leur prestige la fierté du roi mais aussi de toute la nation. L'Espagne du XVIIe siècle, et surtout du XVIIIe siècle, fournit assez de preuves de fierté à l'égard des collections royales et de l'histoire de la peinture du pays (et de frustration pour sa méconnaissance à l'étranger) pour que l'inauguration, en 1819, du musée du Prado puisse être étudiée dans le double contexte de la dynamique muséographique européenne et de l'itinéraire historique des collections royales.

La fondation du musée mit à la disposition du public national et étranger un trésor pictural exceptionnel et lui permit de connaître parfaitement les représentants les plus importants de l'école espagnole. Les visiteurs étrangers furent nombreux à profiter de l'occasion, mais affronter un géant tel que le musée du Prado n'était pas chose facile. Une poignée de livres écrits en France et en Grande-Bretagne servirent de guide aux visiteurs venant d'autres pays et diffusèrent hors des frontières la connaissance de l'école espagnole.

• Mérimée, Viardot, Clément de Ris

En 1831, l'auteur de *Carmen,* l'écrivain français Prosper Mérimée, après une saison en Espagne et de longs moments au musée du Prado, publia dans une revue parisienne, *l'Artiste*[27], une lettre sur le « Musée de Madrid », « un des plus riches d'Europe ». Le texte, court, est plein de renseignements précieux pour la « petite histoire » du musée (le bâtiment, les horaires d'ouverture, le genre de personnes qui le visitent…) et aussi de jugements sur Velázquez et Murillo. L'écrivain français admire la diversité du style de Velázquez, ses portraits (lui attribuant, soit dit en passant, ceux de Charles IV et de sa famille), fait l'éloge des paysages, critique la composition des *Lances,* et prend la nature comme référent pour parler de son œuvre, de même que de celle de Murillo. Velázquez « n'a-t-il fait avec les portraits qu'imiter la nature avec scrupule », tandis que Murillo « a cherché ses modèles dans la nature qu'il avait sous les yeux et aucun peintre, je crois, n'est plus original… ».

Derrière Velázquez et Murillo, Mérimée place Ribera, Alonso Cano, Zurbarán et quelques autres. Le reste des peintres espagnols appartient selon lui à « cette interminable série de méchants barbouilleurs dont les ouvrages sont aussi peu connus que les noms ».

La diffusion de la revue *l'Artiste* était très grande et, grâce à Mérimée, beaucoup de Français eurent connaissance du musée de Madrid. Mais l'ouvrage qui eut la plus grande répercussion dans ce pays et qui offrit l'étude la plus vaste sur les artistes espagnols fut *les Musées d'Espagne, d'Angleterre, de Belgique* de Louis Viardot, publiés douze ans plus tard, en 1843[28]. La curio-

Notes

24 Antigüedad, 1987, p. 69.
25 Martínez Fiera, 1942.
26 Anes, 1996, p. 82.
27 Mars 1831, p. 73-75. Quelques années plus tard, Mérimée traita à nouveau des artistes espagnols dans un commentaire sur l'œuvre *(Annals of the Artists of Spain)* de Stirling-Maxwell, 15 novembre 1848.

• De Ford à Stirling-Maxwell

Le monde britannique connut le musée, « la meilleure galerie du monde », grâce à Richard Ford et à son *Handbook for Travellers in Spain and Readers at Home,* paru en 1845[39]. Il en prit connaissance avec un regard plus dénué de préjugés que celui des Français et une plume plus audacieuse. Ford, qui connaissait sans doute l'Espagne mieux que n'importe quel étranger de son époque, n'hésita pas à faire l'éloge des peintres espagnols ou au contraire à les dénigrer. Il fit surtout l'éloge de Velázquez[40], dont la renommée continua à grandir grâce à lui, et celui de Murillo, le premier pour la force pleine de vitalité, le second pour la couleur envoûtante. Ribera, qui ne parvient pas à éveiller son enthousiasme, est situé très loin derrière les deux grands, et Ford pense du Greco ce que presque tous pensaient à l'époque, qu'il était un extravagant, et de plus « inégal[41] ».

Ford fit une très bonne publicité au musée en affirmant que, contrairement à Raphaël, Titien et Murillo, on ne pouvait bien connaître Velázquez que dans ses salles : « Madrid est le seul foyer du puissant andalou, parce que presque tout son œuvre s'y trouve. »

Pour lui aussi, la pierre de touche de l'approche de Velázquez est la nature : « La Nature même était son guide, la vérité son objectif et l'homme son modèle. » Une nature qui ne laisse pas place à « l'idéal italien » dans les tableaux du peintre de Philippe IV, pas plus que dans ceux de Murillo. Par une image très descriptive, Ford rappelle que la Vierge n'est jamais descendue visiter l'atelier de Velázquez et que les chérubins ne voletaient pas autour de la palette du peintre. De même, les *Enfant Jésus* de Murillo et ses anges n'étaient que « des enfants ordinaires de ce monde », espagnols et andalous, précise-t-il. Poursuivant cette identification locale, le Vulcain de *la Forge* est pour le Britannique « un simple forgeron galicien ». Comme Viardot, Ford ne voit dans *la Sainte Famille à l'oiseau* que « des scènes de famille agréables où les jeux d'enfants graciles attirent l'attention attendrie de parents affectueux ».

Les commentaires de Richard Ford sont bien plus libres pour parler des peintres espagnols que pour aborder d'autres écoles, comme l'école italienne. Il n'a aucun scrupule à disqualifier des peintures que nous considérons aujourd'hui comme des chefs-d'œuvre : « La Rotonde du début contient des œuvres de rebut [...] une allégorie de Juan Bautista Mayno, 1609-1649, imitateur de Paolo Veronèse et ami de Lope de Vega. »

Ford n'affectionne pas non plus l'édifice, « laid, énorme, lourd et commun », avec un étage « misérable, bas et sans mérite architectural aucun ». Son opinion sur le catalogue de Madrazo n'est pas meilleure et il affirme qu'il « ne sera pas d'une grande aide ». Il préfère le livre de Viardot : « Autre guide courant pour les non initiés [...] avec beaucoup de critiques amènes, incisives et intuitives, et de plus très françaises. » Il pense du bien des restaurations et des nettoyages

Notes

39 Londres, John Murray, 1845.

40 Il publia aussi un article dans *The Penny Encyclopaedia,* Londres, 1851, rééd. dans *Richard Ford in Spain,* Londres, 1974.

41 « *What he did well, was excellent, while what he did ill, was worse than anybody else* » (« Ce qu'il faisait bien était excellent, mais ce qu'il faisait mal était pire que tout »).

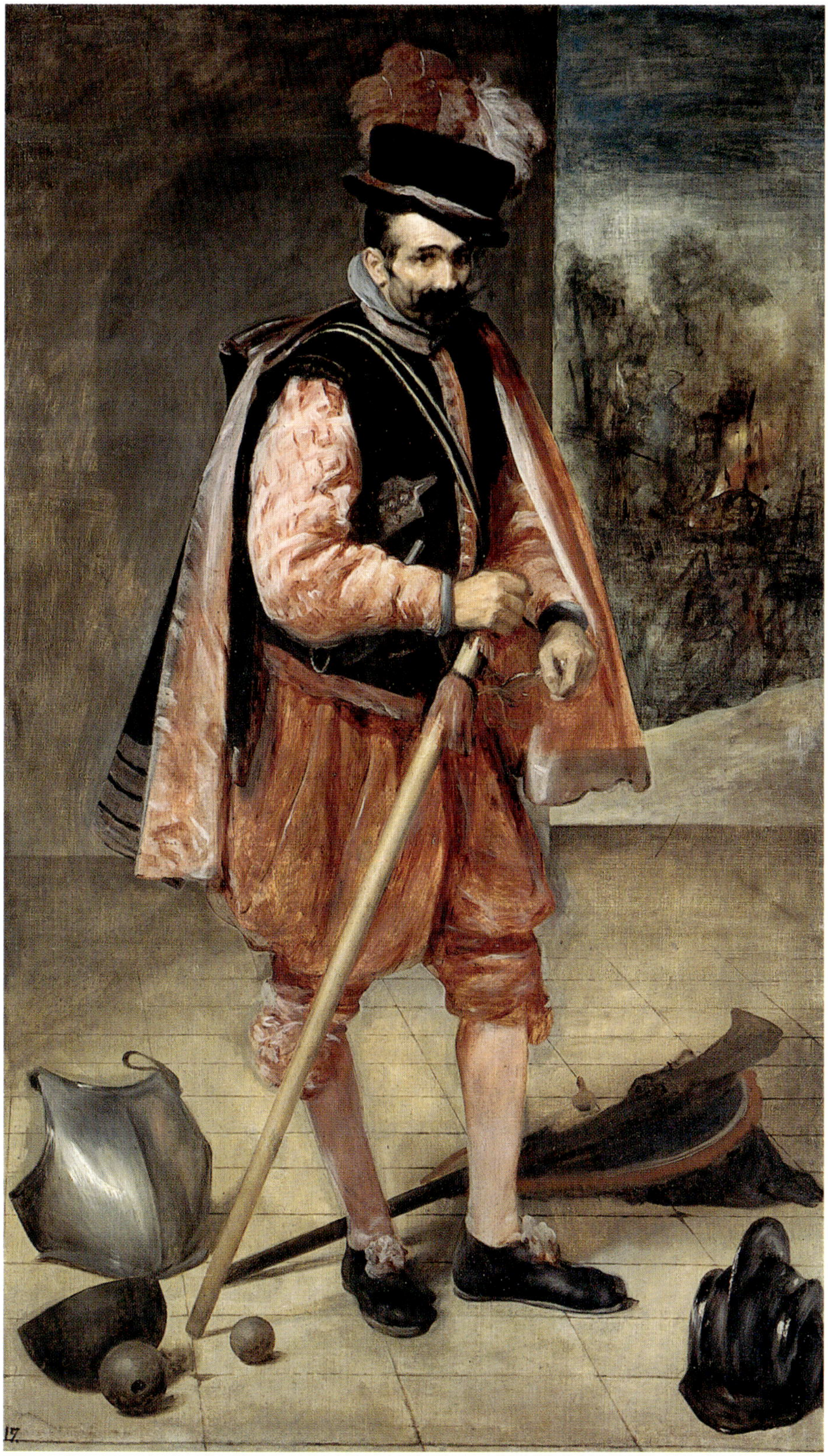

Fig. 49
Diego Velázquez
Le Bouffon, don Juan d'Autriche
1632-1633
Madrid, musée du Prado (cat. 31)

de tableaux réalisés en France, travail fait par « des demi-dieux si on les compare à leurs incapables imitateurs espagnols », qu'il vitupère à loisir[42].

Le *Handbook* de Ford voyagea beaucoup en Espagne dans les poches britanniques. Un voyageur qui l'avait emporté comme guide, l'Écossais William Stirling-Maxwell (1818-1876), pour qui il était « l'un des livres les plus populaires en notre langue », en écrivit un également, qui contribua à améliorer (et grandement) la connaissance des artistes espagnols dans les îles Britanniques et ailleurs. En 1848, ce propriétaire terrien, amateur de livres, de tableaux et d'histoire[43], publia *Annals of the Artists of Spain*[44], l'étude la plus complète parue à cette date sur l'art espagnol.

Des trois livres relatifs à l'art espagnol[45] publiés en Grande-Bretagne cette année-là, il devint « le livre fondamental » pour la connaissance de la peinture espagnole. Révisé, corrigé et augmenté, il fut publié à nouveau en 1891 et fut très vite traduit en français et en allemand.

Stirling-Maxwell fut « un véritable » hispaniste, comme Richard Ford. Il voyagea à travers l'Espagne à diverses reprises, acheta des œuvres d'art (tableaux, estampes, dessins et livres surtout), lut ce qui s'était écrit jusque-là et publia, à l'âge de trente ans, la première œuvre d'ensemble sérieuse sur l'art espagnol. Débordants de notices et de renseignements, écrits avec un extraordinaire sens de l'humour, les *Annals* de Stirling-Maxwell offrent, entre autres choses, la première étude sur les commandes et les collections royales et sur la dispersion de la peinture espagnole à travers l'Europe.

Stirling traite une longue période (du Moyen Âge à Goya), une énorme quantité de thèmes (de la broderie à l'argenterie) et un grand nombre d'artistes, prêtant attention aux anecdotes biographiques comme aux documents d'archives. La religion apparaît comme l'un des points clés pour comprendre l'art espagnol : « La sobriété et la pureté d'imagination qui distingue les peintres espagnols… », avec la prédominance de la commande religieuse et la crainte de l'Inquisition chez les artistes, s'ils s'écartent des règles établies pour représenter les thèmes sacrés. « Le caractère de proverbiale gravité du peuple espagnol » est étroitement lié à la religion.

Stirling-Maxwell place, lui aussi, au premier rang Velázquez et Murillo, « le Homère et le Virgile de l'école espagnole », bien que, selon lui, ils n'atteignent pas Titien et Van Dyck par la différence de qualité des personnages dont ils ont exécuté le portrait, « la noblesse dégénérée de la cour de Philippe IV, le clergé et la *gentry* de Séville ». Il réunit les deux premiers catalogues de gravures des deux artistes (1873)[46] et publie *Velázquez and his works* (1855)[47], complétant les données des *Annals*.

Pour lui, Velázquez et Murillo étaient l'alternative parfaite à la *Transfiguration* de Raphaël. Le premier comme portraitiste de la cour, *« the living and moving captains and spearmen »* (« des capitaines et des lanciers vivants et émouvants ») et le second comme peintre d'église avec ses *« thirsty multitudes flocking to the rock that gushed in Horeb »* (« foules assoiffées courant vers l'eau jaillissant du rocher d'Horeb »). Les deux sont capables de plaire au regard le plus exigeant et critique comme au regard moins formé, car tous deux surent rester proches de la nature.

Les *Annals* ont en outre l'énorme intérêt d'être le premier livre d'histoire de l'art illustré non seulement de gravures (ce qui était habituel) mais de photographies collées (pratique exceptionnelle et tout à fait nouvelle).

Soixante-six calotypes ou talbotypes constituent le quatrième volume, *Talbotype illustrations to the Annals of the Artists of Spain*, imprimés par Nicolas Henneman, l'assistant de Fox Talbot, dans l'atelier de Reading.

• Lefort et les peintres

En France, une longue période s'écoula avant que ne soit publié un ouvrage équivalent à celui de Stirling-Maxwell. Il fallut attendre 1869 pour que paraisse l'*Histoire des peintres de l'école espagnole,* œuvre fondamentale, bien illustrée et classée par artistes. Elle faisait partie de l'*Histoire des peintres de toutes les écoles* que dirigeait Charles Blanc, dont la publication débuta en 1848, pour finir en 1876[48]. Cet auteur s'était aussi occupé des peintures du musée du Prado et avait écrit, en 1863, un article, « Velázquez à Madrid », dans *la Gazette des Beaux-Arts*[49]. De nombreux chapitres concernant l'école espagnole furent rédigés par Paul Lefort, qui se consacra à l'art de l'Espagne[50], avec, entre autres, plusieurs articles sur le musée du Prado[51]. Il s'écarta des modes de pensée habituels en accordant un intérêt nouveau au Greco, ce qui modifia l'approche du peintre crétois en France[52].

À la différence de Stirling-Maxwell, Charles Blanc et ses collaborateurs n'avaient pas un intérêt érudit et documentaire. Comme leurs compatriotes (Mérimée et ensuite Gautier), ils cherchaient plus à approfondir les raisons qui poussèrent les artistes espagnols à faire ce type de peinture, qui, pour eux, Français engagés dans une bataille entre classiques et romantiques, leur paraissait aussi proche que celle des frères Le Nain ou l'art hollandais. Ils découvraient la peinture espagnole du XVIIe siècle en abordant en même temps la peinture française

Notes

42 Tout le paragraphe est intéressant : « *Las limpiezas y restauraciones* [...] *más que el contorno del divino original.* »

43 *The cloister life of the Emperor Charles V (1852), Don John of Austria (*1883), entre autres.

44 Londres, John Olivier, 1848. Sur Stirling, voir Harris, janvier 1964, Macartney, 1999, et Matilla, 2000.

45 Une femme, A. Jameson, publia *Legends of the Saints,* faisant partie de son *Sacred and Legendary Art,* où elle parle de Murillo et de la représentation de quelques thèmes sacrés. Edmund Head, un diplomate qui avait été à Séville en 1833 et avait rédigé un article dans la *Foreign Quartely Review,* 1834 ; en 1848, il publia *Handbook of the History of the Spanish Painting,* une œuvre sérieuse qui couvre du Moyen Âge à José de Madrazo, et qui a pâti de l'édition du livre de Stirling ; encore en 1854, Head collabore à la traduction anglaise du *Handbuch der Kunstgeschichte,* de Kugler (1842).

46 *Catalogue of Prints engraved from the Works of Diego Rodriguez de Silva y Velázquez and Bartolomé Estebán Murillo* (1873).

47 Londres, 1855, version française de G. Brunet, Paris, 1865, avec cat. de Thoré (W. Bürger).

48 *Histoire des peintres de toutes les écoles.* École espagnole, 1869. Auparavant E. Laforgue avait publié *Des arts et des artistes en Espagne jusqu'à la fin du dix-huitième siècle,* Lyon, 1859, un ouvrage important pour la connaissance du musée en France.

49 T. XV, p. 67-74.

50 Il écrivit *la Peinture espagnole,* Paris, 1893, et d'autres livres sur *Velázquez* (Paris, 1890), *Murillo et son école* (1892), *Francisco Goya* (1877).

51 Paul Lefort, Henri Huymans, A. de Lostalot, Léopold de Mabilleau, Maurice Maindron, *les Musées de Madrid,* Paris, Bureaux de *la Gazette des Beaux-Arts,* 1896, recueillant les articles parus dans *la Gazette des Beaux-Arts,* et s'appuyant en grande partie sur Pedro de Madrazo, *Catálogo de los cuadros del Real Museo de Pintura y Escultura de S.M.*, Madrid, Oficina de Aguado, 1843.

52 Álvarez Lopera, 1987.

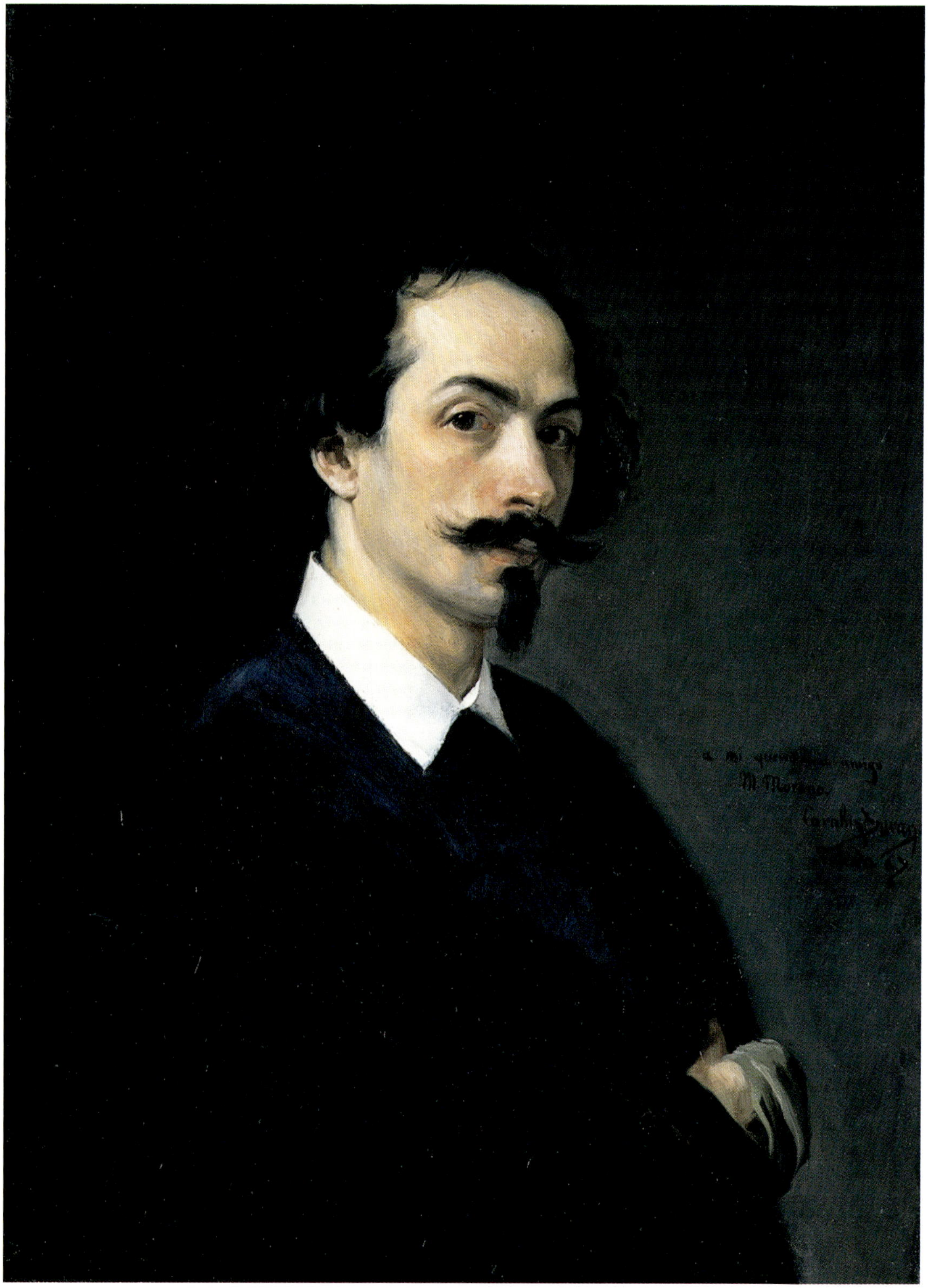

Fig. 50
Carolus-Duran
Portrait de Matias Moreno
1867
Madrid, musée du Prado (cat. 45)

de leur époque et parlaient de la représentation du laid, de la relativité des règles académiques, de la liberté et d'une « beauté aux multiples visages », tout en se référant aux tableaux qu'ils pouvaient voir accrochés aux murs du Salon cette année-là.

Quand Lefort fait allusion au Greco en 1869, il semble penser à Delacroix : « C'est un coloriste audacieux, enthousiaste, trop épris à tout subordonner, puis à tout sacrifier à la recherche de l'effet. » De même, lorsque Champfleury prend la défense, en 1848, du *Violoncelliste* (fig. 24) de Courbet exposé au Salon, celle-ci repose sur la parenté du tableau et des figure peintes par Velázquez et Murillo, que ce musicien n'aurait pas à craindre s'il se voyait à leurs côtés[53]. Quand il dut défendre *Un enterrement à Ornans* (fig. 26), Champfleury avança les mêmes arguments, se souvint des peintres des Pays-Bas et finit par affirmer : « Qui n'a pas l'intelligence de Velázquez ne saurait comprendre Courbet[54]. »

C'est de la liberté de la peinture espagnole que se sentent proches les romantiques comme les réalistes, Delacroix comme Champfleury, au moment d'affronter leurs sujets comme leur technique. Ils sont attirés par le non-respect des règles académiques qui avaient corseté les peintures italienne et française, la possibilité de s'occuper d'un bouffon aussi bien que d'un roi ou de placer un moine obscur près d'un ange éblouissant, de valoriser la couleur plus que le dessin. Ces intérêts, contemporains en définitive, font que les Français du XIXe siècle accèdent à la peinture espagnole avec moins de froideur, avec plus de passion que les Britanniques. •

Notes

53 « On mettrait dans le musée espagnol son portrait d'*Homme à la basse* qu'il resterait fier et tranquille, sans craindre les Velasquez et les Murillo », Champfleury, 1973, p. 154.

54 « Nous comprenons Ostade, Teniers… », Champfleury, *op. cit.*, p. 163, 182.

Fig. 51
Francisco de Goya
Ferdinand Guillemardet
1798
Huile sur toile
H. 186 ; L. 124
Paris, musée du Louvre

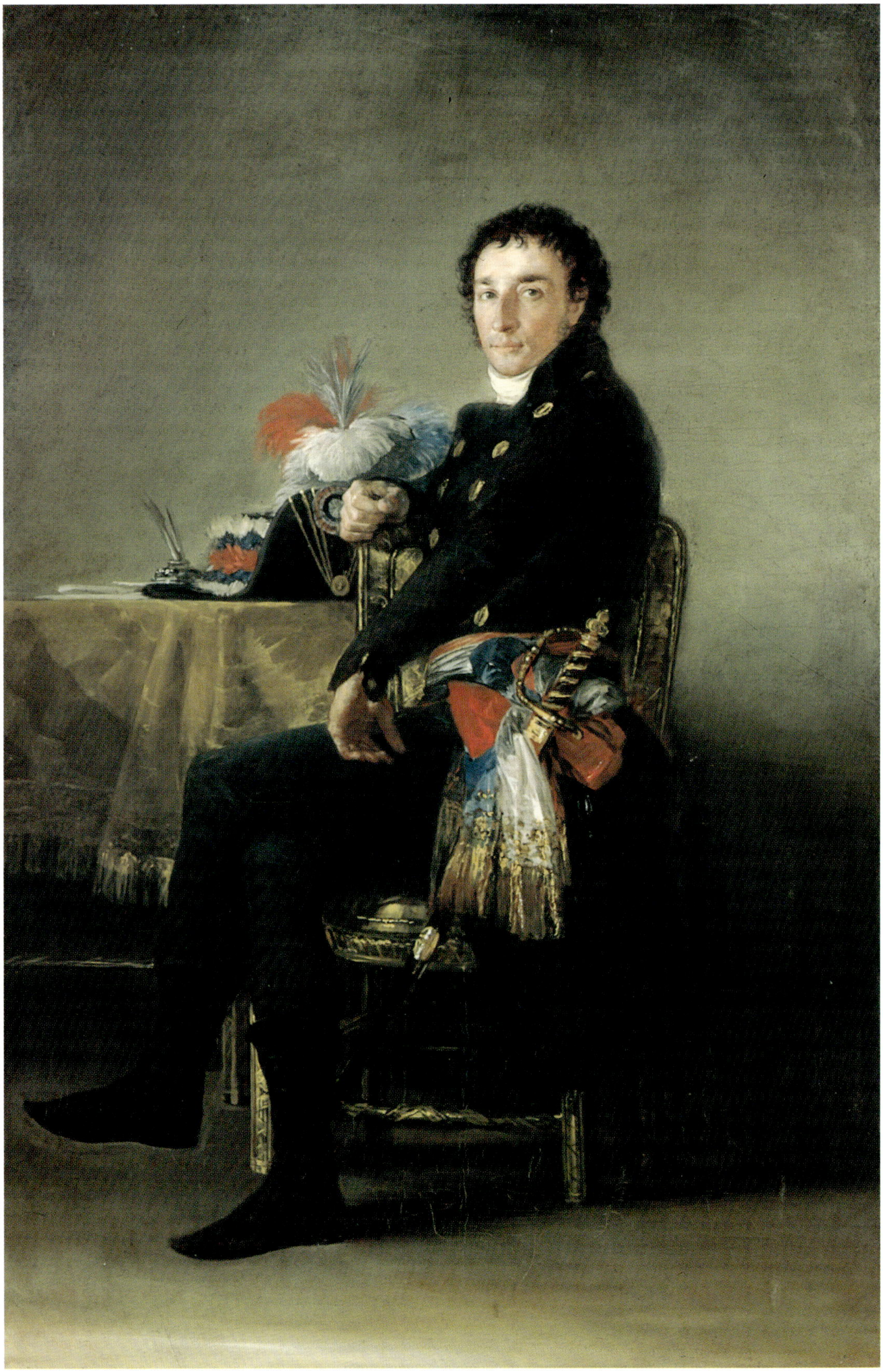

Goya et la France

• Juliet Wilson-Bareau

La découverte du *cuaderno italiano* – le seul carnet de notes et de croquis de Goya qui soit connu – nous a éclairés sur les œuvres que le jeune artiste a vues en Italie et donc sur l'influence qu'elles ont eue sur son art[1]. Les rapports de Goya avec l'art français sont moins faciles à définir. Il est arrivé à Bordeaux en 1824 et il y est resté jusqu'à sa mort, le 16 avril 1828, excepté les deux mois qu'il passa à Paris, en 1824, et deux courts voyages à Madrid, en 1826 et en 1827. Il se peut qu'il soit venu en France auparavant, mais le carnet italien curieusement, en est le seul témoin direct. Au bas de l'une de ses pages, Goya a écrit des noms de ville : « Tolon Abila Marse[a] » – c'est-à-dire Toulon, Avignon (?) et Marseille[2]. Un nom et une adresse à Marseille sont notés un peu plus loin d'une autre main, dans un méli-mélo de français, d'espagnol et d'italien : « a Monsieur Baudoin en Case de SS.[rs] Tarteiron & figlio a Marseille », et sont répétés dessous par Goya en français : « A Monsieur Baudoin chez Messieurs Tarteiron & fils a Marseille ». Comme d'autres notes dans le carnet, celle-ci aurait indiqué un contact qui permit à l'artiste d'obtenir de l'argent durant son voyage[3].

Avant 1775, lorsqu'il part vivre et travailler à Madrid, l'influence de l'art italien prédomine dans ses toiles ; elle est particulièrement forte dans la majestueuse série de peintures murales de la Cartuja de Aula Dei (une chartreuse proche de Saragosse), qu'il exécuta en 1773-1774[4]. Pourtant, l'art français avait joué un rôle prépondérant à la cour des Bourbons de Madrid dans la première moitié du XVIIIe siècle, et son impact s'exerçait dans les centres

Notes

1 Cat. exp., Madrid, Londres et Chicago, 1993-1994, p. 92-103, 343 ; *El cuaderno italiano...*, 1994 ; Juliet Wilson-Bareau, « The Roots of Goya's Realism » dans le cat. exp., Copenhague, 2000, p. 53-71.

2 *El Cuaderno italiano...*, 1994, p. 39 (liste des noms de ville), 161 (adresse à Marseille).

3 Tarteiron était le nom d'une famille protestante de Marseille. Magnats du transport maritime et industriel aux liaisons bancaires internationales, ils possédaient une fabrique de savon qui était administrée par la société catholique de Baudoin. Voir Carrière, 1973, p. 138, 247, 294 ; Ferran, s. d., p. 118-124. Ces informations ont été aimablement fournies par Mme Gertrude Cendo et les archives municipales de la ville de Marseille.

4 Gassier-Wilson, 1970, n°s 42-48.

artistiques de tout le pays. Et Goya s'inspira manifestement du classicisme raffiné de la peinture française du XVIIe siècle pour traiter les sujets religieux, prenant comme modèles des gravures de Dorigny d'après Simon Vouet pour réaliser les grandes peintures murales sur des thèmes bibliques qui furent l'une de ses premières commandes à Saragosse[5]. À nouveau, dans les années 1780, il semble avoir utilisé des gravures d'après des artistes français comme David et Poussin. Et l'influence directe d'un retable de Michel-Ange Houasse à Madrid se reflète dans son *Saint François Borgia et le moribond impénitent* (Valence, cathédrale)[6]. Dans l'interprétation hautement originale que le peintre donne à ce thème, les monstres et les démons font leur première apparition dans son œuvre.

Goya dut subir l'influence des tableaux de Luis Paret, le plus « rococo » des artistes espagnols du XVIIIe siècle. Paret, qui était à moitié français, était protégé par l'infant don Luis (le frère de Charles III), que Goya peignit avec sa famille en 1783 et en 1784. Celui-ci a sûrement connu l'œuvre de Paret, qui a peut-être déterminé vers 1786-1788 une nette évolution, dans les esquisses pour des cartons de tapisserie, vers un style plus proche de celui de Watteau et de Boucher, marqué par une tonalité plus claire et par un maniement du pinceau plus délicat et plus minutieux (fig. 71)[7]. Deux ans avant la Révolution, Goya décida d'apprendre le français. Le 14 novembre 1787, il écrivit – ou tenta d'écrire – à Martín Zapater en français : « Je vais hazarder, Mon cher Ami, de vous Ecrire en François. Parce que je sçais que vous aimes cette langue, Je me suis mis dans lidée de lapprendre, je ne sçai si je resussirai, je vous envoye mes premiers essais[8]... »

Le français était la langue de la diplomatie et du commerce européens. Tandis qu'il s'élevait lentement, mais sûrement, au rang de premier peintre de la cour, Goya dut avoir maintes occasions de croiser des émissaires et des visiteurs étrangers à Madrid. Dans les années 1780 et 1790, il conserva des liens étroits avec de nombreux *ilustrados* – les intellectuels espagnols qui adhéraient aux conceptions du siècle des Lumières et qui privilégiaient les nouvelles idées culturelles et philosophiques françaises. Il était notamment proche du poète et dramaturge Leandro Fernández de Moratín, qui se rendit en France à plusieurs reprises et séjourna peu de temps à Paris pendant la Révolution. En 1798, le Directoire envoya comme ambassadeur de France en Espagne le régicide Guillemardet. Celui-ci arriva à Madrid en juillet et, la même année, Goya peignit un splendide portrait de lui (fig. 51), qu'il exposa au mois de juillet suivant à l'Académie royale de San Fernando. À cette époque, Goya était déjà totalement sourd, mais la vivacité de son image de Guillemardet semble indiquer un courant de sympathie entre les deux hommes. Rappelé en 1800 à Paris, Guillemardet emporta le portrait avec lui, de même, semble-t-il, qu'une toile décrite plus tard dans un document légal comme « Un petit tableau de ce même artiste Goya, œuvre très délicatement touchée, représentant une dame en riche et élégant costume Espagnol. Tableau peint à Madrid en 1799 » (fig. 141).

• Les estampes comme langage universel

Les *Caprices* furent l'œuvre de Goya la plus remarquée en France, ayant eu un impact qui tenait pour beaucoup à leur nature physique. L'estampe était alors le seul moyen qui permettait de copier et de diffuser en grand nombre des images visuelles. Elles servaient à reproduire des tableaux célèbres, à orner des œuvres littéraires et à illustrer des manuels scientifiques et pratiques. Goya atteignit la maturité au siècle des Lumières, et l'*Encyclopédie,* pierre angulaire de la culture des penseurs éclairés, fut achevée en 1772, l'année de son retour d'Italie. Ses innombrables planches gravées soulignent l'importance du graveur et de son art. Les graveurs de Paris étaient des techniciens brillants. La cour d'Espagne envoyait ses meilleurs graveurs à Paris pour parfaire leur technique, ce qui indique la valeur de la pratique française. La formation artistique de Goya était fondée sur l'étude et la copie de gravures[9]. Il finit par acquérir pour sa propre collection une dizaine d'estampes de Rembrandt et un ensemble de celles de Piranèse. Il possédait une estampe du graveur français Charles-Joseph Flipart et deux paysages d'un membre non identifié de la famille Perelle[10].

Goya n'était pas un graveur de métier, mais un peintre, comme le proclame sans équivoque le frontispice des *Caprices ;* et s'il réalisa plusieurs dessins pour des graveurs professionnels dans les années 1770 et 1780[11], le rôle dans lequel il innova et excella fut celui de « peintre-graveur », comme les auteurs français des années 1860 appelaient le praticien de l'eau-forte. Ainsi, au lieu de laisser la production de ses gravures à des professionnels très qualifiés, qui utilisaient les outils du graveur traditionnel, Goya choisit de les créer lui-même en recourant aux techniques, plus rapides, de l'eau-forte et de l'aquatinte. Ces dernières lui offraient une plus grande liberté d'expression et supprimaient la frontière entre, d'une part, la peinture et le dessin et, de l'autre, les arts multiplicatifs comme l'estampe. Goya était surtout connu en France pour les estampes originales qui forment une partie majeure de son œuvre : environ 130 publiées de son vivant et presque autant après sa mort[12].

Notes

5 Gassier-Wilson, 1970, n°s 10-12. Pour la gravure de Dorigny, voir le cat. exp., Madrid, 1996C, p. 103, n° 56.

6 Sánchez Cantón, 1954, p. 29-30, 41-42, fig. 7-9, 17-19 ; cat. exp. Madrid, Londres et Chicago, 1993-1994 p. 146-151, 349, n° 17 ; cat. exp., Bordeaux, Paris et Madrid, 1979-1980, p. 123, n° 61 ; Mena Marqués, « Goya y Maella en Valencia. Reliogiosidad ilustrada y tradición » dans cat. exp., Valence, 2002, p. 96-99.

7 Luis Paret, compromis dans ses rapports avec l'infant don Luis, fut exilé par Charles III ; revenu à Bilbao, en 1778, il envoya à l'Académie de San Fernando, en 1780, son morceau de réception, *la Prudence de Diogène,* avant de revenir à Madrid, en 1787. Voir le cat. exp. Bordeaux, Paris et Madrid, 1979-1980, p. 92-94 (tableau de l'Académie) ; cat. exp., Saragosse, 1996, p. 132-133 (tableau de la collection de l'infant don Luis, Madrid, musée Lázaro Galdeano).

8 Águeda et Salas, 1982, p. 177, n° 100 ; Canellas López, 1981, p. 287, n° 139.

9 Dans la notice rédigée par Goya pour les catalogues publiés en espagnol, en italien et en français lors de la réouverture du Real Museo del Prado en mars 1828, le peintre se décrivit comme un « élève de Joseph Luzan à Saragosse où il apprit les principes du dessin en copiant les meilleur[e]s estampes qu'il put se procurer pendant quatre ans » (*Notice des tableaux exposés…,* 1828, p. 65-66).

10 La collection d'estampes de Goya est répertoriée dans Sánchez Cantón, 1946, p. 90-91, 106. Les gravures françaises faisaient partie de la collection d'estampes de J. A. Ceán Bermúdez ; voir le cat. exp., Madrid, 1996C, n° 25.

11 Pour les dessins de Goya réalisés pour des gravures en 1777 *(Don Quijote)* et 1788 *(Hommage à Charles Lemaur),* voir le cat. exp., Madrid, 1996C, p. 113, 116, n°s 71-72, 76.

Le premier essai de gravure de Goya tient à la fois de la reproduction et de l'original. En réponse à une demande croissante de plus grande diffusion des trésors artistiques espagnols, plusieurs jeunes peintres choisirent d'employer l'eau-forte pour reproduire les chefs-d'œuvre des collections royales. Goya, profitant de l'occasion, opta pour la reproduction des œuvres de Velázquez, l'artiste espagnol le plus admiré des connaisseurs à Madrid. Cette tâche lui permit d'accéder aux originaux du palais royal, dont l'étude fut riche d'enseignement pour son art. Ses *Copies d'après Velázquez* – des interprétations élégantes et lumineuses plutôt que des copies serviles – furent signalées dans la *Gaceta de Madrid* et exposées à l'Académie de San Fernando, où elles attirèrent l'attention aussitôt. Le représentant de l'Autriche à Madrid envoya une série d'estampes au prince Wenzel Anton Kaunitz, le grand chancelier autrichien à Vienne, avec un rapport favorable sur l'initiative de « leur Auteur qui n'est pas Graveur mais Peintre, et qui a le premier hazardé ici cette façon de graver ». De même, lord Grantham, ambassadeur anglais en Espagne (1771-1779), prit connaissance du projet de Goya, s'enthousiasma et finit par envoyer cinq jeux d'estampes en Angleterre dès le mois d'août 1778[13]. La Calcografía dépendait du roi et de l'Académie des beaux-arts : les planches gravées furent acquises, en 1792, pour la Calcografía et réimprimées à plusieurs reprises au cours du XIXe siècle[14].

• Les *Caprices* de Goya

Goya abandonna l'eau-forte pendant près de vingt ans, et quand il renoua avec cette technique, ce fut dans le cadre d'une autre initiative novatrice. La maladie qui, en 1792-1793, avait failli lui être fatale l'avait laissé complètement sourd, et il eut l'idée, durant sa convalescence, de peindre une série de petits tableaux sur des thèmes passant du comique au violent et au sublime[15]. Remarquable expression des pensées et des sentiments de Goya, la série fut aussi pour beaucoup réalisée en prévision d'une vente. Si ses thèmes reflètent un goût de l'époque pour les scènes dramatiques, ils expriment aussi le profond intérêt de l'artiste pour les problèmes sociaux qui préoccupaient Jovellanos, Meléndez Valdés et d'autres penseurs *ilustrados*.

En 1796, Goya entama une série de dessins humoristiques, qui devinrent peu à peu une suite d'images satiriques[16]. La même année, Moratín revint en Espagne, rapportant probablement des livres et des gravures de ses voyages en France, en Angleterre et en Italie. Nous savons d'après son journal qu'il voyait souvent Goya, et ce fut peut-être avec lui que le peintre conçut et réalisa une ambitieuse série d'estampes[17]. Un célèbre dessin préparatoire daté 1797 montre

Notes

12 À Madrid, *les Désastres de la guerre* (80 planches) et *les Proverbes* (18 planches) furent édités respectivement en 1863 et en 1864 ; à Paris, les planches additionnelles de *la Tauromachie* (7 planches) en 1876, et des *Disparates* ou *Proverbes* (4 planches) en 1877.

13 Velázquez, 1963, p. 175-176 ; Juretschke, 1970, p. 80. Voir Glendinning, Harris et Russell, octobre 1999, p. 601.

14 Voir Glendinning, 1989, p. 394-403.

15 Voir Gassier-Wilson, 1970, nos 325-330 ; cat. exp. Madrid, Londres et Chicago, 1993-1994, p. 189-209.

16 Gassier, 1973, p. 45-137 ; cat. exp., Londres, 2001, p. 47-78.

17 Fernández de Moratín, 1968, p. 174-176, 185-212, *passim* ; Baticle, 1971, p. 111-114.

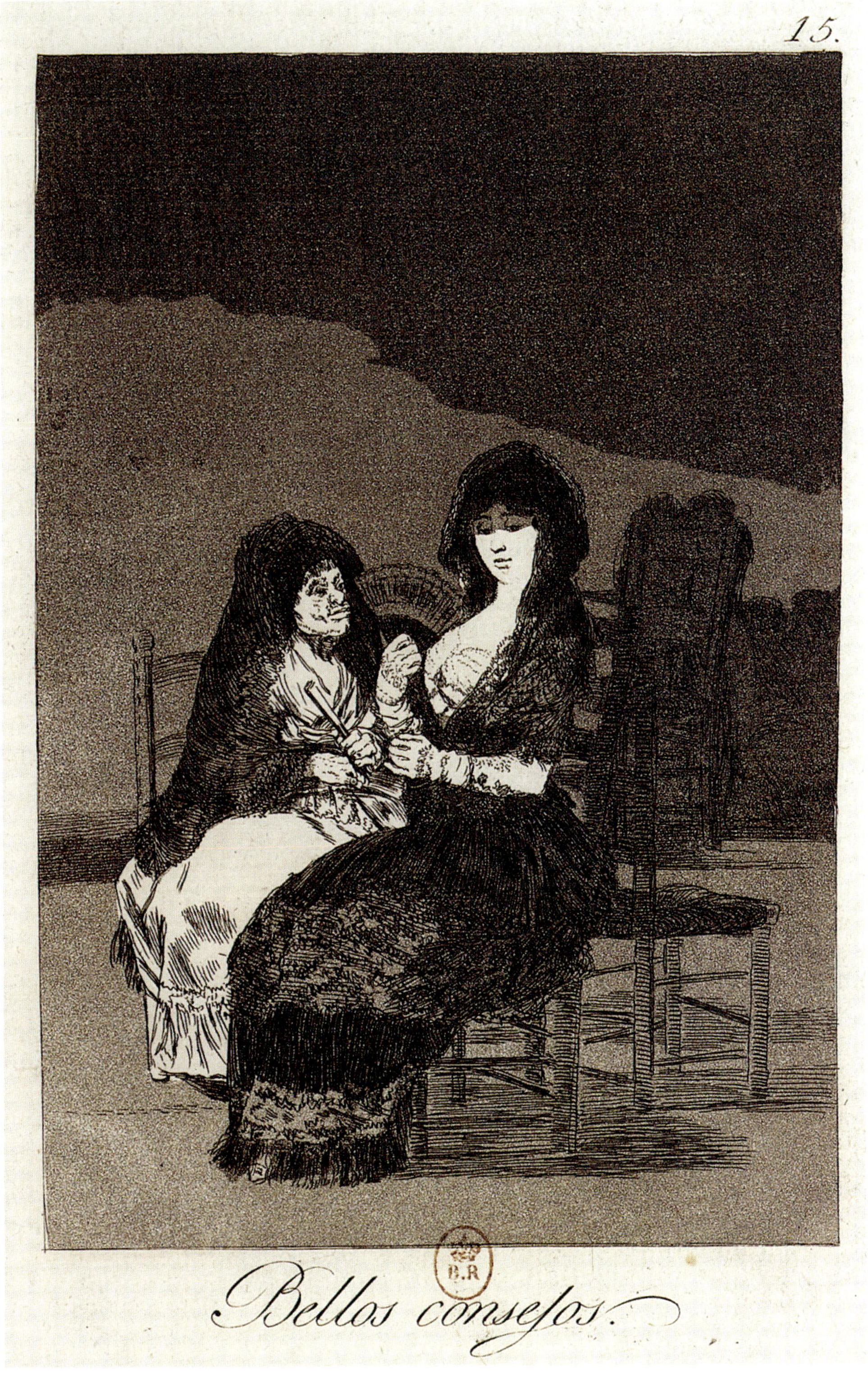

Fig. 52
Francisco de Goya
Caprice n° 15 : Jolis Conseils (Bellos consejos)
1799
Paris, Bibliothèque nationale de France, département des Estampes (cat. 6)

Fig. 53
Francisco de Goya
Caprice n° 7 : Même ainsi il ne la distingue pas (Ni asi la distingue)
1799
Paris, Bibliothèque nationale de France, département des Estampes (cat. 5)

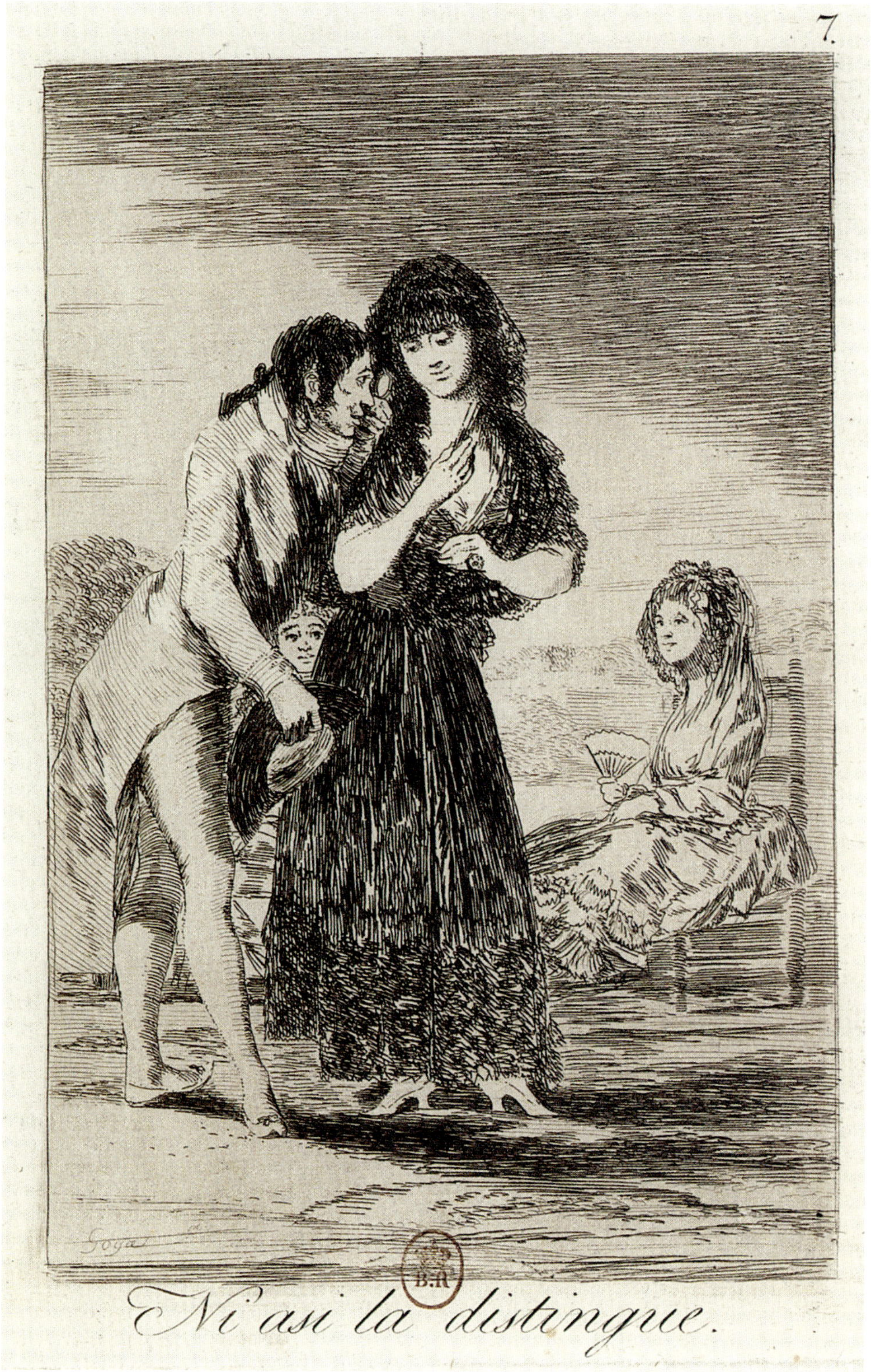

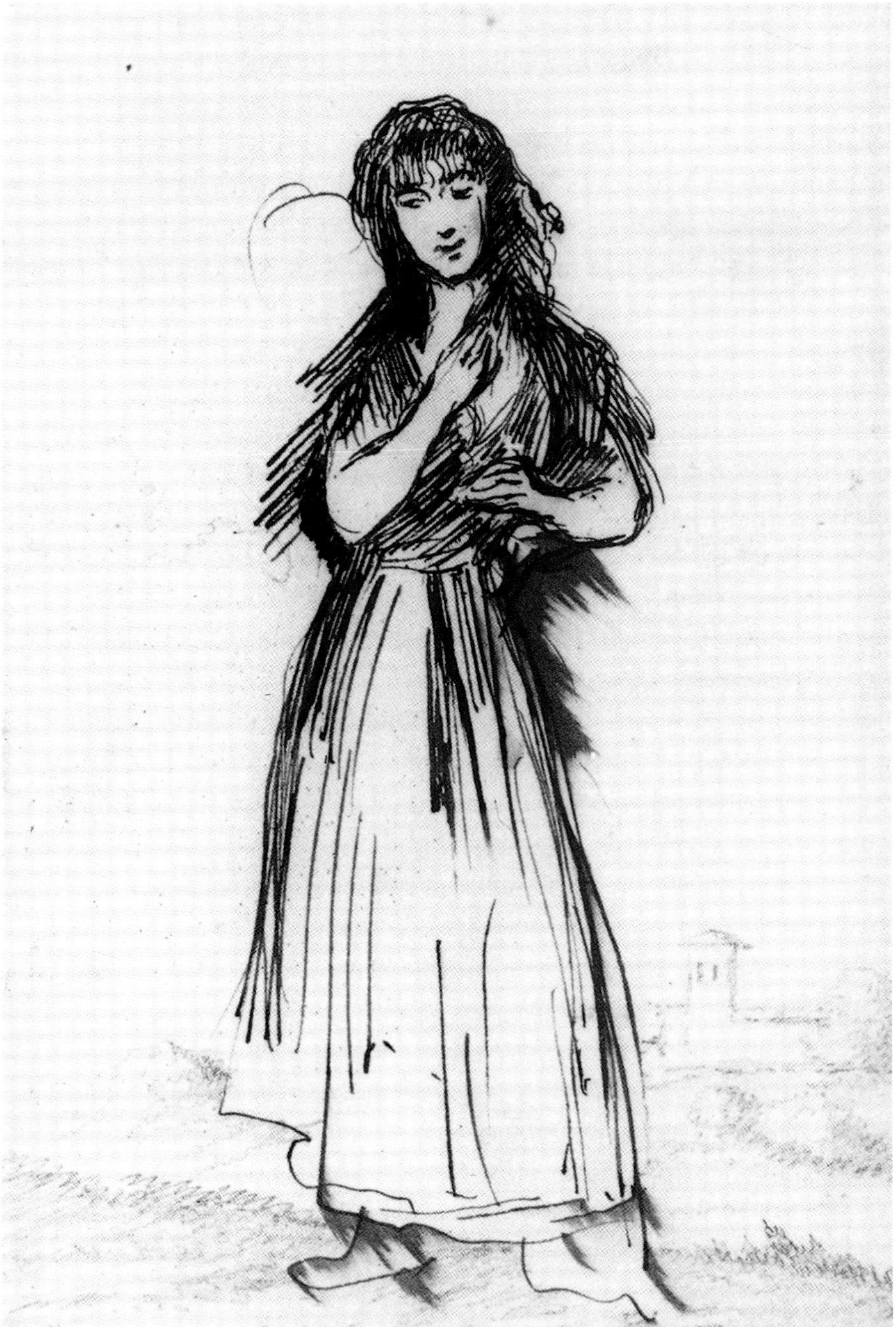

Fig. 54
Eugène Delacroix
Croquis d'après les
Caprices de Goya :
femme debout de face
dans un paysage,
du Caprice n° 7 (fig. 53)
Vers 1824
Paris, musée du Louvre,
département des Arts
graphiques (cat. 56)

Fig. 63
Eugène Delacroix
Croquis d'après les Caprices de Goya : Femme tenant des enfants, groupe de gauche du Caprice n° 3 (fig. 64) , *Femme à l'éventail, au premier plan d'après le Caprice n° 5 : Qui se ressemble s'assemble (Tal para qual)*
Vers 1824
Paris, musée du Louvre, département des Arts graphiques (cat. 57)

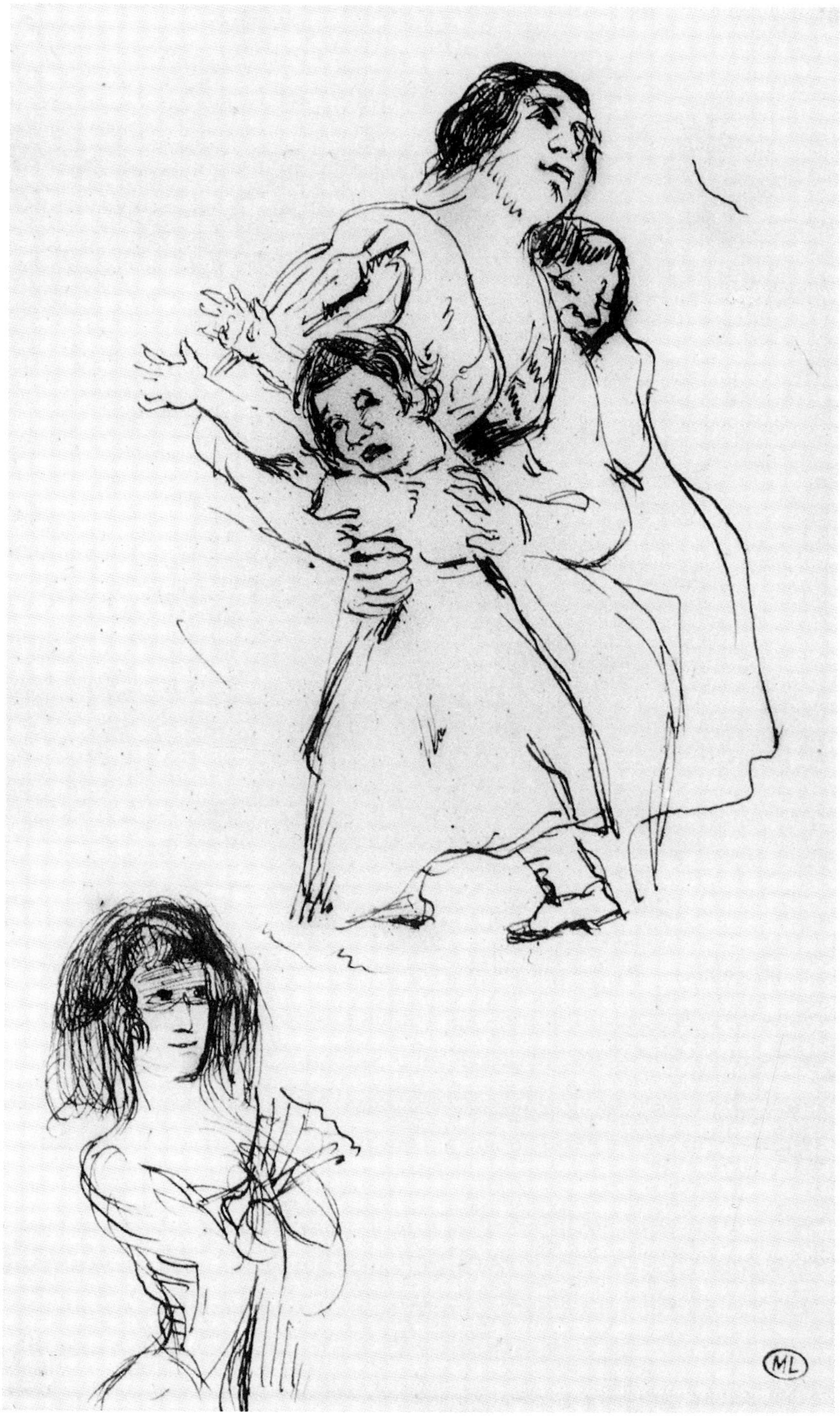

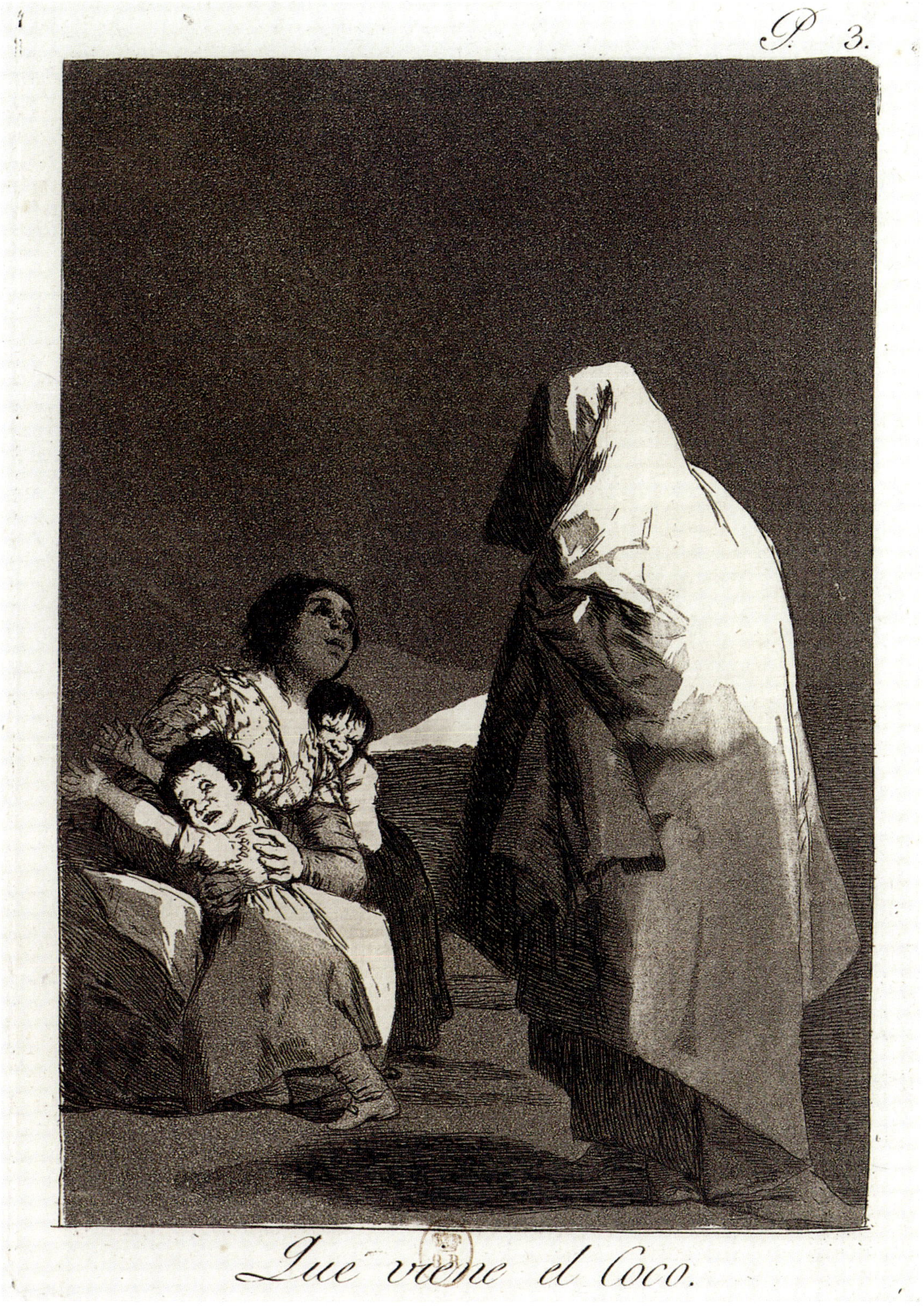

Fig. 64
Francisco de Goya
Caprice n° 3 :
Voici le croquemitaine
(Que viene el Coco)
1799
Paris, Bibliothèque nationale de France, département des Estampes (cat. 4)

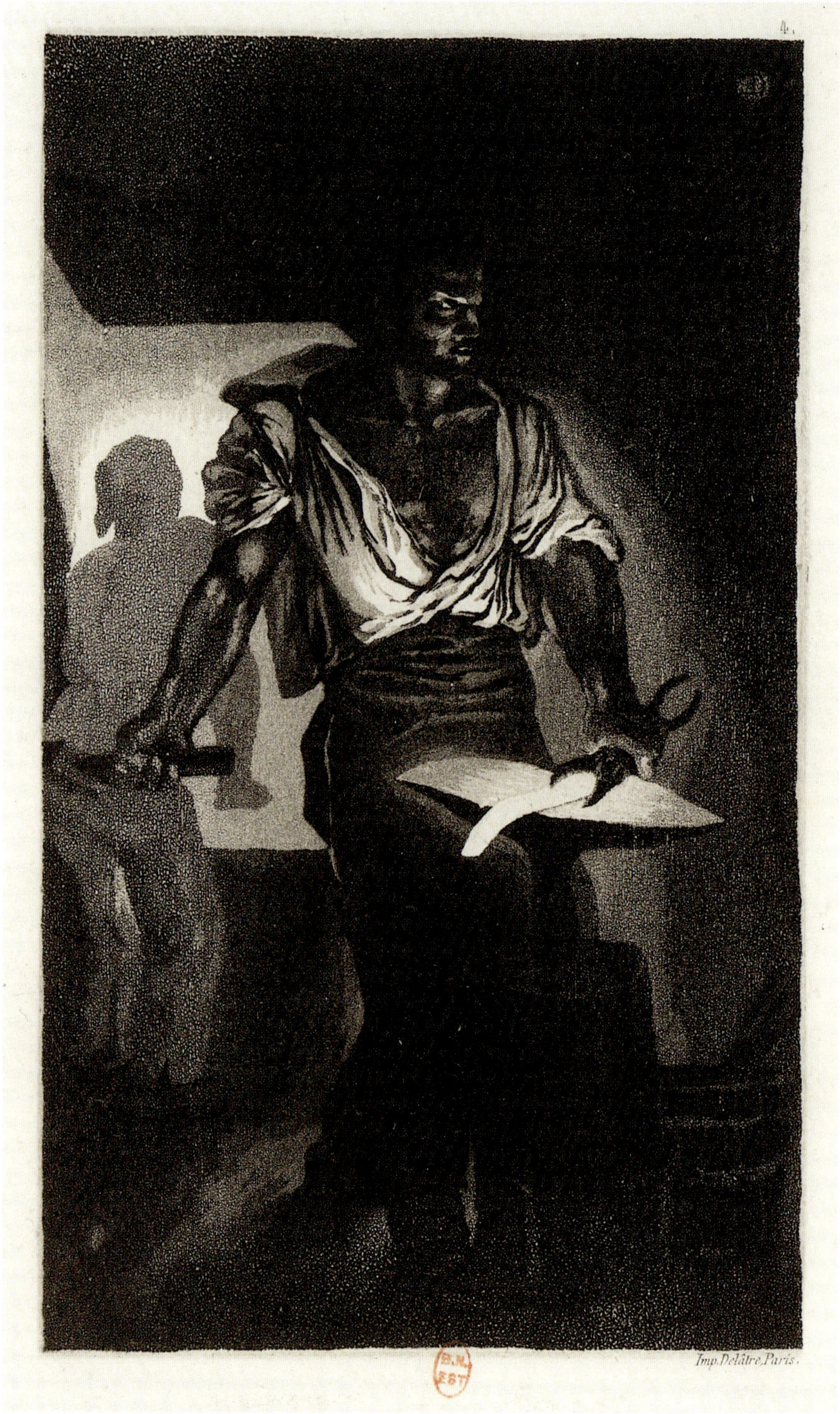

Fig. 65
Eugène Delacroix
Un forgeron
1833
Paris, Bibliothèque nationale de France, département des Estampes (cat. 62)

Français pour les *Caprices* témoigne une petite brochure intitulée *Caricatures espagnoles,* contenant dix lithographies d'après des *Caprices,* que Charles Motte publia à l'automne de 1824 (Motte édita presque toutes les lithographies de Delacroix). Mais le nom de Goya n'apparaît pas dans la publication et les lithographies plutôt laborieuses, qui inversent les images de l'artiste, ne sont pas signées[37].

Delacroix, l'un des plus fervents admirateurs de Goya, avait étudié ses eaux-fortes à Paris pendant que l'artiste était encore en Espagne. Dès 1818 ou 1819 (fig. 54, 63, 67), il avait copié des personnages des *Caprices,* peut-être à partir d'un exemplaire rapporté de Madrid par Guillemardet (l'ambassadeur avait servi de témoin pour l'acte de naissance de Delacroix, et ses fils étaient de proches amis du peintre)[38]. En 1824, lorsque Goya séjourna à Paris, Delacroix avait déjà tenté d'exécuter une copie à l'eau-forte et à l'aquatinte de la planche 3 des *Caprices,* l'une des plus puissantes gravures de cette série, et il devait créer l'image très goyesque d'un *Forgeron* (fig. 65). Républicain radical, le jeune Delacroix avait un don pour la caricature et la satire. Entre 1819 et 1822, plusieurs de ses lithographies violemment antimonarchistes furent publiées dans des journaux ou sous forme de planches indépendantes[39]. Les deux artistes ne se sont probablement jamais vus, mais Delacroix était sans doute aussi intéressé par les thèmes de Goya qu'impressionné par son extraordinaire capacité à rendre l'expression et les mouvements de ses personnages.

En consacrant d'innombrables feuilles de croquis à l'étude des eaux-fortes de Goya, Delacroix développa un langage expressif qui lui permit de mêler à un réalisme très terre à terre une énergie explosive et un sens de l'exotisme très marqué (fig. 54, 67, 70). Laurent Matheron, l'ami qui dédia sa biographie de Goya à Delacroix, déclare que l'artiste français avait reçu en cadeau plusieurs lithographies de Goya dont, en 1848, le portrait de Gaulon[40]. Bien que l'imagerie « gothique » de la première grande série de lithographies de Delacroix – des illustrations pour une traduction française du *Faust* de Goethe (fig. 69) publiées en 1828 par Charles Motte – soit très influencée par les *Caprices,* sa technique magistrale donne à penser que Delacroix connaissait déjà bien les lithographies de Goya. En mars-avril 1824, il mentionne dans son *Journal* des gravures, des lithographies et des caricatures du peintre espagnol, et des idées pour des personnages contemporains inspirés de Michel-Ange, Velázquez et Goya[41].

Notes

37 Attribuées aujourd'hui à Achille Devéria. Voir Florisoone, 1958, p. 134, 136-137 ; Margret Stuffmann dans le cat. exp., Francfort-sur-le-Main, 1987-1988, p. 26, repr. *(le Sommeil de la Raison produit des monstres).*

38 Florisoone, 1987, p. 140.

39 Athanassoglou-Kallmyer, 1991 ; Barthélémy Jobert, « Un graveur et ses thèmes », dans le cat. exp., Paris, 1998, p. 84-89, n°s 35-38.

40 Matheron, 1858, chap. XI, s. p. [96], [107], n° 11, 1996, p. 264. Voir le cat. de la vente Delacroix, 1864, p. 98, n°s 827-830 (lithographies, dont un *Portrait d'homme en buste* [Gaulon] et deux *Scènes de tauromachie*).

41 Delacroix, 1980, p. 57, 61, 62-64, avril 1824.

Fig. 66
Francisco de Goya
Caprice n° 39 : Jusqu'à son grand-père (Asta su Abuelo)
1799
Paris, Bibliothèque nationale de France, département des Estampes (cat. 7)

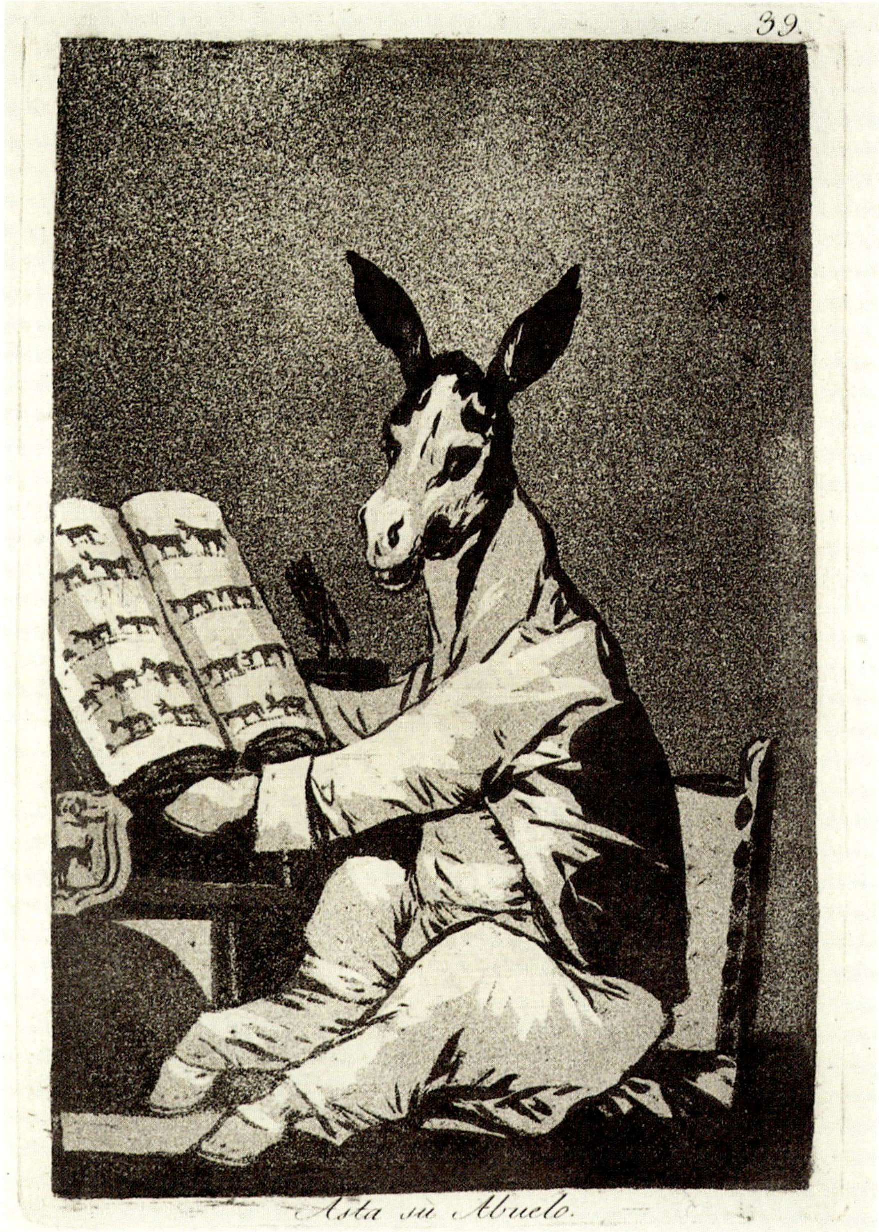

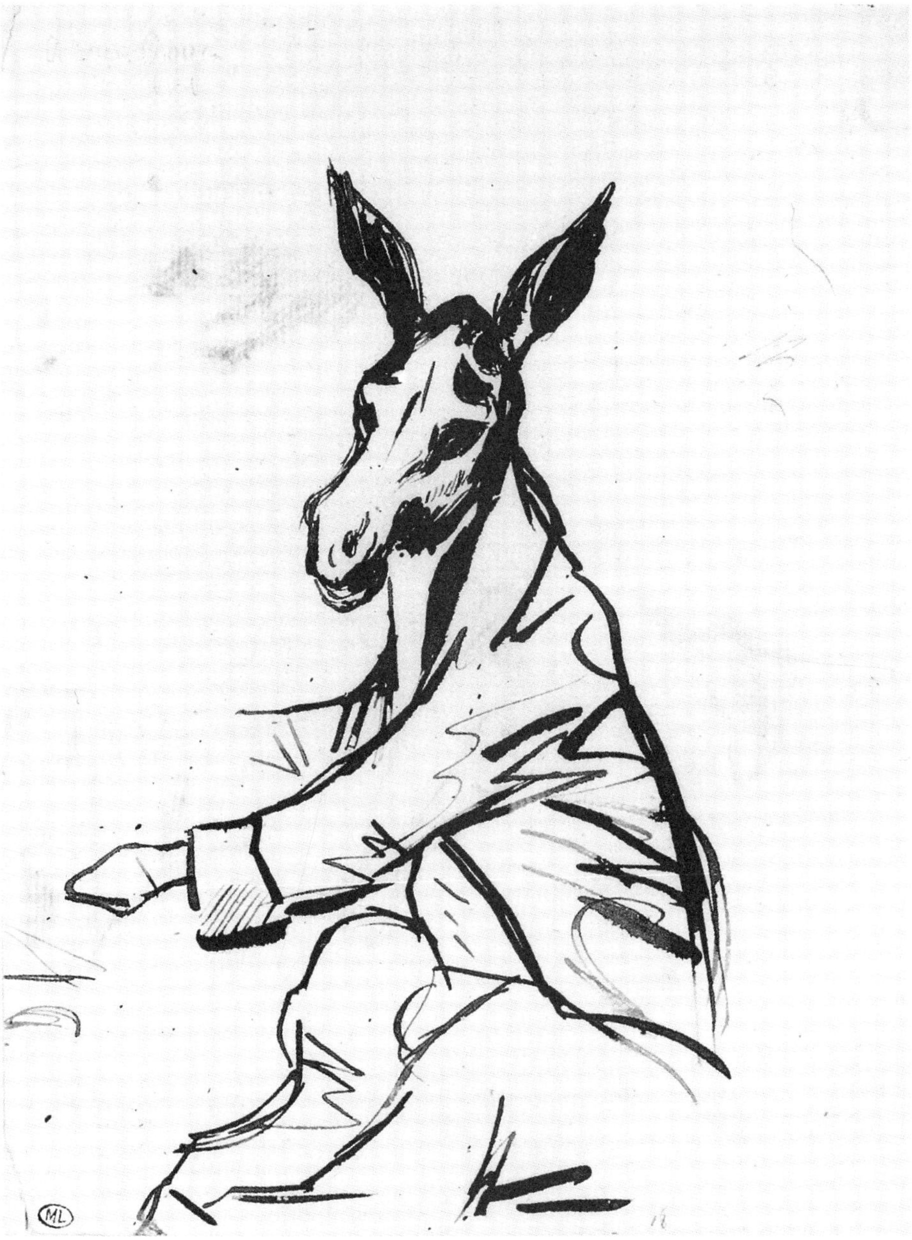

Fig. 67
Eugène Delacroix
Croquis d'après les Caprices de Goya : Âne assis vêtu d'un costume, du Caprice n° 39 (fig. 66)
Vers 1824
Paris, musée du Louvre, département des Arts graphiques (cat. 59)

Fig. 68
Francisco de Goya
Caprice n° 66 : Ils s'en vont par là (Allá vá eso)
1799
Paris, Bibliothèque nationale de France, département des Estampes (cat. 8)

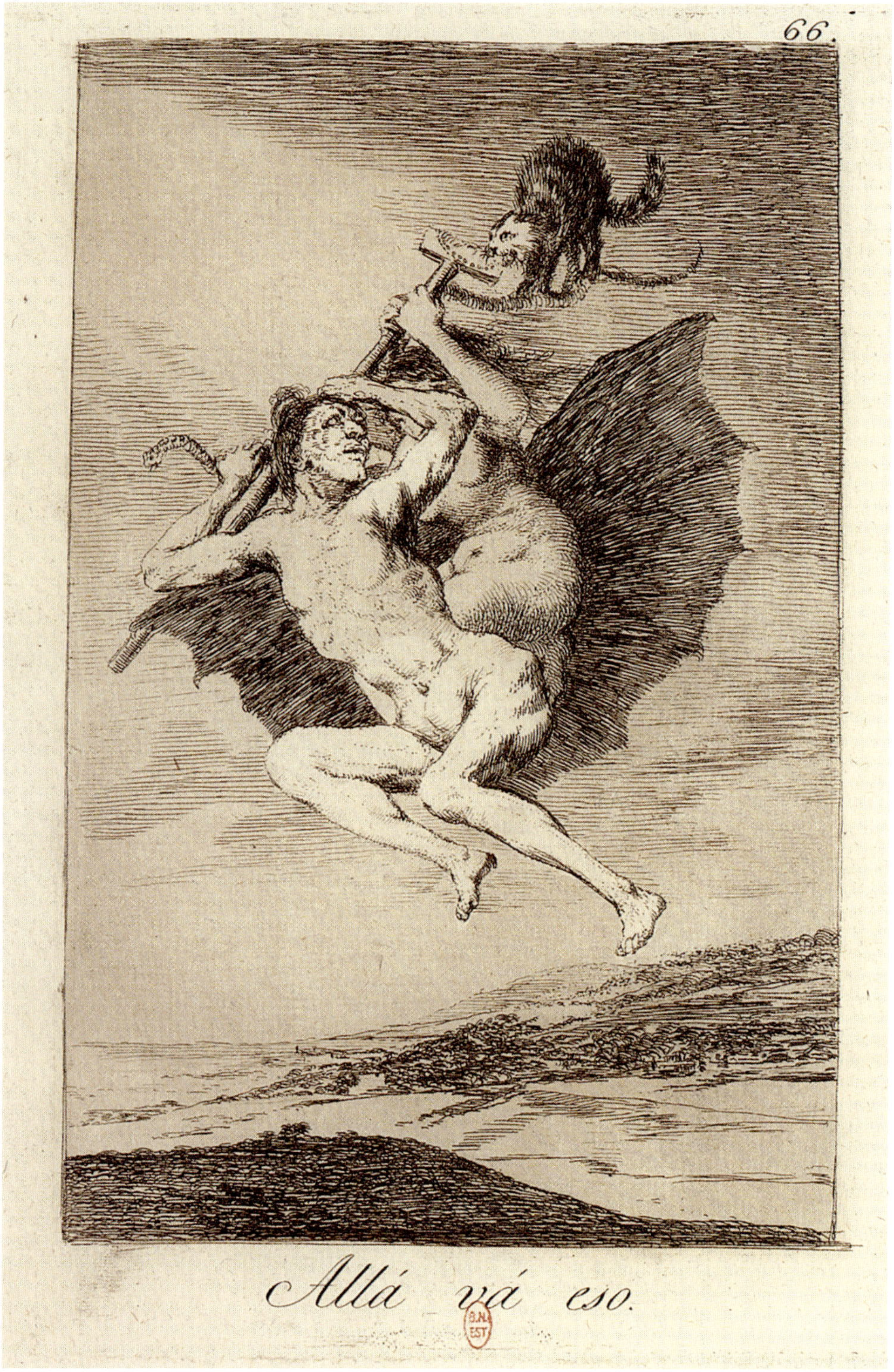

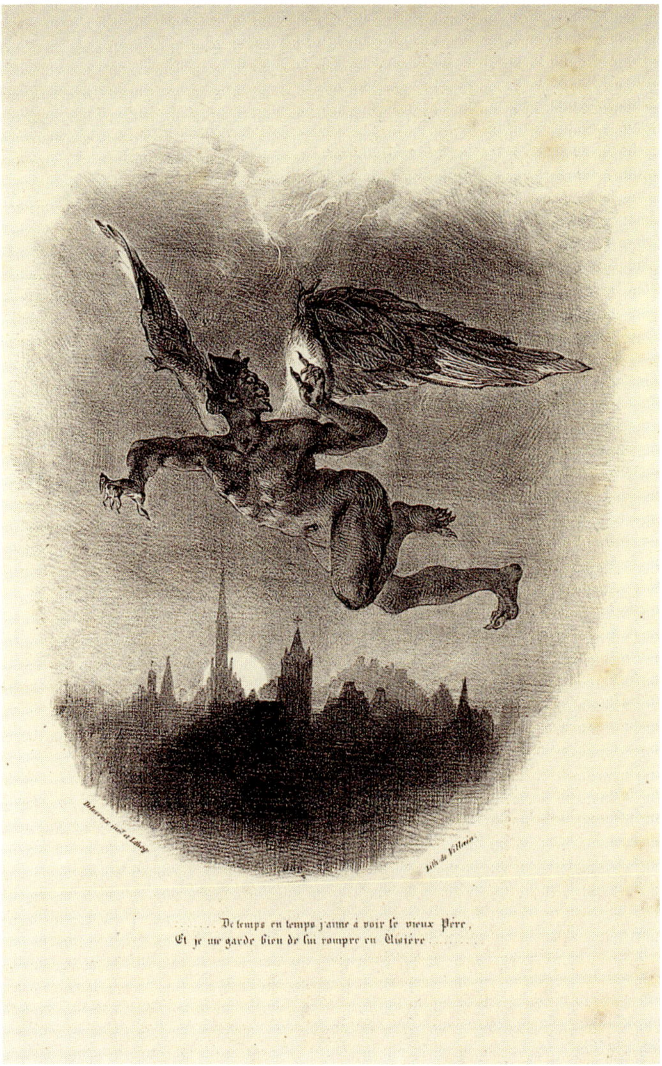

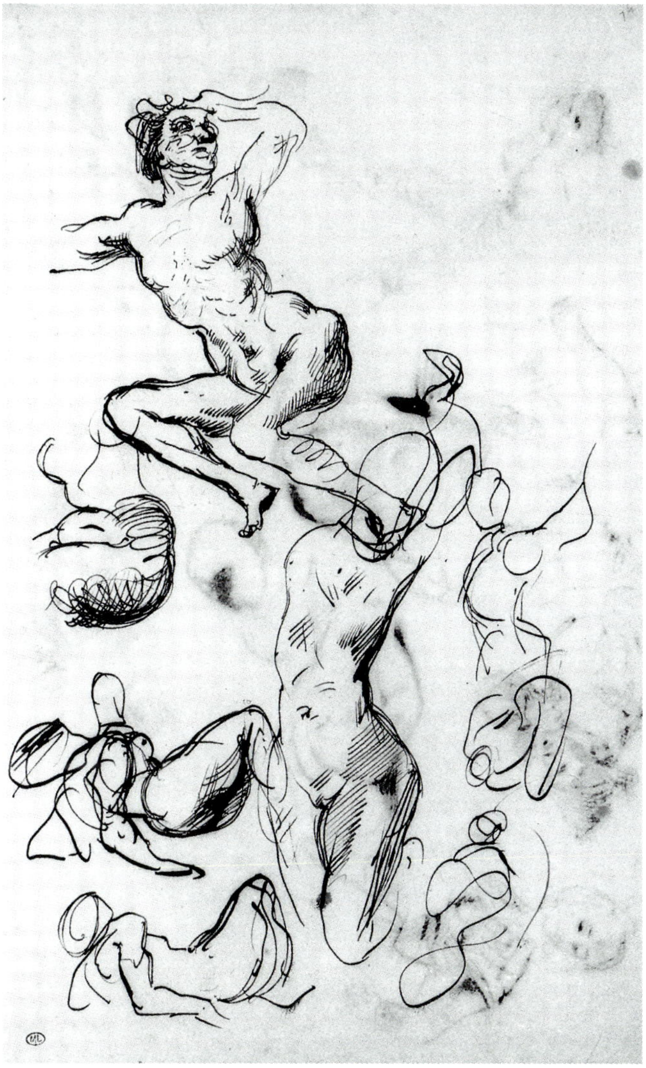

Fig. 69
Eugène Delacroix
Méphistophélès dans les airs
1828
Paris, musée Gustave-Moreau (cat. 61)

Fig. 70
Eugène Delacroix
Croquis d'après les Caprices de Goya : feuille d'étude de nus ; en haut, figure de sorcière, du Caprice n° 66 (fig. 68)
Vers 1824-1826
Paris, musée du Louvre, département des Arts graphiques (cat. 58)

En 1808, le baron Vivant Denon rapporta d'Espagne un recueil des *Caprices ;* vingt ans plus tard, après la vente de sa collection d'estampes, l'ouvrage entra à la Bibliothèque royale, comme s'appelait alors la Bibliothèque nationale[42]. Dès les années 1830, d'autres exemplaires apparurent dans les collections parisiennes et des motifs imités des gravures commencèrent à orner les couvertures des livres et des partitions musicales[43]. En 1834, *le Charivari* parodia habilement le *Sommeil de la raison* (la planche 43) dans une lithographie intitulée *Un cauchemar,* qui raillait Louis-Philippe en le qualifiant de « plus honnête homme de son royaume »[44]. En octobre de la même année, le *Magasin pittoresque,* la revue influente d'Édouard Charton, publia un long article sur Goya, illustré de sommaires gravures sur bois de Grandville d'après trois estampes du peintre espagnol. Deux mois plus tard, une curieuse reproduction lithographique d'une esquisse pour un carton de tapisserie de Goya parut dans *l'Artiste*[45]. L'intérêt du public augmentait, et les journaux rivalisaient pour obtenir des informations sur sa vie et son art en Espagne.

Avant la mort de Goya, en avril 1828, ses peintures étaient déjà disséminées à travers toute l'Espagne – on les trouvait dans des collections royales et aristocratiques ; dans des institutions civiles et religieuses ; chez des individus et des familles qui avaient commandé des portraits, acheté « des tableaux de cabinet », ou les avaient reçus en cadeau de l'artiste. Par ailleurs, à la faveur des voyages diplomatiques, ces tableaux avaient commencé à faire leur chemin en Europe. Le 2 juillet 1815, Gustav de la Gardie, l'envoyé de Suède à Madrid, rapporta dans son journal une visite à l'atelier de Goya (en l'absence de l'artiste)[46]. Deux célèbres tableaux, *le Rémouleur* et *la Porteuse d'eau,* furent vendus aux enchères à Vienne en 1820 par Alois Wenzel Kaunitz, qui les avait sans doute achetés lors d'un séjour à Madrid en 1815-1816[47] (c'est le père de Kaunitz qui reçut les *Copies d'après Velazquez* de Goya en 1778 à Vienne). En 1800, Ferdinand Guillemardet rapporta son portrait et peut-être un second tableau (fig. 141) à Paris. Le baron Alquier, qui lui succéda à l'ambassade de France à Madrid, acquit l'une des nombreuses petites toiles de Goya qui figuraient dans la collection du duc d'Osuna. Enfin, le consul russe à Cadix vendit à Taylor un portrait de Charles III[48].

À la mort de l'artiste, toutes ses œuvres d'art accumulées depuis le partage de 1812 échurent à son fils (qui signait dès cette époque Javier au lieu de Xavier). Celui-ci, propriétaire d'une collection qui réunissait tant d'œuvres nouvelles à celles de l'inventaire de 1812 (plusieurs tableaux portent encore la marque X et les numéros)[49], se pressa de vendre son patrimoine. Un échange de correspondance avec Vicente López, le premier peintre de la cour qui servait de conseiller à l'infant don Sébastián Gabriel, donne des informations révélatrices sur les toiles offertes par Javier. Elles comprenaient de superbes tableaux, comme les six panneaux du *Maragato* (Chicago, Art Institute), et des œuvres qui ne peuvent être identifiées ou dont l'authenticité a été mise en doute ; « six esquisses de Taureaux » et une « Messe » font partie de cette seconde catégorie[50]. En 1835, un inventaire des biens de l'infant mis sous séquestre comportait des *Majas au balcon* (fig. 79), une variante du chef-d'œuvre de Goya qui porte toujours la marque et le numéro d'inventaire de 1812 (collection privée)[51]. Un an plus tard, le 30 août 1836, Javier Goya signa le reçu d'une vente de huit tableaux au baron Taylor,

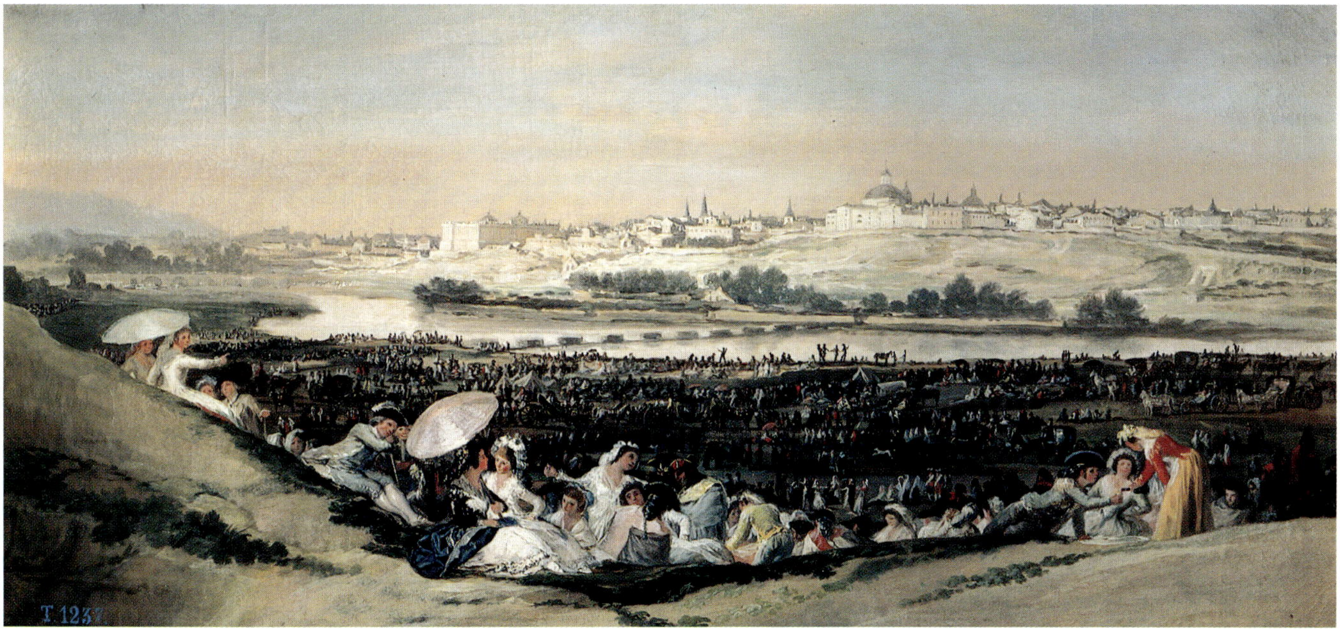

Fig. 71
Francisco de Goya
La Prairie de Saint Isidore
1788
Madrid, musée
du Prado (cat. 2)

Notes

42 Voir le cat. exp., 1999-2000, p. 453. Vente Vivant Denon, 1826, n° 214 : *Caricatures gravées à l'eau-forte et au lavis, petit in fol. basane* (voir Lipschutz, 1972, p. 58, 321, annexe C). Document d'acquisition : « Février [1827] Masson St Maurice / Vente Denon [...] 7108 Caricatures de Goya. Petit In f.° 80 Pl. », Bibliothèque nationale de France, département des Estampes, *Registre des acquisitions* (Rés. Ye-88-Pet. Fol. : 1803-1847, f°s 227 v°, 228).
43 Lipschutz, 1972, p. 176.
44 Idem, *op. cit.*, p. 75-76 ; Villa, 1979, p. 368, n° 12.361 : « *Un Cauchemar* ». Villa a identifié la source de l'estampe : la pl. 146 de la *Série politique* parue dans *le Charivari*, 2e année, n° 36 (6 février 1834). La lithographie, signée *ME* ou *EM*, est parue face à un texte non signé qui désigne Louis-Philippe comme « le plus honnête homme de son royaume ! », en citant comme source de cette qualification le *Journal des Judas* (Bibliothèque nationale de France, département des Estampes, Tf-110-Pet. Fol., t. 5, 1834).
45 Voir Rose-De Viejo, août 1997, p. 529-535. La lithographie porte l'indication « L. Gintrac, d'après le tableau de Goya. Lith. de Frey ».
46 Bjurström, 1962, p. 77-81.
47 Pour la vente de la collection du prince Alois Wenzel Kaunitz (1774-1848), le 13 mars 1820, voir la transcription du *Catalogue des tableaux provenant d'une ancienne galerie célèbre*, où les n°s 66-70 sont des œuvres par ou attribuées à Goya, dans Frimmel, 1914, p. 341. Voir l'étude des tableaux et les références bibliographiques dans le cat. exp. Madrid, Londres et Chicago, 1993-1994, p. 308-311, 370-371, n°s 92-93.
48 Pour le tableau d'Alquier, voir le cat. exp. Madrid, Londres et Chicago, 1993-1994, p. 164-165, 351, n° 21. Pour le portrait de Charles III, voir Baticle et Marinas, 1981, p. 273, annexe n° 26. Ce portrait passa ensuite dans la collection de lord Dalling and Bulwer ; lors de sa vente après-décès (Christie's, 21 février 1873), le tableau (n° 62) fut acheté à nouveau par Durlacher. Voir, pour la vente Louis-Philippe, la note 58.
49 Voir la note 29.
50 Wilson-Bareau, 1996, p. 159-174.

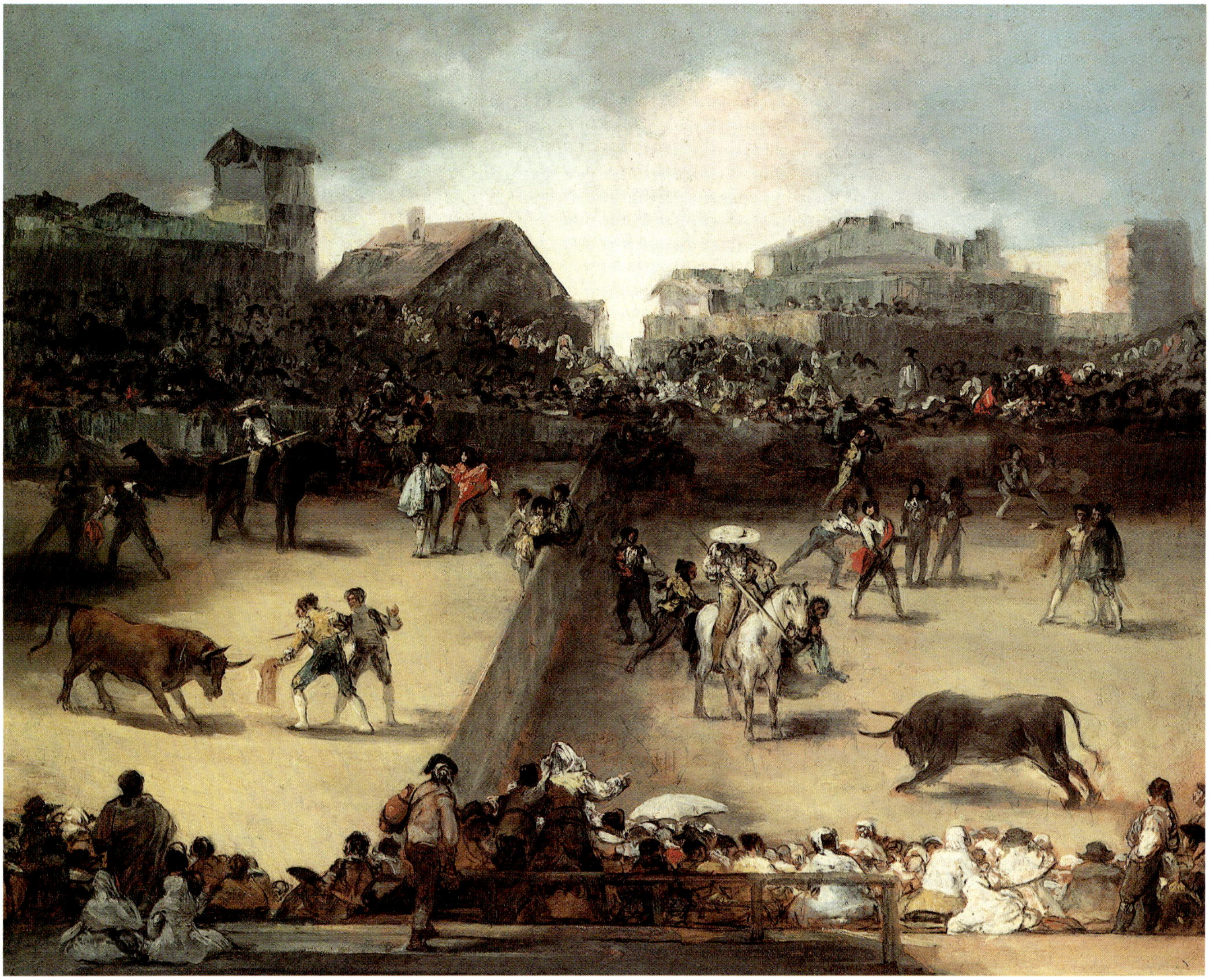

Fig. 72
Atelier de
Francisco de Goya
Corrida dans une arène divisée
Après 1814-1824 (?)
New York, The Metropolitan Museum of Art (cat. 21)

destinés à la future Galerie espagnole de Louis-Philippe au Louvre ; parmi eux se trouvaient les *Majas au balcon* de l'inventaire de 1812[52].

Quand le fils de Goya proposa des toiles à l'infant don Sébastián, il laissa entendre qu'il avait hérité de très peu d'œuvres. Pourtant, l'inventaire de 1812 recense environ 80 tableaux (dont certains, probablement un petit nombre, furent vendus avant 1828). Une liste ultérieure, d'une date imprécise, dénombre plus de 70 œuvres ; certaines sont des portraits de famille, mais plusieurs ne peuvent être identifiées ou sont d'une authenticité douteuse[53]. Parmi elles figurent la *Messe,* qui fut sans doute offerte à l'infant don Sebastián, et la *Corrida dans une arène divisée* (fig. 72), dont l'authenticité a été contestée, mais dont le pendant, *la Procession* (Zurich, fondation-collection Bührle) porte encore un numéro qui devrait correspondre avec l'inventaire de 1812[54]. Ainsi, le statut de nombreux tableaux dont la provenance – l'héritier de l'artiste – semblait garantir l'authenticité est aujourd'hui controversé. Les alternatives sont limitées. D'une part, il faudrait croire que Goya ait accepté ce qui était une pratique courante à l'époque, du moins jusqu'en 1800 : qu'un assistant effectuât non seulement des copies mais aussi des variantes de ses œuvres originales, voire qu'il peignît des « œuvres d'atelier », soit d'après une idée ou à partir d'une ébauche du maître, soit une œuvre de son invention que Goya aurait supervisée ou retouchée. D'autre part, il faudrait imaginer que Javier, qui avait reçu une bourse de la cour pour étudier la peinture et qui se dit *« pintor »* dans son certificat de mariage, aurait cautionné, activement ou passivement, la réalisation d'œuvres ensuite attribuées à son père et auxquelles il aurait assigné parfois des numéros de l'ancien inventaire. La distinction difficile entre les œuvres autographes du maître et les tableaux d'atelier ou « d'école » (Goya eut des assistants mais pas d'élèves) fut compliquée très tôt par l'apparition de copies ou de pastiches, qui posèrent notoirement un problème dès la première moitié du XIXe siècle, pour Velázquez autant que pour Goya[55]. L'identification des tableaux de Goya, dont très peu d'œuvres d'une authenticité certaine étaient accessibles, fut d'ailleurs entravée par la bien plus grande connaissance de ses estampes. L'opinion sans cesse réaffirmée de Théophile Gautier sur les œuvres de Goya est presque exclusivement fondée sur les *Caprices*. Incapable de vérifier les histoires qui couraient sur les méthodes de peinture peu orthodoxes de l'artiste, Gautier avait tendance à les accepter et à les amplifier – puis retournait très vite aux gravures.

Le 7 janvier 1838, la Galerie espagnole ouvrit au Louvre. L'article de Gautier, « Les Caprices de Goya », que *la Presse* publia six mois plus tard, commence par une pirouette théâtrale : « A voir les deux grandes croûtes peintes comme des enseignes qui portent le nom de Goya, l'on ne se douterait guère que c'est réellement un artiste de premier ordre[56]. » On aimerait savoir à quels tableaux pensait Gautier. Des huit œuvres attribuées à Goya et exposées dans la Galerie espagnole, la seule ayant trait au travail – et qui pourrait évoquer de ce fait, sans parler de sa technique assez brutale, une enseigne – figura au catalogue sous le titre *Forgerons* (*la Forge,* New York, Frick Collection), son pendant étant les *Femmes de Madrid en costume de Majas*, aujourd'hui titré *les Jeunes* (fig. 74). Ni l'une ni l'autre de ces grandes toiles n'apparaissaient dans l'inventaire de 1812, alors que les superbes *Manolas au balcon (Femmes de Madrid)* (*les Majas au balcon,* collection particulière) s'y trouvaient, et portent toujours leur numéro d'inventaire X. 24.

Notes

51 Pour l'inventaire de 1835, voir Águeda, mai-août 1982, p. 102-117 ; voir aussi le cat. exp., Madrid, 1996A, p. 234-235, repr., p. 408, n° 138.

52 Baticle et Marinas, 1981, p. 83-85, n° 103 de la *Notice de la Galerie espagnole* : « *Manolas* au balcon » (Gassier-Wilson, 1970, n° 959) ; inventaire de 1812, n° 24 : « unas jóvenes al balcon » (avec *la Maja et la Célestine au balcon,* idem, *op. cit.,* n° 958).

53 Pour la liste anciennement dite « inventaire de 1828 », voir Gassier-Wilson, 1970, p. 381-382, annexe II ; pour la date probable de cette liste (après 1832, voire après 1854), voir Wilson-Bareau, 1996, p. 166.

54 Gassier-Wilson, 1970, n° 953 ; Wilson-Bareau, *op. cit.,* p. 169, fig. 13.

55 Le 10 janvier 1863, Pedro de Madrazo, le frère du directeur du musée du Prado, écrivit à Théophile Thoré : « Nous avons eu dans les dernières années deux fameux falsificateurs des tableaux de Velázquez et Goya : Alenza et Lucas » (Paris, bibliothèque de l'Arsenal, arch. Thoré), cité par Gisèle Caumont dans le cat. exp., Castres, 1999, p. 59. Voir Wilson-Bareau, février 1996, p. 100-101. Pour des références aux pastiches et aux œuvres attribuées à Velázquez dès le dernier quart du XVIIIe siècle, voir Glendinning, Harris et Russell, 1999.

56 Gautier, 5 juillet 1838, p. 1.

Fig. 73
Francisco de Goya
Ascencio Juliá
1798
Madrid, Museo
Thyssen-Bornemisza
(cat. 9)

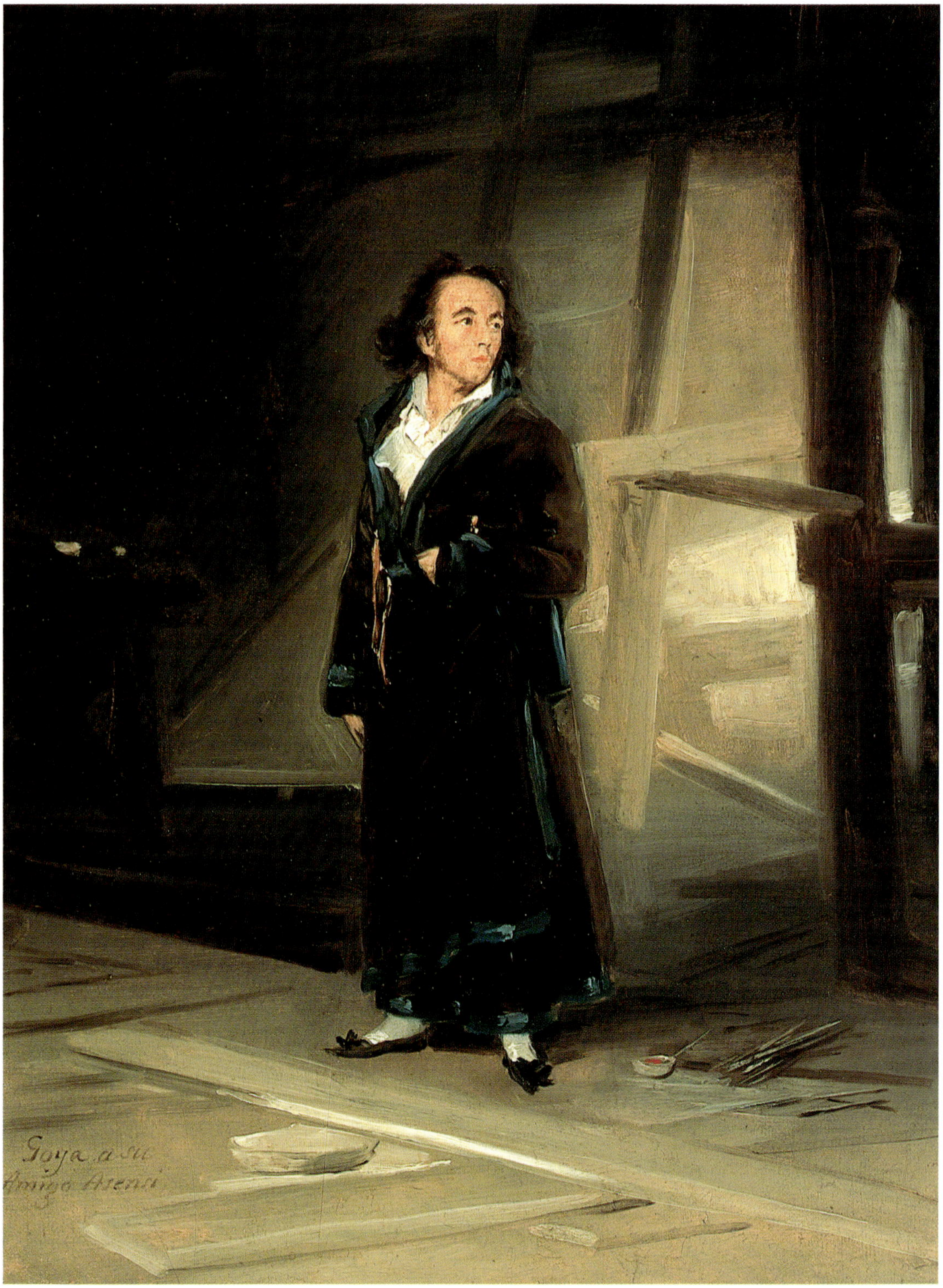

Toutefois le véritable pendant de cet hymne à la beauté, classé dans les acquisitions du baron Taylor sous le titre peu glorieux « Vieilles femmes[57] », fut relégué dans les réserves, peut-être parce qu'il contrastait trop vivement avec les tableaux religieux qui remplissaient la galerie, ou parce que cette vision de deux vieilles aristocrates que chasse le Temps était perçue comme une critique allégorique de la monarchie. La Galerie espagnole fut fermée à la chute de la monarchie de Juillet, en février 1848, et les tableaux furent restitués à Louis-Philippe, et vendus à Londres en 1853[58]. L'*aficionado* le plus actif de Goya, qui espéra même un temps devenir un élève du maître, était l'historien de l'art, artiste et collectionneur Valentín Carderera y Solano. Il répertoria les collections où se trouvaient dans les années 1830 les tableaux attribués à Goya, dont beaucoup ne sont pas identifiés ou localisés de nos jours[59]. Carderera était un ami proche de Federico de Madrazo y Kuntz, qui succéda à son père, José Madrazo, à la charge de premier peintre de la cour et de directeur du musée du Prado. Dans ses premiers articles sur Goya, publiés en 1835 et en 1838, Carderera s'appuya sur la notice biographique donnée en 1831 à l'Académie de San Fernando par le fils de l'artiste. Ce texte, ainsi que le résumé autobiographique de Goya écrit en 1828 pour le catalogue du musée royal du Prado et les comptes rendus instructifs de Carderera fournirent la documentation de base aux livres et aux articles édités en France. Les publications sur l'art espagnol et l'Espagne connurent un nouvel essor quand « tout le monde » (ce que Baudelaire nomma ironiquement « La littérature française »)[60], conduit par Gautier et Dumas père, partit avec une cohorte d'artistes-illustrateurs à Madrid pour couvrir, le 10 octobre 1846, le double mariage de la reine d'Espagne et de sa sœur. En 1849, William Stirling, l'historien écossais de l'art espagnol, se rendit chez le fils de Goya et recensa un grand nombre d'œuvres qui s'y trouvaient alors[61]. Mais ce ne fut qu'après la mort de Javier, en 1854, que Madrazo et Carderera se mirent à acquérir des œuvres auprès de Mariano, le petit-fils de Goya. Ce qui s'ensuivit des deux côtés des Pyrénées fera l'objet du chapitre traitant de Manet et l'Espagne. •

Notes

57 La toile des *Vieilles* a été agrandie par des rajouts : à l'origine, le tableau avait les mêmes dimensions que celles les deux *Majas au balcon* (Gassier-Wilson, 1970, n°s 958-959). Voir le cat. exp., Lille, 1998-1999, p. 236-241, n° 52.

58 En plus des tableaux attribués à Goya dans le *Catalogue of the Pictures forming the celebrated Spanish Gallery of His Majesty the Late King Louis Philippe* (vente Christie's, mai 1853, un douzième dans le *Supplementary Catalogue,* n° 512, fut discrètement désattribué lors de la vente), cinq furent acquis par Durlacher. Ils réapparurent dans la vente après-décès de lord Dalling and Bulwer (Christie's, 21 février 1873).

59 Salas, 1931, p. 175-178. Sur l'activité de Carderera dans le commerce d'art, voir Macartney, 1999, p. 303-309.

60 Baudelaire dans *le Tintamarre,* 1-6 novembre 1846, repris dans 1975, II, p. 1016.

61 Hugh Brigstocke, « El descubrimiento del arte español en Gran Bretaña », dans le cat. exp., Oviedo, 1999-2000, p. 5-25 ; Enriqueta Harris, « Velázquez and his Works, by William Stirling », dans Stirling, 1999, p. 30, 34 ; Juliet Wilson-Bareau, « Appendix : the Later History of the Albums », dans le cat. exp., Londres, 2001, p. 24.

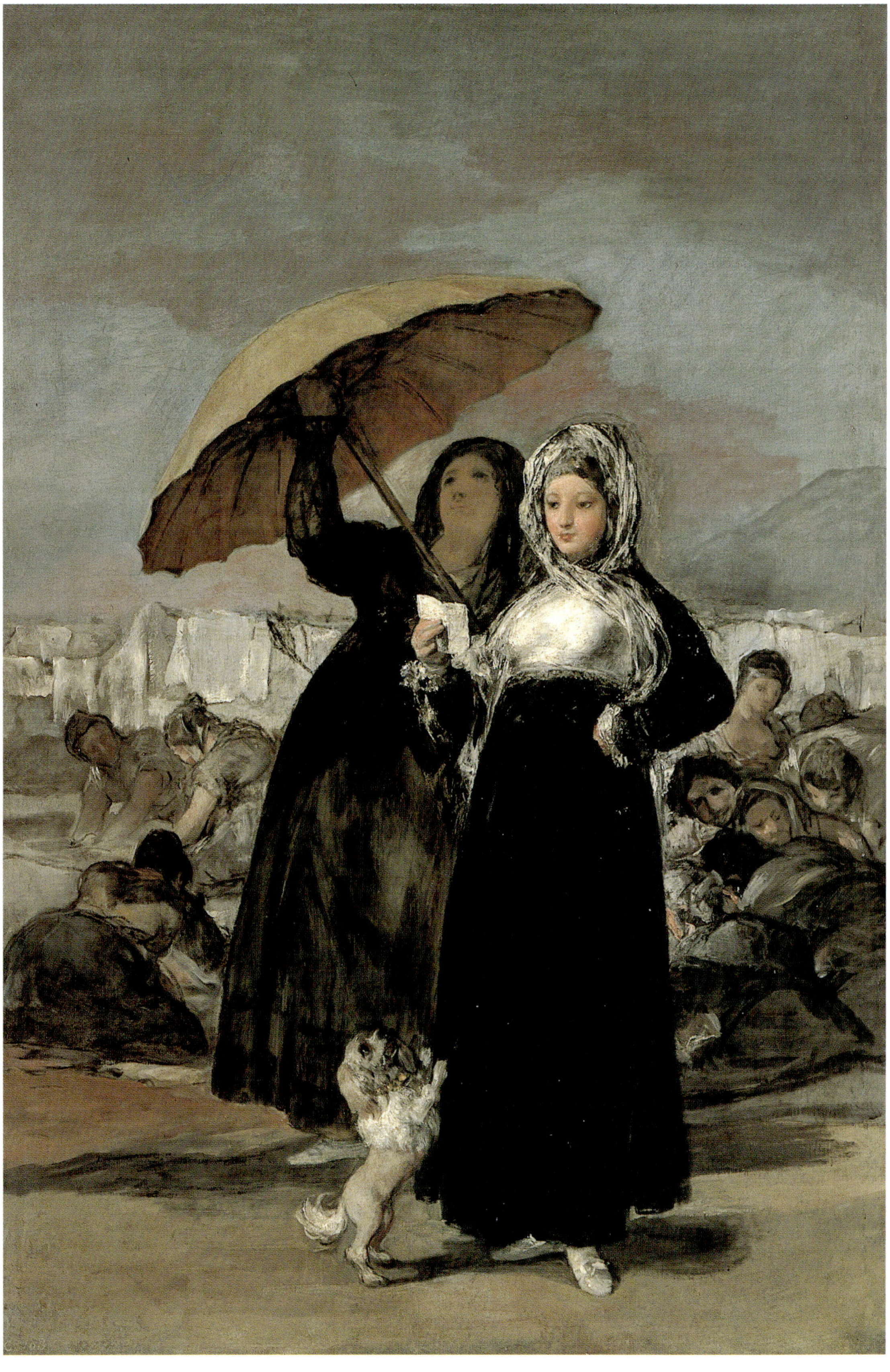

Fig. 74
Francisco de Goya
Les Jeunes
Vers 1812-1814
Lille, palais des
Beaux-Arts (cat. 18)

La Galerie espagnole de Louis-Philippe

• Jeannine Baticle

L'ouverture de la Galerie espagnole de Louis-Philippe, à Paris en 1838, s'inscrit dans un contexte politique et culturel, bien antérieur à sa fondation, qui remonte aux temps de la Révolution française et de l'Empire. Or, encore de nos jours, beaucoup d'historiens jugent le roi Louis-Philippe en fonction de leurs convictions idéologiques, oubliant que la famille des princes d'Orléans avait rêvé de longue date d'occuper le trône de France à la place des Bourbons et n'a été républicaine que par ambition.

C'est dans cet objectif caché que Philippe Égalité, père de Louis-Philippe, duc de Chartres, était devenu conventionnel et régicide. Il possédait une immense fortune. Sa galerie d'œuvres d'art au Palais-Royal, à Paris, était réputée pour la qualité de sa collection. D'ailleurs il la vendit, en 1792, au banquier belge Walkiers, cousin germain du comte Alexandre de Laborde, pour la somme de 700 000 livres.

Suivant l'exemple de son père, Louis-Philippe s'était rangé d'abord aux côtés des révolutionnaires. Âgé de dix-neuf ans, il avait pris part comme général à la bataille de Valmy, mais passera bientôt dans l'opposition à la première République chez les Autrichiens. Dans le désordre de ces années terribles, il voyage à travers l'Europe puis se rend en Amérique. Le Directoire avait exilé la duchesse d'Orléans, sa mère, en Catalogne. Il demeure un an, de 1798 à 1799, à La Havane, colonie du royaume d'Espagne où il apprend l'espagnol, qu'il parlera couramment.

Toujours obsédé par l'alliance avec les Bourbons, il épouse à Palerme, à la fin de 1809, à l'âge de trente-six ans, Marie-Amélie de Bourbon-Sicile, nièce du roi Charles IV d'Espagne et cousine de Ferdinand VII. De juin à octobre 1810, il séjourne à Cadix afin de proposer ses services aux Cortes, opposés à l'occupation française, seule ville portuaire qui ne sera jamais prise par les armées du roi Joseph Bonaparte. Louis-Philippe déclare aux Cortes qu'il se considère comme « Infant d'Espagne » et voudrait régner sur l'Amérique espagnole, mais les Anglais, qui tiennent Cadix, le refusent énergiquement et il quitte l'Andalousie. Il est fort probable qu'il a vu certains Zurbarán de la Chartreuse de Jerez, alors confisqués par les Français et qui seront présentés à Paris en 1838. En 1817, Louis XVIII autorisera le duc d'Orléans à revenir définitivement en France et lui fera restituer le Palais-Royal.

Fig. 75
Jean-François Millet
Notre-Dame-de-Lorette
1851
Dijon, musée
des Beaux-Arts
(cat. 107)

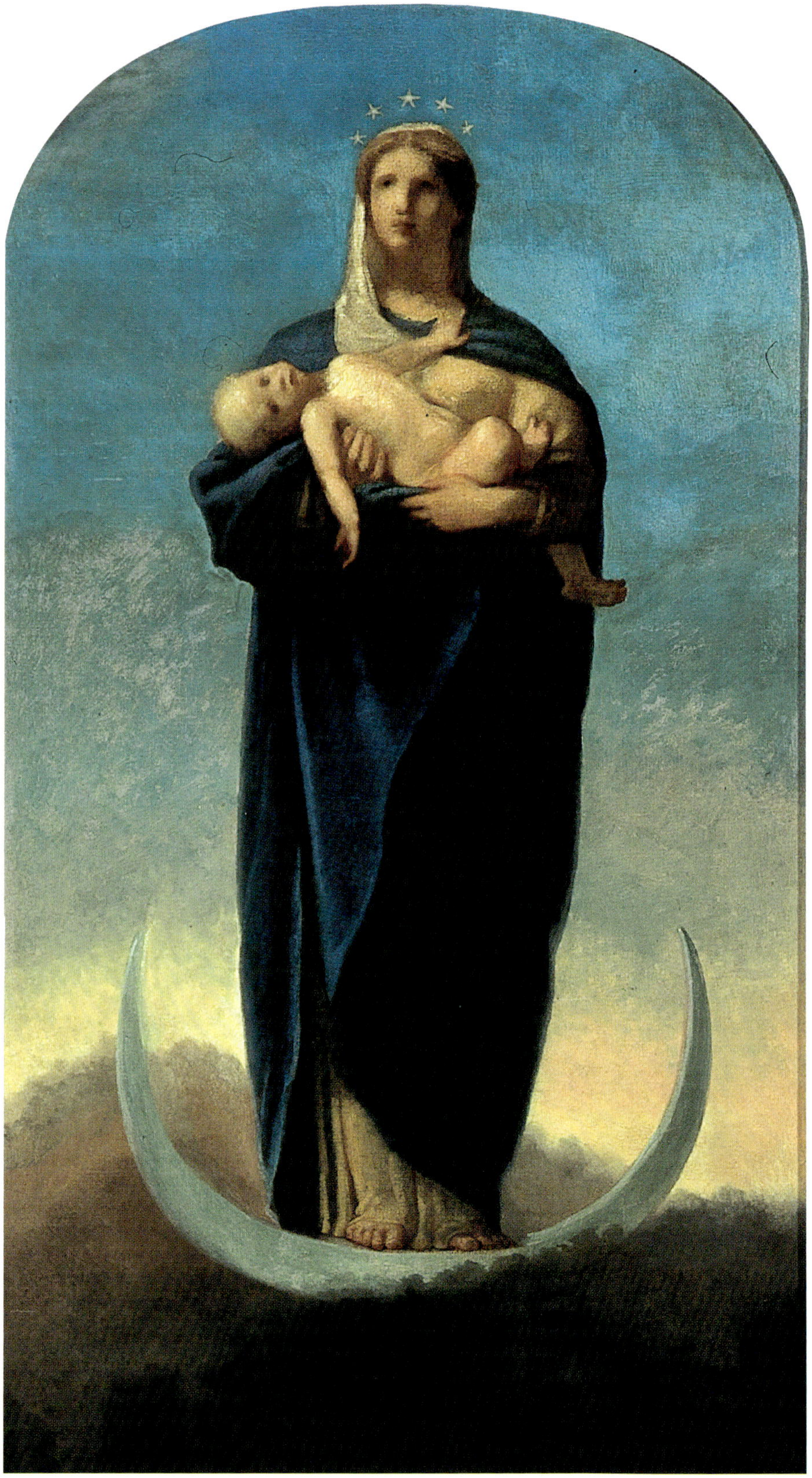

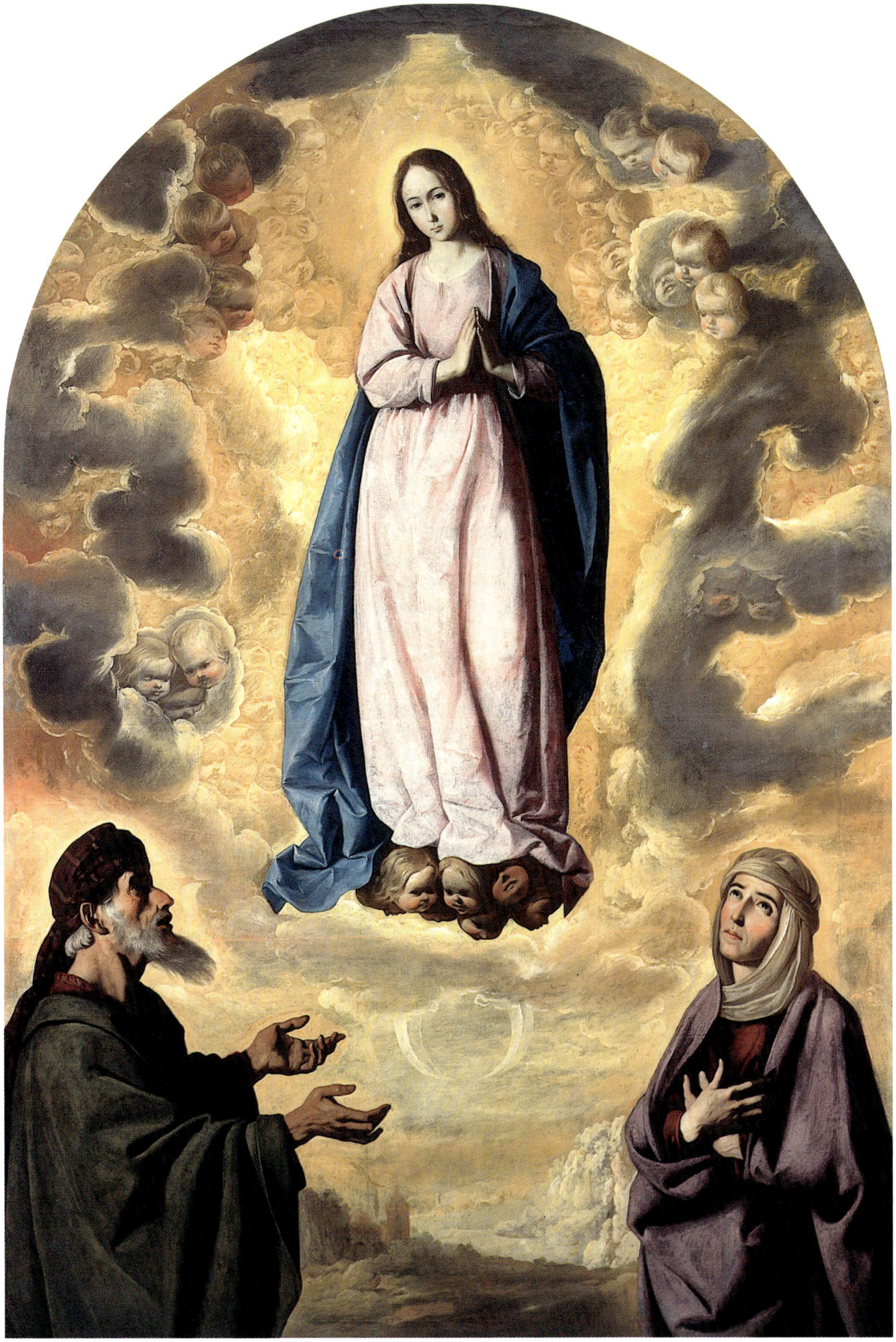

Fig. 76
Francisco de Zurbarán
La Vierge de l'Immaculée Conception avec saint Joachim et sainte Anne
Vers 1639-1640
Édimbourg, National Gallery of Scotland
(cat. 41)

Il faut en outre rappeler que les Bourbons de France et d'Espagne avaient été très unis sur le plan politique et familial au XVIIIe siècle. Cependant, les chefs-d'œuvre du Siècle d'or conservés dans les palais, églises et monastères de la péninsule ibérique étaient presque inconnus des amateurs français, sauf de quelques voyageurs, d'autant plus que, sous le règne du roi Charles III, Velázquez n'était guère mis en valeur au palais royal de Madrid. Ainsi *les Ménines* se trouvaient accrochées avant 1789 dans les appartements privés de la future reine Marie-Louise. Par ailleurs, c'est sous Louis XVI qu'eut lieu, en 1782, le premier achat important d'une œuvre espagnole pour les collections royales, le célèbre *Mendiant* de Murillo.

Or, curieusement, à l'époque du premier Empire, des aristocrates français visitent l'Espagne, juste avant la guerre d'Indépendance. Le comte Alexandre de Laborde publie, en 1806, *Un voyage pittoresque et historique de l'Espagne,* où il est le premier à remarquer *« de visu »* la beauté des Zurbarán de Jerez. Il retrouve, à Grenade en 1807, sa sœur Nathalie de Noailles et Chateaubriand, lequel découvre, émerveillé, l'Alhambra de Grenade, qui lui inspirera plus tard la nouvelle intitulée *le Dernier Abencérage.*

Les marchands, eux aussi, traversent les Pyrénées pour acquérir des peintures espagnoles, et en particulier l'antiquaire français Jean-Baptiste-Pierre Lebrun (1748-1813), marié, en 1776, à la fameuse Mme Vigée-Lebrun, portraitiste préférée de la reine Marie-Antoinette ; il se rend en Espagne en 1807-1808 et a pour guide en Andalousie un autre Français, Frédéric Quilliet, alors établi à Cadix. En 1808, Quilliet rédige l'inventaire des collections du Prince de la paix, Godoy ; il deviendra sous le règne du roi Joseph Bonaparte commissaire des Beaux-Arts et procédera à l'inventaire des biens d'église confisqués en 1810 et déposés à l'Alcazar de Séville. Il publie, en 1816, un *Dictionnaire des peintres espagnols* dédié au duc de Berry !

« Ce siècle avait deux ans », écrit Victor Hugo à propos de sa naissance, en 1802 ; Alexandre Dumas aurait pu dire la même chose, étant né la même année ; trois ans pour Mérimée (1803) et quatre ans pour George Sand (1804). Or, le premier et la dernière ont séjourné, enfants, à Madrid. Le général Hugo était logé au magnifique palais Masserano, dont le jeune Victor garde un souvenir ébloui. L'enfant tombe amoureux de Pepita, fille de la comtesse de Montehermoso, maîtresse du roi Joseph. Goya a peint un ravissant portrait de Pepita. Nous sommes en 1811, Victor a neuf ans, George Sand, elle, âgée de quatre ans en 1808, a rejoint Maurice Dupin, son père, aide de camp de Murat, à Madrid, avec sa mère, enceinte ; ils logent au palais royal dans les anciens appartements de Godoy et y séjournent deux mois environ ; Dupin achète un superbe cheval andalou, Leopardo, qui peu de jours après leur retour en France, à Nohant, provoquera la chute mortelle du malheureux officier.

Trente ans plus tard, George Sand et Chopin effectueront un voyage d'Espagne en Catalogne et aux Baléares. Elle écrira un *Hiver à Majorque* en 1841. Elle est très liée avec Louis Viardot, qui, en 1823, avait accompagné l'expédition du duc d'Angoulême et découvert le nouveau musée du Prado, inauguré en 1819. Viardot réclamera, en 1834, la création d'un musée espagnol à Paris.

En 1825, Prosper Mérimée, qui ira sept fois en Espagne, fait paraître ses comédies espagnoles, *le Théâtre de Clara Gazul ;* il obtient un succès retentissant ; il a vingt-deux ans. Puis, en 1830, Victor Hugo mène la bataille d'*Hernani* ou *l'Honneur castillan,* pièce qui révolutionne le théâtre et coïncide avec la révolution de Juillet. Or, en 1830, le duc d'Orléans

Louis-Philippe, âgé de cinquante-sept ans, devient roi de France et réussit enfin à écarter les Bourbons, mais l'Espagne demeure toujours au centre de ses préoccupations dynastiques car le roi Ferdinand VII, cousin de la reine de France, va poser le problème de la succession au trône d'Espagne, puisque deux filles lui sont nées de ses quatre mariages – l'aînée, Isabelle, naît en 1830 – et qu'il fait abroger la loi salique, juste avant sa mort, en 1833, afin qu'elle puisse régner. D'une part, il provoque la fureur de son frère cadet, Carlos Maria Isidro, qui se déclare alors roi d'Espagne sous le nom de Charles V et déclenche les terribles guerres civiles carlistes, « lame de fond » politique et sociale de la péninsule ibérique. Par ailleurs, le parti libéral, violemment combattu entre 1820 et 1833, déchaîne des insurrections qui amènent au pouvoir, en 1835, le banquier Juan Alvarez Mendizabal (d'origine juive, disait-on), farouche progressiste, nommé Premier ministre en septembre, lequel contribua à faire décréter, en juillet 1835, l'abolition de l'ordre des Jésuites, de l'Inquisition et des couvents d'hommes, puis, en octobre 1835, ce sont les lois draconiennes d'*« exclaustracion »* et la vente des biens d'églises au profit de l'État.

Aussitôt averti, Louis-Philippe envoie en Espagne le baron Taylor, bientôt accompagné par les peintres français Dauzats et Blanchard, et veut profiter de cette occasion inespérée pour effectuer de multiples achats de tableaux majeurs afin de constituer à Paris ce musée espagnol tant désiré, acquis, il faut le signaler, sur ses fonds privés.

De père anglais et de mère aristocrate belge, Isidore Taylor est né à Bruxelles en 1789. Ses parents viennent en France pendant la Révolution et, sous l'Empire, il sera l'élève du peintre Suvée, puis militaire, et se ralliera à Louis XVIII en 1815. Il reçoit de Charles X le titre de baron en 1825, est nommé la même année commissaire du Théâtre-Royal français. Personnalité polyvalente, il connaît aussi bien les artistes que les littérateurs. Doué d'une intelligence et d'une habileté extraordinaires, il joue un rôle décisif dans l'expédition d'Espagne, où il se rend dès l'automne de 1835, car il saura choisir des œuvres essentielles de l'école hispanique et entretient des contacts fructueux avec les vendeurs outre-Pyrénées. Il parvient également à échapper aux contrôles douaniers et à la guerre civile en faisant transporter les tableaux espagnols par mer, sur des bateaux de guerre français.

Jusqu'à cette époque, les peintres de l'école française semblent moins attirés par l'art espagnol que leurs compatriotes écrivains ou auteurs dramatiques car le néoclassicisme garde encore de nombreux adeptes, même si la mode des « Costumbristes » se répand chez les petits maîtres. Les grandes « pointures » comme Géricault ou Delacroix s'inspirent davantage d'événements contemporains comme *le Radeau de la Méduse* ou *la Liberté sur les barricades*. Delacroix se rend au Maroc en 1832 et regagne l'Europe par l'Andalousie ; à Séville, il exécute des croquis d'après des moines de Zurbarán, à la Chartreuse de Cuevas, qui a récupéré les tableaux du maître en 1816.

À Paris, il a l'occasion de visiter l'hôtel du maréchal Soult, rue de l'Université, beaucoup plus accessible aux amateurs qu'on ne l'a dit, où se trouvent les magnifiques Zurbarán et Murillo enlevés à Séville pendant la guerre d'Indépendance, plusieurs ayant été achetés. En 1832, Soult avait été nommé Premier ministre. Il proposa l'acquisition de certains de ses Murillo par l'État ; celle-ci lui fut refusée en raison d'un prix jugé trop élevé.

Par ailleurs, la galerie du banquier Aguado (230 peintures attribuées à l'école espagnole dont quelques grands chefs-d'œuvre) était connue des amateurs avant sa mort, en 1842, puisque Viardot avait rédigé, en 1839, les notices d'un *Choix des principaux tableaux de M. le Marquis de las Marismas* (Aguado) avec illustrations du graveur Charles Gavard. L'hôtel Aguado est devenu la mairie du IXe arrondissement de Paris, rue Drouot.

Mais ce sera l'ouverture de la Galerie espagnole de Louis-Philippe au musée du Louvre, en janvier 1838, qui révélera enfin surtout Zurbarán et Goya au grand public, non sans susciter de la part de la presse des réactions violentes et contradictoires. Et pourtant le choix était excellent. Ensuite les historiens de l'art de la Péninsule ont vivement reproché aux Français et à leurs intermédiaires espagnols d'avoir privé les musées et les sanctuaires d'Espagne de peintures qui font aujourd'hui la gloire du Siècle d'or.

En novembre 1835, Taylor, Dauzats puis Blanchard se rendent en Andalousie via le Portugal ; ils gagneront ensuite la Castille. Leur voyage, réalisé en deux fois, s'effectue entre la fin de 1835 et avril 1837, octobre 1837 pour Dauzats. À Cadix, Taylor est mis en relation avec un milicien portraitiste (?), Antonio Mesas, commissionné en 1835 par le cabinet de Mendizabal pour recueillir les tableaux de la Chartreuse de Jerez déposés alors à l'Académie des beaux-arts de Cadix. En 1836, ces œuvres sont proposées à la vente et Mesas est chargé de la transaction. Il cède officiellement à Taylor six Zurbarán provenant de Jerez pour la somme de 400 000 réaux. Il s'agit de pièces majeures du maître, les quatre toiles de la *Vie du Christ* (Grenoble, musée des Beaux-Arts), *la Vierge du rosaire* (Poznan, musée Narodowe) et la *Bataille de Jerez* (fig. 19). Mesas gardera pour lui une partie du profit de la vente. C'était la seconde fois en vingt-six ans que les malheureux chartreux étaient dépouillés de leurs biens.

À Séville, Taylor, toujours efficace, se fait guider par des collectionneurs avertis, le doyen de la cathédrale, le célèbre chanoine Manuel Lopez Cepero, qui possède près de 200 tableaux, Aniceto Bravo, dont l'oncle avait réuni, paraît-il, 840 œuvres et, enfin, le vice-consul anglais Julian Williams. Celui-ci vend à Taylor cinq toiles, en particulier le *Saint Bonaventure et l'ange* de Zurbarán (musée de Dresde). Aniceto Bravo remet à Taylor neuf peintures bien payées et Lopez Cepero un certain nombre également contre argent sonnant. Un autre consul anglais à Cadix s'était défait d'un *Portrait du roi Charles III en chasseur* de Goya. Beaucoup de ces tableaux provenaient de la dispersion des biens d'églises en 1810.

En Castille, la pêche est fructueuse, surtout à Tolède : on le sait par le reçu daté du 3 mars 1836, de la trésorière du couvent des sœurs hiéronymites de la Reina, lequel avait vendu à Taylor quatre belles compositions de Luis Tristan, disciple du Greco, ainsi que le magnifique *Christ en Croix avec le portrait de deux donateurs* du même Greco (fig. 20) payés 50 000 réaux. Le Trésor espagnol semble avoir fermé les yeux.

Enfin, grâce au jeune peintre Federico de Madrazo, de la puissante famille d'artistes de ce nom, qui le recommande au fils de Goya, Javier, le baron Taylor réussit une des acquisitions les plus sensationnelles de la Galerie espagnole, soit huit peintures de Goya au prix incroyablement bas de 15 000 réaux (3 975 francs), dont cinq comptent parmi les chefs-d'œuvre du maître, mort à Bordeaux en 1828. L'original des *Majas au balcon* (collection particulière), *les Jeunes* et *les Vieilles* (Lille, palais des Beaux-Arts) *la Forge* (New York, Frick Collection), le *Lazarillo de Tormes* (collection particulière). Taylor aurait obtenu par les ducs d'Albe le portrait de *la Duchesse d'Albe en mantille* (New York, Hispanic Society) daté de 1797, un des sommets de l'art du portrait goyesque, modèle qui a défrayé la chronique jusqu'à nos jours. Le *Portrait du roi Charles III en chasseur,* lui, provenait de Cadix. « Mettez Goya dans les cartons, dira en 1838 *le Charivari,* ne le placez pas dans les musées » !

• Ouverture de la Galerie espagnole de Louis-Philippe

Il est impossible dans cette courte introduction de résumer l'histoire de l'acquisition de l'ensemble des œuvres présentées à Paris ; en revanche, il faut parler de l'inégalité du choix et du retentissement que certains maîtres du Siècle d'or ont obtenu auprès des amateurs et du public.

Le musée espagnol fut ouvert le 7 janvier 1838 dans les salles de la Colonnade du palais du Louvre « mis gracieusement à la disposition des Parisiens » par le roi. Sur 440 peintures, 412 étaient hispaniques ; 33 se trouvaient en réserve, dont *les Vieilles* de Goya. Selon la notice de la Galerie espagnole publiée en 1838, éditée par l'imprimerie Crapelet à Paris, on comptait alors 180 Zurbarán, un seul attribué.

En réalité, beaucoup de ces œuvres n'étaient pas de la main du maître, la plupart des Saintes ou les 16 petites toiles représentant des missionnaires et aussi un grand nombre d'autres impossibles à identifier. Toutefois, les compositions essentielles de Zurbarán, qui étaient accrochées dans des salles mal éclairées, frappèrent la critique d'art ; la presse remarquait surtout, plutôt que le sujet, la présence des moines, véritable obsession des journalistes anticléricaux. Cependant, l'admirable *Saint François à genoux* (fig. 77) obtiendra un triomphe.

L'Europe découvrait pour la première fois Zurbarán, mais il faudra attendre l'année 1905 pour que le musée du Prado organise la grande rétrospective nationale. Plus tard, Paul Guinard et Maria Luisa Caturla renouvelleront totalement l'histoire du maître entre 1945 et 1960 ; Guinard publie, en 1960, *Zurbarán et les peintres espagnols de la vie monastique,* monographie qui fait toujours autorité. La parution du manuscrit de Maria Luisa Caturla par Odile Delenda, en 1994, accompagnée de documents d'archives inédits, prouve qu'en France, désormais, on considère « *l'extremeom* » comme l'un des flambeaux du Siècle d'or et non comme un simple mystique.

Par ailleurs, le Greco et Valdés Leal étaient beaucoup mieux représentés que Ribera, Murillo ou Velázquez. Outre les œuvres religieuses du Greco, Taylor avait su trouver d'excellents portraits, et le séduisant *Femme à la fourrure* (Glasgow, Pollok House), vendu par le collectionneur madrilène Serafin Garcia de la Huerta, obtint un succès sentimental plutôt qu'artistique. Les contemporains de Louis-Philippe voulaient y voir la fille du Greco ; ensuite on assurera qu'il s'agissait de Catalina Micaela, seconde fille de Philippe II. En réalité, il a été prouvé récemment que la jeune femme appartenait à la haute noblesse ; d'ailleurs l'infante Catalina Micaela était blonde aux yeux bleus et l'angélique modèle du Greco possède des cheveux et des yeux noirs au regard fascinant de vérité et de poésie.

De Valdés Leal, il y avait quatre saintes de l'ordre de Saint-Jérôme, qui sont tenues parmi les œuvres capitales de l'artiste ; une grande toile illustrant un épisode de la vie du saint a dis-

Fig. 77
Francisco de Zurbarán
Saint François à genoux
Vers 1635-1640
Londres, National
Gallery (cat. 40)

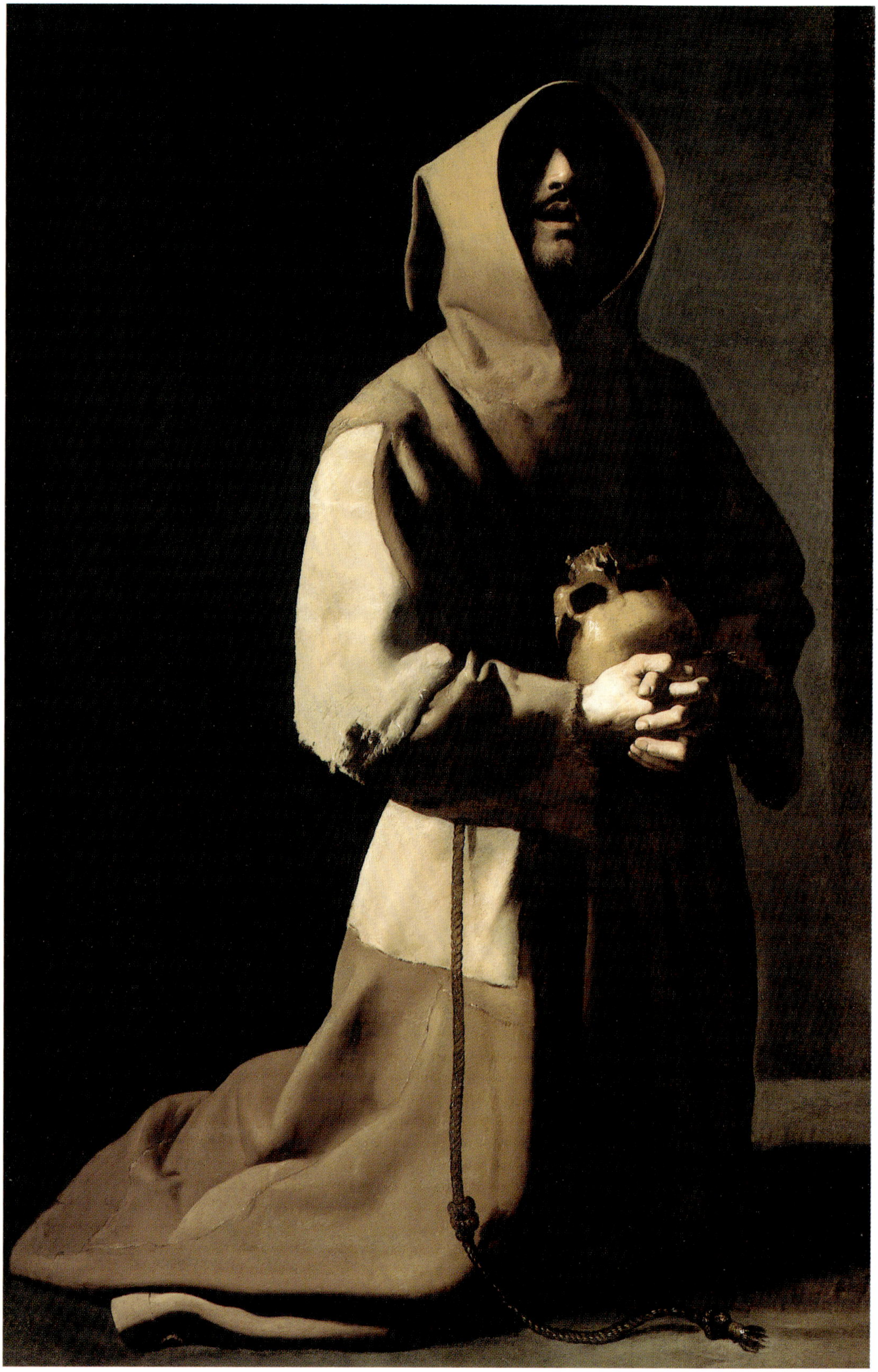

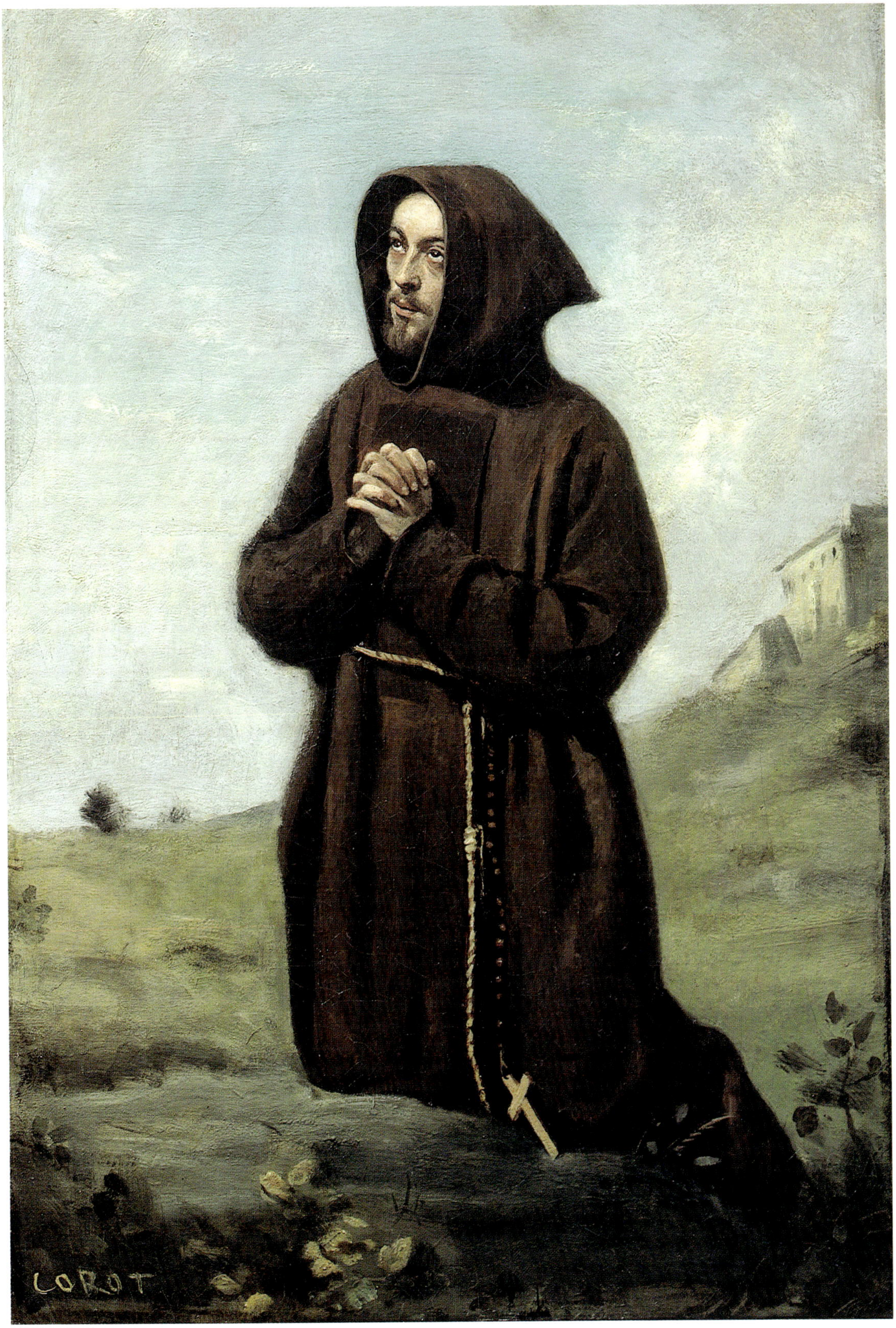

Fig. 78
Camille Corot
Saint François ou *Moine brun en prière, à genoux*
Paris, musée du Louvre
(cat. 47)

paru. Ces œuvres provenaient du couvent de Saint-Jérôme de Buenavista de Séville ; le musée des Beaux-Arts de Grenoble conserve le *Frère Alonso de Ocaña,* un exemple remarquable et presque moderniste du génie créateur de Valdés Leal, mort en 1690.

Ribera, Velázquez et Murillo, dont les œuvres dans les années 1830 n'étaient plus aussi disponibles qu'au tout début du XIXe siècle, étaient faiblement représentés, avec des attributions fausses ou douteuses. Seul le *Martyre de saint Barthélemy* de Ribera (Barcelone, musée des Beaux-Arts) recueille aujourd'hui l'adhésion des spécialistes. Millet d'ailleurs l'avait copié. Murillo non plus ne figurait pas avec des peintures de premier ordre et aucune ne pouvait égaler celles du maréchal Soult. Quant à Velázquez, dont la majorité des toiles appartenait alors aux musées du Prado, de Vienne et d'Angleterre et quelques-unes à l'Italie, il était difficile pour Taylor d'acquérir en Espagne une pièce maîtresse. Seul le *Portrait du comte-duc d'Olivares* (collection particulière) offrait un aspect valable de l'art de Velázquez. Un beau Claudio Coello, et deux Carreño de Miranda signés et l'un daté complétaient ce panorama inégal du Siècle d'or.

Les écoles espagnoles de la Renaissance n'avaient guère intéressé nos « missionnaires ». Les noms des vendeurs des portraits de Sanchez Coello, des scènes religieuses de Correa de Vivar ou Pedro Romana ne sont même pas mentionnés. Quant au superbe panneau de Jaume Huguet, la *Mise au tombeau* (Paris, musée du Louvre), il n'existe aucune pièce d'archives indiquant où Taylor se l'était procuré et il ne figure pas dans le catalogue de la Galerie espagnole de 1838.

• La dispersion du musée espagnol de Louis-Philippe

Si l'on ajuste les faits survenus au cours des années 1848-1851 avec leurs résultats, on demeure stupéfait. Louis-Philippe est détrôné en février 1848 et s'enfuit avec sa famille en Angleterre ; il s'installe au château de Claremont (Surrey). En France, le 10 décembre 1848, le futur Napoléon III était élu président de la deuxième République. Dix-huit mois plus tard, en août 1850, le roi de France déchu mourait à l'âge de soixante-dix-sept ans et, en octobre de la même année, le gouvernement de la République française fait droit à la demande des héritiers et leur restitue la collection espagnole sous le prétexte que celle-ci était la propriété personnelle du vieux monarque. Le déménagement et l'envoi des œuvres en Angleterre dureront jusqu'en juillet 1851. Quand Baudelaire qualifie le régime éphémère « de stupide république », il n'a pas tout à fait tort, mais où se trouvent les ressorts secrets qui l'ont déterminé à ne pas conserver le musée espagnol à Paris ?

C'est seulement en mai 1853 que les ventes ont lieu à Londres, chez Christie's ; plusieurs œuvres importantes seront rachetées par le duc de Montpensier, cinquième fils de Louis-Philippe, qui avait épousé, en 1846, à Madrid, la sœur de la reine Isabelle II d'Espagne. Celle-ci, en 1848, leur fait don du palais de San Telmo à Séville, où ils habiteront à partir de 1850 et qui abritera un véritable musée. Ils feront élever ensuite le beau palais d'hiver de San Lucar de Barrameda près de Cadix. Les alliances familiales permettent à la maison d'Orléans de conserver jusqu'à la fin du XIXe siècle les ouvrages rachetés à Londres en 1853. En effet, la fille aînée du duc de Montpensier était mariée avec son cousin Philippe, comte de Paris. Veuve, elle possède en Auvergne le château de Randan, où ont été transportées les quatre admirables compositions de Zurbarán de la Chartreuse de Jerez. Le général de Beylié les lui achète et en fait don, en 1901, au musée des Beaux-Arts de Grenoble. Ainsi pour la troisième fois l'*Adoration des Rois mages* et la *Circoncision* ont passé la frontière pour cesser définitivement leur errance, à la grande joie des visiteurs du musée de Grenoble.

En ce qui concerne les Goya de la Galerie espagnole vendus à Londres en 1853, ils connurent des sorts divers. Les *Majas au balcon*, récupéré par les Montpensier, fut exposé au palais de San Telmo jusqu'en 1897, puis, quand, à sa mort, la duchesse de Montpensier légua sa magnifique demeure à l'archevêché de Séville, son fils Antoine transporta la collection au palais de San Lucar de Barrameda. En 1911, l'antiquaire parisien Durand-Ruel lui acheta les *Majas,* aujourd'hui dans une collection privée, et l'*Asensio Juliá* (fig. 73). Les autres toiles prestigieuses acquises de Javier Goya en 1836 pour la somme, rappelons-le, de 3 975 francs, ornent maintenant les cimaises des grands musées : *la Forge* à la Frick Collection, de New York, *les Jeunes* et *les Vieilles* au palais des Beaux-Arts de Lille. Quand on pense au prix atteint par le portrait de la ravissante comtesse de Chinchón (160 millions de nouveaux francs) acquis récemment par le musée du Prado et qui s'ajoute aux chefs-d'œuvre de Goya présentés dans la prestigieuse pinacothèque espagnole, l'aveuglement des amateurs et journalistes en 1838 envers le génie du maître nous semble relever de la psychanalyse ! Heureusement, Manet viendra sauver l'honneur des Français en s'inspirant d'une réplique des *Majas au balcon* de Goya (fig. 79) pour son admirable toile *le Balcon* (fig. 80), aujourd'hui à Paris, au musée d'Orsay (laquelle, léguée par Caillebotte en 1894, ne fut exposée au Louvre qu'en 1929).

L'impact esthétique des tableaux de la Galerie espagnole sur l'école française au cours de la seconde moitié du XIXe siècle est difficile à mesurer et les sources du réalisme sont davantage à chercher dans la réaction sociale et politique contre les régimes somme toute assez totalitaires de la monarchie de Juillet et du second Empire.

De nos jours, tous les visiteurs du musée du Louvre demandent : « Où est Goya ? » Quant à Zurbarán, la grande rétrospective de son œuvre à Paris en 1988 a été un véritable triomphe. Ce fut la beauté de la Vierge et de l'Ange de l'*Annonciation* de Jerez qui remporta les suffrages plutôt que le mysticisme des sombres moines, selon la version médiatisée de 1838. •

Fig. 79
Entourage de
Francisco de Goya
Majas au balcon
1808-1812
New York, The
Metropolitan Museum
of Art (cat. 17)

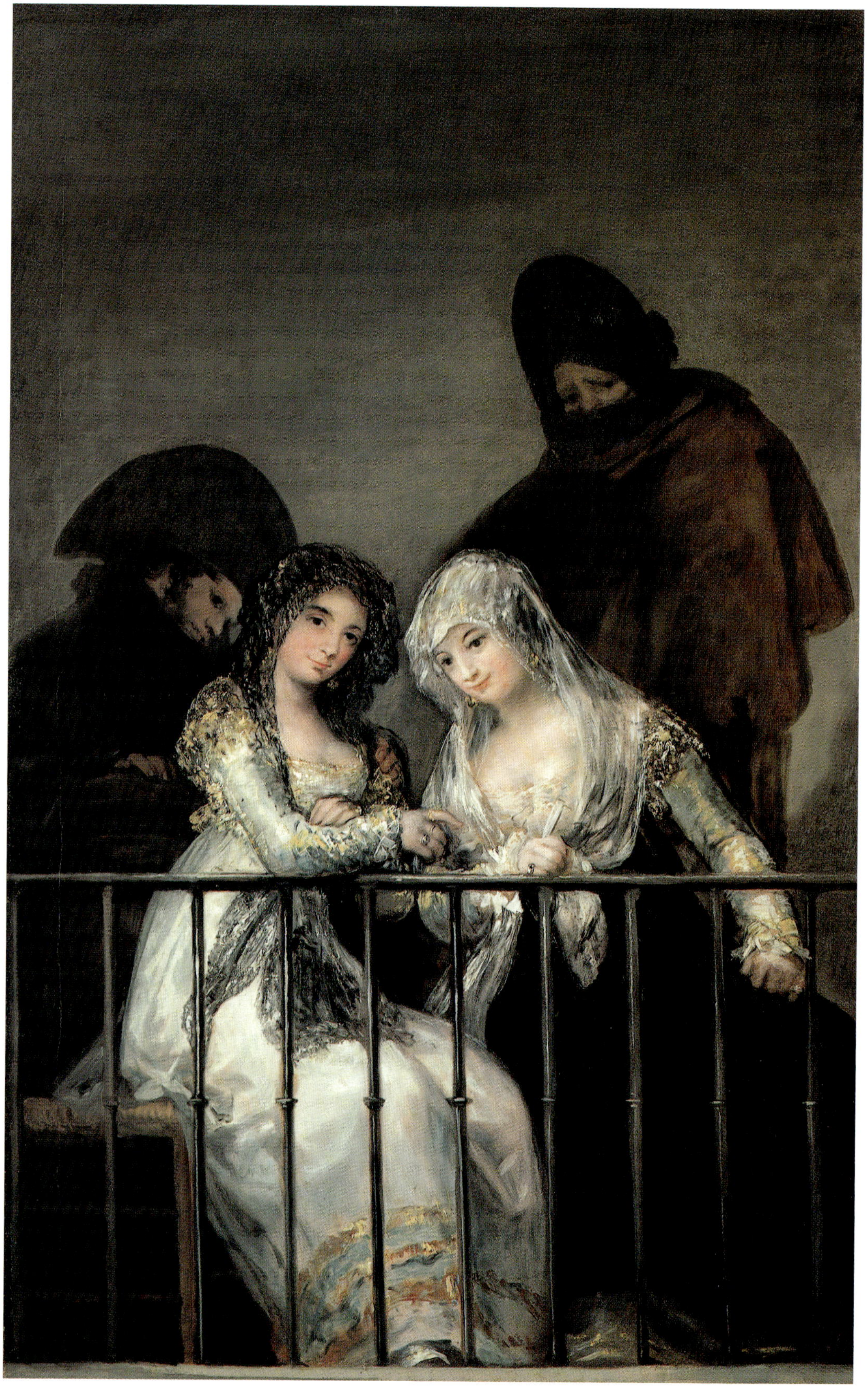

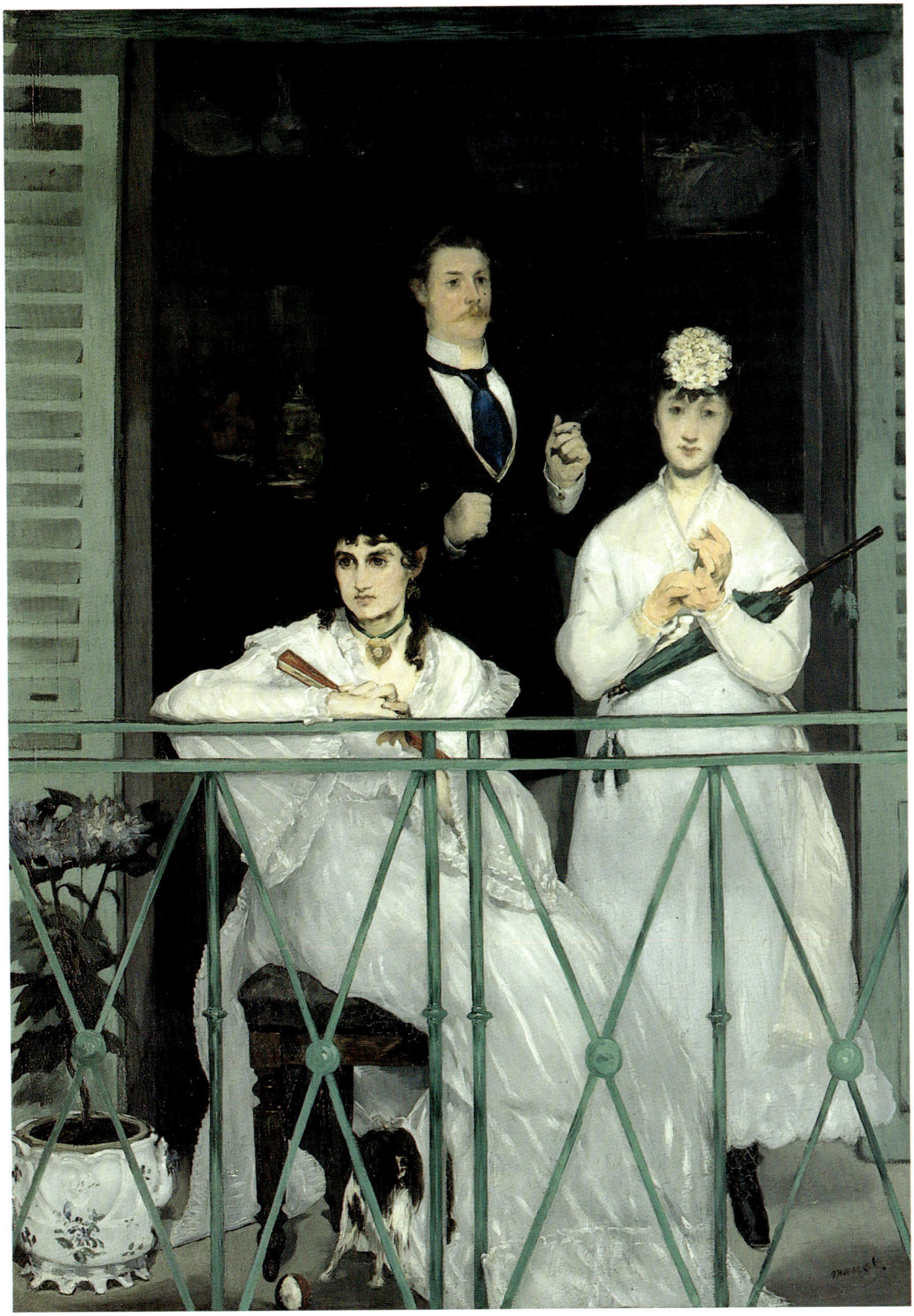

Fig. 80
Édouard Manet
Le Balcon
1868-1869
Paris, musée d'Orsay
(cat. 99)

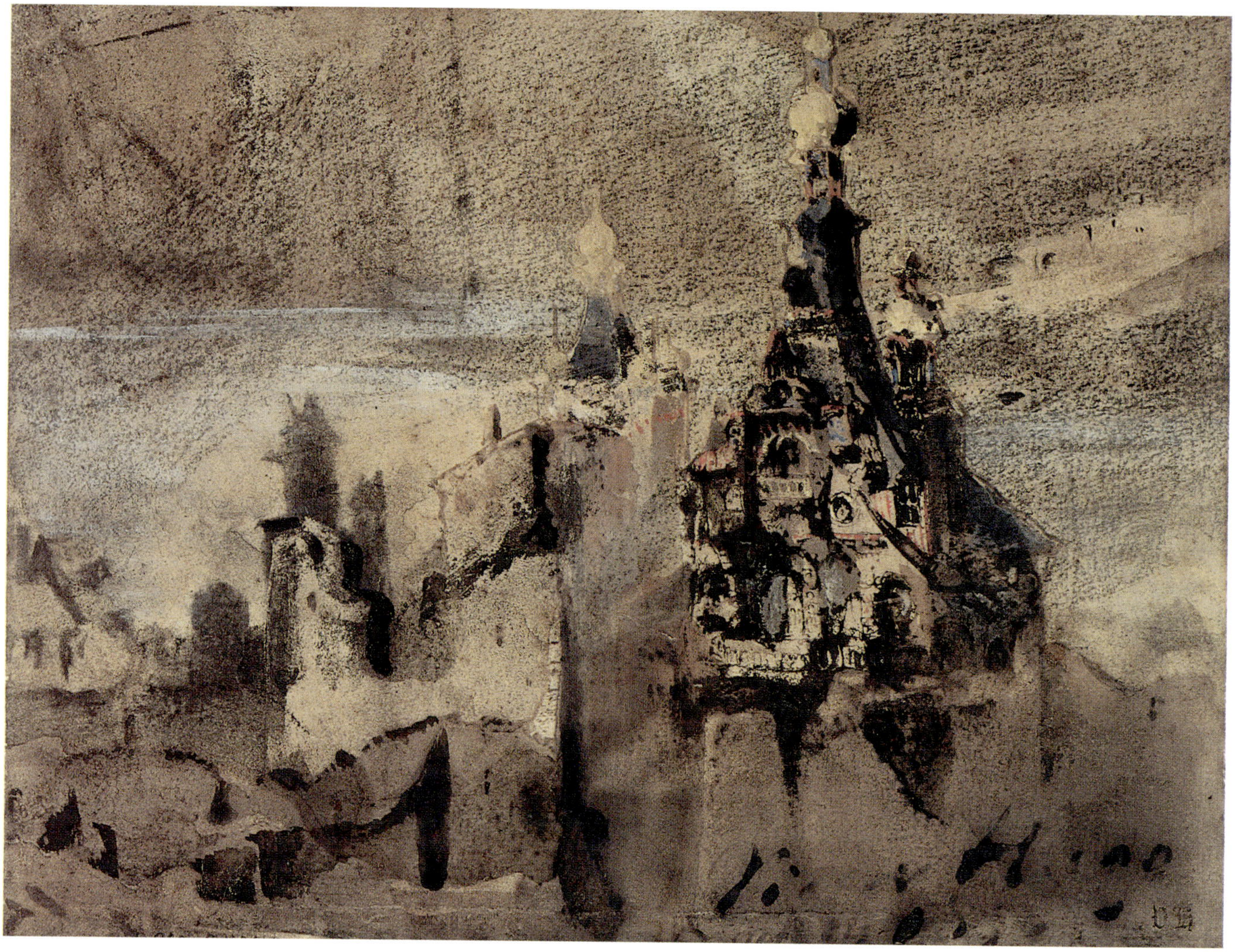

Fig. 81
Victor Hugo
Souvenir d'Espagne
1858
Dessin
Paris, maison
de Victor Hugo

Peinture, critique d'art et tropisme espagnol sous Louis-Philippe

• Stéphane Guégan

« L'Espagne est le pays romantique par excellence ;
aucune autre nation n'a moins emprunté à l'antiquité[1]. »

« Le musée espagnol est venu augmenter le volume des idées générales
que vous devez posséder sur l'art[2]. »

Il y a dans *Choses vues* de Victor Hugo une page célèbre, elle se rapporterait à la nuit du 3 au 4 février 1848. Autour du poète et d'un poulet froid, elle met en scène Alice Ozy sous le sobriquet de Zubiri et Théodore Chassériau sous celui de Serio. On sait avec quelle ironie féroce Hugo campe le jeune peintre en rival pitoyable, pâlissant à la moindre émotion, aussi laid qu'idolâtre de l'actrice légère, contraint, sérieux donc, même dans le libertinage. L'amant d'Alice fait piètre figure, pire encore lorsque Zubiri commence à effeuiller un à un les charmes de sa fraîche anatomie devant le père d'*Hernani* :

« Cette canaille ! se trouver mal parce que je montre ma jambe ! Ah bien ! s'il me connaissait seulement depuis six mois, il en aurait eu des évanouissements ! Mais enfin, tu n'es pas un crétin cependant, Serio ! tu sais bien que Zurbaran a fait mon portrait toute nue…

– Oui, interrompit languissamment Serio. Et il a fait une grosse femme lourde, une flamande. C'est bien mauvais.

– C'est un animal, reprit Zubiri. Et comme je n'avais pas d'argent pour payer le portrait, il l'offre en ce moment-ci à je ne sais plus qui, pour une pendule[3] ! »

On ne s'est guère attardé sur cet étrange Zurbarán, masque oublié de ce marivaudage amer. Nous voudrions ici aventurer un nom, celui d'un autre élève d'Ingres, lié à Alice de longue date et à Hugo davantage encore, Jules Ziegler (1804-1856). Quant au tableau dont il est fait

Notes

1 Gautier, 27 août 1850, dans *Tableaux à la plume*, Paris, 1880, p. 102.

2 Baudelaire, « Salon de 1846 », 1976, p. 417.

3 Hugo, 1987, p. 1189.

mention dans l'échange précédent, il se confond peut-être avec la *Vénitienne,* aujourd'hui à la Malmaison après avoir appartenu à Théophile Gautier et à Alice elle-même[4].

En ce début de 1848, Ziegler lui-même donnait une preuve éclatante de l'hispanomanie qui le liait à son ami Gautier. Dans une lettre datée du 26 avril, le peintre sollicitait sans détour le soutien de l'influent critique pour son *Charles Quint,* qu'il avait envoyé au Salon et qui a disparu (nous avons repéré deux dessins préparatoires au musée de Langres). Montrant l'empereur retiré à Yuste, sujet souvent traité sous Louis-Philippe (Delacroix, Brune, Arago, etc.), le tableau symbolisait moins l'abandon de l'autorité temporelle que la déchéance du roi des Français, qui avait tant fait par ailleurs pour que la peinture espagnole fût mieux connue de ses concitoyens. Quant à la lettre, elle dit pleinement l'admiration de Ziegler pour l'art fiévreux, sombre et cruel de « l'Espagne catholique », opposé par Gautier au paganisme de la Renaissance italienne dans l'article de *la Presse* auquel le peintre fait allusion : « Ce matin vous mettez le père Ingres en possession des arcanes de Rome et de Florence, Zurbaran aurait dû m'échoir en partage[5]. »

• Une école franco-espagnole ?

Depuis dix ans déjà, depuis le Salon de 1838 très exactement, Ziegler passait pour être le fils de l'art espagnol, une sorte de Zurbarán français. Non sans raison : son *Daniel dans la fosse aux lions,* acheté aussitôt par la ville de Nantes, sembla donner le départ d'une vague hispanisante, à laquelle le critique Frédéric de Mercey promettait d'emblée un bel avenir. Et l'éclat de la Galerie espagnole de Louis-Philippe, visible depuis le 7 janvier de cette même année, ne pouvait qu'y contribuer : « M. Ziegler s'est placé à la tête d'une école franco-espagnole qui doit prospérer, et, qui, de 1838 à 1850, finira sans doute par tout envahir. Cette école a pour elle la mode, le besoin du changement, et toute une légion d'auxiliaires lui est venue de par-delà les Pyrénées[6]. » Dans son grand livre sur la peinture de la monarchie de Juillet, Léon Rosenthal s'est appuyé sur ce texte et sur les envois de Ziegler et de Brune au Salon de 1838, oubliant étrangement le *Saint Barthélemy* de Muller, qui plut tant à Alfred Desessarts[7], pour définir un courant hispanique qu'il classait cependant parmi les « tendances éphémères ou périmées » du temps. À l'inverse de Mercey, il ne donnait pas cher de ce qui lui paraissait n'avoir été qu'une

Notes

4 Voir le cat. exp., Paris, 1997, p. 114.

5 *Correspondance Gautier,* 1988, p. 337-339. Gautier s'exécuta : « M. Ziegler semble avoir surpris le secret de ces maîtres à la fois si mystiques et si positifs, revêtant l'idéal le plus abstrait des formes les plus palpitantes de la réalité, et mettant au service du catholicisme le plus spiritualisé la plus puissante exécution matérielle : son talent se rapproche de celui de Zurbaran » (28 avril 1848).

6 Mercey, 1er mai 1838, p. 388.

7 « L'école espagnole n'a encore inspiré qu'une imitation ; c'est le Saint Barthélemy de M. Muller, jeune artiste exposant pour la première fois. M. Muller ne s'est pas traîné sur les traces de ces maîtres tout en donnant à son saint le calme qui règne dans les sujets analogues qu'ils ont traités. Ainsi les bourreaux chargés d'écorcher les martyrs mettent à cette horrible tâche une froide impassibilité, tandis que la tête de saint Barthélemy, toute empreinte de souffrance physique, offre une expression fort belle de foi et de ferveur. La disposition de ce tableau est large et savante ; M. Muller a conquis, du premier coup, une place honorable » (Desessarts, 10 mars 1838).

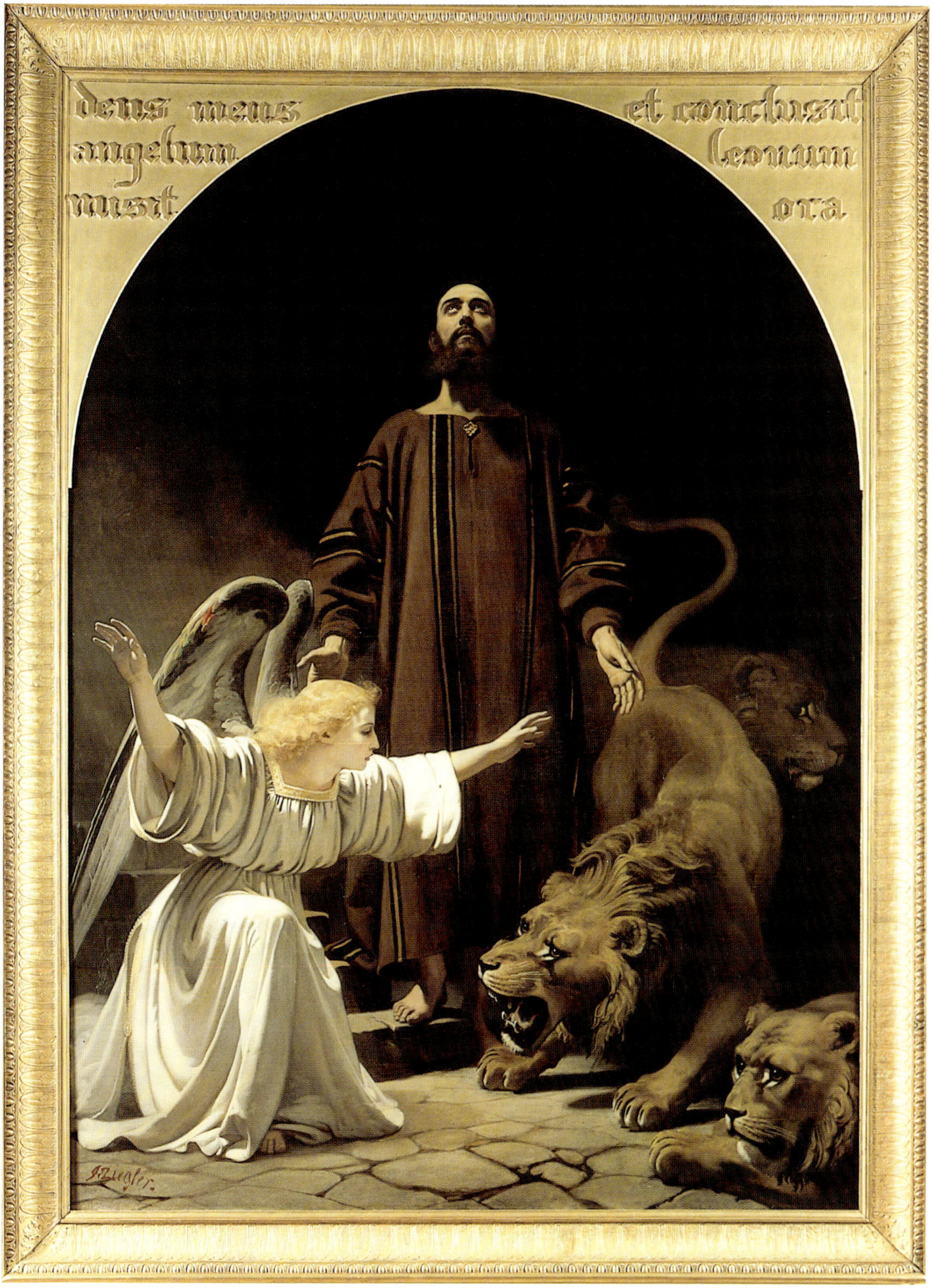

Fig. 82
Jules Ziegler
Daniel dans la fosse aux lions
1838
Huile sur toile
H. 293 ; L. 213
Nantes, musée des Beaux-Arts

flambée : « Un an plus tard, l'Ecole espagnole disparaissait dans l'oubli. Cet effondrement subit doit être imputé, d'abord, à la faiblesse des deux protagonistes. Ceux-ci n'avaient ni le génie, ni la persévérance nécessaires à des chefs. Ziégler *[sic]*, dès 1839, commençait à oublier son rôle. Il n'y avait plus rien d'espagnol dans son ambitieuse et médiocre décoration de la Madeleine. Ziégler finit par s'évanouir dans une peinture blafarde et abstraite. La défection de Brune ne fut ni si rapide ni si complète. Mais il ne retrouva plus de succès éclatants et toute originalité disparut dans sa production. Les décorations qu'il a brossées sous le Second Empire, au palais du Luxembourg, ne laissent pas soupçonner les velléités révolutionnaires de son début[8]. »

Tendance éphémère, fièvre courte plus que vogue durable selon Rosenthal, la poussée espagnole de 1838 aurait donc été une explosion sans lendemain. Ni retombée conséquente avant l'apparition des réalistes, première et seconde génération : « Les Espagnols [...] méritaient d'être interrogés d'une manière moins superficielle. Au lieu de leur emprunter quelques pratiques extérieures de métier, il fallait essayer de pénétrer leur âme. Nous verrons, bientôt, ce que Courbet, Manet ou Ribot vinrent apprendre dans les salles âpres et sombres où Zurbaran, Ribera, Velázquez et Goya proclamaient leurs convictions exaltées et leur sentiment intense de la vie[9]. » Nous voudrions montrer à la suite que l'opposition de Rosenthal est aussi forcée qu'est hasardeuse l'idée d'une coupure entre l'époque de Louis-Philippe et le second Empire quant à l'inspiration espagnole qui a tant marqué la peinture française[10]. Le cas de Jules Ziegler nous semble d'ailleurs parfaitement illustrer cette continuité que Rosenthal répugnait à voir entre ces artistes, il est vrai, d'inégales valeurs.

Dès 1838, le nouvel hispanisme pictural dont était porteur l'auteur du *Daniel* divisait, inquiétait. On mettait moins en cause la valeur du modèle que l'outrance prévisible des prosélytes : « Les imitations de l'école espagnole n'ont point encore envahi le Salon. On voit ça et là apparaître des intentions plus ou moins explicites de se rallier à la manière de Ribera et des Zurbaran. Quelques-uns, pour prouver qu'ils possédaient parfaitement la science de la couleur de ces peintres, ont fait des tableaux noirs, où l'on serait en peine de voir autre chose que du noir. Mais attendons 1839, et nous verrons alors surgir de monstrueuses imitations qui feront plus de tort à l'art que n'en eût pu faire tous les pastiches des écoles allemande et italienne[11]. » Ajoutant à l'ingrisme, où il s'était d'abord épanoui, le « naturalisme énergique » (Mercey) des Espagnols, Ziegler avait donc tout pour déplaire à ses contemporains.

Il sut pourtant retenir et parfois convaincre certains des premiers médiateurs de la peinture espagnole en France, de Gautier à Mérimée, de Charles Blanc à Louis Viardot[12]. Quant à Mercey, on l'a rappelé, il avait montré beaucoup d'enthousiasme pour le *Daniel* (fig. 82), très Zurbarán

Notes

8 Rosenthal, 1914, p. 247-248.
9 Idem, *op. cit.*, p. 248.
10 Lipschutz (1972, p. 212) devait entériner le bilan de Rosenthal : « Examination of the works of French painters of the 1820's and 1830's and of the *livrets* of the salons show little evidence of immediate influence. »
11 Bourjot, 1838.
12 Bon connaisseur de l'Espagne et de son patrimoine, pour les avoir découverts tous deux en 1834, Louis Viardot réclamait dès cette année-là l'ouverture d'un musée d'art espagnol (voir Baticle et Marinas, 1981, p. 15). Le mari de Pauline Garcia rapprochait, quant à lui, le coloris déployé par Ziegler dans le cul-de-four de la Madeleine du « chaud » Ribera.

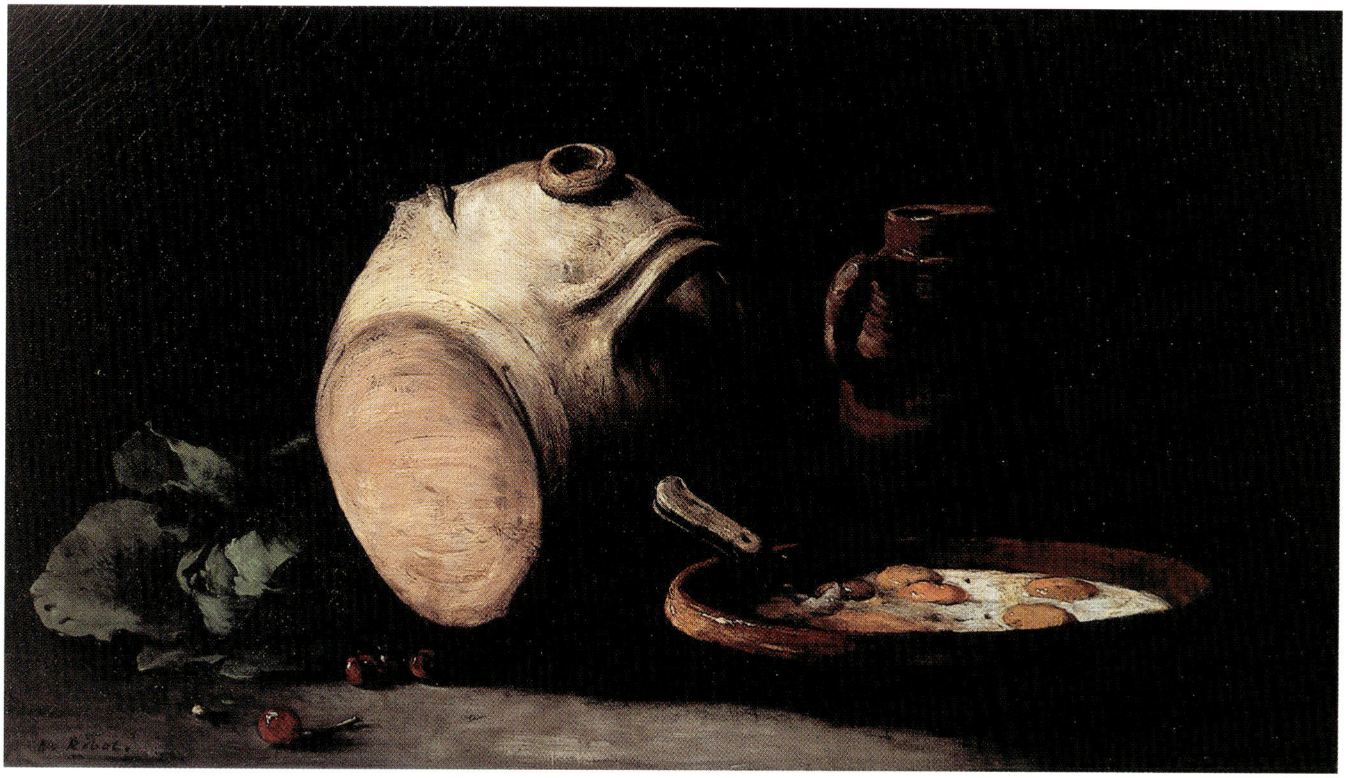

Fig. 83
Théodule Ribot
Les Œufs sur le plat
Amsterdam, Van Gogh
Museum (cat. 113)

quant à l'image ardente du prophète revêtu d'une ample tunique brune, plus Murillo par la grâce de l'ange aux boucles blondes venu calmer les lions. Autant que la *Médée* de Delacroix, le tableau de Ziegler fut l'événement de l'exposition de 1838, Cailleux lui donnant une place éminente dans le Salon carré. Ziegler y avait traduit le dialogue mystique qui unit le prophète à Dieu. L'ange aux ailes colorées apparaît alors qu'il est encore en oraison. Tout mouvement ascensionnel, mêlant, comme chez le Tintoret, Daniel et l'envoyé céleste, est écarté. Le surgissement lumineux de l'ange dans cette fosse obscure et le puissant hiératisme de Daniel renvoyaient bien à la brûlante Espagne. Le *Christ mort et les anges* de Manet (fig. 102) s'en souvient peut-être...

Le *Daniel* eut même ses partisans parmi les chantres du renouveau de la peinture religieuse. Ainsi le critique anonyme de *la Quotidienne* ne fut-il pas seul à penser que la « composition de ce tableau est d'une heureuse conception, et ce sujet, souvent traité, ne l'a jamais été dans de meilleures conditions de simplicité biblique[13] ». Cette simplicité n'allait pas jusqu'aux extrémités du préraphaélisme en vogue. Ce dont se félicita *l'Artiste,* réfractaire lui aussi à l'abstraction nazaréenne ou ingresque : « C'est une composition des plus simples, grand mérite, et, de plus, où ne se voit aucune imitation affectée des anciennes peintures catholiques[14]. » Pour Prosper Haussard, plus exigeant, la force hispanique du tableau restait incomplète : « La composition est simple [...]. La couleur, pour être brillante, n'en est pas moins fine et harmonieuse, elle a quelques teintes de Murillo et d'Alonso Cano. Le dessin, généralement pur et distingué, a des parties peu correctes ou trop indécises. Un reproche plus grave que l'on pourrait faire à cette œuvre consciencieuse et même éminente, [...] c'est de manquer à demi l'effet de grandeur et de naïveté qu'elle a cherché, et que nous attendons de M. Ziegler[15]. » Si Thoré séparait nettement « MM. Brune, Ziegler et Muller » des chantres du « style sec et guindé des vieux maîtres chrétiens » tout en restant réservé sur le mélange de réalisme, de fantaisie et de naïveté forcée qui caractérisait le *Daniel*[16], Gustave Planche, quant à lui, étrilla ce tableau qui manquait de vraisemblance par endroits et de noblesse à d'autres[17]. En somme, la presse adhérait bon gré mal gré à l'alliance d'austérité synthétique et de vigueur réaliste, à la fusion d'un coloris dense et d'un métier large dans un dessin arrêté, que Ziegler, en 1838, rattachait à l'héritage de Zurbarán et plus précisément à l'iconographie de François en prière[18]. La version qu'abrite aujourd'hui la National Gallery de Londres, « composition vraie, touchante et énergique », n'attirait-elle pas « l'attention des artistes et du public » plus que tout autre tableau de la Galerie espagnole de Louis-Philippe depuis son ouverture[19] ? Territoire de la littérature moderne depuis Chateaubriand, le *Théâtre de Clara Gazul* et *Hernani,* « l'Espagne des extrêmes » (Adrien Goetz), drames obscurs et passions à blanc, fécondait définitivement la nouvelle peinture au moment où Gautier rêvait d'une Villa Médicis au-delà des Pyrénées[20], à l'heure où Louis-Philippe offrait quatre cents tableaux d'une « beauté sincère et vraie[21] » à ses sujets.

• Ingrisme noir

Certains, le catalogue le rappelle plus haut, n'avaient pas attendu cet événement pour se familiariser avec la peinture espagnole du Grand Siècle : les collections Soult et Aguado, pour ne parler que d'elles, y avaient initié plus d'un artiste avant 1838. À commencer par Ziegler lui-même comme le laissait entendre avec perspicacité Mercey l'année du *Daniel*, associant la métamorphose de l'élève d'Ingres à la révélation de « quelque tableau espagnol[22] ». Ce dernier, avançons l'hypothèse, se confond peut-être avec le *Saint Laurent* de Zurbarán, aujourd'hui à Saint-Pétersbourg, au musée de l'Ermitage, qui se trouvait dans la collection Soult au moment où Ziegler l'a vu et copié à l'échelle presque réelle[23]. Les effets s'en seraient fait sentir dès le *Giotto* de 1833 (Bordeaux, musée des Beaux-Arts), que Gautier rapprochait aussi de « l'ardeur sombre[24] » des maîtres ibériques[25], et plus encore dans *Saint Georges combattant le dragon* du Salon de 1834 (Nancy, musée des Beaux-Arts)[26]. Au reste le *Daniel* était de longue date médité : dès le 14 février 1835, *l'Artiste* pouvait annoncer la présence au Salon prochain d'un tableau répondant à ce titre[27]. Si *Giotto*, en 1833, développait le thème de l'enfant prodige et le culte du génie à l'état natif, il articulait peut-être l'intérêt de Ziegler pour l'esthétique espagnole à l'opposition, traditionnelle depuis Vasari, entre formalisme desséchant et dialogue inépuisable avec la nature[28]. À la même époque, le jeune Thoré, dans les colonnes de *l'Artiste*, ne présentait pas autrement le destin de Zurbarán. Un vrai Giotto espagnol que ce fils de cultivateurs préservé,

Notes

13 *L'Amateur*, 10 mars 1838.
14 Anon, 1838, p. 85.
15 Haussard, 15 mars 1838.
16 « L'ange de M. Ziegler [...] est la partie la plus faible de son talent. La figure est insignifiante, les cheveux sont cotonneux, et les plis de la draperie blanche sont indécis jusqu'à la mollesse. Par un caprice du peintre cette robe est garnie de perles de mer, et les ailes qui percent l'infini, sont bariolées de vert et de rouge, comme le plumage des perroquets. Mais si l'ange manque de maturité et de sévérité, le Daniel est simple et grave. On peut même lui reprocher quelque raideur et quelque affectation. Son large vêtement brun tombe d'un bloc jusqu'à ses pieds, dessinant la hanche d'une façon disgracieuse et le ventre en avant [...]. La tête supérieurement peinte, est d'un type commun et matériel » (Thoré, 1838, p. 39-40).
17 Planche, 1855, p. 112-115.
18 On peut aussi évoquer pour l'ordonnance générale du *Daniel* d'autres martyrs chrétiens et pour l'ange blond aux ailes colorées celui de l'*Annonciation* (Grenoble, musée des Beaux-Arts). Voir ce qu'en dit Mercey (1er mai 1838) : « Son Daniel ressemble à un moine de Zurbaran francisé, et son ange rappelle les sveltes et gracieuses figures [de] Murillo [...] Cette figure d'ange, d'un dessin faible, sans grand caractère [...] est pleine cependant d'une grâce candide et forte. »
19 Delécluze, 24 février 1838.
20 « Au lieu de désirer [...] que l'on supprimât la Villa Médicis, je voudrais que l'on fondât des établissements pareils en Espagne, en Hollande, en Allemagne, et même en Angleterre. [...] L'école espagnole surtout est pleine de grands maîtres inconnus » (Gautier, « Envois de Rome », 30 août 1836).
21 Gautier, 24 septembre 1837.
22 Mercey, 1er mai 1838, p. 387-388.
23 La copie de Ziegler, présente dans la vente après-décès du peintre en 1857, est aujourd'hui dans l'église de Monts, près de Tours. Mercey (15 mai 1852, p. 807-816) mentionne le tableau de Zurbarán.
24 Gautier, 16 mars 1838.
25 Voir aussi ce qu'en dit le critique de *l'Artiste* : « L'aspect du tableau est celui d'une peinture espagnole et d'un dessin italien » (Anon, 1833), p. 84-85).
26 Au Salon de 1834, Ziegler présenta aussi *Un évangéliste* (cathédrale de Condom), soit saint Matthieu rédigeant le premier des évangiles sous l'inspiration divine. Annonçant l'atmosphère du *Daniel* exposé en 1838, le contraste forcé entre la grâce de l'ange et la robustesse de l'évangéliste rappelle le célèbre précédent du Caravage (première version du tableau d'autel de la chapelle Contarelli). Le visage et la tunique brune font davantage songer à Ribera.
27 Voir Anon, 1835, p. 27 et *sqq*.
28 Étrangement, le tableau auquel Cimabue est censé travailler renvoie au *Portement de croix*, entré au Louvre en 1814, qui fut longtemps attribué à Ghirlandaio avant d'être rendu à Biagio d'Antonio. La raideur que conservait le tableau suffisait-elle à évoquer l'art antérieur à Raphaël et son supposé idéal de sincérité esthétique et religieuse ? Notons que Derain en fit une copie en 1901.

pensait-il, de tout idéalisme factice[29]. À ce portrait sommaire, il n'ajoutait pas pour l'heure le mysticisme religieux, un des *topoi* du discours sur les peintres espagnols depuis Laborde, et l'une des raisons du goût ibérique qui se répandait dans l'art religieux des années 1830-1840[30]. À défaut d'avoir toujours la foi, les peintres pouvaient en rappeler les ferveurs anciennes quitte d'ailleurs à spéculer avant tout sur la puissance d'émotion du ténébrisme. À l'heure où le romantisme cherchait un second souffle, Mercey le notait en 1838[31], l'art ibérique apparaissait comme un ressourcement possible, voir un rempart au laisser-aller.

Après l'exposition en 1839 du *Saint Luc* de Ziegler (Dunkerque, musée des Beaux-Arts), un tableau sur la thématique de l'œil intérieur et de l'élu de Dieu[32], où Gautier voyait l'heureuse alliance d'une ligne digne de « M. Ingres » et d'une couleur qui « a des rapports avec celle de Zurbaran »[33], Cailleux ne manqua pas de signaler le tableau (« œuvre capitale ») à l'atten-

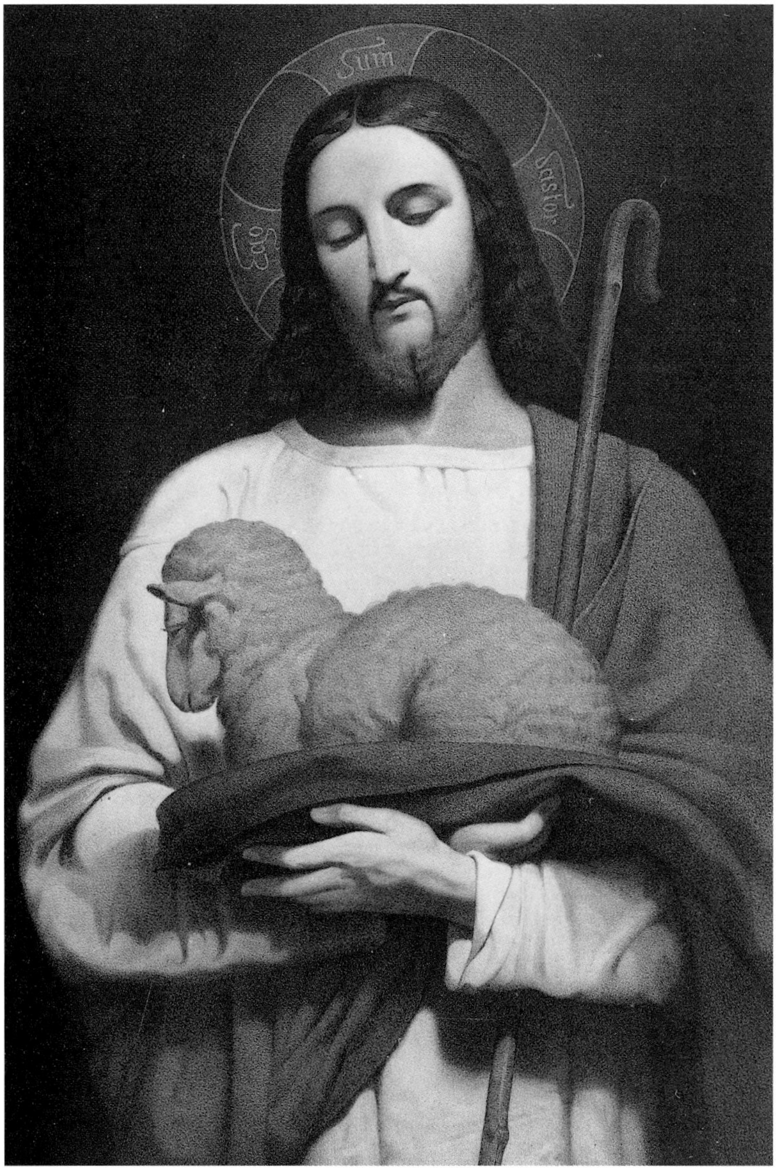

Fig. 84
Llanta
(d'après Jules Ziegler)
Bon Pasteur
1839
Lithographie
Paris, Bibliothèque nationale de France, département des Estampes

tion de l'intendant de la Liste civile, tout en constatant parmi les œuvres exposées au Salon « un retour à de meilleures études, plus de sagesse dans la composition comme dans l'exécution et même plus de vigueur et d'énergie dans la couleur. L'influence de la nouvelle galerie espagnole s'y fait visiblement sentir. Depuis longtemps les jeunes artistes en s'éloignant des principes sages de l'Ecole paraissaient vouloir se jeter dans l'exagération ; les tableaux espagnols [...] semblent avoir fixé leurs idées et les rappeler à de meilleurs principes. La munificence éclairée du Roi a su donner une nouvelle direction aux études ; c'est encore un bienfait pour les artistes[34] ».

Flagornerie mise à part, Cailleux avait raison d'insister sur les vertus de la cure hispanique. Il suffit de se tourner vers la production des élèves d'Ingres autour de 1840 pour se convaincre de son impact. C'est le moment où Ziegler, au-delà de ses tableaux[35], collabore à la « Galerie

Notes

29 Th[oré], 1835, p. 225-226. L'idée que le peintre espagnol, par ses origines sociale et artisanale, préserve mieux en lui « l'homme de la nature » émerge dans un article de Boutard oublié jusqu'ici. Celui qui fut après 1800 le meilleur avocat de Girodet rendit compte du *Dictionnaire des peintres espagnols* de Quilliet en reprochant, au reste, à ce dernier d'avoir minoré l'originalité de ces artistes. Réalistes par naissance (populaire) et éducation (incomplète), ils n'en sont pas moins supérieurs aux Flamands : « Habitués à voir une nature plus noble, plus animée par les passions, d'un plus beau caractère, leurs peintures naïves ont une certaine élévation, une certaine verve, qui manquait aux tableaux flamands » (Boutard, 17 avril 1817).

30 Laborde, en 1806, fixait le *topos* : « Nulle part l'extase, l'onction, la vraie piété ne sont aussi bien exprimées que dans leurs ouvrages, et les passions mystiques rendues avec plus de chaleur » (cité par Lipschutz, 1972, p. 147). Trente ans plus tard cette dominante religieuse passait tantôt pour acte de foi, tantôt pour signe d'obscurantisme et de servitude envers l'Église. L'anti-cléricalisme des uns (voir, par exemple, Anonyme, 1er septembre 1837) réagissait d'ailleurs au mysticisme des autres. Alexandre de Saint-Chéron, à qui il faut sans doute attribuer l'article suivant, bataillait ferme au milieu des années 1830 en faveur d'une réforme de l'art religieux. Pour lui, la peinture de la vieille Espagne, au même titre que celle des Nazaréens allemands, n'était pas un stimulant à « l'immoralité ou la difformité » qui caractérisait l'école romantique de « l'art pour l'art » mais le modèle d'une « inspiration religieuse, morale, qui [a] donné aux mendiants, aux pouilleux, aux paralytiques, aux enfants prodigues de Murillo ce caractère qui les relève » (voir S.-C., 1836, p. 38-42).

31 « Aujourd'hui que peut-on essayer dont on ne soit déjà fatigué ? Que peut-on inventer qui ne l'ait déjà été » (Mercey, 1er mai 1838, p. 408).

32 Le *Saint Luc* cristallisait d'ailleurs si bien la ferveur religieuse, le missionnaire mystique, quelle qu'en fût la croyance, que le souvenir s'en imposait encore à Nerval six ans plus tard lorsqu'il lui fallut caractériser le fouriériste Journet, dont Courbet a laissé un fameux portrait : « Jean Journet s'est arrangé un vêtement en harmonie avec ses occupations. C'est une espèce de caban ou de dalmatique en grosse étoffe de laine brune qui rappelle le paletot byzantin du Saint Luc de Ziegler [...], exposé au Salon, il y a quelques années (Nerval, 29 juin 1845).

33 Gautier, 30 mars 1839.

34 *Rapport à Monsieur l'Intendant Général sur l'exposition de 1839,* (X. 1839, arch. des Musées nationaux). Cailleux fut entendu et le *Saint Luc* acheté au prix fort (5 000 francs) ; il est le tableau le plus cher dans la liste des achats de la Liste civile (X. 1839, arch. des Musées nationaux).

35 Cette manière faite de fidélité ingresque et de sensibilité hispanique se prolongea. À propos de sa *Notre-Dame des Neiges* (musée de Bourbonne-les-Bains), Gautier évoque Murillo (27 mars 1844). La *Judith* de 1847 (Lyon, musée des Beaux-Arts), « d'un aspect ferme et décidé, rappelle pour la netteté des contours, la localité rembrunie des chairs et des étoffes, le caractère violent et sombre de la composition, certains maîtres de l'école espagnole, Alonso Cano ou Juan Valdés Leal » (idem, 1847, p. 35-37). Quant au *Songe de Jacob* du même Salon, il combine le Raphaël du Vatican et Ribera, dont le *Songe de Jacob* était connu par la gravure de Réveil.

morale et religieuse », suite lithographique éditée par Victor Delarue de 1836 à 1839 (Lemercier imprimeur) où entrèrent un grand nombre d'images religieuses d'après les maîtres anciens (Raphaël, Carlo Dolci, Philippe de Champaigne), les modèles en voie de reconnaissance (Velázquez, Murillo, Cano) et quelques modernes dont, significativement, Signol et Ziegler. La lithographie de Llanta en 1839, d'après son *Bon Pasteur* (fig. 84), trop fade au regard du tableau plus contrasté qui l'avait précédée, en conserve un peu l'aspect d'icône, donné par l'imposante auréole cruciforme et son inscription en lettres archaïques *(Ego Sum Pastor)*[36]. L'influence de Zurbarán y est indéniable, affichée.

Ingrisme et ibérisme se conjuguaient aussi chez deux autres condisciples de l'atelier vers 1840. Ce que doit Chassériau (1819-1856) à la peinture espagnole a été de longue date mis en lumière par Marc Sandoz, qui a étudié les copies comme les continuités et citations plus ou moins subtiles[37]. Il y a certainement quelque chose de Zurbarán dans le portrait de Lacordaire (1841, Paris, musée du Louvre), de Ribera et de Murillo dans la tête du *Christ* de Saint-Jean-d'Angély un an plus tôt ou dans celle, moins sombre mais aussi fiévreuse, de saint François Xavier à l'église Saint-Roch en 1853. Même l'harmonie particulière du *Portrait de Mlle de Cabarrus* (1848, Quimper, musée des Beaux-Arts) n'est pas sans faire penser au moirage espagnol plus qu'aux soieries éclatantes d'Ingres. Quant à l'iconographie de *la Justice* à la Cour des comptes avec « ses balances ployées dans sa main crispée », elle n'est peut-être pas sans rapport avec les célèbres peintures de Juan Valdés Leal à la Caridad de Séville, ces deux *Vanité* sur lesquelles s'arrêta Gautier dans une page célèbre de son *Voyage en Espagne*[38]. Le même Chassériau a laissé un petit portrait à la sanguine de Philippe Comayras (1803-1875) assoupi dans l'atelier d'Ingres (Paris, musée Carnavalet). S'il était son aîné de plus de dix ans, ce fils naturel de la célèbre miniaturiste Mme Jacquotot partageait sans doute le penchant espagnol de Théodore. Il sera difficile d'en juger tant que l'artiste n'aura pas été examiné comme il le mérite[39]. Mais son *Ecce Homo* du Salon de 1838, décidément un tournant, souleva l'enthousiasme de Gautier : « Les attitudes contournées, les poses frénétiques, les figures baroquement coupées par le cadre, contribuent à donner à cette composition une tournure insolite et barbare dont les fadeurs de la peinture contemporaine nous ont totalement déshabitués. Les petites maîtresses éprises des ivoires, des

Notes

36 Le tableau du *Bon Pasteur* qui a sans doute servi de modèle à la gravure de 1839 appartient à une collection privée parisienne. Sur cette toile très dépouillée, le Christ porte une tunique blanche recouverte d'un manteau rouge. La pureté et le sacrifice sont symbolisés aussi par la présence d'un agneau qu'il porte et exhibe.

37 Voir Sandoz, 1982, p. 17-32, et le cat. exp., Paris, Strasbourg et New York, 2002-2003.

38 Publié en partie et par feuilletons dès la fin de 1840, le récit du voyage de Gautier en Espagne paraît, en volume, en février 1843.

39 Voir la notice qui lui est consacrée dans le cat. exp. Montauban, 1999-2000, p. 76. On y ajoutera, à la suite de Baudelaire en 1845, que Comayras collabora à la réalisation du *Martyre de saint Polycarpe* (église Saint-Étienne d'Argenton-sur-Creuse, Salon de 1841) de Chenavard avant de l'assister dans la décoration avortée du Panthéon en 1848.

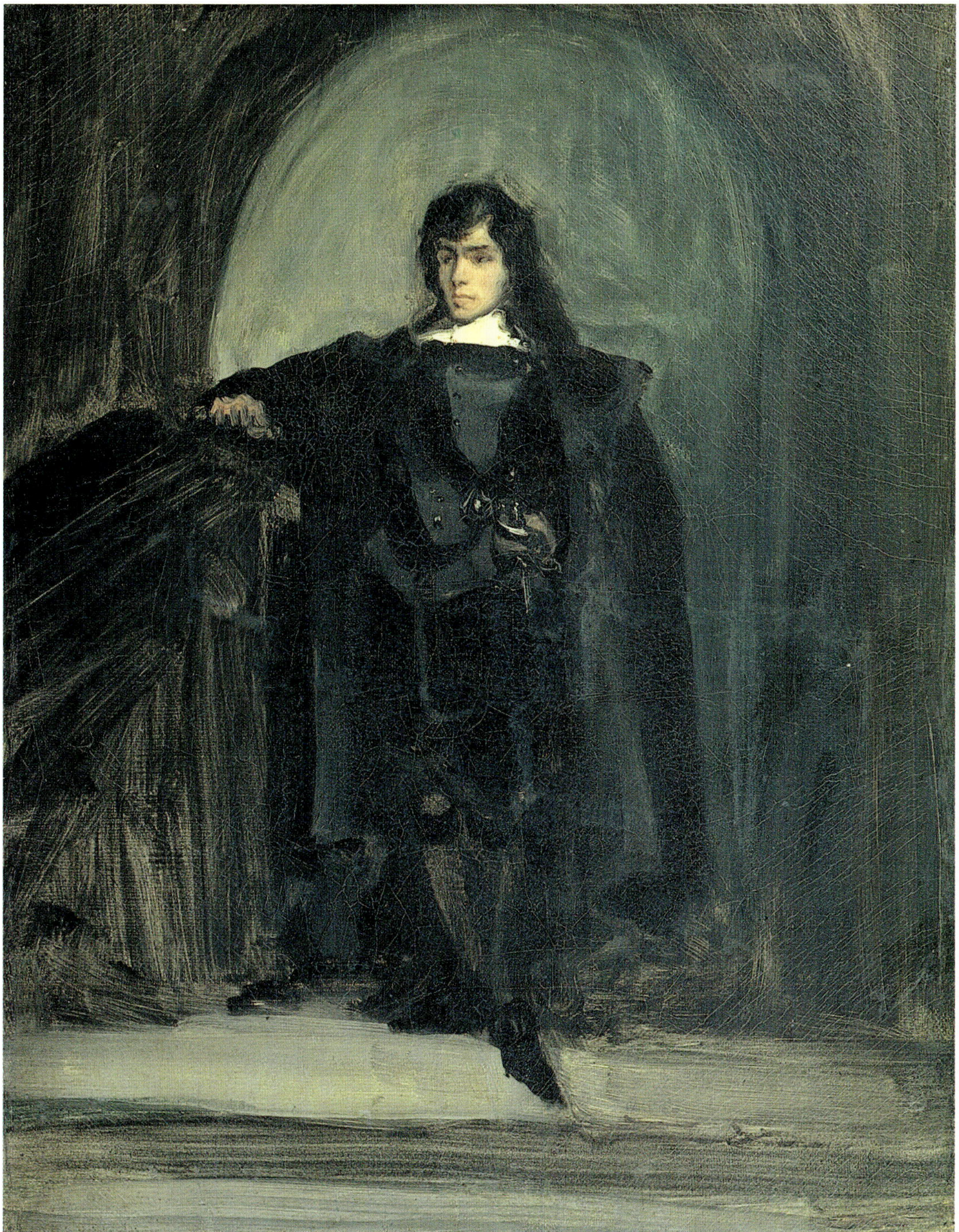

Fig. 85
Eugène Delacroix
Portrait de Delacroix en Ravenswood
1821
Paris, musée-atelier Eugène-Delacroix, (cat. 54)

satins et des meubles cirés à l'encaustique de Paul Delaroche, se détourneront de cette peinture et la trouveront rebutante[40]. »

• Ribera ou l'amour du laid

Il est révélateur que Gautier ait associé Comayras à Adolphe Brune (1802-1875), l'un des repères de Rosenthal, dans ce feuilleton placé sous le signe de Valentin, du Caravage et de Ribera. Pour la plupart des représentants du ténébrisme romantique, il n'était pas de modèles exclusifs. Le cumul faisant loi, l'Espagne en son âge d'or ne se dissociait guère de la Rome du caravagisme. À cet égard, Ribera et Naples servaient de trait d'union parfait. Il y a dix ans, Pierre Rosenberg s'est penché sur la perception de l'Espagnolet telle qu'elle s'est constituée à travers le regard des voyageurs, des écrivains et des peintres français des XVIIIe et XIXe siècles[41]. Nous voudrions ajouter à la suite quelques éléments à ce dossier qu'avait bien étudié auparavant Ilse Hempel Lipschutz. Rattaché à l'école espagnole par Quilliet en 1816, le Napolitain en offrait pour ainsi dire une version plus italienne, plus aisément adaptable, et par conséquent moins neuve au regard de Zurbarán lorsque la Galerie espagnole de Louis-Philippe ouvrit ses portes. Mais on aurait tort de penser que l'attrait de cette « peinture atroce », de cette « âpreté féroce » et de cette « rude brosse » pour rimer comme le Gautier des poèmes d'*España* en 1845, s'était émoussé depuis l'époque, la fin du XVIIIe siècle, où la peinture française se rapprocha pour la première fois de Ribera.

La chose est bien connue pour David, dont le *Saint Jérôme* de 1780 frôle le pastiche, elle l'est moins pour ses contemporains et la génération qui vient à maturité vers la fin de l'Empire[42]. Si la vogue noire que connurent les Salons de la Restauration ne se limita pas à Géricault et à Delacroix[43], il est plus difficile d'y mesurer l'influence du réalisme espagnol, voire de Ribera, au-delà du ténébrisme hérité des années 1790-1810. Reste que certains tableaux d'église de François-Joseph Heim (1787-1865), élève de Vincent et grand prix de Rome, relèvent selon nous de ce goût hispanique qui allait se développer chez un Ziegler, dont il fut d'ailleurs le premier maître[44]. Présent au Salon dès 1812, où il se vit récompenser d'une médaille de première classe, Heim en obtint une seconde en 1817 pour avoir notamment exposé sa *Robe de Joseph apportée à Jacob* (Paris, musée du Louvre). On y voit culminer cette tendance de la peinture révolutionnaire et consulaire à la noirceur des sentiments et des ambiances. Ce sont des compositions comme le *Martyre de saint Hippolyte* (anciennement cathédrale Notre-Dame de Paris), aux gestes véhéments et aux corps saillants, qui imposèrent Heim au seuil des années 1820. En 1867, à une époque d'hispanisme triomphant, Chennevières n'était pas avare de termes admiratifs : « Souvenez-vous de l'effrayante impression du regard de saint Hippolyte, le vieillard à cheveux blancs, que deux chevaux furieux entraînent, la tête renversée, à travers les buissons et les épines. C'est du Ribera [...] cela, et sans chercher le pastiche[45]. »

Au fond, de Heim à Brune, il n'y eut aucune solution de continuité. Lancé par sa *Tentation de saint Antoine*, ce dernier était associé par Mercey, en 1838, à l'école franco-espagnole qu'il avait lui-même définie. Sa *Vision de l'Apocalypse* (non localisé) se rapprochait de « Ziegler plutôt par l'exécution que par le choix de ses sujets, seulement il est moins sobre et moins contenu, et l'on ne retrouve plus chez lui l'élève de M. Ingres[46] ». Et c'est à vouloir corriger sa manière que Gautier, deux ans plus tard, au vu du *Dragon de l'île de Rhodes* (non localisé) attribuait la faillite de son art naguère vigoureux : « M. Brune est tombé dans la faute de plusieurs coloristes fascinés par l'exemple de M. Ingres ; il a cherché l'unité de l'aspect aux dépens de la vigueur du ton ; il a perdu ses propres qualités sans gagner celles du maître[47]. » Marqué par le souvenir des tableaux de 1838 et de 1839, ou plus vraisemblablement par la lecture de Gautier, Baudelaire regrettait à son tour, en 1845, le fléchissement du peintre vers les fadeurs propres aux Salons de la fin de la monarchie de Juillet : « M. Brune a été jadis plus original. – Qui ne se rappelle *L'Apocalypse* et *L'Envie*[48] ? » Quoi qu'en ait dit plus tard Rosenthal, la flamme de Brune ne s'éteignit pas complètement après 1840. À preuve *Caïn tuant Abel* (Troyes, musée des Beaux-Arts) du Salon de 1846, que Gautier rattachait à « la manière du Caravage et de Ribera[49] » en raison de son modelé puissant et de son clair-obscur très poussé. De Brune, il

Notes

40 Gautier, 13 avril 1838. Faut-il classer Eugène Appert (1814-1867) parmi les élèves d'Ingres comme le propose Georges Vigne (voir note précédente). Il a dû fréquenter l'atelier peu de temps avant le départ d'Ingres pour Rome en 1834. Une chose est sûre, c'est que *la Vision de saint Ovens* (sic) a suscité l'enthousiasme de Gautier en 1844 : « Rien n'est moins byzantin, gothique ou chrétien d'interprétation nouvelle. Le saint est un vieillard très réel, peint dans la manière de l'Espagnolet ; les anges, très hardis de jet et de raccourci, sont de beaux garçons robustes qui piquent une tête du haut du ciel sans avoir peur de se fendre le crâne sur les mosaïques du pavé. L'effroi du disciple, qui ne comprend rien à ce qui se passe, est parfaitement rendu. – Ce n'est pas l'art élevé ; mais chose assez rare aujourd'hui, c'est de la peinture saine, naïve et franche, quoique empreinte d'un certain caractère de rusticité qui ferait croire M. Appert propre à peindre des scènes dans le genre du Caravage, du Valentin et de Ribera » (30 mars 1844). L'année suivante il rapprochera un portrait de femme « d'une vérité extrême et d'une force de relief étonnante [...] des moines peints par don Diego de Leyva dans le chœur de la Chartreuse de Miraflores : – la figure sort de la toile » (20 mars 1845).

41 Voir Rosenberg, 1992.

42 Voir le cat. exp. Paris et Versailles, 1989-1990, n° 36. Quelques années plus tôt, on le sait moins, le *Saint Jérôme écrivant* de Deshays (Versailles, cathédrale Saint-Louis) marquait une même influence.

43 Delacroix, son *Journal* l'atteste, partageait avec Géricault une grande admiration pour Velázquez. Sa dette envers Goya a été de même très commentée. On peut, selon nous, l'étendre à la *Médée* de 1838 (Lille, palais des Beaux-Arts), dont les yeux voilés d'ombre rappellent l'effet des mantilles de certaines planches des *Caprices* de Goya (*Jolis Conseils*, n° 15 *[Bellos Consejos]*). Par ailleurs, il nous semble pertinent de rapprocher le *Saint Sébastien* de l'église de Nantua (Salon de 1836) du tableau de Ribera, de même sujet, gravé par Réveil (reproduit dans Lipschutz, 1972, p. 88).

44 La critique contemporaine insistait davantage sur la dépendance à l'art italien. Voir, par exemple, ce que Delécluze disait du *Martyre de saint Cyr et de sainte Juliette sa mère* (Paris, église Saint-Gervais et Saint-Protais) lors du Salon de 1819 : « La disposition des figures, leur contour, la couleur et même la lumière de peindre, tout dans le tableau [...] fait voir que M. Heim a étudié avec prédilection les ouvrages de Michel-Ange, d'André del Sarto, de Solaino *[sic]*, et Baccio Bandinelli. Ses efforts ne seront pas vains, et il trouvera parmi les artistes de justes appréciateurs de son mérite ; mais je crains pour lui que le public ne soit pas attiré par l'aspect de son tableau » (1819, p. 183).

45 Saint-Santin (Philippe de Chennevières), 1867, p. 40-62. La même référence à Ribera vient sous la plume de Gautier : « Nous aimons beaucoup *le Martyre de saint Hippolyte*. [...] La maigre poitrine du vieillard, décharnée par les ans et les macérations, a fourni a M. Heim l'occasion d'une de ces anatomies étudiées qu'affectionnaient Ribeira [...] dans ses féroces tableaux de martyres : les clavicules, les pectoraux, les cavités axillaires, le sternum, les plis du ventre, sont rendus avec beaucoup de science et de relief : c'est un excellent morceau » (Gautier, 1856, vol. 1, p. 263-264).

46 Mercey, 1er mai 1838, p. 388.

47 Gautier, 20 mars 1840.

48 Baudelaire, 1976, p. 369.

49 Gautier, 4 avril 1846. Sur le tableau de Brune, voir le cat. exp. Troyes, 1989, p. 18.

Fig. 86
Adolphe Leleux
(d'après)
Les Jeunes Pâtres espagnols
(Salon de 1847)
1848
Gravure de
Charles Chaplin, 1848
Paris, collection particulière

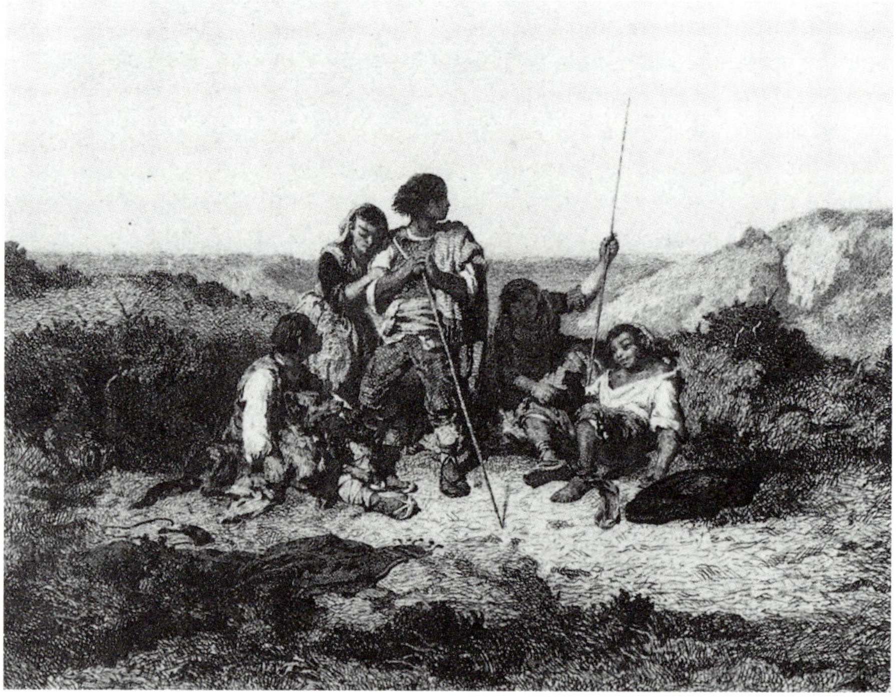

rapprochait d'autres adeptes de la manière forte : « Les noms de Caravage et de Ribera amènent tout naturellement celui de M. Hippolyte Debon, qui, sous le titre bénin de *Concert dans l'atelier,* nous montre une réunion de sacripants à la mine rébarbative, prêts à vous coiffer de leurs instruments si vous ne trouvez pas la musique à votre goût. – Il est impossible de s'amuser avec un air plus féroce, dans une ombre plus sinistre et plus noire [...] En art, la force même brutale est une qualité si rare qu'on ne saurait trop l'estimer. M. Fernand Boissard peut aussi se ranger dans les talents réalistes qui s'inspirent de l'école espagnole et cherchent la vérité, l'énergie et la couleur sans grand souci du style et des traditions antiques[50]. » Ce naturalisme qui galvanisait la peinture d'histoire, religieuse en premier lieu, Gautier, non moins que Thoré, Mantz ou Haussard, l'acceptait aussi dans la scène de genre telle que les frères Leleux, pour ne nommer qu'eux, la renouvelaient depuis 1840 (fig. 86). Nous avons dit ailleurs ce qu'il fallait entendre par ce protoréalisme et la franchise qu'on lui prêtait alors un peu rapidement[51], par son refus de l'anecdote propre à une certaine conception de l'art pour l'art[52]. Adolphe mais aussi Armand Leleux ne se sont pas contentés de greffer l'Espagne ou les pay-

Notes

50 Gautier, 4 avril 1846. Partenaire des séances de haschisch de l'hôtel Pimodan, amateur d'art et musicien au goût très sûr selon le panégyrique que Gautier a glissé, en 1868, dans la notice jointe à la nouvelle édition des *Fleurs du mal,* Boissard était de plus un peintre au talent solide. Il a laissé en outre une très belle notice nécrologique de Chassériau (20 octobre 1856). Geneviève et Jean Lacambre (1975, n° 27, p. 52-57) ont rappelé sa dette à l'égard de l'art espagnol dès le *Saint Jérôme,* très Ribera, de l'église de Sainte-Maure.

51 Laverdant (8 mai 1842) parlait, quant à lui, d'« enjolivement de la laideur ».

52 Voir le cat. exp., Paris, 1997, p. 50-63. Dans la notice nécrologique qu'il a consacrée à Marilhat (1er juillet 1848), Gautier évoqua le décor de l'impasse du Doyenné et notamment une peinture représentant des « ivrognes, couronnés de lierres, dans le goût de Velázquez » due à Adolphe Leleux.

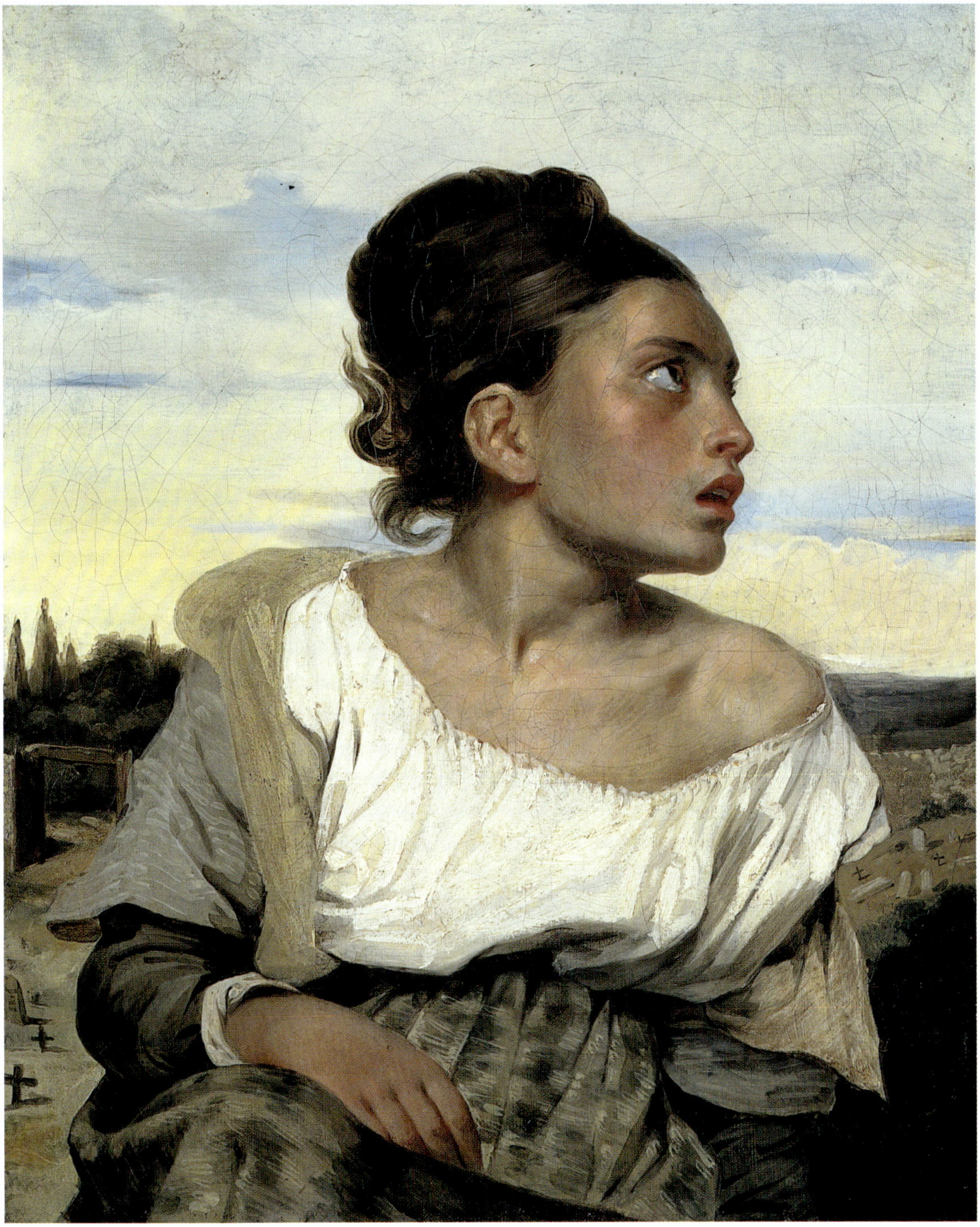

Fig. 87
Eugène Delacroix
Jeune Orpheline au cimetière
1824
Paris, musée du Louvre
(cat. 55)

sans de Navarre à la géographie de leur peinture rustique, leur brosse aussi se voulait espagnole. À propos du premier, Gautier, toujours, évoquait le poème consacré à Ribera dans *España* :

« Pour lui, pas d'Apollon, pas de Vénus pudique,
Il n'admet pas un seul de ces beaux rêves blancs,
Taillés dans la paros ou dans le pentelique[53]. »

Dans les années 1840, l'hispanisme romantique étendait donc ses ramifications partout, jusqu'au réalisme naissant. C'est alors que la critique fouriériste se tourna plus ouvertement vers l'école espagnole, invoquant tantôt Murillo, quand il s'agissait d'encourager une peinture capable de traduire le magnétisme des individus, l'énergie qui les liait au grand tout, ou rappelant que Ribera, avant Charlet et Delacroix, avait montré la voie d'un art où se réfléchissaient les misères d'une humanité souffrante[54]. Rendant compte de son *Œdipe détaché de l'arbre* (Ottawa, Galerie nationale du Canada) lors du Salon de 1847, Thoré avouait avoir vu dans l'atelier de Millet des tableaux rappelant « à la fois Decamps et Diaz, un peu les Espagnols, et beaucoup les Le Nain, ces grands et naïfs artistes du dix-septième siècle, auxquels la postérité n'a pas encore accordé leur place légitime parmi les meilleurs peintres de l'école française[55] ». Quant à Champfleury, parlant de Courbet en 1848 avec l'enthousiasme de leur ami Baudelaire pour la peinture espagnole, il confirmait aussi la durable fertilité de Ribera, Velázquez et Murillo[56]. Millet comme Courbet, qui n'a pas craint de copier Schnetz et Ziegler à ses débuts[57], allaient entretenir le tropisme espagnol jusqu'à l'époque de Whistler et Manet. Dès son premier contact avec la France, le peintre américain croiserait l'esthétique franco-espagnole. Outre l'exemple de Courbet, la complicité qui le lia à Fantin-Latour et à Legros, il réalisa une copie (commandée par un particulier et perdue) du *Saint Luc* de Ziegler alors que le tableau était au musée du Luxembourg[58].

Quant à Manet, sa production des années 1860 est indissociable de l'hispanisme de la génération précédente[59]. Il est fort probable de surcroît qu'il ait lu le *Voyage en Espagne* de Gautier, comme le prouverait le rapprochement qui a été fait entre *Mlle Victorine en costume d'Espada* (fig. 78) et la terminologie dont use Gautier dans ses digressions tauromachiques[60]. Mais il y a plus : c'est l'image même de l'Espagne du *Voyage* qui se prolonge à travers Manet, cette « Espagne idéale qui conserve le type humain dans toute son intégrité primitive[61] » et où se rencontrent si souvent, de *l'espada* à la danseuse, les personnages qui vont peupler une part de sa peinture en y important leur mélange de saveur populaire et de noblesse intemporelle : « Le moindre mendiant est drapé dans son manteau comme un empereur romain dans sa pourpre », écrit Gautier à Burgos. Cette population espagnole, il n'en célèbre le génie propre qu'au bas de l'échelle sociale ou aux marges de la bourgeoisie, raillée, quant à elle, parce qu'oublieuse de ses racines nationales. Le *Voyage en Espagne* de Gautier, tant de fois réédité au cours du siècle[62], n'est pas seulement la plus belle déclaration d'amour du romantisme français au pays de Cervantes, Greco et Goya, c'est aussi le grand texte où tant d'artistes par la suite vont puiser une mythologie adéquate à leur désir d'un art autre, affranchi de tout idéalisme. Et qui sait, comme Huysmans le suggère en 1881, si la *Petite Danseuse* de Degas ne se souvenait pas de la fascination morbide qui s'exprimait sous la plume de Gautier devant le *Christ* de la cathédrale de Burgos ou telle autre statue de saint, réel jusqu'à l'hallucination[63]. Vrai et expressif, romantique, moderne[64]. •

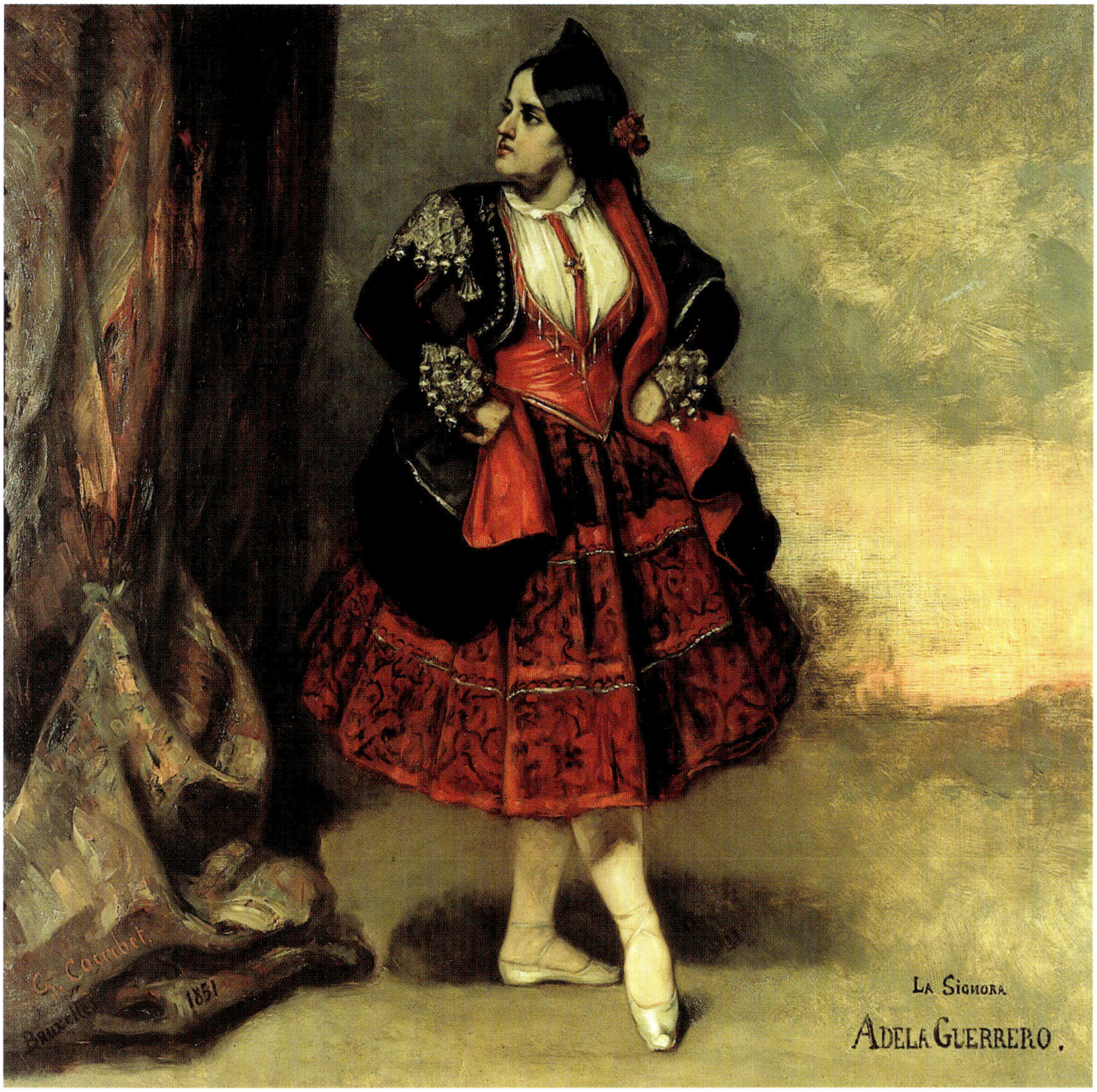

Fig. 88
Gustave Courbet
La Signora Adela Guerrero
1851
Bruxelles, musées royaux des Beaux-Arts de Belgique (cat. 50)

Notes

53 Gautier, 3 avril 1846.
54 Voir les remarques de Mc William, 1993, p. 196 et 222.
55 Thoré, 1868, p. 506.
56 Champfleury, 28-30 septembre 1848.
57 Voir Georgel, 1995, p. 19.
58 Le 4 juin 1858, Whistler écrivait à Nieuwerkerke afin d'obtenir la permission de copier le *Saint Luc* (arch. des Musées nationaux, LL 22). Cette copie confirme que la notoriété du tableau est intacte vingt ans après sa création. Voir Mc Laren Young, Mc Donald et Spencer, 1980, p. 5.
59 Significative à cet égard est la réception du *Chanteur espagnol* de Manet au Salon de 1861 par Gautier. Voir le cat. exp., Paris, 1998, p. 68-70.
60 Voir le cat. exp., Paris, 1983, p. 113.
61 Voir la belle introduction de Berchet, 1981.
62 On dénombre dix éditions de 1845 à 1875. Voir Bennassar, 1998, p. VIII.
63 Voir Guégan, « Clésinger, Degas, De Andrea, etc. La sculpture aux limites de l'art ou l'hallucination réaliste » dans Pesenti Campagnoni et Tortonese, 2002, p. 87-110.
64 Pour l'aide souvent précieuse qu'ils m'ont apportée, je tiens à remercier Guillaume Kazerouni, Robert Kopp, Jérôme Montcouquiol, Deborah Roldán, Didier Rykner et, *last but not least,* Gary Tinterow.

Fig. 89
Édouard Manet
Angelina
1864-1865
Paris, musée d'Orsay
(cat. 87)

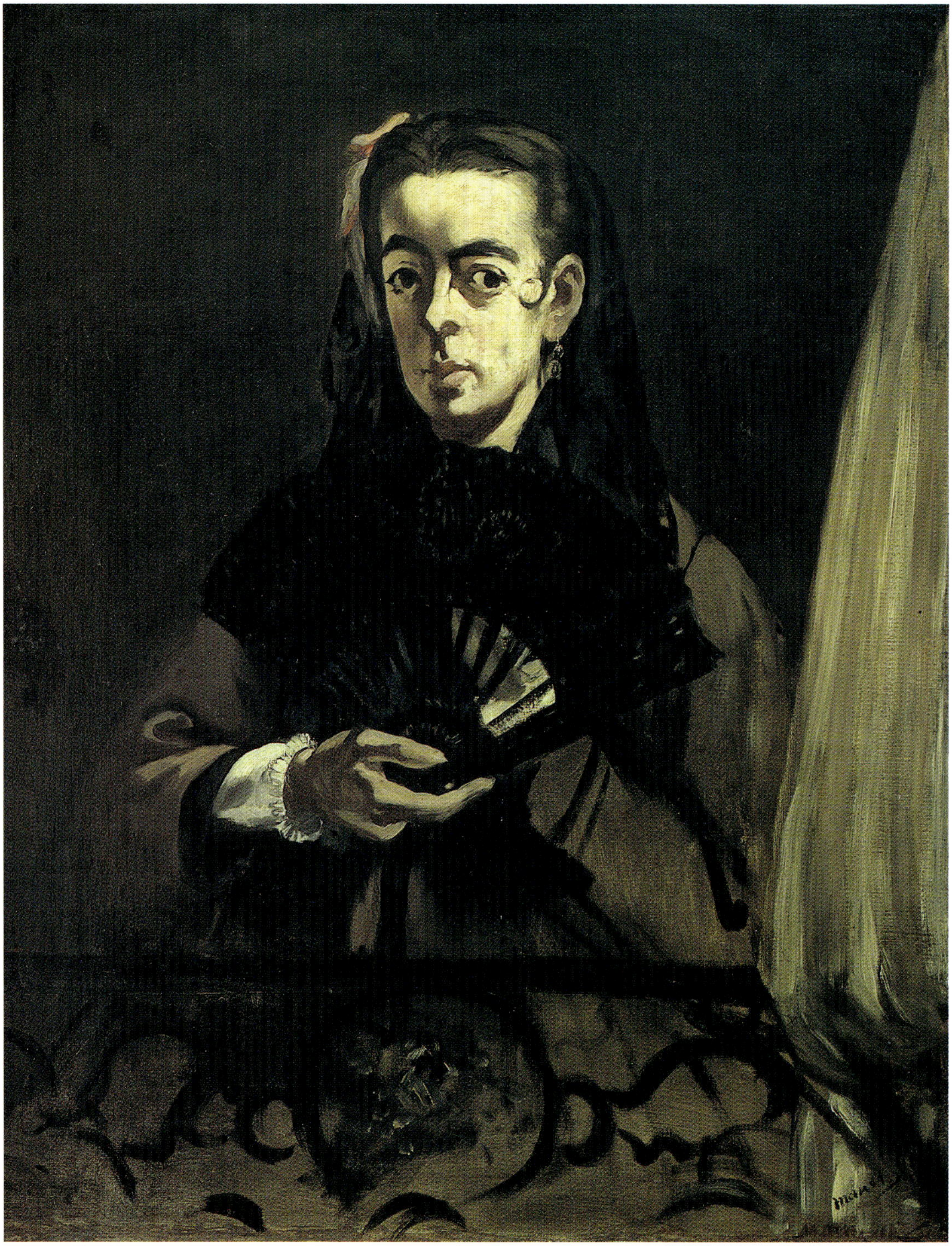

Manet et l'Espagne

• Juliet Wilson-Bareau

Velázquez exerça une profonde influence sur l'art de Manet. Ce qui l'attira chez le maître, au début des années 1860, était le maniement simple et net de pigments vifs et purs et l'ordonnance de ses tableaux, sa manière de poser ses personnages. Le très court voyage de Manet en Espagne, en 1865, enrichit considérablement sa connaissance de l'œuvre de Velázquez – par le contact direct avec des toiles authentiques. Cet essai retrace l'influence de Velázquez sur l'art de Manet et, ce faisant, aborde le rôle, essentiel, de Goya. Profondément influencé par Velázquez, Goya a apporté un nouveau souffle à l'art espagnol de son époque. L'originalité et la modernité de son œuvre avaient déjà inspiré des artistes comme Delacroix, et elles permirent à Manet de comprendre comment les splendeurs d'un « âge d'or » révolu pouvaient être réinterprétées dans le monde moderne.

Manet était issu d'une famille bourgeoise aisée. Son père, Auguste Manet, avait reçu une formation de juriste et fut douze ans directeur du personnel au ministère de la Justice. Nommé juge au tribunal de première instance du département de la Seine en 1841, il conserva ce poste durant seize ans. La maladie l'obligea à cesser de travailler en décembre 1857 et à prendre sa retraite deux ans plus tard. Il mourut en septembre 1862, à l'âge de soixante-six ans[1]. La mère de Manet, née Eugénie-Désirée Fournier, était la filleule de Jean-Baptiste-Jules Bernadotte, général, maréchal et ambassadeur de Napoléon, qui devint, en 1818, Charles XIV de Suède. Eugénie Manet bénéficia à plusieurs reprises de la gratitude de Bernadotte pour les services rendus par son père. Parmi ses deux frères qui occupèrent des postes militaires, le capitaine, puis colonel Edmond Fournier fut aide de camp du duc de Montpensier, le fils cadet de Louis-Philippe. Il quitta l'armée en févier 1848, quand Louis-Philippe fut contraint d'abdiquer. Eugénie, elle-même assez fortunée, aida financièrement Édouard pendant de nombreuses années, lui accordant des prêts sur son héritage. Édouard épousa, en 1863, son modèle et ancien professeur de piano, Suzanne Leenhoff, et de 1866 jusqu'à sa mort, en 1883, il vécut avec sa femme dans la même maison que sa mère.

Notes

1 Locke, avril 1991, p. 249-252.

jeune artiste (Paris, musée Marmottan) –, Manet se lança dans plusieurs compositions monumentales sur le thème du nu. Au début, ces thèmes étaient mythologiques ou bibliques : Danaé ou Vénus, nymphes et satyres, Moïse sauvé des eaux.

Une toile ambitieuse, qui requiert souvent plusieurs années de travail, portera généralement la date de son achèvement, mais cela nous renseigne assez peu sur son exécution. La radiographie de certaines des plus grandes toiles de Manet – la *Nymphe surprise,* de 1861, *Olympia* et le *Déjeuner sur l'herbe,* toutes deux datées 1863 – indique qu'elles ont évolué peu à peu et, dans le cas des deux dernières, que Manet a transformé des compositions traditionnelles en scènes subversivement modernes[17].

Ce ne fut pas l'une de ces toiles ambitieuses que Manet envoya au Salon de 1859, mais son *Buveur d'absinthe* (fig. 91). Au début de 1859, ce tableau représentait un personnage enveloppé dans une cape miteuse, les yeux dans l'ombre d'un chapeau haut de forme, assis sur un mur bas ; une bouteille roulait à ses pieds. Entièrement peint, à cette époque, dans la technique de frottis enseignée par Couture – une couche mince de couleur sur une préparation chaude et sombre –, le buveur rappelle d'antiques figures de « philosophes », tels les Ésope et Ménippe de Velázquez[18]. Ce premier *Buveur* s'inspire de certains « types » urbains, thème qui remonte au siècle des Lumières, et à l'intérêt porté aux classes sociales et aux différentes conditions de vie. En choisissant pour sujet un chiffonnier alcoolique, Manet fut sans doute influencé tant par la poésie et les idées de Baudelaire que par des références visuelles. Les deux hommes se connaissaient dans les années 1850, et ils étaient en contact étroit dans les années 1860 – à la fois avant et après le départ, en 1864, de Baudelaire pour Bruxelles[19]. Grands *flâneurs,* ils fréquentaient les mêmes cafés et salons, et Mme Eugénie Manet accueillait volontiers le poète chez elle. Baudelaire admirait l'art espagnol – notamment les tableaux de Velázquez et les *Caprices* de Goya. Visiteur assidu du Louvre dans sa jeunesse, avec une préférence pour la Galerie espagnole, il a même possédé quelque temps un prétendu Velázquez[20].

À propos du tableau de Manet, la critique a évoqué le poème de Baudelaire intitulé *le Vin des chiffonniers*[21]. Celui-ci fut composé à une époque où le public commençait à percevoir différemment l'art de Velázquez. Un nombre croissant de Français visitaient alors l'Espagne et voyaient de leurs propres yeux les chefs-d'œuvre du Prado. Théophile Gautier n'apprécia vraiment Velázquez que lors de son deuxième voyage, en 1846, effectué à l'occasion du mariage du duc de Montpensier avec la sœur cadette de la reine Isabelle II. Une visite au Prado l'amena à écrire que Velázquez était « un peintre qu'on ne peut admirer qu'en Espagne », et il fut particulièrement frappé par sa compréhension de la condition humaine : « Cet homme d'une si haute aristocratie, peintre ordinaire des rois, des reines et des infantes, [...] si habile à écraser le velours, à faire miroiter la soie [...] manie la boue et la fange sans dégoût, avec amour [...] La société des gueux, des mendiants, des voleurs, des philosophes, des ivrognes et des misérables de toute nature dont se compose le monde fourmillant de la bohème, ne lui répugne en aucune manière[22]. » Le *chiffonnier* de Baudelaire sort tout droit des toiles de Velázquez.

Manet invita Couture à venir voir son tableau avant de l'adresser au Salon. Proust rapporte sa réaction : « Mon ami, il n'y a ici qu'un Buveur d'absinthe, c'est le peintre qui a produit cette insanité[23]. » L'apostrophe mit fin à leurs relations. Plus pertinemment, l'épisode aida Manet à éliminer de sa pratique les enseignements d'ordre technique de Couture qui ne concordaient pas avec sa propre pensée. Par la suite, le *Buveur d'absinthe* connut plusieurs transformations. Manet le réduisit, puis le ramena à ses dimensions originelles et le repeignit ; le verre d'absinthe est un ajout. Pourtant, il ne toucha guère à la tête, au buste, et la toile, aussi impressionnante qu'elle soit, a néanmoins un aspect irrésolu.

Manet ne fit pas ses débuts au Salon de 1859 : le jury d'admission – quatorze membres, dont Ingres et Delacroix – rejeta sa toile. Proust affirme avoir été présent avec Baudelaire lorsque Manet apprit la mauvaise nouvelle, et nous rapporte la longue conversation qui s'ensuivit. « La conclusion, dit providentiellement Baudelaire, c'est qu'il faut être soi-même. – Je vous l'ai toujours dit, mon cher Baudelaire, répliqua Manet, mais est-ce que je n'ai pas été moi-même dans le *Buveur d'absinthe* ? – Euh ! Euh ! reprit Baudelaire. – Allons, voilà Baudelaire qui va me débiner. Tout le monde alors[24]... »

Manet tira une leçon de cette expérience. La confiance et le brio avec lesquels il traita le sujet – plus attachant et carrément « espagnol » – de l'œuvre qu'il envoya au Salon suivant lui valurent des éloges officiels et des félicitations de la critique.

• Manet et les maîtres espagnols à Paris (1860-1865)

Les jeunes peintres visaient toujours le Salon – bisannuel pendant les années 1850, il devint annuel à partir de 1863 –, Manet également. Les artistes avaient trois raisons de se concentrer sur le Salon. Premièrement, il était officiel, contrôlé par l'État français et dirigé par des fonctionnaires du gouvernement. Les distinctions qui pouvaient couronner les artistes – médailles de première, deuxième et troisième classe ; mentions honorables, médailles d'or – les distinguaient aussitôt de leurs pairs. Deuxièmement, le Salon jouissait d'une grande couverture de la presse. Tous les quotidiens et les hebdomadaires parisiens y envoyaient un ou plusieurs critiques, et les gravures des hebdomadaires illustrés diffusaient largement les œuvres au goût de la rédaction. Troisièmement, pour les artistes, le Salon était le meilleur endroit où montrer leur production aux acheteurs. Les administrateurs le conçurent différemment : exposition du meilleur art contemporain que la France pouvait

Notes

17 Wilson-Bareau, « The Hidden Face of Manet », cat. exp., Londres, 1986, p. 26-47.
18 Goya a reproduit ces œuvres dans ses eaux-fortes d'après Velázquez.
19 Proust (1897, p. 128, 1988-1996, p. 14, 1913, p. 39) commente la relation de Manet et Baudelaire.
20 Guinard, avril-juin 1967, p. 310-328 ; Pichois, « Baudelaire jeune collectionneur », 1968, vol. 1, p. 207-211 ; Pichois, 1976, p. 21 ; Pichois et Ziegler, 1987, p. 200-204.
21 Hanson, 1979, p. 54-55.
22 Guinard, 1960, vol. 1, p. 570-571, citant « Les courses royales à Madrid », Gautier, 1865, sans précision de pages.
23 « Cette grossière réflexion au lieu de l'irriter l'avait mis en gaieté. " Et bien soit, me dit-il, j'ai eu la stupidité de lui faire quelques concessions. [...] C'est fini. Il a bien fait de me parler comme il m'a parlé. Cela me recampe sur mes pattes " », Proust, 1897, p. 134, 1988-1996, p. 23, 1913, p. 33.
24 Proust, 1897, p. 135, 1988-1996, p. 25, 1913, p. 35.

Fig. 90
Diego Velázquez
Ménippe
Vers 1639-1641
Madrid, musée
du Prado (cat. 34)

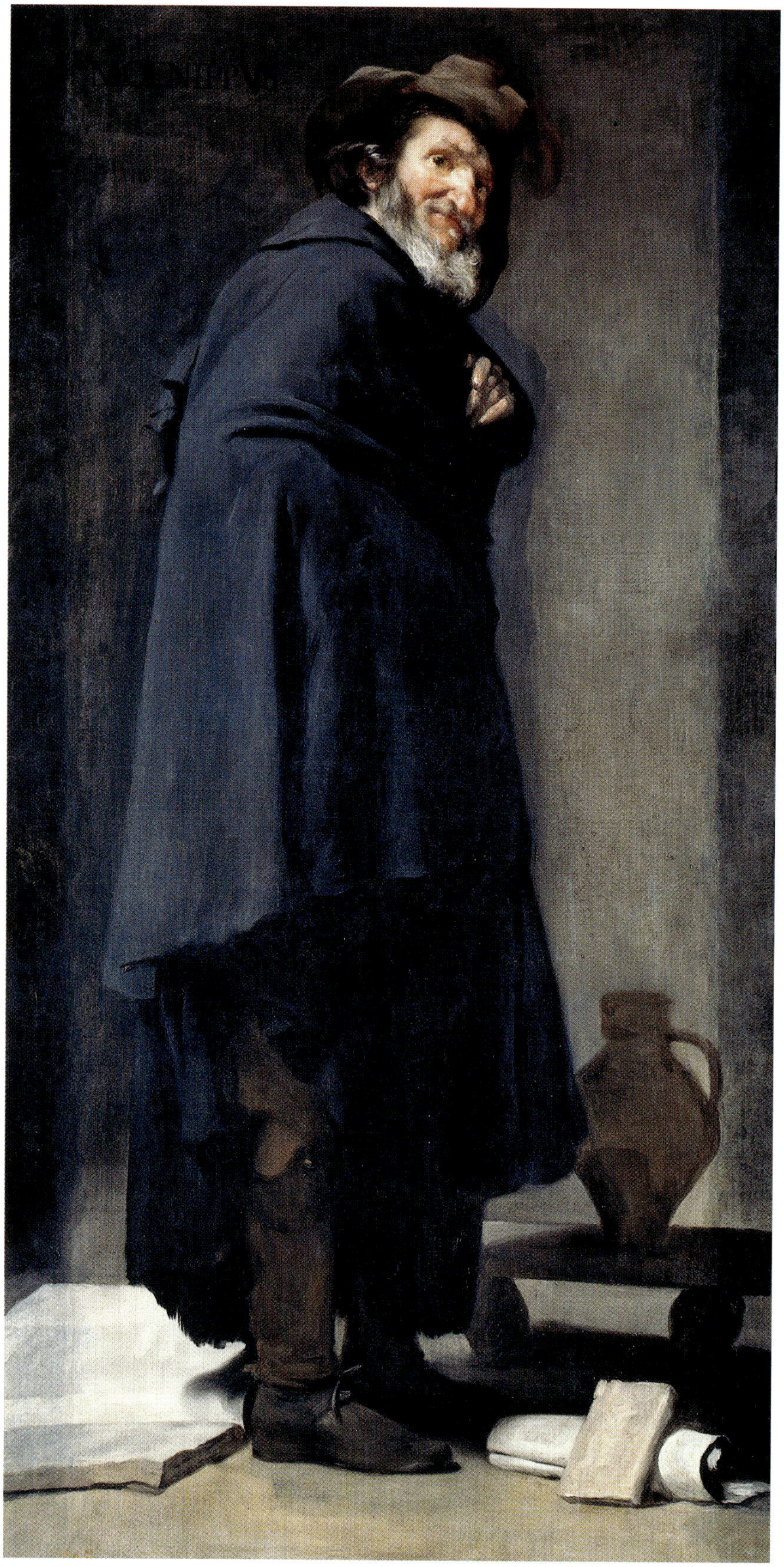

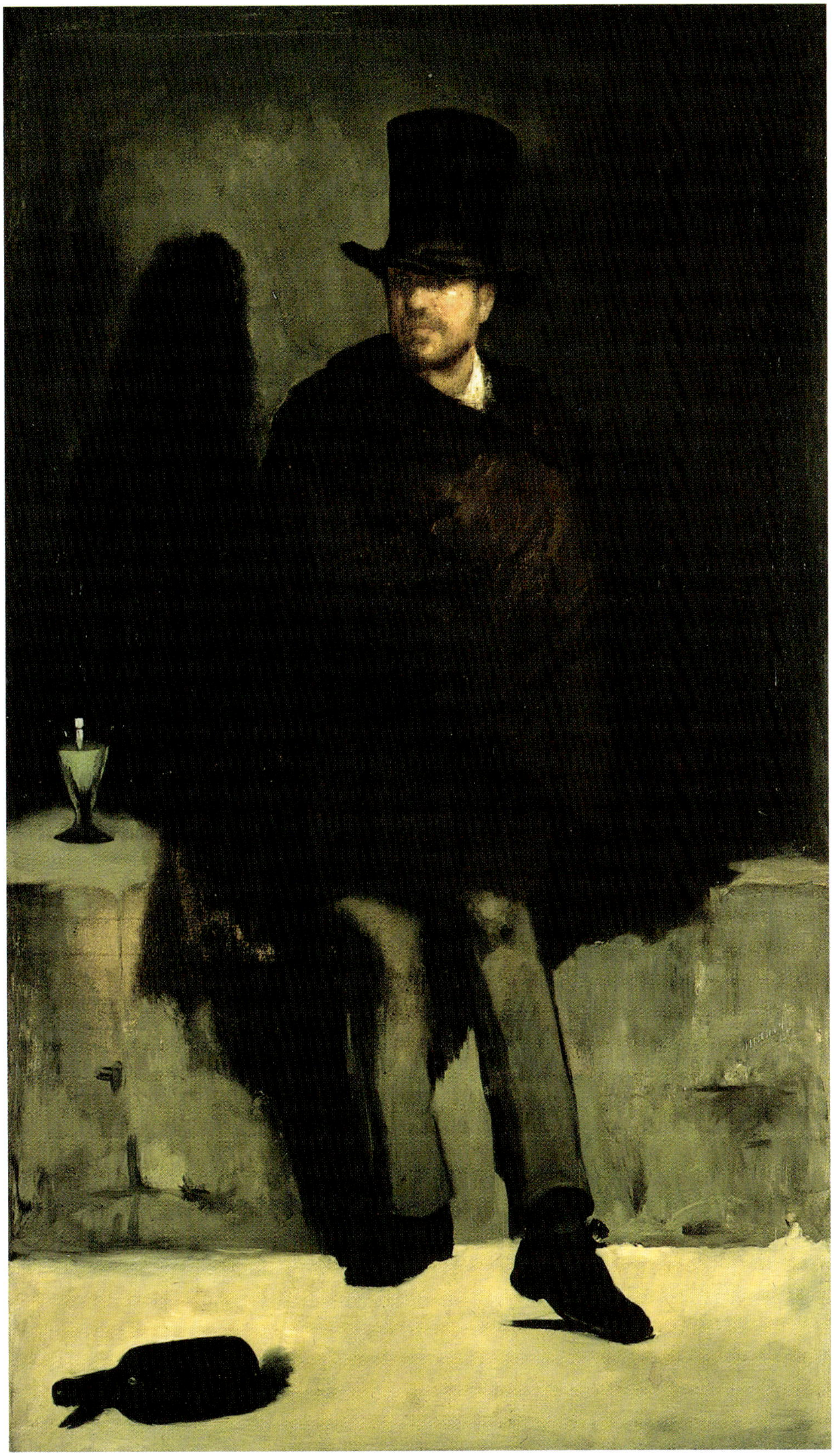

Fig. 91
Édouard Manet
Le Buveur d'absinthe
1858-1859
Copenhague,
Ny Carlsberg Glyptotek
(cat. 69)

Fig. 92
Édouard Manet
Les Petits Cavaliers (d'après Velázquez)
1861-1862
Paris, Bibliothèque nationale de France, département des Estampes (cat. 76)

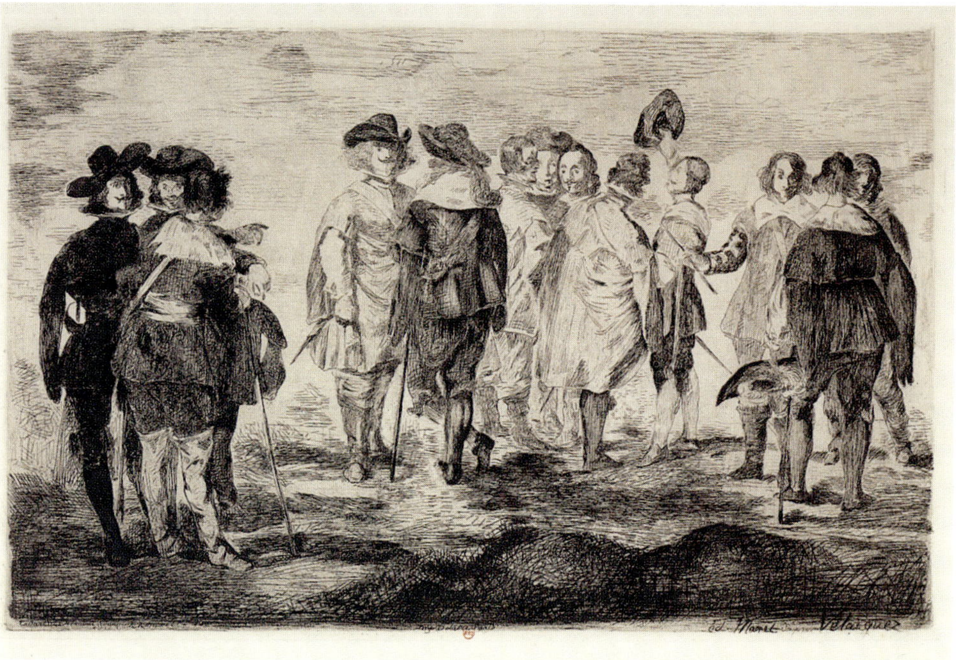

proposer, et, dans cette perspective, ils divisaient les exposants en deux catégories : les peintres dont le Salon avait distingué l'œuvre au moins deux fois par le passé ou qui étaient membres de la Légion d'honneur pouvaient exposer tout ce qu'ils voulaient. Les autres devaient soumettre leurs œuvres à un jury d'admission. Les administrateurs et les artistes se querellaient souvent sur la composition du jury, qui variait d'un Salon à l'autre, mais il se composait toujours d'artistes reconnus – membres de l'Académie des beaux-arts ou professeurs de l'École des beaux-arts, qui préféraient les valeurs éprouvées aux innovations de toutes sortes. Manet fut refusé à plusieurs Salons. En 1859, son *Buveur d'absinthe* fut sans doute exclu non pas en tant qu'œuvre d'avant-garde (Manet se pliait encore à l'époque aux méthodes et aux procédés de Couture), mais parce qu'il utilisait une figure noble – le « philosophe » en pied, grandeur nature, à l'exemple des tableaux de Velázquez – pour camper un clochard alcoolique contemporain. Mais au Salon suivant, deux ans plus tard, il remporta un succès modeste. Et son expérience au Salon de 1863 montre qu'un « échec » tout comme une réussite peut aider un peintre à se faire connaître.

Si les Salons officiels étaient le lieu le plus prestigieux pour les artistes, ils étaient loin d'être leurs seuls débouchés. Les galeries commerciales et les cercles parisiens, les organismes officiels ou semi-officiels des villes françaises de province et les institutions étrangères organisaient des expositions temporaires. C'est ainsi que Manet envoya, en septembre 1861, une œuvre à l'exposition de l'Académie impériale des beaux-arts de Saint-Pétersbourg et présenta, en août 1863, son *Enfant à l'épée* (fig. 1) au Salon de Bruxelles. Il participa aussi, dans les années 1860, à plusieurs expositions provinciales, envoyant, par exemple, *l'Homme mort* (fig. 104) au Havre, en juillet 1868, *l'Enfant à l'épée* et *le Chanteur espagnol* (fig. 40) à Marseille, en décembre 1868. Enfin, Manet exposa fréquemment à Paris : à la galerie Martinet, boulevard des Italiens, entre 1861 et 1865, et à la galerie Cadart, rue de Richelieu, en 1862,

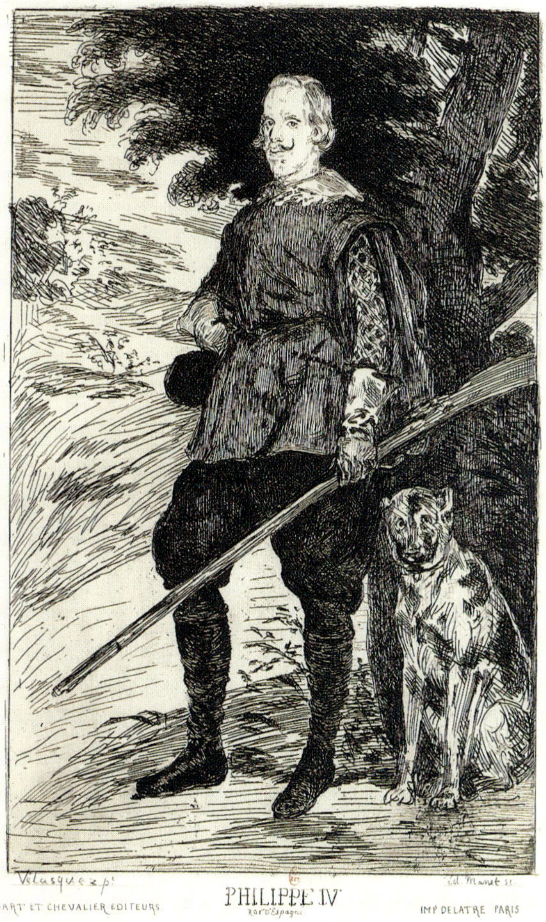

Fig. 93
Édouard Manet
Philippe IV
(d'après Velázquez)
1862
Paris, Bibliothèque nationale de France, département des Estampes (cat. 77)

en 1864 et en 1865. La grande exposition qu'organisa Louis Martinet en mars 1863 comprenait *le Sacre de Napoléon Ier* de Jacques-Louis David et des œuvres de Delacroix, de Corot et de Courbet. Manet y présenta quatorze peintures, aussitôt jugées scandaleuses.

Pour faire connaître son œuvre au public, un jeune artiste pouvait également éditer des gravures. Manet a sans doute été stimulé par son étude des eaux-fortes de Goya, dont les copies d'après Velázquez, mais il utilisait rarement l'eau-forte ou la lithographie pour créer des estampes originales. Le plus souvent, il recourait à ces moyens pour reproduire ses propres toiles. Il travaillait étroitement avec la galerie et l'atelier de gravure de Cadart. En 1862, ce dernier créa la Société des aquafortistes – Manet en fut un membre fondateur –, qui publia les eaux-fortes de ses membres dans des livraisons mensuelles. *Les Gitanos* de Manet firent partie de la première livraison, parue en septembre 1862, et sa *Lola de Valence* figura dans la livraison du 1er octobre 1863. Cadart édita aussi des cahiers d'estampes, dont *Huit Gravures à l'eau-forte par Édouard Manet,* en 1862. On lisait, sur la page de titre gravée : « 1. *le Guitarero,* 2. *les Petits Cavaliers (d'après Vélasquez)* [fig. 92], 3. *Philippe IV (d'après Vélasquez)* [fig. 93], 4. *l'Espada,* 5. *le Buveur d'absinthe,* 6. *la Toilette* [un thème italianisant], 7. *le Garçon et le Chien,* 8. *le Gamin* (fig. 94) – *la Petite Fille* [deux eaux-fortes tirées sur une seule feuille] ». En 1863, et peut-être à l'occasion de son mariage avec Suzanne, Manet fit réaliser un tirage à caractère privé, pour lequel il composa un

Fig. 94
Édouard Manet
Le Gamin
Vers 1872-1874
Paris, Bibliothèque nationale de France, département des Estampes (cat. 100)

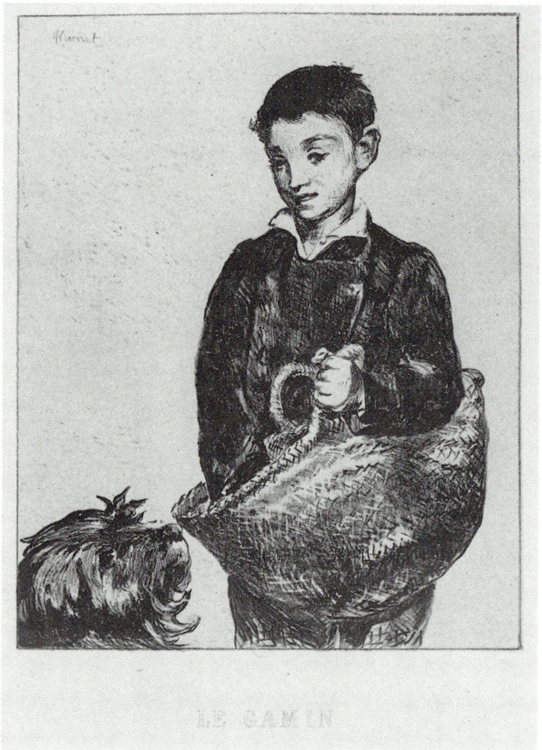

frontispice avec le motif de nature morte d'après son tableau *Chapeau et guitare* (Avignon, musée Calvet), qui servit de dessus-de-porte dans son atelier.

La copie de Manet d'après la *Réunion de portraits* de Velázquez, qu'il intitula *les Petits Cavaliers* (fig. 136), n'est pas datée ; et, comme nous l'avons remarqué, le registre où sa demande aurait été inscrite a disparu ; mais l'assurance de la touche et les couleurs vives de cette toile laissent supposer qu'elle a été réalisée après l'inscription de Manet dans le *Registre des cartes d'artistes* du Louvre, en juillet 1859. Ce tableau peut être considéré comme une rupture symbolique avec l'enseignement de Couture et comme une leçon directement tirée de Velázquez – du moins, c'est ce que croyait Manet. J. Cottini a durement critiqué le tableau supposé de Velázquez au moment de son achat[25], et son jugement est confirmé par l'examen technique : la toile, abîmée, a été largement repeinte[26]. Toutefois, Manet y a vu ce qu'il voulait et ce qu'il avait besoin de voir. Il apprécia son côté « net » et la vivacité des petits personnages espacés à travers la toile sur un fond presque vide. Sa réussite fut d'avoir créé l'œuvre que Velázquez lui-même (plutôt qu'un imitateur anonyme) aurait pu peindre : pleine de vie et d'énergie, avec une touche libre, mais décidée, et si « moderne » qu'il a pu ajouter l'inscription *Manet d'après Velázquez* pour souligner son intention : faire une copie, et non pas une œuvre originale à la Meissonier.

Notes

25 « Ce tableau est repeint presque d'un bout à l'autre. La plupart des figures, le ciel et les terrains ont été complètement refaits. [...] C'est un tableau déplorablement restauré, dans lequel il ne reste presque plus rien du maître. [...] [Ce] n'est pas un tableau qui, dans l'état où il est, soit digne de figurer au Louvre » (Cottini, 1851 p. 97-98).

26 Après l'étude au Laboratoire des musées de France, la restauration a révélé un quatorzième personnage à droite.

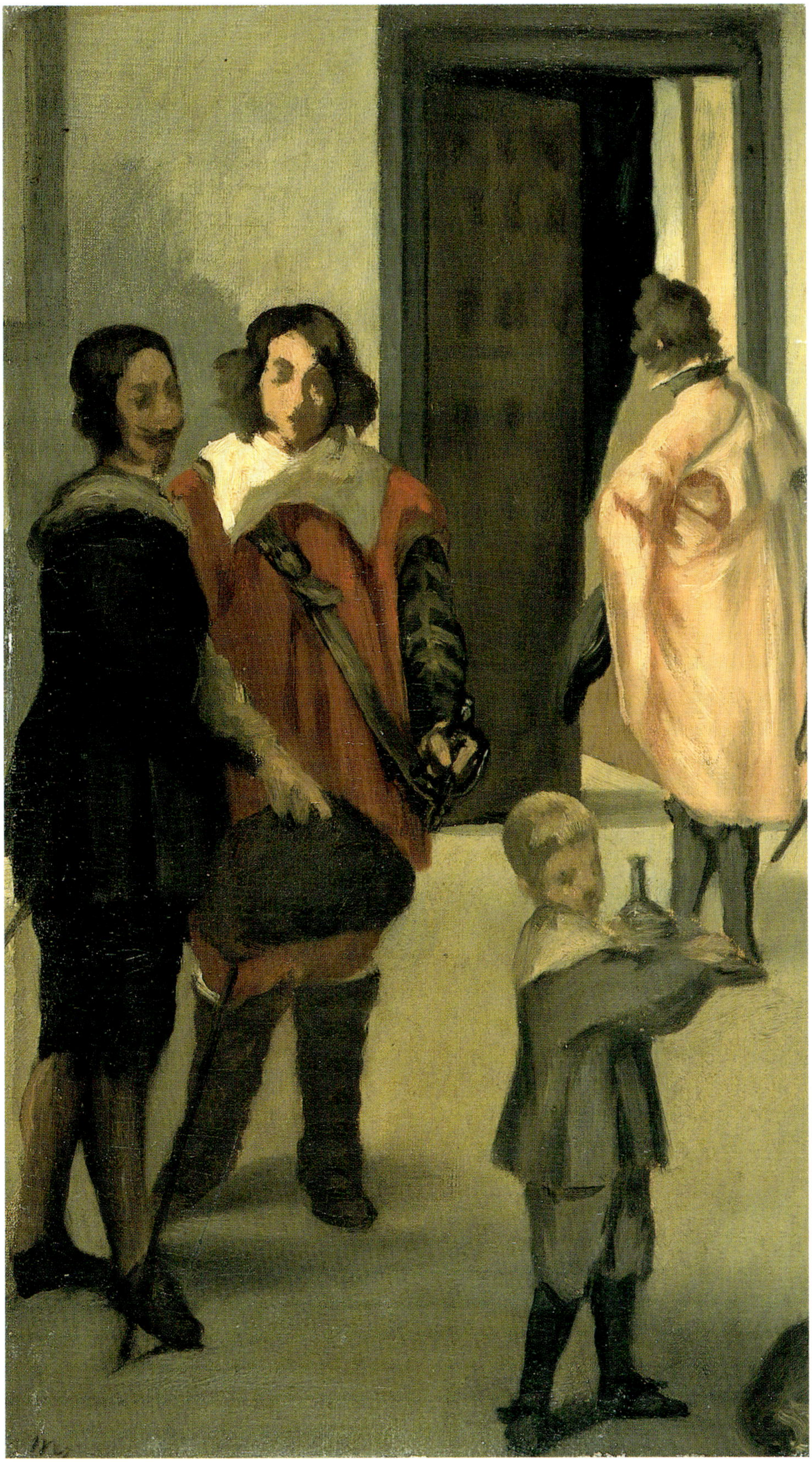

Fig. 95
Édouard Manet
Cavaliers espagnols
1859
Lyon, musée des Beaux-Arts (cat. 71)

Dans d'autres tableaux, Manet a l'air de pasticher sa propre copie des *Petits Cavaliers*. La petite toile intitulée *Cavaliers espagnols* (fig. 95) associe des personnages tirés du prétendu Velázquez du Louvre au motif de l'enfant portant un plateau. Avec *Velázquez dans son atelier*, Manet réunit deux des « cavaliers » du tableau espagnol avec le personnage du peintre en personne, palette et pinceaux à la main, assis devant son chevalet, sur lequel on voit… *les Petits Cavaliers*. En 1860, Manet signa et data *les Étudiants de Salamanque* (collection particulière), une illustration de la fable racontée par Lesage dans la préface de *Gil-Blas*. Eugène-Ernest-Hillemacher avait présenté un tableau sur le même thème au Salon de 1857, et son succès a peut-être eu autant d'influence sur la toile de Manet que l'intérêt croissant de ce dernier pour l'Espagne et les sujets espagnols[27]. On peut imaginer Manet aux Salons de 1857 et de 1859, jaugeant les tableaux à succès et, en 1859, imaginant l'effet qu'aurait pu avoir son *Buveur d'absinthe*.

L'année 1862 fut pour Manet « l'année espagnole » par excellence, l'année aussi où il passa résolument aux sujets contemporains. *La Musique aux Tuileries* (Londres, National Gallery), signée et datée 1862, souligne les tensions des années précédentes. Si le sujet du tableau est nettement contemporain et parisien, sa structure est discrètement mais clairement fondée sur *les Petits Cavaliers*. Manet y substitue de vrais portraits de lui-même et de son ami peintre Albert de Balleroy aux portraits supposés de Velázquez et de Murillo, que l'on identifiait à l'époque sur le bord gauche de la toile du Louvre[28].

Le personnage du *Buveur d'absinthe* réapparut dans *le Vieux Musicien* (Washington, National Gallery of Art), l'une des grandes compositions que Manet dut concevoir pour le Salon, mais qu'il ne soumit jamais à un jury.

Une autre œuvre tout aussi ambitieuse, mais plus directement « espagnole », *les Gitanos*, a peut-être été également destinée au Salon. Manet la détruisit, et elle est aujourd'hui connue seulement à travers des fragments (fig. 96), deux eaux-fortes et des photographies[29].

Les enfants de Murillo et l'influence des portraits de Velázquez se combinent dans deux études de jeunes garçons : *l'Enfant à l'épée* (fig. 1) et *le Petit Lange* (Karlsruhe, Staatliche Kunsthalle), *L'Enfant à l'épée* a toujours été l'une des œuvres de Manet les plus admirées (ce fut aussi la première toile du peintre à entrer dans une collection publique américaine, en 1889). La simplicité de l'image, la solennité attachante du jeune garçon et le « fini » du tableau ont assuré une popularité durable à cette œuvre. Mais l'image est ambiguë. S'agit-il d'un enfant contemporain déguisé ou d'un personnage hollandais ou espagnol du XVIIe siècle ? Un carnet de croquis qu'utilisa Manet en 1857 en Italie nous donne une origine directe et assez surprenante du motif : les fresques de Benozzo Gozzoli au Camposanto de Pise. L'un des croquis de Manet

Notes

27 Le tableau de Hillemacher, « Les deux écoliers de Salamanque » (*Explication des ouvrages de peinture…*, 1857, p. 166, n° 1353), est reproduit dans le *Magasin pittoresque* de décembre 1857, p. 393.

28 Bomford et *alii*, cat. exp. Londres, 1990-1991, p. 112-119, n° 1. Manet et de Balleroy partageaient un atelier entre 1856 et 1858.

29 Pour l'eau-forte de petit format (qui reproduit le tableau à l'endroit) et la grande (à l'envers), voir Guérin, 1944, n°s 20 et 21 ; Harris, 1970, n°s 17 et 18.

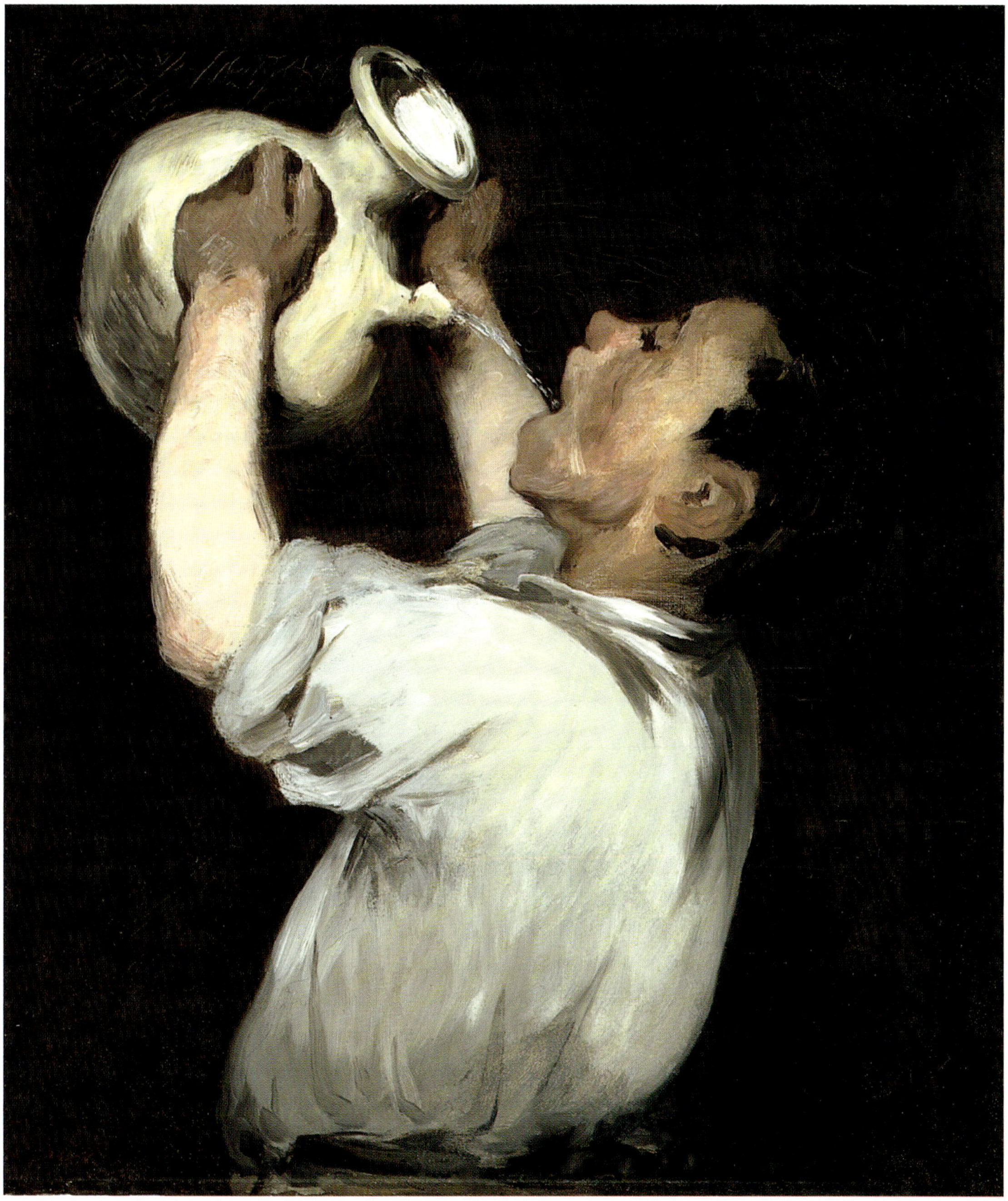

Fig. 96
Édouard Manet
Le Buveur d'eau
1861-1862
Chicago, The Art Institute (cat. 74)

montre un garçon qui s'avance en portant un plateau ; garçon dont on retrouve la même pose, inversée, dans la majestueuse *Circoncision* de Zurbarán, qui figura dans la Galerie espagnole jusqu'en 1848[30]. On ne sait pas très bien pourquoi l'enfant de Manet porte cette arme énorme. Certains ont proposé des significations allégoriques – dont, très récemment, l'idée qu'il s'agirait d'une parodie de *l'Amour avec l'épée de Mars* ou de *Cupidon avec l'épée d'Alexandre*[31]. Mais l'épée était aussi un moyen d'occuper l'enfant et de l'aider à tenir la pose, souci essentiel pour Manet et une torture pour ses modèles. En l'occurrence, Léon, le fils illégitime de Suzanne Leenhoff, a toujours été reconnu comme étant le modèle du tableau. Si la toile a été peinte à la fin de 1861, Léon devait avoir presque dix ans ; Manet, Suzanne et Léon vivaient ensemble depuis l'été de 1860. Il est donc tout à fait possible que l'œuvre date de cette année-là, ce qui l'associerait plus étroitement et plus logiquement avec la date présumée des *Petits Cavaliers,* 1859, et avec les tableaux qui en dérivent, c'est-à-dire les *Cavaliers espagnols* (fig. 95) et *les Étudiants de Salamanque,* de 1860.

La « nouvelle peinture » de Manet dans les années 1860 prit un bon départ au Salon de 1861. Le jury accepta les deux œuvres qu'il présenta : un portrait de ses parents et un sujet de genre avec une figure grandeur nature que Manet appela *Espagnol jouant de la guitare* (fig. 40) dans le livret du Salon. Plus tard, il l'intitula *le Chanteur espagnol,* et pour ajouter à la confusion, il nomma *le Guitarero* l'eau-forte d'après son tableau – peut-être en reconnaissance de l'approbation bruyante avec laquelle Théophile Gautier le salua dans son « Salon[32] ». Si Manet avait consciemment cherché à séduire le public, il n'aurait pu choisir un sujet plus propice. Certes, la guitare était alors reconnue comme un symbole de l'Espagne[33], mais la pose du modèle était une invention pittoresque, ainsi que sa tenue, un méli-mélo d'éléments puisés dans le panier à costumes de l'atelier. Certains critiques jugèrent le tableau trop « réaliste » et reprochèrent à l'artiste la lourdeur de ses aplats, mais l'œuvre étonna et ravit plusieurs de ses contemporains : « Un groupe de jeunes peintres [...] s'arrêta coi devant un tableau, représentant *Un joueur de guitare espagnol.* Cette peinture, qui faisait s'ouvrir grands tant d'yeux et tant de bouches de peintres, était signée d'un nom nouveau, *Manet.* MM. Legros, Fantin, Karolus Durand et autres, se regardèrent avec étonnement, interrogeant leurs souvenirs et se demandant [...] d'où pouvait sortir M. Manet ? Le musicien espagnol était peint d'une certaine façon, *étrange,* nouvelle, dont les jeunes peintres étonnés croyaient avoir seuls le secret, peinture qui tient le milieu entre celle dite réaliste et celle dite romantique. » Le groupe décida d'aller voir le peintre. « M. Manet reçut très bien la députation [...] On ne s'en tint pas à cette première visite. Les peintres même amenèrent un poète et plusieurs critiques d'art à M. Manet[34]. » L'importance de ce tableau – si manifeste aux yeux des jeunes collègues de Manet – a peut-être été éclipsée de nos jours par les œuvres plus recherchées qui l'ont suivi. *Le Chanteur espagnol* combinait les leçons que Manet avait tirées du *Jeune Mendiant* de Murillo et des *Petits Cavaliers* (fig. 136). La composition, d'une clarté et d'une vigueur remarquables, place des formes bien définies et des couleurs vives et nettes sur un fond *sfumato* assez traditionnel. Comme chez Murillo, le tableau met le spectateur en contact direct avec des objets de nature morte situés presque à portée de main, à la limite de l'espace du tableau. À l'ouverture du Salon, la toile était placée très en hauteur mais son succès fut tel qu'on la descendit

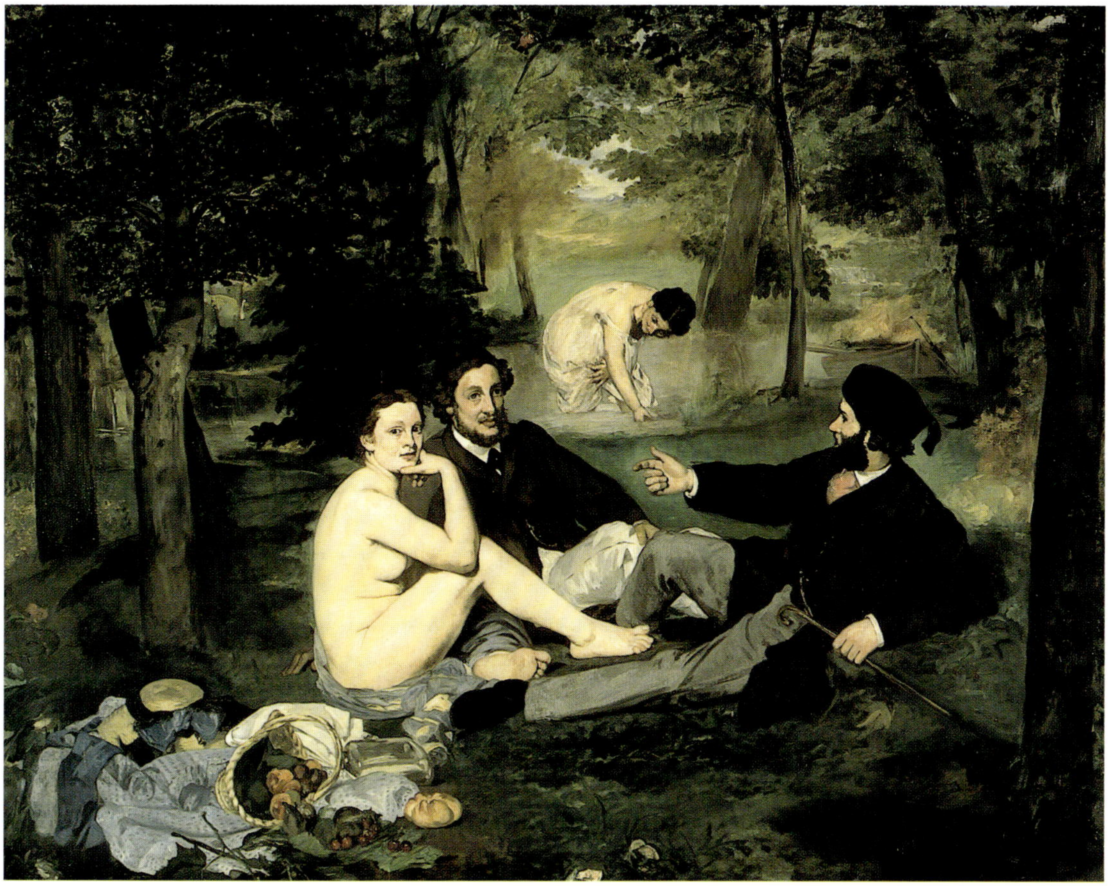

Fig. 97
Édouard Manet
Le Déjeuner sur l'herbe
1863
Huile sur toile
H. 208 ; L. 264
Paris, musée d'Orsay

afin de lui donner les honneurs de la cimaise. Elle valut à Manet une « mention honorable » – la seule reconnaissance officielle qu'il reçut avant 1881, lorsqu'il obtint une médaille de deuxième classe pour son portrait d'Henri Rochefort.

Entre 1861 et 1865, Manet continua à transformer l'art ancien en art moderne. *Le Chanteur espagnol* était manifestement un modèle dont il avait étudié la tenue et la pose pour lui donner un « air espagnol ». Mais à partir de 1862, Manet présenta ses modèles – Victorine Meurent et Gustave Manet, Lola Méléa et Mariano Camprubi – comme des individus, des gens réels. Les sujets de Manet sont des artistes qui se produisent : les danseurs espagnols jouent réellement, sur scène ; Victorine est un modèle professionnel qui pose pour Manet et joue aussi

Notes

30 Meller, 2002, p. 72, 75, 92 ; Rouart-Wildenstein, 1975, vol. 2, n° 90 ; Baticle et Marinas, 1981, p. 217-218, n° 339.
31 Meller, *op. cit.*, p. 92.
32 « Caramba ! Voilà un *Guitarero* qui ne vient pas de l'Opéra-Comique, et qui ferait mauvaise figure sur une lithographie de romance ; mais Velasquez le saluerait d'un petit clignement d'œil amical, et Goya lui demanderait du feu pour allumer son papelito. – Comme il braille de bon courage en râclant le jambon ! – Il nous semble l'entendre. – Ce brave Espagnol au *sombrero calañes* à la veste marseillaise, a un pantalon. Hélas ! la culotte courte de Figaro n'est plus portée que par les *espadas* et les *banderilleros*. Mais cette concession aux modes civilisées, les alpargates la rachètent. Il y a beaucoup de talent dans cette figure de grandeur naturelle, peinte en pleine pâte, d'une brosse vaillante et d'une couleur très-vraie », Gautier, 3 juillet 1861, p. 1017.
33 Blanc, 15 avril 1860, p. 93.
34 Desnoyers, 1863, p. 40-41.

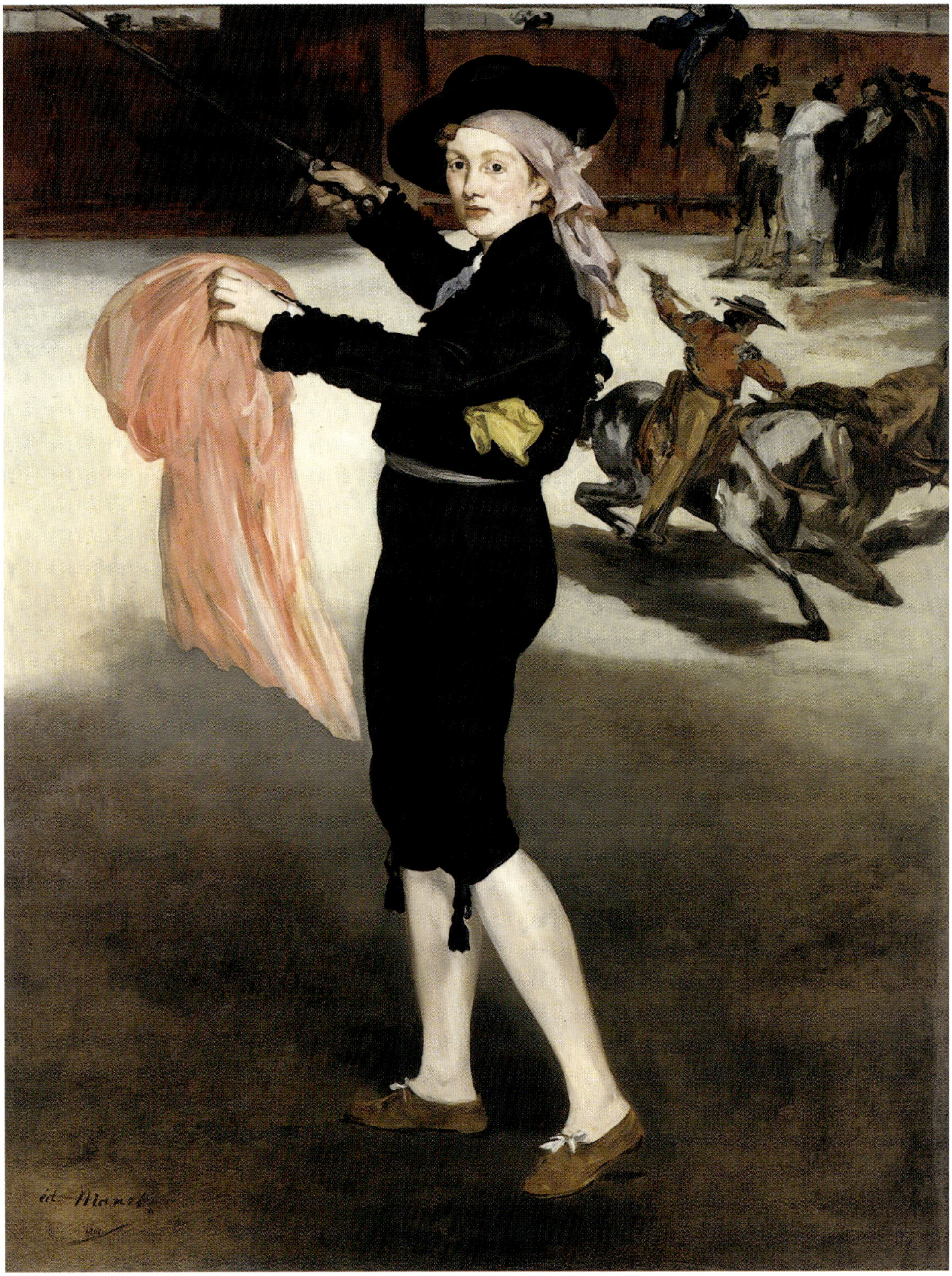

Fig. 98
Édouard Manet
Mlle V... en costume d'espada
1862
New York, The Metropolitan Museum of Art (cat. 78)

un rôle, tout comme les frères du peintre, Gustave et Eugène, et le frère de Suzanne, Ferdinand Leenhoff. Dans le *Déjeuner sur l'herbe* (fig. 97), ils sont montrés tels qu'en eux-mêmes, avec de multiples allusions à la vie contemporaine et à l'art ancien. Quant à *Olympia,* ce n'est pas l'image d'une prostituée posant comme une *Vénus* de Titien, mais un portrait de Victorine figurant une prostituée dans la pose du Titien – et qui s'en amuse.

Lorsque vint le Salon de 1863, le jury refusa, outre les tableaux de Manet – le *Déjeuner sur l'herbe* et deux figures grandeur nature –, des œuvres soumises par un grand nombre d'autres artistes. Plusieurs des peintres éconduits avaient déjà exposé au Salon, et certains avaient même remporté des médailles. La sévérité du jury déclencha un tollé parmi les artistes rejetés et une presse parisienne complice. Napoléon III, soucieux de soigner son image médiatique, décréta que le jugement revenait au public : les tableaux écartés seraient quand même exposés – dans un espace séparé du Salon officiel par un simple tourniquet. Bien que cette exposition, le Salon des Refusés, attirât moins les journalistes que l'exposition officielle, elle fut pour beaucoup l'événement artistique de l'année.

Le premier des deux tableaux de Manet d'une seule figure, présentés au Salon des Refusés, avait pour modèle Victorine Meurent. Celle-ci venait de remplacer Suzanne Leenhoff, la compagne de Manet, qui avait posé pour les nus dans ses compositions des années 1850. *Mademoiselle V. en costume d'Espada,* le titre donné à la toile dans le livret de 1863 (elle devint *Mlle V...* pour l'exposition de 1867), est l'un des tableaux les plus étranges que Manet a jamais peints (fig. 98). Les portraitistes « mondains » réduisaient le nom de leur sujet à une simple initiale : *Portrait de Monsieur X..., Portrait de Madame Y***;* en suivant cette convention, Manet laisse entendre que *Mademoiselle V.* est une personne réelle, une jeune dame dont il masque discrètement l'identité. Elle est habillée en *espada* et se tient dans une arène, s'apprêtant à tuer un taureau. La scène propose une étrange fiction : Victorine brandit son épée comme si un taureau allait s'élancer sur elle et elle fixe du regard, non pas l'animal, mais le spectateur. De plus, la scène qui se joue derrière elle – dans un espace étrange, disloqué, un picador à cheval s'engage avec un taureau – relève des premiers stades du combat et non de la mise à mort. Le combat est donc parfaitement fantaisiste. Au reste, les figures du fond sont composées de motifs tirés de la *Tauromachie* de Goya (fig. 55 à 57). Par ailleurs, costume et contexte espagnols ont été superposés à une source raphaélesque : les gravures de Marcantonio Raimondi d'après une série de *Vertus,* ce qui fait de *Mlle V...* elle-même un amalgame allégorique de la Tempérance et de la Justice[35]. Enfin, la présentation de *Mlle V...* en femme torero pourrait s'inspirer également de cartes-portraits de vedettes contemporaines du ballet et de l'opéra[36]. Ainsi, loin de révéler en Manet un peintre à court d'inspiration, le tableau montre qu'il maniait avec intelligence une grande variété de sources. C'est une brillante création picturale, dans laquelle Manet rivalise avec Goya dans le domaine du caprice.

Notes

35 Farwell, 1969, p. 202-204 ; p. 163-165, 419, fig. 134 ; Fried, 1996, p. 145-146 ; Mauner, 2000, p. 30-31.

36 McCauley, 1985, p. 181, 185, fig. 179-180.

Fig. 99
Édouard Manet
Jeune Homme en costume de majo
1863
New York, The Metropolitan Museum of Art (cat. 81)

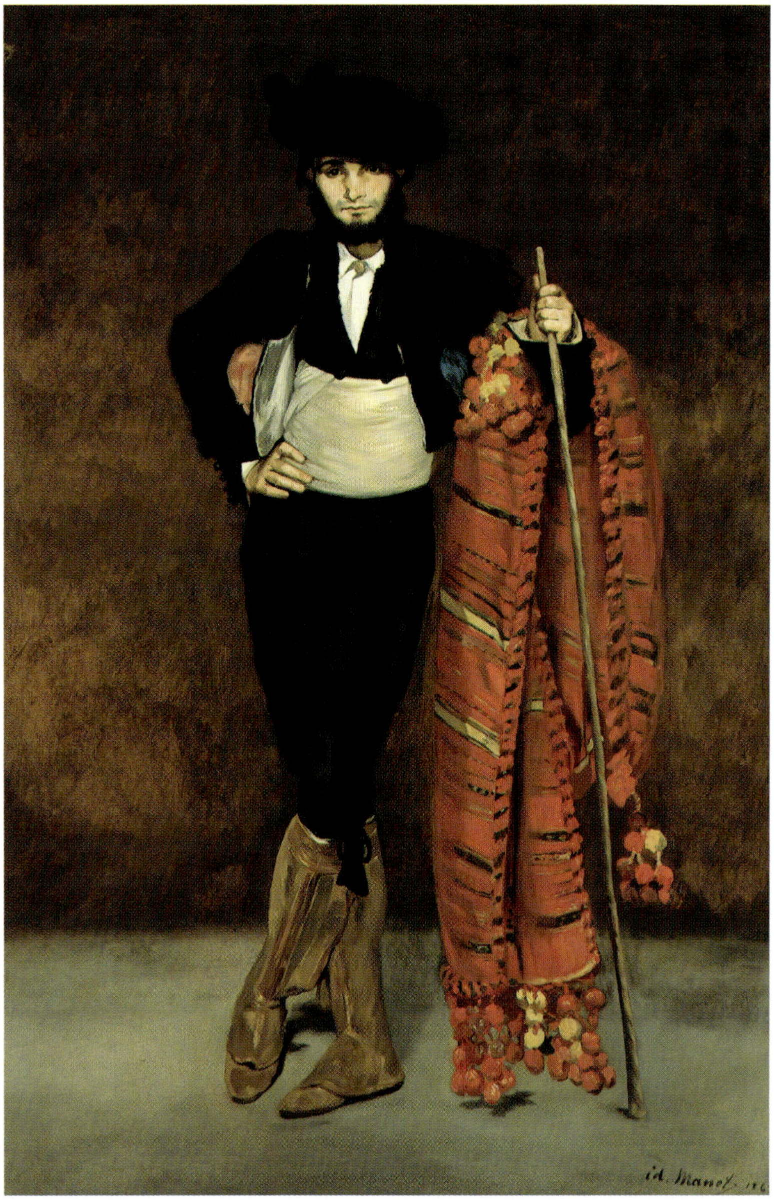

Le *Jeune Homme en costume de majo* (fig. 99), qui accompagnait *Mlle V*... au Salon des Refusés, avait pour modèle Gustave, le cadet des trois frères Manet. Son costume, à nouveau choisi parmi les accessoires de l'atelier, ressemble à celui d'un *majo* décrit par Théophile Gautier[37]. Manet signa et data ce tableau peu avant de l'envoyer au Salon. Il est donc possible qu'il l'ait conçu comme pendant à la figure de Victorine, avec l'idée que les deux toiles viendraient encadrer le *Déjeuner sur l'herbe* – ailes latérales hispaniques d'un retable italien. Par ailleurs, tout comme un reflet de la *Tempérance* de Marcantonio a été reconnu dans la pose de Victorine, récemment une origine classique a été proposé à la pose de Gustave : il la doit au célèbre *Petit Faune* antique du musée du Louvre[38].

Si Manet pastichait allégrement le passé il en restait profondément imprégné. S'il déguisait des modèles français pour en tirer des sujets « hispanisants », il cherchait à représenter

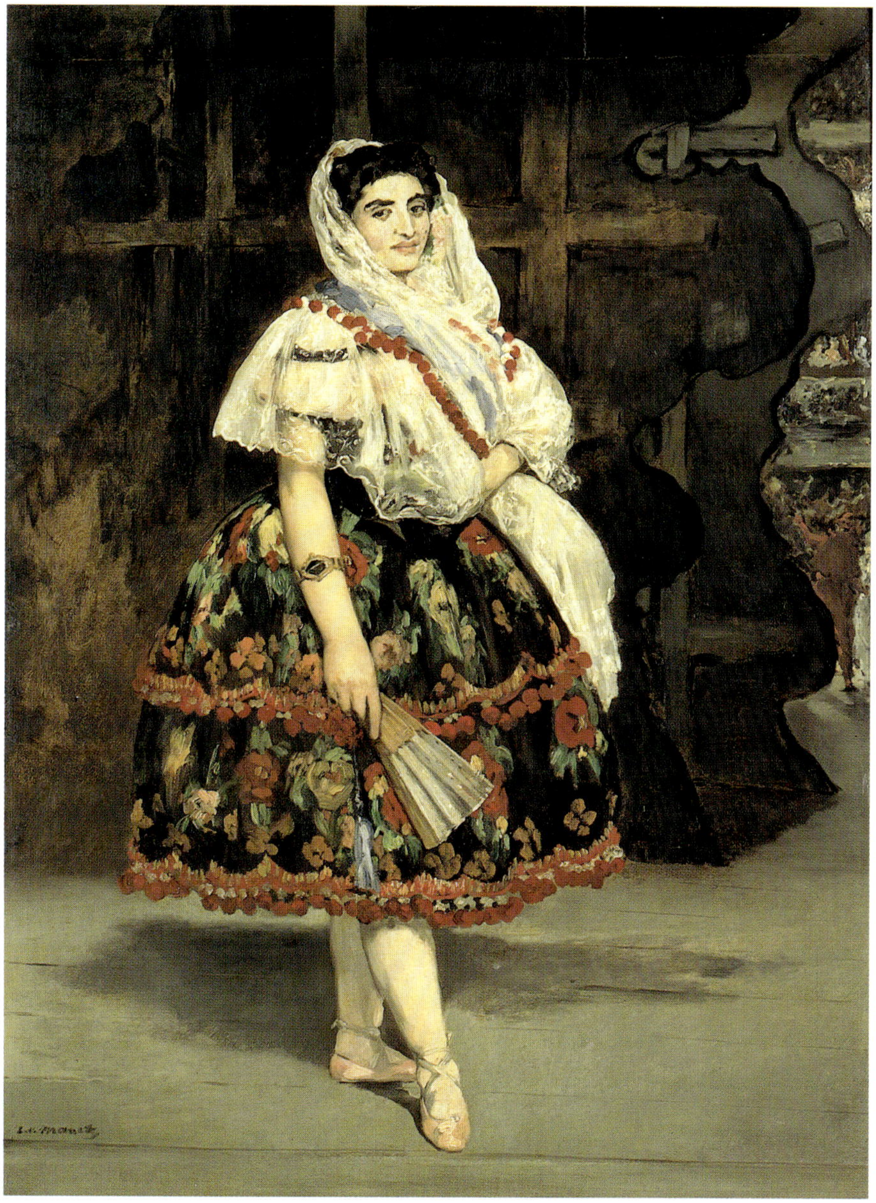

Fig. 100
Édouard Manet
Lola de Valence
1862
Paris, musée d'Orsay
(cat. 80)

Notes

37 Gautier, 1981 : « Le peuple [...] a gardé [...] la ceinture rouge ou jaune ; le pantalon à revers retenu par des boutons de filigrane ou de pièces à la colonne, soudées à un crochet ; les guêtres de cuir ouvertes sur le côté et laissant voir la jambe [...]. Le grand genre est de porter à la main une canne *(vara)* ou bâton blanc [...], haut de quatre pieds, sur lequel on s'appuie nonchalamment lorsque l'on s'arrête pour causer. Tout *majo* qui se respecte un peu n'oserait se produire en public sans *vara*. Deux foulards dont les bouts pendent hors des poches de la veste, une longue *navaja* passée dans la ceinture, non par devant, mais au milieu du dos, sont le comble de l'élégance pour ces fats populaires. ».

38 Meller, 2002, p. 81, note 67.

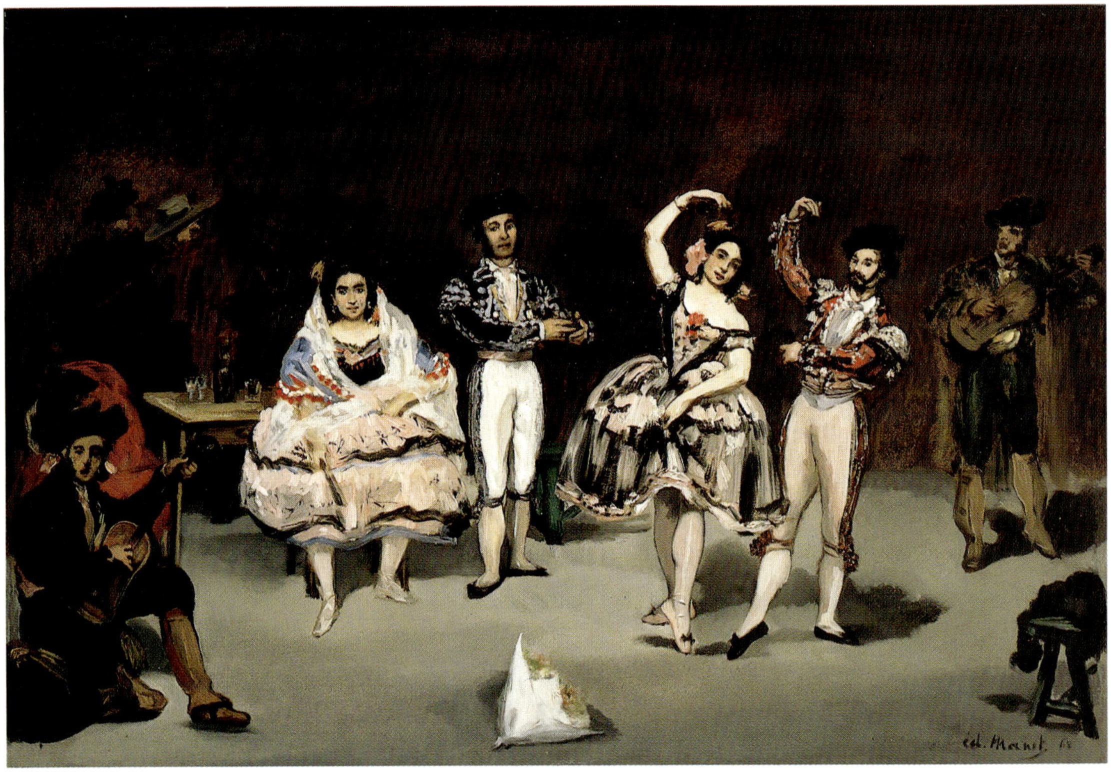

Fig. 101
Édouard Manet
Ballet espagnol
1862
Washington, The Phillips Collection
(cat. 79)

également de vrais espagnols. En 1862, une troupe de danseurs de Madrid se produisit à Paris, d'abord en avril à l'Odéon, ensuite du 12 août au 2 novembre à l'Hippodrome. Mariano Camprubi en était le principal danseur, mais Lola Méléa, qui avait pour nom de scène Lola de Valence (fig. 100), en était la vedette. Manet et ses amis furent séduits. Baudelaire et Astruc célébrèrent l'énergie et le charme de celle-ci en vers et en musique ; et Manet a persuadé, dit-on, les membres de la troupe de venir poser pour lui. Il évoqua leur ballet, *la Flor de Sevilla,* dans un tableau et une étude pour une gravure. Il se peut que Manet se soit appuyé autant sur des photographies que sur l'observation directe pour créer ses images de la troupe espagnole et son portrait de *Lola de Valence*[39]. À l'appui de cet argument, on peut noter que la table, le tabouret et le banc qui figurent dans le *Ballet espagnol* (fig. 101) sont des accessoires de l'atelier du peintre, tandis que les vagues personnages du fond sont issus de la *Tauromachie* de Goya. La représentation du ballet espagnol est donc aussi imaginaire que celle de la corrida de *Mlle V...* Elle s'apparente à une estampe intitulée *la Posada (l'Auberge),* où des toreros paressent dans le même décor en attendant la corrida. Ainsi, au début des années 1860, Manet continue à allier la réalité à l'irréalité – trait caractéristique de son *Épisode d'une course de taureaux,* la grande toile qu'il envoya au Salon de 1864 avec *le Christ mort et les anges* (fig. 102).

Nous ignorons quand Manet a commencé à travailler à ce tableau. Il ne vit pas de corrida avant son voyage en Espagne, en 1865, et la tauromachie, sous le second Empire, n'était pas autorisée à Paris. Toutefois, les écrits sur le sujet étaient monnaie courante, et il existait des images à foison. La toile qu'il créa pour le Salon de 1864 était donc le fruit de son imagination. Son objectif était manifestement de faire quelque chose de grand et d'héroïque des aspects

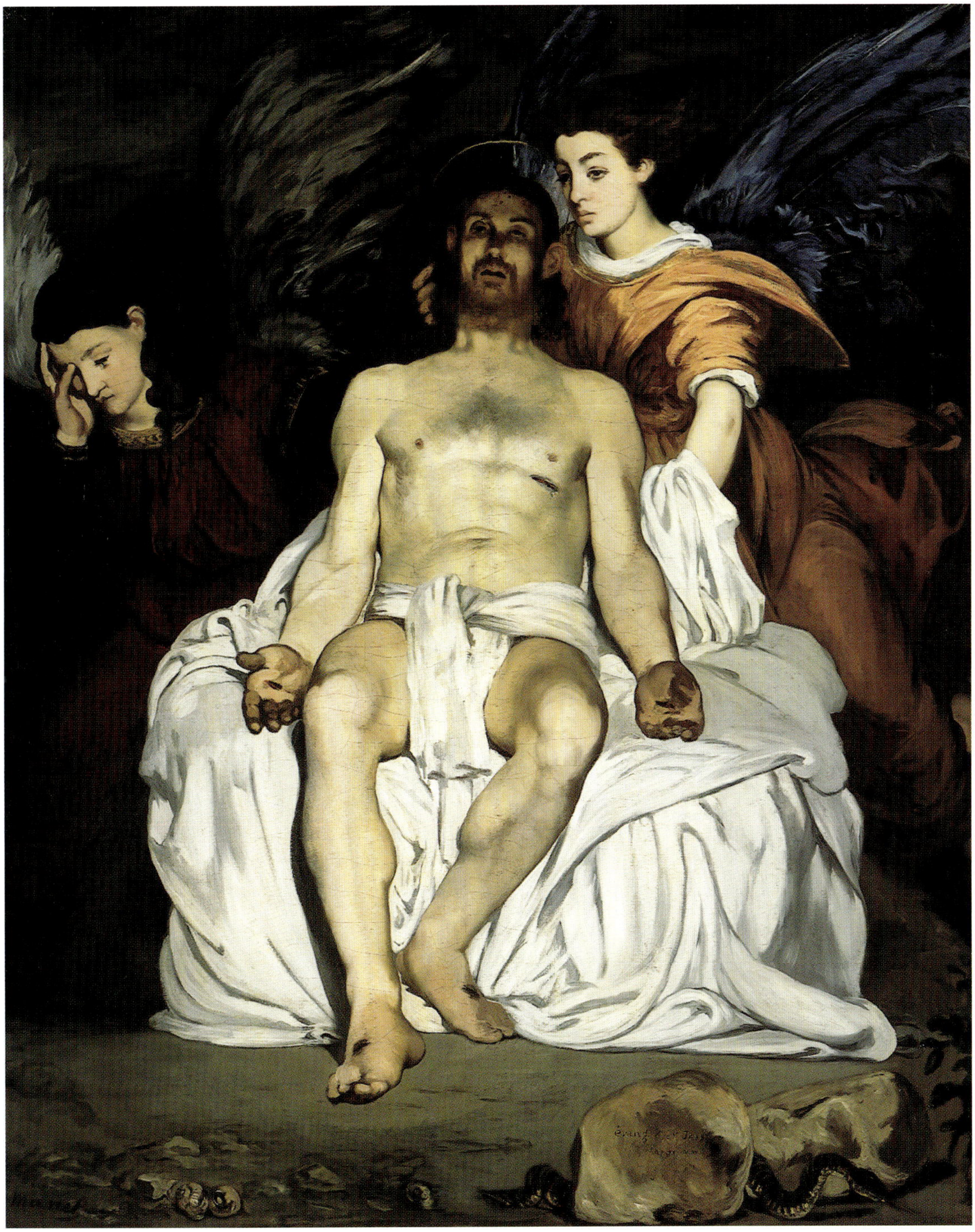

Fig. 102
Édouard Manet
Le Christ mort et les anges
1863-1864
New York, The Metropolitan Museum of Art (cat. 85)

Notes

39 McCauley, 1985, p. 173-181, fig. 167, 171-173, 176.

Fig. 103
Diego Velázquez
Soldat mort
Vers 1635-1640
Londres, National Gallery (cat. 38)

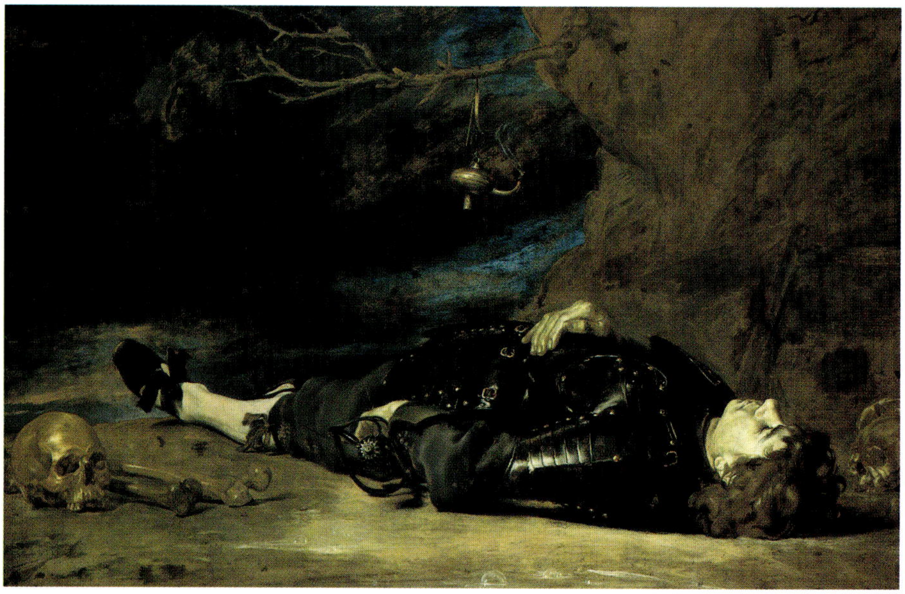

futiles, brutaux, voire absurdes de ce genre de combats. Le tableau exposé au Salon nous est connu par trois caricatures de l'époque. Il ne plut à personne, y compris à l'artiste, et il le découpa en morceaux. Deux fragments ont survécu : celui qu'il appela *l'Homme mort* (fig. 104) et le petit fragment connu aujourd'hui sous le titre *la Corrida* (New York, Frick Collection)[40]. *L'Homme mort* est une œuvre remarquable, et les sources dont il s'inspire ont été très controversées. À propos de l'original présenté au Salon, le critique Théophile Thoré fit observer que Manet avait copié la figure de l'homme mort sur le *Soldat mort* (fig. 103), également appelé *Roland mort,* « chef-d'œuvre » de la collection Pourtalès, alors attribué à Velázquez[41]. Bien que cette collection fût accessible aux visiteurs, Baudelaire nia énergiquement à Thoré que Manet ait vu le pseudo-Velázquez[42]. Sa caractéristique la plus notable, le raccourci de la pose en diagonale, est habituelle aux représentations de guerriers « morts au combat ». En tout cas, ce fragment retravaillé d'*Épisode d'une course de taureaux* est reconnu aujourd'hui comme l'un des grands chefs-d'œuvre de Manet – une œuvre d'un poids et d'une valeur bien supérieurs à ceux du tableau qui fut ou non son modèle.

Baudelaire devait être au courant de bien des sources de l'art de Manet, depuis les origines du *Buveur d'absinthe* (fig. 91) à celles d'*Olympia* (fig. 105), que Manet présenta au Salon de 1865. En 1859, Baudelaire avait vu des copies des deux *Majas* de Goya dans une galerie d'art. Dans une lettre à Nadar, il les présenta comme les portraits de « *La Duchesse d'Albe,* de Goya (archi-Goya, archi-authentique). Les doubles (grandeur naturelle) sont en Espagne, où Gautier les a vus. Dans l'un des cadres, la Duchesse est en costume national, dans le pendant, elle est nue et dans la même posture, couchée à plat sur le dos[43]. » Baudelaire pria Nadar de photographier les tableaux et même de les acheter s'il le pouvait. Nous ne savons pas si Manet a vu ces copies, mais il peignit et plus tard dédia à Nadar une *Jeune Femme couchée en costume espagnol* (New Haven, Yale University Art Gallery), qui rappelle la *Maja* de Goya. Manet exposa la *Jeune Femme* à la galerie Martinet en 1863. Deux ans plus tard, l'entrée d'*Olympia* au Salon souleva un tollé qui hâta la décision de Manet de partir en Espagne.

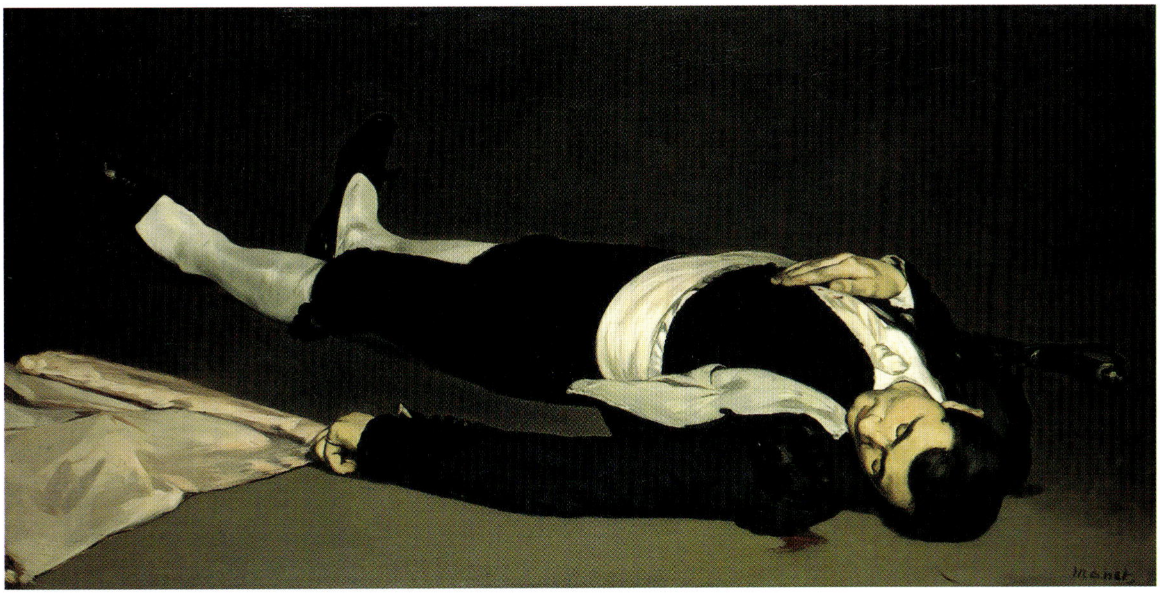

Fig. 104
Édouard Manet
L'Homme mort
1864-1865 ?
Washington, National Gallery of Art (cat. 84)

• Manet en Espagne

Manet soumit au Salon de 1865 deux œuvres ambitieuses, qui furent acceptées l'une et l'autre[44]. Le problématique *Jésus insulté par les soldats* (Chicago, Art Institute) fut assimilé au *Christ mort et les anges* (fig. 102), exposé par Manet l'année précédente, et rejeté d'emblée par les critiques. Mais la réaction critique et populaire se concentra sur son second tableau, *Olympia,* dont le chat noir, au pied du lit du modèle, attira toutes les foudres.

Notes

40 La radiographie a révélé l'évolution très complexe de la composition et a permis de procéder à des essais de reconstitution. Cat. exp. New York, 1999.

41 Thoré déclara que la figure du torero avait été « audacieusement copié [...] d'après un chef-d'œuvre de la galerie Pourtalès (n° 103 du catalogue), peint par Velazquez tout simplement » (Bürger, 15 juin 1864, p. 2).

42 « La similitude apparente de deux artistes peut n'être que le résultat de " mystérieuses coïncidences ". C'est ce que vient de m'écrire Charles Baudelaire, assurant que son ami, M. Édouard Manet, ne pastiche point Goya ni le Greco, puisqu'il n'a jamais vu de Goya ni de Greco, et que " ces étonnants parallélismes peuvent se présenter dans la nature " » (Bürger, 26 juin 1864, p. 2). Pour la lettre que cite Bürger, voir Baudelaire, *Correspondance,* vol. 2, p. 386-387. D'après un guide de l'époque, Manet aurait pu visiter la galerie Pourtalès « le mercredi, au moyen d'une carte d'entrée que l'on obtient sur une demande écrite » (Joanne, 1863, p. 701-702).

43 Baudelaire, *Correspondance,* vol. 1, p. 574. On ne connaît pas de photographies de Nadar de ces tableaux, ni d'autres allusions à ces copies de Goya. Yriarte, 1867, p. 88, dénonça la « tradition ridicule [qui] a donné à cette toile et aux reproductions ou copies que l'on en connaît le nom de *Portrait de la duchesse d'Albe* ». Une copie réduite de la *Maja vêtue* (H. 57 ; L. 85), aujourd'hui au musée Boymans-van Beuningen, à Rotterdam (Inv. 2578), a appartenu à Paul de Saint-Victor (vente Saint-Victor, Paris, hôtel Drouot, 23 et 24 janvier 1882, n° 31, attribué à Goya). Elle provenait, disait-on, de Javier et Mariano Goya par l'intermédiaire de Valentín Carderera (Desparmet Fitz-Gerald, 1928-1950, vol. 1, p. 25, vol. 2, p. 106, note au n° 388).

44 « Le jury a bien fait de recevoir l'*Olympia* ; il s'y est repris à deux fois, mais enfin il l'a reçue, et les trois fanatiques de M. Manet ne pourront pas crier au martyre. De son côté l'administration a eu raison de la placer sur la cimaise ; elle a mis ainsi le nez de l'artiste dans sa peinture, et, qui sait ? peut-être lui paraîtra-t-elle moins drôle qu'à nous » (Leroy, 5 mai 1865, p. 2).

Fig. 105
Édouard Manet
Olympia
1863
Huile sur toile
H. 130,5 ; L. 190
Paris, musée d'Orsay

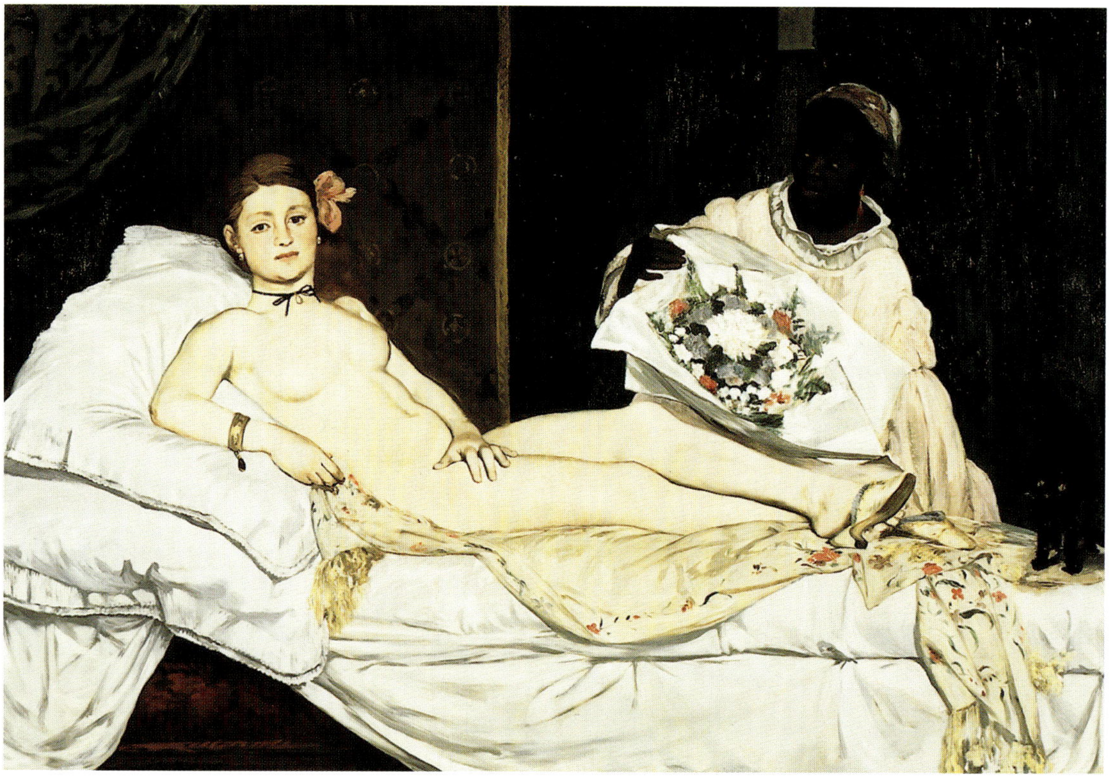

Manet, chercha consolation auprès de Baudelaire : « Je voudrais bien vous avoir ici mon cher Baudelaire, écrivit-il début de mai, les injures pleuvent sur moi comme grêle, je ne m'étais pas encore trouvé à pareille fête. [...] J'aurais voulu avoir votre jugement sain sur mes tableaux car tous ces cris agacent et il est évident qu'il y a quelqu'un qui se trompe[45]. » Baudelaire se montra irrité : « *On se moque de vous* ; les *plaisanteries* vous agacent ; on ne sait pas vous rendre justice, etc., etc. Croyez-vous que vous soyez le premier homme placé dans ce cas ? Avez-vous plus de génie que Chateaubriand et que Wagner ? On s'est bien moqué d'eux cependant ? Ils n'en sont pas morts[46]. »

Nous ignorons comment et où Manet a passé les mois de juin, juillet et août 1865 – dans la mesure où il espérait vendre *Olympia,* il resta sans doute à Paris jusqu'à la fin du Salon –, mais il nourrissait de sérieux projets de voyage, qui se sont finalement portés sur l'Espagne. Au début d'août, Manet adressa une demande de conseils – aujourd'hui perdue – à son ami hispanophile Zacharie Astruc. La longue et chaleureuse réponse d'Astruc, depuis sa retraite de Fontainebleau, proposa un itinéraire détaillé à Manet. Le peintre le remercia : « Votre itinéraire me semble excellent ; je le suivrai de point en point[47]. » La même lettre révèle que Manet avait parlé de son voyage avec d'autres – notamment l'un des frères Stevens, et Champfleury. Mais ils ne pouvaient se décider. Manet était prêt à quitter Paris : « J'ai presque envie de partir tout de suite, après-demain peut-être ; je suis extrêmement pressé de voir tant de belles choses et d'aller demander conseil à maître Velasquez. »

En 1865, tout jeune peintre qui s'intéressait à Velázquez savait que Madrid était le seul endroit où il pourrait vraiment le voir. Mérimée en avait fait la remarque dès 1831, quand il avait décrit le musée de Madrid à ses compatriotes : « C'est là seulement que j'ai vu une collection de

Velasquez. [...] Il faut remarquer que les ouvrages de ce maître sont rares, même en Espagne. » Cette observation revenait dans tous les guides de l'Espagne, et l'incontournable Charles Blanc la répéta en 1863. « A vrai dire », écrivit-il à propos de son voyage à Madrid avec Paul de Saint-Victor en septembre 1862, « c'était Vélasquez qui nous attirait là presque à lui seul, car les autres peintres espagnols nous étaient suffisamment connus[48]. »

Nous ignorons la date du départ de Manet. Sa femme et sa mère se rendirent dans le Maine, dans une propriété d'un parent d'Eugénie Manet. De là, Suzanne écrivit le 5 septembre à Baudelaire que son mari avait quitté Paris « il y a huit jours[49] ». Si l'expression de Suzanne est prise au pied de la lettre, Édouard a quitté Paris le jeudi 29 août. Le voyage en train de Paris à Irun, via Bordeaux et Bayonne, demandait un minimum de dix-sept heures, et le trajet d'Irun à Madrid, via Burgos et Valladolid, nécessitait pas moins de vingt-deux heures. Or, les registres du Prado nous démontrent que Manet se rendit au musée, sans doute peu après son ouverture à 9 heures, le vendredi 1er septembre 1865[50]. Descendu à l'hôtel de Paris, le meilleur de Madrid, Manet y avait fait la connaissance de Théodore Duret, et les deux Français signèrent ensemble le registre du musée[51].

La lettre, à en-tête de l'hôtel, que Manet adressa à Fantin-Latour le 3 septembre montre bien quelles étaient ses priorités : « Vélasquez [...] à lui tout seul vaut le voyage ; les peintres de toutes les écoles qui l'entourent au musée de Madrid et qui y sont très bien représentés semblent tous des chiqueurs. C'est le peintre des peintres ; il ne m'a pas étonné mais m'a ravi[52]. » Une phrase interminable dépeint la passion, l'ardeur et la résolution avec lesquelles Manet entreprit sa visite éclair : « Le morceau le plus étonnant de cet œuvre splendide et peut-être le plus étonnant morceau de peinture que l'on ait jamais fait est le tableau indiqué au catalogue, portrait d'un acteur célèbre au temps de Philippe IV ; le fond disparaît, c'est de l'air qui entoure ce bonhomme tout habillé de noir et vivant ; et les *fileuses*, le beau portrait d'Alonzo Cano, *las Meninas* (les nains),

Notes

45 Manet à Baudelaire, lettre non datée (début de mai 1865), *Lettres à Baudelaire*, p. 233-234 ; Wilson-Bareau, 1991, p. 33.

46 Baudelaire à Manet, 11 mai 1865. Baudelaire, *Correspondance*, vol. 2, p. 496.

47 Astruc à Manet, [août 1865], Wilson-Bareau, 1988, lettre n° 1, p. 29-40. Manet à Astruc, s. d., idem, *op. cit.*, lettre n° 2, p. 41 ; idem, 1991, p. 34.

48 Blanc, 1er juillet 1863,p. 65.

49 Pichois, *Lettres à Baudelaire*, p. 235 ; Wilson-Bareau, 1988, lettre n° 4, p. 46.

50 Tout visiteur du Musée royal qui n'habitait pas Madrid devait inscrire ses nom, pays, adresse et profession dans le registre. La signature de Manet est la quatrième sur le registre à la date du 1er septembre.

51 Le Real Museo de Pinturas, aussi appelé Museo del Prado, était « ouvert l'été de 9 heures à 14 heures [...] Entrée libre le dimanche ; en semaine, sur autorisation du directeur (jamais refusée). Les étrangers doivent seulement présenter leur carte ou leur passeport » (O'Shea, 1865, p. 282). En dehors des trois œuvres de Goya signalées dans le catalogue du musée – les portraits équestres de Charles IV et Maria Luisa, et le petit *Picador* – les toiles des *Deux Mai* et *Trois Mai 1808* étaient également exposées. D'autres portraits royaux, dont *la Famille de Charles IV*, se trouvaient dans le « Salón de descanso [salle de repos] » réservé aux membres de la famille royale ; mais on pouvait néanmoins y accéder ; Astruc avait conseillé à Manet : « Demandez à voir toutes les salles au gardien-concierge, à l'entrée. »

52 Manet à Fantin-Latour, 3 septembre 1865, Wilson-Bareau, 1988, lettre n° 3, p. 45, Wilson-Bareau, 1991, p. 34-35 (Paris, fondation Custodia, Inv. 1997-A.642).

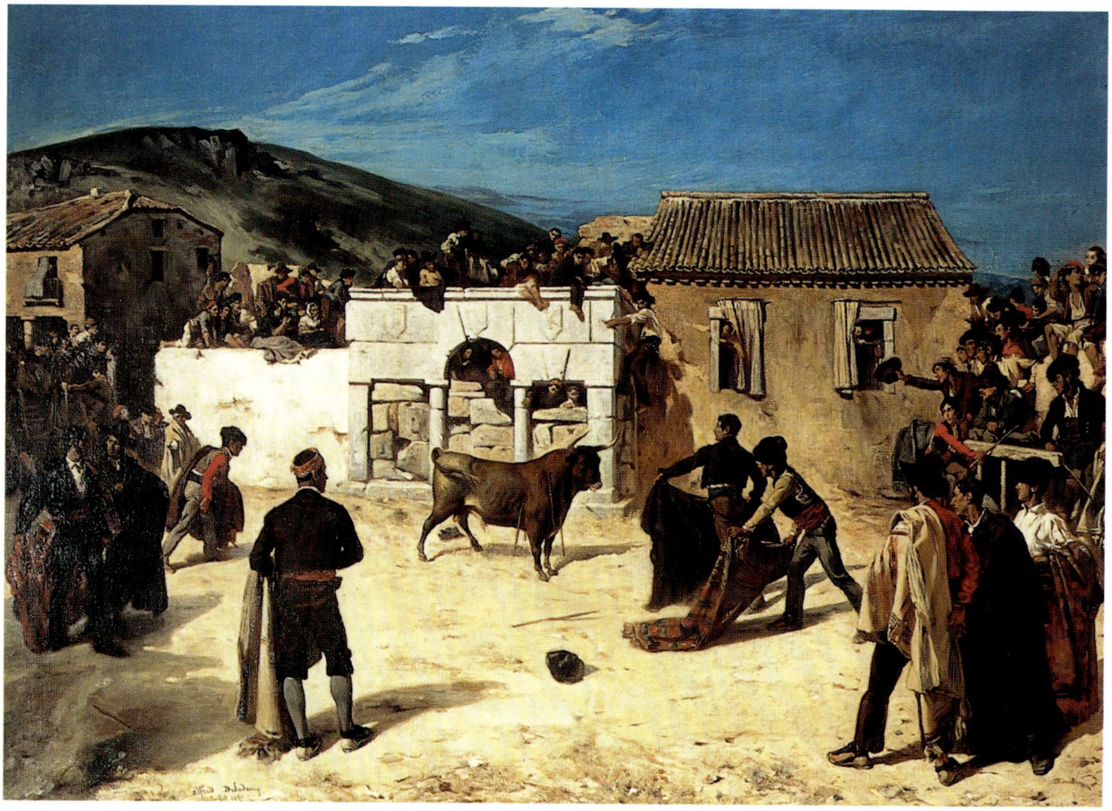

Fig. 106
Alfred Dehodencq
Course de taureaux en Espagne
1850
Pau, musée des Beaux-Arts (cat. 53)

tableau extraordinaire aussi, ses philosophes, étonnants morceaux – tous les nains, un surtout assis de face les poings sur les hanches, peinture de choix pour un vrai connaisseur, ses magnifiques portraits, il faudrait tout énumérer, il n'y a que des chefs-d'œuvre ; un portrait de Charles-Quint par Titien, qui a une grande réputation qui doit être méritée et qui m'aurait certainement je crois paru bien autre part, me semble ici être de bois[53]. »

À son retour en France, Manet écrivit plus posément à Baudelaire : « Enfin mon cher, je connais Vélasquez et vous déclare que c'est le plus grand peintre qu'il y ait jamais eu ; j'ai vu à Madrid 30 à 40 toiles de lui, portraits ou tableaux, qui sont tous des chefs-d'œuvre, il vaut plus que sa réputation et à lui seul vaut la fatigue et les déboires impossibles à éviter dans un voyage en Espagne[54]. »

Les noms de deux autres peintres – le Greco et Goya – apparaissent dans des lettres écrites par Manet juste après son voyage en Espagne. Il fut suffisamment impressionné par le Greco pour le mentionner à Astruc dans son courrier du 17 septembre. Il trouva son œuvre « bizarre » – mot plutôt anodin de nos jours, mais carrément négatif à l'époque. Manet fut bien plus impressionné par Goya, qu'il qualifia, dans sa lettre à Fantin, de peintre « le plus curieux après le maître ». Mais il le critique aussi : Goya « a trop imité [Velázquez] dans le sens le plus servile d'imitation. Une grande verve cependant ». Et, s'il loue ses deux grands portraits équestres « dans la manière de Vélasquez », il les juge « bien inférieurs toutefois »[55]. Enfin, Manet annonce qu'il s'attend à voir beaucoup d'autres Goya : « Je dois […] voir ces jours-ci [la] magnifique collection[du] duc d'Ossuna. » Mais deux semaines plus tard, il confie à Astruc : « J'ai demandé vingt fois le peintre Garcia Martinez aux échos du Café suisse ; il était absent de Madrid ; je n'ai donc pas vu la Galerie d'Ossuna[56]. » Une seule œuvre concentrait son respect et son intérêt pour Goya : « un portrait de la duchesse d'Albe en costume de majo d'un charme inouï », déclare-t-il à Baudelaire ; et il affirme à Astruc : « Le chef-d'œuvre [de Goya] se trouve, selon moi, à l'Académie (*la Duchesse d'Albe,* quelle saisissante fantaisie)[57]. »

Les lettres de Manet sur son voyage en Espagne mettent en évidence deux choses : premièrement, l'objectif principal de son voyage était de voir un grand nombre d'authentiques Velázquez. Pourtant, Astruc et Baudelaire lui avaient mentionné d'autres peintres – à commencer par Goya. Manet, voyageur prudent, soucieux de profiter de son séjour, avait fait l'effort de voir leurs œuvres et quelques-unes des « merveilles » signalées par Astruc. Mais il voulait avant tout voir Velázquez, et en cela il a bien réussi. Secondement, malgré les fatigues du voyage, Manet se sentit profondément revigoré par l'expérience de l'œuvre de Velázquez : « J'ai trouvé chez lui, écrit-il à Astruc, la réalisation de mon idéal en peinture ; la vue de ces chefs-d'œuvre m'a donné grand espoir et pleine confiance. »

Dès octobre, Manet, revenu à Paris, travaillait avec énergie à de nouveaux tableaux directement inspirés par son pèlerinage.

• Manet après l'Espagne

Quatre jours après son retour en France, Manet déclara à Astruc : « Je suis resté sept jours à Madrid et j'ai eu bien le temps de tout y voir, le Prado avec toutes ses mantilles m'a plu énormément, mais le spectacle unique c'est la course de taureaux. J'en ai vu une superbe et compte bien à mon retour à Paris mettre sur la toile l'aspect rapide de cet assemblage de monde tout bariolé, sans oublier la partie dramatique, picador et cheval renversés et labourés par les cornes du taureau et l'armée de chulos cherchant à écarter l'animal furieux[58]. » À peine un mois plus tard, Manet écrivit à son nouvel ami Théodore Duret qu'il était rentré à Paris : « J'ai [...] fait déjà depuis mon retour *la plaza de toros de Madrid*[59]. » Il s'agissait de la plus grande de ses scènes de corrida (fig. 107), qui était sans doute fondée sur de rapides croquis effectués sur place au crayon. Le tableau, sans doute composé à partir de croquis, fut transformé en cours d'élaboration. Il se peut qu'une photographie, vue par Manet avant son voyage en Espagne, ait servi pour le fond de son tableau[60]. Et à Madrid il aurait pu acheter d'autres photographies

Notes

53 Pour l'identification des œuvres mentionnées, voir Wilson-Bareau, 1988, p. 62-63.

54 Manet à Baudelaire, 14 septembre 1865, *Lettres à Baudelaire,* p. 236-237 ; Wilson-Bareau, 1988, lettre n° 5, p. 47-48, Wilson-Bareau, 1991, p. 36.

55 Voir la note 52.

56 Wilson-Bareau, 1988, p. 50.

57 L'*Académie* est l'Académie royale des beaux-arts de San Fernando (Real Academia de Bellas Artes de San Fernando). Les guides signalaient, à propos de Goya : « Une *Maja,* portrait plein de grâce et de vigueur » (la *Maja vêtue,* censée représenter la duchesse d'Albe) et « quatre petits pendants, *Auto-da-fé, Procession du Vendredi-Saint, Course de taureaux, Maison de fous.* Fantaisies charmantes, spirituelles et animées » (Germond de Lavigne, 1866, p. 82).

58 Wilson-Bareau, 1988, p. 50.

59 Manet à Duret, 13 octobre 1865, Wilson-Bareau, 1988, p. 56, Wilson-Bareau, 1991, p. 37. Duret était retourné à Cognac et avait déjà écrit plusieurs articles sur l'Espagne pour *l'Indépendant de Saintes.*

60 Voir Miura, 1988, p. 74, fig. 2 : la photographie prise par Auguste Muriel, et publiée le 25 juin 1865 dans *la Critique illustrée.*

Fig. 107
Édouard Manet
Combat de taureaux
1865
Paris, musée d'Orsay
(cat. 88)

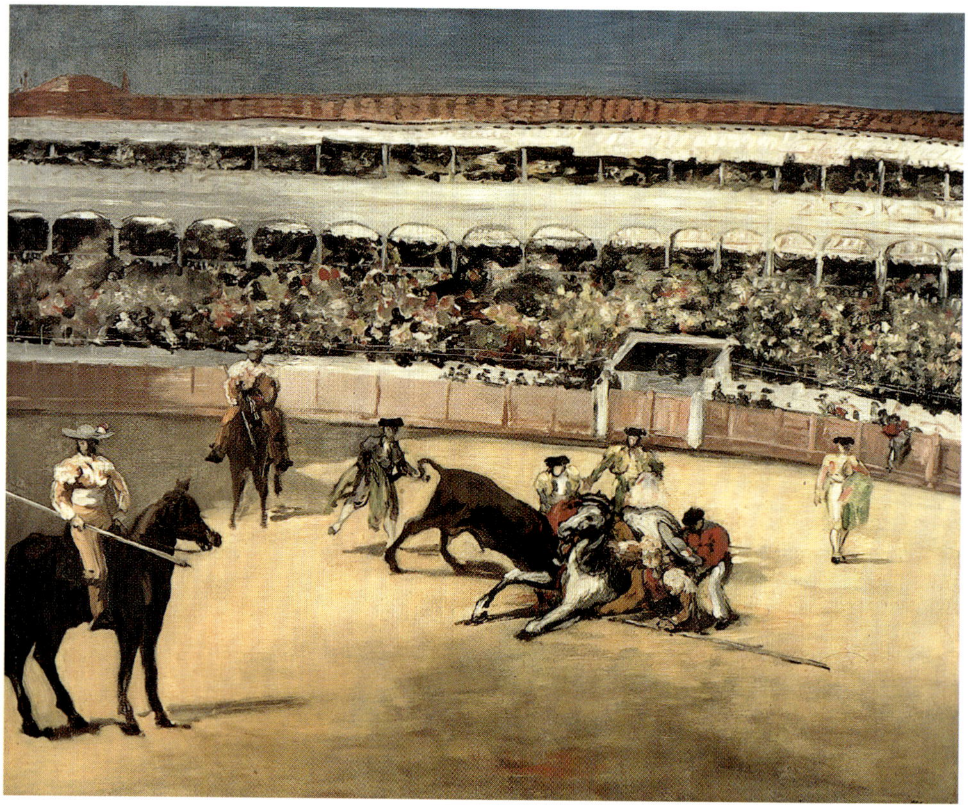

Fig. 108
Édouard Manet
Combat de taureaux
1865-1866
Chicago, The Art
Institute (cat. 89)

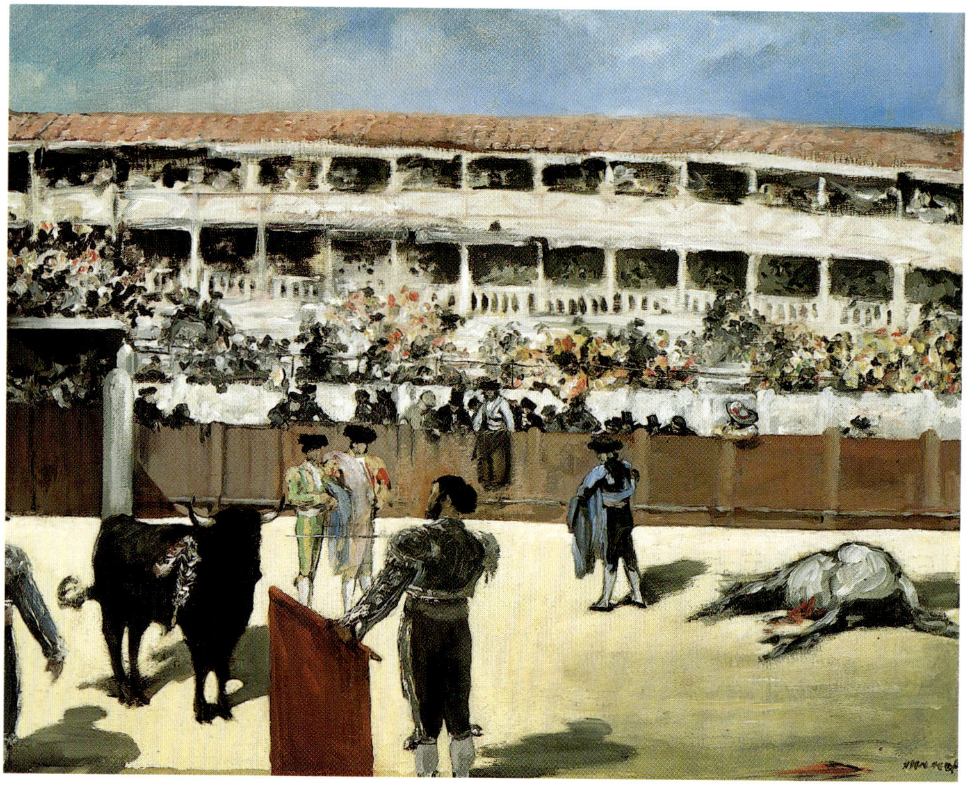

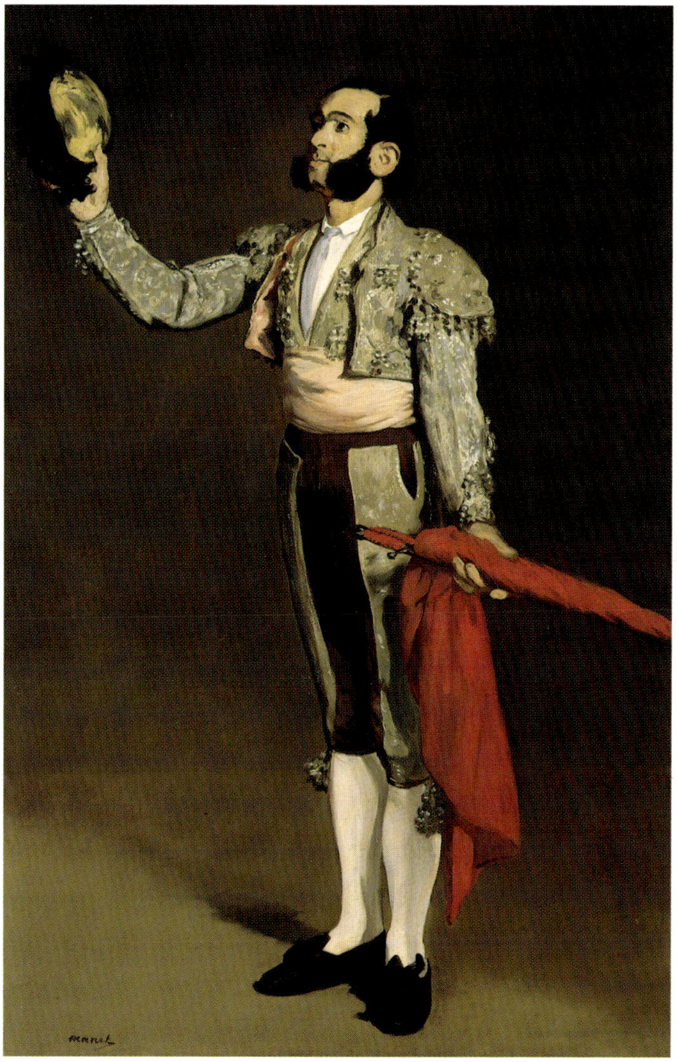

Fig. 109
Édouard Manet
Un matador de taureaux
1866-1867
New York, The Metropolitan Museum of Art (cat. 94)

de l'arène et des portraits des *picadors*, *banderilleros* et *espadas* vedettes. Cette scène dans l'arène de Madrid exprime l'intensité de l'expérience que Manet a eue de la *fiesta* espagnole. Mais son côté « furieux », voire maladroit, n'est point caractéristique de l'artiste. Une deuxième toile (fig. 108) propose une vue plus rapprochée et une composition plus structurée. La scène représente le moment suspendu où l'homme et le taureau s'affrontent pour la « mise à mort », et s'accorde avec la préférence de Manet pour « les choses claires et les sujets tranquilles[61] ».

L'une des grandes figures peintes au retour de l'Espagne, *Un matador de taureaux* (fig. 109), est évidemment liée aux tableaux de corrida. L'*espada* salue le président dans sa loge ou dédie le taureau qu'il va tuer à une dame. Le sujet, sans doute un Espagnol, au visage très typé avec ses rouflaquettes et sa lèvre saillante, a l'air d'un professionnel, même si sa profession n'était

Notes

61 Proust, 1897, p. 129, 1988-1996, p. 16, 1913, p. 24.

Fig. 111
Édouard Manet
Philosophe
1865-1867
Chicago, The Art Institute (cat. 91)

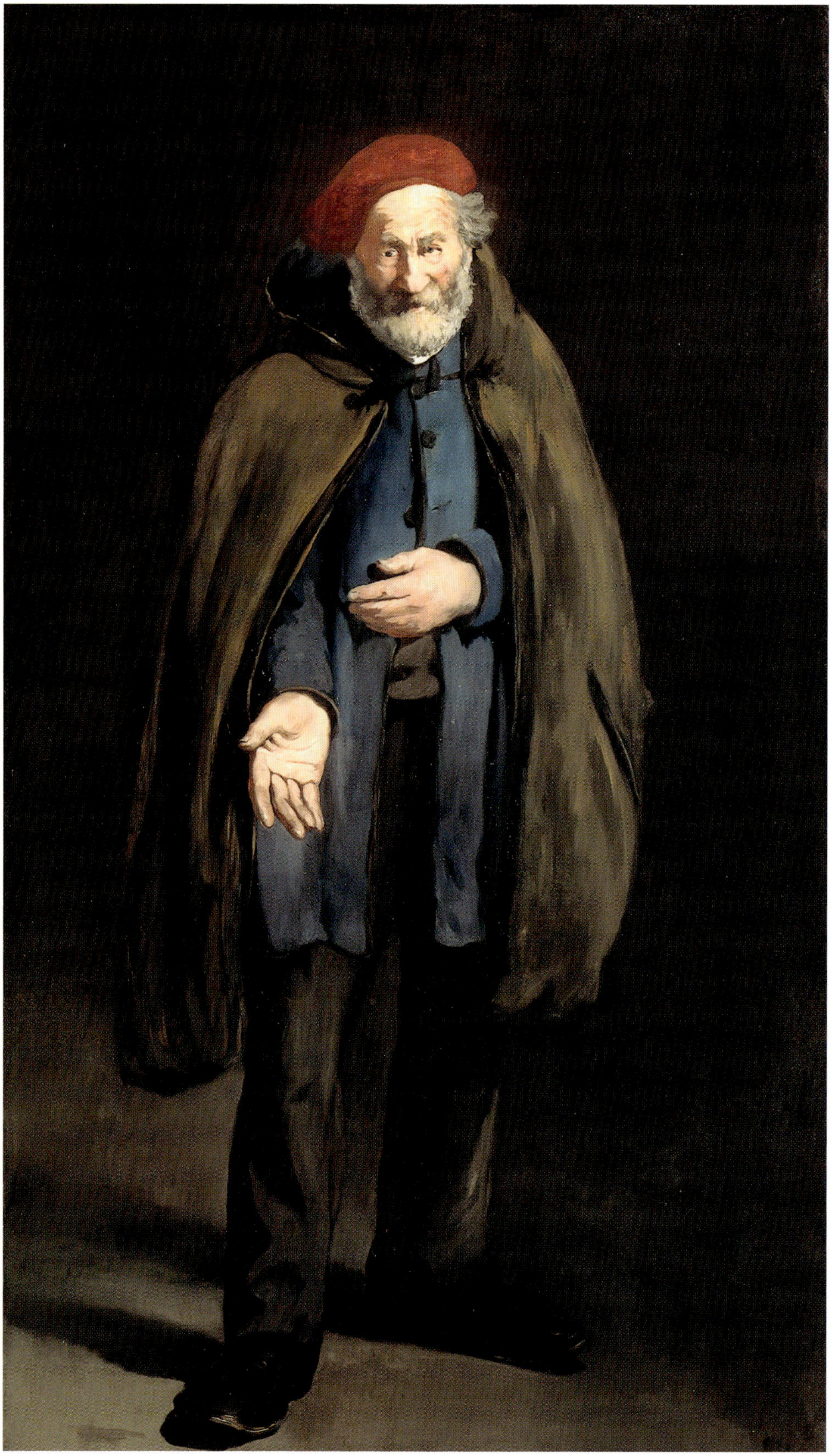

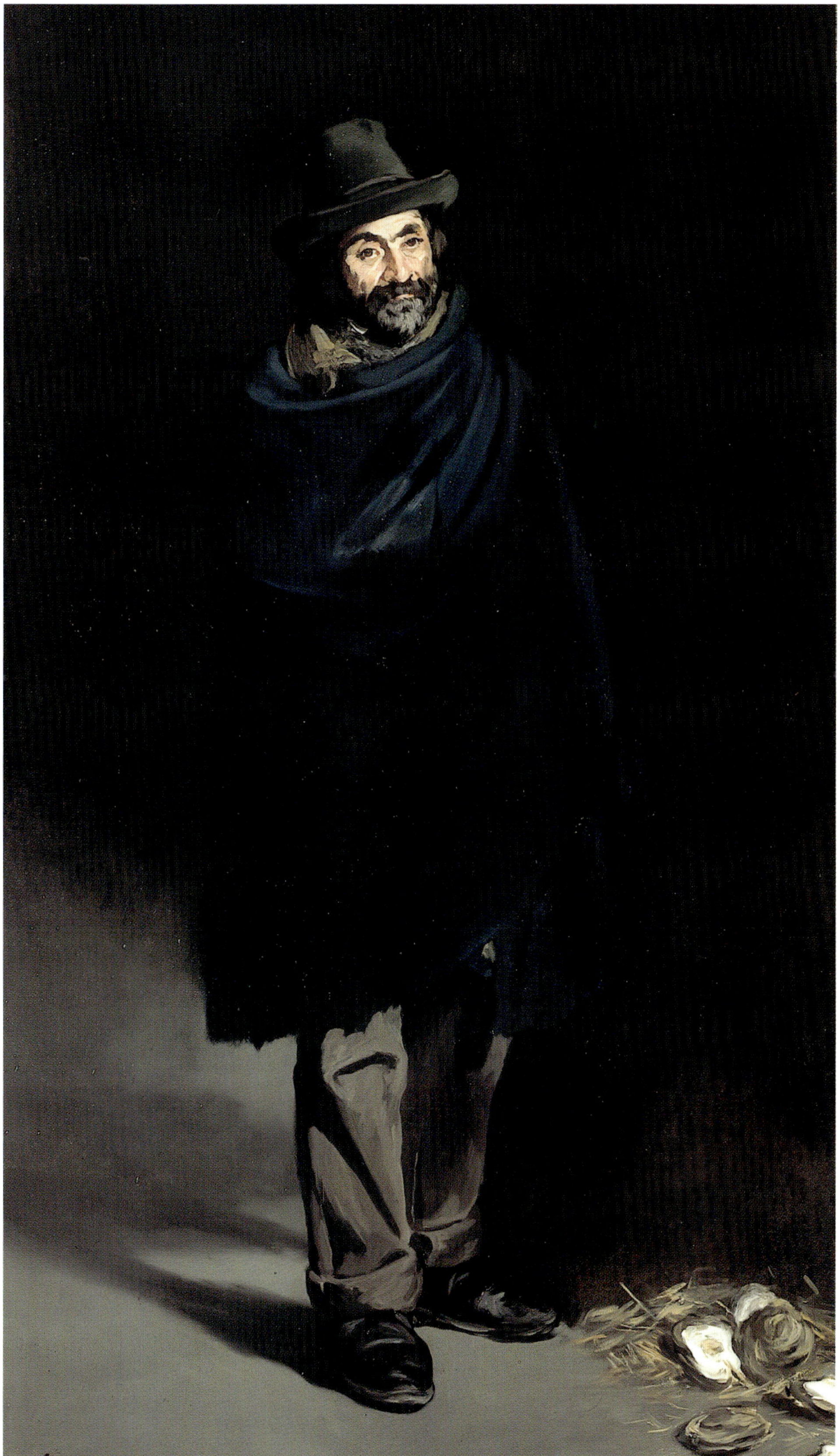

Fig. 112
Édouard Manet
Philosophe
1865-1867
Chicago, The Art Institute (cat. 90)

Fig. 113
Édouard Manet
Moine en prière
1864-1865
Boston, Museum
of Fine Arts (cat. 86)

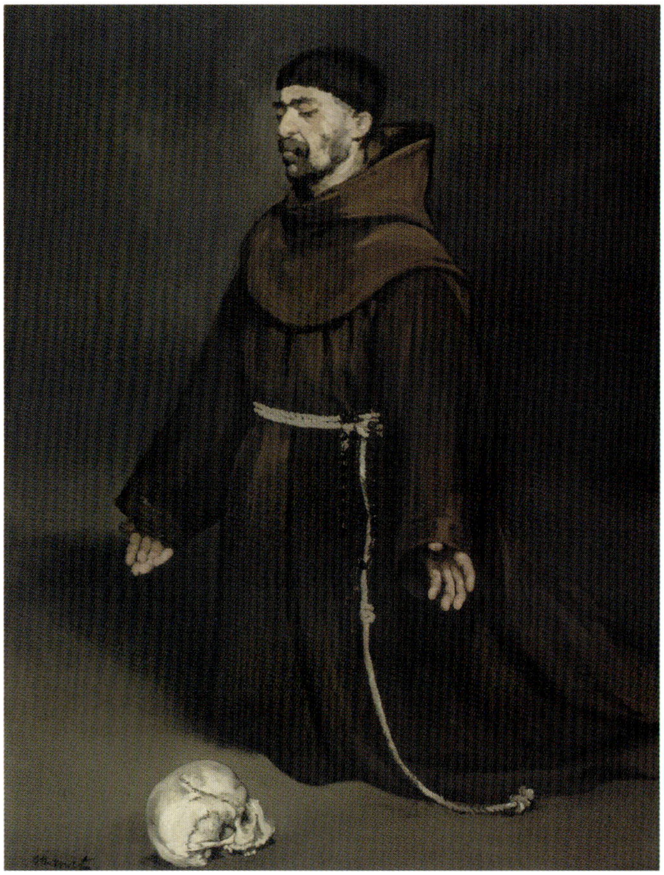

son « détestable *Rouvière en Hamlet* » et jugea *le Fifre* « mauvais », mais admira sans réserve « l'*Espagnol jouant de la guitare* » et « l'*Enfant à l'épée* ». Sans être un succès, l'exposition marqua un tournant décisif pour Manet et ses critiques. Eugène Spuller souligna l'effet produit par les nombreux « tableaux du même artiste, tous très-montés en couleur, mais disposés de manière à se faire valoir les uns les autres et à se faire équilibre, tous marqués au coin de la même personnalité. [...] Dans de telles conditions, il est bien difficile que le spectateur en arrivant, surpris, ébloui, échappe à une première impression de force et d'unité ». Manet ne pouvait plus être pris à la légère. Dès lors, l'artiste cessa d'afficher un intérêt particulier pour des thèmes espagnols. Il avait trouvé sa propre identité.

Le 19 juin 1867, alors que l'Exposition universelle battait son plein à côté de la modeste manifestation de Manet, Maximilien, empereur du Mexique, fut fusillé près de Querétaro. Napoléon III avait réussi à placer Maximilien sur le trône du Mexique et avait garanti sa position pendant un temps, avec le soutien de ses troupes. Mais à partir de 1865, confronté à la montée de l'opposition en France et comprenant sans doute que son « grand projet » pour le Mexique se désagrégeait, il commença à lui retirer son appui aussi prudemment que possible et, de fait, abandonna Maximilien à son sort. La famille Manet était anti-bonapartiste, mais dans quelle mesure l'artiste exprima-t-il ses opinions politiques dans son œuvre ? On a suggéré que sa lithographie *le Ballon,* de 1862, réalisée peu après le début de la campagne française au Mexique, porte un commentaire critique sur la position de l'empereur[65]. Les

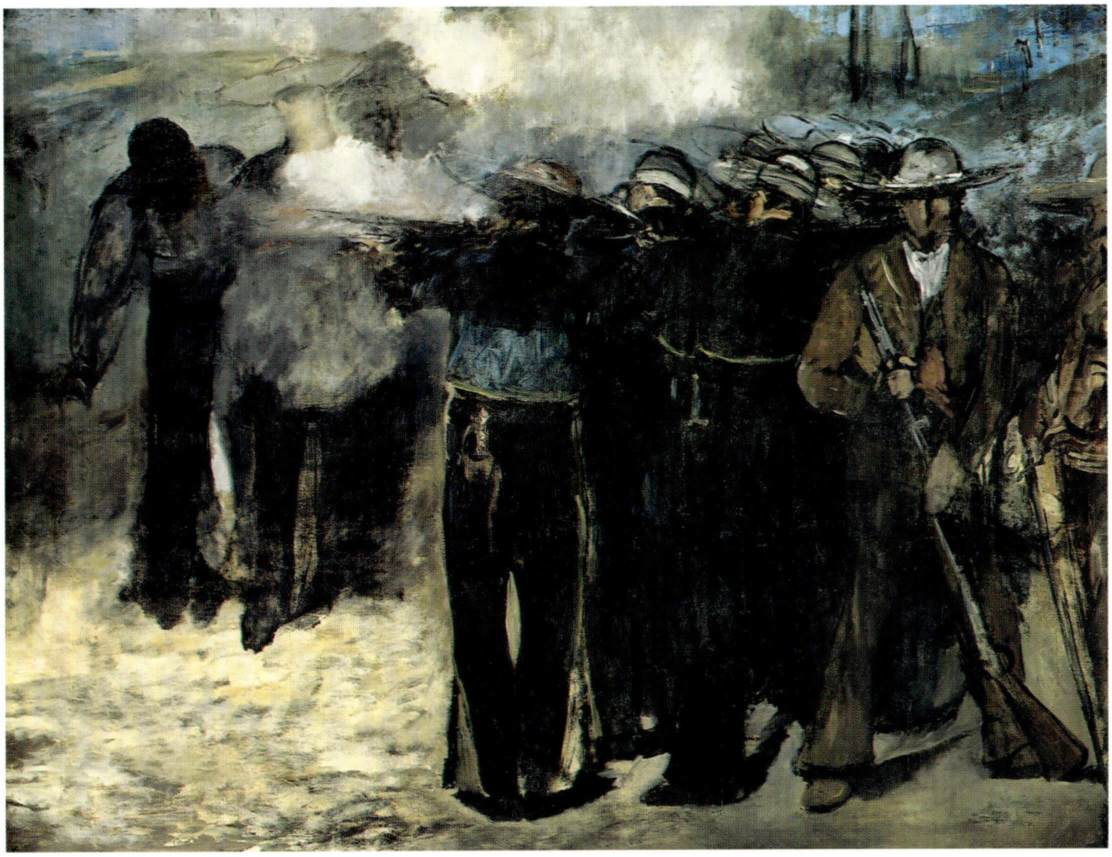

Fig. 114
Édouard Manet
L'Exécution de l'empereur Maximilien
1867
Boston, Museum of Fine Arts (cat. 95)

tableaux majeurs de cette période – le fragment remanié de l'*Épisode d'une course de taureaux* que Manet rebaptisa *l'Homme mort, le Christ mort et les anges* et *Jésus insulté par les soldats* (Chicago, The Art Institute) – reflètent tous une préoccupation quant à la souffrance et la mort, et son impressionnant *Moine en prière* est une méditation sur la mortalité (fig. 113).

En 1867, l'artiste, qui méprisait la « peinture d'histoire », décida de faire de l'exécution de Maximilien le sujet d'un tableau (fig. 114) qu'il enverrait au Salon. Les exécutions du *Trois Mai 1808,* de Goya, en fournissent la structure essentielle. Manet avait vu ce tableau et le *Deux Mai 1808* au Prado, et le premier venait d'être gravé pour le « *Goya* » de Charles Yriarte[66]. La première ébauche de Manet à grande échelle, très « mexicaine », mêle aux souvenirs de Goya la documentation apportée par les images d'Épinal et les gravures et reportages de la presse. L'arrivée à Paris, peu à peu, d'informations toujours plus précises, et surtout de photographies, incita Manet à reprendre sa composition par deux fois, et sur une nouvelle toile. Lorsque Manet apprit que les soldats du peloton d'exécution portaient des uniformes

Notes

65 Druick et Zegers, mai-juin 1983, p. 37-46.
66 Yriarte, 1867, gravure face à la p. 86 (intitulée par erreur « Le Deux Mai), d'après un dessin de Bocourt. Le registre des copistes du Prado (*Registro de copiantes,* 1864-1873, Biblioteca L-36) fait mention de la visite de « Carlos Yriarte », « M.r Tabar » et « M.r Bocourt », le 22 août 1866.

Fig. 115
Édouard Manet
Guerre civile
1871
Paris, bibliothèque nationale de France, département des Estampes (cat. 101)

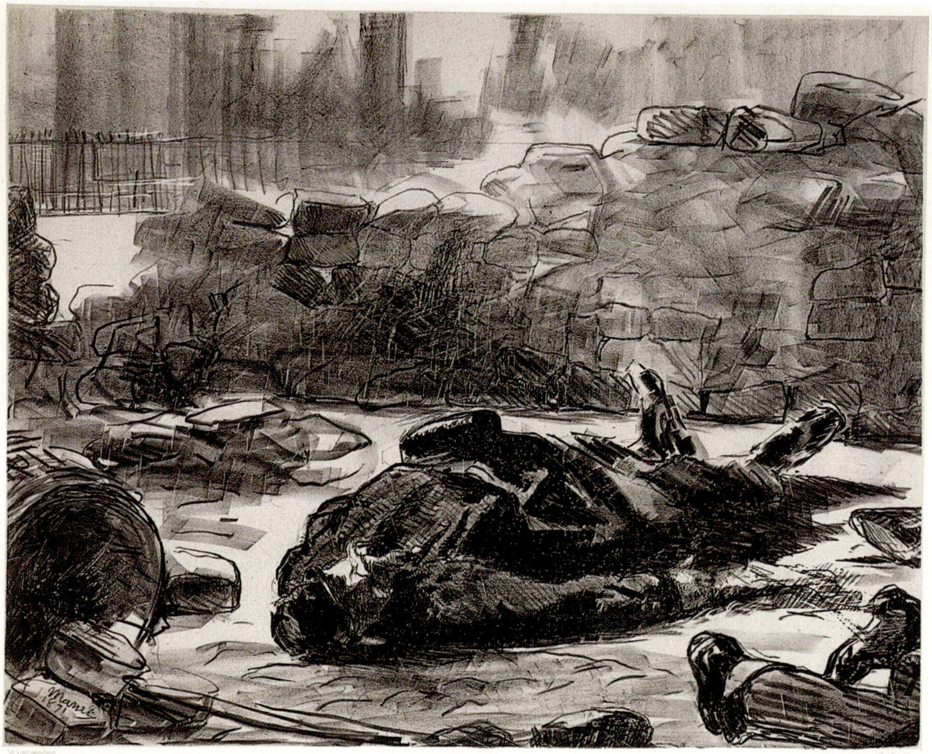

semblables à ceux des troupes françaises, il comprit que sa peinture lui permettrait de désigner le responsable de ce « désastre » goyesque comme étant… la France.

Lorsque la toile définitive (Mannheim, Kunsthalle), aux motifs tirés de la *Tauromachie* et des *Désastres de la guerre* de Goya, fut achevée, Manet pensa l'envoyer au Salon de 1869. Mais on lui fit officieusement savoir que l'œuvre serait refusée[67]. Manet ne put donc s'exprimer sur la politique du second Empire. Un projet semblable concernant l'exécution des Communards, en 1871, fut également avorté. Ce ne fut qu'en 1874 que sa lithographie *Guerre civile* (fig. 115) – témoignage magnifique mais peu provocateur – vit le jour, en même temps que *le Gamin,* d'après l'une des plus attachantes de ses peintures « espagnoles ».

La publication, en 1867, de la monographie illustrée d'Yriarte sur Goya fut un événement majeur pour la connaissance de l'œuvre de cet artiste. Dans les années 1860, les écrivains et les spécialistes avaient approfondi leur contact avec l'art espagnol en explorant la richesse des collections en Espagne. Dans la France du second Empire un nombre croissant d'œuvres devinrent accessibles dans les collections publiques et privées. Les plus spectaculaires ventes aux enchères furent celle de la collection Pourtalès, en 1865, et la vente Salamanca, en 1867. Ces manifestations commerciales et artistiques avaient en outre une dimension mondaine. Dans l'hebdomadaire *la Vie parisienne,* un reportage sur la collection Pourtalès fut accompagné par une évocation visuelle de ses chefs-d'œuvre les plus célèbres, dont le *Roland mort*[68]. Ce dernier est aujourd'hui classé dans l'école italienne du XVIIe siècle, sans attribution précise[69]. Yriarte acheva sa monographie de Goya par un catalogue d'œuvres issues des collections espagnoles et françaises. Il exprime des doutes sur l'authenticité de plusieurs d'entre elles, et soupçonne « Alemsa » (Leonardo Alenza) d'en être souvent l'auteur[70]. Les estampes de Goya offraient un terrain plus sûr, car les gravures sont presque impossibles à contrefaire. En 1867 et en 1868, Paul Lefort, qui passa dix ans à Madrid, publia un catalogue détaillé des eaux-fortes et des lithographies de Goya dans *la Gazette des Beaux-Arts*. Grâce aux relations espagnoles de Lefort, *la Gazette* obtint deux cuivres originaux, dont un tirage fut réalisé pour accompagner son texte[71].

Livres et articles s'associaient aux ventes et à leurs catalogues pour stimuler le marché de l'art et la concurrence parmi les collectionneurs. Certains des plus riches – le marquis de Salamanca, les frères Émile et Isaac Pereire – contribuèrent au développement de l'infrastructure de l'Espagne, notamment les chemins de fer. Ils réunirent leurs collections sur les conseils de critiques, connaisseurs et historiens de l'art. Thoré joua un rôle majeur dans l'établissement de ces collections, faisant souvent fonction de courtier ou d'intermédiaire. Et des artistes firent de même, tel Zacharie Astruc. Toutefois, de bonnes connaissances et un « œil » n'étaient pas toujours une garantie de bon jugement, surtout lorsque l'on croyait avoir fait une découverte ou flairait une affaire. Les jugements de Thoré et sa participation au marché de l'art furent critiqués en son temps, et ses attributions n'ont pas toujours tenu leurs promesses[72]. Astruc effectua le premier de ses voyages en Espagne en 1864, y passa une grande partie des années 1872 et 1873 et y retourna en 1875 avec mission d'acheter des œuvres d'art ; il aida ainsi le comte de Terbecq à enrichir une collection – et en profita pour augmenter à la sienne. À la vente de la collection Terbecq en 1877, quatre magnifiques natures mortes de Goya (dont celle du Louvre) côtoyaient des attributions optimistes, sinon fausses, dont aucune œuvre n'a pu être identifiée[73]. L'année suivante, une vente organisée par Astruc, des œuvres de sa propre collection, fit apparaître une autre nature morte, deux copies douteuses et une *« Petite fille de l'auteur »* (Goya n'avait pas de descendance féminine). La préface complaisante de Paul Lefort ne cache pas son scepticisme[74].

Avant la fin des années 1860, la culture espagnole, stimulée par les liens de l'impératrice Eugénie avec l'Espagne, avait cessé d'être à la mode. Elle s'intégra tout naturellement dans la vie mondaine parisienne et, sous différentes formes, dans l'œuvre de Manet. Les guitaristes catalans Bosch et Pagans, qui se produisaient dans les salons fréquentés par Manet et par Degas, furent le sujet de leurs œuvres. En 1866, Manet dessina une couverture pour la partition musi-

Notes

67 Pour l'histoire complexe des 3 toiles, voir le cat. exp. Providence, 1981 ; et le cat. exp. Londres, 1992.
68 M., 21 janvier 1865, p. 32-33, et 28 janvier, p. 49-51.
69 Sur les attributions à Velázquez aux XVIIIe et XIXe siècles, voir Harris, 1987, p. 148-154.
70 Yriarte, 1867, p. 127-151.
71 Lefort, vol. 22 (1er février 1867), p. 191-205, vol. 24 (1er février 1868), p. 169-186, vol. 24 (1er avril 1868), p. 385-399, vol. 25 (1er août 1868), p. 165-180.
72 Le catalogue de la vente anonyme des frères Pereire indiquait les sources des *Tableaux anciens provenant de l'ancien Musée espagnol au Louvre...*, 1868. Voir les indications concernant cette collection dans la préface au catalogue de la seconde vente : *Galerie de MM. Pereire...*, 1872.
73 *Collection de M. le comte de **** [Terbecq], 1877, n°s 18-92.
74 *Collection de M. Z. Astruc*, 1878, n°s 32-35. La nature morte reçut le n° 35, « Dorades empilées... » (Houston, Museum of Fine Arts) ; Gassier-Wilson, 1970, n° 907.

Fig. 116
Édouard Manet
Fleur exotique
1868
Paris, bibliothèque nationale de France, département des Estampes (cat. 98)

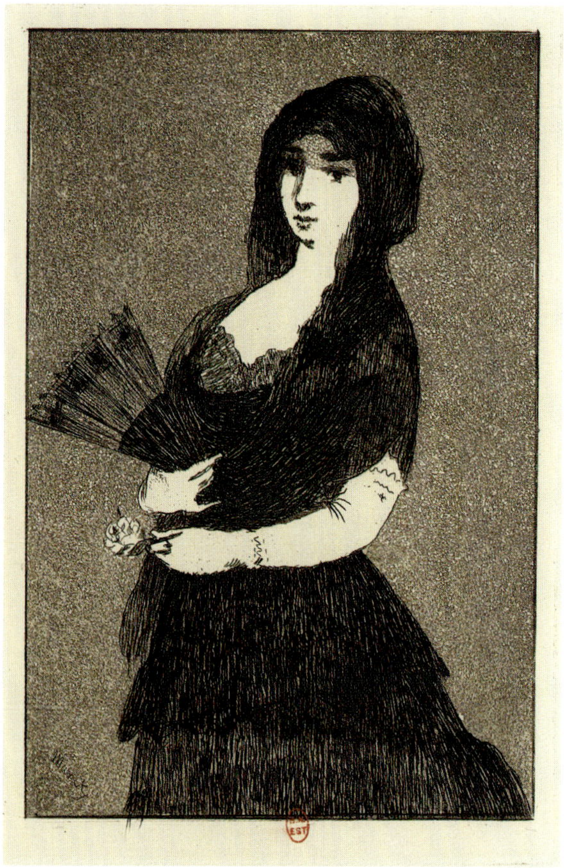

cale d'une *Plainte moresque* que Bosch lui avait dédicacée. Victorine Meurent et Astruc posèrent pour Manet avec leurs guitares, chacun dans un contexte loin du folklore espagnol ; le contraste est frappant entre l'Astruc guitariste et sa belle chanteuse, que Manet envoya au Salon de 1870 (Boston, Museum of Fine Arts), et *le Guitarero,* peint dix ans plus tôt. La guitare, au lieu d'être un accessoire exotique, faisait désormais partie de la vie cultivée. De la même manière, en 1868, les *Caprices* de Goya, images obligées de l'Espagne romantique, fournissaient à Manet la source de l'une des plus belles illustrations (fig. 116) pour un livre de bibliophile, où eaux-fortes et sonnets s'associaient pour créer un ouvrage d'un goût exquis et français.

À mesure que le style et la personnalité artistique de Manet se développaient, les allusions du peintre à l'art espagnol s'espacèrent. Le *Portrait de Théodore Duret* (fig. 117) a été comparé à des portraits de Goya, mais le lien avec Velázquez, savamment dissimulé, est bien plus fort : la commande au rabais, peinte sur une toile de petit format, montre un Duret très préoccupé de sa prestance. Mais à côté de la nature morte, peinte de main de maître, le souvenir de Velázquez fait revivre, devant ce *Duret,* ses portraits de nain et de bouffon[75]. Le *Portrait d'Émile Zola,* très différent et, à première vue, très éloigné de Velázquez, n'est pourtant pas sans relation avec son portrait d'*El Primo* (fig. 46), nain fonctionnaire de la cour qui, à l'instar de Zola, tient dans les mains un livre ouvert. Au-dessus de l'attirail de l'écrivain disposé sur la table – rappelant les objets au premier plan dans l'œuvre du maître espagnol – se trouve une

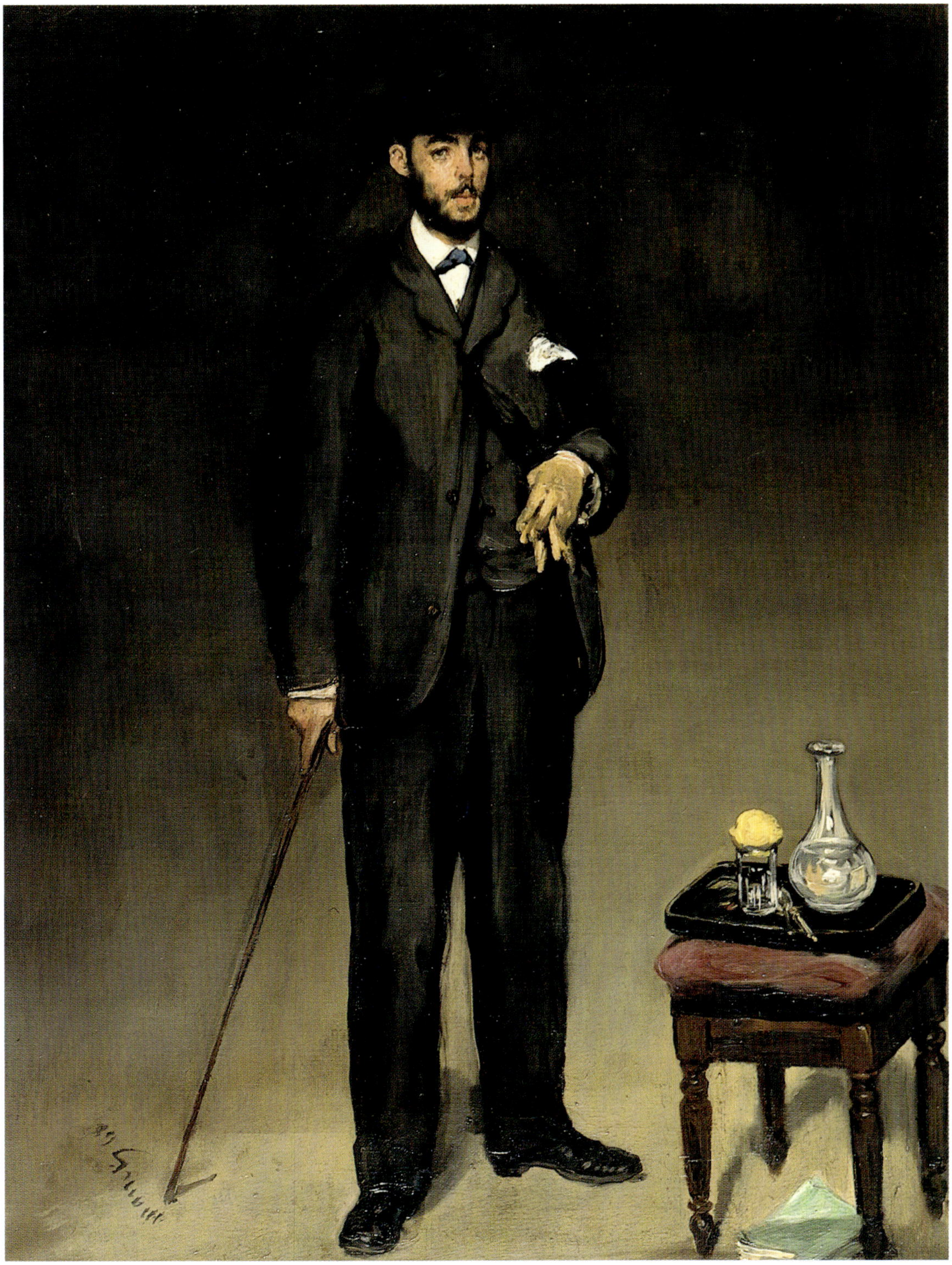

Fig. 117
Édouard Manet
Portrait de Théodore Duret
Paris, Petit Palais, musée des Beaux-Arts de la Ville de Paris
(cat. 97)

Notes

75 Duret avait sans doute demandé un portrait de petit format, c'est-à-dire, une tête. Pour les circonstances de la commande, voir le cat. 97.

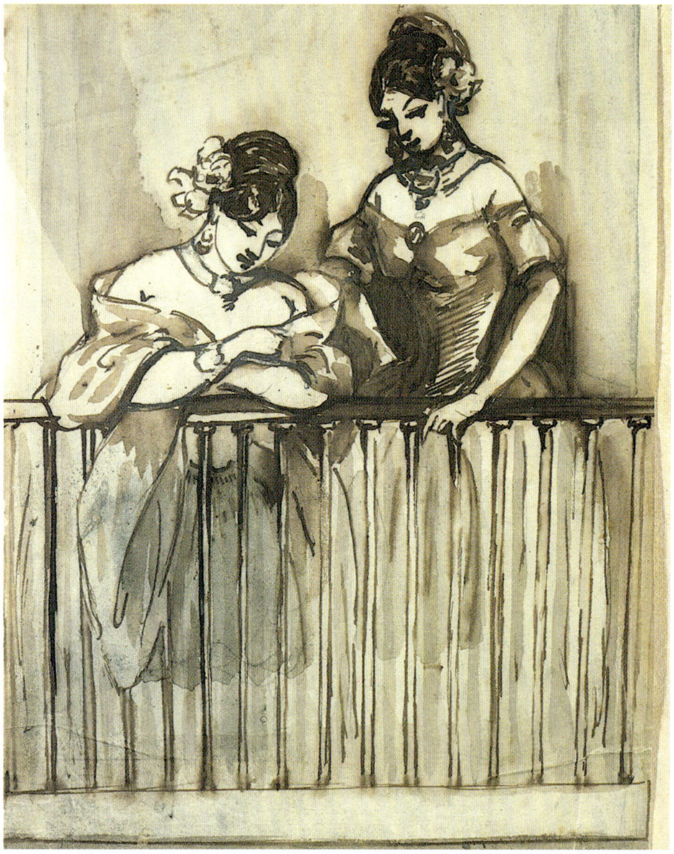

Fig. 118
Constantin Guys
Deux Espagnoles
à leur balcon
Paris, musée des Arts décoratifs (cat. 65)

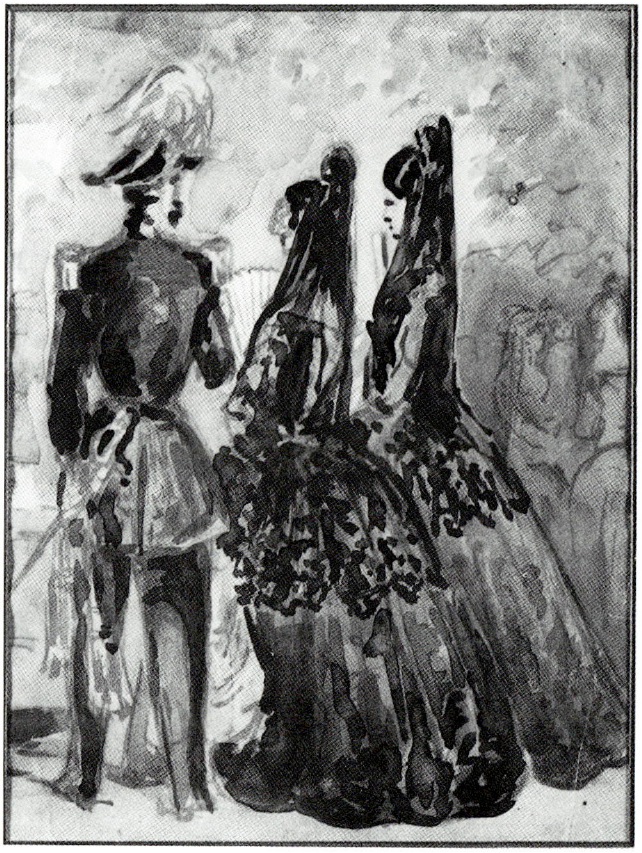

Fig. 119
Constantin Guys
Femmes et officier
Paris, musée des Arts décoratifs (cat. 66)

allusion directe à Velázquez : derrière une photographie d'*Olympia,* cachée en partie par une estampe japonaise, on distingue une gravure, peut-être de Goya, d'après *les Buveurs* de Velázquez. Dans une pochade réalisée dans l'atelier, en 1870, on voit Eva Gonzalès, la beauté brune très « espagnole » qui devint son élève. À ses côtés, un jeune homme en costume espagnol rappelle des œuvres antérieures[76]. Là, le portrait de *Lola de Valence,* à l'arrière-plan, confirme la relation avec les sujets espagnols de 1862.

Si Eva évoque son passé hispanisant, ce sera l'autre élève de Manet qui l'amènera définitivement dans le monde moderne de l'après-guerre et de la troisième République : Berthe Morisot fait sa première apparition dans *le Balcon,* présenté au Salon de 1869 (fig. 80). Cette œuvre majeure, inspirée semble-t-il par une chose vue lors d'une villégiature, a la naïveté d'une caricature de bourgeois en vacances. La scène, banale, est pleine de résonances : au niveau populaire, on pense aux dessins de Guys, gravés pour l'*Illustrated London News* (fig. 118 et 119) – mélange ambigu d'art sophistiqué – qui plut à Baudelaire – et journalistique. Quant

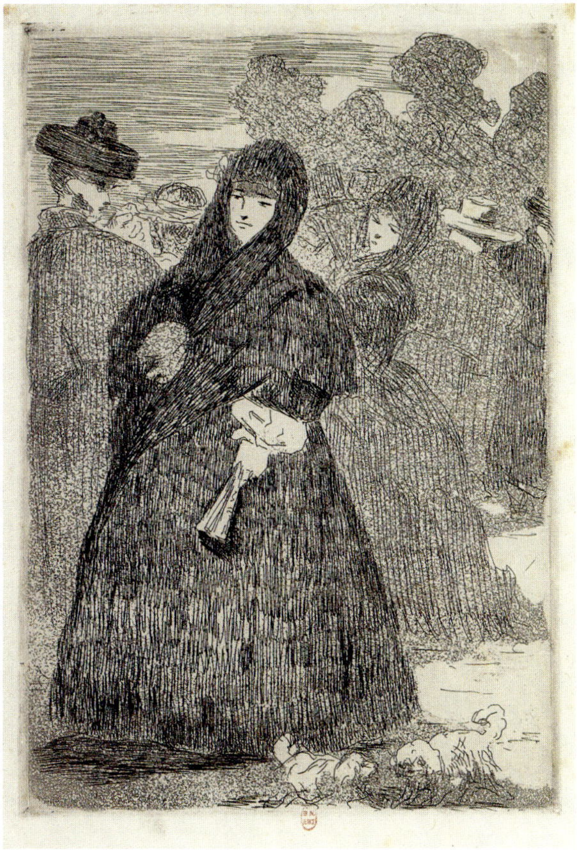

Fig. 120
Édouard Manet
Au Prado II
1862-1868
Paris, Bibliothèque nationale de France, département des Estampes (cat. 83)

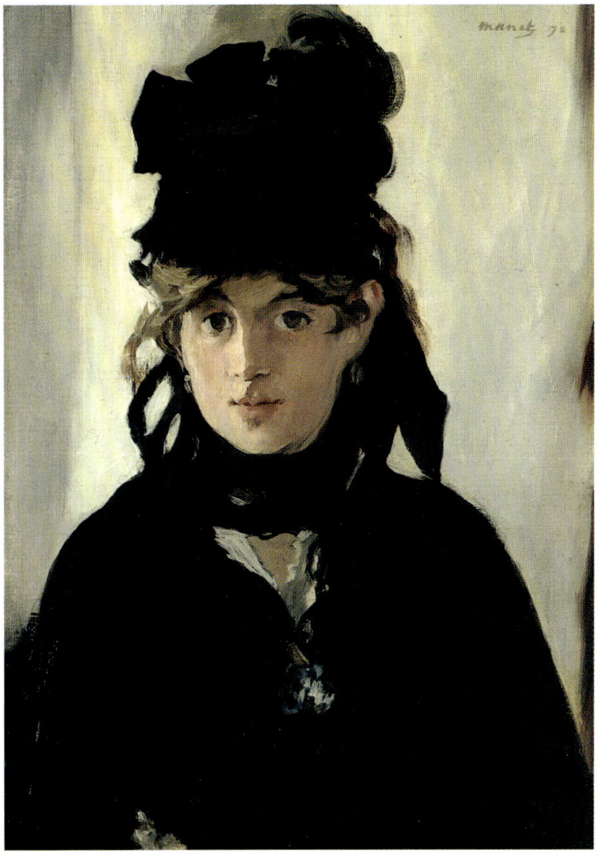

Fig. 121
Édouard Manet
Berthe Morisot au bouquet de violettes
1872
Paris, musée d'Orsay (cat. 102)

à l'art noble : évoquera-t-on les vrais *Majas au balcon* de la Galerie espagnole de Louis-Philippe, reproduites par Yriarte dans son livre, ou les fausses *Majas* de l'infant don Sebastián (fig. 79), achetées plus tard par les Havemeyer sur les conseils de Mary Cassatt ? Ici, Manet peint Berthe Morisot telle qu'elle se décrit, en femme fatale étrange[77]. Dans d'autres tableaux, il la représente dans une atmosphère lumineuse qui appelle le maître des *Ménines* (fig. 121), ou en *maja* goyesque et aguichante, habillée de noir, éventail à la main (fig. 122). Mais de tous les tableaux de Manet des années 1870, c'est le portrait de son ami peintre-graveur Marcellin

Notes

76 *La Posada* (Rouart et Wildenstein, 1975, vol. 1, nº 110) est le pendant du *Ballet espagnol*.
77 *Correspondance de Berthe Morisot*..., 1950, p. 27.

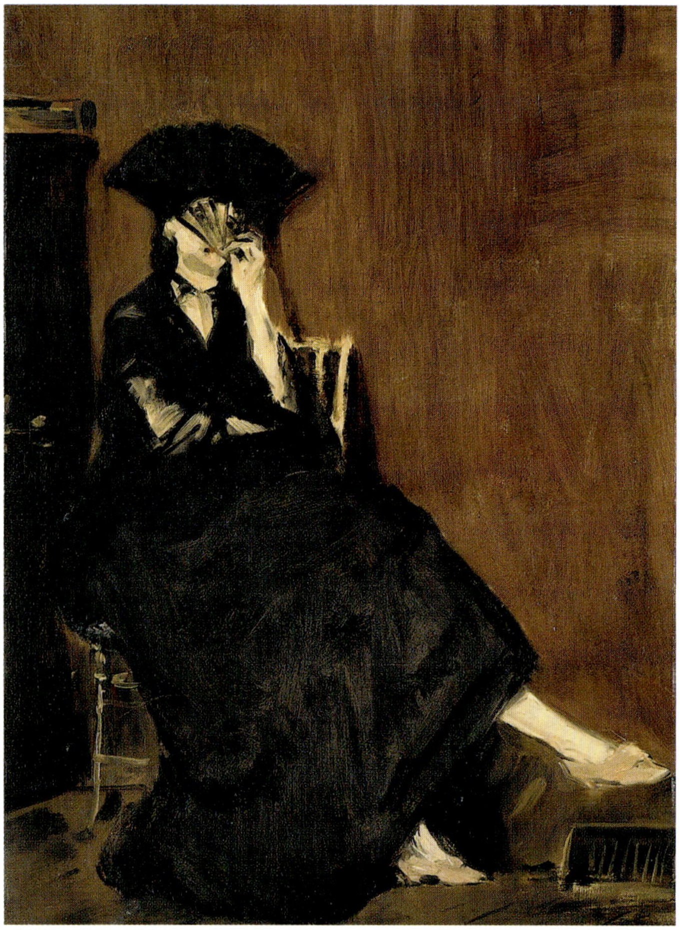

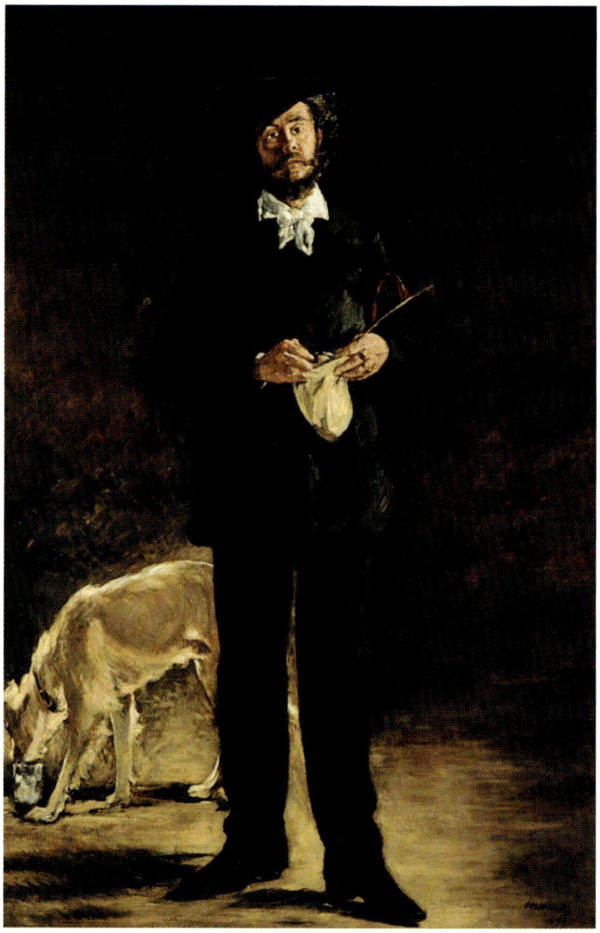

Fig. 122
Édouard Manet
Berthe Morisot à l'éventail
Paris, musée d'Orsay
(cat. 103)

Fig. 123
Édouard Manet
L'Artiste
1875
São Paulo, Museu de Arte de São Paulo
(cat. 104)

Desboutin, *l'Artiste* (fig. 123), qui démontre l'influence profonde qu'exercent encore sur lui les grandes figures du maître.

Dans les années 1880, les thèmes spécifiquement espagnols ne se retrouvent que dans des œuvres de circonstance : un tambourin goyesque pour l'une des expositions, mondaines et amusantes, de *la Vie moderne* (fig. 124), des motifs de corrida sur un éventail[78], les accessoires de son étonnante effigie d'*Émilie Ambre dans le rôle de Carmen*. Deux œuvres résument la relation entre Manet et Velázquez : un *Autoportrait,* exécuté vers 1878, est une allusion incontestable à celui qu'introduisit Velázquez dans son chef-d'œuvre, *les Ménines,* tandis que l'ultime chef-d'œuvre de Manet, *Un bar aux Folies-Bergère,* rivalise par sa complexité visuelle et sa facture merveilleuse avec l'exemple donné par le maître espagnol. Les similitudes entre la blonde et douce *infante,* avec son corsage à fleurs, et la figure de la serveuse de bar, les miroirs, les jeux de l'espace et de la lumière, évoquent ce que Baudelaire aurait appelé une « coïncidence » profonde entre ces deux maîtres, Manet et Velázquez. •

Notes

78 Rouart et Wildenstein, 1975, vol. 2, n° 529 ; vente galerie Kornfeld, Berne, *Kunst des 19. und 20. Jahrhunderts,* 1re partie, 24 juin 1994, n° 81, repr. coul.

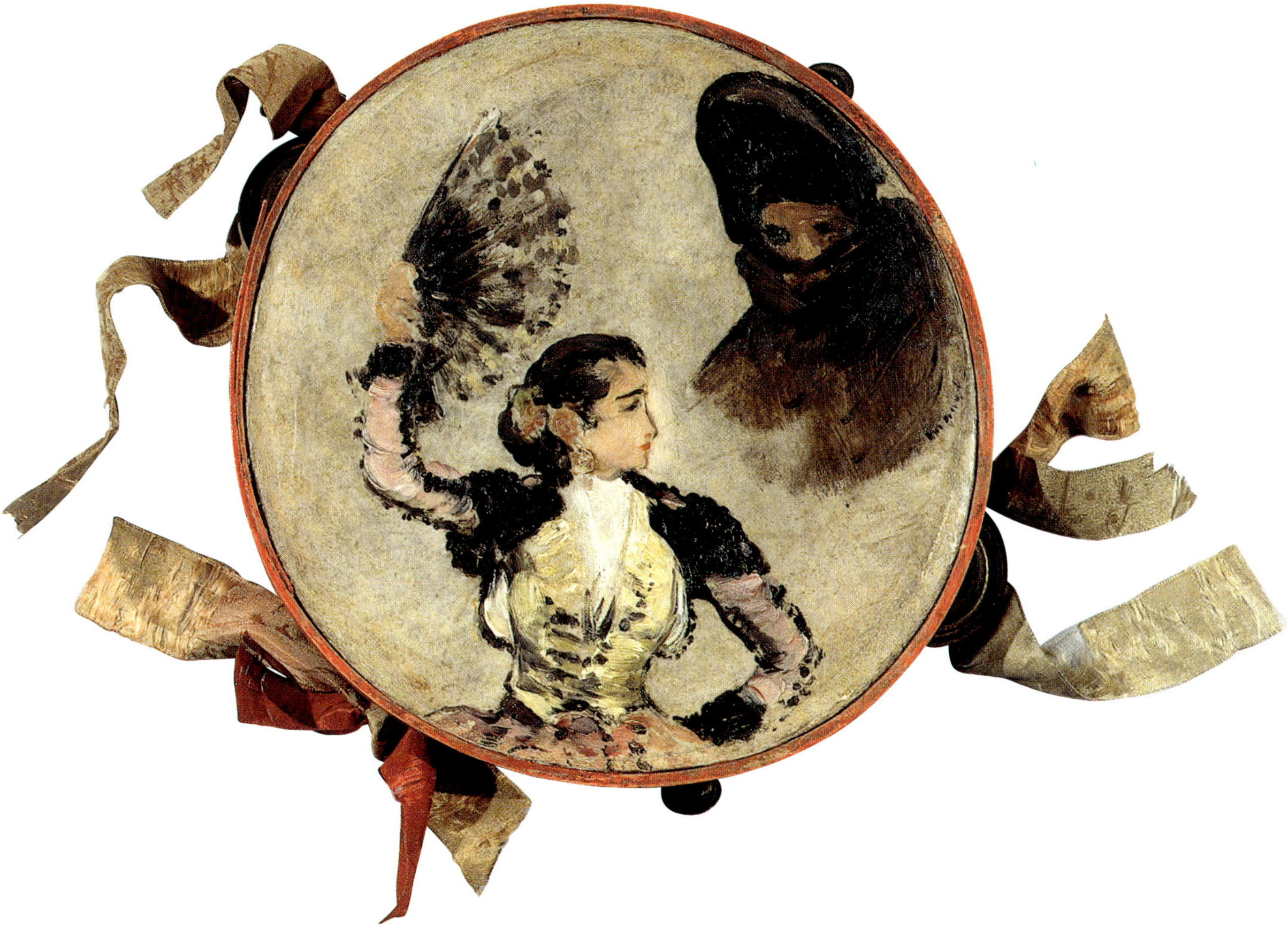

Fig. 124
Édouard Manet
Danseuse espagnole
1879
Paris, collection particulière (cat. 105)

Fig. 125
Bartolomé Esteban
Murillo
Immaculée Conception
Vers 1678
Madrid, musée
du Prado (cat. 27)

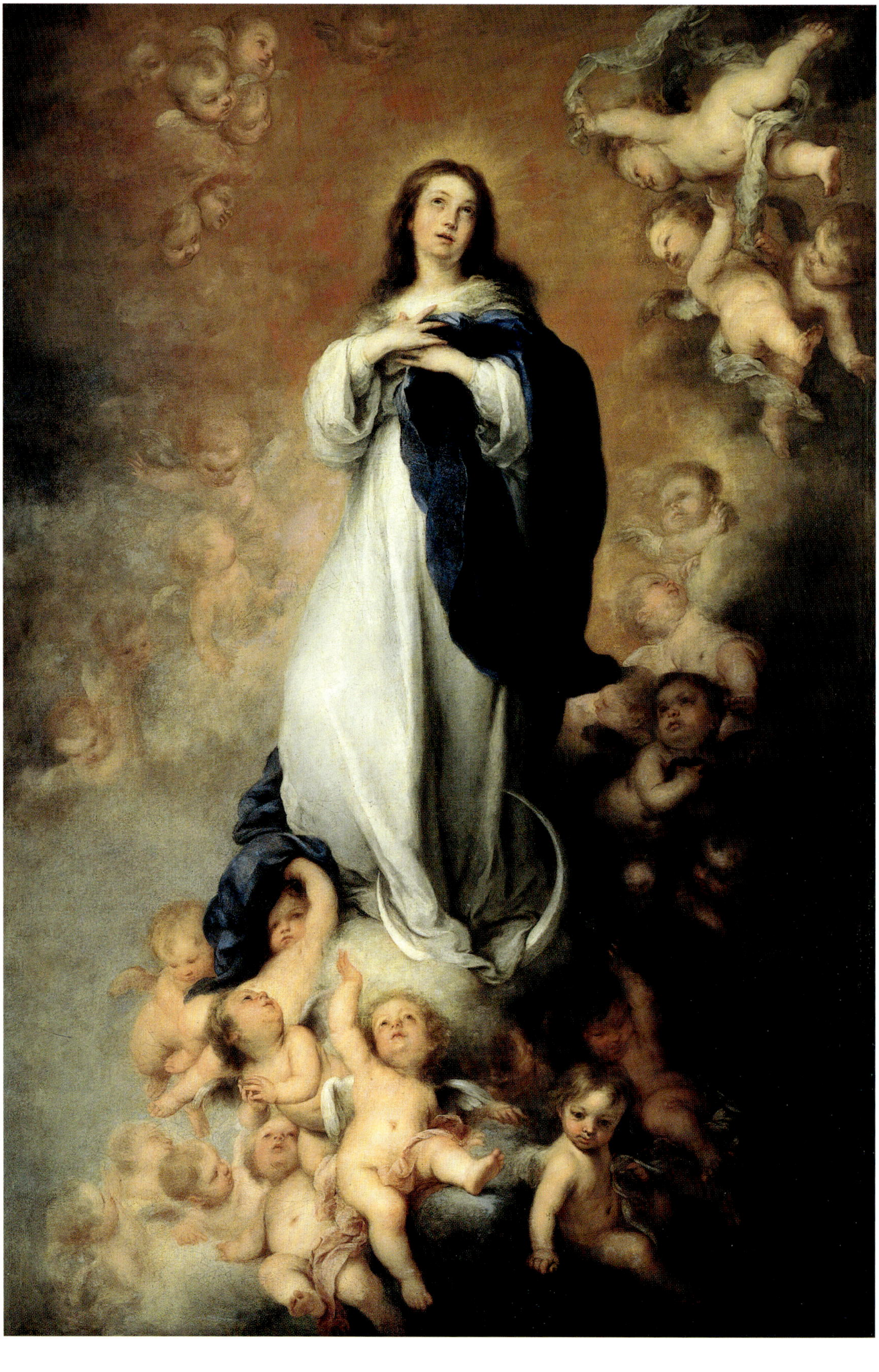

Connaissance de l'école espagnole en France

• Geneviève Lacambre

On ne s'étonnera pas que les effets de l'histoire soient déterminants pour la connaissance de l'art espagnol et, avec un certain décalage chronologique, pour que se perçoive une influence sur la manière de peindre des artistes français du XIXe siècle.

Cette histoire est ponctuée par des alternances de pénurie et d'abondance, liées, selon les périodes, aux interdits d'exportation, aux conquêtes, aux suppressions des ordres religieux, exploitées par Soult et quelques autres sous l'Empire et par la mission Taylor pour la constitution de la Galerie espagnole de Louis-Philippe. S'y ajoutent, bien entendu, ces éphémères réapparitions d'œuvres, cachées, ou presque, dans les collections privées, que sont les grandes ventes publiques, comme celle de la collection Aguado en 1843, celle de Soult en 1852, peu de temps avant la dispersion à Londres des collections personnelles de Louis-Philippe, ou celle du comte de Pourtalès en 1865, pour n'en citer que quelques-unes. Il faut avoir en mémoire les doléances de Théophile Thoré dans *l'Artiste* en 1836 concernant la prestigieuse et mythique collection du maréchal Soult, assemblée en Andalousie sous l'Empire, et ses conditions de visite, réelles, mais restreintes : « M. Soult se prête avec une complaisance dont il faut encore lui savoir gré à laisser visiter sa galerie à ceux qui en font la demande par écrit. Les artistes n'aiment pas à faire de pareilles demandes et [...] ce n'est pas dans une simple visite qu'ils peuvent analyser ces belles toiles, les dessiner, en prendre des croquis, en faire des études ; elles sont donc comme je le disais, perdues pour l'art[1]. » Certes, Thoré avait en tête que la collection faite au cours des campagnes militaires de l'Empire aurait dû revenir à la nation, mais il est vrai aussi que certains artistes curieux, tels Delacroix et quelques autres avaient pu y travailler. Néanmoins, c'est bien en premier lieu dans les musées que les artistes peuvent étudier les œuvres des maîtres du passé.

Notes

Les titres anciens des œuvres, avec toutes leurs variantes, ont été respectés dans cette étude.

1 Cité par Lipschutz, 1988, p. 57.

Et l'on sait le rôle éminent et pionnier de la France dans la création et le développement de ces institutions à Paris comme en province ; en outre, elle n'est pas étrangère à la création même du musée du Prado à Madrid, qui ouvre finalement en 1819, lieu d'étude obligé pour nombre de peintres français surtout à partir du milieu du siècle.

Doit-on rappeler que le *Saint François mort* (fig. 126) est le premier Zurbarán entré dans un musée français, à Lyon en 1806, et que bien des moines encapuchonnés de la période troubadour lui doivent sans doute quelque chose. Son précédent propriétaire, qui l'avait acquis en 1794, était un peintre, Jean-Jacques de Boissieu (1736-1810) ; de la même façon, c'est le peintre rouennais Lemonnier (1743-1824), prix de Rome en 1772, qui a su retenir dès 1797 pour sa collection le *Démocrite* de Velázquez (fig. 4 ; alors attribué à Ribera), qu'il cède en 1822 au musée de Rouen, dont il est, dès le début du siècle, l'organisateur principal.

Par ailleurs, il ne faut pas oublier que le traditionnel voyage d'étude en Italie pouvait être l'occasion de découvrir Ribera à Naples et à Rome et surtout Velázquez à Rome, où le *Portrait d'Innocent X* de la galerie Doria, tant admiré, fut souvent copié (fig. 127), et à Florence – le portrait de *Philippe IV* retint l'attention de Gustave Moreau (fig. 128) autant que les Van Dyck ou les Titien. En un mot, il convient d'évaluer d'une manière aussi précise que possible ce qui était réellement donné à voir aux artistes, ici ou là et prioritairement en France même. Pour importants que soient les discours – qui familiarisent avec les noms des artistes, leurs biographies et les lieux à visiter –, ils ne sauraient remplacer les œuvres réellement mises sous les yeux du public et des artistes, ou à la rigueur leurs reproductions, qui, sans la couleur et la touche, renseignent au mieux sur le sujet ou la composition d'une peinture.

De plus, il faut noter qu'à Paris, aussi bien qu'à Madrid trente ans plus tard, les musées exposent des tableaux sortis de leur contexte d'origine, qui valent donc plus par leur qualité esthétique, leur technique, leur effet que par leur sujet. Et cela est particulièrement vrai pour l'école espagnole, à quelques exceptions près, tant en Espagne que dans les autres pays d'Europe. En effet, les peintures sont encore, autour de 1800, dans les lieux mêmes et avec l'usage qui leur avait été assigné à l'origine, dans les palais, les églises et les couvents, les envois diplomatiques ayant été l'un des rares moyens de dissémination dans les siècles antérieurs.

Les grands chambardements consécutifs à la Révolution française allaient mettre sur les routes et dans le circuit des amateurs et des musées une masse considérable d'œuvres d'art.

Auparavant, Paris était encore fort pauvre en tableaux espagnols accessibles au public. Ainsi, lorsque le Muséum central s'ouvre au Louvre, en 1793, le catalogue qui mêle toutes les écoles[2], et décrit les tableaux selon leur emplacement dans les travées de la Grande Galerie, ne signale que neuf tableaux espagnols, provenant des collections royales : cinq sont de Murillo, dont le nom est orthographié « Morillos » ou « Murillos ». Les descriptions sont approximatives : dans la neuvième travée à droite, à côté de Rembrandt et Titien, la *Vierge au chapelet* est intitulée *Une femme avec un enfant tenant un chapelet,* ce qui met déjà en valeur un réalisme familier que

Notes

2 *Catalogue des objets contenus dans la galerie du Muséum français.* Voir Marquet de Vasselot, 1927, n° 105.

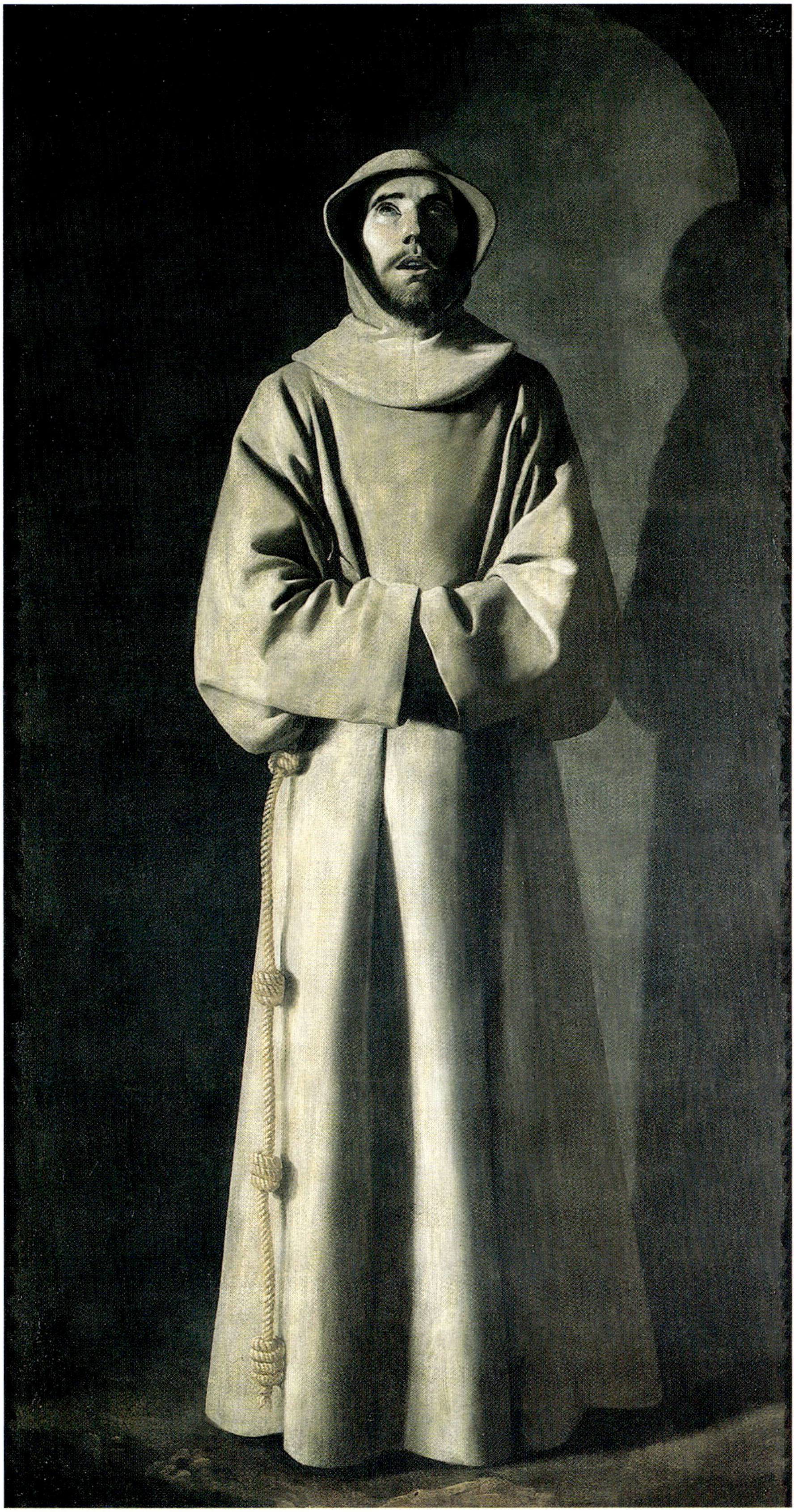

Fig. 126
Francisco de Zurbarán
Saint François mort
1645
Lyon, musée des
Beaux-Arts (cat. 42)

Fig. 127
Amédée de Ternante-Lemaire
Innocent X
(d'après Velázquez)
1846
Rome, ambassade de France auprès du Saint-Siège (cat. 115)

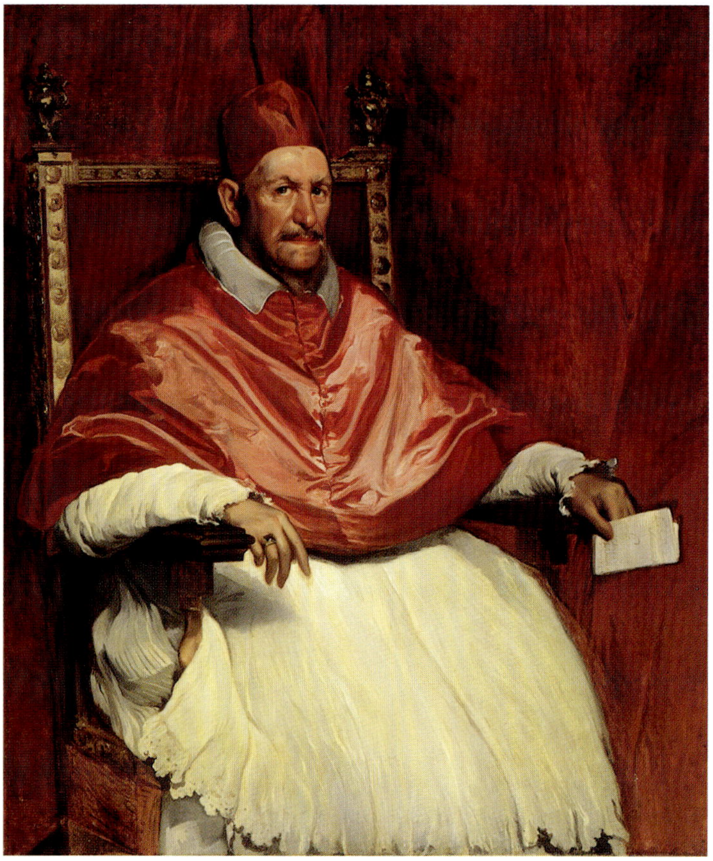

l'on peut retrouver dans *Un enfant assis au soleil,* connu bientôt sous le nom de *Jeune Mendiant* (fig. 148), voire de *Pouilleux,* au réalisme puissant sous un éclairage naturel.

Les autres sont donnés à l'Espagnolet, mais ces attributions ont été rejetées par la suite[3]. Son nom, Joseph Ribera, n'est cité qu'une fois à côté de son surnom, plus connu : ainsi on trouve, dans la seconde travée en retour, *Un buveur* de « Joseph Ribera, dit l'Espagnolet » non loin d'*Un soldat appuyé sur sa lance* de « L'Espagnolet » qui voisine avec une *École de jeunes filles* de « M. J. Crespy, dit l'Espagnol »[4]. Et, premier signe du problème constant des attributions fantaisistes, *le Buisson ardent* de Collantes, qui provient de la collection de Louis XIV, se cache sous un nom italien, celui de Dominique Féti…

Les catalogues suivants ne contiennent aucune peinture espagnole, et l'on ne retrouve quelques Murillo, l'artiste espagnol pourtant le plus régulièrement présent au Louvre, qu'en 1801 (édition du 25 messidor an IX)[5], avec, dans la Grande Galerie, les deux petites peintures sur obsidienne *le Christ au jardin des olives* et *Saint Pierre devant le Christ (la Flagellation)*[6]. La présentation est complétée en 1802 (18 ventôse an X) par la description du Grand Salon[7], où sont regroupés, à côté d'œuvres recueillies en Italie, des « tableaux nouvellement restaurés ». Réapparaissent alors, du maître sévillan, *Un jeune mendiant* et *la Sainte Famille,* avec l'Enfant Jésus qui joue avec un chapelet (cette fois, le sujet chrétien a été identifié).

À partir de 1810, le catalogue du musée Napoléon, classé par écoles, regroupe l'Italie et l'Espagne – plus en raison du très petit nombre d'œuvres espagnoles que par ignorance[8] –,

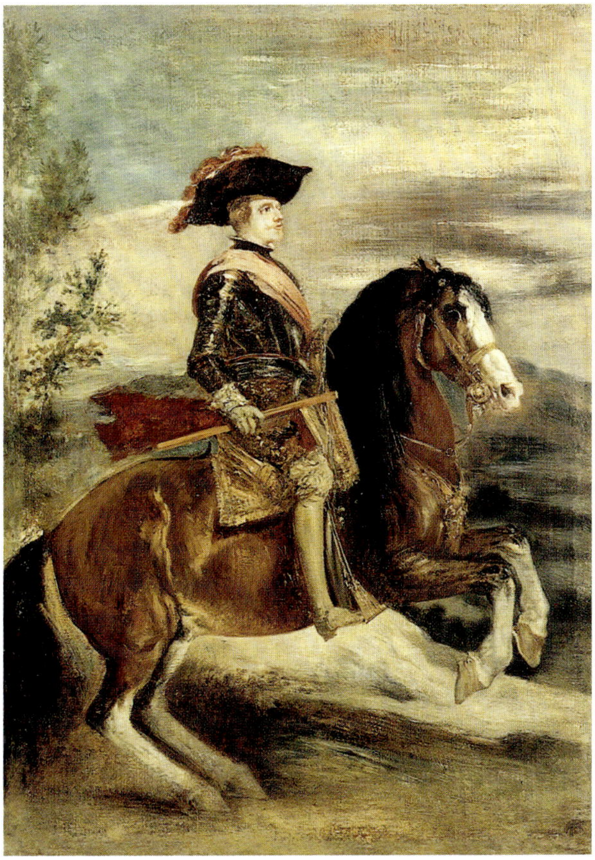

Fig. 128
Gustave Moreau
Portrait équestre de Philippe IV d'Espagne
(d'après Velázquez)
1859
Paris, musée Gustave-Moreau (cat. 108)

tout en précisant l'école à laquelle appartiennent les artistes : à côté des cinq Murillo de l'ancien fonds, on trouve plusieurs nouveautés. D'une part *la Famille de Velasquez,* que l'on pense peinte par Velázquez en personne, mais qui est sans doute de son gendre, Juan Bautista del Mazo. Ce tableau avait été rapporté de Vienne lors de la conquête de 1809 et il devait y retourner, remis au commissaire Rosa, conservateur de la galerie de Vienne, le 9 septembre 1815[9]. Cette scène animée, une sorte de pastiche intimiste des *Ménines,* est ainsi décrite dans l'inventaire du musée Napoléon : « L'artiste s'est représenté dans son atelier faisant le portrait de l'archiduchesse Marie-Anne, 2e femme de Philippe IV roi d'Espagne[10]. » Des deux Ribera[11] décrits, l'un, *Une vierge de douleur,* est rendu au Brunswick en 1815, l'autre,

Notes

3 Voir la « Chronologie », année 1793.
4 N° 316.
5 Marquet de Vasselot, 1927, n° 114.
6 Voir Meslay, février 2001, p. 73-79.
7 Marquet de Vasselot, *op. cit.*, n° 121. Ce catalogue est classé par ordre alphabétique des noms d'artiste.
8 Idem, *op. cit.*, nos 129-134 (en 1814 et en 1815, le nom de Napoléon disparaît de la page de titre). Dans ces catalogues, il y a d'une part les diverses écoles italiennes (par ville ou région, y compris l'école espagnole) et d'autre part, en une seule rubrique, les écoles allemande, flamande et hollandaise.
9 Arch. des Musées nationaux, 1 DD 53, p. 86 (n° 208).
10 Arch. des Musées nationaux, 1 DD 16, n ° 1213, p. 123 (H. 148 ; L. 170).
11 L'auteur du catalogue propose une biographie fantaisiste : « Espagnolet (Giuseppe Ribera, dit l'), né en 1593. On ignore le nom de cet artiste. *Ribera* (en français *rivage*) désigne seulement l'endroit où il naquit. Ecole espagnole ».

l'Adoration des bergers, a été donné par le roi de Naples, en 1802, en remplacement de tableaux qui avaient été enlevés de l'église Saint-Louis-des-Français à Rome par les troupes napolitaines. Cette œuvre majeure ne sera pas rendue en 1815 et constitue la seule acquisition durable du Consulat et de l'Empire pour la peinture espagnole.

Les houleuses conquêtes espagnoles ont à leur tour des conséquences éphémères pour le Louvre. Mais si les réserves sont pleines, la liste de ce que l'on a le temps de montrer au public dans le Grand Salon à partir du 25 juillet 1814 et jusqu'à septembre 1815 est très courte, d'après les trois catalogues du Grand Salon en 1814 et en 1815, au moment où le musée devient musée royal, puis reprend provisoirement son nom de musée Napoléon pour l'édition d'avril 1815[12] au moment des Cent-Jours.

Des tableaux de toutes les écoles étaient arrivés d'Espagne à Paris en 1813. Les plus nombreux, provenant de séquestres et envoyés par le « domaine extraordinaire de sa Majesté en Espagne », sont jugés dans l'ensemble médiocres[13]. Cinquante autres tableaux – tous de peintres espagnols – sont « envoyés par sa Majesté le roi d'Espagne[14] ».

Outre *le Buisson ardent* de Collantes de l'ancien fonds – l'auteur est alors identifié –, que l'on place à côté d'autres œuvres du même artiste, seize peintures espagnoles proviennent d'Espagne : onze seulement sont des envois du roi Joseph, quatre de très grand format – trois Murillo, un Zurbarán – sont des dons du maréchal Soult, duc de Dalmatie, faits en mai 1813, après un choix judicieux de Vivant Denon dans la collection qu'il avait rapportée d'Andalousie à Paris[15]. La dernière est une curiosité, la *Femme à barbe* de Ribera, provenant de la collection San Istevan Medina Cœli[16]. N'a donc été vu pendant quelques mois qu'un nombre très restreint de tableaux de peintres espagnols venus d'Espagne, cependant souvent de grand format et de qualité remarquable.

Il est vrai que les commissaires pour l'Espagne, Lacoma, Desjobert et Arango, sont particulièrement efficaces dès la première restauration. Le comte de Fernan Nuñez, ambassadeur et futur représentant extraordinaire de l'Espagne au Congrès de Vienne avait nommé le peintre Francesco Lacoma (1784-1819) « fondé de pouvoir des Grands d'Espagne », ceux que Denon définit comme les « dix premières familles de Madrid ». Il s'agit d'un artiste qui connaissait bien la France, où il avait obtenu une bourse de cinq ans, et qui avait été médaillé au Salon de 1810 comme peintre de fleurs. Charles Desjobert, vice-consul, puis consul de France à Madrid, établit, dès le 7 mai 1814, la liste des œuvres à restituer correspondant à l'envoi fait de Madrid le 28 mars 1813 par le « domaine extraordinaire de sa Majesté en Espagne ». Après vérification au Louvre, Lacoma et Desjobert signent le 15 mai 1814 un procès-verbal concernant 230 tableaux. Il s'agit de la toute première restitution en application de la décision prise par Louis XVIII le 8 mai 1814. L'emballage dans des caisses est prêt le 28 septembre 1814 (un crédit pour dix-neuf caisses avait été demandé dès le 20 juin 1814) ; elles sont alors expédiées à Bayonne, où, déposées entre les mains du sous-préfet, elles sont à la disposition de l'ambassadeur d'Espagne. Elles arrivent à Madrid avant la fin de l'année, convoyées par un certain Arias qui réclame paiement en décembre 1814[17].

Sont néanmoins conservés à Paris, avec l'accord des commissaires, sept tableaux, dont un seul dû à un peintre espagnol, Ribera. Il est ainsi décrit dans l'inventaire : « Une vieille femme à qui il est venu de la barbe et qui allaite un enfant[18]. » Le procès-verbal indique : « Ce tableau est en restauration et l'on se propose de le copier pour l'Ecole de Médecine[19]. » Il apparaît bientôt dans le catalogue des peintures exposées dans le Grand Salon, dans les éditions de juillet 1814 et de 1815, qui mentionnent deux inscriptions latines permettant de savoir qu'il représente Madeleine Ventura, « prodige de la nature ». Il ne sera rendu que le 24 septembre 1815, au moment de la seconde grande restitution à l'Espagne. Sont remis alors, les 23, 24, 25 septembre, quarante-huit des tableaux de l'envoi du roi d'Espagne et les trois Murillo provenant de la collection Soult. *Sainte Élisabeth de Hongrie* (fig. 150) est rendue « par force » le 23 septembre et il en est de même pour les deux autres. Le procès-verbal du 24 septembre indique en effet : « Et le même jour ont été enlevés par violence deux Morillos représentant la fondation de Sainte Marie Majeure en deux tableaux et indiqués dans l'inventaire sous les n°s 83 et 84 du catalogue du Salon[20]. » Il est vrai que le musée avait fait, pour ces deux vastes lunettes, de gros frais afin de leur donner des cadres dorés rectangulaires avec écoinçons décorés. Le 29 septembre 1815, c'est le tour du quatrième tableau offert par Soult : « M. Lacoma a enlevé de la galerie du musée royal *St Thomas d'Acquin* [sic] *au milieu des Docteurs de l'Eglise,* par Zurbaran[21]. » Deux derniers tableaux espagnols partent le 3 octobre 1815. Le tout sera livré à Madrid dans le courant de 1816.

Quelques chefs-d'œuvre quittaient définitivement la France.

Les quatre tableaux Soult avaient été salués par la presse et l'un d'eux, *les Occupations charitables de sainte Élisabeth de Hongrie* de Murillo, devait rester dans toutes les mémoires. On pouvait encore, tout au long du XIXe siècle, l'admirer à l'Académie de San Fernando de Madrid. Il est maintenant retourné à Séville. Louis Viardot lui consacre une longue description enthousiaste, écrivant notamment : « Ce sujet réunissait merveilleusement les deux manières extrêmes de Murillo : la misère sale, déguenillée et vermineuse de ses petits mendiants ; la grandeur simple, noble et sublime de ses saints. De là naît aussi le charme d'un perpétuel contraste et d'une haute moralité [...]. Dans ce tableau, l'ordonnance de la scène est magnifique [...],

Notes

12 Marquet de Vasselot, 1927, n°s 138-140 (même texte, mais les deux premiers portent, en page de titre, « musée royal », le troisième, daté avril 1815, porte « musée Napoléon »).

13 Arch. des Musées nationaux, 1 DD 16 : sur 110 peintures inventoriées dans « Ecoles d'Italie. supplément », seul Ribera apparaît à l'ordre alphabétique (quatre titres, dont deux « imitations », p. 134 E) ; quatre autres peintures (rattachées ensuite aux noms de Murillo et de Velázquez) se trouvent dans la cinquantaine d'inconnus répertoriés à la suite (p. 134 J à N) ; un *Christ à la colonne* par un imitateur de Moralès est égaré par erreur p. 134 Q, au milieu des tableaux envoyés par le roi d'Espagne (voir note 14).

14 Arch. des Musées nationaux, p. 134 O à T, sous le titre « Ecole espagnole. Supplément », on trouve 55 tableaux, car y sont inclus, outre le Moralès cité note 13, les quatre tableaux donnés par Soult en 1813.

15 *Correspondance Denon,* 1999, n°s 2809 et 2825.

16 Arch. des Musées nationaux, 1 DD 53 ; « Recueil des procès-verbaux de remise de tableaux ».

17 *Correspondance Denon, op. cit.,* n°s 3123, 3234 et 3308.

18 Arch. des Musées nationaux, 1 DD 16, p. 134 A, (n° 22, H. 195 ; L. 122).

19 Arch. des Musées nationaux, 1 DD 53, p. 3. La copie annoncée ne se trouve pas actuellement à l'école de médecine de Paris.

20 Arch. des Musées nationaux, 1 DD 53, p. 10. Il s'agit en effet des numéros portés dans les catalogues imprimés de 1814 et de 1815.

21 *Ibid.,* 1 DD 53, p. 11. Voir cat. exp., Paris, 1999, p. 241-243. note 104.

Fig. 129
Atelier de
Diego Velázquez
L'Infante Marguerite
Paris, musée du Louvre
(cat. 35)

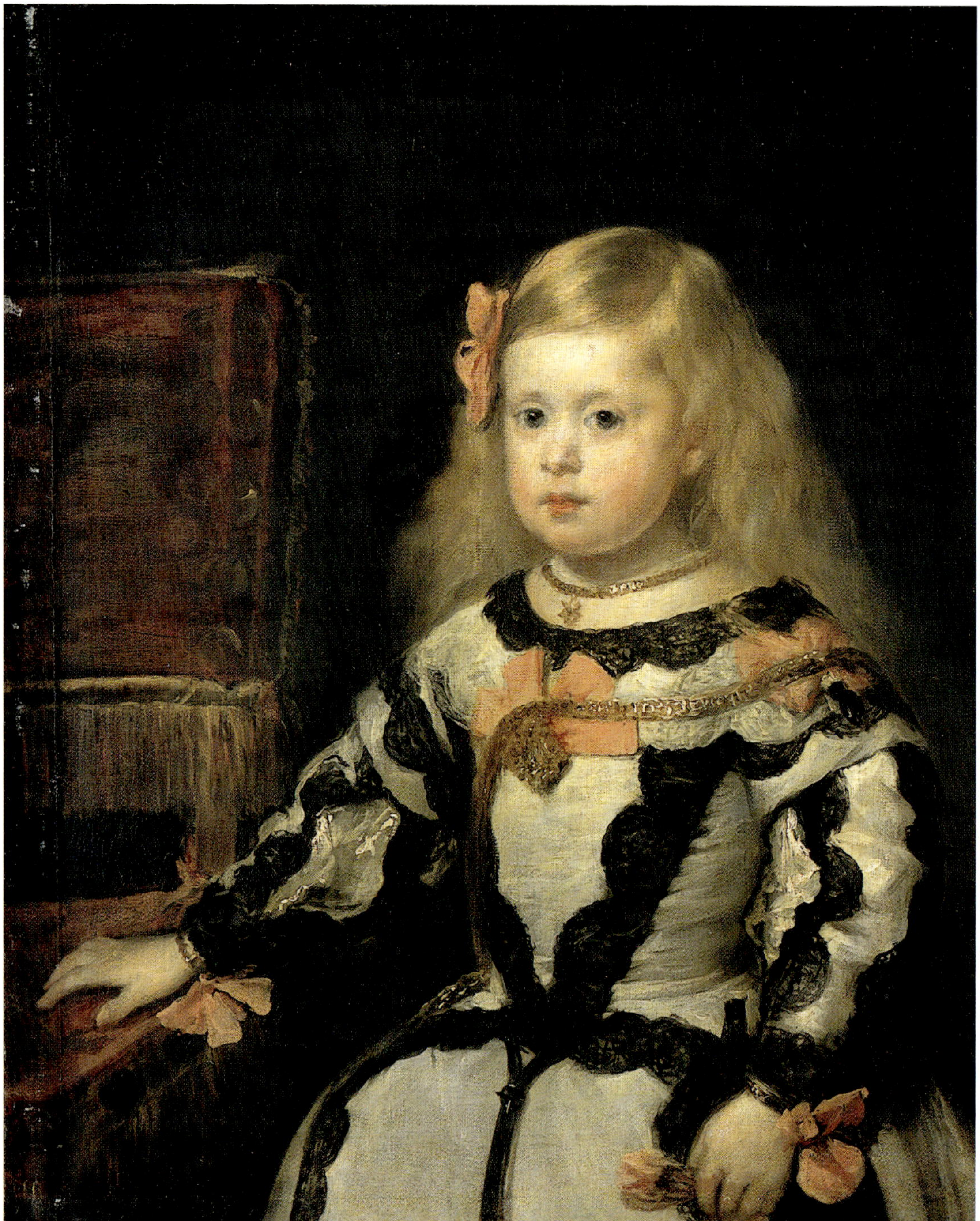

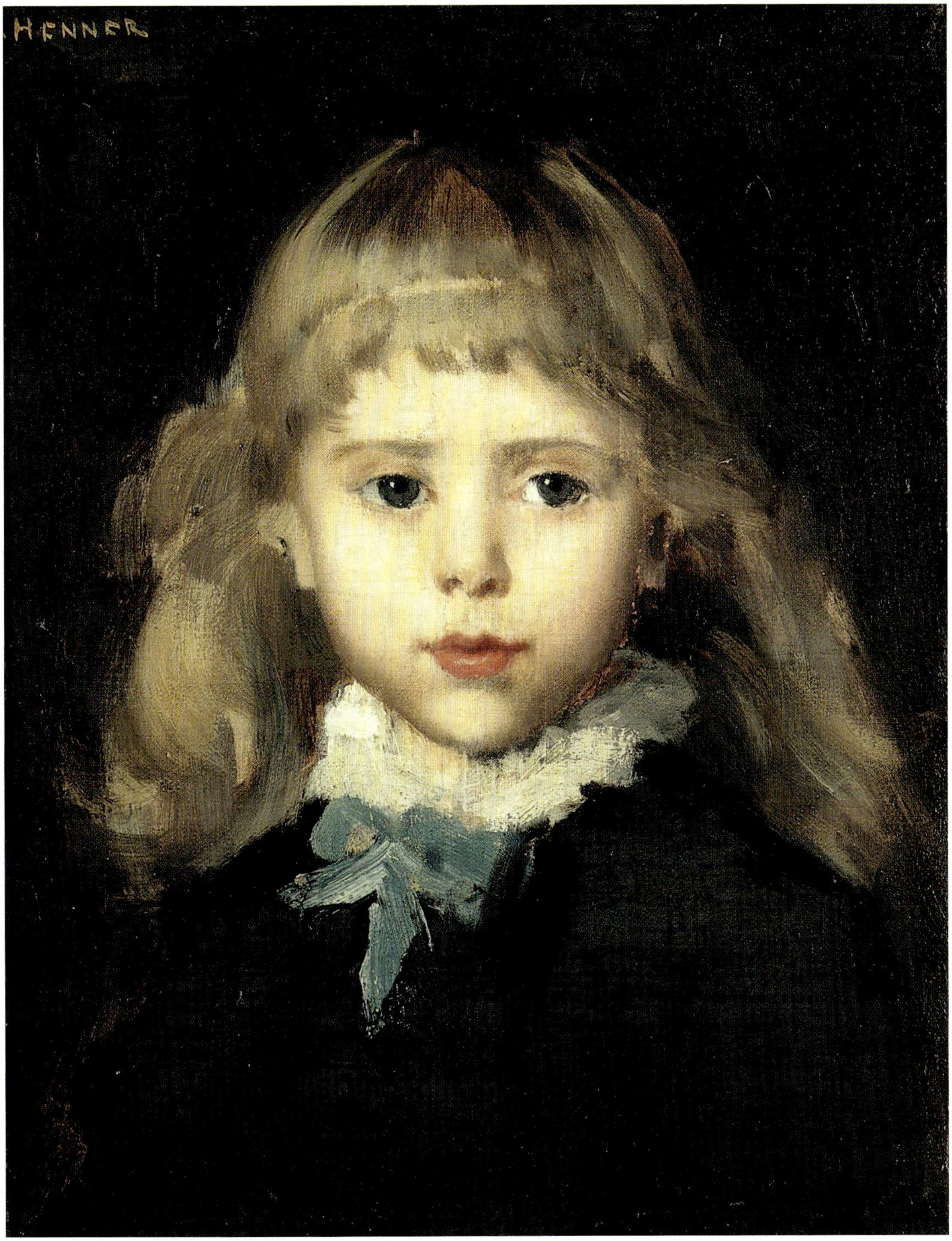

Fig. 130
Jean-Jacques Henner
Henriette Germain
1874
Paris, musée Henner
(cat. 67)

le dessin d'une hardiesse et d'une pureté qui défient toute censure, la couleur de cet éclat magique dont Murillo seul a le secret[22]. »

Charles Blanc reprend encore ce texte dans la première livraison consacrée à Murillo de l'*Histoire des peintres de toutes les écoles* et rêve, mais sans succès, d'en exposer une copie dans son Musée européen en 1872-1873.

Dans le Louvre exsangue de la Restauration, où l'on regroupe les meilleures œuvres de l'ancien fonds, apparaît, dès le catalogue de 1816, *l'Infante Marguerite* (fig. 129) de Velázquez, qui va désormais, de son vif regard de fillette de trois ans, charmer les visiteurs et les peintres, comme Millet ou Henner (fig. 130).

Si on l'attribue maintenant à l'entourage de Velázquez – n'y a-t-il d'ailleurs vraiment pas mis la main ? –, ce tableau a été attentivement scruté comme une œuvre autographe : Jean-Jacques Henner, grand admirateur, en analyse la palette – des terres naturelles plutôt que le jaune et des tons argentins –, qu'il utilise à son tour pour le traitement des chairs.

Cependant, l'école espagnole et les principaux maîtres du Siècle d'or deviennent une réalité jusque dans la presse de vulgarisation, d'autant que les aventures de l'Empire ont eu pour résultat des publications en français, illustrées parfois, comme le catalogue Lebrun de 1809, ou bien au texte truffé d'informations et d'anecdotes, comme le *Dictionnaire des peintres espagnols,* non illustré, de Quilliet – paru dans les premiers jours de la Restauration et habilement dédié au duc de Berry –, qui apporte une véritable compilation des travaux des historiens espagnols antérieurs.

Même si quelques lithographies sont publiées à Madrid en 1826 sous la direction de José de Madrazo, par des artistes français venus sur place, tels Jollivet, Pharamond Blanchard ou le baron Taylor, d'après les tableaux des collections royales espagnoles, notamment Velázquez, leur diffusion n'est pas attestée en France et il vaut mieux considérer la presse française illustrée de vulgarisation. Dès sa deuxième année, le *Magasin pittoresque*, revue fondée en 1833, abondamment illustrée d'environ cinq cents gravures chaque année, attire l'attention sur les peintres espagnols et commence, comme il se doit, par Murillo, le mieux représenté au Louvre, dont il reproduit le *Jeune Mendiant,* exposé à l'extrémité de la Grande Galerie, avec les peintures italiennes. Mais si les écoles du Sud sont ainsi regroupées sur les cimaises, la distinction géographique entre les écoles d'Italie et d'Espagne est parfaitement connue. Le tableau sert de prétexte à l'analyse du comportement et du physique des enfants pauvres. La biographie du peintre est ensuite brièvement présentée. Pour finir, on trouve la liste de ses tableaux que possède le musée et, en guise de conclusion et en s'embrouillant quelque peu, cette information sans doute nostalgique : « En 1814, le maréchal Soult offrit à Louis XVIII trois tableaux de Murillo que lui avait donnés la ville de Séville : ces tableaux ont été admirés au Louvre, ainsi qu'une autre peinture de ce maître, à l'exposition de la même année ; en 1815 on les rendit à l'Espagne[23]. » Les biographies de peintre sont nombreuses dans cette publication éducative ; on en compte treize en 1834, consacrées à deux Flamands, trois Italiens (dont Léonard de Vinci), quatre Français (Greuze, Poussin, Watteau et un vivant, Delaroche) et, bonne proportion dans ce noble voisinage, trois Espagnols. Ce sont Murillo, déjà cité, Ribera, illustré par *l'Adoration des bergers*[24] du Louvre, et Goya, mort sept ans plus tôt, à Bordeaux, et qui « aurait espéré faire revivre Velázquez ». Goya est déjà bien connu des amateurs et des artistes – Delacroix notamment – pour ses *Caprices,* et c'est de ce recueil que sont extraites les trois illustrations de l'article : l'une d'elles est l'autoportrait du frontispice, indispensable à la présentation d'un homme, de son caractère et des anecdotes de sa vie. Comme il n'y a rien au Louvre, sont citées, mais non reproduites, quelques œuvres exposées au musée de Madrid, « un portrait de Charles IV, un portrait de la reine à cheval, un *picador* » (fig. 131). Un aperçu de sa technique surprenante pour le décor des murailles de sa « délicieuse villa » peut donner des idées à ceux qui sont las de la manière lisse de l'école davidienne : « Quelquefois il jetait dans une chaudière des couleurs mêlées, et les lançait avec violence contre un vaste mur blanchi ; il se plaisait à faire sortir de ce chaos d'éclaboussures des scènes imposantes de l'histoire contemporaine[25]. » Ce témoignage plein de fantaisie, mais qui dénote une vague connaissance de la Quinta del Sordo, doit nous rappeler que Goya avait côtoyé à la fin de sa vie le milieu artistique bordelais[26], et en particulier le jeune Adrien Dauzats, élève de Lacour à l'école de dessin, ainsi que le rapporte Philippe Burty : « Quelquefois un vieillard, un Espagnol sourd, aux traits rudes, au nez en l'air et à la bouche satyrique, venait au cours, serrer la main de son vieil ami Lacour et regarder, sous ses doubles lunettes, les travaux des élèves. C'était Francisco Goya y Lucientes, l'immortel auteur de *los Capricios*[27]. »

Cette rencontre de jeunesse n'est peut-être pas étrangère à l'intérêt que les membres de la mission Taylor[28], dont faisait partie Dauzats, portent à Goya, certes disponible sur le marché puisque Javier Goya, le fils de l'artiste, avait depuis peu décidé de vendre ce dont il avait hérité. Mais encore leur fallait-il avoir l'audace d'apprécier ce peintre dont les qualités étaient encore sérieusement mises en doute, comme ils avaient su tirer parti de la situation politique pour acquérir tant de Zurbarán, un artiste regretté depuis le départ du tableau Soult, en 1815.

En conséquence, après des années de pénurie, cet afflux soudain de centaines de peintures venues d'outre-Pyrénées ne pouvait que provoquer une accélération de la connaissance des peintres espagnols. Dès avant l'ouverture des salles au public, dans le grand élan de publicité suscité en 1837 par le succès de la mission Taylor, le *Saint François à genoux* (fig. 77) de Zurbarán est reproduit dans *l'Artiste* en 1837[29] : le choix est judicieux, car son réalisme saisissant et son romantisme sombre devaient en faire l'un des tableaux les plus admirés de la collection.

Le catalogue publié en 1838 est sérieusement rédigé[30] : il classe les artistes par ordre alphabétique et donne des indications biographiques pour chacun en précisant l'école régionale à laquelle

Notes

22 Viardot, 1843, p. 174-175. Il reprend la description déjà donnée dans sa biographie de Murillo parue en 1839 dans sa *Notice sur les principaux peintres de l'Espagne.*

23 « Musée du Louvre. Peintres espagnols. Murillo », 1834, p. 309-310.

24 « Musée du Louvre. Josef de Ribera, dit L'Espagnolet, peintre espagnol », 1834, p. 353-354.

25 « Peintres espagnols. Francesco Goya y Lucientes », 1834, p. 324.

26 On peut citer aussi *le Mariage burlesque* d'après une tapisserie de Goya par Jean Louis Gintrac, un peintre bordelais qui avait voyagé à Madrid, publié dans *l'Artiste* en 1834. Voir cat. exp., Paris, 1935, n° 322 ; Lipschutz, 1988, p. 95 ; Sanchez et Seydoux, 1998, n° 1834-95.

27 Burty, 1877, p. 162-163. Le chapitre sur Adrien Dauzats, mort en 1868, a été écrit en 1869.

28 Voir Plazaola, 1989, p. 121-143.

29 Sanchez et Seydoux, *op. cit.*, n° 1837-97.

30 Voir Baticle et Marinas, 1981, avec rééd. de la 4e éd. (1838), et emplacement actuel des tableaux. Depuis, le n° 410, *Un chien endormi* de Zurbarán (peut-être de Velázquez) a été acquis par l'Ashmolean Museum d'Oxford.

Fig. 131
Francisco de Goya
Picador à cheval
1791-1792,
repris en 1808
Madrid, musée
du Prado (cat. 3)

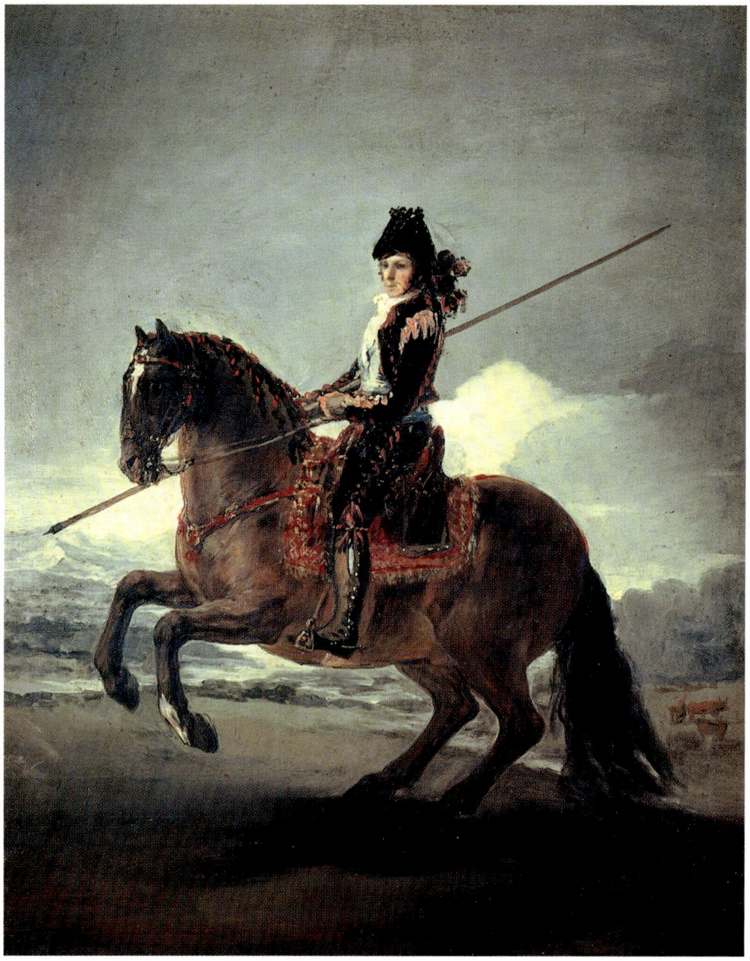

il appartient : école de Cordoue, de Séville, de Castille, de Grenade ou de Valence. Échappent à ce classement par écoles Villadomat, né et mort à Barcelone, et Zurbarán... Ce changement par rapport à la classification retenue « sous la restauration, par l'auteur d'un dictionnaire biographique des peintres espagnols », à savoir trois écoles seulement, celles de Valence, de Madrid et de Séville[31], est relevé par le *Magasin pittoresque*. Son rédacteur indique à l'occasion sa source habituelle, qui n'est autre que le livre de Quilliet, même s'il ne le nomme pas. Il regrette qu'il n'y ait pas un « précis sur l'histoire des beaux-arts en Espagne[32] » et préfère informer ses lecteurs sur les trois chefs de file désignés par Quilliet, insistant – et c'est la première fois – sur la vie fastueuse de Velázquez, voyageur et peintre de cour.

Les années suivantes marquent la recrudescence de l'intérêt non plus seulement pour le voyage pittoresque en Espagne mais pour la peinture espagnole ; les reproductions, les publications – après les études de Mérimée et de Thoré, on trouve celles de Louis Viardot, ou de Théophile Gautier – sont plus nombreuses, les copistes ont une nouvelle manne de modèles à exploiter, comme le montre l'étude de Dominique Lobstein dans le présent ouvrage. La reproduction grandeur nature et en couleurs des tableaux religieux de la Galerie espagnole pénètre ainsi jusque dans les plus modestes églises des villages[33], tandis que le succès des

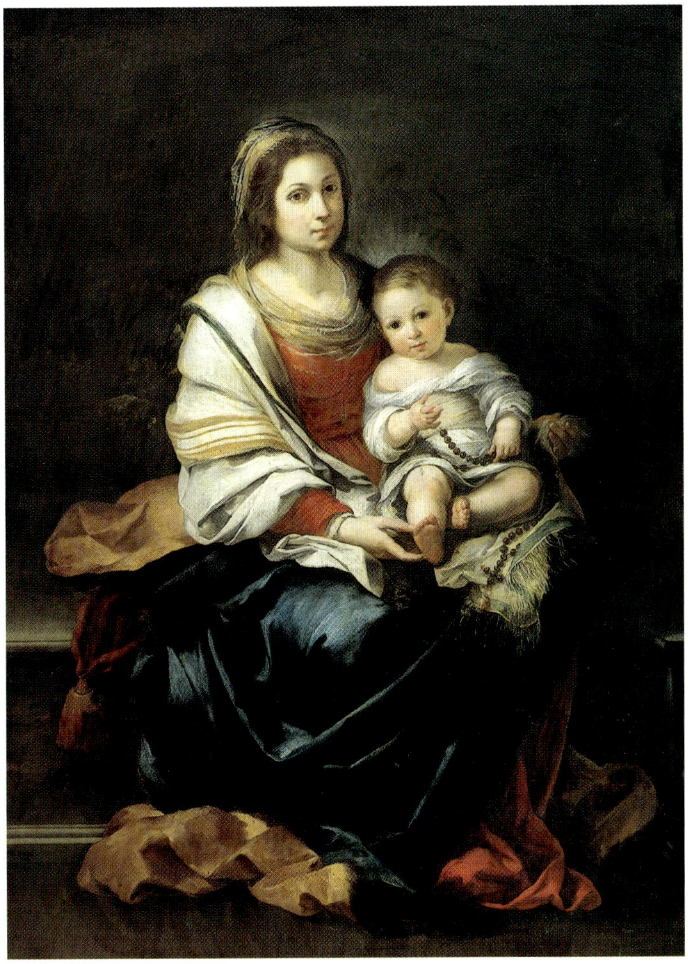

Fig. 132
Bartolomé Esteban
Murillo
Vierge au chapelet
Huile sur toile
H. 166 ; L. 125
Castres, musée Goya

autres tableaux espagnols du Louvre se confirme, faisant au total une rude concurrence à *l'Assomption* de Prud'hon. Ce sont, bien entendu, les copies de Murillo – aussi bien d'après la *Conception* de Murillo[34] de la Galerie espagnole que d'après la *Vierge au chapelet*[35] (fig. 132) – qui sont les plus nombreuses, puisque l'on a besoin de sujets religieux pour rechristianiser la France, où se multiplient les églises neuves. Mais Velázquez continue son ascension, intro-

Notes

31 Quilliet, 1816, p. XXXVI.
32 « La galerie espagnole au Louvre. Juan de Joanès. – Velázquez de Silva. – Esteban Murillo », 1838, p. 17-19, illustré des portraits de Velázquez et de Murillo.
33 Par exemple, à Cély-en-Bière (Seine-et-Marne), est toujours conservée en bon état une copie (LP 5811, envoi de 1844) du *Christ à la colonne* de Murillo, par Mlle Giraudeau, en fait le *Christ avec une couronne d'épines* (maintenant à El Paso) de la Galerie espagnole.
34 Baticle et Marinas, 1981, n° 152 (H. 207 ; L. 124), maintenant donné à un disciple de Murillo (Londres, National Gallery). Se trouvent, par exemple, toujours en place des copies de ce tableau par Ternante (LP 5152), envoyée, en 1842, à Souvigny (Allier), actuellement dans la chapelle neuve de l'église prieurale Saint-Pierre-et-Saint-Paul (où se trouve le tombeau du duc de Bourbon), ou par Mlle Levol (LP 7318), envoyée, en 1849, à l'abbatiale Saint-Saulve de Montreuil-sur-Mer.
35 Dépôt du Louvre (Inv. 929) au musée Goya de Castres.

duit même par Paul Delaroche, dans son immense hémicycle de l'École des beaux-arts, achevé en 1841. Parmi les soixante-neuf artistes de tous les temps, Murillo est le quatrième en partant de la gauche, Velázquez le onzième.

Si la plupart des copistes n'ont guère laissé de nom dans l'histoire de l'art, quelques-uns, qui sont passés par cette épreuve, imposée par l'administration, de la copie comme test professionnel, ont eu ensuite une carrière à succès. Sans doute ne sait-on pas devant la *Vierge au chapelet,* toujours exposée dans l'église d'Avaray (Cher), que l'on a sous les yeux, commandée par la Liste civile de Louis-Philippe en 1844[36], l'une des premières peintures de Rosa Bonheur, plus connue comme spécialiste de peinture animalière. On trouve aussi le nom du paysagiste Chintreuil et celui de Tassaert[37], dont la manière suave est sans doute plus espagnole qu'on ne pense.

Enfin, la représentation des épisodes édifiants ou remarquables de la vie des grands peintres attire de nombreux artistes depuis la fin du XVIIIe siècle, en totale corrélation avec le développement des musées. Les tableaux consacrés à la vie des peintres espagnols n'apparaissent qu'après l'ouverture de la Galerie espagnole, si l'on excepte le tableau exposé au Salon de 1822 par Joseph Beaume, un spécialiste des scènes de genre historiques, sous le titre *l'Esclave de Velasquez*[38]. Même si leur nombre reste modeste par rapport aux grands favoris – les Italiens sont dix fois, les Français trois fois plus nombreux –, les vingt sujets inspirés par l'Espagne à partir du Salon de 1839 sont un nouvel indicateur de l'évolution des connaissances. Sur un total de six traitant de Murillo, cinq de Velázquez, quatre de Ribera, quatre de Zurbarán et un d'Alonso Cano s'échelonnant pendant trente ans – il n'y en a plus après 1870 –, on en dénombre huit avant 1849 : Ribera et Zurbarán sont à égalité avec trois tableaux, Murillo, à la vie sans histoire, n'en a que deux. Joseph-Nicolas Robert-Fleury présente même au Salon de 1840 deux sujets tirés respectivement de la vie de Murillo et de celle de Ribera, sans préciser davantage l'épisode représenté. Une reproduction dans le *Magasin pittoresque* de l'année suivante nous apprend qu'il a peint Murillo enfant[39], dessinant sur un mur et qui va recevoir une correction d'un moine muni d'un fouet… Jules Laure ayant présenté au Salon de 1839 *José de Ribera (dit l'Espagnolet) et Juana,* Henri Baron, à celui de 1841, *l'Enfance de Ribera*[40], gravé par Nanteuil, on peut se demander si le « Sujet tiré de la vie de Ribera »

Notes

36 Inventaire LP du Louvre ; LP 6039, décision du 17 août 1844, concédé à l'église « d'Avray *[sic]* », diocèse de Blois le 3 septembre 1844. Ces copies sont, sur le même inventaire, un peu plus nombreuses que celle de la *Conception* de Murillo de la Galerie espagnole, dont le nombre se situe entre 12 (de mêmes dimensions) et 19 (de même sujet, peut-être avec des variantes ?).

37 Sa copie de la *Vierge au chapelet* (LP 7391, décision du 12 décembre 1847), n'a été envoyée à Chenonceaux qu'en 1859 et a donc été inscrite entretemps sur l'inventaire récapitulatif des peintures du Louvre (dit Villot) avec l'école espagnole (Inv. 934).

38 Salon de 1822, n° 52. Le sujet, détaillé dans le livret, est la découverte par Philippe IV, dans l'atelier de Velázquez, du talent de son esclave Juan de Pareja (1606-1670), ce qui détermine son émancipation. Joseph Beaume traita de Giotto au Salon de 1846 et des frères Van Eyck à celui de 1850-1851. Voir Roman d'Amat, 1987, p. 19-20, dont le mémoire inédit est ici largement utilisé.

39 Reproduit en 1841, p. 117, avec la légende : « Salon de 1840 – Murillo enfant par Robert-Fleury ».

40 Roman d'Amat, 1987, pl. 3, d'après l'*Album du Salon de 1841* de Thénint. Voir aussi Rosenberg, 1992, p. 153-154, qui signale en outre, au Salon de 1843, par Cottrau, un *Enlèvement de la fille de Ribera*.

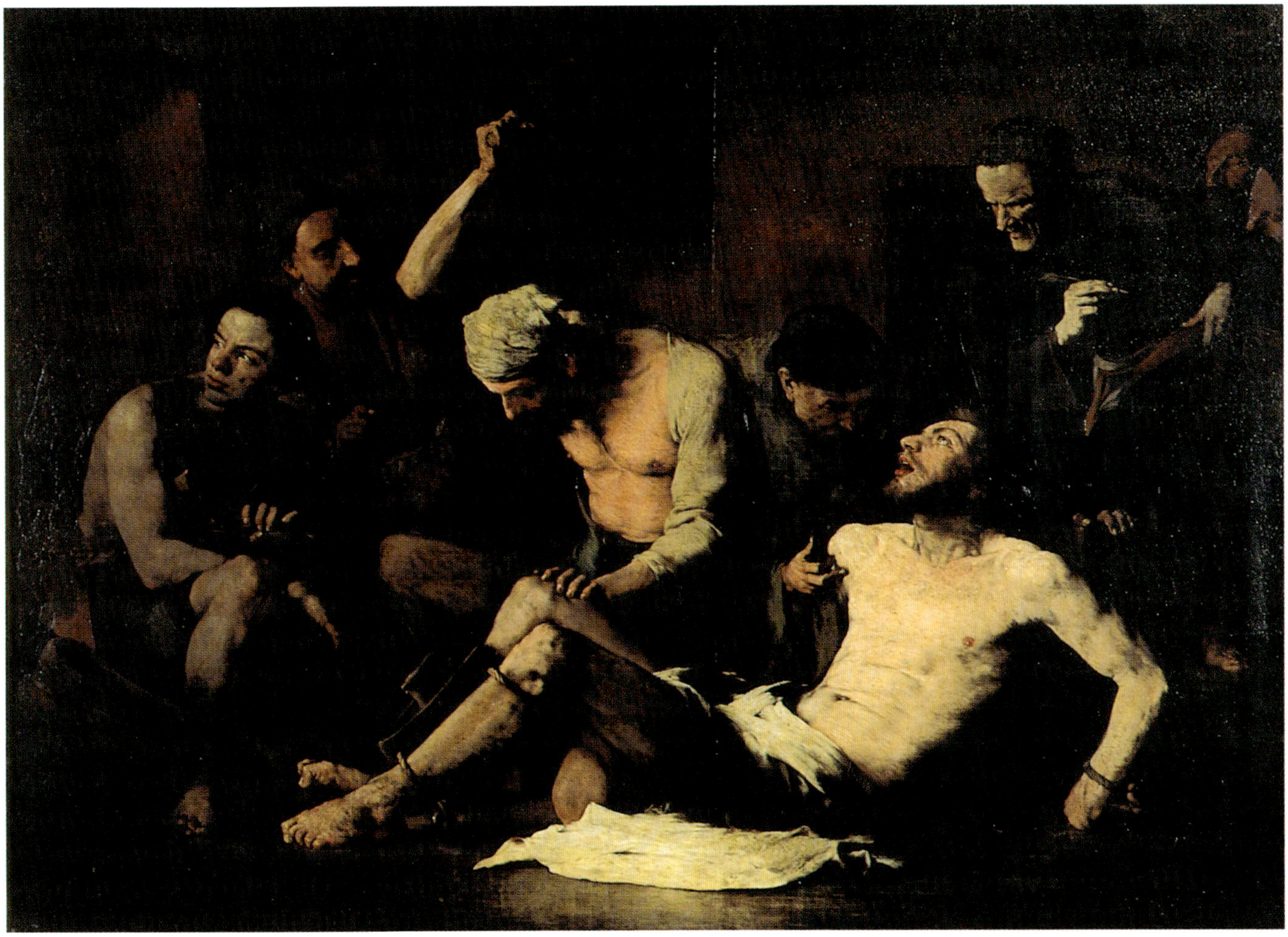

Fig. 133
Théodule Ribot
Supplice des coins
1867
Rouen, musée des
Beaux-Arts (cat. 111)

Fig. 134
Attribué à
Diego Velázquez
au XIXe siècle
Portrait d'un religieux âgé de cinquante-quatre ans
Paris, musée du Louvre
(cat. 36)

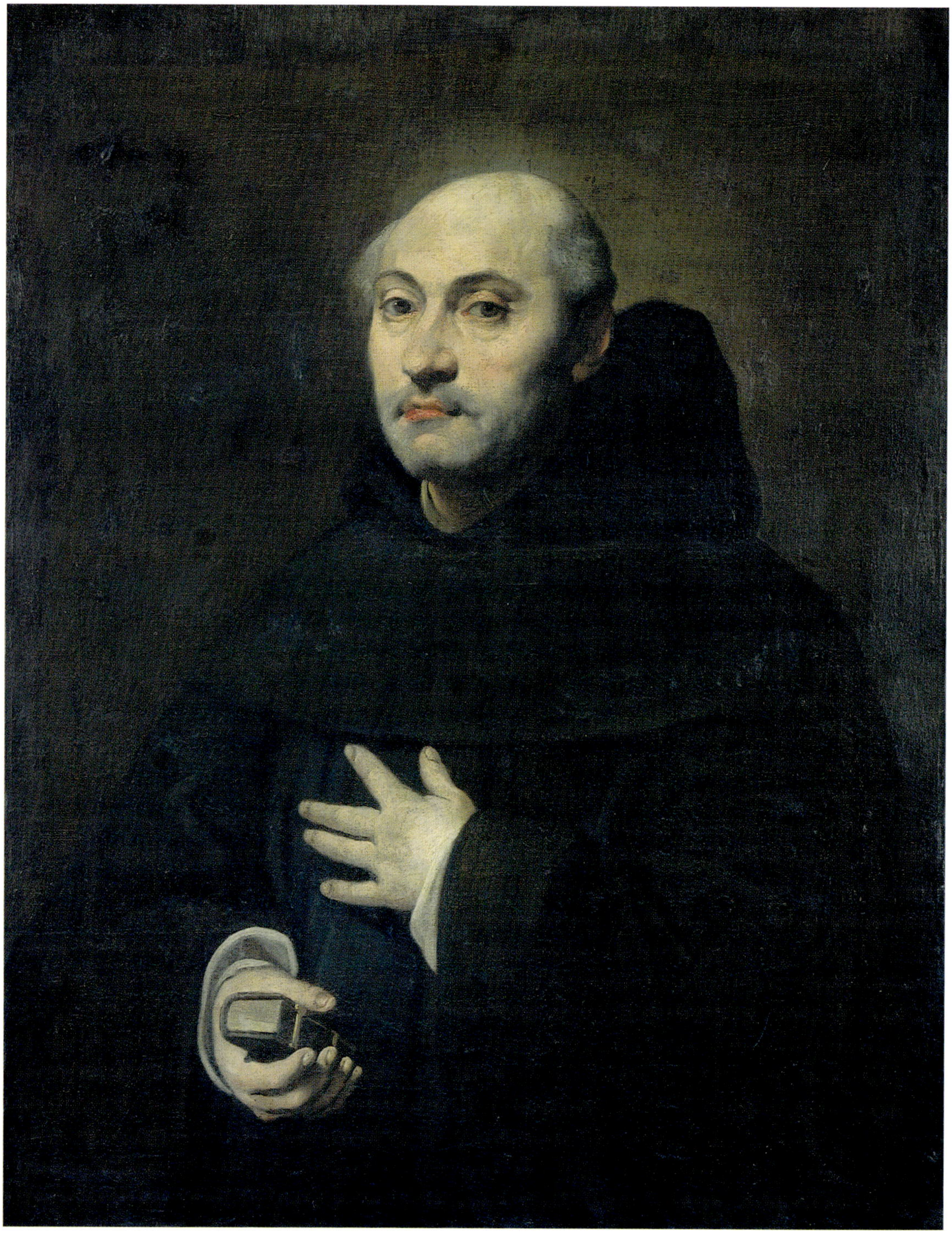

de Robert-Fleury n'est pas celui qui inspire l'illustration anonyme du chapitre IX, consacré à l'école espagnole, dans *les Peintres célèbres* par F. Valentin[41], chez l'éditeur Mame à Tours, un de ces élégants petits volumes reliés que l'on offrait aux distributions des prix pour instruire la jeunesse chrétienne. On y apprend que Ribera, au sommet de la gloire, avait refusé de se laisser tenter par deux alchimistes, en leur montrant tout l'or qu'il pouvait obtenir en vendant un tableau[42]. L'auteur, qui écrit après l'ouverture de la Galerie espagnole et la vente Aguado, maintient la répartition de Quilliet en trois écoles et détaille les vies de Velázquez, Ribera, Murillo et Alonso Cano, citant seulement, parmi d'autres, le nom de Zurbarán. Les anciens ouvrages en français d'Alexandre de Laborde et de Quilliet ne disaient presque rien de lui, comme le remarque le *Magasin pittoresque* de 1838[43] en proposant une biographie sans anecdotes, et il n'inspire les peintres qu'assez tard. Wachsmuth représente, au Salon de 1848, *la Jeunesse de Zurbaran,* Bourdier et Laugée[44], au Salon de 1850-1851, figurent sa mort, enfin, Renault, lorsqu'il présente, au Salon de 1867, *Zurbaran peignant le moine en prière,* se souvient du célèbre *Saint François* de la Galerie espagnole (fig. 77) ou plus certainement de la gravure publiée dans l'*Histoire des peintres de toutes les écoles*[45], de Charles Blanc, avec, précisément, comme titre « Le moine en prière ». Certains épisodes ont la faveur des peintres, tel *l'Esclave de Velasquez,* sujet repris par Dehaussy au Salon de 1857, ou les débuts de Ribera : dans ce cas, comme les deux tableaux sont connus par la reproduction, on peut voir que celui de Bonnat, *Ribera dessinant à la porte de l'Aracœli à Rome*[46], du Salon de 1867, est fort différent de celui de Baron de 1841, situé dans un parc. Quant au *Supplice des coins* (fig. 133) de Ribot, qui traite d'un mauvais moment dans la vie d'Alonso Cano, il aurait échappé à une simple analyse des titres s'il n'avait été connu par ailleurs.

À ce moment, la situation vis-à-vis de l'art espagnol a complètement changé, du côté du musée d'une part – et donc des œuvres aisément accessibles aux visiteurs et aux artistes – mais aussi du côté des livres illustrés disponibles, avec la publication de l'*Histoire des peintres de toutes les écoles,* de Charles Blanc.

Certes, le Louvre avait perdu la Galerie espagnole, ainsi que, en 1850, la collection Standish – qui comptait aussi des tableaux espagnols et où s'étaient aventurés quelques copistes[47] –, léguée en 1842 à Louis-Philippe, rendue à sa famille en 1850 et vendue également à Londres en 1853. Mais pour compenser le vide créé, les acquisitions espagnoles se multiplient, modestes ou

Notes

41 4e éd., 1846, face p. 205, où est raconté l'épisode de Ribera et les alchimistes. Ce sujet inspire un tableau à Aze, élève de Robert-Fleury, au Salon de 1859.

42 Cette anecdote se trouve en des termes voisins dans le *Magasin pittoresque* de 1842, p. 293, dans un article sur l'école espagnole au musée de Nantes.

43 P. 65-66. On y trouve une reproduction au trait de la *Sainte à la flèche* de Zurbarán (nº 400 de la Galerie espagnole), actuellement au musée de Strasbourg sous le titre *Sainte Ursule* ; voir Baticle et Marinas, 1981, p. 248-249.

44 Le tableau de Désiré Laugée, *la Mort de Zurbaran,* acquis par l'État et envoyé au musée de Saint-Quentin, a disparu, perdu lors de l'anéantissement de la ville, en 1917 (lettre du maire du 7 août 2000).

45 P. 7 de la livraison sur Zurbarán.

46 Roman d'Amat, 1987, pl. 14, d'après *l'Illustration,* 1867, t. 50, p. 62.

47 Eugène Trouvé reçut commande de la copie de *Saint Nicolas* de Murillo, de la collection Standish, le 29 janvier 1850, livrée avant le 10 juillet 1850 et envoyée à l'église de Fontenay-aux Roses dans la banlieue de Paris (Arch. nat., F 21/158).

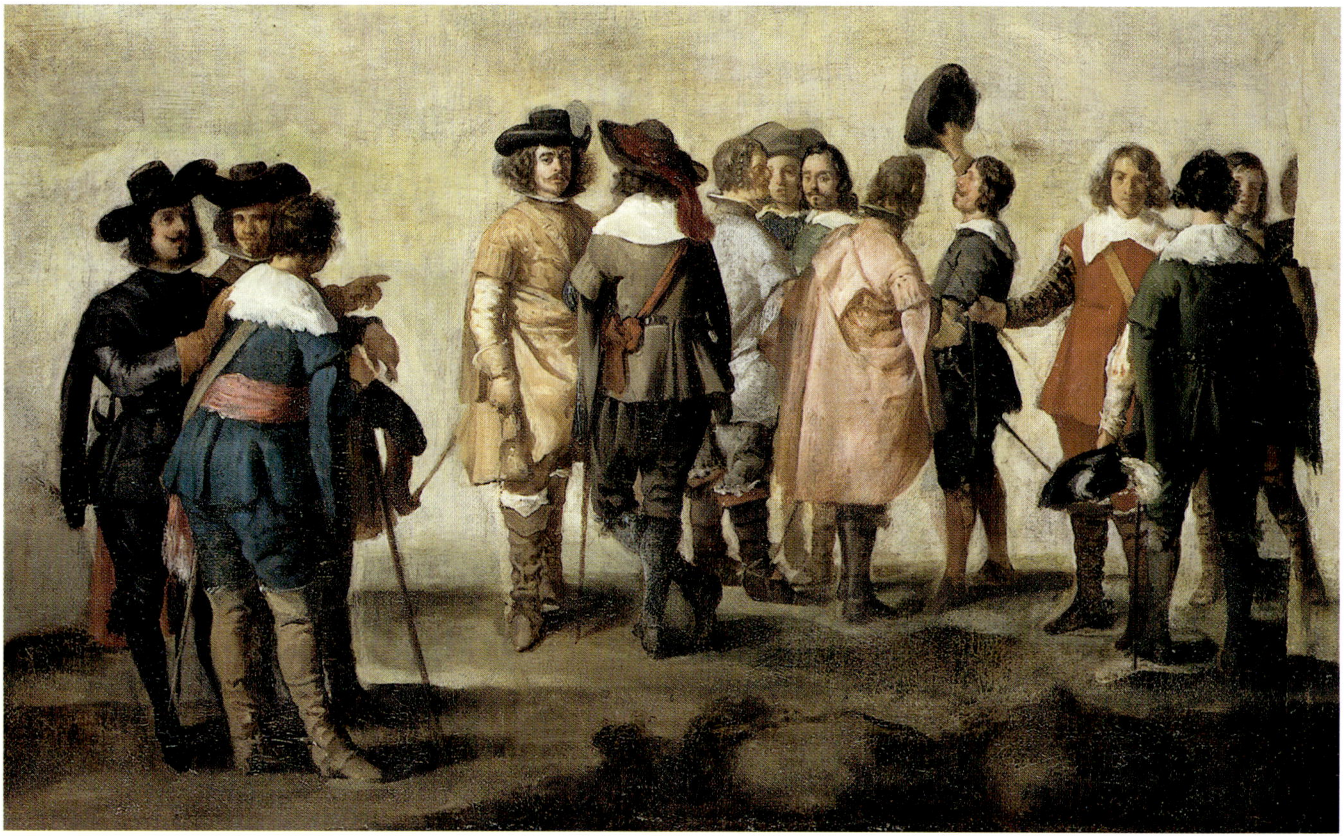

Fig. 135
Atelier de
Diego Velázquez
Réunion de quatorze personnages
Paris, musée du Louvre
(cat. 37)

prestigieuses. Ce sont d'abord, en 1851, deux peintures que l'on croit de Velázquez, un portrait d'ecclésiastique (fig. 134) dont l'historique remonte jusqu'au XVIIe siècle à Tolède et la *Réunion de portraits* (fig. 135) qui séduira Manet. S'annonce ensuite, en 1852, la vente publique de la collection Soult, qui avait fait tant rêver depuis les descriptions de Thoré dans la *Revue de Paris* en 1835 et que quelques privilégiés – Delacroix notamment – avaient pu visiter.

On sait que le Louvre avait par trois fois[48] tenté d'acquérir d'importants tableaux de cette collection, dont certains étaient partis pour l'Angleterre en 1835. À la vente du 19 mai 1852, réapparaît l'*Immaculée Conception* de Murillo, convoité en 1835, qui fut acquis alors, à un prix record, dans des conditions que Frédéric Villot tient à rappeler, dans le catalogue du musée : le prince Louis-Napoléon, alors président de la République, vint « généreusement au secours du Musée […] en décrétant une somme de 615,300 fr pour l'acquisition du célèbre tableau de la *Conception* de Murillo[49] ». Sans détailler tous les enrichissements du second Empire, il faut signaler que, au terme d'un arrangement financier avec l'État à la mort du fils du maréchal Soult, cinq tableaux de vastes proportions sont acquis par le Louvre en 1858 : un Herrera le Vieux, deux Murillo et deux Zurbarán, dont l'un (fig. 137) fascina Legros au point que son *Amende honorable* (fig. 138) en est presqu'un plagiat, dans le sujet, la composition et le format.

Quelques-unes des œuvres majeures enlevées de Séville sous l'Empire sont enfin réellement disponibles. L'intérêt pour Zurbarán, si bien représenté dans la Galerie espagnole, se confirme avec l'acquisition, neuf ans plus tard, en 1867, à une vente des héritiers Soult, de *Sainte Apolline,* l'une de ses si séduisantes figures de sainte. De fait, le Louvre est en retard par

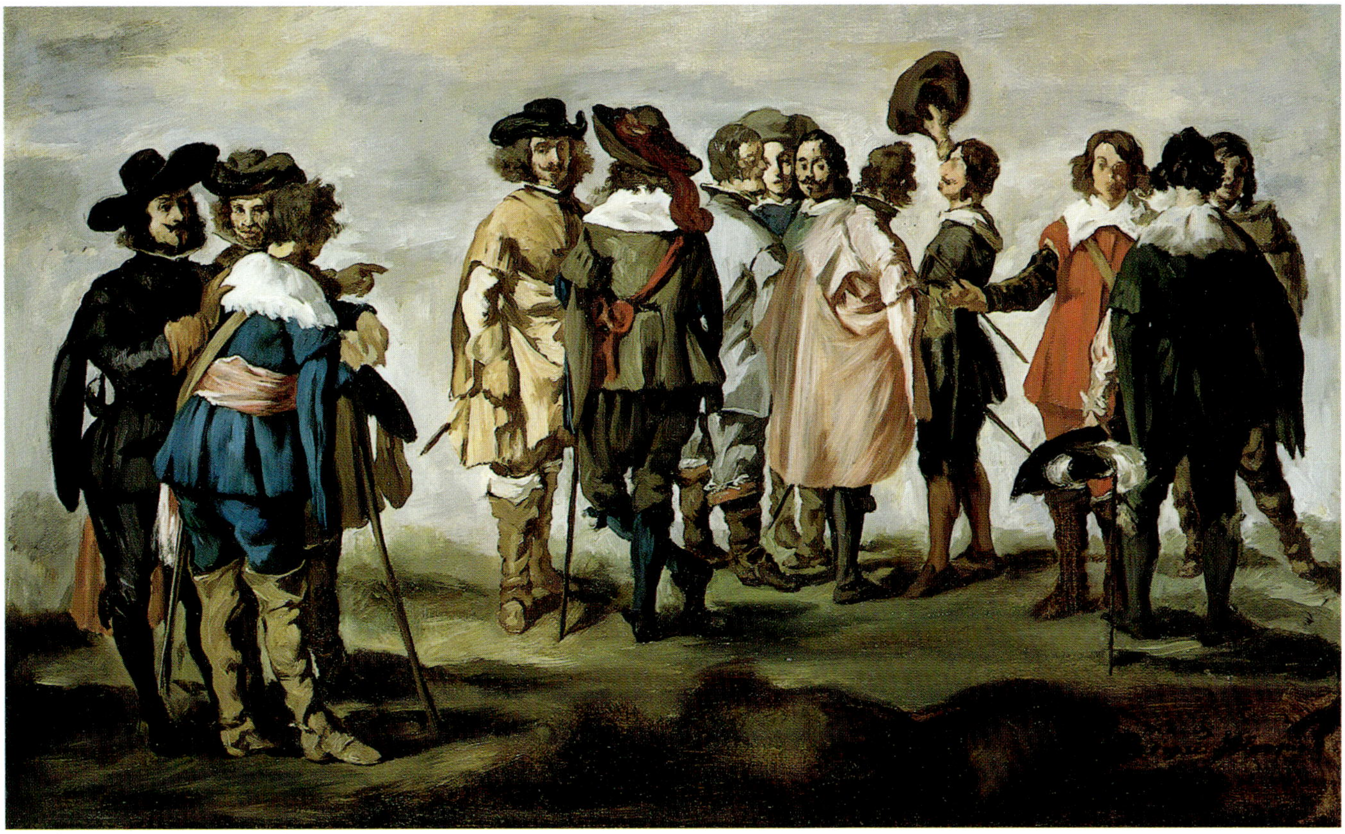

Fig. 136
Édouard Manet
Les Petits cavaliers
1859-1860?
Norfolk, Chrysler Museum of Art
(cat. 70)

Notes

48 Voir la « Chronologie », années 1823, 1830 et 1835. Sur l'inventaire LP des peintures du Louvre, on trouve en effet : LP 1534 Murillo, *la Conception de la vierge* ; LP 1535, le même, *le Paralytique* ; LP 1536 Espagnolet, *St Pierre aux liens* (en fait, c'est un Murillo). Ces trois tableaux ont été « acquis par le roi et provenant de la collection du maréchal Soult », pour 500 000 francs, avec cette observation en marge, à l'encre rouge : « Le marché passé le 13 avril 1835 entre Mr le Cte de Montalivet et Mr le M[aréch]al Soult, a été résilié le 23 mai 1835 et les trois tableaux dont il est question rendus le 25 du même mois à Mr le M[arqu]is de Dalmatie, sur son reçu, et agissant au nom du maréchal. »

49 Introduction, datée de 1864, p. LIII, de la première partie (écoles d'Italie et d'Espagne) du catalogue des peintures du musée du Louvre.

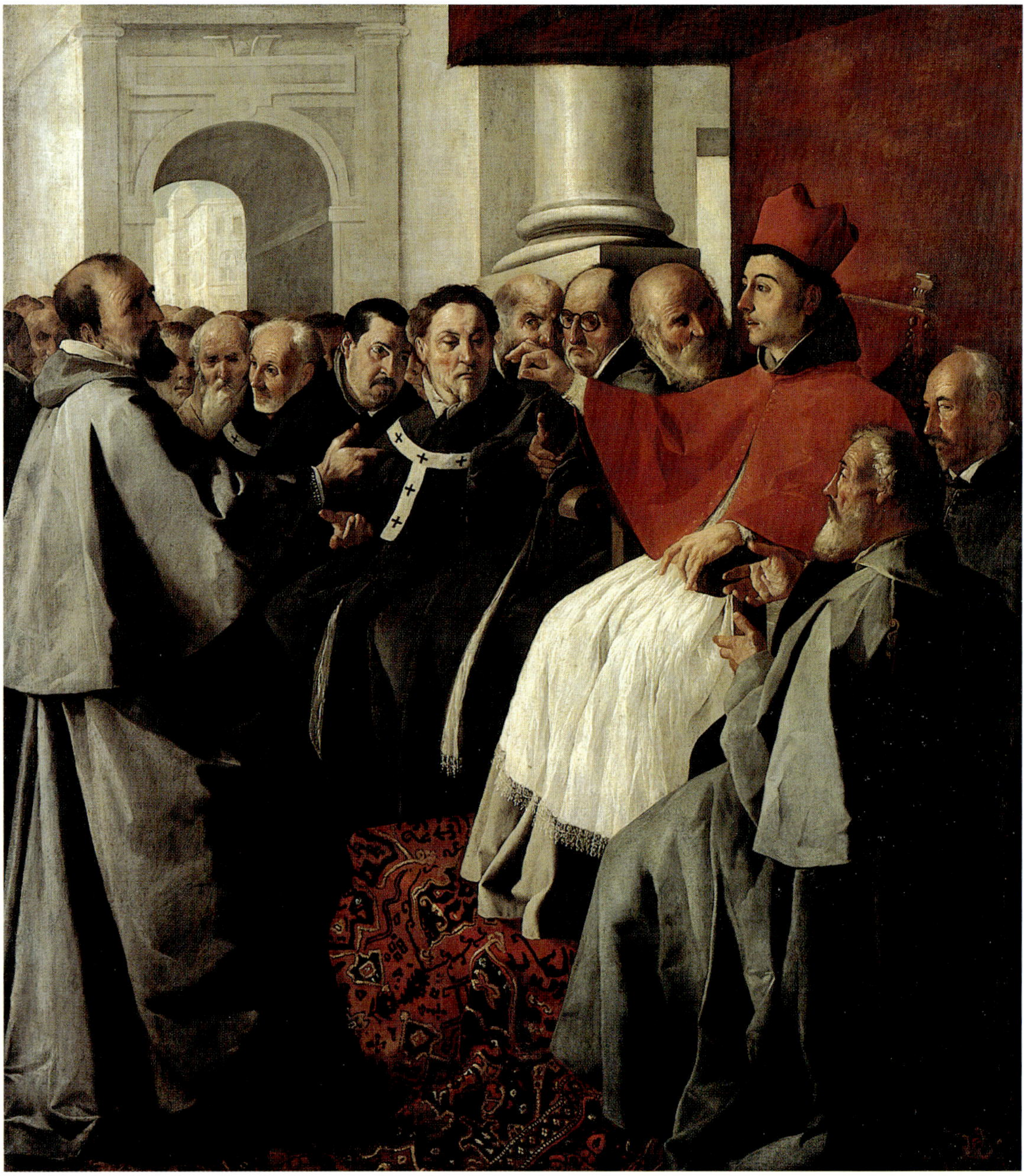

Fig. 137
Francisco de Zurbarán
Saint Bonaventure au Concile de Lyon
Vers 1629
Huile sur toile
H. 250 ; L. 225
Paris, musée du Louvre

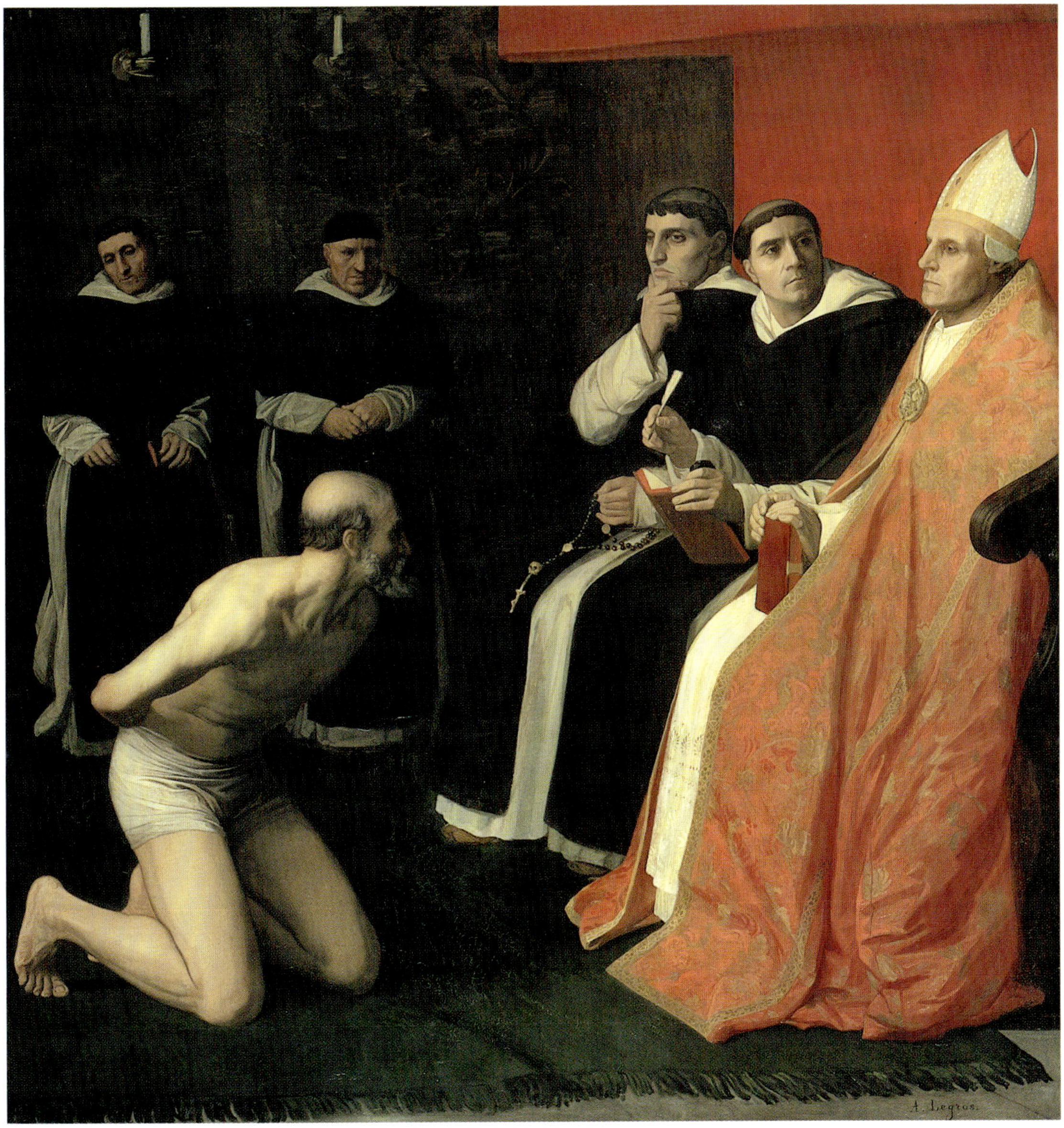

Fig. 138
Alphonse Legros
Une amende honorable
1868
Paris, musée d'Orsay
(cat. 68)

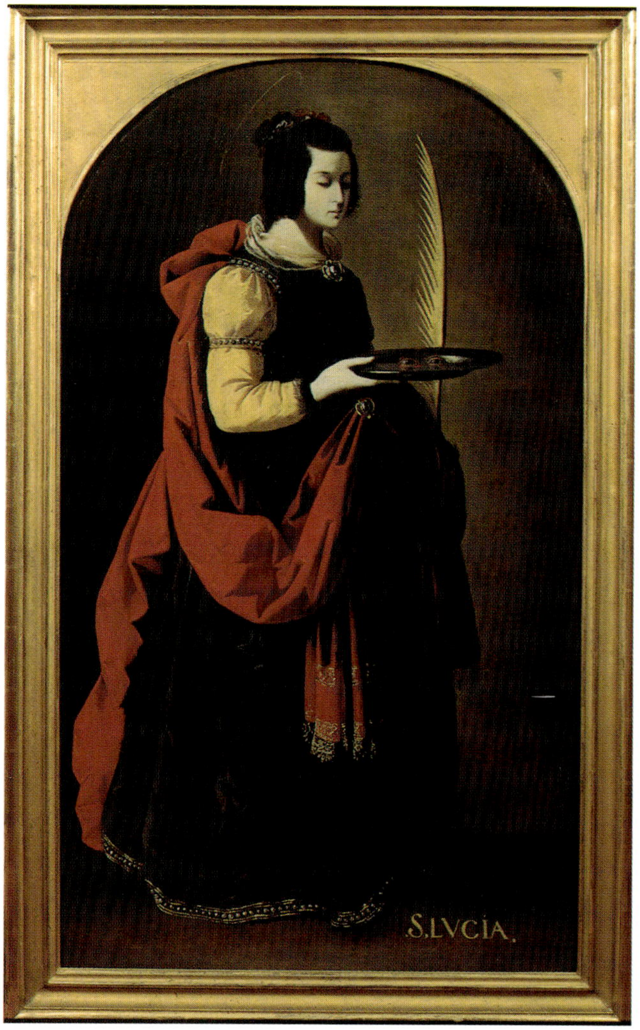

Fig. 139
Francisco de Zurbarán
Sainte Lucie
Vers 1635-1640
Chartres, musée des Beaux-Arts (cat. 39)

rapport au musée de Montpellier, qui avait acquis *Sainte Agathe* à la vente Soult de 1852, tandis que le musée de Chartres pouvait encore, pour un prix modique, s'offrir *Sainte Lucie* (fig. 139) à la vente de la collection Marcille, en 1876, car Zurbarán restait alors fort bon marché en comparaison de Murillo.

Le Louvre bénéficie aussi de quelques legs importants : celui de Louis Guillemardet, l'ami de Delacroix, fait entrer, en 1865, deux Goya, le portrait de son père et *Jeune Femme espagnole* (fig. 141), « peint à Madrid en 1799 », comme le note le catalogue des peintures du Louvre remis à jour par le vicomte Both de Tauzia en 1878[50] ; Regnault s'en est souvenu dans le portrait de la *Comtesse de Barck* (fig. 142).

Celui, en 1869, du Dr Louis La Caze, un amateur qui laissait volontiers visiter sa collection, comprend, à côté de Watteau ou de Chardin remarquables, plusieurs tableaux espa-

Notes

50 Nos 533 et 534.

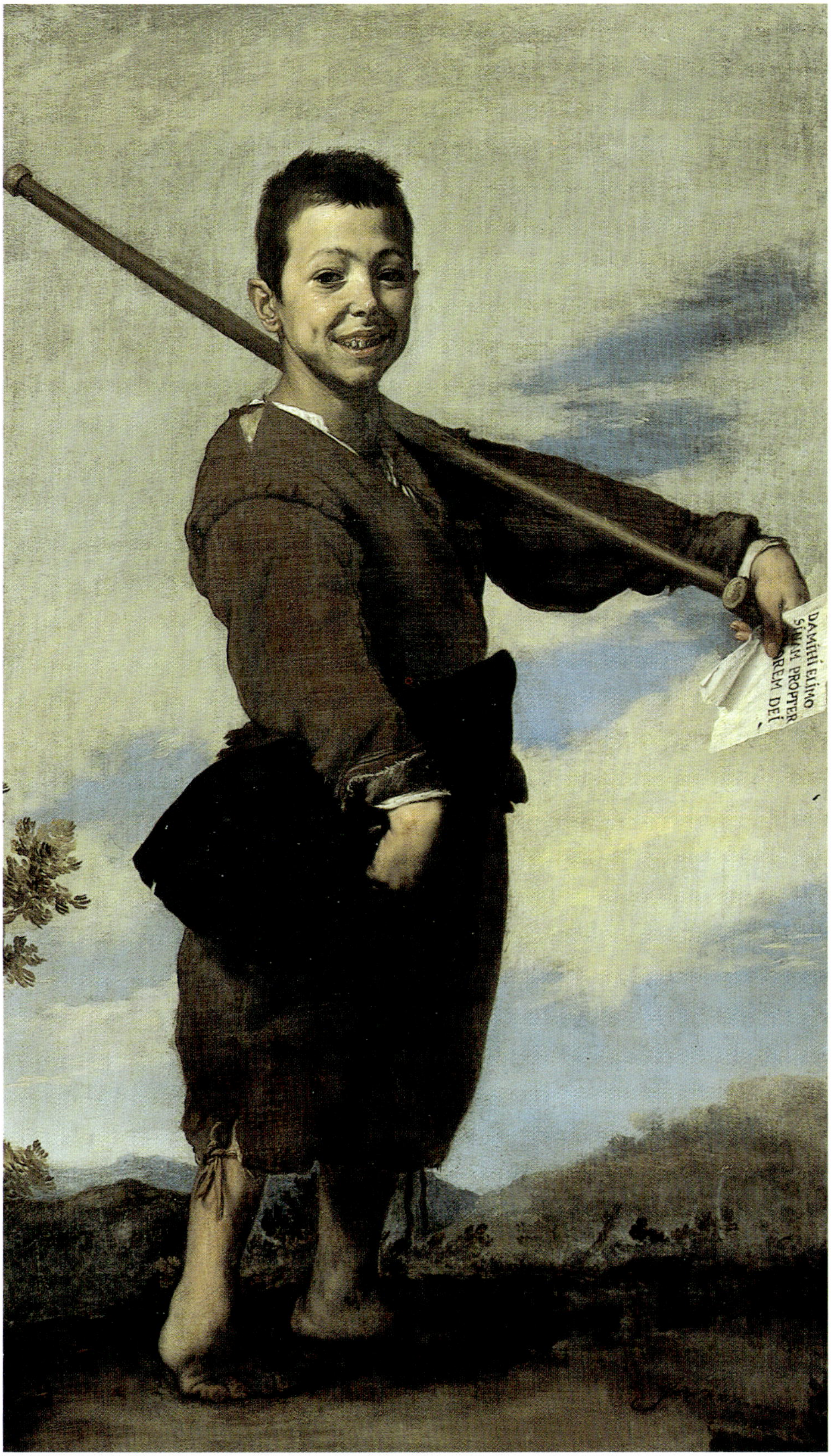

Fig. 140
Jusepe de Ribera
Le Pied-Bot
1642
Paris, musée du Louvre
(cat. 29)

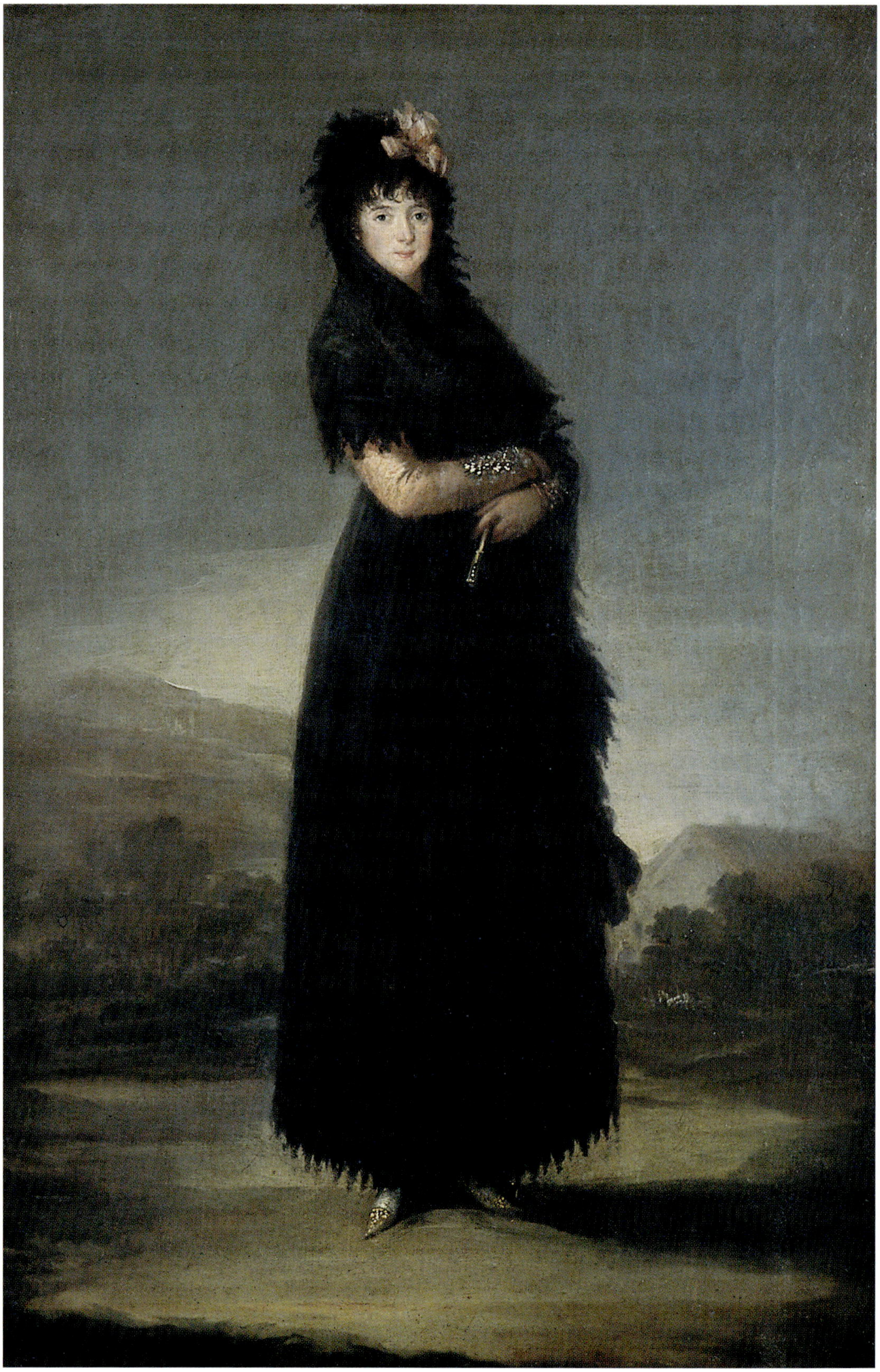

Fig. 141
Francisco de Goya
Une dame en costume espagnol
Vers 1797-1798
Paris, musée du Louvre
(cat. 10)

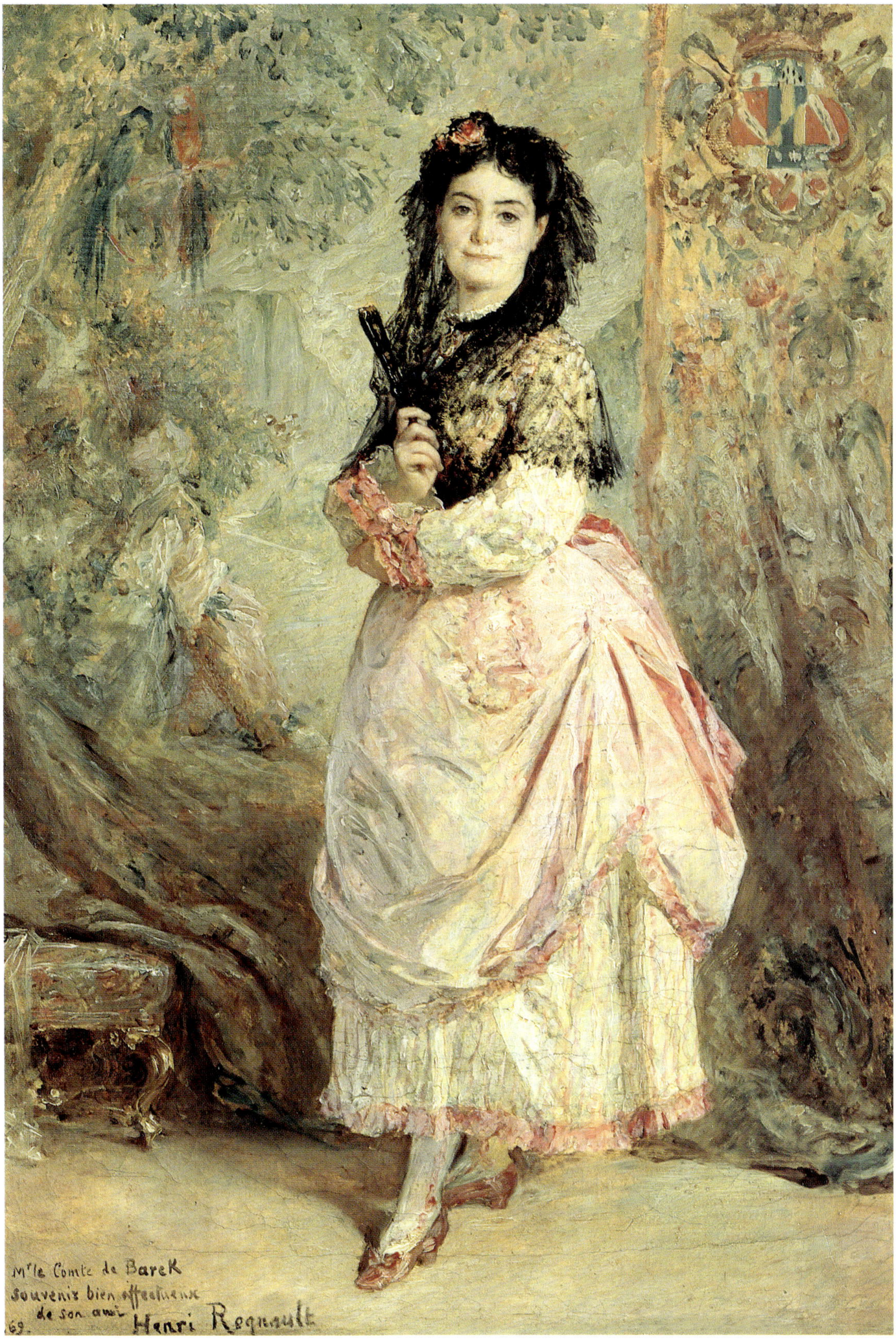

Fig. 142
Henri Regnault
La Comtesse de Barck
1869
Paris, musée d'Orsay
(cat. 110)

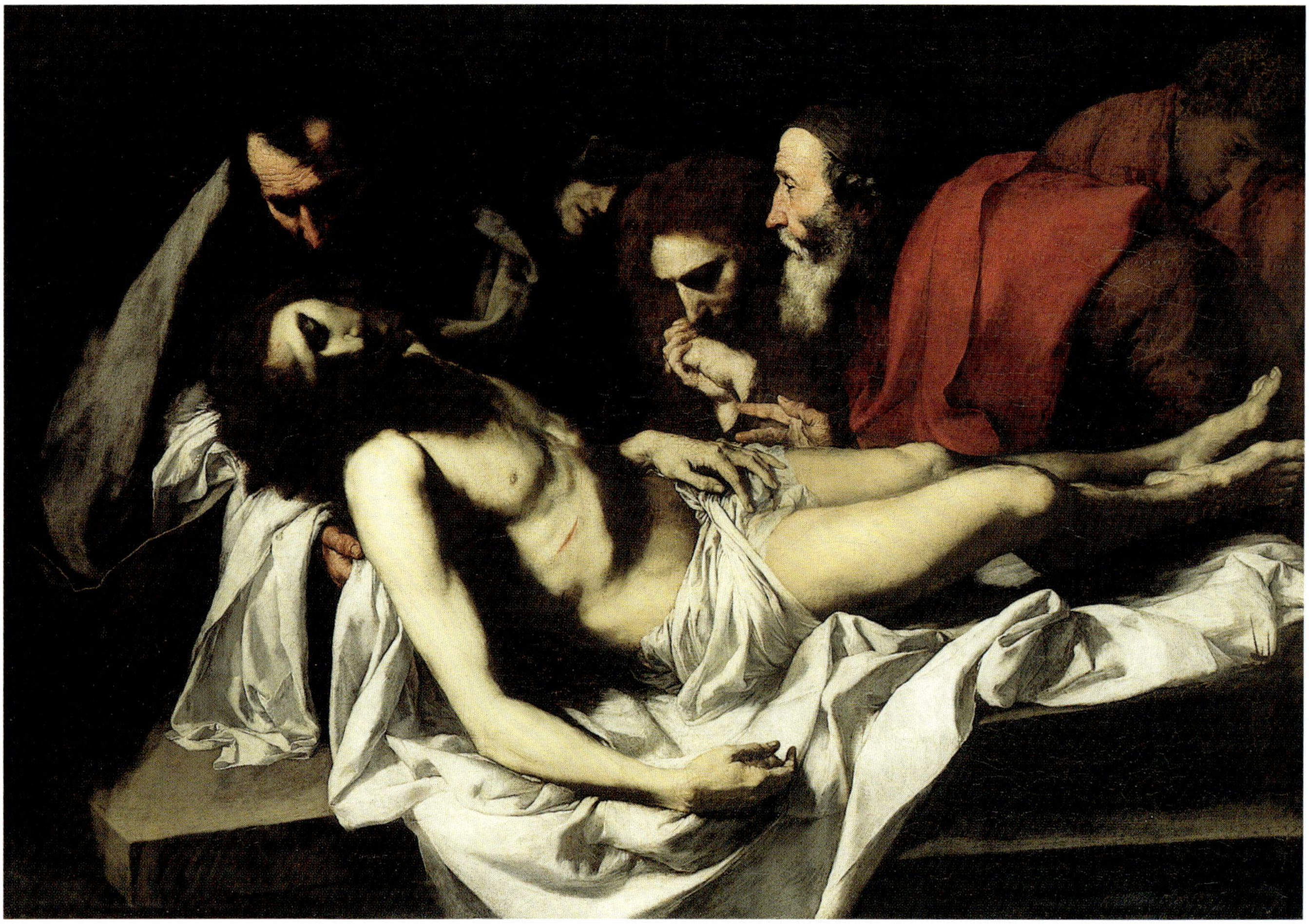

Fig. 143
Jusepe de Ribera
Déposition du Christ
Huile sur toile
H. 127 ; L. 182
Paris, musée du Louvre

gnols, dont *le Pied-Bot* de Ribera (fig. 140). Une salle spéciale est consacrée à cette collection au premier étage sur le côté ouest de la cour Carrée. Mais l'on pouvait trouver dans la Grande Galerie des Ribera au violent clair-obscur, comme la *Déposition du Christ* (fig. 143), entré en 1868, auquel fait écho *le Samaritain* de Ribot (fig. 144) et, plus tard, en 1875, un *Saint Paul ermite* (fig. 145), que devait étudier Bonnat (fig. 146).

L'entrée, en 1852, de l'*Immaculée Conception* (fig. 125) de Murillo avait produit un effet foudroyant sur les innombrables copistes étudiant au Louvre, beaucoup plus nombreux que ceux qui avaient obtenu commande ou achat de l'administration. Les registres sont malheureusement incomplets, mais les quelques informations que l'on peut tirer de celui qui concerne les tableaux de l'école espagnole sont significatives ; il couvre la période de 1851 au début de 1857[51].

On trouve seulement quatre noms d'artistes espagnols – Murillo, Velázquez, Ribera et Moralès – à côté de soixante-six Italiens, marquant bien la disproportion même des collections du Louvre.

Notes

51 Arch. des Musées nationaux, *LL 26.

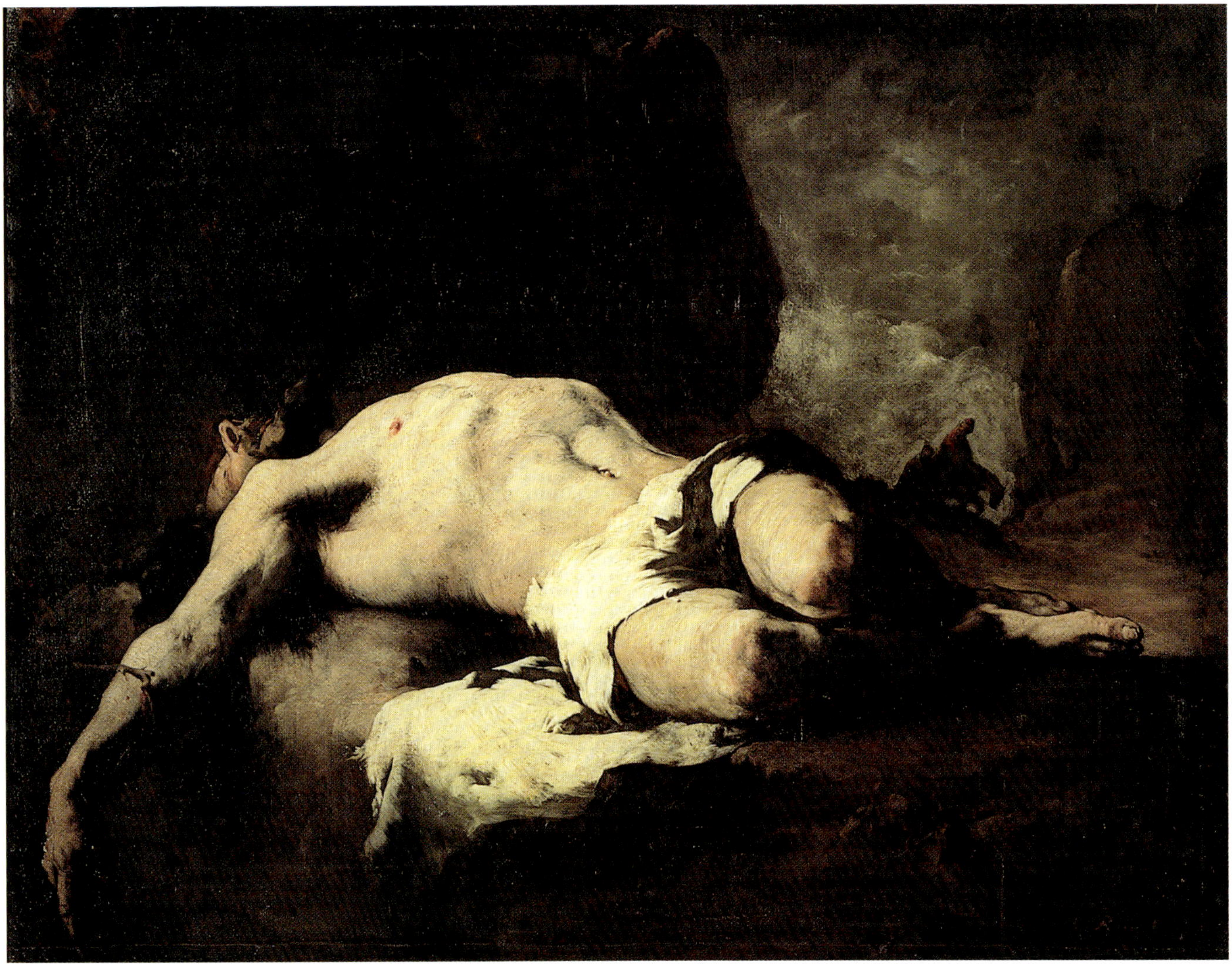

Fig. 144
Théodule Ribot
Le Samaritain
1870
Paris, musée d'Orsay
(cat. 112)

Fig. 145
Jusepe de Ribera
Saint Paul ermite
Huile sur toile
Vers 1652
H. 197 ; L. 153
Paris, musée du Louvre

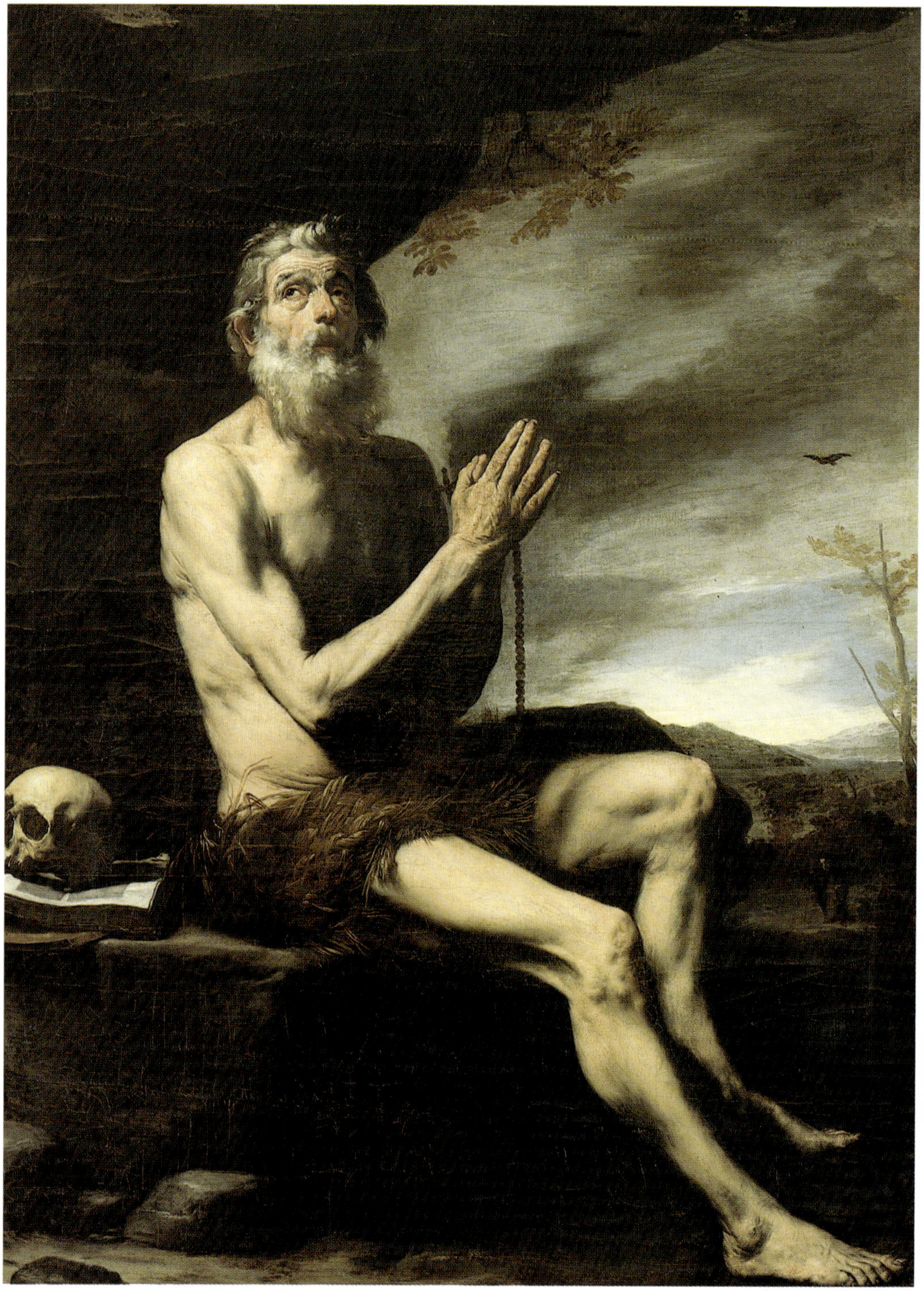

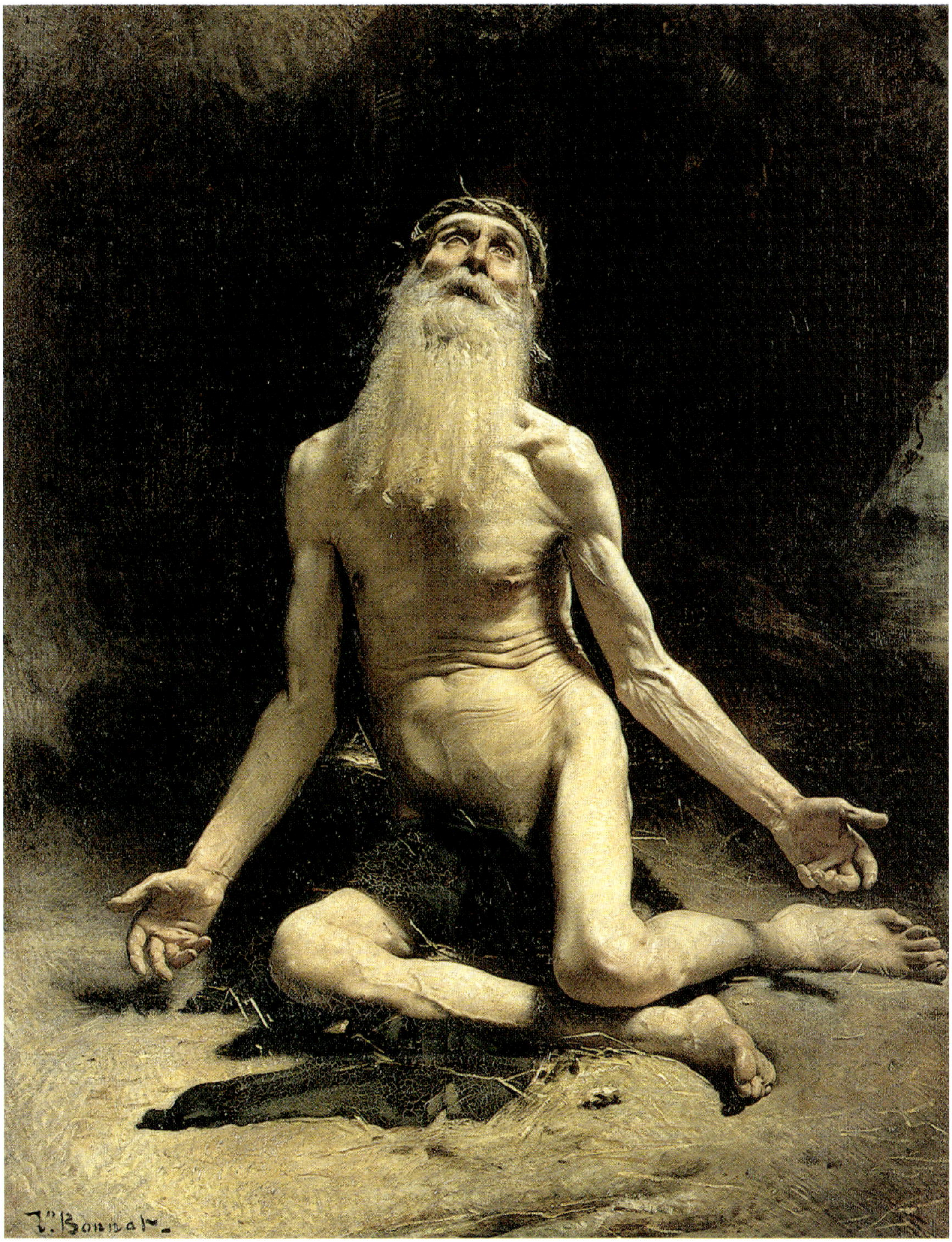

Fig. 146
Léon Bonnat
Job
Bayonne, musée
Bonnat (cat. 43)

Fig. 147
François Bonvin
Le Petit Savoyard
Boulogne-sur-Mer, château-musée
(cat. 44)

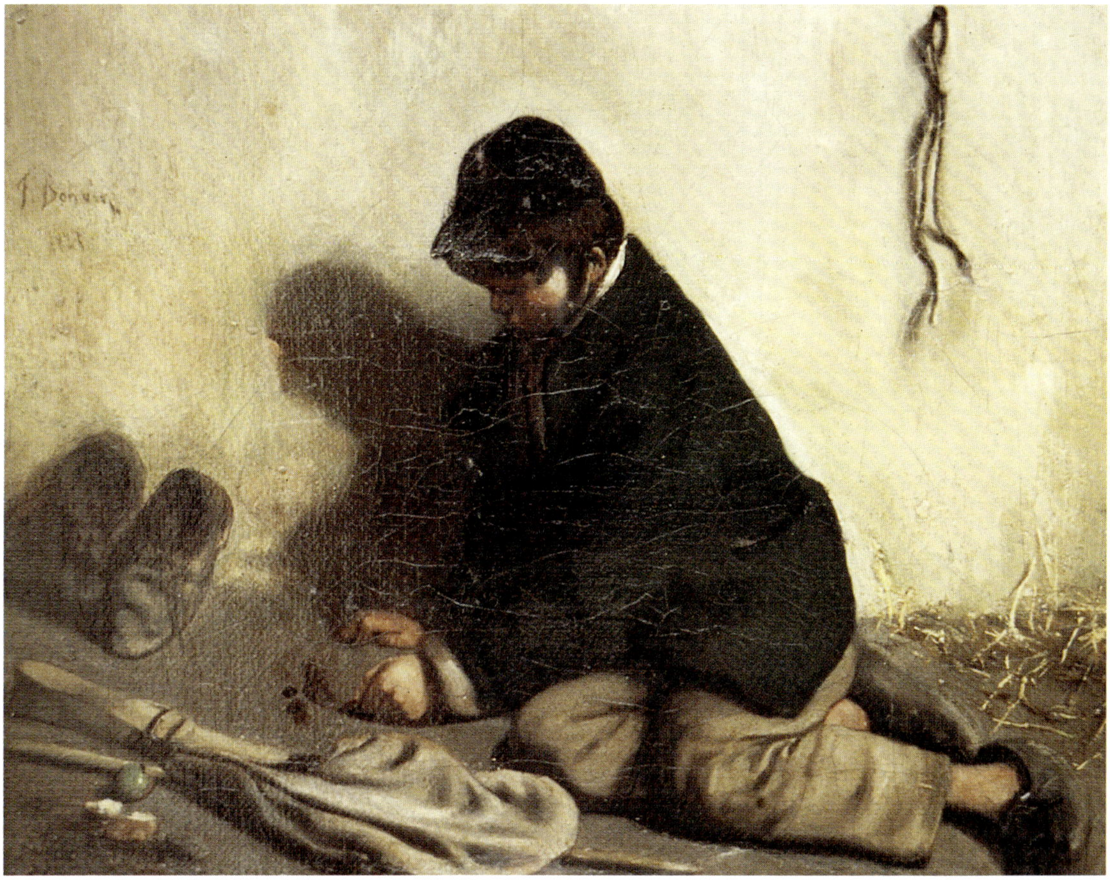

Treize peintures, dont cinq de Murillo, font l'objet de 742 demandes de copies, ce qui ne veut pas dire qu'elles ont toutes été réalisées, dans des formats variés, d'après le tableau complet ou d'après un détail. Le record absolu est tenu par Murillo, avec 597 demandes. La *Conception de la Vierge*[52] (fig. 125), acquis le19 mai 1852, est l'objet de 167 demandes en moins de cinq ans, dont plus de la moitié la première année. Dès le 21 mai, 30 demandes sont enregistrées, s'y ajoutent 22 autres jusqu'à la fin du mois. Tous ne pouvant se mettre au travail en même temps, la colonne « observations » signale laconiquement pour cette brève période de dix jours, 22 abandons, dont 7 expliqués par la mention « mort », ce qui laisse à penser que les délais pour une nouvelle convocation ont dû être assez longs. Les plus nombreuses demandes concernent ensuite quatre peintures de Murillo, le *Jeune Mendiant* (124), la *Sainte Famille au repos*[53] (123), une *Conception de la Vierge* entrée sous Louis XVIII[54] (113),

Notes

52 N° 546 bis. Le registre des copistes fait référence aux numéros donnés dans le catalogue du Louvre de Villot (écoles italiennes et espagnoles).

53 Registre des copistes, n° 548 (Inv. 930).

54 N° 546 (Inv. 927, H. 172 ; L. 298). Villot indique qu'elle a été acquise de M. Lom en 1817. Le dernier catalogue des peintures du Louvre (1981) précise qu'il provient, déjà, de la collection Soult.

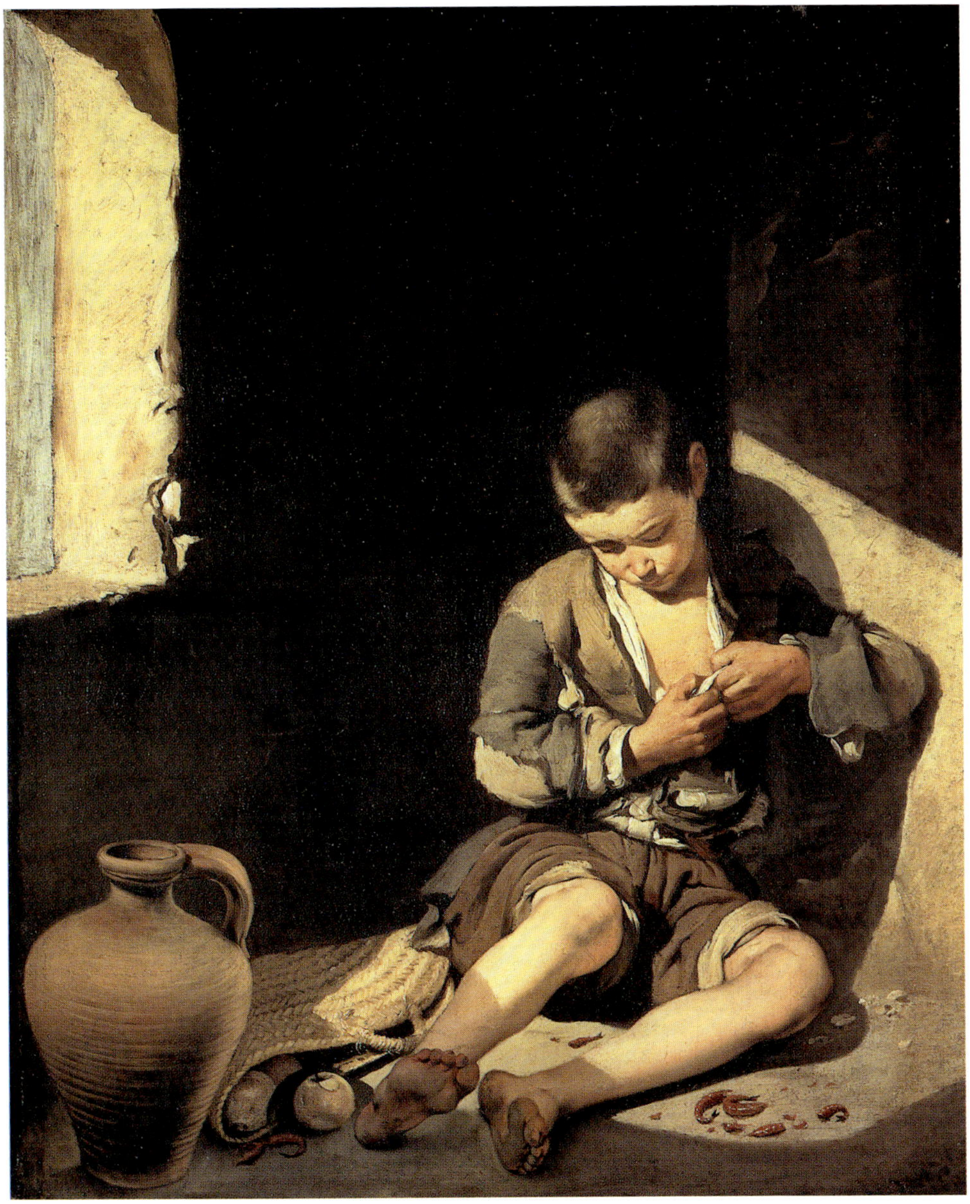

Fig. 148
Bartolomé Esteban
Murillo
Jeune Mendiant
Huile sur toile
H. 134 ; L. 100
Paris, musée du Louvre

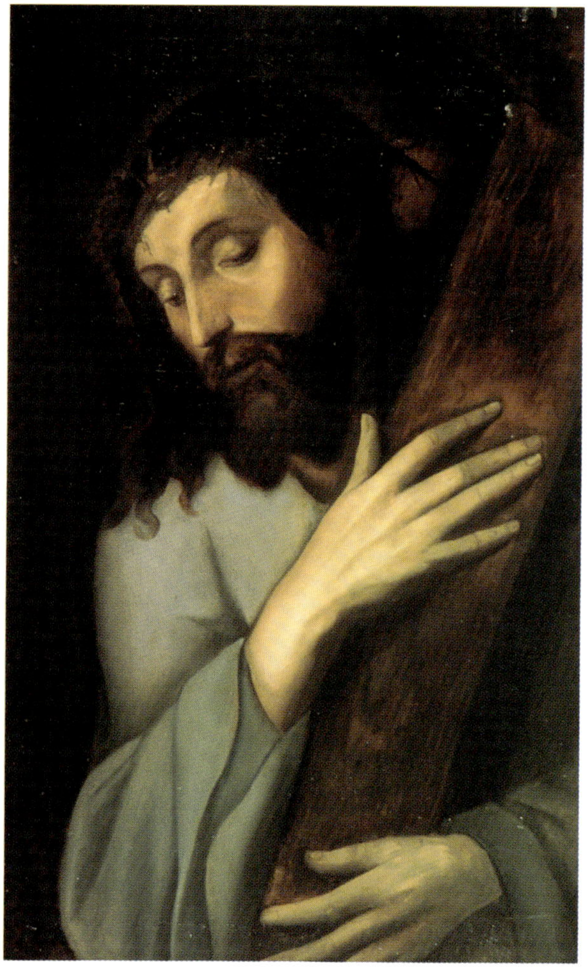

Fig. 149
Théodore Chassériau
Christ portant sa Croix, d'après Luis de Moralès
La Rochelle, Musée municipal (cat. 46)

enfin, la *Vierge au chapelet* (66), qui a perdu beaucoup de la popularité qu'elle avait sous Louis-Philippe.

En deuxième position, les trois Velázquez totalisent 97 demandes ; l'*Infante Marguerite Thérèse* (43, dont celle de Fantin-Latour le 23 novembre 1854 ; fig. 129) et les nouvelles acquisitions que sont le *Moine* (37 ; fig. 134)[55] et le *Portrait de Velasquez et autres personnages* (17 ; fig. 135)[56], qui ont tous deux été copiés par Manet.

Ribera est sollicité 38 fois, dont 36 pour l'*Adoration des bergers,* et Moralès dix fois pour le *Christ portant sa Croix*[57] qui avait retenu un peu plus tôt l'attention de Chassériau (fig. 149).

Il est intéressant de comparer ces chiffres aux meilleurs scores italiens pendant la même période : 146 pour le *Sommeil d'Antiope* du Corrège, 142 pour le *Christ porté au tombeau* de Titien, 124 pour la *Belle Jardinière* de Raphaël, 112 pour les *Pèlerins d'Emmaüs* de Véronèse, en un temps où la *Joconde* ne totalise que 50 demandes…

Le registre contenant les écoles française et flamande (et quelques hollandais)[58] correspond à une période trois fois plus longue, de 1851 à 1871, et si l'on y enregistre 262 demandes pour *la Cruche cassée* de Greuze, il faut considérer qu'elle ne prend rang, en comparaison, qu'après quatre Murillo, tandis que *l'Assomption* de Prud'hon (206) est à peu près à égalité avec la *Vierge au chapelet* de Murillo. Viennent ensuite deux Rubens, *la Fuite de Loth et ses filles* (169) et *l'Adoration des Mages* (163), devant le *Christ en Croix* de Prud'hon (132). Le goût n'est plus à la technique lisse des néoclassiques et des ingresques. On préfère donc Murillo, Prud'hon, Greuze et Rubens, pour des raisons diverses, qui ne sont pas nécessairement les mêmes que celles qui déterminent la commande publique, qui a besoin de sujets religieux. Sentiment et réalisme touchent dans le *Jeune Mendiant* et *la Cruche cassée.*

À la fin de 1871, un nouvel impératif se fera jour pour les commandes de copies. Charles Blanc, alors directeur des Beaux-Arts, poursuit sa politique de diffusion de la connaissance de l'art de tous les pays et instaure un musée des Copies, connu aussi sous le nom de Musée européen. Les collections de l'École des beaux-arts n'y suffisant pas, il envoie des artistes travailler dans tous les musées d'Europe, effectue des acquisitions, regroupe des œuvres disséminées en province. La volonté encyclopédique dont il avait fait preuve en menant à bien l'*Histoire des peintres de toutes les écoles depuis la Renaissance jusqu'à nos jours* se trouve ainsi mise en images au format réel et en couleurs. L'Espagne y a bien entendu sa place avec une trentaine de copies[59].

Sont donc exposées au palais des Champs-Élysées à Paris, pour une courte période qui s'achève en 1874, dix-neuf copies des Velázquez du Prado (dont *les Lances* par Henri Regnault, un récent envoi de Rome…). Il faut noter que le *Christ en Croix* copié par Porion entre 1853 et 1855 à Madrid[60] avait servi lui-même entre 1864 et 1870 comme modèle à sept commandes de l'État, travaux qui montrent bien l'admiration grandissante pour Velázquez à la fin du second Empire. Le peintre Guignet (1810-1857), dans une situation financière difficile, avait apitoyé l'administration, en 1856, en proposant les cinq copies faites au Prado, « dans mon enthousiasme pour Velázquez » comme il l'écrit. Il s'était rendu en Espagne pour peindre un tableau d'histoire commandé en 1852 et se justifie ainsi : « Pour donner à ma composition toute la perfection dont je pourrais être susceptible, c'est à Madrid et sous l'impression des maîtres de la puissante école Espagnole que je suis allé l'exécuter[61]. » Certains sont de véritables spécialistes, comme Prévost, qui fournit jusqu'à sept copies de

Notes

55 Registre des copistes, n° 556 (Inv. 942) ; Manet est inscrit comme copiste le 17 juin 1851, avec le n° 171.

56 N° 557 (Inv. 943).

57 N° 545 (Inv. 926), acquis en 1824, classé maintenant parmi les anonymes.

58 Arch. des Musées nationaux, *LL 22.

59 Voir Duro, 1987, p. 283-313. Il étudie 199 copies d'après toutes les écoles et donne l'emplacement actuel s'il est connu.

60 Arch. nat. F 21/104.
Les quatre autres copies de Porion, commandées de 1849 à 1853, d'après des Velázquez du Prado, avaient été envoyées dans des musées de Province. Seule celle des *Forges de Vulcain* (1853) est revenue provisoirement de Dijon au musée des Copies (Duro, *op. cit.*, p. 305, n° 169). Celle du *Portrait du duc d'Olivares à cheval* (en 1853) resta à Laval. Avant d'être envoyées à Angoulême et à Privas, les copies des *Lances* (1849) et des *Buveurs* (1850) avaient été exposées au « Palais des Beaux-Arts » (c'est-à-dire l'École des beaux-arts) d'après une mention dans la livraison n° 69 de l'*Histoire des peintres*, consacrée à Velázquez en 1851. Leur commande « sur proposition de M. Charles Blanc, alors directeur des Beaux-Arts » et leur présentation permettent de suggérer qu'une première tentative de musée des Copies – qui reste à étudier – avait été faite sous la deuxième République.

61 Duro, *op. cit.*, p. 294.

Velázquez et a l'idée de proposer celle des *Femmes au balcon* de Goya, tandis que Charles Blanc lui recommande d'entreprendre celle de *Sainte Élisabeth soignant les malades* de Murillo. Ces deux copies arrivent trop tard, après la fermeture du musée des Copies. Ce Murillo mythique, auquel tenait Charles Blanc, avait déjà fait l'objet d'une commande à Lazerges le 12 juillet 1872, qui avait dû être annulée, l'artiste jugeant que « l'état politique de l'Espagne rend impossible l'achèvement de la copie[62] ».

On trouvait aussi deux ou trois copies exécutées jadis dans la Galerie espagnole et acquises pour le musée des Copies, un *Saint François en prière,* d'après Zurbarán, par Beaulieu, une *Dame aux gants* de Velázquez, cédée par la veuve de Cornu en 1872 et qui permettrait sans doute d'identifier l'un des Velázquez qui ne le sont pas encore, et un prétendu *Charles IV* de Carreño de Miranda copié par Adolphe Brune, peut-être un *Charles II* de la Galerie espagnole[63]. Quant à Ribera, il était représenté par une *Déposition de Croix* du musée de San Martino à Naples, copié au début du siècle par Lethière (1760-1832) et emprunté au musée de Dijon, et par une commande de Charles Blanc à Lafon, *Saint Stanislas et l'enfant Jésus* de la galerie Borghèse à Rome, tandis que la copie du *Martyre de saint Barthélemy* du Prado par Layraud arriva trop tard[64]. Enfin, une copie par Steuben (1788-1856) du *Léon X* de Velázquez du palais Pitti, de Florence, fut acquise en vente publique le 28 décembre 1871.

Les copies sont transférées en 1874, pour la plupart, à l'École des beaux-arts, destinées dorénavant aux seuls élèves, ou mises en réserve, peu après l'arrivée de Philippe de Chennevières à la direction des Beaux-Arts, dans les derniers jours de 1873[65].

Il ne restait, pour le public, qu'à feuilleter les éditions mises à jour de l'*Histoire des peintres,* déjà plusieurs fois cité, ouvrage dans lequel l'école espagnole a droit à un volume entier, aussi clairement séparée de l'école italienne que dans les catalogues du Louvre à partir de 1852 et dans les salles même du musée dès 1848.

La publication, non datée, débute vraisemblablement à l'automne de 1848, dans l'euphorie d'une deuxième République qui pense à l'éducation populaire grâce à la diffusion de l'image. Des livraisons de huit grandes pages paraissent au rythme de deux par mois.

L'ouvrage, encore à ses premiers numéros, est primé lors de l'Exposition nationale de 1849, consacrée aux produits de l'industrie agricole et manufacturière.

Il est composé de monographies des « peintres connus des sept grandes Ecoles de peinture », dont l'école espagnole. La précision d'une école régionale ou liée à une ville est abandonnée. Selon l'importance des artistes, une demie, une ou plusieurs livraisons qui se suivent peuvent lui être consacrées. Chaque monographie débute par un portrait du peintre, sous lequel sont indiqués le nom de l'école et les sujets qu'il représente, puis son nom et ses dates de naissance et de mort. Les sujets sont ainsi définis pour l'école espagnole : paysages, portraits, genre, sujets mythologiques, sujets religieux, terme distinct de sujets pieux, utilisé pour Alonso Cano et Murillo, ou histoire sainte pour Ribera.

Chaque biographie, illustrée de reproductions gravées sur bois, se termine par une précieuse rubrique « recherches et indications » qui comprend un catalogue des œuvres avec leur emplacement dans les musées, dans les collections particulières et un aperçu des prix dans les ventes publiques, enfin, un fac-similé de signature.

Charles Blanc, directeur des Beaux-Arts sous la deuxième République, de 1848 à 1850, participe activement à la rédaction dès le premier numéro, mais n'en prend la direction effective que vers 1853. Dans les premières années, il est l'auteur de plusieurs monographies : Ribera en 1849, Velázquez en 1851, Murillo en 1852, Zurbarán en 1853, Alonso Cano en 1855. Puis le nombre des auteurs se diversifie. On trouve ensuite Paul Mantz (deux notices), Louis Viardot (une), William Bürger (sept) et Paul Lefort (seize), qui rédige, entre autres, les biographies du Greco, des Herrera ainsi que de Goya, en tenant compte du livre capital de Charles Yriarte paru en 1867[66].

L'ouvrage est présenté progressivement en quatorze volumes par écoles, mis à jour – pour les nouvelles ventes publiques notamment – et augmenté d'un « Appendice » comptant, pour l'Espagne, cinquante autres peintres moins importants, soit, au total, pratiquement le nombre d'artistes présents au catalogue de la Galerie espagnole. Il est intéressant de noter qu'il peut y avoir des changements dans l'illustration. D'une manière significative, la gravure de la *Sainte Élisabeth de Hongrie soignant des lépreux* de Murillo, tant admirée, apparaît dans l'édition reliée après 1872[67], alors qu'elle n'était pas reproduite dans les livraisons numérotées 102 et 103 de 1853 et dans l'édition de 1869. Sans doute une reproduction était-elle enfin disponible à Paris pour cette peinture tant admirée. Dans la monographie sur Velázquez, la gravure intitulée *l'Infant don Carlos,* en fait *Balthazar Carlos à cheval* du Prado, est reprise de l'eau-forte de Goya, aisément reconnaissable, mais le lecteur de 1851 n'en est pas informé ; cela n'est précisé que plus tard, dans l'édition de 1877, où l'on peut lire ce commentaire dans la liste des tableaux du Prado : « C'est le portrait que Goya a gravé à l'eau-forte et que nous avons reproduit ici en facsimilé[68]. » La connaissance s'affine au cours des ans, surtout depuis que Charles Blanc a pu établir des contacts directs avec l'Espagne pour *la Gazette des Beaux-Arts,* qu'il fonde en 1859, dès avant son voyage de 1862. De la même façon, le *Magasin pittoresque,* en publiant, en 1856[69], pour la première fois un tableau du Prado, « la Femme de Velasquez, par Velasquez », a dû se servir du talbotype de Nicolas Haeneman[70], publié par William Stirling en 1847, puis en 1855. Trente ans plus tard, la maison Braun propose dans son *Catalogue général des photographies inaltérables au charbon* un très large choix de 141 peintures espagnoles conservées au musée du Prado et de 26 conservées à l'Académie de Saint-Ferdinand *(sic),* y compris *La « Maja » vêtue* et *La « Maja » nue* de

Notes

62 Duro, 1987, p. 298.
63 Voir Baticle et Marinas, 1981, n° 39 ou n° 40.
64 Duro, *op. cit.*, p. 297.
65 Voir Chennevières, 1979, I, p. 96-97.
66 Le musée Gustave-Moreau possède une collection des 280 premières livraisons non reliées avec leurs couvertures en papier, ce qui permet de proposer une date de publication. Ribera porte le n° 22, Velázquez les n°s 68 et 69, Murillo les n°s 102 et 103, Zurbarán le n° 122, Alonso Cano le n° 171, Juan de Joanes le n° 269.
67 P. 13 (la numérotation repart de 1 pour chaque artiste). Le texte semble avoir été complété peu après 1867. Il existe diverses éditions, notamment en 1869, après 1872 (s. d.), en 1877, en 1886…
68 P. 16, 2e col. pour l'illustration de la p. 13 dans l'éd. de 1877. Il faut noter des variantes dans le texte d'une édition à l'autre.
69 P. 165.
70 Cat. exp., Madrid, 2000, p. 15, repr.

Goya et, bien entendu, *Sainte Élisabeth de Hongrie soignant les teigneux* de Murillo, dont il existe une vue d'ensemble et trois détails. Mais le choix des illustrations gravées que l'on retrouve dans *la Peinture espagnole* par Paul Lefort, en 1893, manuel publié dans la Bibliothèque de l'enseignement des beaux-arts (Paris, ancienne maison Quantin) reste fidèle aux succès du siècle avec, en figure 55, « Zurbaran, *Moine en méditation* (à la National Gallery) », en figure 73, « Velazquez, *Portrait du pape Innocent X* (galerie Pamphili Doria, à Rome) » et, en figure 98, « Murillo, *Sainte Elisabeth de Hongrie guérissant les teigneux* (Académie de San Francisco)[71] », sans oublier, du peintre et sculpteur Alonso Cano, la statuette *Saint François d'Assise* appartenant au trésor de la cathédrale de Tolède qui avait fasciné Zacharie Astruc en 1864 au point qu'il en avait fait une copie.

Toujours est-il que l'*Histoire des peintres* est une publication exemplaire et fondatrice, une première tentative d'histoire de l'art fondée sur les individualités et les œuvres. Les sources écrites antérieures sont toutes utilisées, mais avec un réel sens critique : par exemple, Sandrart est réfuté en ce qui concerne de prétendus voyages de Murillo en Amérique et en Italie[72]. S'y ajoute une véritable analyse des œuvres du point de vue de la technique. Cela aboutit parfois à des mises en garde à destination des peintres. Ainsi, en conclusion à l'étude consacrée à Murillo, Charles Blanc écrit : « Quelquefois le pinceau d'Estaban est fondu jusqu'à la mollesse ; le plus souvent, il est chaud et vaporeux. Peut-être est-il dangereux de copier Murillo : on risquerait de tomber dans la rondeur et le défaut d'accent ; on contracterait une banalité d'exécution dont l'original se sauve par le charme et l'éclat du coloris. Mais s'il ne faut point imiter Murillo, on peut l'admirer sans crainte [...] etc[73]... » Qui sait si les académiques comme Cabanel, Baudry ou Bouguereau n'ont pas négligé de tenir compte de ce conseil ?

Il existe une introduction d'ensemble pour chaque école. Charles Blanc rédige celle de l'école espagnole et cherche à définir des traits généraux, à établir un lien avec l'histoire politique et sociale. Pour lui, la physionomie originale de l'école espagnole provient de deux sources, le catholicisme et le colorisme, et il insiste sur la mainmise du clergé en ce pays d'Inquisition : « Ne reconnaissant d'autre laideur que le péché, qui est la difformité de l'âme, l'art espagnol ignore le beau idéal, c'est-à-dire la vérité typique des formes, ou, s'il ne l'ignore point, il le dédaigne, parce qu'il lui est commandé de respecter, sous les disgrâces du corps, dans les natures les plus déchues, la grande figure de Dieu[74]. »

Enfin, nos historiens de l'art ne négligent pas, sans pour autant être aussi sévères que la critique moderne, de se poser des questions sur la validité des attributions traditionnelles. Dans la monographie consacrée à Juan Bautista del Mazo, assistant et gendre de Velázquez, W. Bürger (Théophile Thoré) signale que l'on a débaptisé un Velázquez du Prado pour le restituer à

Notes

71 La graphie erronée du lieu – Francisco pour Fernando – est une faute d'impression, car pour d'autres œuvres conservées alors dans le même lieu, notamment les deux autres Murillo de la collection Soult rendus en 1815 à l'Espagne, fig. 96 et 97, avec leurs cadres, la graphie est correcte.

72 *E. Murillo*, n° 102, p. 4.

73 *E. Murillo*, n° 103, p. 15.

74 Introduction à l'école espagnole, p. 10.

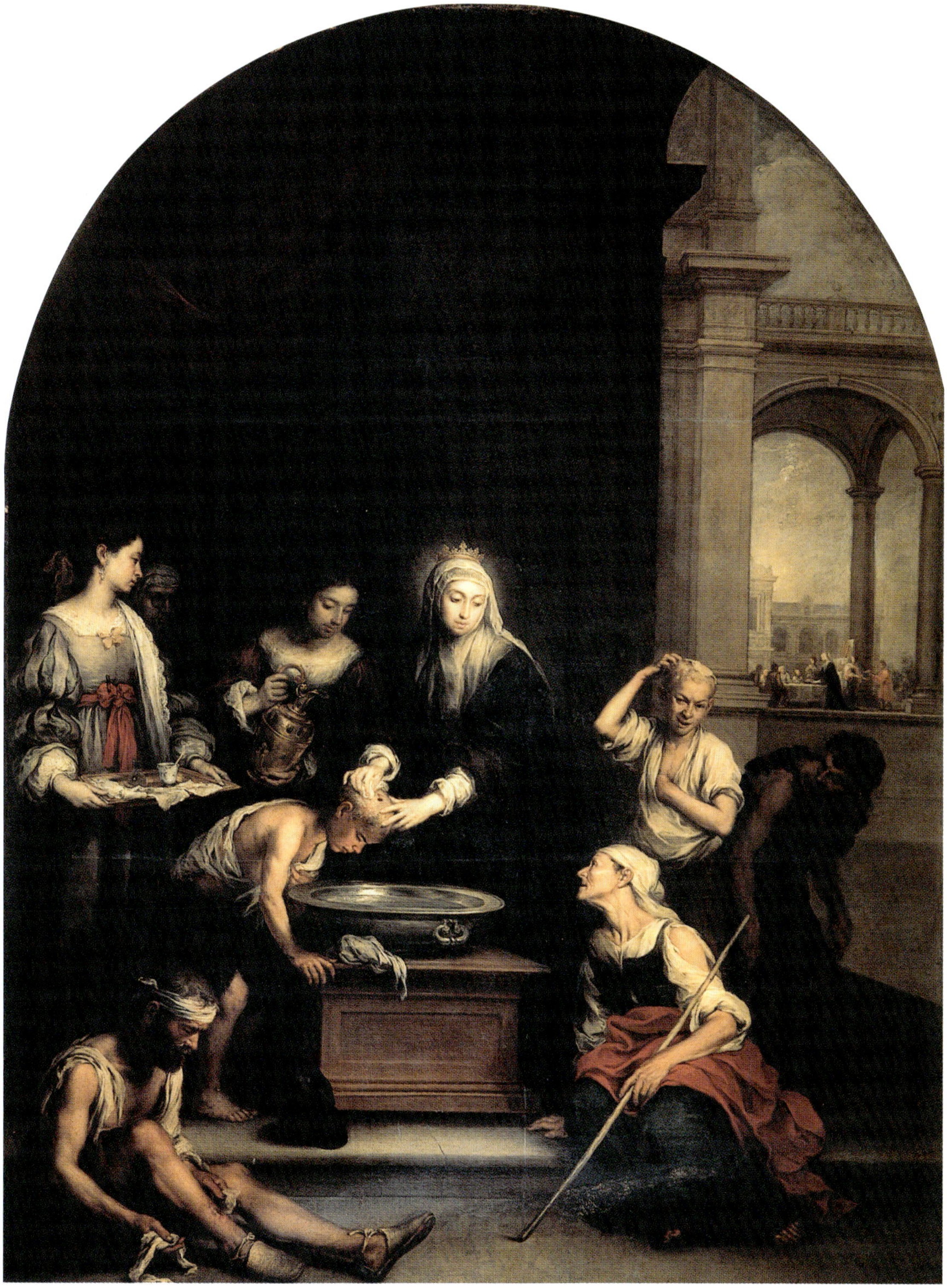

Fig. 150
Bartolomé Esteban Murillo
Sainte Élisabeth de Hongrie soignant les teigneux
Huile sur toile
H. 325 ; L. 245
Séville, hôpital de la Caridad

Mazo *(Maria Teresa d'Autriche)* et ajoute à la suite de la brève liste d'œuvres attestées : « Il se pourrait encore qu'un certain nombre de portraits peints par Mazo fussent égarés en Angleterre sous le nom de Velázquez[75]. »

Pour les attributions abusives, qui révèlent une ignorance certes, mais surtout des *a priori* sur ce que l'on croit être la peinture espagnole, les exemples de changement radical sont nombreux, au sein de l'école espagnole ou en dehors. Tout éclairage violent appelle Ribera, et ce peut être un Velázquez, comme le *Démocrite* (fig. 4) du musée de Rouen, ou un Luca Giordano.

Quant au *Portrait de Velasquez*[76] par lui-même, de la Galerie espagnole, dont une belle copie par Jules Breton[77] est conservée au musée des Beaux-Arts de Quimper, il est déjà mis en doute dès la vente de 1853. Il est maintenant attribué à Simon Vouet. Et si Charles Blanc, confiant, s'en est servi comme portrait de Velázquez en tête de sa monographie de l'*Histoire des peintres,* en 1851, il disparaît des éditions plus tardives au profit d'un portrait inspiré de celui du musée des Offices.

Sans vouloir multiplier les exemples, il suffit de rappeler l'histoire du *Joueur de vielle* du musée de Nantes. Ce tableau est entré en 1810 comme Murillo avec la collection de François Cacault. Considéré comme l'une des pièces les plus précieuses de cet ensemble remarquable, il est placé dans le cabinet du maire avant l'installation du musée proprement dit, en 1830. Le *Magasin pittoresque* le reproduit en 1842, avec, par un étrange lapsus, le nom de Ribera sous la gravure[78], immédiatement corrigé dans l'erratum de la même année[79]. Le texte nous confirme l'attribution à Murillo, car « la figure, de grandeur naturelle, se distingue par le naturel et la verve que l'on trouve dans tous les tableaux de Murillo[80] ». Stendhal, en 1837, dans *Mémoires d'un touriste,* hésite à l'attribuer à Velázquez[81]. Pesquidoux, vingt ans plus tard, y voit le « dernier mot du réalisme espagnol[82] ». Les catalogues du début du XXe siècle suggèrent aussi Zurbarán. On pensa même à Herrera le Vieux ou à Strozzi. Finalement, en 1931, le *Vielleur,* comme on le dénomme maintenant, est classé comme l'un des chefs-d'œuvre du « réalisme lorrain », parmi les tableaux « diurnes » de Georges de La Tour.

Mal vêtu, crasseux, ridé, le musicien de Georges de La Tour affiche les caractéristiques physiques de la misère que l'on décelait déjà dans le *Jeune Mendiant* de Murillo, homologue pour Courbet de ses *Casseurs de pierre.*

Les artistes ont scruté avec attention ces peintures espagnoles ou que l'on croyait espagnoles, ont feuilleté les revues illustrées, ont collectionné des gravures, comme le montre bien l'environnement créé par Manet dans le *Portrait de Zola* (fig. 151), ont visité les musées, ceux de Paris

Notes

75 P. 3.
76 Baticle et Marinas, 1981, n° 31 ; Tromans, 1998, p. 67, repr.
77 Cat. exp., Arras, Quimper et Dublin, 2002, n° 1, repr. p. 45.
78 1842, « Musées et collections particulières des départements. Musée de Nantes. Ecole espagnole », p. 293.
79 *Ibid.*, p. 408
80 *Ibid.*, p. 292.
81 T. I, p. 327.
82 Pesquidoux, 1857, p. 56-57. Voir, pour les diverses attributions de ce tableau (y compris Herrera le Vieux ou Strozzi), Nicolle, 1913, p. 123-127.

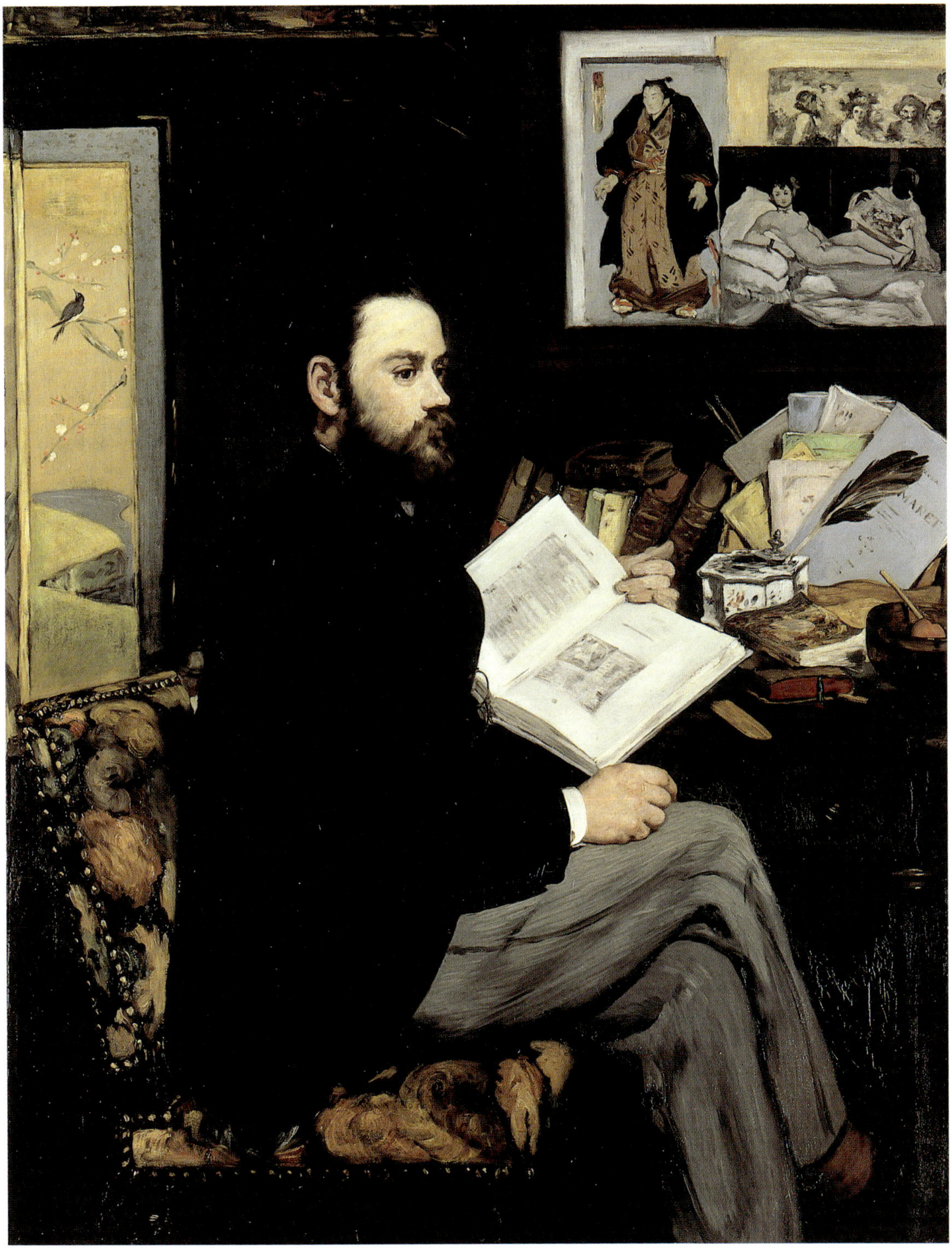

Fig. 151
Édouard Manet
Portrait d'Émile Zola
1868
Paris, musée d'Orsay
(cat. 96)

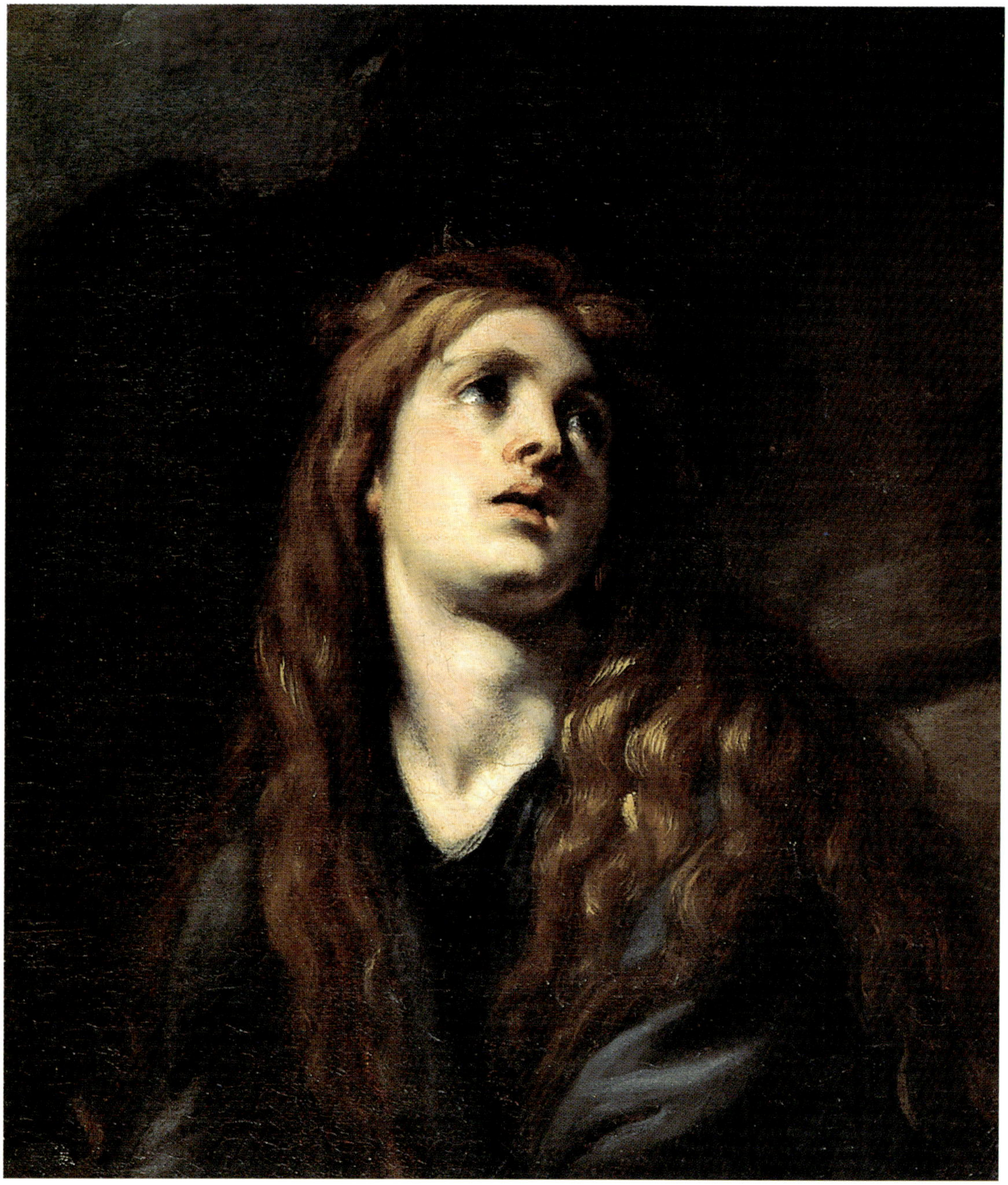

Fig. 152
Claudio Coello
Tête de sainte Marie-Madeleine
Vers 1665-1670
Cherbourg Octeville, musée d'Art Thomas-Henry (cat. 1)

ou de Madrid, mais aussi, comme Millet celui de Cherbourg, riche de peintures de Murillo ou de Coello (fig. 152) dès 1835. Et le mouvement amorcé dans la première moitié du siècle ne devait pas cesser. Faut-il rappeler que l'épouse de Napoléon III, Eugénie de Montijo, était une Espagnole et que, si les reines déchues d'Espagne se réfugiaient à Paris à la fin du siècle, elles n'étaient pas les seules. Dans leur sillage, les émigrés venaient aussi avec des tableaux qui enrichissaient le commerce d'art. Quelques artistes ne se contentèrent pas de copies et furent aussi des collectionneurs, tels Gigoux, qui enrichit le musée de Besançon (fig. 60, 153 et 154), ou Bonnat, qui créa à Bayonne, sa ville natale, un musée dont les collections ne doivent pas être prêtées. Marcel Briguiboul[83], l'un de ces élèves de Léon Cogniet qui surent regarder l'art espagnol, copia Velázquez au Prado et acheta, en 1881 à Madrid, les sublimes Goya qui font maintenant la richesse du musée de Castres. La collection de Degas comprenait aussi, à partir des années 1890, quelques peintures espagnoles[84]. L'une d'entre elles avait appartenu à Jean-François Millet et apparaît dans la vente de la succession de sa veuve à Paris les 24 et 25 février 1894. Sous le numéro 261, vendu 2 000 francs, est décrit « *L'Evêque* par Theotocopuli dit Le Greco », en fait *l'Apparition de la Vierge à saint Ildefonse*[85], maintenant à la National Gallery de Washington. Le catalogue apporte les précisions suivantes : « Œuvre capitale du maître, très appréciée de Millet. Nous rappelons, au sujet de ce tableau, la préface du catalogue de la vente Millet (en 1875) où M. Tillot cite ces paroles du maître : " Voilà, disait-il souvent dans sa dernière maladie, en montrant le tableau du Greco, accroché auprès de son lit, une peinture qui est peu appréciée, l'auteur en est à peine connu. Eh bien ! je connais peu de tableaux qui me touchent, je ne dirais pas davantage, mais autant ; il fallait avoir bien du cœur pour faire une œuvre comme celle-là. " Toile. Haut., 1m.10 cent. ; larg., 65 cent. »

Ces quelques mots de Millet confirment le jugement de Charles Blanc dans son introduction au volume consacré à l'école espagnole dans l'*Histoire des peintres de toutes les écoles depuis la Renaissance jusqu'à nos jours* : « Quelle immense erreur ont commise tous ceux qui n'ont vu dans la peinture espagnole qu'un matérialisme puissant mais grossier, un simple talent de plastique et d'exécution. Nulle part, au contraire, il n'existe une plus forte dose de spiritualisme[86]. » •

Notes

83 Voir le cat. exp., Castres, 1999.
84 On trouve dans la première vente de sa collection, Paris, 26-27 mars 1918, ses deux Greco reproduits (n° 2, *Saint Ildefonse* ; n° 3, *Saint Dominique*) et dans la seconde vente, Paris, 15-16 novembre 1918, une copie de *Ménippe,* d'après Velázquez (n° 4, école moderne).
85 Provenant de la collection du comte del Quinto, mort à Paris en 1860 ; catalogue de la collection de sa veuve, Paris, 1862, n° 64 ; acquis à la vente Alphonse Oudry, Paris, 16-17 avril 1869, n° 139. Il s'agit d'une version réduite du tableau conservé à l'hôpital de la Caridad, à Illescas près de Tolède. Jeannine Baticle trouvera ici l'écho de nos conversations du soir. Je la remercie vivement d'avoir mis, si amicalement, toute sa science à ma disposition.
86 P. 11.

Fig. 153
Eugenio
Lucas Velázquez
La Rixe
1819
Besançon, musée des
Beaux-Arts (cat. 23)

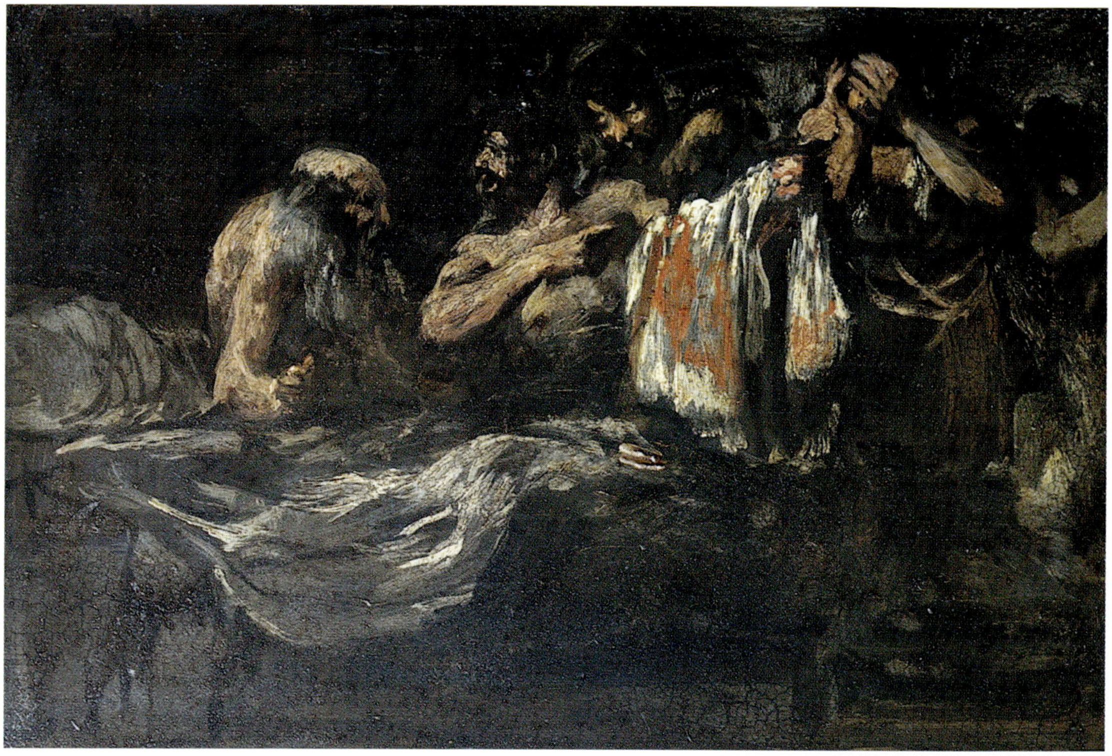

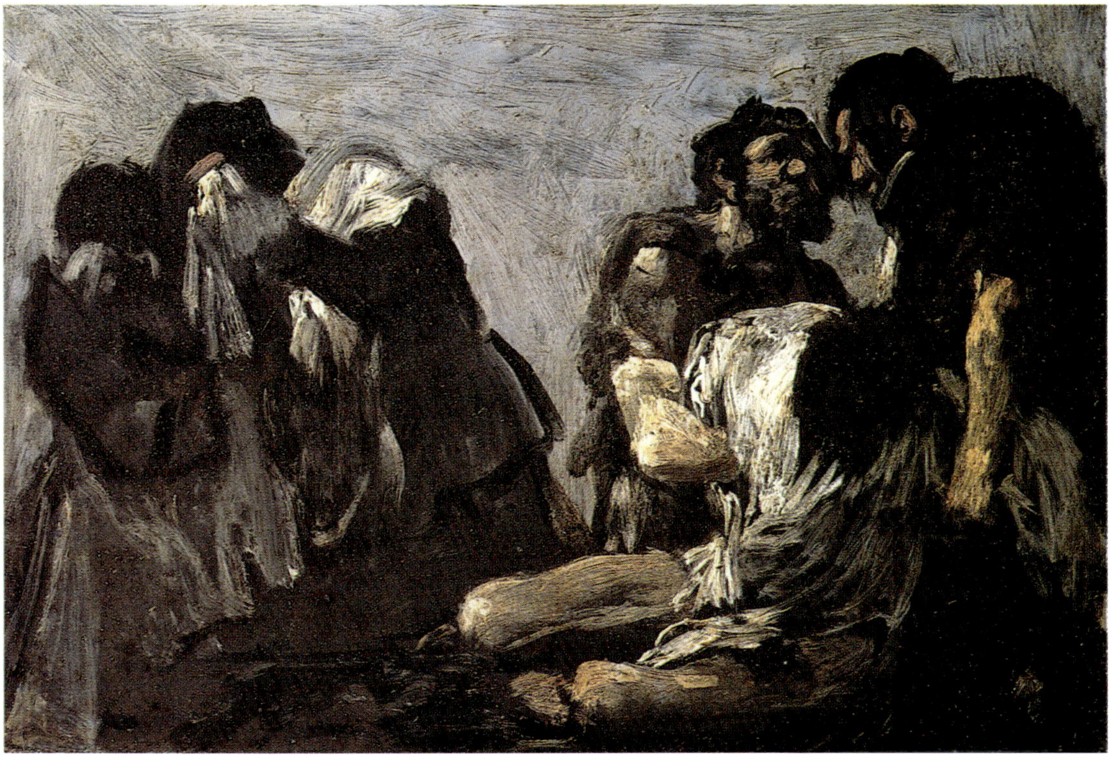

Fig. 154
Eugenio
Lucas Velázquez
La Victime
Besançon, musée des
Beaux-Arts (cat. 24)

Fig. 155
Hippolyte Dominique Holfeld
La Trinité, d'après un Murillo de la National Gallery de Londres
Huile sur toile
Orléans, musée des Beaux-Arts

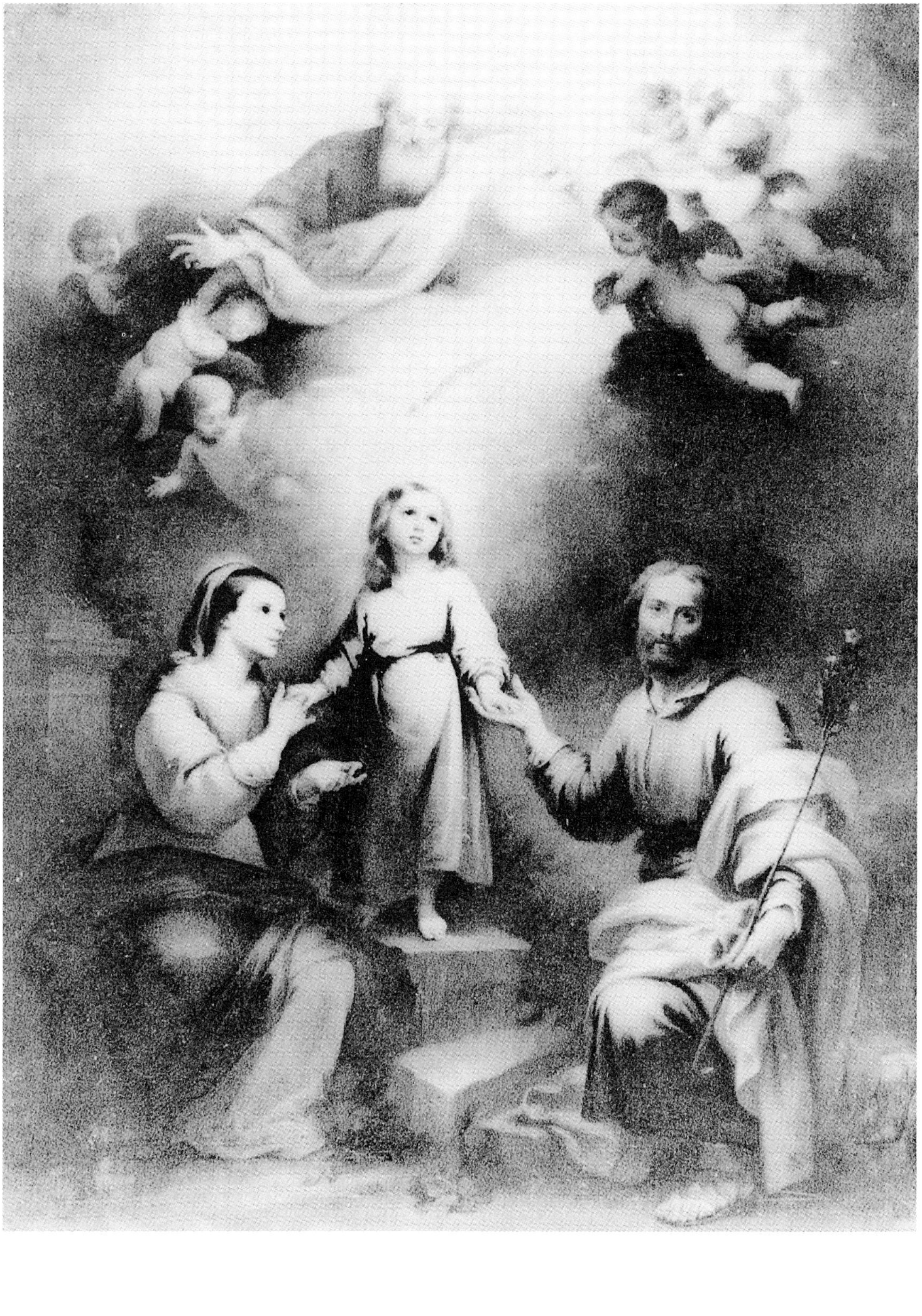

Les commandes de copies de peintures espagnoles pour l'État français, 1840-1880

• Dominique Lobstein

Du 26 janvier 1841 au 15 octobre 1880, les directeurs des Beaux-Arts ont acquis ou passé commande à 366 artistes (188 hommes et 178 femmes) de 534 copies de tableaux espagnols du Siècle d'or. Grâce au dépouillement exhaustif des dossiers F/21/12 à F/21/261 des Archives nationales, il est possible de rapporter, de manière chronologique, quels furent les artistes et les œuvres copiés et pour quelles destinations. Quelques recherches connexes permettront de préciser qui furent les copistes et de tenter d'évaluer quelles influences ces reproductions purent avoir sur la création picturale de la période 1840-1880.

• Les copistes...

De ces 366 copistes, seuls 169 (106 hommes et 63 femmes) ont été repérés aujourd'hui avec certitude dans les dictionnaires d'artistes, mais ceux-ci, le plus souvent fondés sur le dépouillement des livrets de Salons, ignorent donc ces tâcherons de la peinture qui n'ont survécu que grâce à la commande publique. Il faut aussi tenir compte du fait que les fonctionnaires qui géraient les dossiers de commandes ont pu écrire, en 1876, « Alchimouiez » pour Hyacinthe Alchimowicz (1841-?), et qu'il est donc peut-être nécessaire de relativiser ce résultat. Tout comme il est nécessaire de s'interroger sur la valeur des décomptes dans certains cas. Ainsi, Pauline Langlois, inconnue des dictionnaires, exécute une copie en 1847, tandis que, l'année suivante, on trouve une Pauline Caron-Langlois, copiste, dont les répertoires se contentent de dire qu'elle fut présente au Salon en 1848. Avons-nous là une ou deux unités pour nos statistiques, et de copistes et d'artistes référencés ?

Quoi qu'il en soit, il est possible d'affirmer que quelques-uns de ces copistes commencèrent leur carrière au service de l'État, avant de trouver des mécènes et des amateurs pour les sujets d'invention qu'ils adressaient aux Salons parisiens et provinciaux. Parmi ces quelques heureux élus qui n'occupent cependant pas forcément aujourd'hui une place majeure dans l'histoire de l'art du XIXe siècle mais qui connurent de leur temps un certain succès figurent, par exemple : Albert Besnard, à vingt et un ans, en 1870, Marie Bracquemond, à vingt-neuf ans, la même année, Théodore Valério, à vingt-trois ans, en 1842, ou encore Adolphe Yvon, à vingt-huit ans, en 1845. Une caractéristique de ces peintres, ardemment défendus ultérieurement par les critiques des Salons et des Expositions universelles, est de ne trouver leur nom qu'à de très rares reprises et sur des délais assez courts parmi les récipiendaires de la manne publique. Le succès venant, nul n'était besoin, pour ces artistes, de se soumettre à des travaux considérés comme mineurs, pour assurer leur indépendance économique.

Pour la plupart des autres, dont les noms n'apparaissent en général qu'exceptionnellement et ponctuellement aux livrets des catalogues de Salons, la copie paraît avoir été une ressource financière fondamentale, et cela, tout au long de leur existence. Ainsi, Alfred de Geniole (1813-1871) exécuta des commandes de peinture espagnole de 1849 à 1870, ou Virginie Eugénie Hautier (1822-1909) de 1848 à 1869. Mais les dossiers des Archives nationales révèlent aussi que, avant ou après, les mêmes artistes se sont livrés au travail de reproduction des portraits impériaux ou à des copies d'après Simon Vouet (1590-1649), Anton Van Dyck (1599-1641), Philippe de Champaigne (1602-1674) ou Pierre-Paul Prud'hon (1758-1823), pour ne citer que les plus célèbres et plus souvent reproduits. Parmi ces copistes, lorsqu'ils figurent dans les dictionnaires d'artistes, nous trouvons des vocations fort différentes : ainsi, en 1869, trouve-t-on Mlle Hautier, déjà citée, qui copie le *Christ en croix, d'après Velasquez,* connue comme peintre de natures mortes ; Claude Maugey (1824-1870), qui peint un *Christ en croix, d'après Velasquez,* est considéré comme portraitiste ; Léon Olivié (1833-1901), qui peint une *Immaculée Conception, d'après Murillo,* est dit « peintre de figures et de portraits » ; enfin Sainte Marie de Quillebœuf (connu de 1845 à 1869, date à laquelle il peint un *Christ en croix, d'après Velasquez*) se présentait comme peintre d'animaux. D'assez nombreux peintres sur porcelaine ont aussi pratiqué la copie… sur toile, ainsi Mlle de Ollendon (connue de 1865 à 1881), qui peignit, en 1876, une *Vierge au chapelet, d'après Murillo,* ainsi que des miniaturistes tels qu'Armande Pin (connue de 1863 à 1879), à qui l'on doit deux copies d'après Murillo en 1872 et en 1879.

À ces artistes en mal de revenus, l'administration, face visible de l'État, offrait deux possibilités : l'achat ou la commande. Pour la première, rare jusqu'en 1870, puis, presque exclusive dans la dernière décennie considérée, les dossiers des Archives nationales sont peu diserts. Leur contenu se limite souvent à une lettre ou deux demandant au ministre l'autorisation de venir présenter leur copie, à un rapport de l'inspecteur des Beaux-Arts et aux ordres de paiement consécutifs à l'achat, lorsqu'il avait lieu.

Pour ceux qui souhaitaient obtenir une commande, le parcours était plus difficile, dont rendent compte les nombreux documents conservés dans chaque dossier du fonds F/21. Tout commençait par une lettre de soumission. L'artiste y exposait les raisons que le ministère de l'Instruction publique et des Beaux-Arts avait de lui confier un travail. Ces motifs pouvaient être personnels – ce sont ceux qui sont le plus fréquemment avancés, par les femmes peintres dont les correspondances évoquent un long cortège de veuves, avec ou sans enfants, un défilé de filles de militaires invalides ou d'aristocrates ruinés – mais aussi professionnels, lorsque sont énumérés les formations, ateliers ou expositions qui ont vu passer les impétrants. L'obtention d'une précédente commande de copie et l'acceptation de l'œuvre terminée sont généralement rappelées et servent de leitmotiv à la plupart des lettres : une première réussite paraît avoir été ainsi le gage de la possibilité de commandes régulières.

L'idéal, pour les pétitionnaires, était de pouvoir ajouter à leur lettre un mot supplémentaire et la signature d'une personnalité influente. Ainsi, les dossiers regorgent-ils d'un florilège de commentaires élogieux, rédigés par des académiciens et des peintres de renom, souvent anciens professeurs du demandeur, mais aussi par des représentants du monde politique, sénateurs et députés – qui souvent ne se contentent pas d'un simple mot mais écrivent une lettre dans laquelle ils rappellent aussi tout ce que la Nation leur doit –, du milieu administratif, préfets et hauts fonctionnaires ; s'y ajoutent quelques incursions ecclésiastiques lorsque archevêque, évêque, abbé ou curé viennent vanter les possibilités – version réaliste –, ou le génie – version idéaliste –, d'un de leurs paroissiens.

Ce dossier préparatoire à la commande, solidement étayé, où le candidat se portait volontaire pour réaliser une copie mais sans préciser laquelle, ouvrant ainsi la porte à de multiples possibilités, était adressé au sous-secrétariat des Beaux-Arts – nous optons là, sans oublier les différents noms utilisés sous les régimes précédents, pour la dénomination troisième République afin de simplifier des mentions de services aux noms fluctuants. Une fois retenue la proposition, un arrêté signé du ministre prévenait le correspondant de l'accord administratif, qui ne stipulait pas encore le sujet, mais précisait qu'il devait s'agir « d'un tableau de sainteté [ce qui signifiait donc que toutes les copies devaient être inspirées de tableaux religieux et ce qui explique aussi, que, après 1870, la guerre franco-prussienne et la Commune, la formule disparaisse parallèlement à la notion de copie, remplacée par celle d'achat], dont vous voudrez bien me faire connaître le sujet pour accord », et qui fixait le montant financier qui lui serait alloué.

S'ensuivaient quelques échanges épistolaires en vue d'arrêter le sujet à traiter, décision qui pouvait d'ailleurs évoluer dans le temps, un projet de copie pouvant être remplacé, sans grande explication ni raison, par un autre. Plusieurs cas de figures se présentent. Il peut s'agir du remplacement d'une copie de peinture espagnole par une autre copie de même origine : cela vaut pour Jacques Joseph Léopold Loustau (1815-1894), en 1849, qui demande à substituer *la Vierge, d'après Murillo* au *Père éternel et l'Esprit saint* du même artiste, qui lui avait été précédemment confié. La modification peut faire passer le sujet de l'Espagne à la France : ainsi lorsque Mme Henriette Franquebalme (connue de 1842 à 1852) est autorisée à transformer sa *Conception de la Vierge, d'après Murillo* en une *Cène, d'après Philippe de Champaigne,* en 1852, ou l'inverse lorsque, en 1867, Henri Jean Saint-Ange Chasselat (1813-1880) transforme la commande du *Christ au tombeau, d'après Raphaël* en une *Immaculée Conception, d'après Murillo.*

Facilement et rapidement, ou lentement et avec effort – parfois, l'administration n'hésitait pas, après deux ans d'attente, à relancer le soumissionnaire et à lui demander la raison de ses délais –, le copiste réalisait son œuvre et l'instant crucial arrivait où il devait la soumettre à l'inspecteur des Beaux-Arts. Rendez-vous était fixé et, à l'issue de la visite, l'inspecteur, représentant du sous-secrétaire des Beaux-Arts, rédigeait un rapport à sa hiérarchie. Tristes constatations, les éloges ne pleuvaient guère et rares étaient les peintres dont la copie était immédiatement acceptée. Beaucoup plus souvent les dossiers recèlent des catalogues de récriminations, comme cette lettre de l'inspecteur adjoint des Beaux-Arts, Roger Ballu, en date du 29 novembre 1880, consécutive à une visite à l'atelier de Jean-Baptiste Duffaud (1853-1927), qui s'était vu confier, le 30 décembre 1879, une copie de *l'Assomption de la Vierge, d'après*

Murillo : « Monsieur le Sous-Secrétaire d'État, J'ai examiné avec attention la copie de l'Assomption de la Vierge de Murillo commandée à M. Duffaud.

« J'y ai constaté dans le dessin des défaillances qui (je veux le croire pour le talent du peintre) ne sont que des négligences regrettables. La forme est lâchée, circonscrite dans des silhouettes vagues et indécises. Certains visages d'enfants ont une ressemblance qui fait penser à la caricature, il en est un, entre autres, dont la joue semble gonflée par une fluxion. M. Duffaud, en outre, n'a rien compris à l'harmonie du tableau originel. Dans la toile de Murillo, la Vierge s'élève dans une gloire ardente dont l'éclat est exalté par un parti de colorations sombres qui se voit à gauche de la composition. Le copiste a comme affadi cet effet et ce contraste, il ne reste plus qu'une œuvre sans caractère, d'un ton faux et rosâtre.

« J'ai l'honneur de vous proposer de faire inviter M. Duffaud à revoir en détail sa copie, à en reprendre le dessin, et à rendre plus fidèlement les effets de couleurs.

« Veuillez agréer, Monsieur le Sous-Secrétaire d'État, l'hommage de mon respectueux dévouement. Roger Ballu. »

Après plusieurs de ces visites et de ces rapports, la copie était enfin acceptée, la totalité ou le solde du montant de la commande (entre 800 et 1 000 francs, dans la grande majorité des cas, rarement moins et encore plus exceptionnellement plus), était versé, et la toile rejoignait le dépôt de l'État en attendant son affectation à un musée, un établissement public ou un édifice religieux. Avec un certain cynisme, les inspecteurs des Beaux-Arts, conscients qu'ils ne pourraient rien tirer de plus du copiste, acceptaient parfois son travail, mais précisaient que s'il fallait l'exposer un jour, il serait bon que cela se fasse loin de la capitale.

La proximité des instances chargées de décider de la commande et de sa réception était un gage de succès dans les démarches ; aussi, la très grande majorité des copistes recensés, bien qu'originaire de province et quelquefois de l'étranger, était-elle domiciliée à Paris ou dans la proche banlieue d'alors (Adèle d'Argente [dates inc.] et Adolphe Baune [dates inc.] à Neuilly, ou Juliette de Ribeiro, née Bourgeois de Garencière [connue de 1834 à 1874], à Pantin). Quelques-unes seulement des personnes recensées se déclaraient résidant en province, telles qu'Emma Chaussat (1840-?), qui vivait à Beuzon par Lamothe-Beuvron, ou Mme Mallet (dates inc.), dont le dossier porte l'adresse « à Nantes ».

Si le dépouillement des archives permet de rencontrer quelques copistes spécialisés – particulièrement entre 1852 et 1870, ceux qui, à de multiples reprises, ont reproduit le couple impérial d'après Franz Xaver Winterhalter (1806-1873), puis d'après Hippolyte Flandrin (1809-1864) avant de faire des copies d'après la copie de Charles Édouard Boutibonne (1816-1897) de l'œuvre de Winterhalter –, il n'est pas possible de repérer un copiste spécialisé dans la reproduction de tableaux espagnols. Une large majorité des 366 artistes répertoriés ne s'est livrée qu'une fois à ce type de copie, 266 exactement, tandis que 53 d'entre eux ont renouvelé l'expérience une seconde fois, 33 à trois reprises, seulement neuf sont allés jusqu'à quatre copies, trois jusqu'à cinq (Palmyre Hurtel [dates inc.] entre 1857 et 1876, Lucie Levol [dates inc.] entre 1844 et 1849, et Sophie Van den Haute [dates inc.] entre 1865 et 1873), et enfin deux jusqu'à six. Si le cas de Charles Porion, sur lequel nous reviendrons, est clair, il n'en va pas de même pour les dossiers inscrits uniquement au nom de Marzocchi de Belluci (six commandes entre 1841 et 1870), qui pouvaient correspondre à des commandes passées au père, prénommé Tito (1800-1871), ou au fils Numa, présent dans les Salons parisiens de 1878 à 1922, ou à l'un et l'autre.

• Les copies…

Les 534 copies répertoriées concernent treize peintres espagnols nés entre 1558-1560 (Juan de Las Roelas, 1558-1560 – 1625) et 1746 (Francisco José de Goya y Lucientes, 1746-1828), mais tous ne sont pas autant représentés. Ainsi n'apparaissent qu'une fois les copies d'après Juan Carreno de Miranda (1614-1685) par Adolphe Brune (1802-1875), en 1873, et d'après Juan Coello (dates inc., mais qui dissimulent certainement une erreur du fonctionnaire ayant enregistré la commande) par un dénommé Despagne (dates inc.), en 1843 ; d'après Francisco Collantes (1599-1656) par Mlle Joséphine Calbris (dates inc.), en 1848 ; d'après Jéronimo Jacinto Espinosa (1600-1680) par Perron (dates inc.), en 1843 ; d'après Francisco José de Goya y Lucientes par Alexandre Prévost (connu de 1850 à 1884), en 1874 ; et enfin d'après Juan de Las Roelas par Henri Poublan (1822-?), en 1843. Au même groupe d'artistes peu copiés, il est encore possible d'ajouter José Antolinez (1635-1675), qui le fut seulement à deux reprises, en 1842, lorsque Jean Pascal Adolphe Papin (1800-1880) puis, en 1850, Mlle Fabre d'Olivet (dates inc.) reproduisirent la même œuvre, intitulée *Baptême du Christ par saint Jean,* ainsi que José Léonardo (1605-1656), dont le *Saint Jean-Baptiste prêchant dans le désert* a été reproduit par Paul Boulat (dates inc.) en 1843 et par Victor Guerry (dates inc.) en 1848.

Des dix copies mentionnées, huit appartiennent à la période 1841-1850, et, parmi elles, six reproduisent avec certitude des œuvres ayant figuré dans la collection de Louis-Philippe. L'existence de cette collection offrait l'opportunité d'une diversification des sujets empruntés à la peinture espagnole, qui ira diminuant durant les décennies suivantes. La même conclusion s'applique aux œuvres inspirées des toiles d'Alonso Cano (1601-1667) et de Francisco de Zurbarán (1598-1664). Le premier est présent avec neuf copies dans la décennie 1841-1850 et une dans la décennie suivante, puis plus rien. Toutes sont réalisées avant la dispersion de la Galerie espagnole de Louis-Philippe, en 1853, et pratiquement toutes (mais des titres fantaisistes empêchent toute affirmation et ne nous permettront pas de considérations statistiques par nom de tableau) sont copiées sur les œuvres de cet exceptionnel ensemble. En ce qui concerne Zurbarán, il apparaît neuf fois entre 1841 et 1850, une fois entre 1851 et 1860, une fois entre 1861 et 1870, trois fois entre 1871 et 1880. Les dix peintures répertoriées entre 1841 et 1860 proviennent, une fois encore, dans leur grande majorité des collections du roi des Français. La copie de 1867 du *Saint François d'Assise* par François Vaesen (dates inc.) a pu être une copie de copie, tout comme deux des trois œuvres peintes la décennie suivante : *Moine en prière* par Anatole de Beaulieu (1819-1884) et *Saint François d'Assise* par Esther Joly (dates inc.). Mais sans connaître les copies, impossible de savoir ce que représentaient ces peintures aux titres trop imprécis, ainsi du *Moine en prière* qui a de fortes chances de reproduire le *Saint François à genoux avec une tête de mort* aujourd'hui à la National Gallery de

Londres. Le cas de la troisième et dernière copie, cas clairement exprimé par le dossier d'archives, *la Vision de saint Pierre Nolasque* a été exécutée par Mlle Jeanne Saint-Aubin Ricador (dates inc.) lors d'un séjour à Madrid.

La présence surprenante des deux signalements ci-dessus de copies en 1873 et en 1874, uniques mentions dans notre recension de Carreno de Miranda et de Goya, mérite aussi un commentaire. Les collections de Louis-Philippe comprenaient deux *Portraits de Charles II d'Espagne,* que l'on attribue aujourd'hui à Carreno de Miranda, et tous deux restèrent en Angleterre après la vente de 1853. L'achat par l'État français de la copie d'un de ces tableaux par Adolphe Brune, qui, vu son sujet, ne pouvait être destiné à une église, était un geste généreux de la puissance publique vis-à-vis d'un peintre âgé – il avait alors soixante et onze ans –, qui dissimulait un secours en acquérant une copie réalisée avant 1853, alors que le tableau était exposé à Paris parmi les collections de Louis-Philippe. Tout porte à croire que cette copie était de qualité puisque, avant de rejoindre le musée de Laon, elle fut exposée dans le cadre parisien du Musée européen, si parfaitement étudié par Paul Duro dans son article « Le musée des copies de Charles Blanc à l'aube de la troisième République », publié dans le *Bulletin de la Société de l'histoire de l'art français* de 1985.

Le cas de la seconde copie se déduit aisément des mentions portées sur la couverture du dossier conservé aux Archives nationales. De retour de Madrid, l'impétrant, Alexandre Prévost, propose à plusieurs reprises les copies qu'il vient d'y peindre et qui sont aussitôt acquises pour des montants sans commune mesure avec les tarifs habituels. Ainsi, le 14 novembre 1871, le sous-secrétariat des Beaux-Arts lui achète la reproduction de *la Famille de Philippe IV,* d'après Velázquez, pour 8 000 francs ; le 20 décembre 1872, il livre, toujours d'après Velázquez, le *Portrait équestre du duc d'Olivarés,* le *Nain au chien*, *Ménippe* et *Ésope* pour 10 000 francs ; le 19 janvier suivant, c'est-à-dire à peine un mois plus tard, le *Portrait équestre de Philippe IV d'Espagne,* toujours d'après Velázquez, pour 7 000 francs ; et enfin, le 25 septembre de l'année suivante, une copie de la *Sainte Élisabeth* de Murillo pour 8 000 francs, et, pour 3 000 francs, *les Femmes au balcon,* d'après Goya, qui seront la seule œuvre de cet artiste dont l'État français achètera une copie entre 1851 et 1880.

Les trois artistes qui n'ont pas encore été cités, et qui furent le plus abondamment copiés sont, par ordre croissant : Jusepe de Ribera (1591-1652), Diego Velázquez (1599-1660) et Bartolomé Esteban Murillo (1617-1682). Un décompte par décennies permet de saisir les variations d'intérêt relatives portées à la peinture espagnole et aux différents artistes d'outre-Pyrénées, selon les périodes :

Tableau 1

	1841-1850	1851-1860	1861-1870	1871-1880	Total
Nombre total de copies	204	72	165	93	534
Murillo	155	61	108	55	379
Ribera	19	3	12	25	59
Velázquez	4	6	44	8	62

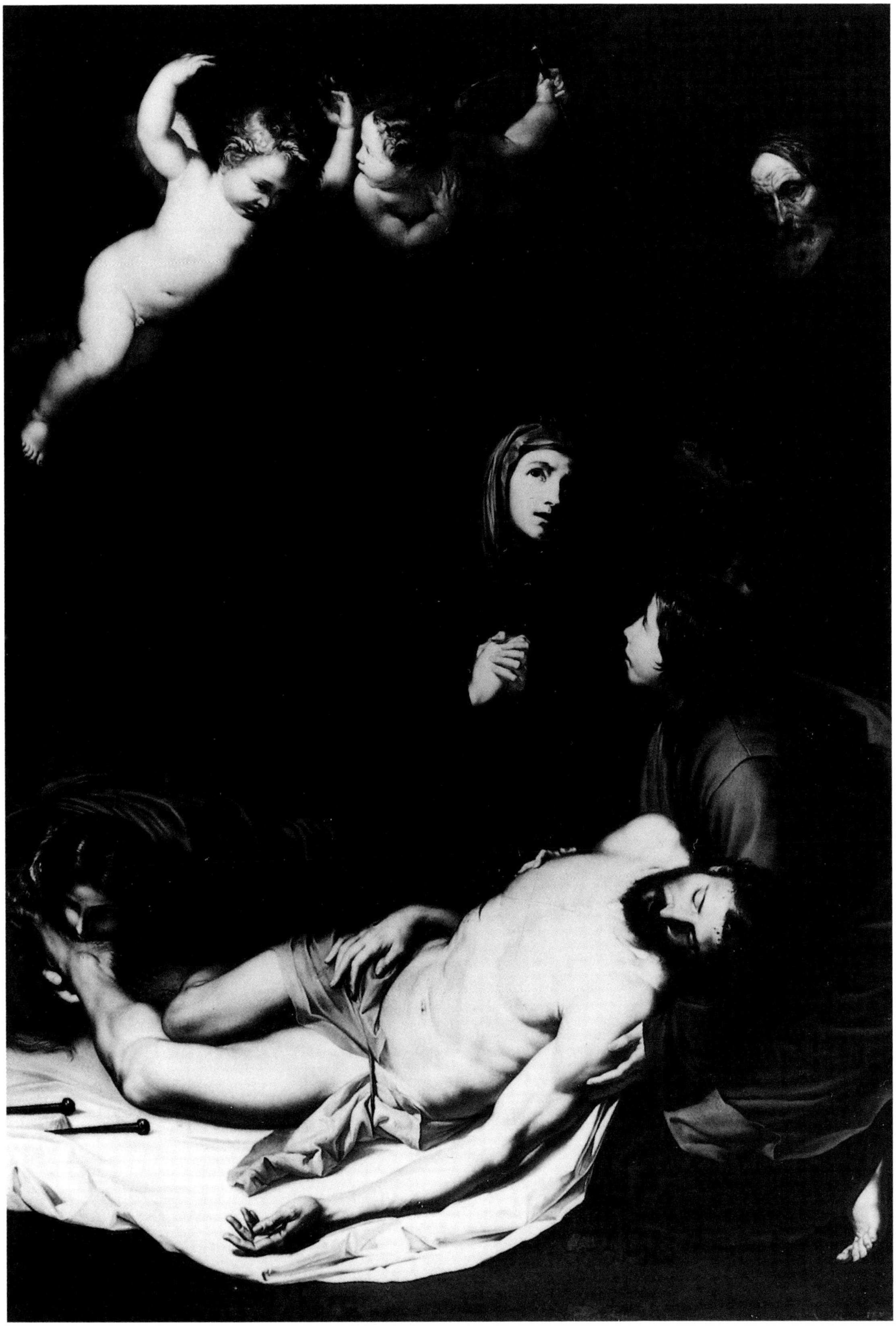

Fig. 156
Guillaume Guillon,
dit Lethière
(1760-1832)
Déposition de Croix,
d'après un Ribera du
musée de San Martino,
à Naples
H. 304 ; L. 225
Huile sur toile
Dijon, musée
des Beaux-Arts

Une confrontation de ces résultats avec les registres de copies conservés aux archives du Louvre, sous la cote LL 26, pour la période 1851-1859 – aucun registre n'existant auparavant –, permet de constater que l'État ne s'est porté acquéreur que d'une infime partie des copies exécutées dans les salles du Louvre. Ainsi, ne comptabilise-t-on pas moins de 597 copies réalisées d'après le seul Murillo, dont 167 d'après *la Conception de la Vierge,* provenant de la collection du maréchal Soult, ou 123 d'après *la Sainte Famille,* alors que seules 61 copies d'après Murillo seront acquises à cette période. Mêmes constatations pour les 97 copies d'après Velázquez, qui ne sont plus que huit dans le décompte des acquisitions de la division des Beaux-Arts. Et que dire des 124 copies d'après le *Jeune Mendiant* du si célèbre Murillo, qui, n'étant pas une peinture religieuse, ne fut jamais concerné par des achats de l'administration.

Une seconde source d'archives doit être évoquée, distincte de celles qui sont issues des Archives nationales, l'inventaire Louis-Philippe, conservé au département des Peintures du musée du Louvre. De 1835 à 1848, le roi des Français a disposé d'une liste civile lui permettant d'acquérir ou de commander œuvres d'art originales et copies. Dans son décompte des achats de copies de peinture espagnole, Geneviève Lacambre a repéré 61 commandes de copies qui ont été réalisées par 46 artistes – dont le paysagiste Antoine Chintreuil (1816-1873) et le futur peintre animalier Rosa Bonheur (1822-1899) –, dont 17 apparaissent au même moment ou peu après parmi les bénéficiaires de commandes publiques. Les sujets copiés par ces artistes sont les mêmes que tous ceux qui ont été évoqués précédemment, avec toujours la même prééminence pour les reproductions d'après *la Vierge au chapelet* et *la Conception de la Vierge* de Murillo. Toutes ces copies, à l'exception de quelques-unes, terminées au début de 1848, qui s'égarèrent cette même année, durant les journées révolutionnaires, ou ne quittèrent jamais le Louvre, ont été adressées à divers établissements religieux, en France métropolitaine.

La première conclusion, portant sur les totaux d'achats de copies, prouve avec évidence le rôle fondamental qu'eut la Galerie espagnole de Louis-Philippe, puisque près de la moitié des copies de peinture espagnole ont été peintes entre 1841 et 1853. Cette affirmation doit néanmoins être modulée en considérant la part qu'ont représentée les copies de peinture espagnole, par rapport à l'ensemble des acquisitions de l'État : si celles-ci ont pu représenter près de 10 % de l'ensemble dans la décennie 1841-1850, elles n'ont plus représenté qu'à peine 3,5 % entre 1851 et 1860, 5 % entre 1861 et 1870 et, enfin, pas plus de 3,5 % entre 1871 et 1880.

La diminution brutale des copies de cette catégorie, alors que les achats et les commandes s'effectuaient à un rythme croissant, peut être imputée à la disparition des modèles auparavant si facilement accessibles. La normalisation des relations de l'Empire avec l'Espagne et leur maintien ultérieur, ainsi que l'acquisition récente de pièces d'importance, telles *la Naissance de la Vierge* ou *la Cuisine des anges* de Murillo, achetées, en 1858, aux héritiers Soult, redonnèrent une certaine aura à ces productions peintes. Ainsi voit-on réapparaître vingt mentions d'une *Naissance de la Vierge* de Murillo, suivi de la précision « du musée du Louvre », parmi les copies de la décennie 1861-1870. Trois des copistes de cette toile en réalisèrent même deux versions : Ernestine Froidure de Pelleport (dates inc.), en 1864 et en 1868 ; Justine

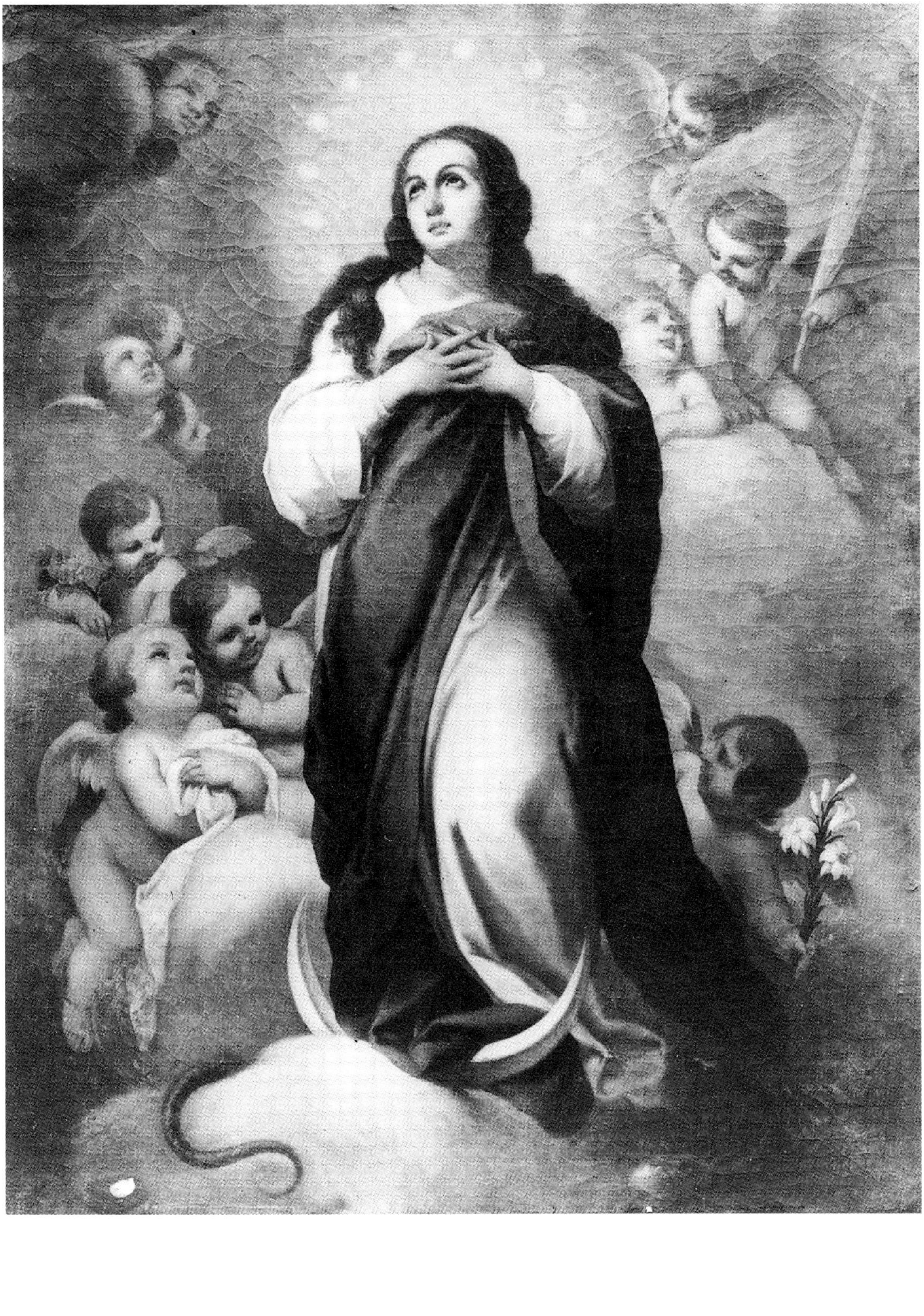

Fig. 157
Léonide Provandier
L'Immaculée Conception, d'après un tableau disparu de Murillo
1847
H. 180 ; L. 120
Huile sur toile
Paris, musée du Louvre

de Janvry (dates inc.), en 1864 et en 1866 ; et Marie Augustine Erat-Oudet (connue de 1850 à 1877), en 1863 et en 1869.

Il faut encore souligner que plus de 65 % des copies entre 1861 et 1880 dérivaient d'œuvres de Murillo et parmi celles-ci trois tableaux représentaient 90 % de l'ensemble. Sous le titre *l'Immaculée Conception* (tableau aujourd'hui à Madrid, au musée du Prado), qui apparaît si souvent, se dissimulait la toile acquise au début des années 1850, des héritiers Soult, pour un prix qui défraya la chronique. Mais on ne négligeait pas pour autant les valeurs sûres du Louvre, comme *la Vierge au chapelet,* exposée depuis 1793, et maintenant au musée Goya de Castres.

Le chiffre exceptionnel de copies de Velázquez durant la décennie 1861-1870 repose, pour quarante-trois des quarante-quatre cas, sur la copie du seul *Christ en Croix.* Cette tentative infructueuse de détrôner le goût constant pour les copies du *Christ en Croix* de Pierre-Paul Prud'hon ne peut s'expliquer que par la disponibilité de la copie, commandée, en 1853, à Charles Porion (1814-après 1868) du tableau copié à Madrid, ce que semble confirmer l'intitulé de la commande à Juliette Gambano (dates inc.) d'une copie du *Christ en croix, d'après Velasquez, du musée de Madrid* pour seulement 800 francs, c'est-à-dire le prix d'une œuvre copiée à Paris. La mention de ce Porion nous permet de considérer quelques éléments inhabituels parmi les éléments repérés.

À quelques reprises, la division (impériale) des Beaux-Arts puis le sous-secrétariat (républicain) des Beaux-Arts ont accepté de régler des sommes élevées pour des copies remarquables, souvent réalisées loin de Paris. Elles n'étaient plus, dans la majorité des cas, destinées au décor des églises mais devaient rejoindre des bâtiments officiels ou des musées, musée parisien des Copies ou musées de province, où elles palliaient la carence en œuvres originales. Douze artistes bénéficièrent de cette manne exceptionnelle :

Alfred de Geniole, à qui l'on commandait le 7 mai 1849 la *Théologie de la peinture, d'après Velasquez,* autre dénomination du tableau *les Ménines,* dont nous ne connaissons pas la destination, pour 15 000 francs ; puis le 21 janvier 1852, pour 3 000 francs, deux tableaux dont nous ignorons également l'affectation – dont le *Portrait équestre de l'infant Don Balthasar, d'après Velasquez ;* enfin, un prix non mentionné sur un dossier de 1870, correspond sans doute à la commande de 1849 pour *les Ménines,* intitulé cette fois *la Famille de Philippe IV, d'après Velasquez,* qui fut déposé le 14 octobre 1890 à l'hôtel de ville de Saint-Pol-de-Léon.

Charles Porion, déjà cité, qui, séjournant principalement à Madrid, se vit confier les commandes suivantes : le 10 octobre 1849, pour 3 500 francs, le *Tableau des lances, d'après Velasquez,* attribué au musée d'Angoulême ; le 1er août 1850, pour 1 000 francs, *Los Borrachos, d'après Velasquez,* envoyé au musée de Privas ; le 5 février 1853, pour 5 000 francs, le *Portrait du duc d'Olivarés, d'après Velasquez,* à destination du musée de Laval ; et *les Forges de Vulcain, d'après Velasquez,* pour le musée de Dijon ; le 28 juillet suivant, on lui promettait 2 500 francs pour une copie du *Christ en croix, d'après Velasquez,* dont on ne connaît pas le sort, mais qui dut rester à Paris suffisamment longtemps pour être le modèle de nombreux artistes.

A. Colin (dates inc.) se voit commander, le 14 mai 1860, pour 3 000 francs, *les Fileuses, d'après Velasquez,* pour l'École des beaux-arts.

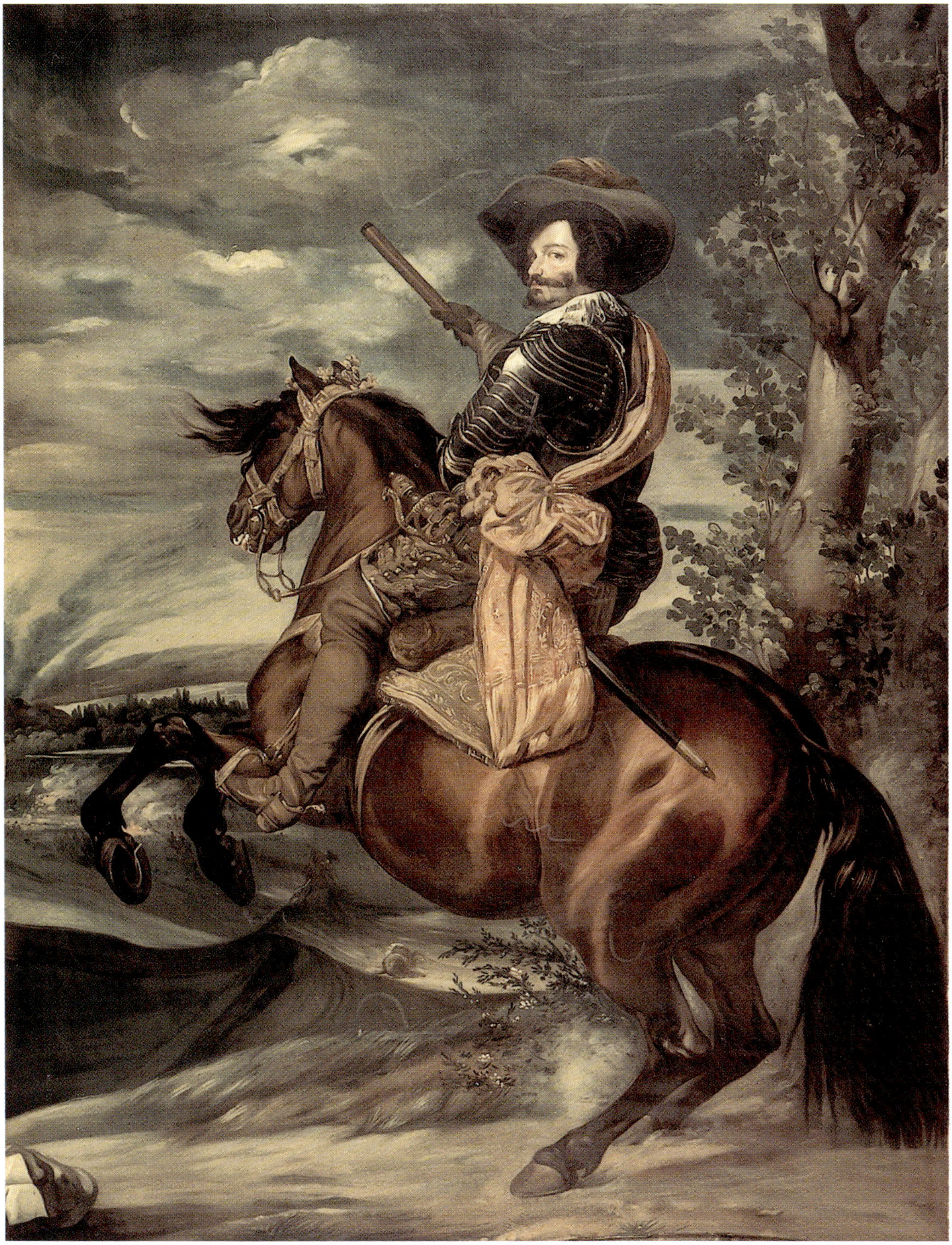

Fig. 158
Charles Porion
Don Gaspar de Guzman duc d'Olivares, d'après Velázquez
Huile sur toile
Laval, musée du Vieux-Château

Fig. 159
Jean-Baptiste Guignet
Nain au chien, d'après Velázquez
Huile sur toile
Grenoble, musée des Beaux-Arts

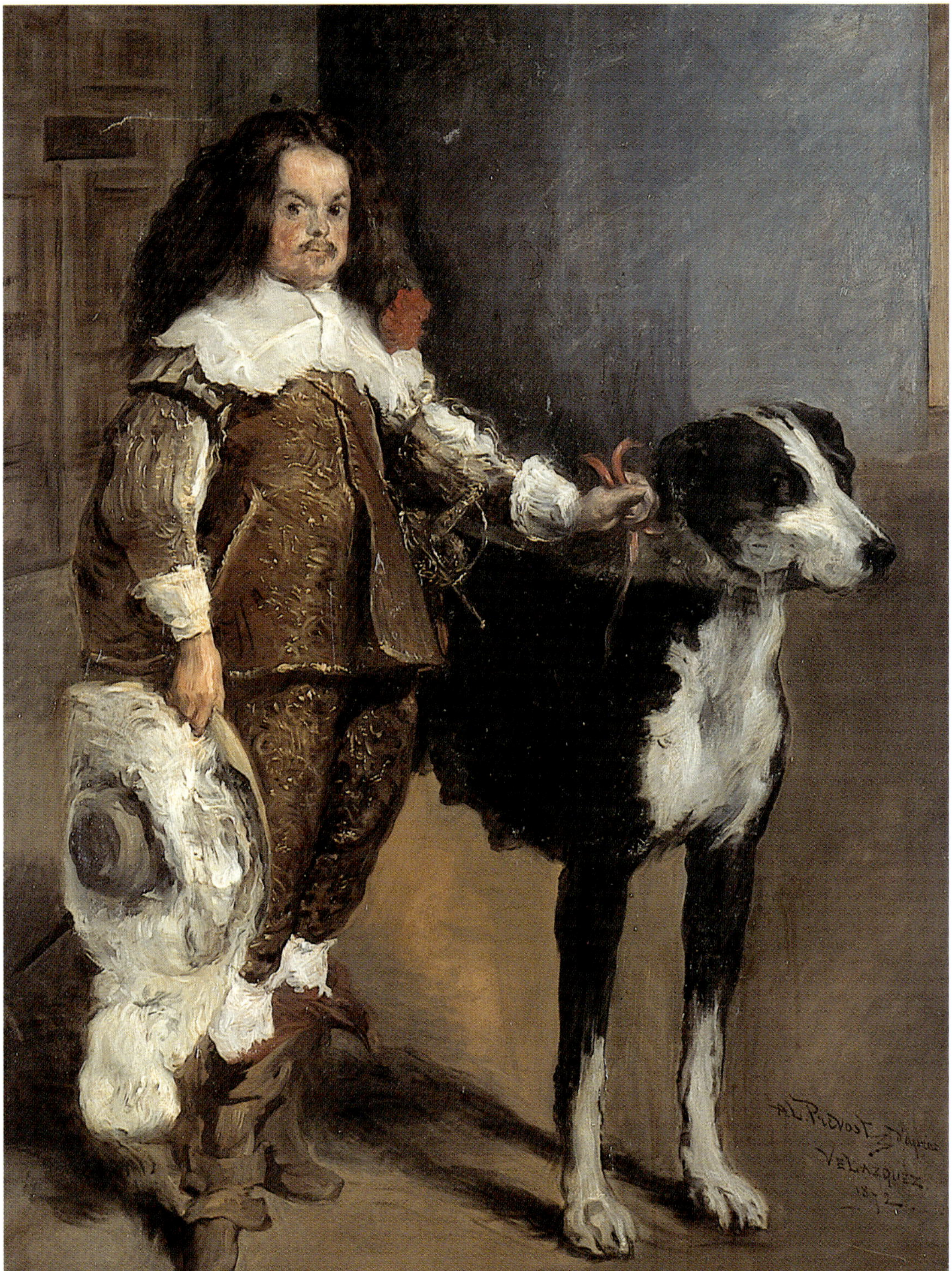

Jean-Baptiste Guignet (1810-1857), afin de répondre à la commande de 4 000 francs du 6 juin 1856, copie plusieurs *Portrait, d'après Velasquez,* dont nous ne saurions rien si un courrier de 1888, figurant au dossier, ne parlait de la recherche de « quatre tableaux de nains » ; le 20 décembre 1871, pour 4 000 francs, il fournissait par l'intermédiaire de Mme Irma Cruchon (dates inc.) le *Portrait de Philippe IV en costume de chasse, d'après Velasquez* et le *Portrait de l'infant Balthasar en costume de chasse, d'après Velasquez,* dont rien n'indique les affectations.

Ernest Paul Brigot (1836-après 1872) vend, le 15 novembre 1871, pour 8 000 francs, *les Buveurs, d'après Velasquez,* qui furent envoyés au Musée européen à Paris avant de rejoindre le musée de Laon (parcours identique à celui de la copie du *Charles II, d'après Carreño de Miranda* par Adolphe Brune, évoqué précédemment), et, le 15 décembre 1872, pour 1 500 francs, sa copie de *l'Infant Balthasar en costume de chasse, d'après Velasquez,* sans aucune précision quant à son affectation.

Hippolyte Lazerges (1817-1887) obtient, le 12 juillet 1872, pour 8 000 francs, la commande d'une copie de *Sainte Élisabeth soignant les malades, d'après Murillo* à laquelle il renonça.

Un dénommé Lefort (dates inc.) vend à l'État, le 8 novembre 1873, pour 5 000 francs, *la Vierge dans une gloire entourée d'anges, d'après Murillo,* pour le musée de Bourges.

Alexandre Céleste Gabriel Prévost (connu de 1850 à 1886) reçoit, entre 1871 et 1874, pour 33 000 francs de commandes et d'achats et livre *la Famille de Philippe IV, d'après Velasquez* (musée de Grenoble), le *Portrait du duc d'Olivarés, d'après Velasquez*, un *Nain au chien, d'après Velasquez* (musée de Grenoble), *Ménippe, d'après Velasquez* (musée de Besançon), *Ésope, d'après Velasquez*, le *Portrait équestre de Philippe IV, d'après Velasquez* qui passèrent par le Musée européen ainsi que *les Femmes au balcon, d'après Goya,* pour le ministère de l'Intérieur, et, enfin, *Sainte Élisabeth, d'après Murillo,* pour l'ambassade de France à Constantinople.

Mme Tourny (dates inc.) livre le 4 décembre 1871, pour 6 000 francs, la copie du *Don Balthasar Carlos à cheval, d'après Velasquez,* qui sera déposé au musée de La Flèche.

À toutes ces copies réalisées sur le sol espagnol, il faut encore en ajouter une, réalisée en Italie, par François Lafon (connu entre 1872 et 1890), qui se voit acheter, le 12 décembre 1872, pour 2 500 francs, une copie de *Saint Stanislas et l'enfant Jésus, d'après le tableau de Ribera de la Galerie Borghese,* destinée au Musée européen.

Certains n'auront pas le temps de réaliser leurs commandes ou de la voir arriver à destination. Ainsi Alfred Orgebin (1817-1851), à qui avait été passée la commande d'une « copie d'un tableau de Murillo ou de Velasquez qui se trouvent à Séville », pour 1 000 francs, le 19 mars 1851, avant que la décision ne soit rapportée, le 21 mars suivant, à la suite de la mort de l'artiste, ou Sébastien Cornu, dont la veuve vendait pour 800 francs, le 10 juillet 1872, une copie de *la Femme au gant, d'après Velasquez,* immédiatement attribuée au Musée européen.

• Et leur destination

Les dossiers des Archives nationales sont peu diserts sur la manière dont étaient attribuées les œuvres acquises par l'État. Quelques maigres correspondances permettent de penser que les envois faisaient souvent suite à des sollicitations des municipalités ou des demandes du

Fig. 160
Alexandre Prévost
Ménippe,
d'après Velázquez
Huile sur toile
Besançon, musée
des Beaux-Arts et
d'Archéologie

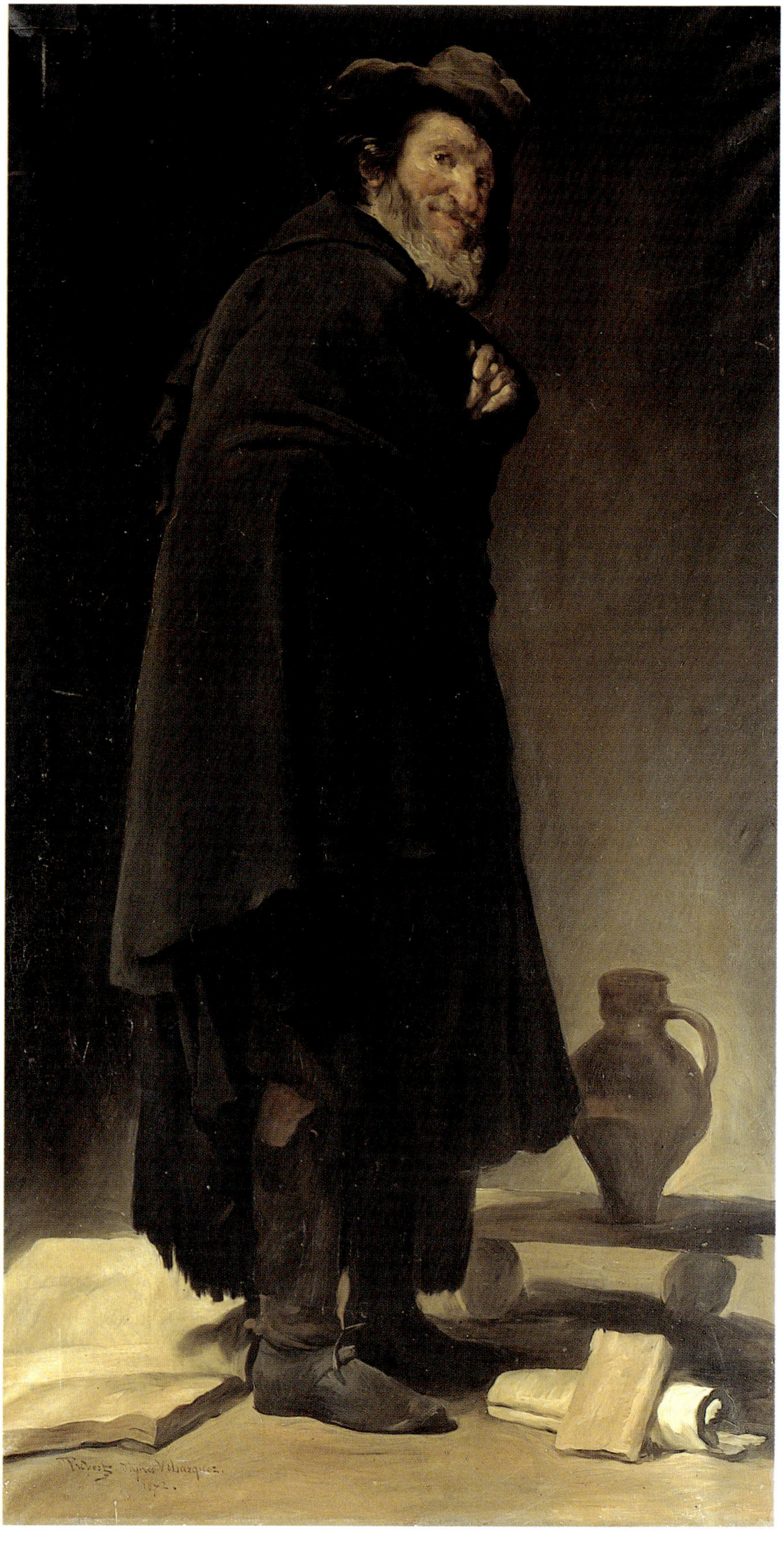

clergé local, pour décorer à nouveau les églises vidées de leurs tableaux durant la Révolution et au début du XIXe siècle ainsi que les édifices religieux nouveaux ou rénovés.

Toute acquisition, entreposée plus ou moins longtemps dans les réserves d'œuvres d'art de l'État, dont le fameux dépôt de l'Ile-aux-Cygnes, était destinée à trouver un jour un lieu d'accueil. Le délai entre la réception de l'œuvre et son dépôt était parfois suffisamment long pour que l'administration oublie de reporter cette dernière mention. De ce fait, 92 dossiers (dont 52 pour la période 1861-1870 : pléthore d'œuvres, carence de demandes ou laxisme du personnel ?) ne portent aucune information quant à la destination des œuvres. Un cas particulier est encore à signaler, qui concerne la copie de *la Vierge au chapelet, d'après Murillo* de Jeanne Saint-Aubin Ricadat (dates inc.) commandée le 2 mars 1870, qui devait aller décorer l'église de Bragny-en-Charollais (Saône-et-Loire) mais qui, selon le dossier F/21/179 fut « détruite au dépôt par les explosions en 1871 ».

Les totaux par décennies, recensés dans le tableau 2, appliqués à la France métropolitaine, confortent les conclusions évoquées précédemment, c'est-à-dire le rôle majeur de la Galerie espagnole de Louis-Philippe pour la période 1841-1850, et des acquisitions de la collection Soult en 1852 et en 1858. Après la dispersion des œuvres ayant appartenu à Louis-Philippe, les chiffres ne seront guère modifiés par les quelques envois ponctuels de l'Empire vers ses ambassades et vers ce qui deviendra les territoires d'outre-mer, ni par ceux de la troisième République vers l'Algérie – qui ne reçoit pas moins de six copies de peinture espagnole entre 1871 et 1880, pour les églises : d'Alger (*la Mise au tombeau, d'après Ribera* d'Alphonse Dargent [connu de 1874 à 1882], pour l'église Notre-Dame-des-Victoires, et la même copie par Pierre Léon Tessier [connu de 1856 à 1881], pour l'église Saint-Augustin) ; d'Oran (*la Nativité de la Vierge, d'après Murillo* par Bayer [dates inc.], pour l'église Saint-Lucien) ; ou de plus modestes bourgades (*l'Immaculée Conception, d'après Murillo* par Ternus [dates. inc.], pour l'église d'Aïn Smara).

Alors que les dossiers d'archives prouvent une distribution massive des copies de peintures religieuses dans tous les départements et les colonies, sans exception, certains départements (Ariège ou Loire, parmi d'autres) n'ont reçu aucune copie de tableaux espagnols entre 1841 et 1880. Pour les autres départements, le nombre varie d'un à dix-sept envois, mais seulement quatorze circonscriptions administratives ont reçu au moins une copie par décennie. Aucune analyse fine satisfaisante ne peut être avancée pour expliquer la prééminence d'attribution de copies de peinture espagnole à certains lieux, constatation ponctuelle qu'il n'est même pas possible d'étendre au niveau régional. Seules deux exceptions peuvent trouver un début d'explication. La première concerne la région Aquitaine, toujours très liée au monde espagnol – Goya ne mourra-t-il pas à Bordeaux, en 1828 –, qui a réclamé explicitement au pouvoir central parisien des œuvres inspirées de l'art d'outre-Pyrénées et qui, à travers ses quatre départements (Dordogne, Gironde, Landes et Basses-Pyrénées) totalisent 33 copies, soit 7,7 % des envois pour 4,5 % des départements. La seconde exception concerne la région parisienne, et ce, pour deux raisons. D'une part, elle est une consommatrice majeure d'œuvres religieuses, copies ou originaux. En effet, région le plus fortement touchée par la volonté révolutionnaire de déchristianisation, donc par le vandalisme, elle est la première à bénéficier de la réédification de bâtiments religieux et de commandes de décor. Et, d'autre part, et cela est surtout sensible dans la décennie 1871-1880, le Musée européen, installé à Paris, génère la commande de plusieurs copies de célèbres tableaux espagnols destinés à l'édification du public et à l'enseignement des artistes.

À l'issue de l'analyse du dépouillement des dossiers F/21 des Archives nationales et des différents outils disponibles évoqués précédemment, il est nécessaire de s'interroger sur l'influence que purent avoir les commandes et les achats de peinture espagnole sur la création artistique contemporaine. Première constatation, les artistes cités, quasi inconnus aujourd'hui pour la plupart, ne semblent pas avoir, lorsqu'ils échappent à cet anonymat, été influencés par la peinture espagnole. Ils n'ont, en fait, choisi de reproduire ces sujets que parce qu'ils étaient alors visibles à Paris et pouvaient être copiés dans des conditions aisées. Néanmoins, nous avons vu que les copies dans les salles du Louvre ont été bien plus nombreuses que celles qui furent achetées, il semble donc normal de déduire que les acquisitions de l'État, commanditaire de ces copies, ne révèlent qu'une petite partie du goût des artistes et du public pour la peinture espagnole.

Il a été possible de repérer plusieurs artistes qui se sont rendus en Espagne et qui ont vendu, de leur vivant, ou dont les héritiers ont vendu après leur mort, des copies de peintures espagnoles qui n'étaient pas uniquement des sujets religieux. Il est donc nécessaire de distinguer une production massive de peintures, reproduites sans réflexion, destinées au décor des églises, qui seront donc peu vues des artistes, des véritables recherches picturales liées à l'art du XVIIe siècle espagnol, qui seront visibles aux expositions périodiques, puis dans de nombreux musées.

Une meilleure connaissance des productions d'artistes tels que Geniole, Porion ou Prévost nous montrerait efficacement la filiation la plus directe entre l'art espagnol du XVIIe siècle et les créations des artistes français les plus importants de la seconde moitié du XIXe siècle. Les marques de cette influence, sans être des plus précoces, assureraient un relais entre Delacroix et Chassériau et la peinture d'après 1850. En effet, dès les années 1840, nombre de ces artistes connaissaient l'Espagne et exploitaient la connaissance artistique qu'ils en avaient acquise, au moins à travers les thèmes qu'ils traitaient. Il n'est que de citer les envois des peintres Alfred de Geniole au Salon de 1842 : « n° 762 : *Une Rue de Grenade* », ou Charles Porion au Salon de 1844 : « n° 1470 : *Une Danse – souvenir d'Espagne* », qui lui valut une médaille de troisième classe.

Malgré le nombre de copies répertoriées, les sujets espagnols n'ont détrôné, à aucun moment, la primauté de la peinture italienne et des créations françaises, tant du XVIIe (Champaigne, Le Sueur) que du XVIIIe siècle (Prud'hon), ni le goût flamand et hollandais, et son abondance de versions de *Vierges aux donateurs,* aux portraits adaptables, d'après Van Dyck.

Et pour ceux qui n'avaient pu effectuer le voyage outre-Pyrénées, le Salon pouvait être un substitut de visite, où les sections « Gravures » et « Lithographie » offraient l'opportunité de découvrir l'interprétation graphique des chefs-d'œuvre espagnols les plus réputés. Si, jusqu'au début des années 1850, on y voyait surtout des gravures d'après les œuvres de la Galerie espagnole de Louis-Philippe, les choses avaient ensuite changé et nombre d'interprétations avaient été réalisées d'après des originaux copiés en Espagne ou en Italie. Ainsi, au Salon de 1857, Victor Jean Baptiste Loutrel (1821-1908) présentait-il *Mars* et *Un nain idiot* d'après les Velázquez du Prado, et Gustave Nicolas Bertinot (1822-1888) le *Portrait du pape Clément IX* « d'après le tableau de Velasquez, de la galerie de Saint Luc à Rome », comme précisait le livret.

Tout comme l'influence de la technique espagnole n'a touché qu'une petite partie des artistes français de la seconde moitié du XIXe siècle, elle n'a concerné qu'une petite partie des copistes, mais fut immédiatement mise en avant par les autorités artistiques, qui affectèrent ces copies à des musées où ils pouvaient servir à l'enseignement de tous.

L'exposé de ces conclusions doit beaucoup à celles qui m'ont secondé dans le travail de dépouillement des dossiers des Archives nationales, aussi m'est-ce un plaisir de remercier Florence Restoueix et Dominique Vaglio. •

Tableau 2

Département	1841-1850	1851-1860	1861-1870	1871-1880	Total
Ain	0	1	2	1	4
Aisne	3	2	1	0	6
Allier	0	1	0	2	3
Basses-Alpes	1	1	0	1	3
Hautes-Alpes	1	0	1	2	4
Ardèche	3	1	2	1	7
Ardennes	0	0	0	1	1
Aube	1	0	0	0	1
Aude	6	0	1	0	7
Aveyron	9	0	1	0	10
Bouches-du-Rhône	0	0	1	1	2
Cantal	3	0	0	0	3
Charente-Inférieure	4	3	1	1	9
Charente-Maritime	4	0	0	0	4
Cher	0	0	0	2	2
Corrèze	0	0	1	0	1
Corse	1	3	1	0	5
Côte-d'Or	2	1	1	0	4
Côtes-du-Nord	1	2	3	1	7
Creuse	3	0	3	0	6
Dordogne	3	6	4	4	17
Doubs	2	1	0	2	5
Drôme	2	1	0	1	4
Eure	5	3	5	2	15
Eure-et-Loir	2	0	1	0	3
Finistère	5	1	1	0	7
Gard	3	0	1	0	4
Haute-Garonne	1	1	0	1	3
Gers	0	1	3	1	5
Gironde	4	1	0	1	6
Hérault	2	0	1	0	3
Ille-et-Vilaine	1	0	0	1	2
Indre	6	2	4	0	12
Indre-et-Loire	2	0	5	0	7
Isère	5	0	3	4	12
Jura	1	0	0	0	1
Landes	2	0	1	1	4
Loir-et-Cher	4	1	1	0	6
Haute-Loire	4	0	1	2	7
Loire-Inférieure	0	1	0	1	2
Loiret	4	1	2	3	10
Lot	1	0	0	0	1

Département	1841-1850	1851-1860	1861-1870	1871-1880	Total
Lot-et-Garonne	4	1	0	1	6
Lozère	2	0	1	0	3
Maine-et-Loire	1	0	1	0	2
Manche	1	4	2	2	9
Marne	1	0	0	0	1
Haute-Marne	2	0	0	1	3
Mayenne	2	1	1	0	4
Meurthe	1	0	0	0	1
Meuse	1	0	0	1	2
Morbihan	5	1	1	2	9
Moselle	2	1	1	0	4
Nièvre	2	0	0	1	3
Nord	5	1	2	1	9
Oise	4	0	3	0	7
Orne	3	0	5	5	13
Pas-de-Calais	6	0	2	1	9
Puy-de-Dôme	4	2	3	1	10
Basses-Pyrénées	5	0	1	0	6
Hautes-Pyrénées	1	0	1	0	2
Pyrénées-Orientales	1	0	0	0	1
Bas-Rhin	3	1	0	0	4
Haut-Rhin	0	0	1	0	1
Saône-et-Loire	0	0	4	1	5
Sarthe	1	0	1	2	4
Savoie	0	0	1	0	1
Paris	2	2	1	10	15
Seine-et-Marne	3	1	4	1	9
Seine-et-Oise	3	3	3	3	12
Deux-Sèvres	0	0	1	0	1
Somme	4	0	2	0	6
Tarn	4	0	1	0	5
Tarn-et-Garonne	3	1	0	1	5
Var	1	2	1	0	4
Vaucluse	0	0	1	0	1
Vendée	0	1	0	0	1
Vienne	1	1	2	1	5
Haute-Vienne	6	0	3	2	11
Vosges	2	0	1	0	3
Yonne	3	3	1	0	7
Territoire de Belfort	0	0	0	2	2
Totaux	189	61	104	76	430

Fig. 161
Henri Regnault
Juan Prim,
8 octobre 1868
1869
Paris, musée d'Orsay
(cat. 109)

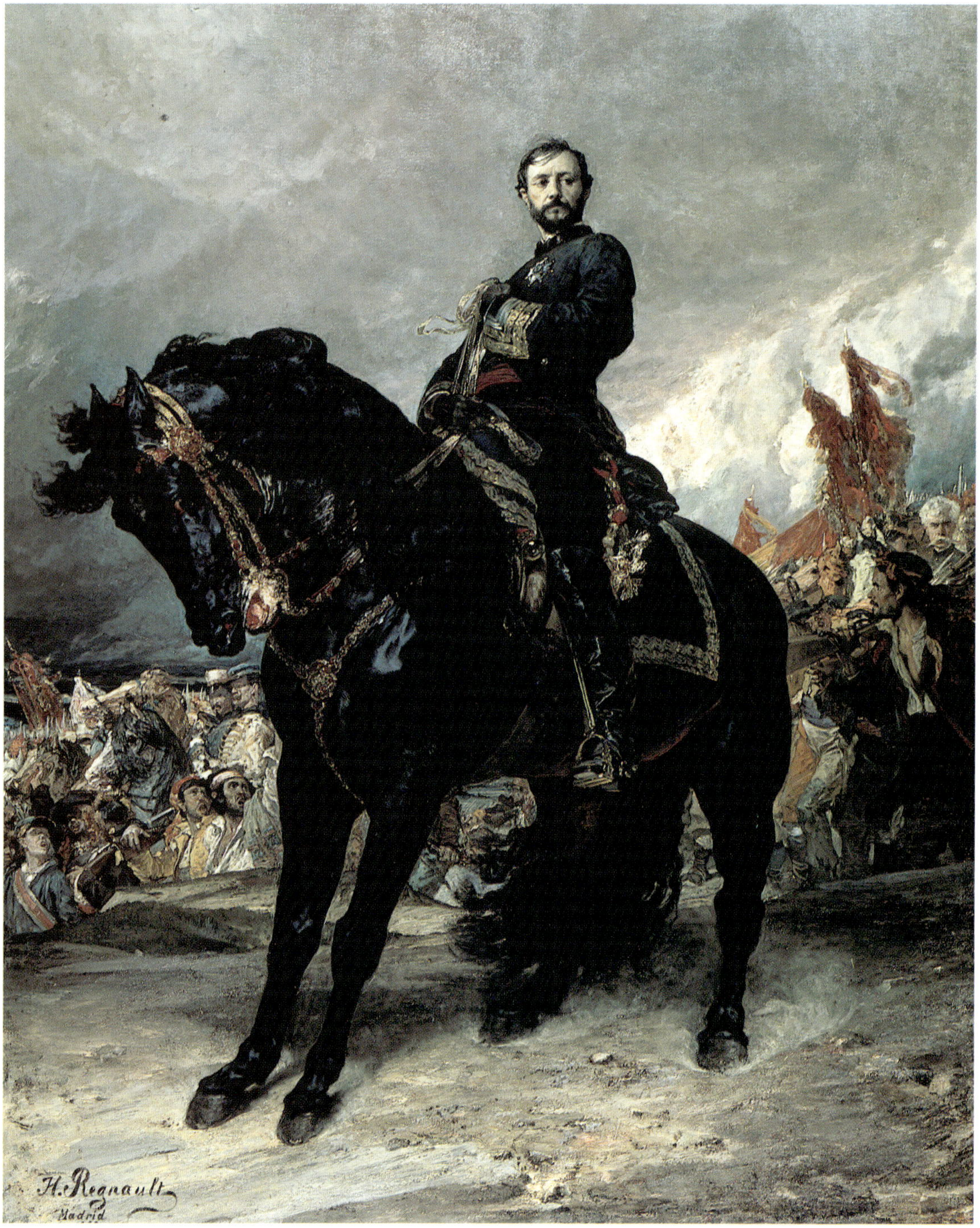

Chronologie

• Deborah L. Roldán

Le XVIIIe siècle voit la création de la Real Academia de Bellas Artes de San Fernando – Académie de San Fernando – à Madrid par Philippe VI, le 13 juin 1752, et la fondation du British Museum, à Londres, en 1753 (il ouvrira ses portes au public en 1759). En 1760, le roi allemand Guillaume IV offre au public l'accès à la galerie de Kassel, et, en 1793, on assiste à l'ouverture du musée du Louvre.

1779

octobre – En Espagne, le ministre Floridablanca promulgue un décret, approuvé par le roi Charles III, qui interdit formellement l'exportation des œuvres d'art espagnoles. Dans une lettre à Charles-François de la Traverse, assistant de l'ambassadeur de France à Madrid, Charles-Claude Flahaut, comte de la Billarderie d'Angiviller (1730-1809), directeur des Bâtiments du roi et créateur du musée du Louvre, exprime un intérêt pour l'introduction de l'art espagnol dans les collections royales : « Je sais qu'il y a des tableaux des grands maîtres perdus et oubliés dans les greniers en Espagne, je sais que les marchands n'y ont pas encore pénétré. J'avois pensé qu'on aurait pu trouver à bon marché des Titiens, des Velasquets, des Murillos, etc., et qu'on pourroit augmenter facilement et fortifier la magnifique collection du Roi le tout à bon marché ; marquez moi je vous prie si vous prévoyés pouvoir trouver dans des maisons particulières dans des gardemeubles des tableaux ou autres curiosités[1]. »

1785

Trois œuvres de Murillo, le *Jeune Mendiant* (Inv. 933 [A 390]), *le Christ au jardin des Oliviers* (Inv. 931 [A 242]) et *la Flagellation* (Inv. 932 [A 244]), sont exposées au Pavillon Neuf du Louvre. Ces tableaux sont des acquisitions récentes. Le *Jeune Mendiant* provient de la vente de Radix de Sainte-Foy (1782) et les deux autres de celle du comte de Vaudreuil (1784). Ils ont été achetés à ces ventes respectives par le marchand d'art Jean-Baptiste-Pierre Lebrun [voir 1807], qui les a revendus à Louis XVI[2].

1788

Jean-François de Bourgoing (1748-1811), après avoir vécu huit ans en Espagne (1777-1785) – secrétaire d'ambassade, puis ambassadeur intérimaire –, publie un ouvrage très apprécié, *Nouveau Voyage en Espagne ou tableau de l'état actuel de cette monarchie.* Un long chapitre sur la peinture espagnole dresse la liste des œuvres qu'il a vues dans ce pays ; c'est l'une des premières publications (si ce n'est la première) qui mentionnent Goya[3].

1789

printemps – Début de la Révolution française.
16 novembre – À Madrid, Charles IV autorise la fondation de la *Compañía para el grabado de los cuadros de los Reales Palacios,* avec pour mission de produire des gravures d'après des chefs-d'œuvre de la collection royale, notamment les tableaux espagnols. Elle produira en définitive quelque 50 gravures différentes (dont 15 d'après Velázquez, 10 d'après Ribera, 6 d'après Murillo et, respectivement, 1 d'après des œuvres de Zurbarán, Cano et Carreño). La *Compañía* poursuit ses activités entre 1791 et 1796, mais elle les cessera en 1807 [voir 1807][4]. L'Espagne et l'Angleterre déclarent la guerre à la République française.

1790

Les 11 gravures de Goya d'après les tableaux de Velázquez [GW 88-117] et ses eaux-fortes *El Agarrotado* [GW 122] et *San Francisco de Paula* [GW 55] entrent à la Real Calcografía de Madrid[5].

1793

21 janvier – Louis XVI (1754-1789), cousin du roi d'Espagne Charles IV, est exécuté à Paris.
7 mars – La France déclare la guerre à l'Espagne.
10 août – Le Muséum français, à Paris (prédécesseur du musée du Louvre), ouvre ses portes au public le jour du premier anniversaire de l'insurrection des Tuileries. La collection compte 10 tableaux espagnols, dont 4

Ribera qui ne sont plus aujourd'hui attribués à l'artiste (nos 3, 9, 310, 317) :
– 3. L'Espagnolet, *Saint Paul* (non identifié) ;
– 9. L'Espagnolet, *Saint Pierre* (peut-être le *Saint Pierre en prière* de Mola, Paris, musée du Louvre, Inv. 330) ;
– 90. Murillo, *la Vierge, l'Enfant Jésus, Sainte Anne, Saint Jean ; au-dessus le Père Éternel dans sa gloire,* Inv. 930, acquis en 1786, [A 184] ;
– 118. Murillo, *Une femme avec un enfant tenant un chapelet* [*Vierge au chapelet*], Inv. 929, acquis en 1784, aujourd'hui à Castres, musée Goya [A 166] ;
– 123. Murillo, *le Christ attaché à la colonne ; s. Pierre à ses pieds* [*le Christ à la colonne*], Inv. 932, acquis en 1784 [A 244] ;
– 129. Murillo, *Jésus au jardin des Oliviers* [*le Christ au jardin des Oliviers*], Inv. 931, acquis en 1784, [A 242] ;
– 258. Dominique Feti [Domenico Fetti], *le Buisson ardent,* Inv. 924, inventorié en 1679, en fait œuvre de Collantes ;
– 310. Joseph Ribera, dit l'Espagnolet, *Un buveur* (attribué aujourd'hui à Cesare Fracanzano, Compiègne, château) ;
– 317. L'Espagnolet, *Un soldat appuyé sur sa lance* (attribué aujourd'hui à Cesare Fracanzano, Compiègne, château) ;
– 356. Murillo. *Un enfant, assis au soleil* ([le *Jeune Mendiant*], Inv. 933, acquis en 1782 [A 390])[6].

Une *Vue du palais de l'Escorial* anonyme, Inv. 982, entrée en 1709 dans la collection de Louis XIV, et *l'Infante Marguerite* de l'atelier de Velázquez (Inv. 941, acquise en 1654 [LR-1963 398]) figurent aussi dans les collections[7].

Le quatrième et dernier volume de *Viaje de España* d'Antonio Ponz est publié en Espagne (le premier volume est imprimé en 1772). Ce volume comprend une lettre de Anton Raphaël Mengs, peintre de Charles III, qui recommande la création d'une « *galería* [...] *con el fin de hacer comprender la diferencia esencial que hay entre* [los pintores][8] » dans l'enceinte du palais royal de Madrid. Ce projet n'aboutit pas.

Plusieurs gravures d'après des maîtres espagnols sont publiées à Madrid par la *Compañía del grabado :* 1 de Carmona, d'après le *Bacchus* de Velázquez (édition de 700 exemplaires, dont 400 sont vendus entre 1793 et 1807) ; 1 d'Ametller, d'après *le Vendeur d'eau de Séville* de Velázquez (édition de 700 exemplaires, dont 323 vendus entre 1793 et 1807) ; 1 de P. Audoin (non publiée) d'après *les Ménines* de Velázquez ; et 1 de Selma d'après un Murillo (édition de 1 100 exemplaires, dont 412 vendus entre 1793 et 1807)[9].

1795

22 juillet – Manuel Godoy (1767-1851), premier ministre de Charles IV (de 1792 à 1808), est contraint de signer le traité de paix de Bâle pour mettre fin à la guerre avec la France. L'Espagne cède aux Français la moitié est de l'île de Saint-Domingue (Hispaniola). Charles IV confère à Godoy le titre de prince de la Paix.

1796

vers le 18 août – L'Espagne s'allie à la France par le traité de San Ildefonso.

octobre – Les alliés déclarent la guerre à l'Angleterre pour protester contre la capture de navires espagnols qui rapportent des marchandises d'Amérique.

À Londres, *The Monk,* de Matthew Gregory Lewis (1775-1818), un roman effrayant qui se déroule dans un monastère espagnol, fait sensation peu après sa parution. Il sera publié la même année en France (où il sera d'abord intitulé *le Jacobin espagnol*), puis en 1799 (sous le titre *le Moine*). Ce texte servira de sujet à plusieurs dessins de Vivant Denon dans un style inspiré des *Caprices* de Goya (une série dont Denon possédait un recueil depuis 1809) [voir 1809, 1826].

1797

Jean-Jacques de Boissieu (1763-1810) exécute la gravure *Pères du désert.* C'est un pastiche du *Saint François mort* de Zurbarán [G-G 234], qu'il possédait alors, acquis du couvent des Colinettes de Lyon (le musée des Beaux-Arts de Lyon le lui achètera avec l'attribution à Ribera en 1807 [voir 1807]).

Anicet Charles Gabriel Lemmonier (1743-1824), un artiste, acquiert le *Démocrite* de Velázquez (attribué alors à Ribera [LR 40]). L'œuvre entrera au musée des Beaux-Arts de Rouen en 1822.

Bourgoing [voir 1788] publie *Tableau de l'Espagne moderne,* une édition revue et corrigée de son *Nouveau Voyage en Espagne...,* qui relate son deuxième voyage au-delà des Pyrénées (1792-1793).

1798

3 juillet – Ferdinand Guillemardet (1765-1809), nommé ambassadeur de France en Espagne (1798-1799) par la Convention le 20 mai, arrive à Madrid. Il commande aussitôt son portrait à Goya, peintre officiel de la cour espagnole. Le tableau (Paris, musée du Louvre, MI 697 [G-W 677]) est achevé dans l'année et exposé en 1799 à Madrid [voir 1799].

Mariano Luis de Urquijo, premier secrétaire d'état par intérim de Charles IV (1798-1800), propose de transférer les toiles de Murillo et de Valdés Leal de l'hôpital de la Charité de Séville jusqu'à Madrid, afin de, selon le modèle européen, *« formar en la corte escuelas y museos que no se pueden mantener en las provincias*[10] ». Certaines copies furent abandonnées à l'hôpital. Bien que ce projet ne se soit jamais réalisé, Urquijo (en tant que secrétaire d'État du gouvernement d'occupation de Joseph Bonaparte), surveillera les plans de Joseph pour un musée national à Madrid (voir décembre 1809).

1799

janvier-février – Impression de la série de 80 estampes des *Caprices* de Goya [G-W 451-613]. Les exemplaires sont mis en vente en février, au prix de 320 reales, dans un magasin situé dans l'immeuble de l'artiste. 27 recueils sont vendus en deux jours, après quoi les gravures sont retirées de la vente. Le duc et la duchesse d'Osuna en ont acheté 4 le 19 janvier, et Ferdinand Guillemardet en a sans doute acquis (ou reçu en cadeau) 1 exemplaire.

7 avril [18 germinal an VII] – le Muséum central des arts, à Paris, ouvre à nouveau partiellement sa Grande Galerie, avec une exposition d'œuvres des écoles française et du Nord (la seconde moitié de la Galerie, où figure l'école italienne, rouvrira en 1801, le jour anniversaire de la prise de la Bastille).

juillet – À Madrid, le portrait de Guillemardet par Goya [G-W 677] est exposé à l'Académie de San Fernando, avec une série de scènes de sorcellerie (6 tableaux peints pour le duc et la duchesse d'Osuna [G-W 659-664]).

30 novembre – Charles-Jean-Marie Alquier (1752-1826) est nommé ambassadeur de France en Espagne, où il restera en poste jusqu'en 1801. À l'instar de son prédécesseur, Alquier achètera, entre 1803 et 1813, au moins une œuvre de Goya, une esquisse à l'huile pour sa tapisserie *Automne* (Williamstown, Clark Art Institute [GW258]). Ses héritiers la conserveront dans leur collection, à Nantes, jusqu'en 1939[11].

12 décembre – À Paris, Napoléon Bonaparte (1769-1821) est élu Premier consul à la suite du coup d'État du 9 novembre 1799 [18 brumaire an VIII], par lequel il renverse le Directoire.

1800

mars – Guillemardet, ancien ambassadeur de France en Espagne, quitte Madrid pour rentrer à Paris, accusé d'inertie et d'incapacité à comprendre le peuple et la culture espagnols. Il rapporte avec lui 2 tableaux de Goya : son portrait et un *Portrait de femme*, plus petit (Paris, musée du Louvre, MI 698 [G-W 678]). Sa collection recèle aussi très certainement les *Caprices*.

Eugène Delacroix, très lié avec les fils de l'ambassadeur, Louis et Félix, verra ces œuvres dans les années 1818-1819 [voir 1818] (Guillemardet était un collègue du père de Delacroix et avait servi de témoin, en 1798, à l'authentification du certificat de naissance de l'artiste).

1er octobre – La France et l'Espagne signent le second traité de San Ildefonso ; l'Espagne accepte d'être l'alliée de la France dans toutes les guerres [voir 1796].

8 novembre – Lucien Bonaparte (1755-1840), le frère cadet de Napoléon, part pour Madrid prendre ses fonctions « d'ambassadeur de la République à Madrid », qu'il exercera entre le 6 décembre 1800 et le 28 juin 1801 (date à laquelle il donne sa démission dans une lettre au Premier consul). Il est accompagné du peintre Guillaume Guillon Lethière (1760-1832), qui le conseillera dans ses achats d'œuvres d'art. Lucien Bonaparte est également rejoint par l'écrivain Alexandre Louis Joseph de Laborde (1773-1842), qui sera son attaché d'ambassade. Pendant cinq ans (1800-1805), ce dernier parcourra l'Espagne et décrira son périple dans *Voyage pittoresque et historique de l'Espagne* (publié entre 1806 et 1820) [voir 1806].

Parution du *Diccionario histórico de los mas ilustres profesores de las bellas artes en España*, de Juan Augustín Ceán Bermúdez (Madrid, 1800, 6 vol.) Cet ouvrage essentiel sur l'école espagnole servira de guide aux troupes napoléoniennes lorsqu'elles pilleront l'Espagne. La France ne possédait auparavant qu'un seul livre de référence espagnol traduit sur la question, le *Museo Pictórico* d'Antonio Palomino (Madrid, 1715-1724), qui avait été publié en français en 1749.

1801

21 mars – Lucien Bonaparte et Manuel Godoy signent le traité d'Aranjuez. En signe de gratitude, Charles IV offre à Lucien 20 toiles provenant du palais de Buen Retiro et 100 000 écus de diamants, qui feront la fortune de la fondation[12].

Après avoir donné sa démission, le 28 juin, il quitte Madrid le 12 novembre 1801. Parmi les œuvres qu'il emporte se trouvent *la Femme à l'éventail* de Velázquez (Londres, Wallace Collection [LR 79]), ainsi qu'un portrait de Charles IV par Goya, présent du roi (localisation inconnue). Sa collection sera gravée pour un catalogue en 1812 [voir 1812] et les toiles vendues plus tard lors d'une série de ventes aux enchères à Londres et à Paris [voir 1816].

27 mars – L'Espagne s'allie à Napoléon et déclare la guerre au Portugal. C'est le début de la guerre des Oranges.

1er avril – À Madrid, Bernardo de Iriarte (1735-1814), vice-protecteur de l'Académie de San Fernando depuis 1792, écrit au secrétaire d'État Pedro Ceballos à propos des achats d'œuvres d'art secrètement réalisés par le nouvel ambassadeur Lucien Bonaparte.

14 juillet [25 messidor an IX] – Le Muséum central des arts expose dans sa Grande Galerie ses tableaux des écoles de Bologne et de Lombardie. Deux petites peintures de Murillo figurent dans le catalogue parmi les œuvres de l'école italienne : *le Christ au jardin des Oliviers,* n° 925, et *la Flagellation,* n° 926 (Paris, musée du Louvre, Inv. 931 [A 242] et 932 [A 244]). Les deux tableaux étaient entrés dans la collection de Louis XVI en 1784 [voir 1784][13].

1802

début de l'année – Le portrait équestre de David *Bonaparte franchissant les Alpes* (château de Malmaison) est vraisemblablement exposé au palais royal de Madrid. Charles IV l'avait commandé entre septembre 1799 et août 1800, en l'honneur de la signature du premier traité de San Ildefonso [voir 1796]. À la fin de l'année 1799, il avait également commandé à Goya son portrait équestre et celui de la reine [GW 776, 777], qui étaient destinés à Napoléon mais ne lui ont jamais été envoyés à Paris.

Il se peut que le David ait été placé dans la même salle du palais que deux autres portraits équestres : le *Charles Quint à cheval vainqueur à Mühlberg* de Titien et le *Portrait équestre du comte-duc d'Olivares* de Velázquez [LR 66][14].

25 mars – Paix d'Amiens entre l'Angleterre et la France.

2 août – Napoléon est fait Premier consul à vie.

19 novembre [28 brumaire an X] – Napoléon nomme Dominique-Vivant Denon (1747-1825) au nouveau poste de directeur général du Muséum central des arts, qui deviendra bientôt le musée Napoléon. Denon exercera ces fonctions de 1802 à 1814. À la suite des conquêtes napoléoniennes en Europe, Denon entreprend une série de cinq voyages pour récupérer les œuvres d'art saisies dans les pays vaincus. Il se rend ainsi en Italie (1805-1806 et 1811), en Allemagne (1806-1807), en Espagne (novembre 1808 – janvier 1809), en Autriche et de nouveau en Allemagne (1809), où il apprend la lithographie.

1803

janvier – Ouverture de la première exposition du Muséum central des arts organisée par Denon ; elle comporte des œuvres de Raphaël entrées au musée après les récentes conquêtes[15].

Parti en mai 1801 pour l'Italie afin de rassembler les œuvres d'art prises durant les campagnes françaises à Naples et à Rome, Léon Dufourny (1754-1818), architecte et ancien administrateur du Muséum central des arts (janvier 1797 – octobre 1800), rentre à Paris. Parmi les tableaux qu'il rapporte figure l'*Adoration des bergers* de Ribera (Paris, musée du Louvre, Inv. 939). Il s'agit d'un cadeau, offert en 1802 par Ferdinand IV (1751-1825), roi de Naples, au gouvernement français, en compensation des œuvres d'art saisies dans l'église Saint-Louis-des-Français par les troupes napolitaines à Rome.

7 juillet – Goya écrit au ministre d'État pour offrir à Charles IV les planches de cuivre des *Caprices* et 240 recueils invendus de la série (l'artiste conservera des exemplaires pour lui), en échange d'une pension annuelle de 12 000 reales pour financer les études d'art de son fils à l'étranger. La proposition est acceptée le 6 octobre, et les planches sont finalement déposées à la Real Calcografía de Madrid.

22 juillet – Le Muséum central des arts est rebaptisé musée Napoléon sur une suggestion de Vivant Denon : « Il y a une frise sur la porte qui attend une inscription : je crois que musée Napoléon est la seule qui convienne[16]. »

15 août – Pour le trente-quatrième anniversaire de Bonaparte, Denon inaugure la première exposition de tableaux de maîtres anciens dans le Grand Salon du musée Napoléon. L'exposition comprend des toiles prises à Florence, Venise, Bologne et Turin, et 3 œuvres provenant de Naples, dont *l'Adoration des bergers* de Ribera (Paris, musée du Louvre, Inv. 939). Parmi les tableaux des collections royales françaises que Denon inclut dans l'exposition figurent deux Murillo : *la Sainte Famille* (Paris, musée du Louvre, Inv. 930 [A 184]) et le *Jeune Mendiant* (Paris, musée du Louvre, Inv. 933 [A390])[17].

Au terme de son mandat d'ambassadeur de France en Espagne, Lucien Bonaparte rentre à Paris. *La Dame à l'éventail* de Velázquez (Londres, Wallace Collection [LR 79]) se trouve parmi les œuvres d'art qu'il rapporte. Sa collection sera gravée pour un catalogue en 1813 (voir 1813) et ses œuvres seront finalement vendues lors d'une série de ventes aux enchères à Londres et à Paris (voir 1816).

Parution de la troisième édition du *Tableau de l'Espagne moderne* de Bourgoing (Paris et Strasbourg, Levrault frères, an XI-1803).
Profitant de la panique que provoque la progression de Napoléon vers le sud, les résidents anglais en Espagne commencent à acheter des tableaux espagnols dans des couvents, des monastères et des églises, et les emportent avec eux en quittant la Péninsule.
Reprise de la guerre entre l'Angleterre et la France. L'Espagne déclare la guerre à l'Angleterre.
Les États-Unis achètent la Louisiane et ses territoires à la France.

1804

18 mai – Napoléon est nommé Empereur des Français par le Sénat français.
19 mai – Napoléon nomme Nicolas Jean de Dieu Soult (1769-1851) maréchal de France et colonel-général de la garde impériale. Après sa victoire à Kœnigsberg (1807), Soult sera nommé duc de Dalmatie et placé à la tête du 2e corps de la Grande Armée en Espagne. Il occupera Séville avec ses troupes pendant quatre ans et acquerra, au cours de cette période, la plus grande collection particulière de peinture espagnole de son temps[18].
2 décembre – Napoléon se fait couronner Empereur des Français à Notre-Dame de Paris.
Parution des 3 premiers volumes de la *Galerie du musée Napoléon*, ouvrage en 11 tomes de Joseph Lavallée. Parmi les nombreuses œuvres d'art qui y sont répertoriées, chacune accompagnée d'une gravure et d'une description détaillée, on voit seulement 4 tableaux espagnols : *le Christ au jardin des Oliviers* [A 242], le *Jeune Mendiant* [A 390] de Murillo et *l'Adoration des bergers* de Ribera ; l'*Immaculée Conception* de Murillo [A 41], acheté en 1817 à la collection Soult, figurera dans le dernier volume, en 1828. Tous sont classés dans le catalogue parmi les œuvres de l'école italienne[19].
À Paris, quantité d'œuvres d'art sont offertes à une énorme vente aux enchères destinée à « monnayer des objets superflus pour des besoins militaires » (une vente similaire aura lieu en 1811)[20].

1805

21 octobre – La force navale de l'amiral anglais Nelson détruit les flottes de l'alliance franco-espagnole au large du cap de Trafalgar, en Espagne.
L'Académie des beaux-arts de Pennsylvanie est fondée à Philadelphie. En 1811, elle organise des expositions annuelles qui se poursuivront jusqu'en 1969. Le bâtiment du musée ouvrira en 1876.

1806

Parution du premier volume du *Voyage pittoresque et historique de l'Espagne* d'Alexandre Louis Joseph de Laborde (1773-1842 ; Paris, Pierre Didot l'aîné, 4 vol., 1806-1820). Ce guide volumineux et détaillé de l'Espagne comprend de nombreuses gravures de monuments artistiques, architecturaux et géographiques et, dans le tome publié en 1820, des gravures d'après 9 tableaux espagnols [voir 1820]. Les 2e, 3e et 4e volumes paraissent en 1811, 1812 et 1820 ; le premier est traduit en espagnol (1807) et en allemand (1809-1811)[21].
L'ouvrage de Laborde *Itinéraire descriptif de l'Espagne et tableau élémentaire des différentes branches de l'administration et de l'industrie de ce royaume* sera publié en 1808 (Paris, H. N. Nicolle, 1808-1809, 2e éd. en 1809).

1807

août-octobre – Jean-Baptiste-Pierre Lebrun (1748-1813), peintre, critique, collectionneur et marchand d'art (et mari du peintre Élisabeth Vigée-Lebrun), part acheter des tableaux en Espagne. Il effectue alors un voyage commercial de deux ans à travers l'Europe (1807-1808), pendant lequel il achètera plus de 600 œuvres d'art, dont une partie sera vendue à Paris en mars 1810, à une vente aux enchères qui durera 4 jours [voir 1810][22].
Près d'un tiers de la collection (179 œuvres) sera gravé pour son catalogue *Recueil des gravures… d'après un choix de tableaux…*, publié en 1809 [voir 1809].
« L'Espagne, écrit-il, est une mine de richesse de l'art, formée de toutes les écoles. Mon admiration me donna bientôt le désir d'arracher à l'oubli plusieurs maîtres célèbres qui sont inconnus de tout ce qui n'est pas l'Espagne. » Parmi les tableaux espagnols qu'il achète figurent des œuvres de Murillo, Velázquez, Ribera, Coello et Cano. Frédéric Quilliet, un Français résidant à Séville qui exercera de puissantes fonctions sous le règne de Joseph Bonaparte, lui sert de conseiller et de traducteur [voir 1809, 1810].
Pour contourner l'interdiction d'exporter des œuvres d'art, en vigueur depuis 1779, Lebrun se nomme professeur à l'Académie royale de San Carlos de Valence, ce qui lui permet d'acheter des tableaux pour les exporter. Toutefois, des caisses entreposées dans sa maison d'Espagne sont saisies par des gardes royaux, mais elles lui sont rendues

sur l'intervention de l'ambassadeur de France. Lebrun écrit, au sujet de cette interdiction : « N'est-ce point un malheur pour un artiste, après avoir acquis des talents dignes de l'admiration de l'Europe, de voir ses ouvrages, et avec eux sa gloire, concentrés dans le pays souvent le moins éclairé pour les arts ? De quelles richesses un gouvernement ne se prive-t-il pas en interdisant un échange mutuel et commercial ! La gloire immortelle du Poussin n'est-elle pas dans tout l'univers ? Celle des Raphaël, des Titiens, etc., etc. est connue partout. Mais il convenait à un régime inquisiteur de faire des lois qui pussent étouffer la renommée des artistes, leur première et plus noble récompense. C'est à la libre entrée et sortie des monuments des arts que l'on doit les richesses et les connaissances qui distinguent si éminemment la France[23]. »

18 octobre – Les troupes françaises, commandées par le général Junot, duc d'Abrantes (1771-1813), entrent en Espagne pour marcher sur le Portugal. Le traité de Fontainebleau (27 octobre), signé par la France et l'Espagne, autorise Napoléon à placer des troupes en Espagne, prétextant une guerre franco-espagnole contre le Portugal. Junot entre à Lisbonne le 30 novembre, forçant la famille royale portugaise à s'enfuir au Brésil.

Le *Saint François* de Zurbarán [G-G 234], la seule œuvre de l'artiste connue en France au XVIIIe siècle, est acheté à l'artiste Boissieu par le musée des Beaux-Arts de Lyon en tant que Ribera [voir 1797].

Parution de la 4e édition du *Tableau de l'Espagne moderne* de Bourgoing. Ce livre sert de guide aux armées napoléoniennes en Espagne. Dans la nouvelle édition, l'auteur observe que « Goya excelle aussi dans le portrait[24] ».

1808

Guerre de Napoléon en Espagne : après avoir forcé Charles IV à abdiquer, l'Empereur donne la couronne espagnole à son frère aîné, Joseph Bonaparte (1768-1844). L'occupation française durera plus de cinq ans (jusqu'en 1814). L'armée napoléonienne, forte de 300 000 hommes, se livre à des pillages très critiqués par les contemporains. Les généraux de Napoléon – entre autres, Soult, Murat, Merlin, Junot, Sebastiani, Mathieu de Faviers et Dupont de l'Étang – amassent des collections privées.

1er janvier – L'inventaire, daté par Frédéric Quilliet, de la collection de Manuel Godoy, prince de la Paix, compte quelque 1 100 œuvres.

Quilliet, qui vivait en Espagne depuis 1797 (à Cadix, puis à Séville), se disait opposant à Napoléon et à l'occupation française. Auteur, semble-t-il, d'une brochure satirique intitulée *Bonaparte démasqué, par un Français impartial (Bonaparte sin máscara, por un francés imparcial)*, il fut contraint de se cacher. Mais Joseph exploita ses précieuses connaissances sur la peinture espagnole en le nommant administrateur des biens nationaux, commissaire aux beaux-arts, directeur de musée et attaché artistique des armées d'Andalousie (il obtint ce dernier poste le 10 janvier 1810)[25].

23 février – Napoléon nomme son beau-frère Joachim Murat (1767-1815) lieutenant-général de l'Empereur en Espagne. Murat deviendra plus tard maréchal de France et remplacera, le 6 juin, Joseph Bonaparte sur le trône de Naples.

18-19 mars – *Motín de la Granja :* le roi Charles IV abdique et son premier ministre, Godoy, est arrêté. Ferdinand VII, succédant à son père, monte sur le trône d'Espagne.

23 mars – Murat entre à Madrid.

24 mars – Le nouveau roi d'Espagne, Ferdinand VII, fait son entrée à Madrid.

10 avril – Ferdinand VII quitte Madrid pour rencontrer Napoléon à Bayonne. Il est suivi par son père et sa mère, Charles IV et Maria Luisa, et par Manuel Godoy. Ces derniers arrivent à Bayonne le 30 avril.

avril-mai – Antoine-René-Charles-Mathurin, comte de La Forest (1756-1846) remplace François de Beauharnais (1756-1846) au poste d'ambassadeur de France en Espagne (1808-1813)[26]. La Forest travaillera activement à réunir des tableaux espagnols pour le musée Napoléon.

2 mai – La guerre d'indépendance d'Espagne est déclenchée par la révolte de Madrid contre les forces d'occupation de Murat. Cet événement et ses représailles sanglantes inspirent à Goya le *Deux Mai 1808* (Madrid, musée du Prado, Inv. 748 [G-W 982]) et le *Trois Mai 1808* (Madrid, musée du Prado, Inv. 749 [G-W 984]), deux tableaux qu'il peindra en 1814.

6 mai – À Bayonne, Napoléon oblige Ferdinand VII à rendre la couronne à son père Charles IV, qui l'a déjà cédée à l'Empereur, la veille.

6 juin – Joseph Bonaparte est nommé roi d'Espagne (1808-1813) par décret impérial.

20 juillet – Joseph entre à Madrid.

25 juillet – À Madrid, Joseph est officiellement proclamé roi. Les Espagnols le qualifieront de *« rey intruso »* et lui donneront, entre autres, le surnom péjoratif de *Pepe Botello*.

31 juillet – Joseph abandonne Madrid après la défaite écrasante de l'armée française à Bailén (le traité de capitulation de Bailén a été signé le 22 juillet. Joseph a reçu la nouvelle de la défaite le 28 et, le lendemain, les troupes françaises se sont retirées de la capitale).
25 septembre – L'artiste anglais G. A. Wallis, agent du marchand de tableaux William Buchanan, lui écrit pour obtenir de l'argent : « *The present moment is still more favourable* [...] *on account of the great expenses of the present war ; besides which the government will sell all the property of the noblemen who have taken the French party* [...] *Indeed, nothing is understood here at present but the* peso duro[27]. »
Il semble que ce soit à cette époque que Buchanan entre en partenariat financier avec William Coesvelt à Madrid, à partir de 1801, en tant qu'agent de la Hope Bank d'Amsterdam. Coesvelt procurait à Wallis les fonds nécessaires à l'acquisition d'œuvres d'art et détenait la moitié des intérêts des œuvres achetées. Ce fut également durant cette période que Coesvelt commença à acquérir sa propre collection de peintures espagnoles (voir juillet 1814)[28].
5 novembre – Napoléon arrive à Vitoria, où Joseph a installé sa cour. Pendant le mois de novembre, avec ses meilleurs commandants et plus de 200 000 soldats, il reprendra l'Espagne au cours d'une série de batailles décisives. Il restera en Espagne jusqu'en janvier 1809.
21 novembre – Denon écrit un billet encourageant à Louis-Nicolas-Philippe-Auguste, comte de Forbin (1777-1841), chambellan officier d'état-major de l'armée au Portugal – et peintre : « J'espère, Monsieur, qu'au Salon prochain vous pourrez exposer quelques-uns des beaux sites que vous avez déjà parcourus et que vous allez voir de nouveau ; l'Espagne est pour les peintres de paysage et les architectes une mine féconde à exploiter et je suis persuadé d'avance de vos succès si vos fonctions militaires vous laissent le loisir de vous occuper[29]. »
novembre 1808 – mars 1813 – le maréchal Soult est en Espagne. Il occupera Séville avec ses troupes en mars 1810.
4 décembre – Madrid se rend à Napoléon.
26 décembre – Denon va à Madrid chercher 20 tableaux espagnols pour le musée Napoléon [voir le 18 janvier 1809].
31 décembre 1804 – 6 janvier 1809 – Denon accède aux collections d'art des nobles d'Espagne. Le 6 janvier 1809, dans une lettre au major général Berthier, il dresse la liste des œuvres qu'il a vues et choisies pour le musée Napoléon : s'y trouvent 37 peintures espagnoles, pour la plupart anonymes[30].
Ferdinand VII s'empare de la collection d'art de Manuel Godoy. L'invasion française l'empêche de la faire inventorier et les œuvres sont conservées, pendant l'occupation, dans la « *casa almacén de cristales* » de l'Académie de San Fernando.

1809
14 janvier – Joseph fait sa seconde entrée à Madrid.
À Paris, le Cirque olympique est inauguré par une représentation de *la Belle Espagnole ou l'entrée triomphale des Français à Madrid,* de Jean Cuvelier de Trie ; scènes équestres[31].
15 janvier – Napoléon écrit à Joseph à propos des tableaux recherchés pour son musée : « Je pense vous avoir écrit de faire votre entrée, le 14, à Madrid. Denon voudrait prendre quelques tableaux. Je préférerais que vous prissiez tous ceux qui se trouvent dans les maisons confisquées, et dans les couvents supprimés et que vous me fissiez présent d'une cinquantaine de chefs-d'œuvre qui manquent au Muséum de Paris. En temps et lieu, je vous en donnerai d'autres. Faites venir Denon et parlez lui dans ce sens. Il peut vous faire les propositions. Vous sentez bien qu'il ne faut que de bonnes choses, et l'opinion est que vous êtes immensément riches en ce genre[32]. »
18 janvier – Denon écrit de Valladolid à Napoléon en se plaignant que son frère ne l'aide pas à recueillir des œuvres d'art : « Si tout autre prince que le frère de Votre Majesté eût occupé le trône d'Espagne, je les aurais sollicités pour ajouter à la collection du musée vingt tableaux de l'école espagnole dont elle manque absolument et qui auraient été à perpétuité un trophée de cette dernière campagne. Ceci, à la volonté de Votre Majesté, peut être traité dans tous les temps, soit en demandant que ces 20 tableaux soyent choisis dans les innombrables collections de sa Majesté Catholique, soit en faisant venir en France ceux qui sont encore restés dans la maison du prince de la Paix, desquels ce prince serait trop heureux d'obtenir un prix de Votre Majesté. Dans l'un ou l'autre de ces deux cas je serais en mesure, Sire, de donner des notes suffisantes sur ces tableaux ou de revenir moi-même les prendre si Votre Majesté le jugeait nécessaire[33]. »
Denon semble avoir acquis des tableaux pour lui-même au cours de ce voyage, car sa vente posthume, en 1826, comprendra 6 œuvres de l'école espagnole. Mais le volume des *Caprices* de Goya qu'il rapporte d'Espagne aura une

portée bien plus grande (il entrera, à sa mort, à la Bibliothèque royale, de Paris [voir 1826]).

23 janvier – Napoléon arrive à Paris après avoir quitté l'Espagne en apprenant la mobilisation des troupes autrichiennes.

14 février – Retour – attesté par des documents écrits – de Vivant Denon à Paris.

11 mars – Le théâtre du Vaudeville, à Paris, donne une comédie en un acte, *le Peintre français en Espagne, ou le dernier soupir de l'Inquisition,* de Pierre Barré, Jean-Baptiste Radet et François de Fouques [Desfontaines].

4 mai – Ferdinand Guillemardet meurt à Paris. En 1865, les deux Goya de sa collection seront légués au Louvre par son fils Louis [voir 1865].

18 ou 20 août – Mariano Luis de Urquijo, le secrétaire de Joseph Bonaparte, publie un décret supprimant tous les ordres religieux d'Espagne.

À Madrid, le couvent dominicain de El Rosario est choisi pour abriter les toiles retirées de ces institutions. L'état de délabrement du couvent empêche de le convertir en musée, ainsi qu'il en avait été question (voir le 22 août 1810)[34].

20 décembre – Au nom de Joseph Bonaparte, Urquijo promulgue un décret déclarant son intention de créer un musée national de peinture à Madrid : « Voulant, dans l'intérêt des beaux-arts, rendre accessible la multitude de tableaux qui, cachés à la vue des connaisseurs, se trouvaient jusqu'alors enfermés dans les cloîtres ; que l'exposition des plus parfaites de ces œuvres serve d'abord de modèle et de guide aux talents ; que la valeur des grands peintres espagnols, peu connus des nations voisines, rayonne en leur procurant la gloire immortelle que méritent amplement les noms de Velázquez, Ribera, Murillo, Ribalta, Navarrete, Juan San Vicente et d'autres encore… » Les œuvres proviendront de « tous les établissements publics et même de nos palais » – notamment des institutions religieuses supprimées par le récent décret.

L'article 2 du décret du 20 décembre ordonne la formation d'« une collection générale de peintres célèbres de l'école espagnole, que nous offrirons à notre auguste frère l'Empereur des Français [...] en gage de la plus sincère union de nos nations[35] ».

L'ambassadeur de France, le comte de La Forest, transmet ce décret au ministre des Affaires étrangères français, Champagny, duc de Cadore, en y joignant une liste commentée (sans doute par Quilliet) de 46 tableaux choisis pour l'Empereur :

École de Madrid

Blas del Prado	Sainte Famille	(Curieux.)
Coxein	Descente de Croix	(Brillant effet.)
Navarette el Mudo	Nativité	(Le plus beau du maître.)
Navarette el Mudo	Sainte Famille	
Louis de Carvajal	S. Eugène, S. Ildefonse	(Très beau.)
Louis de Carvajal	S. Isidore, S. Léandro	(Idem.)
Alonzo Coëllo	S. Étienne, S. Laurent	(Précieux.)
Alonzo Coëllo	Fiançailles de Ste. Catherine	(Idem.)
Pantoja	Nativité	(Curieux.)
Pantoja	Nativité de la Vierge	(Idem.)
Carducho	La Cène	(Riche de couleur.)
Eugenio Caxes	Sainte Famille	(Rare.)
Le Greco	Couronnement de la Vierge	(Le plus beau du maître.)
Le Greco	S. Pierre	
Carducho	S. Jean au désert	(Très beau.)
Carducho	Annonciation	(Idem.)
Ant. Pereda	Christ	(Superbe.)
Ant. Pereda	Ste. Herménégilde	(Idem.)
Collantès	S. Jérôme au désert	(Célèbre.)
Collantès	Vision d'Ézéchiel	(Idem.)
Velasquez	Les fils de Jacob	(Capital.)
Velasquez	Chasse au Prado	(Charmant.)
Martinez del Maso	Vue de Saragosse	(Vérité admirable.)
Carrenez del Maso	Vue de Saragosse	(Vérité admirable.)
Sébast. de Herrera	S. Barnabé	(Aussi beau que le Guerchin.)
Claude Coëllo	Adorations des Rois	(Très beau.)
Claude Coëllo	Ste. Catherine	
Cabazalero (sic)	Calvaire	(Couleur.)
Cabazalero (sic)	La voie des douleurs	(Idem.)
Mateo Cerezo	S. Jérôme.	(Excellente manière.)

École de Séville

Antoine del Rincon	Isabelle	(Magnifique.)
Morales	Ecce homo	(Grand essor.)
Zurbarán	Un moine	(Vérité admirable.)
Zurbarán	Jésus monte au Calvaire	(Vérité admirable.)

Alonzo Cano	La vierge de Monserrate	(La douceur de l'Albane.)
Alonzo Cano	Christ à l'ange	
Murillo	S. Ildefonse	(Belle simplicité.)
Murillo	S. Bernard	(Couleur brillante.)
Nunez Villavicencio	Jeux d'enfants	(Très bon.)

École de Valence

Gelarte (sic)	Naissance de la Vierge	(Très curieux.)
Gelarte	Adorations des Rois	
Joannès	La Cène	(Très beau ; capital.)
Orrente	Jacob	(Curieux.)
Ribalta	La Cène	(Magnifique.)
Ribera	Sainte Famille	(Le plus grand du maître.)[36]

Louis-Philippe, duc d'Orléans (1773-1850) et héritier du trône de France par la branche des Bourbons, épouse Marie-Amélie de Bourbon-Sicile (1782-1866), nièce de Charles IV d'Espagne et cousine de Ferdinand VII.
Parution de *Recueil de gravures… d'après un choix de tableaux… recueillis en Espagne,* de Jean-Baptiste-Pierre Lebrun (Paris, 1809, 2 vol.) [voir 1807].
Parmi les révélations du catalogue figure ce qui est peut-être la première mention des gravures de Goya d'après les tableaux de Velázquez que renferme la collection royale[37].

1810

janvier – Lebrun expose plus de 200 tableaux dans sa galerie – une partie des 600 œuvres qu'il a achetées lors de son voyage commercial en Europe, en 1806-1808. Comme le Louvre est fermé pour les préparatifs du mariage de Napoléon et de Marie-Louise d'Autriche (1791-1847), l'exposition attire une grande attention. Lebrun y présente aussi, en plus des tableaux, toutes les gravures commandées pour son *Recueil* (dont plusieurs ne sont pas publiées dans l'ouvrage)[38].
janvier-février – Les forces françaises conquièrent l'Andalousie.
fin de janvier – Après s'être battu tout le mois de novembre aux côtés de Napoléon, le maréchal Soult, commandant en chef du 2e corps d'armée, est placé devant le choix de prendre Cadix ou Séville. Il opte pour Séville et, dès mars, occupe la ville avec ses troupes. Soult commence alors à acquérir une impressionnante collection de peintures espagnoles, arrachées pour la plupart à des églises, des monastères et des couvents de la région. Il les rassemblera à l'Alcázar [voir le 11 février]. Avec ses tableaux personnels, dont le nombre se monte à plus de 100, il possédera la plus grande collection particulière de tableaux espagnols réunie jusqu'alors[39].
Pour se guider dans ses acquisitions, Soult utilise le *Diccionario…* de Bermúdez (Madrid, 1800). Comme l'écrit Richard Ford dans *Handbook for Travellers in Spain* (Londres, 1855), l'ouvrage de Bermúdez « est un dictionnaire complet de tous les principaux artistes d'Espagne, avec leurs biographies, la liste de leurs œuvres majeures et des endroits où elles se trouvent (ou plutôt, *se trouvaient*) ; entre les mains des Soult & cie., ce livre est devenu un simple catalogue qui signalait les œuvres d'art les plus précieuses et indiquait où les piller[40] ».
La collection de Soult sera transportée à Paris pendant la retraite française et installée dans son hôtel particulier, rue de l'Université. Il conservera la plupart des tableaux jusqu'à sa mort, en 1851 (mais vendra, toutefois, quelques œuvres en privé [voir 1823, 1830, 1835]). Après sa disparition, des ventes de ses biens auront lieu, à Paris, les 19, 21-22, 24-26 mai 1852 et le 17 avril 1867.
3 février – Dans une lettre à Quilliet, Denon s'irrite du manque de coopération auquel il s'est heurté en 1808 et en 1809 à Séville, quand il a cherché à recueillir des œuvres pour le musée Napoléon. Il cite des exemples du mal que s'est donné le clergé espagnol pour cacher certaines œuvres : « La cathédrale a retiré ses quatre Murillos […] et les a mis avec tous ses bijoux dans une barque qui, à cinq lieues d'ici, avait l'ordre de lever l'ancre à l'entrée des troupes. / Les Capucins ont roulé leurs dix-sept Murillo et les ont ou enterrés (les barbares) ou mis dans des maisons particulières. / St. Albert a retiré ces jours-ci des Cano et des Zurbaran. / St. François, fermé en principe, a refusé il y a quinze jours 60 000 piastres fortes pour les sept Murillos, qui ornent encore son Église. / La Merced a tout vendu moins trois Murillo qui sont deux dans l'Église et un dans la Chapelle de l'Expiation. / Les Carmes chaussés ont vendu leur Vierge du Rosaire de Murillo (les ignorants) 250 piastres[41]… »
11 février – Un décret royal publié à Séville fait de l'Alcázar l'emplacement choisi « pour réunir en un même lieu tous les monuments des beaux-arts existant dans cette ville » *(« Queriendo reunir en un mismo sitio todos los monumentos de las bellas artes existentes en esta Ciudad »).* Un

second décret, promulgué à cette date, nomme le maréchal de Herrera gouverneur de l'Alcázar. Une commission de l'Académie de San Fernando est chargée de rassembler les œuvres. Elle compte parmi ses membres don Antonio Aboza et don Miguel Alea, archiviste général de la Couronne. Quilliet supervise le projet.
20-24 mars – Vente de la collection Lebrun, à Paris [Lugt 7787] ; les lots correspondent à une partie des 600 œuvres qu'il a acquises durant son voyage commercial en Europe, en 1806-1808. Sur les 261 lots, 151 sont des tableaux (dont 13 œuvres espagnoles). Parmi les acquéreurs figure l'ex-impératrice Joséphine, qui achète le tableau d'Alonso Cano *Saint Antoine recevant la Vierge et l'Enfant* (*Vision de saint Antoine de Padoue*, Munich, Alte Pinakothek)[42].
2 avril – Napoléon épouse Marie-Louise d'Autriche. La cérémonie a lieu dans le salon Carré et la Grande Galerie du musée Napoléon[43].
30 avril – Joseph regagne Madrid.
2 juin – Un inventaire daté – signé par Aboza et Alea – des œuvres déposées à l'Alcázar de Séville comprend 999 toiles. Elles sont dispersées dans 39 galeries numérotées. Les 8 Murillo pris à la Charité, tous exposés dans la première galerie, occupent la place d'honneur ; le premier tableau de l'inventaire est le *Sainte Élisabeth de Hongrie soignant les teigneux* de Murillo [A 86]. Parmi les œuvres réunies figurent 82 Zurbarán, 74 Valdés Leal, 43 Murillo et 40 Alonso Cano[44].
début de juillet – Soupçonné de participer à un trafic illégal d'œuvres confisquées, Quilliet fait l'objet d'une enquête. Il est accusé, ainsi que les peintres Manuel Nápoli et Jean Maignan (Juan Miñán, en espagnol) de vendre des œuvres aux Anglais. Le 21 juillet, Quilliet est relevé de ses fonctions et Nápoli prend sa place en tant que conservateur[45].
14 juillet – Un décret impérial investit le maréchal Soult du commandement de la province d'Andalousie[46].
1er ou 3 août – Joseph publie un décret « reconduisant l'interdiction [d'octobre 1799] d'exporter des tableaux [d'Espagne], sous peine de confiscation et d'une amende égale à la valeur des objets ».
mi-août – Le maréchal Soult, malgré le décret du 3 août, demande et reçoit la permission d'exporter 6 tableaux, dont un Navarrete et un Ribera. Le général Sebastiani obtient des autorisations du même ordre. Soult exportera aussi 15 tableaux achetés par lui, minorant leur valeur en les faisant passer pour des copies[47].
18 août – Soult reçoit une lettre de Juan de Pradas, président du chapitre de la cathédrale de Séville, en réponse à son courrier du 2 juillet, dans lequel il demandait au chapitre de lui donner 2 Murillo : la *Naissance de la Vierge* (Paris, musée du Louvre, MI 202 [A 130]) et la *Mort d'Abel* (attribué aujourd'hui à Cano, localisation inconnue). Pradas lui répond favorablement et lui fait don de 3 œuvres supplémentaires, *« en señal de gratitud y reconocimiento a los favores y a la proteccion que merece a V.E.*[48] ».
22 août – Joseph promulgue un décret qui fait du palais de Buenavista, à Madrid, l'emplacement du futur Museo de Pinturas « qui réunira tous les tableaux des couvents supprimés qui sont dignes d'être offerts à l'étude ou d'être exposés à la vue du public ». La création de ce musée avait été ordonnée le 20 décembre 1809[49].
septembre – 50 tableaux espagnols sont choisis – probablement sur les conseils de Quilliet – pour être envoyés au musée Napoléon à Paris. Les tableaux sont conservés à Madrid dans l'église de San Francisco el Grande[50] ; prêts à être expédiés, ils ne quitteront cependant pas Madrid avant 1813.
6 septembre – La Forest, dans une lettre adressée à Paris [à Denon ?], écrit « qu'il a espéré pouvoir annoncer le départ des tableaux, mais que l'emballage n'est pas encore terminé[51] ».
26 septembre – La Forest adresse un autre courrier à Paris pour annoncer un nouveau retard dans le départ des toiles. Joseph Bonaparte est peut-être à l'origine de ce contretemps, car la plupart des œuvres ornent son appartement et il ne veut pas s'en séparer. Pour éviter un incident, il charge trois experts de l'Académie de San Fernando d'établir une nouvelle liste d'œuvres qui exclut les tableaux qu'il possède [voir le 25 octobre].
octobre – Le trésorier de l'armée française, Crochart, obtient la permission d'exporter en France 111 tableaux espagnols et flamands[52].
25 octobre – Après avoir examiné plus de 600 tableaux, trois professeurs de l'Académie de San Fernando – Manuel Nápoli, Mariano Salvador de Maella et Goya – dressent une nouvelle liste de 50 toiles. Passant outre leur expertise, Joseph et La Forest révisent cette liste, excluant toutes les œuvres que Joseph juge trop importantes pour quitter l'Espagne ou qu'il souhaite garder pour lui. Une autre liste sera établie[53].
24 novembre – La Forest rapporte que sur les 50 œuvres choisies pour le musée Napoléon, seules 27 sont dignes de représenter l'école espagnole à Paris. Par ailleurs, il

observe : « Joseph avait permis que l'on puise dans les collections des palais royaux de Séville et de Cordoue, mais son palais et l'Académie de Madrid ne devaient pas être touchés, sauf en cas d'absolue nécessité. » La cargaison n'arrivera pas à Paris avant le mois de juillet 1813[54].

8 œuvres espagnoles, toutes classées avec l'école italienne, figurent dans la *Notice des tableaux exposés dans la galerie Napoléon* (Paris, L.-P. Dubray, 1810) :

– 930. Ribera, *l'Adoration des bergers* (Paris, musée du Louvre, Inv. 939) ;

– 931. Ribera, *la Mère de douleur* (Kassel, Gemaldegalerie) ;

– 1055. Murillo, *Sainte Famille* (Paris, musée du Louvre, Inv. 930) ;

– 1056. Murillo, *Vierge au chapelet* (Castres, musée Goya) ;

– 1057. Murillo, *le Christ au jardin des Oliviers* (Paris, musée du Louvre, Inv. 931) ;

– 1058. Murillo, *Saint Pierre devant le Christ à la colonne* (Paris, musée du Louvre, Inv. 932) ;

– 1059. Murillo, le *Jeune Mendiant* (Paris, musée du Louvre, Inv. 933) ;

– 1213. Velázquez, *la Famille de Velázquez* (*Famille de l'artiste*, par Mazo, Vienne, Kunsthistorisches Museum, Nr. 320).

Le Ribera (n° 931) et le Velázquez (n° 1213) avaient été apportés au Louvre respectivement en 1806 et 1809. Ils seront tous deux rendus en 1815.

1811

11 mars – Joseph confère à Goya le Real Orden de España (« ordre royal d'Espagne »).

19 mars – L'inventaire daté, commandé par Joseph Bonaparte, des œuvres de « l'étage noble » du palais royal de Madrid, recense plus de 1 000 tableaux et de 200 sculptures. Parmi ces œuvres figurent des toiles que Joseph prendra, en 1813, quand il fuira l'Espagne, mais qui seront saisies par Arthur Wellesley, futur duc de Wellington à Vitoria [voir 1813][55].

11 novembre – Remarquant qu'il y avait très peu de toiles exécutées par les peintres de Séville (surtout Murillo) à Madrid, le comte de Mélito, surintendant de la Maison du Roi demande au surintendant des Alcázars de Séville d'envoyer à Madrid la liste des œuvres destinées au musée national. Les toiles elles-mêmes rejoignant plus tard celles qui furent réunies à El Rosario. On trouve parmi elles 8 toiles de Murillo provenant de l'hôpital de la Charité et autres institutions religieuses, y compris *l'Enfant Jésus offrant du pain aux pèlerins* (Budapest, Szépmüvésti Múzeum [A 145])[56].

7 tableaux espagnols, classés avec l'école italienne, figurent dans la *Notice des tableaux exposés dans la galerie Napoléon*. Les œuvres sont les mêmes que celles du catalogue de 1810, moins le *Jeune Mendiant* de Murillo.

Deuxième grande vente aux enchères d'œuvres d'art, à Paris, destinée à « monnayer des objets superflus pour des besoins militaires » (la première s'était tenue en 1804)[57].

Parution du deuxième volume du *Voyage pittoresque et historique de l'Espagne* de Laborde.

Parution de *l'Espagne en mil huit cent huit*. L'auteur, Philipp Joseph Rehfues, est l'un des premiers à considérer la peinture espagnole comme une école différente de l'école italienne. Il observe que « plusieurs madones de Murillo et Velázquez ont un caractère particulier, et ne paraissent pas être le fruit d'une sensibilité douce et profonde, comme celles des écoles italiennes ». Ils « appartiennent à une grande école nationale distincte de toutes les autres, et qui se subdivise à son tour. Cette école est trop peu appréciée et trop peu connue »[58].

François René de Chateaubriand (1768-1848) publie son journal de voyage en trois volumes, *Itinéraire de Paris à Jérusalem en revenant par l'Égypte, la Barbarie et l'Espagne* (Paris, 1811), qui fait le récit de ses voyages de 1806-1807. Bien que le mot Espagne soit présent dans le titre, le livre parle très peu de ce pays. Il est traduit en anglais (en 1811, 1812 et 1835) et en espagnol (en 1827, 1843, 1850, 1853 et 1859).

1812

22 juillet – Joseph abandonne Madrid devant l'avancée des troupes anglaises. Sa cour le suit le 25 août.

12 août – Après ses victoires sur les forces de Napoléon à Fuentes de Oñoro et Albuera en 1811, Arthur Wellesley, futur duc de Wellington (1769-1852), entre à Madrid. Joseph s'enfuit à Valence. Wellesley quitte la ville le 1er septembre.

29 septembre – Le convoi de tableaux espagnols destinés au musée Napoléon est à Bayonne à cette date. Denon écrit au ministre de l'Intérieur : « Monseigneur, il a été longtemps question d'un choix de tableaux des peintres de l'école espagnole que Sa Majesté le roi d'Espagne devait envoyer à Sa Majesté l'Empereur. J'ignore si cette intention du roi d'Espagne a reçu son exécution, mais je suis informé qu'il y a dans les magasins de l'armée ou des douanes à Bayonne plusieurs caisses de tableaux qui y sont restées déposées sans direction ultérieure. Oserai-je prier Votre Excellence d'écrire pour avoir des renseignements sur ces tableaux, et, s'ils sont propriété de l'État,

d'ordonner qu'ils soient dirigés vers Paris, afin d'éviter que l'humidité qu'ils pourraient contracter dans les magasins où ils se trouvent ne les détériore[59]. »
3 décembre – Joseph retourne à Madrid, suivi, à la fin de l'année, par les troupes impériales.
Parution de *Choix de gravures à l'eau-forte, d'après les peintures originales et les marbres de la galerie de Lucien Bonaparte – cent quarante-deux gravures* (Londres, William Bulmer, 1812). 6 des 142 gravures ont été réalisées d'après les tableaux espagnols de Lucien :
– Murillo, *Saint Augustin,* n° 35 (désattribué, Montauban, musée Ingres, Inv. 885-10 [A 1720]) ;
– Murillo, *Repos pendant la fuite en Égypte,* n° 109 (atelier de, Glasgow, City Art Gallery [voir A 232]) ;
– Murillo, *Portrait de femme,* n° 73 (désattribué, New York, Wildenstein [A 2943]) ;
– Ribera, *Archimède,* n° 119 (Worcester, Art Museum [PS-S 125]) ;
– Ribera, *Saint Jérôme,* n° 51 (localisation inconnue) ;
– Velázquez, *Portrait de femme,* n° 36 (*la Dame à l'éventail*, Londres, Wallace Collection, Inv. P88 [LR 79]).
Parution du troisième volume du *Voyage pittoresque et historique de l'Espagne* de Laborde.

1813

janvier – À la suite du désastre de Russie, Napoléon rappelle une partie de ses troupes cantonnées en Espagne.
2-4, 9-11 février – Vente de la collection Jean-Baptiste-Pierre Lebrun à Paris [Lugt 8291]. Parmi les 357 lots se trouvent 13 tableaux espagnols, dont *le Christ portant sa Croix* de Zurbarán [G-G 297]. La toile est exposée et finalement offerte à l'église Saint-Pierre-du-Martroi d'Orléans, avant d'être transférée à la cathédrale d'Orléans.
17 mars – Joseph quitte définitivement l'Espagne.
20 avril – 19 mai – Soult, qui a projeté de donner des œuvres au musée Napoléon, échange à ce sujet des lettres avec Denon. Les toiles proposées sont le *Saint Thomas avec les docteurs de l'Église* de Zurbarán (Séville, Museo de Bellas Artes [G-G 78]) ; la *Mort d'Abel* de Cano (appartenant précédemment à la collection Carvalho Villandry [W p. 187, école de Valdés Leal]) ; le *Saint Antoine donnant la communion* de Herrera le Vieux (perdu ?) ; *l'Âme de saint Philippe au ciel* [A 8] et le *San Diego à genoux devant un magistrat* [A 7] de Murillo. Mais Denon refuse tous les tableaux, sauf le Zurbarán, et demande à la place 3 autres Murillo, *le Songe du patricien* [A 39], *la Fondation de Sainte-Marie-Majeure* [A 40] et le très convoité *Sainte Élisabeth de Hongrie soignant les teigneux* [A 86]. Ces 4 œuvres seront exposées au Louvre en septembre.
20 avril – « Votre excellence me mande que ces tableaux encore recouverts de papiers, lorsqu'ils seront restaurés, seront dignes de la collection impériale, mais que s'il en était autrement, comme son intention est de n'offrir au Musée que des morceaux de premier mérite, elle m'engagerait à laisser ceux qui ne seraient pas dans ce cas et à prendre à la place les deux tableaux représentant *le Songe de saint Patrice* et *la Fondation de Sainte-Marie-Majeure* de Murillo qui se trouvent à son hôtel. »
1er mai – Le maréchal étant parti en campagne, Denon écrit à Mme Soult : « Je m'empresse, Madame la Duchesse, de vous prévenir que dans les tableaux actuellement chez le sieur Hacquin j'en ai marqué deux, savoir : *Saint Thomas avec les docteurs de l'Église,* par Zurbarán. *Une reine pieusement occupée à laver les ulcères des malheureux,* par Murillo ; en y joignant *le Songe de saint Patrice* et *la Fondation de Sainte-Marie-Majeure,* le nombre des tableaux offerts par M. le duc se réduira à quatre. »
19 mai – Denon annonce à Mme Soult qu'il viendra prendre les œuvres la semaine suivante ; il lui demande : « S'il vous était possible, Madame, de me donner quelques renseignements sur les monastères ou églises d'où ces 4 tableaux ont été extraits afin d'en faire mention dans le catalogue, je vous en aurais une bien grande obligation[60]. »
21 mai – 50 tableaux espagnols destinés au musée Napoléon quittent l'Espagne dans un petit convoi dirigé par le général Mancune[61].
26 ou 27 mai – L'armée française quitte définitivement Madrid, suivie par une immense caravane de biens pillés, dont des œuvres destinées au musée Napoléon. La caravane, conduite par le général Hugo, passe par Valladolid[62].
21 juin – Arthur Wellesley, futur duc de Wellington défait les Français à la bataille de Vitoria, en Espagne. Il confisque la plupart des œuvres pillées convoyées par Hugo. Après la défaite, 12 000 familles espagnoles, des *afrancesados* qui avaient témoigné leur loyauté à Joseph Bonaparte, s'enfuient en France[63]. Quilliet fait partie de ces émigrants ; il s'installera à Paris[64].
27 juillet – Dans une lettre au comte de Fermont, ministre d'État, Denon accuse réception de 23 caisses de tableaux espagnols : « Monsieur le Comte / J'ai reçu la lettre que vous m'avez fait l'honneur de m'adresser pour m'annoncer l'arrivée à Paris de 23 caisses contenant des tableaux et estampes provenant des galeries des hôtels appartenant au domaine extraordinaire de la Couronne à Madrid et par

laquelle vous m'informez que l'intention de Sa Majesté est que ces tableaux soient déposés au musée Napoléon[65]. »
13 août – Dans une autre lettre à Fermont, Denon se montre déçu par les œuvres arrivées d'Espagne : « Cette collection, Monsieur le Comte, renferme peu de tableaux de premier ordre. » La lettre révèle que ces tableaux n'étaient pas tous de l'école espagnole, car il cite *le Jardin d'amour* de Rubens, seul chef-d'œuvre, à ses yeux, sur l'ensemble de ces toiles[66].
16 août – L'inventaire daté de la collection de Manuel Godoy compte 381 œuvres, ce qui est peu en regard des 1 100 œuvres inventoriées par Quilliet en 1808 (voir le 1er janvier 1808). La pauvreté de la collection est principalement due au saccage et au pillage. Quilliet, soucieux des pertes, a tenté de sauvegarder ce qu'il en restait en demandant au roi de décider d'un endroit où conserver la collection[67].
3 septembre – Dans une lettre au ministre des Affaires étrangères Champagny, Denon s'exprime sur la qualité générale des 300 tableaux d'Espagne (50 sont des tableaux de l'école espagnole issus de la collection royale ; 250 ont été saisis dans les collections privées des nobles familles d'Espagne par la Commission impériale des séquestres et indemnités). Pour Denon, seuls 6 tableaux du groupe des 50 sont dignes d'entrer au musée Napoléon et 2 seulement sur les 250 sont des toiles « de premier ordre » qui, avec « 150 autres [...] pourraient être avantageusement placées dans le palais de Sa Majesté ». Il termine sa lettre en affirmant que sur les 300 œuvres, il en inscrira 280 dans l'inventaire du musée.
Une sélection des toiles sera présentée dans l'exposition des « écoles primitives » organisée en 1814 par Denon, où elles seront louées pour leur composition exceptionnelle et leur qualité [voir le 25 juillet 1814][68].
L'inventaire des tableaux du Louvre (après 1810) recense 72 œuvres espagnoles, en précisant que toutes, sauf 2, sont destinées au musée Napoléon[69].

1814

1er mars – Joseph Bonaparte abdique, Ferdinand VII reprend la couronne d'Espagne. En mai, il abolit la Constitution espagnole et rétablit l'Inquisition ; il entrera à Madrid le 7 mai.
6 avril – Napoléon abdique à Fontainebleau. Il est banni de France et part pour l'île d'Elbe le 11 avril.
14 avril – 2 mai – Le comte d'Artois dirige un gouvernement provisoire jusqu'au retour de son frère, Louis XVIII, qui s'était réfugié en Angleterre[70].
3 mai – Louis XVIII (1755-1824) rentre à Paris et monte sur le trône de France (1814-1824).
8 mai – À la restauration, Louis XVIII signe un décret ordonnant la restitution des objets d'art pris aux États allemands et aux nobles.
15 mai – Restitution aux commissaires espagnols de 223 des 230 peintures (toutes écoles confondues) appartenant aux grands d'Espagne. Elles seront expédiées en septembre. Les 7 restantes seront renvoyées entre 1815 et 1825[71].
30 mai – L'Autriche, la Russie, le Portugal, la Suisse et l'Angleterre signent un traité de paix avec la France.
4 juin – Louis XVIII promulgue la Charte constitutionnelle.
2 juillet – L'empereur Alexandre Ier de Russie visite à Amsterdam la galerie des œuvres espagnoles et italiennes appartenant à William Coesvelt (voir septembre 1808). Séduit par la collection espagnole, celui-ci l'achète à Coesvelt. En tout, 81 œuvres seront envoyées par bateau à Saint-Pétersbourg et ajoutées à l'Ermitage en 1814-1815[72].
20 juillet – L'Espagne signe un traité de paix avec la France.
21 juillet – L'Inquisition espagnole est rétablie.
25 juillet – Ouverture, sous la direction de Vivant Denon, de la première grande exposition du musée royal de Paris, *L'exposition des « écoles primitives »* ; 123 œuvres sont présentées.
La *Notice des tableaux des écoles primitives de l'Italie, de l'Allemagne et de plusieurs autres tableaux de différentes écoles, exposés dans le Grand Salon du musée royal, ouvert le 25 juillet, 1814* (Paris, L.-P. Dubray, 1814) contient 17 œuvres espagnoles :
– 30. Carreño de Miranda, *la Madeleine pénitente*, 1654 (Madrid, Académie de San Fernando, Inv. 638) ;
– 34. Eugenio Caxes, *l'Étreinte à la porte Dorée* (Madrid, Académie de San Fernando, Inv. 6) ;
– 36. Francisco Collantes, *la Vision d'Ézéchiel*, 1630 (Madrid, musée du Prado, Inv. 108) ;
– 37. Francisco Collantes, *Paysage*, 1634 (Madrid, Académie de San Fernando, Inv. 619) ;
– 38. Francisco Collantes, *le Buisson ardent* (Paris, musée du Louvre, Inv. 924) ;
– 49. Ribera, *Magdalena Ventura avec son époux* dite *la Femme à barbe* (Tolède, palais Lerma, [PS-S 49]) ;
– 78. Luis de Morales, *le Christ devant Pilate* (Madrid, Académie de San Fernando) ;

– 80. Sebastian Muños, *le Martyre de saint Sébastien* (disparu) ;
– 81. Navarrete, el Mudo, *le Martyre de saint Jacques,* 1571 (Escorial) ;
– 82. Murillo, *l'Adoration des bergers* (Madrid, musée du Prado, Inv. 961) ;
– 83. Murillo, *la Fondation de Sainte-Marie-Majeure à Rome : le songe du patricien* (Madrid, musée du Prado, Inv. 103 [A 39]) ;
– 84. Murillo, *la Fondation de Sainte-Marie-Majeure à Rome : l'explication du songe au pape Libère* (Madrid, musée du Prado, Inv. 104 [A 40]) ;
– 85. Murillo, *Sainte Élisabeth soignant les teigneux* (Séville, hôpital de la Charité [A 86]) ;
– 90. Antonio de Pereda, *le Songe du gentilhomme* (Madrid, Académie de San Fernando, Inv. 639) ;
– 114. Zurbarán, *Apothéose de saint Thomas d'Aquin* (Séville, Museo de Bellas Artes [G-G 78]) ;
– 115. Zurbarán, *l'Adoration des Mages* (Grenoble, musée des Beaux-Arts [G-G 125]) ;
– 116. Zurbarán, *la Circoncision* (Grenoble, musée des Beaux-Arts [G-G 124])[73].

1er août – Dans une lettre au prince de Bavière, Denon commente la vente privée, à la Malmaison, de la collection de Joséphine, première épouse de Napoléon. Parmi les chefs-d'œuvre italiens et flamands se trouvent « quelques autres primitifs dans l'école espagnole, un Coello, le plus beau que j'aie vu de ce maître [en fait, le *Saint Antoine recevant la Vierge et l'Enfant* de Cano [W p. 165], acheté en 1810 par Joséphine (voir 1810)][74] ».

Le catalogue du musée Napoléon, *Notice des tableaux exposés dans la galerie Napoléon* (Paris, L.-P. Dubray, 1814), comprend les mêmes 8 tableaux espagnols que le catalogue de 1810.

1815

6 février – Vente de la collection de Lucien Bonaparte à la New Gallery à Londres [pas dans Lugt]. C'est la première des quatre ventes où figurent des tableaux espagnols (les autres se tiendront du 14 au 16 mai 1816, à Londres [Lugt 8892] ; du 25 décembre 1823 au 10 janvier 1824, à Paris [pas dans Lugt] ; et du 13 au 16 janvier 1840, à Paris [Lugt 15622]). Aucun des tableaux espagnols n'est vendu en 1815 et ils seront remis en vente l'année suivante [voir 1816].

16 mars – Goya comparaît devant l'Inquisition – rétablie le 21 juillet 1814 – sur des accusations d'obscénité portées contre sa *Maja nue* (Madrid, musée du Prado, Inv. 742 [G-W 743]) et sa *Maja vêtue* (Madrid, musée du Prado, Inv. 741 [G-W 744]). L'Inquisition avait confisqué ces tableaux en 1813.

mars-juin – Les Cent-Jours : Napoléon s'évade de l'île d'Elbe et tente de rétablir l'Empire. Louis XVIII s'enfuit à Londres. Napoléon est vaincu, le 18 juin, à la bataille de Waterloo, puis il est exilé à Sainte-Hélène.

juillet – Les jésuites rentrent en Espagne. Leur ordre avait été rétabli en 1814 par le pape Pie VII.

août – Dans un volume relié, formé de trois catalogues résumés parus en 1815 en France, une inscription, datée par John Graham d'Angleterre, dit : « Ce livre contient les catalogues des tableaux et statues amassés dans les galeries du Louvre pendant le règne de Napoléon et vus par moi [...] avant qu'ils soient à nouveau dispersés et renvoyés dans les diverses parties d'Europe où ils avaient été saisis – ce qui arriva peu après[75]. »

La *Notice des tableaux exposés dans la galerie du Musée* (Paris, L.-P. Dubray, 1815) comprend 8 tableaux espagnols (ceux qui furent déjà mentionnés en 1810).

22 septembre – 5 octobre – Restitution aux commissaires espagnols de 50 tableaux espagnols envoyés par Joseph, roi d'Espagne, des 4 tableaux donnés par Soult, de 3 des 7 non rendus en 1814 (dont *la Femme à barbe* de Ribera ; voir 15 mai 1814)[76]. Denon et le comte d'Alava, ministre du roi d'Espagne, échangent une correspondance quant à la restitution des œuvres espagnoles du musée Napoléon. Denon refuse de rendre les œuvres données au musée par le maréchal Soult [voir avril-mai 1813], notamment le chef-d'œuvre de Murillo, *Sainte Élisabeth de Hongrie soignant les teigneux* [A 86], qui, déclare-t-il, avait été donné à Soult par la ville de Séville. Alava lui assène le 24 septembre une réplique célèbre : « La ville de Séville ne pouvait pas donner à M. le maréchal Soult ce qui ne lui appartenait pas, ce qui ne lui a jamais appartenu[77]... »

Les 4 tableaux sont rendus à l'Espagne, et Soult écrit : « Malheureusement, ces quatre superbes tableaux furent saisis et emportés par les armées alliées, avec tant d'autres chefs-d'œuvre, lors de l'occupation de Paris en 1814[78]. »

3 octobre – Denon présente sa démission à Louis XVIII. Le comte de Forbin est nommé directeur des musées royaux[79].

décembre – Soult est exilé de France en raison de sa loyauté envers Napoléon pendant les Cent-Jours. Il le restera jusqu'en 1819[80].

Après la chute de l'Empire, Joseph Bonaparte quitte la France pour les États-Unis. Il emporte les tableaux amassés au cours de son règne en Espagne, notamment des œuvres de Velázquez et de Murillo. Il s'installe à Bordentown, dans le New Jersey, où il vit sous le nom de comte de Survilliers. Dix ans plus tard (entre 1825 et 1828), il prêtera quelques toiles, dont un Ribera, à une exposition de l'American Academy of Fine Arts de New York. Une partie de sa collection sera détruite en janvier 1830 et il vendra plusieurs tableaux à Londres en 1833. Après sa mort, en 1844, des ventes de sa collection se tiendront dans sa résidence de Bordentown les 17 et 18 septembre 1845, et le 25 juin 1847[81].

L'Académie des Beaux-Arts de Pennsylvanie expose, comme chaque année, le *Caritas Romana* de Murillo [A 425]. Ce tableau avait été acheté à Richard Worsam Meade, un marchand de Philadelphie qui avait résidé en Espagne au cours de l'occupation napoléonienne. L'œuvre est finalement détruite, en 1845, dans un incendie. Meade possédait aussi des peintures de Sánchez Cotán, Ribera, Velázquez et Murillo, qui ont été exposées de temps en temps à l'Académie jusqu'en 1860[82].

1816

14-16 mai – Vente de la collection Lucien Bonaparte, chez Stanley, à Londres [Lugt 8892]. Elle comprend les 6 tableaux espagnols invendus en 1815, dont la moitié trouve acquéreur [voir 1823] :

27. Spagnoletto, *Archimède* (Worcester, Art Museum [PS-S 125]) ;

87. Murillo, *Portrait de jeune femme* (New York, Wildenstein [A 2943]) ;

141. Velázquez, *Portrait de dame* (Londres, Wallace Collection, Inv. P88 [LR 79]).

28 octobre – La première annonce de la publication de *la Tauromachie,* une série de 33 gravures de Goya sur la corrida [G-W 1149-1243], paraît dans la *Gaceta de Madrid.*

octobre – Frédéric Quilliet publie son *Dictionnaire des peintres espagnols* (Paris, 1816), le premier texte français consacré à l'école espagnole. Le livre, qui ne mentionne pas d'artistes vivants, est une compilation d'articles sur « Les beaux-arts en Espagne », écrits pour le *Mercure de France* entre décembre 1815 et juillet 1816. Parmi les entrées, pour beaucoup empruntées au *Diccionario* de Bermúdez (1800), Quilliet insère çà et là des commentaires sur ses diverses activités en Espagne.

Wellington offre de rendre à l'Espagne les 165 tableaux qu'il a confisqués au convoi du général Hugo à la bataille de Vitoria [voir 1813]. Mais Ferdinand VII lui en accorde la propriété pour l'avoir rétabli sur son trône.

La *Notice des tableaux exposés dans la galerie du musée royal* de Paris comporte 8 œuvres espagnoles. *Le Buisson ardent* de Collantes et *l'Infante Marguerite* de Velázquez remplacent la *Mère de douleur* de Ribera et *la Famille de Velázquez,* de Velázquez.

Venu, avant septembre 1815, au musée royal, Henry Milton écrit qu'il y a trouvé « très peu de tableaux de maîtres espagnols, qui étaient classés avec [les Italiens] ». Il voit seulement un Velázquez, mais décrit avec enthousiasme le *Songe du patricien* [A 39] et *l'Explication du songe au pape Libère (la Fondation de Sainte-Marie-Majeure à Rome)* [A 40] de Murillo, deux toiles qui « éclipsent tout le reste et ne le cèdent en puissance qu'à très peu d'autres œuvres de la collection. [...] Ce tableau et son pendant sont placés de chaque côté de la *Chasse au loup* [de Rubens ; maintenant Rubens et atelier, *Chasse au loup et au renard,* New York, Metropolitan Museum, John Stewart Kennedy Fund, 1910 (10.73), provenant de la collection du comte d'Altamira à Madrid, puis emmené à Paris ; la toile fut rendue plus tard à Altamira, qui la vendra en 1824]. Tous trois sont de grandes dimensions, et occupent presque toute la longueur de la pièce [le salon Carré]. L'animation, l'éclat et la lumière ardente de Rubens forment un contraste admirable avec le calme et les tonalités graves de Murillo[83] ».

1817

14 avril – Première des quatre ventes de la collection Lapeyrière, à Paris [Lugt 9098]. Lapeyrière, receveur général des Contributions de l'armée de Napoléon, avait vendu un grand nombre de ses tableaux hollandais et flamands pour acheter des toiles espagnoles. Cette vente comprend le *Philippe IV en costume de chasse* de Velázquez, que le Louvre achètera en 1862 (aujourd'hui, atelier de Velázquez, en dépôt au musée Goya de Castres [LR-1963 251]).

L'*Immaculée Conception* de Murillo (*l'Apparition de l'Immaculée Conception à six personnages,* Paris, musée du Louvre, Inv. 927 [A 41]) de la collection Soult, est acheté 6 000 francs à un M. Lom pour la collection de Louis XVIII.

Le *Mercure de France* publie un article sur Goya par le « Bachelier de Salamanque » [pseudonyme de José Gallardo Blanco].

1818

mars – Le palais construit par Villanueva sur le Paseo del Prado est choisi pour abriter le nouveau musée royal de Madrid. Le gouvernement espagnol fait procéder à des inventaires des maisons et des palais royaux.
4 mai – La vente de la collection du maréchal Junot, duc d'Abrantes, à Londres chez Christie's, comprend un Ribera, le *Saint Jérôme assis* (« provenant d'un couvent de Saragosse »), et un Murillo, *le Miracle de saint François Xavier* (« rapporté d'Espagne en France en tant que Guercino »).
La Calcografía Nacional de Madrid acquiert les 50 gravures réalisées par la *Compañía del grabado* [voir 1789].
Delacroix voit pour la première fois des œuvres de Goya chez ses amis Louis et Félix Guillemardet. Leur père, Ferdinand Guillemardet, avait rapporté ces œuvres de Madrid au terme de son mandat d'ambassadeur de France en Espagne [voir 1800].

1819

2 et 19 janvier – Mort de Maria Luisa et de Charles IV à Rome.
10 novembre – Le musée royal du Prado, situé dans le palais de Buenavista, ouvre ses portes au public sous la direction du marquis de Santa Cruz. Le catalogue, publié le 12 novembre, comprend 311 toiles, dont les portraits équestres de Charles IV et de Maria Luisa peints par Goya (Madrid, musée du Prado, Inv. 719, 720 [G-W 776, 777]). L'édition du catalogue est réalisée par Luis Eusebi, nommé conservateur le 21 avril[84].
The life of Bartolomé E. Murillo, compiled from the writings of various authors d'Edward Davies est composé de traductions de passages de nombreux ouvrages : entre autres, le *Nouveau Voyage en Espagne* de Bourgoing (1788), l'*Abrégé de la vie des peintres* de Dezallier d'Argenville (1745), le *Museo Pictórico* de Palomino (1724), le *Viaje de España* (1772-1794) de Ponz et le *Diccionario* de Bermúdez (1800)[85].

1820

1er janvier – La révolution de Cadix renverse le gouvernement de Ferdinand VII.
9 mars – Ferdinand VII est contraint d'accepter la Constitution de 1812, qui réduit beaucoup ses pouvoirs de monarque absolu.
6 août – Ouverture des galeries italiennes au musée royal de Madrid, avec un nouveau directeur, Pedro Téllez-Girón, prince d'Anglona (appointé le 9 avril).
20 novembre – Le maréchal Soult, en exil en Allemagne depuis décembre 1815, rentre à Paris (il avait reçu l'autorisation de rentrer en France le 31 mai 1819). Tous ses honneurs et ses titres lui sont rendus et il servira dans le gouvernement de Louis-Philippe.
Pendant son premier séjour en Espagne, en Murcie, Isidore-Séverin-Justin Taylor (1789-1879) fait la rencontre du fameux bandit don Jaime Alfonso, *« el rey de la Sierra »*, dont les exploits furent suivis aussi bien en France qu'en Espagne[86].
La *Notice des tableaux exposés dans la galerie du musée royal à Paris* comprend 10 œuvres espagnoles, toutes classées avec l'école italienne :
– 862. Collantes, *le Seigneur apparaît à Moïse sur le mont Horeb, dans une flamme de feu qui sort du milieu d'un buisson*, attribué par certains à Feti (*le Buisson ardent*, Paris, musée du Louvre, Inv. 924) ;
– 901. Ribera, *l'Adoration des bergers* (Paris, musée du Louvre, Inv. 939) ;
– 1014. Murillo, *le Mystère de la conception de la Vierge Marie* (*Immaculée Conception*, Paris, musée du Louvre, Inv. 927) – acheté en 1817 ;
– 1015. Murillo, *Jésus assis sur les genoux de sa mère, joue avec un chapelet*, gravé par Henriquez (*Vierge au chapelet*, Castres, musée Goya) ;
– 1016. Murillo, *le Père Éternel et l'Esprit-Saint contemplent l'Enfant-Jésus*… (*Sainte Famille*, Paris, musée du Louvre, Inv. 930) ;
– 1017. Murillo, *Sur la montagne des Oliviers, un ange présente à Jésus le Calice et la Croix* (*le Christ au jardin des Oliviers*, Paris, musée du Louvre, Inv. 931) ;
– 1818 *(sic)*. Murillo, *Saint-Pierre à genoux demande pardon de son parjure à Jésus qui est attaché à la colonne et flagellé* (*Saint Pierre devant le Christ à la colonne*, Paris, musée du Louvre, Inv. 932) ;
– 1019. Murillo, *Saint-Jean-Baptiste encore enfant, tient une croix de jonc, et pose le bras sur un agneau*, tableau attribué à Murillo (?) ;
– 1020. Murillo, *Un jeune mendiant*… (Paris, musée du Louvre, Inv. 933) ;
– 1152. Velázquez, *Portrait de l'Infante Marguerite Thérèse*, considéré comme une étude pour *les Ménines* (atelier de Velázquez, *Infante Marguerite*, Paris, musée du Louvre, Inv. 941).
Parution, à Paris, de la seconde moitié du second volume du *Voyage pittoresque et historique de l'Espagne* de Laborde ; il contient 9 gravures d'après des tableaux espagnols :

– Coello, *Miracle de saint Pierre d'Alcantara* (Munich, Alte Pinakothek [S-P82]), Laborde précise qu'il a été rapporté en France par Lebrun ;
– Murillo, *Saint François d'Assise* (Séville, Museo de Bellas Artes [A 72]) ;
– Murillo, *Assomption* [perdu] ;
– Murillo, *le Songe du patricien* (Madrid, musée du Prado [A 39]) ;
– Ribera, *l'Adoration des bergers* (Paris, musée du Louvre, [PS-S 201]) ;
– Velázquez, *Portrait de Fernand Cortes* (*Don Juan d'Autriche*, Madrid, musée du Prado [LR 65]) ;
– Velázquez, *le Vendeur d'eau de Séville* (Londres, Wellington Museum [LR 16]) ;
– Velázquez, *l'Adoration des bergers* (aujourd'hui, tableau italien du XVIIe siècle, Londres, National Gallery) ;
– Zurbarán, *Sainte en costume espagnol* (*Sainte Marguerite*, signalé pour la dernière fois au palais royal de Madrid [voir G-G 180]).

1821

Napoléon meurt à Sainte-Hélène, âgé de 52 ans.
Eusebi édite un nouveau *Catálogo de los cuadros que existen colocados en el Real Museo del Prado :* il contient 512 œuvres des écoles italienne et espagnole. Le *Picador* de Goya (Madrid, musée du Prado, Inv. 744 [G-W 225]) figure parmi les nouvelles œuvres installées.

1822

Chefs-d'œuvre du théâtre étranger traduits en français (L'advocat, Paris, 1822), comprenant plusieurs pièces espagnoles.

1823

7 avril – Les cent mille fils de Saint-Louis entrent en Espagne. Cette unité, menée par le duc d'Angoulême, compte des soldats français envoyés par Louis XVIII pour aider à rétablir le pouvoir absolu de Ferdinand VII. Madrid les accueille le 23 mai à leur entrée dans la ville.
Le duc d'Angoulême est accompagné par Louis Viardot (1800-1883), qui, onze ans plus tard, dans un article publié en décembre 1834, proposera de créer une galerie de peinture espagnole en France. Il écrira une *Notice sur les principaux peintres espagnols* (Paris, Gavard, 1839) et *les Musées d'Espagne, d'Angleterre et de Belgique* (Paris, 1843), qui deviendront de grands textes de référence sur la peinture espagnole au milieu du XIXe siècle.
Taylor se joint également à la mission. En Espagne jusqu'en octobre, il retourne à Paris avec quelques esquisses qui illustreront son *Voyage pittoresque en Espagne, en Portugal et sur les côtes d'Afrique, de Tanger à Tetouan* (1826)[87].
26 mai – Pour fournir les forces françaises, Luis Eusebi, *conserje* du musée royal de Madrid, publie et imprime 1 000 exemplaires d'un nouveau catalogue français, *Notice des tableaux exposés jusqu'à présent dans le musée royal de peinture au Prado*[88]. Le 28 décembre, une nouvelle direction conjointe est formée de José Idiáquez Carvajal, du marquis de Ariza, ainsi que du peintre Vicente López.
30 septembre – Le duc d'Angoulême obtient la libération de Ferdinand VII, qui retrouve aussitôt son pouvoir de monarque absolu. Ferdinand VII rentre à Madrid le 13 octobre.
25 décembre 1823 – 10 janvier 1824 – Vente de la collection de Lucien Bonaparte à Paris [pas dans Lugt]. Elle comprend les 3 tableaux espagnols invendus en 1816, dont deux trouvent acquéreurs [voir 1840] :
– 46. Murillo (d'après ?), *Saint Augustin* (Montauban, musée Ingres, Inv. 885-10 [A 1720]) ;
– 48. Spagnoletto, *Saint Jérôme* (localisation inconnue).
À Paris, le maréchal Soult cherche parmi les collectionneurs anglais des acquéreurs pour ses tableaux, et notamment ses Murillo. Il commence à négocier avec le marchand d'art londonien William Buchanan. Le comte de Forbin, directeur du Louvre, entame également des négociations avec le maréchal (qui n'aboutiront pas) pour l'achat de 7 tableaux, auxquels il attribue les valeurs suivantes :
– Murillo, *la Conception de la Vierge* [A 110], 250 000 francs ;
– Murillo, *l'Enfant prodigue* [A 83], 250 000 francs ;
– Murillo, *le Paralytique* [A 82], 250 000 francs ;
– Morales, *l'Enlèvement du Christ mort*, 50 000 francs ;
– Zurbarán, *Moines devant un crucifix* (*Saint Bonaventure et saint Thomas d'Aquin devant le crucifix*, Berlin, Kaiser Friedrich Museum, détruit en 1945 [G-G 16]), 50 000 francs ;
– Zurbarán, *les Docteurs de l'Église (Saint Bonaventure au concile de Lyon*, Paris, musée du Louvre [G-G 18]), 50 000 francs ;
– Piombo, *le Christ portant la Croix*, 80 000 francs[89].
La *Notice des tableaux exposés dans la galerie du musée royal*, à Paris, comprend 10 tableaux espagnols (les mêmes que ceux du catalogue de 1820), tous classés avec l'école italienne.

1824

mars-mai – Dans son *Journal,* Delacroix parle de Velázquez, de Goya et de la collection Soult.

19 mars – Delacroix évoque une bonne journée passée au Louvre : « Les Poussin ! Les Rubens !... Velasquez. Après, vu les Goya, à mon atelier, avec Édouard [Bertin, paysagiste]. »

25 mars – Delacroix voit des tableaux au Palais-Royal dans la galerie du duc d'Orléans : « Été avec [Frédéric] Leblond voir tableaux [...] et un Velasquez admirable [en fait, un portrait de Charles II par Carreño de Miranda], qui occupe tout mon esprit. »

avril – La National Gallery de Londres est fondée à l'aide de l'acquisition par la chambre des Communes de la collection de John Julius Angerstein. La collection est conservée dans la maison d'Angerstein jusqu'à ce qu'un nouveau musée soit édifié. Il ouvrira au public en 1838.

7 avril – Delacroix écrit à propos des gravures de Goya : « Travaillé au petit *Don Quichotte*. – Le soir, Leblond, et essayé de la lithographie. Projets superbes à ce sujet. *Charges dans le genre de Goya.* » (Delacroix commencera ses illustrations de *Macbeth* en 1825 et, en 1828, celles de *Faust*).

11 avril – Delacroix parle longuement d'un Velázquez (le Carreño cité plus haut) dont il réalise une copie (Paris, collection particulière [J 21]). Delacroix termine alors les *Massacres de Scio* (Paris, musée du Louvre [J 105]), exposé au Salon de 1824, et commence *le Christ au jardin des Oliviers* (Paris, église Saint-Paul-Saint-Louis [J 154]), exposé au Salon de 1827. Le même jour, il se rend à l'atelier de Géricault pour les préparatifs de la vente de l'artiste (qui n'aura pas lieu avant novembre [Lugt 10747]) : « Quel bonheur ce serait d'avoir à sa vente une ou deux copies d'après les maîtres ! Son tableau de famille d'après Velasquez, etc. »

Il s'agit d'une copie d'après un tableau maintenant attribué à Mazo, exposé au Louvre de 1809-1810 à 1815 avant d'être rendu à Vienne (voir 1810).

3 mai – Delacroix parle pour la première fois de la fameuse collection Soult : « Vu les tableaux du maréchal Soult. – Penser, en faisant mes anges pour le préfet, à ces belles et mystiques figures de femmes, une, entre autres, qui porte ses tétons dans un plat », c'est-à-dire la *Sainte Agathe* de Zurbarán, Montpellier [G-G 220]).

30 mai – Goya, qui a demandé le 1er mai un congé de six mois, reçoit une réponse positive de Madrid. Le peintre a l'intention de se fixer en France. Le 17 septembre 1823, il a signé l'acte de cession de sa maison, la Quinta del Sordo, à son petit-fils Mariano. Il y laisse le cycle de peintures murales connues sous le nom *Peintures noires* et les planches de cuivre de ses séries de gravures *les Disparates* et *les Désastres de la guerre* [Madrid, Académie de San Fernando].

24 juin – En route pour Paris, Goya fait halte à Bordeaux afin de voir son ami Moratín.

30 juin – Goya arrive à Paris chez Vicente Gonzáles Arnao, qui l'installe à l'hôtel Favart, au 5, rue Marivaux. À Paris, l'artiste peint sur commande les portraits de Joaquín María Ferrer [GW 1659] et de sa femme, Manuela Alvárez Coiñas de Ferrer (Rome, collection de la marquise de La Gándara [G-W 1660]), et une scène de corrida (Malibu, J. P. Getty Museum, anciennement collection La Gándara [G-W 1672]).

Durant son séjour à Paris, Goya a peut-être visité le Salon, ouvert en août, et où il a pu voir les *Massacres de Scio* de Delacroix [J 105], *le Christ sur la Croix* de Prud'hon (1822-1823, Paris, musée du Louvre) et la *Charrette de foin* de Constable (Londres, National Gallery).

1er septembre – Goya quitte Paris pour Bordeaux, et descend à l'hôtel rue de l'Esprit-des-Lois.

16 septembre – Le comte d'Artois (1757-1836), petit-fils de Louis XV, succède à son frère Louis XVIII sous le nom de Charles X. Dernier roi Bourbon de France, il régnera de 1824 à 1830. À Bordeaux, Goya s'installe au 24, cours de Tourny.

automne – Charles Motte publie les *Caricatures espagnoles,* un recueil de 11 lithographies d'après les *Caprices* de Goya (où sont reproduites les planches nos 10, 14-15, 18, 23, 32, 40-41, 43, 52 et 55). Motte sera aussi l'éditeur des lithographies de Delacroix.

13 octobre – À Bordeaux, Goya quitte le cours de Tourny pour le 10, chemin de la Croix-Blanche.

Le catalogue français du musée royal de Madrid de 1823, est traduit et publié en espagnol : *Catálogo de los cuadros que existen colocados en el Real Museo de Pinturas del Prado.*

1825

été – L'artiste Pharamond Blanchard (1805-1873) accepte une offre de travail de José de Madrazo (1781-1859), peintre de Ferdinand VII et ancien élève de David, qui vient en France pour recruter des lithographes pour le musée royal de Madrid.

En mars, Madrazo et Ramon Castilla avaient obtenu la permission de Ferdinand VII de créer le Real Establecimiento

Litográfico, avec des droits d'exclusivité sur dix ans, afin de réaliser des lithographies des toiles de la collection royale. Le catalogue sera publié en 1826 [voir 1826][90].

17, 29 novembre et 23 décembre – À Bordeaux, l'imprimeur Gaulon déclare avoir imprimé 100 séries de 4 lithographies de Goya, les *Taureaux de Bordeaux* [G-W 1707-1710].

20 décembre – Goya écrit de Bordeaux à son ami Ferrer, à Paris, qu'il a peint, l'hiver précédent, 40 miniatures sur ivoire [G-W 1676-1697] qui tiennent plus, à ses yeux, « de la facture de Velázquez que de celle de Mengs ».

Bien que Mérimée (1803-1870) ne soit encore jamais allé en Espagne (il s'y rendra cinq ans plus tard), l'écrivain publie sa première œuvre, le *Théâtre de Clara Gazul,* une série de comédies légères racontées par une actrice espagnole imaginaire.

Frédéric Quilliet publie *Arts italiens en Espagne* (Rome, 1825), un livre qui réunit ses connaissances sur les collections de tableaux en Espagne.

1826

8 mars – La première des 22 livraisons bimensuelles des gravures du premier volume de *Voyage pittoresque en Espagne, en Portugal et sur les côtes d'Afrique, de Tanger à Tetouan* est annoncée dans *Bibliographie de la France.* 7 seront publiées en novembre 1830 et 17 en août 1835. En 1845, les 22 livraisons du premier volume ainsi que 10 du second volume (consistant en 20 livraisons) seront publiées. Les illustrations, 110 planches, sont imprimées séparément environ à la même époque[91].

30 mars – Édition du premier des 16 recueils qui composeront la *Colección litográfica de cuadros del Rey de España que se conservan en sus reales palacios, Museo y Academia de San Fernando, con inclusión de los del real monasterio del Escorial : obra litográfica por habiles artistas baxo la dirección de D. José de Madrazo, con el texto por D. Juan Agustín Ceán Bermúdez* (Madrid, musée du Prado, 1826-1836 ; « Collection lithographique des tableaux du roi d'Espagne conservés dans ses palais royaux, le musée et l'Académie de San Fernando, y compris ceux du monastère royal de l'Escorial : travail lithographique réalisé par d'habiles artistes sous la direction de D. José de Madrazo, avec un texte de D. Juan Agustín Ceán Bermudez »). La publication, reliée en 3 volumes, comprendra 198 lithographies d'après des tableaux des collections royales[92].

31 mars – Le musée royal de Madrid est fermé pour transformations sur ordre du roi. Il rouvrira en 1828.

1er-19 mai – La vente de la collection Vivant Denon [Lugt 11164], à Paris, comprend 987 lots, principalement des dessins. 6 toiles sont considérées comme des œuvres de l'école espagnole, mais une seule peut être identifiée actuellement : le lot 53, une *Sainte Famille* de Velázquez, attribuée aujourd'hui à Pieter-Fransz. de Grebber (Besançon, musée des Beaux-Arts, Inv. 897.1.146). La vente comprend aussi un *Portrait de Saint Louis* par Véronèse, qui est peut-être le *Saint Louis, roi de France,* du Greco (Paris, musée du Louvre, RF 1507)[93].

Le volume des *Caprices* de Denon est acquis par la Bibliothèque impériale, à Paris. Par ailleurs, les lots comportent une série de 18 dessins réalisés par Denon, sans doute pour illustrer la 4e édition française (1819) du *Moine,* le roman de Lewis. 7 dessins de la série ont été lithographiés par René Berthon (1776-1859) et sont inspirés des *Caprices* de Goya, dont Denon possédait un exemplaire dès 1809 [voir 1809][94].

Parution du premier volume du *Voyage pittoresque en Espagne, en Portugal et sur la côte d'Afrique, de Tanger à Tetouan,* d'Isidore-Séverin-Justin Taylor (1789-1879). Le dernier tome de ce récit de voyage en 3 volumes, richement illustré, sera publié en 1832. Une traduction anglaise paraîtra la même année.

11 tableaux espagnols sont répertoriés dans la *Notice des tableaux exposés dans la galerie du musée royal,* à Paris. Les œuvres sont les mêmes que celles qui furent classées dans le catalogue de 1823, plus un tableau de Luis Morales, *le Christ portant la Croix* (no 1098), acquis en 1824 [espagnol (?), début du XVIIe siècle, Paris, musée du Louvre, Inv. 926].

1827

5 avril – 35 tableaux des galeries et des réserves de l'Académie de San Fernando, à Madrid – dont l'infâme galerie des nus –, sont transférés au musée royal. Plusieurs d'entre eux y seront exposés à partir de 1828[95].

1er juin – Vente de la collection du comte Altamira, chez Stanley, à Londres [Lugt 11468]. 28 œuvres espagnoles figurent parmi les 75 tableaux mis en vente. La famille Altamira était une des dix familles nobles espagnoles qui avaient dû céder des œuvres au musée Napoléon [voir 1809], et les avaient récupérées en vertu de l'ordre de restitution de 1814.

Salon (4 novembre) – Désireux d'augmenter les souscriptions pour le *Voyage pittoresque en Espagne, en Portugal et sur la côte d'Afrique, de Tanger à Tetouan* [voir mars 1826],

Taylor expose au Salon 8 gravures d'auteurs divers des vues de Séville, Gibraltar, Barcelone, Toulouse et du Portugal.

1828

17 mars – La *Gaceta de Madrid* annonce la réouverture du musée royal de Peinture, le 19 mars, et indique que le public pourra y accéder : « Toutes les semaines, le mercredi et le samedi ; du 1er mai à la fin août, à huit heures du matin ; et du 1er septembre à la fin d'avril, à neuf heures ; et jusqu'à deux heures de l'après-midi, toute l'année. » Elle signale aussi la parution du nouveau catalogue de la collection, *Noticias de los cuadros que se hallan colocados en la Galería del Museo del Rey Nuestro Señor, sito en el Prado de esta Corte*[96]. La nouvelle installation comprend le *Deux Mai 1808* et le *Trois Mai 1808*, de Goya [G-W 982, 984].

16 avril – Goya meurt à Bordeaux.

Les illustrations de Delacroix pour le *Faust* de Goethe (Motte, Paris, 1828) sont inspirées par les *Caprices* de Goya comme celles de Louis Boulanger pour le poème de Victor Hugo, *la Ronde du Sabbat*.

Parution des premiers volumes du *Musée de peinture et de sculpture avec notices descriptives, critiques et historiques par J. Duchesne aîné*. Cet ouvrage abondamment illustré contient 36 gravures d'après des maîtres espagnols.

1829

9 décembre – Ferdinand VII épouse sa quatrième femme, María Cristina de Naples (1806-1878). Sous son influence, il publiera en mars 1830 la Sanction pragmatique, qui évincera son frère Charles (1788-1855) du trône d'Espagne, même au cas où la reine donnerait naissance à une fille.

La comédie de Mérimée *le Carrosse du Saint-Sacrement* est publiée dans la *Revue française* et la *Revue de Paris*. C'est la seule fois que Mérimée mentionne un peintre espagnol dans ses écrits, à savoir Murillo[97].

Musset publie une série de poèmes intitulée *Contes d'Espagne et d'Italie* (Paris, 1829). Plusieurs des poèmes consacrés à l'Espagne sont inspirés par les *Caprices* de Goya, dont Musset avait copié des gravures. Les jeunes femmes figurant dans les estampes n° 15, *Bellos Consejos*, et n° 31, *Ruega por ella*, sont évoquées dans ses poèmes *Madame la Marquise* et *l'Andalouse*[98].

A Chronicle of the Conquest of Granada de Washington Irving est publié simultanément en Angleterre et en Amérique. Il se révèle extrêmement populaire. C'est en conduisant des recherches en Espagne pour *A History of the Life and Voyages of Christopher Columbus*, publié en 1828, qu'il trouva son inspiration.

1830

25 février – *Hernani* ou *l'Honneur castillan*, de Victor Hugo, est créé à Paris, au Théâtre-Français, avec Mlle Mars dans le rôle de doña Sol. Le baron Taylor – commissaire royal du Théâtre-Français depuis 1825 et metteur en scène de la pièce – est sur le point d'entamer sa fameuse expédition en Égypte. Mais il reporte son voyage de huit semaines à cause de la première et ne part qu'après avoir vu douze fois la pièce[99].

30 avril – Les galeries flamandes et hollandaises ainsi qu'une partie de la galerie des sculptures ouvrent au musée royal à Madrid.

15 mai – Victor Hugo mentionne Goya et la planche n° 64 des *Caprices*, *Bien Viage*, dans son poème *Feuilles d'automne*, qu'il écrit en même temps que *Notre-Dame de Paris*[100].

juin-décembre – Mérimée visite pour la première fois l'Espagne et se lie d'amitié avec la famille du comte de Montijo. Il écrit sous forme de lettres plusieurs articles sur ce pays (« Lettres d'Espagne »), qui paraissent de 1830 à 1833 dans la *Revue de Paris*. La première « lettre » est adressée à Victor Hugo et datée du 6 juin 1830. Ses articles sont intitulés, entre autres : « Les Courses de taureaux » (janvier 1831), « Une exécution » et « Musée de Madrid » (mars 1831), « Les Voleurs » (août 1832) et « Les Sorcières » (décembre 1833). Ils seront réunis dans un livre [voir 1833].

juillet – Après la révolution de Juillet, Charles X abdique. Louis-Philippe (1773-1850), duc d'Orléans, fils aîné de Philippe Égalité, devient roi de France en instaurant la monarchie de Juillet.

10 octobre – Naissance de l'infante Isabelle, future reine d'Espagne sous le nom Isabelle II.

Richard Ford séjourne en Espagne (jusqu'en 1833). Ses voyages fourniront la matière de son livre, capital, *Handbook for Travelers in Spain* (Londres, 1845).

Le futur ministre anglais Benjamin Disraeli (1804-1881) écrit à Austen : « Courez, mon cher, courez à Séville et pour la première fois de votre vie, sachez ce qu'est un grand artiste : Murillo, Murillo, Murillo[101] ! »

Soult cherche à vendre, sans succès, 4 tableaux de sa collection à Louis-Philippe pour 500 000 francs. En 1835, il cédera 3 d'entre eux au duc de Sutherland pour la même somme [voir 1835][102] :

– Murillo, *Immaculée Conception* (Madrid, musée du Prado [A 110]) ;
– Murillo, *Abraham et les trois anges* (Ottawa, National Gallery [A84]) ;
– Murillo, *le Retour de l'enfant prodigue* (Washington, National Gallery [A83]) ;
– Velázquez, *Saint François Borgia* (localisation inconnue).
La Perle de Tolède de Mérimée – un conte romantique narrant l'amour d'un Maure pour une beauté chrétienne – est publiée à Paris.

La *Notice des tableaux exposés dans le musée royal,* à Paris, recense, dans la collection permanente, 12 œuvres de cinq artistes espagnols, toutes classées avec l'école italienne. Ces œuvres sont les mêmes que celles qui furent répertoriées en 1823, plus un tableau de Murillo, *Un saint personnage inspiré du ciel,* n° 1129 (il s'agit du Murillo *Saint Augustin en méditation,* entré au temps de Charles X [Inv. 936] et ayant fait partie de la collection de Lucien Bonaparte [voir 1812]. Il est considéré comme une ancienne copie et envoyé en 1872 en dépôt au musée de Montauban).

1831

mars – L'article de Mérimée « Musée de Madrid » est publié dans le premier numéro de *l'Artiste* : « Il faut faire un écran de son chapeau pour distinguer les tons fins et délicats des Velasquez et des Van-Dyck. Ce reproche ne s'adresse point à la partie du Musée qui contient les chefs-d'œuvre de l'école italienne. Ceux-là sont éclairés convenablement par des jours bien ménagés et venant d'en haut ; mais les écoles espagnole et flamande sont sacrifiées. [...] Le Musée est ouvert avec beaucoup de libéralité ; deux fois par semaine le public y est admis, et les étrangers peuvent le voir tous les jours en présentant leurs passeports. Le dimanche n'est point un jour public. [...] Si j'avais à prendre pour moi un des tableaux du musée de Madrid, je choisirais un saint Bernard en oraison, visité par la Vierge [*la Vierge apparaissant à saint Bernard* de Murillo (A287)]... Je ne crois pas qu'il y ait un tableau plus capable de faire pécher un moine dévot, mais jeune [voir 1796]... Lisez *le Moine* de Lewis[103]. »
mai – L'article d'Adélaïde de Montgolfier sur Goya paraît dans la *Revue encyclopédique.*
septembre-novembre – À l'Arsenal, Fontaney montre un recueil des *Caprices* (qu'il s'est procuré pendant un voyage à Madrid la même année) à des amis, et à MM^mes^ Belloc (Louise Swanton) et Adélaïde de Montgolfier[104].
novembre – L'Ermitage reçoit par bateau l'envoi de 33 toiles acquises à Manuel Godoy à Paris. Parmi les œuvres importantes se trouvent la *Mort de l'inquisiteur saint Pierre Arbués* de Murillo [A 366] et le *Saint Jérôme et l'ange (jouant de la trompette céleste)* de Ribera [PS-S 29][105].
Le Bossu de Notre-Dame de Victor Hugo est publié en France. *La Reine d'Espagne* de De Latouche est montée à la Comédie-Française ; elle obtient un faible succès[106].

1832

janvier-juin – Delacroix, qui a quitté Paris à la fin de décembre 1831, voyage en Espagne et en Afrique du Nord. Il accompagne une mission diplomatique menée par le comte de Mornay, que Louis-Philippe a nommé ambassadeur extraordinaire auprès du sultan du Maroc. Delacroix est chargé de produire un rapport visuel du voyage et revient avec 7 albums de dessins (3 d'entre eux subsistent encore : l'un à Chantilly et les deux autres au Louvre).
24 janvier (Algésiras) – En longeant en bateau la côte est de l'Espagne, Delacroix aperçoit Minorque, Malaga et Majorque, Grenade, Gibraltar et Algésiras. Sur la route de Tanger, son navire est mis quelque temps en quarantaine dans le port d'Algésiras et il débarque pour aller chercher des provisions avec l'équipage. Il écrit à son ami Pierret : « J'ai vu les graves Espagnols en costume *à la Figaro* [...] Ça été une des sensations de plaisir les plus vives que celle de me trouver [...] transporter [...] dans ce pays pittoresque ; de voir leurs maisons, leurs manteaux que portent les plus grands gueux et jusqu'aux enfants des mendiants, etc. Tout Goya palpitait autour de moi. »
16-20 mai (Cadix) – En rentrant de Tanger, il arrive le 16 mai à Cadix, après une quarantaine d'une semaine. Il écrit dans son *Journal* : « Obtenu l'entrée à Cadix ; joie extrême. » Il visite des monastères et des églises et, le 19 mai, note dans son journal une visite au couvent des capucins. Il y voit « La Vierge de Murillo : les joues parfaitement peintes et les yeux célestes. » Le 20 mai, il visite la cathédrale et le couvent des dominicains. La mention laconique « Le taureau » fait peut-être allusion à un spectacle de corrida.
21-28 mai (Séville) – Le 21 mai, Delacroix part pour Séville, où il arrive le jour suivant. Le 25 mai, il visite la cathédrale et monte en haut de son clocher, la Giralda. Il se rend au monastère de La Cartuja, où il admire un

« Beau Zurbarán dans la sacristie » (soit le *Saint Hugues au réfectoire* [G-G 299], soit la *Vierge de Las Cuevas* [G-G 298], ou encore *le Pape Urbain II et son confesseur saint Bruno* [G-G 300], tous au musée des Beaux-Arts de Séville). Au cours d'une visite aux Capucins, il contemple de « beaux Murillo ; entre autres le saint avec la mitre et la robe noire donnant l'aumône (*Saint Thomas de Villanueva,* Séville, musée des Beaux-Arts [A 56]). Il évoque « deux saintes » de Goya, qu'il a vues « le matin, dans la sacristie de la cathédrale » (*Santas Justa y Rufina,* cathédrale de Séville [G-W 1569]). Le 26 mai, il visite l'Alcázar et parle aussi du « fameux Romero, matador et professeur de tauromachie. » Il écrit le lendemain : « J'avais erré dans les rues en amant espagnol. » Le 28 mai, juste avant de quitter Séville, il visite la Casa de Pilatos puis s'embarque.
juin – Dans une lettre à Pierret (5 juin), Delacroix parle de son retour : « Je reviens de l'Espagne, où j'ai passé quelques semaines : j'ai vécu vingt fois plus qu'en quelques mois à Paris. Je suis bien content d'avoir pu me faire une idée de ce pays. À notre âge, quand on manque une belle occasion comme celle-là, elle ne se retrouve plus. J'ai retrouvé en Espagne tout ce que j'avais laissé chez les Maures. Rien n'y est changé que la religion : le fanatisme, du reste, y est le même. J'ai vu les belles Espagnoles qui ne sont pas au-dessous de leur réputation. La mantille est ce qu'il y a au monde de plus gracieux. Des moines de toute couleur, des costumes andalous, etc. Des églises et toute une civilisation comme elle était il y a trois cents ans. »
Le poème de Théophile Gautier *Albertus, ou l'âme et le péché* (1832) fait allusion à Goya : « Dans l'ombre, au pied du lit, grouillaient d'étranges formes / Incubes, cauchemars, spectres, lourds et difformes, / Un recueil de Goya et de Callot complet ! »
The Alhambra de Washington Irving – une collection de contes romantiques sur les Maures en Espagne – est publié à Londres.

1833

3-30 juillet – Le baron Taylor est en Espagne avec le peintre Adrien Dauzats (1804-1868), qui avait également accompagné Taylor en Égypte, en Syrie, en Palestine et en Turquie en 1829. Ils rencontrent à Madrid le graveur Pharamond Blanchard [voir 1825], qui introduit Taylor et Dauzats auprès de l'influente famille artistique de José de Madrazo. Le séjour de Taylor à Madrid ainsi que sa visite à Tolède sont rapportés dans plusieurs numéros de *la Revista Española*[107].
Après son retour à Paris, Taylor accueille à la mi-août le fils de Madrazo, Federico (1815-1894), qui peindra finalement son portrait. José écrit à Federico : « Je regrette que ton portrait du Baron Taylor comporte l'uniforme parce que l'effet de la tête y perdra beaucoup [...] je l'aurais préféré dans le style de Velázquez[108]. »
29 septembre – En Espagne, la mort de Ferdinand VII provoque le déclenchement des guerres carlistes. La guerre civile oppose *los cristinos* (les forces de la reine Isabelle II, fille de Ferdinand VII) et *los carlistas* (les partisans de son oncle Charles, qui brigue la couronne) ; elle continuera, sous forme de batailles sporadiques, jusqu'en 1868.
3 octobre 1833 – 31 août 1839 – Première guerre carliste en Espagne.
Delacroix écrit au baron Schwiters : « De plus il m'a dit que vous [le] mèneriez jeudi chez le maréchal Soult. Y a-t-il de l'indiscrétion à vous demander si vous pouvez m'y mener par-dessus le marché ? »
Publication du *Forgeron* [D 19], lithographie de Delacroix.
Parution des *Lettres sur l'Espagne* de Mérimée (H. Fournier, Paris, 1833) ; les éditions suivantes paraîtront en 1842, 1881, 1888 et 1896.

1834

6 février – *Le Charivari* publie *le Cauchemar de Louis-Philippe,* une gravure anonyme qui est une caricature de l'estampe de Goya *le Sommeil de la raison engendre des monstres* (planche n° 43 des *Caprices*).
Salon (1er mars) – Delacroix expose *Intérieur d'un couvent dominicain à Madrid* (Philadelphie, Museum of Art [J 146]). Le sujet est tiré du roman romantique *l'Homme du mystère* ou *Histoire de Melmoth le voyageur* (1821) de Charles Robert Maturin (1780-1824).
22 avril – Pour soutenir la couronne espagnole, l'Angleterre forme la quadruple alliance avec l'Espagne, le Portugal, la Belgique et la France.
15 juillet – L'Inquisition espagnole est abolie.
29 septembre – Dauzats, dans une lettre à Federico de Madrazo demande « une petite grâce [...] je m'occupe d'une notice sur la vie et les ouvrages de Goya. C'est un hommage que nous voulons rendre à l'un des peintres modernes les plus célèbres de l'Espagne ». Madrazo, répondant le mois d'avril suivant, regrette de ne pouvoir accéder à sa demande car il est dans l'impossibilité d'obtenir l'information du fils de Goya, qui n'est pas à Madrid[109].
24 novembre – Delacroix est en possession d'un volume des *Caprices* de Goya. George Sand écrit dans son *Journal*

intime : « Ce matin [...] Lacroix m'a montré le recueil de Goya [...] il m'a parlé d'Alfred [de Musset] à propos de cela et m'a dit qu'il aurait fait un grand peintre s'il eût voulu. » Le volume est probablement celui de la collection Guillemardet.

décembre – La *Revue républicaine* publie un article de Louis Viardot proposant d'effectuer « une mission artistique et scientifique » en Espagne, qui mènerait à l'ouverture d'un musée français d'art espagnol.

L'Artiste publie un article de Théophile Thoré (1807-1869) sur Murillo et une lithographie d'un carton de tapisserie de Goya, *Un mariage burlesque,* réalisée par le peintre Jean Louis Gintrac (1808-1886)[110].

Le *Magasin pittoresque* publie une série d'articles anonymes sur trois peintres espagnols : Murillo, avec une reproduction du *Jeune Mendiant ;* Goya, avec des illustrations des planches n°s 1, 39 et 51 des *Caprices ;* et Ribera, avec une reproduction de *l'Adoration des bergers.* D'autres articles du même type seront publiés en 1838 [voir 1838][111].

1835

4 janvier – À Madrid, Federico de Madrazo (1815-1894) et son beau-frère Eugenio de Ochoa (1815-1872) fondent la revue d'art *El Artista,* qui publie son premier numéro. La contribution de Blanchard compte plusieurs esquisses. Le deuxième numéro présentera une biographie de Goya.

13 avril – Louis-Philippe achète à Soult, pour 500 000 francs payables jusqu'en 1839, 3 tableaux espagnols. La vente est résiliée à la demande de Soult le 23 mai, et les peintures venues au Louvre, mais non exposées, sont renvoyées chez lui le 25 mai contre remboursement des 150 000 francs déjà versés :

– Murillo, *Immaculée « Soult »* (Prado [A 110]) ;

– Murillo, *le Paralytique* (Londres, National Gallery [A 82]) ;

– Murillo, *la Délivrance de saint Pierre,* alors attribué à Ribera (Saint-Pétersbourg, musée de l'Ermitage [A 85])[112].

Soult vend 3 tableaux au duc de Sutherland pour 500 000 francs (ceux qu'il avait cherché à vendre à Louis-Philippe en 1830)[113] :

– Murillo, *Abraham et les trois anges* (Ottawa, National Gallery [A 84] ;

– Murillo, *le Retour de l'enfant prodigue* (Washington, National Gallery [A 83] ;

– Velázquez, *Saint François Borgia* (localisation inconnue).

mai – L'*Étude sur l'histoire des institutions, de la littérature, du théâtre et des beaux-arts en Espagne* de Louis Viardot est publiée. Dans son étude sur les beaux arts, il écrit : « Au lieu de faire l'histoire de la peinture en Espagne, je vais donner la description du musée de Madrid. Ce sera la même chose... »

4 juillet – Abolition de l'ordre jésuite en Espagne. Les ordres religieux de moins de douze personnes sont supprimés en juillet et les établissements de soins et d'enseignement sont fermés le 11 octobre.

21 août – Le baron Taylor, dans une lettre à Dauzats lui demandant d'accompagner l'expédition espagnole, ajoute le post-scriptum suivant : « Toutes les provinces d'Espagne se déclarent indépendantes. Folie, fièvre et rage. Ils crient : mort aux moines, guerre aux châteaux et aux riches, vive la liberté ! C'est comme s'ils disaient : vive la tyrannie[114] ! »

19 octobre – Avant de partir pour son importante mission en Espagne, le baron Taylor assiste à la première de *Don Juan d'Autriche* par Casimir Delavigne à la Comédie-Française (Guinard, 1967, p. 136).

après le 17 octobre – 27 avril 1837 – Le baron Taylor, sur l'ordre de Louis-Philippe, entame une « mission scientifique et archéologique » en Espagne. Il est chargé d'acheter des œuvres pour une Galerie espagnole qui doit s'ouvrir à Paris, afin de remédier au manque de peintures espagnoles en France. Les circonstances sont très favorables à cette expédition, qui profite de l'instabilité causée par les escarmouches de la guerre carliste, et de l'afflux d'œuvres sur le marché depuis l'*exclaustración* (la sécularisation) de 1834. Blanchard et Dauzats participent à l'expédition [voir juillet 1833].

Pour ne pas éveiller les soupçons, les membres de l'expédition entrent en Espagne par Lisbonne et se dirigent vers le sud de l'Andalousie. Personne ne doit connaître la nature de leur mission : ni le gouvernement espagnol, qui pourrait entraver l'exportation de leurs acquisitions ; ni les Anglais, qui les concurrenceraient dans leurs achats ; ni les marchands d'art, qui risqueraient d'augmenter leurs prix. Pour mieux endormir les méfiances, ils justifient leur présence en prétextant un séjour de recherches pour le livre de Taylor *Voyage pittoresque en Espagne, en Portugal et sur la côte d'Afrique, de Tanger à Tetouan* [voir 1826].

Ce dernier est confirmé par l'article de Federico de Madrazo dans *El Artista* concernant la visite de Taylor : « MM Taylor et Dauzats feront un bref séjour à Madrid où nous espérons que le gouvernement leur donnera tous les moyens pour faciliter leur travail[115]. » Les doutes de Taylor se fondent sur un article écrit par une relation, l'auteur espagnol Mariano José de Larra, qui cherchait à l'alarmer. Bien que publié dans *la Revista Española,* le 3 août 1835, l'article *« Conventos españoles : tesoros artísticos encerrados en ellos »* paraît ne pas avoir été remarqué.

Taylor rentre finalement à Paris avec de nombreuses œuvres d'art : plus de 500 tableaux de diverses écoles ; des œuvres sur papier, des sculptures et des moules en plâtre d'éléments architecturaux de l'Alhambra ; des verreries, des meubles, des porcelaines et des céramiques. Les tableaux qu'il rapporte comprennent 455 œuvres espagnoles de 80 artistes différents, dont 412 seront exposées à la Galerie espagnole en 1838[116].

La *Revue de Paris* publie deux articles de Thoré sur les toiles espagnoles de la collection Soult. Il admire les œuvres de Murillo : « … Il n'y a certainement pas une galerie au monde (excepté Séville et Madrid), où l'on puisse étudier aussi complètement que chez le maréchal Soult, toute cette belle vie d'artiste, toutes les transitions de son talent, tout le développement de son génie. »

Thoré porte un jugement particulièrement intéressant sur les gravures des tableaux espagnols disponibles à la Bibliothèque royale – dont un *Nain de Philippe IV* de Goya, *le Vendeur d'eau de Séville* et *la Forge de Vulcain* de Velázquez : « Il existe beaucoup d'autres reproductions de Velasquez […] mais les directeurs de la bibliothèque royale s'inquiètent apparemment fort peu de la collection d'estampes, car elle ne comprend que quatre Espagnols, Ribera, Murillo, Velasquez, et l'œuvre comique du vieux Goya[117]. »

Brackenbury, le consul anglais de Cadix, qui avait acquis de nombreux tableaux quand il résidait en Espagne, offre de donner des Murillo de sa collection à la National Gallery de Londres ; sa proposition est refusée. Il vendra plusieurs œuvres en 1836 et en 1837[118].

Thomas Henry fait don de sa collection à la ville de Cherbourg. Le musée installé alors dans l'hôtel de ville de Cherbourg contient 7 tableaux espagnols : la *Madeleine pénitente* de Coello ; un *Saint* et *David priant Dieu* de Herrera le Vieux ; *la Montée au calvaire* de Murillo ; le *Saint Sébastien* de Palomino ; et *le Philosophe* et *l'Astronome* de Ribera.

Jean-François Millet (1814-1875), qui a reçu sa première formation artistique à Cherbourg, a certainement vu la collection avant de partir pour Paris, en janvier 1837.

Laure Junot, duchesse d'Abrantès (1784-1838), publie le premier volume de ses mémoires, *Memorie contemporanee et sulla Spagna e sul Portugallo* (Birotto, Milan, 1835). Épouse du général Junot, gouverneur du Portugal sous Napoléon, ses livres sur la vie en Espagne étaient très populaires.

1836

13 janvier – En Espagne, un décret royal ordonne la réunion des œuvres d'art provenant des institutions religieuses abolies. Elles seront transportées à l'ex-couvent de La Trinidad à Madrid, qui sera nommé Museo Nacional en décembre 1837.

9 juin – Vente de la collection Richard Ford, à Londres [Lugt 14389].

30 août – Xavier Goya signe un reçu pour la vente de 8 tableaux de son père au baron Taylor. Le prix de la vente se monte à 15 000 reales (environ 4 000 francs) :

– *Un enterrement* (inconnu [G-W annexe II, n° 21) ;
– *Dernière Prière d'un condamné (Reo en capilla)* (inconnu [G-W annexe II, n° 17) ;
– *Majas au balcon* (*Femmes de Madrid,* collection particulière [G-W 959]) ;
– *la Lettre* (*les Jeunes,* Lille, palais des Beaux-Arts [G-W 962]) ;
– *le Temps* (*les Vieilles,* Lille, palais des Beaux-Arts [G-W 961]) ;
– *la Forge* (New York, Frick Collection [G-W 965]) ;
– *Lazarillo de Tormes* (collection particulière [G-W 957]) ;
– *le Portrait de Goya* (localisation inconnue).

29 septembre – Apprenant à Séville dans un journal anglais que Soult a vendu des œuvres de sa collection au duc de Sutherland (en 1835), Taylor exprime sa colère dans une lettre à Dauzats : « Ainsi, un maréchal de France, illustre par les services qu'il a rendus à son pays, riche de ses victoires et des dépouilles de ses victoires, grand homme de guerre et qui devrait être grand citoyen, vend les drapeaux fruits de nos victoires, vend ses trophées, les nôtres, mon Dieu ! mon Dieu[119] ! »

27 décembre – Dauzats visite l'Académie de Cadix et effectue des croquis à l'encre de 12 toiles de Zurbarán. Ces tableaux, qui appartenaient au monastère de Nuestra Señora de la Defensión, à Jérez de la Frontera, jusqu'en 1834, avaient été envoyés à l'Académie après l'abolition des institutions religieuses (3 d'entre eux – *l'Adoration des Mages* [G-G 123], *la Circoncision* [G-G 124] et *la Bataille du Sotillo* [G-G 126] – avaient été saisis pour le musée Napoléon, puis rendus en 1815). Finalement, Taylor achète 7 de ces œuvres ; les autres restent à l'Académie et deviennent propriété du nouveau musée de Cadix, où elles seront exposées à partir de 1847[120].

Décrivant dans *l'Artiste* les chefs-d'œuvre de la collection Soult, un auteur anonyme déplore : « En parcourant ces vastes salons de M. Soult, j'avoue que mon admiration pour tant de belles œuvres était combattue par deux tristes préoccupations : la première, c'est qu'il avait été possible, dans le dix-neuvième siècle de la civilisation moderne, de faire peser les droits sauvages de la conquête sur des objets d'art ; et la seconde, c'est que tous ces chefs-d'œuvre étaient obscurément et stérilement renfermés dans une demeure particulière, livrés seulement à la curiosité banale de quelques amateurs, sans profit pour l'art[121]. »

12 œuvres espagnoles (les mêmes que celles qui furent publiées dans le catalogue de 1831) figurent dans la *Notice des tableaux exposés dans le musée royal,* à Paris.

La nouvelle traduction de Louis Viardot de *Don Quichotte,* illustrée par 765 gravures sur bois de Tony Johannot (1803-1852), est publiée à Paris. Le second volume sera publié en 1840 et une autre édition verra le jour en 1845. La traduction de Viardot est toujours utilisée.

Les mémoires de Manuel Godoy sont traduits et publiés d'abord en français (*Mémoires du prince de la Paix, don Manuel Godoy,* 4 vol., Paris, 1836-1837) avant de paraître en Espagne (*Memorias de D. Manuel Godoy, Príncipe de la Paz,* 6 vol., Madrid, 1836-1842).

Charles Didier (1805-1864) publie *España de Fernando VII hasta Mendizábal : resumen histórico publicado en Paris [Lo da a luz con las variaciones oportunas de] Mariano José de Larra* (Madrid, 1836) ; son article « L'Espagne en 1835 » paraît dans la *Revue des deux mondes* (Paris, 15 mars – 1er juin 1836, 4e série, t. V, p. 730-756, p. 578-603).

Didier voyage en Espagne de 1835 à 1839, après Mérimée, mais avant Gautier, Dumas et Quinet ; il écrit plusieurs articles sur ses voyages, qui paraissent dans la *Revue des deux mondes* et la *Revue de Paris* en 1836, 1837, 1838 et 1845 ; son journal de voyage, *Une année en Espagne,* est publié en 1837 [voir 1837, 1838, 1845].

Parution de *Scènes de la vie espagnole* de Laure Junot, duchesse d'Abrantès (Dumont, Paris, 1836, 2 vol. ; et Ad. Wadfen, Bruxelles, 1836).

1837

24 février – Dans un article publié dans *le Siècle,* Thoré commente ainsi le *Christ au jardin des Oliviers* de Delacroix (Paris, église Saint-Paul-Saint-Louis [J 154]) : « Quand il faut faire *Jésus-Christ au jardin des Oliviers* et de beaux anges qui entrouvrent les nuages c'est Murillo qui domine. »

4 avril – « Le baron Taylor, dans le voyage qu'il vient de faire en Espagne, a acquis pour le gouvernment 300 tableaux des premiers maîtres au prix de 700,000 fr. environ » (Anonyme, « Beaux-Arts. Chronique », *le Cercle,* I, 4 avril 1837, p. 29).

11 avril – Vente de la collection du baron Mathieu de Faviers, intendant général des Armées et Pair de France, Paris [Lugt, 14657] ; elle comprend 46 œuvres, dont 8 tableaux de Murillo.

28 mai – Dans un article publié dans *la Presse,* Alexandre Dumas raconte les aventures du baron Taylor en Espagne. Comme l'observe Dumas, ses achats de tableaux ont pour objectif de former « une galerie complète de peintures espagnoles, dont nous connaissions bien les maîtres, mais à peine les œuvres, puisque notre musée, si riche d'Italiens et de Flamands, ne possédait que *le Pauvre* de Murillo, l'*Adoration des bergers* de Ribera, et la *Petite Infante* de Velasquez ».

« Au milieu de tous ces ravages, les sauvant plus d'une fois par une porte, tandis que les dévasteurs enfoncent l'autre, il recueille vingt Murillo, douze Ribeira, quinze Velasquez, cinquante Zurbaran, dix-huit Alonzo Cano ; puis des Juan de Joanes, des Ribalta, des Espinosa, des Greco, des Vilegas, des Careno, des Carducho, des Sanchez Coello, des Juan de Tolède, des Moralez, des Esteban, des Melindez, des Vergasa, des Yanes, des Aguila, des Castillo, des Valdez, des Correa, des Orente, des Blas de Prado, des Gonca ; une histoire de l'art tout entière enfin, écrite au pinceau depuis Galegos jusqu'à Goya… » Il conclut : « Enfin, comme artiste, il a, par dévotion pour l'art, jeté sa vie au milieu des révolutions, disputé les chefs-d'œuvre du génie de la paix au démon de la guerre, doté la France d'un trésor qui allait être perdu pour le monde, et rapporté pour 800,000 francs, quatre cents tableaux qui valent trois millions. »[122]

10 juin – Louis-Philippe inaugure le musée de l'Histoire de France à Versailles.

20 juin – La série des sept Zurbarán de Jérez [G-G 122-126, 143-144], achetée par Taylor à l'Académie de Cadix, est exportée sur un bateau français. Son départ soulève une tempête de protestations à l'Académie de San Fernando à Madrid[123].

août-septembre – Le baron Taylor est à Londres, en quête de tableaux espagnols (il est arrivé avant le 12 août, date du reçu de son premier achat londonien). Parmi les collectionneurs qu'il rencontre se trouve Brackenbury, qu'il avait connu l'année précédente en Andalousie. La vente de toiles espagnoles de la collection de Brackenbury a peut-être motivé le voyage de Taylor outre-Manche, car il lui achète le *Don Andrés de Andrade y la Cal* de Murillo (New York, Metropolitan Museum [A 405]) pour 1 025 livres sterling, ce qui fait de ce portrait l'une des œuvres les plus chères de la Galerie espagnole. Taylor achète aussi 4 tableaux espagnols : la *Tête de vieillard* de Cano (inconnu), *la Servante de Murillo,* de Murillo (inconnu), le *Saint Jean évangéliste* de Pereda (inconnu) et le *Saint Pierre* de Ribera (inconnu). Pendant son séjour à Londres, Taylor annonce la création de la Galerie espagnole dans *The Spectator,* X (1837), p. 763-764[124].

Bien que la Galerie espagnole n'ouvre pas officiellement avant janvier 1838, les nombreuses critiques publiées entre le retour du baron Taylor et son ouverture au public montrent que les critiques d'art parisiens ont eu accès aux œuvres bien avant. Théophile Gautier mentionne toutefois que lorsqu'il les a vues, en septembre, elles n'étaient toujours pas encadrées et, « déroulées, gisaient encore à terre[125] ».

24 septembre – Dans « Beaux-Arts-Collection de tableaux espagnols », sa critique de la Galerie espagnole publiée dans *la Presse,* Théophile Gautier pose la question : « Existe-t-il réellement une école espagnole ? »

La collection de l'infant d'Espagne Sebastián Gabriel Borbón y Braganza (1811-1875), riche en peinture espagnole du XVIIe siècle, est confisquée à Madrid pour raisons politiques. Elle est exposée au Museo de la Trinidad, avec des tableaux acquis après la suppression des ordres religieux. Rendue à l'infant peu avant sa mort, en 1875, elle sera dispersée ensuite à des ventes aux enchères en 1876, 1890 et 1902.

Parution de *Souvenirs d'une ambassade et d'un séjour en Espagne et en Portugal, de 1808 à 1811, par la duchesse d'Abrantès* (Ollivier, Paris, 1837, 2 vol. ; Hauman, Bruxelles, Cattoir et Comp., 1838).

Charles Didier publie *Une année en Espagne* (Dumont, Paris, 1837, 2 vol. en 1 tome, 2e éd. Dumont, Paris, 1840 ou 1841) ; « Souvenirs d'Espagne. I. Souvenirs de Catalogne », la *Revue de Paris,* t. 44 (Paris, 1837), p. 137-153 ; « Souvenirs d'Espagne. II. Route de Saragosse à Madrid », la *Revue de Paris,* t. 46 (Paris, 1837), p. 64-79.

1838

7 janvier – La Galerie espagnole ouvre au public dans cinq salles de la Colonnade du musée royal, au Louvre. En décembre, la famille royale française l'avait inaugurée par une spectaculaire cérémonie aux flambeaux.

La Galerie espagnole est exclusivement dédiée à la peinture mais les sculptures ainsi que les moules en plâtre que Taylor avait également acquis sont exposés au rez-de-chaussée du Louvre et les 923 céramiques et objets de verre sont envoyés au musée de la manufacture de Sèvres[126].

La première des quatre éditions du catalogue de la collection, *Notice des tableaux de la Galerie espagnole exposés dans les salles du musée royal au Louvre*[127], recense 402 œuvres de 80 différents artistes[128].

La collection avait été presque entièrement achetée par le baron Taylor en Espagne (octobre 1835 – avril 1837), pour un montant de 1 327 000 francs[129]. À son retour à Paris, Taylor avait reçu la croix de Commandeur de la Légion d'honneur[130].

La Galerie espagnole restera ouverte jusqu'au 1er janvier 1849[131].

Pour marquer son ouverture, le journal *Paris-Illustrations* publie des gravures d'après *le Couronnement de la Vierge* de Velázquez (Madrid, musée du Prado, Inv. 1168 [LR 23]) et *Sainte Élisabeth de Hongrie soignant les teigneux* de Murillo [A 86][132].

janvier – Le livre d'Étienne Huard, *Vie complète des peintres espagnols et histoire de la peinture espagnole* (Au bureau du *Journal des artistes,* Paris, 1839-1841, 2 vol.), commence à paraître en plusieurs livraisons dans le *Journal des artistes.*

Le *Magasin pittoresque* continue sa série de 1834 [voir 1834] en publiant des articles sur « Juan de Joanès. – Velasquez de Silva. – Esteban Murillo » et « François Zurbaran »[133].

Salon (1er mars) – Exposition du tableau de Delacroix *Médée* (Lille, palais des Beaux-Arts [J 261]), qui est unanimement salué.

5 juillet – L'article de Théophile Gautier, « Les Caprices de Goya », publié dans *la Presse,* semble inspiré par deux mauvais tableaux de la Galerie espagnole attribués à Goya. Il écrit : « A voir au Musée Espagnol les deux grandes croûtes peintes comme des enseignes qui portent le nom de Goya, l'on ne se douterait guère que c'est réellement un artiste de premier ordre. » Il ajoute poétiquement : « Les compositions de Goya sont des nuits profondes où quelque brusque rayon de lumière ébauche de pâles silhouettes et d'étranges fantômes. »

21 juillet – Dans une lettre à un ami de Cherbourg, Millet parle de « l'ouverture d'une galerie [la Galerie espagnole] remplie des plus grands maîtres espagnols, où il se trouve des choses impossibles à décrire. » « Oh ! il me semble que si Lemarquand, qui a été si ravi en voyant le *Spartacus* (qui est une belle chose, il est vrai, mais d'un mérite encore bien contesté), se trouvait devant deux Ribera, l'un représentant un saint qu'on écorche, et l'autre Caton s'ouvrant la poitrine, je m'imagine qu'il sentirait d'autres impressions encore. Un bourreau à tête ignoble, et avec ce sang-froid qui n'annonce que de la cruauté, décolle la peau flétrie du vieillard en tenant le morceau d'une main et de l'autre frappant avec le poing, comme font les bouchers. On croirait entendre le craquement de la peau se détachant d'avec la chair. On voit dans la poitrine ouverte de Caton ses entrailles saignantes, dont on croit sentir la chaleur ; l'expression de sa tête est d'une atrocité indicible ! Il pousse des cris, mais pas de ces cris comme en pousse ordinairement quelqu'un qui souffre ; mais des cris arrachés du fond des entrailles, déchirants, et qui accablent l'âme du spectateur, et qui sont insoutenables [...] Plusieurs moines de Zurbaran et de Murillo sont ce qu'on peut imaginer de plus incroyable comme expression de sainteté ; leur regard n'a plus rien de terrestre ; c'est l'amour brûlant des séraphins. »[134]

24 juillet – Le Museo Nacional de la Trinidad ouvre à Madrid.

20 août – José de Madrazo est nommé directeur du musée royal de Madrid. À l'automne, inquiet des dangers causés par la guerre civile, il propose d'y faire transférer provisoirement les tableaux de l'Escorial. Il obtient en octobre l'approbation royale, qui accepte d'intégrer les œuvres dans la collection permanente. Les tableaux arriveront en avril 1839[135].

Parution de « Saragosse », de Didier, dans la *Revue de Paris*, t. 48 (Paris, octobre 1838), p. 153-179.

Au cours de 1838, Louis-Philippe engage le peintre et graveur Alphonse Masson (1814-1898) et le charge de reproduire des œuvres de la Galerie espagnole[136].

1839

27 avril – Ouverture au public des galeries nouvellement installées au musée royal de Madrid[137].

14 juin – Vente de la collection du comte Christophe-Antoine de Merlin, à Paris [Lugt 15488]. Elle ne comprend que 15 lots, mais 7 sont des tableaux espagnols. Parmi ces derniers, tous sauf un Velázquez, *Portrait d'une infante d'Espagne* (lot 1) restent alors invendus, et ils réapparaîtront le 28 mai 1852 à la vente de la femme du comte, Mercedes Jaruco [voir 1852]. Merlin avait été lieutenant-général dans l'armée de Napoléon, et il était resté en Espagne jusqu'en 1813.

Parution du livre d'Étienne Huard *Vie complète des peintres espagnols et histoire de la peinture espagnole* (Paris, 1839-1841, 2 vol.) [voir janvier 1838].

Parution du catalogue de Charles Gavard, *Choix des principaux tableaux de la galerie de M. le Marquis de las Marismas del Guadalquivir. Notices sur les peintres par Louis Viardot* (Paris, 1839-1841).

Cette grande collection avait été réunie par Alexandre-Marie Aguado [Alejandro María López Aguado, marquis de las Marismas (1784-1842)], un banquier d'origine sévillane, aide de camp du maréchal Soult pendant l'occupation. Il s'était installé à Paris en 1815, mais avait conservé des liens avec l'Espagne, où il avait fini par rentrer. Il avait alors servi Ferdinand VII, qui lui avait conféré le titre de marquis de las Marismas (« des marais ») pour le remercier d'avoir fait drainer les marais de l'embouchure du Guadalquivir.

Le catalogue de la collection Aguado est illustré par 37 gravures, dont 20 d'après les 240 tableaux espagnols de la collection. À l'origine, il était prévu qu'il comprenne des gravures de toutes les œuvres[139]. Le texte d'accompagnement est composé d'essais de Viardot sur Velázquez, Murillo, Ribera, Cano, Zurbarán, Juanes, Morales, Navarrete, le Greco, Sanchez Coello et Pacheco, tous réimprimés dans sa *Notice sur les principaux peintres espagnols,* publiée la même année. Les textes sont dus à Palomino, Ponz et Bermúdez. La collection sera dispersée dans une série de ventes en 1838-1841, et après sa mort, en 1843, 1845, 1865, 1873, 1891.

Parution de la *Notice sur les principaux peintres espagnols,* de Louis Viardot (Gavard, Paris, 1839).

1840

13-16 janvier – Vente de la collection de Lucien Bonaparte à Paris [Lugt 15622]). Elle compte le tableau espagnol non vendu en 1823 :

– 155. Murillo (?), *Repos pendant la fuite en Égypte* (Glasgow, City Art Gallery [voir A 232])

5 mai – 1er octobre – Théophile Gautier (1811-1872) se rend en Espagne avec Eugène Piot, médecin, archéologue et fondateur du *Cabinet de l'amateur.* L'objectif du voyage est d'acheter des œuvres d'art peu coûteuses.

Gautier avait prévu de soumettre des articles à *la Presse* pendant son voyage ; le journal les publie, sous forme de série

en 9 chapitres, du 27 mai au 3 septembre. Six autres chapitres paraîtront dans la *Revue de Paris* (1841) et la *Revue des deux mondes* (1842). De ces 15 chapitres sortiront *Tra los montes* (1843) et un recueil de poèmes, *Odes à l'Espagne,* qui sera publié en 1845 sous le titre *España.*
Les textes de Gautier sur l'Espagne restent parmi les chroniques espagnoles les plus populaires de la seconde moitié du XIXe siècle.
juin – Le marchand d'art William Buchanan organise, au 49 Pall Mall à Londres, une exposition de tableaux de la collection Soult. Un catalogue de l'exposition est publié[139].
août-octobre – Mérimée retourne en Espagne et publie des articles sur ses voyages.
2 décembre – Première de *la Favorite,* de Donizetti, à l'opéra de Paris, dont l'action se déroule dans l'Espagne du XIVe siècle. Le 26 décembre 1841 aura lieu la première de sa *Maria Padilla* (dont l'action se situe également dans l'Espagne du XIVe siècle) à la Scala, à Milan.
À Paris, le peintre français Jean-François Gigoux (1806-1894) achète une série de 4 petites peintures sur ferblanc de Goya : *la Victime, Tunique de Joseph, Femme lisant* et *la Rixe* [G W 1657a-d]. Il les léguera, en 1894, au musée des Beaux-Arts de Besançon.

1841

Salon (15 mars) – Delacroix expose *le Naufrage de don Juan* (Paris, musée du Louvre [J 276]).
22 avril – Première des six ventes, à Paris, de la collection d'Alexandre Aguado, marquis de las Marismas (décédé en 1842) [voir 1839]. La vente est composée de tableaux et de marbres de sa résidence parisienne, le château Petit Bourg.
Le baron Taylor est à Londres pour recueillir la collection que Frank Hall Standish (1799-1840) a léguée à Louis-Philippe pour la Galerie espagnole [voir 1842]. Taylor avait rencontré Standish durant son expédition espagnole (1835-1837). La collection est formée de tableaux, de dessins, de livres et de manuscrits[140].
Jean-Joseph-Stanislas-Albert Damas Hinard traduit les œuvres de Calderón dans les *Chefs-d'œuvre du théâtre espagnol* (Paris, 1841-1843). Des éditions supplémentaires sont publiées en 1861, 1869, 1881, et 1891.

1842

Le musée Standish ouvre ses portes au Louvre. La collection – réunie par Standish alors qu'il habitait Séville – comprend 244 tableaux espagnols (dont 145 identifiés comme tels) de 31 peintres et 214 dessins de 45 artistes espagnols[141].
Dans un article sur Goya dans *le Cabinet de l'amateur,* Gautier cite les tableaux majeurs de l'artiste qu'il a pu voir en 1840 pendant son voyage en Espagne : les portraits équestres de Charles IV et de Maria Luisa, un *Picador,* le *Trois Mai 1808* et le *Deux Mai 1808* – à propos duquel il écrit : « Il exécuta, avec une cuiller en guise de brosse, une scène du *Dos* [sic] *de maio* où l'on voit des Français qui fusillent des Espagnols. C'est une œuvre d'une verve et d'une furie incroyables. Cette curieuse peinture est reléguée sans honneur dans l'antichambre du musée de Madrid » ; la *Maja vêtue* [ou duchesse d'Albe], « d'une élégance exquise et d'une couleur charmante », à l'Académie de San Fernando ; les tableaux de la collection du duc d'Osuna ; la coupole de San Antonio de la Florida ; *l'Arrestation du Christ* de la cathédrale de Tolède ; et les *Santas Justa y Rufina* de la cathédrale de Séville ».
Un catalogue raisonné des gravures de Goya accompagne l'article. Gautier observe que « l'œuvre de Goya manque entièrement à la Bibliothèque royale qui ne possède que le recueil des Caprices ». Et il écrit, sur les *Caprices* et *la Tauromachie :* « L'aspect de ces lithographies rappelle beaucoup, chose curieuse ! la manière d'Eugène Delacroix dans les illustrations de Faust[142]. »
Le peintre Adolphe Leleux (1812-1891) fait un voyage en Espagne. Il intégrera par la suite des thèmes espagnols dans son œuvre, notamment aux Salons de 1844 à 1847 [voir aussi 1846][143].

1843

février – Après la parution du dernier chapitre de sa série sur l'Espagne (1er janvier), Gautier publie son journal de voyage, *Tra los montes.* C'est la première édition de ce qui sera réédité sous le titre *Voyage en Espagne* et Gautier présentera en septembre un vaudeville éponyme au théâtre des Variétés[144].
Gautier, dans sa chronique, fait des commentaires sur les peintres espagnols et les artistes français, notamment Delacroix et Decamps, dont l'œuvre évoque l'Espagne. Il écrit au sujet du Greco : « Les bons ouvrages de sa seconde manière ressemblent beaucoup aux tableaux romantiques d'Eugène Delacroix. » Les toiles qu'il voit dans les *maisons* de Madrid sont, dit-il, des « tableaux enfumés et noirâtres, représentant quelque décollation ou quelque éventrement de martyr, sujets favoris des peintres espagnols ». Il mentionne brièvement Ribera, Velázquez et Zurbarán, mais il consacrera plus tard des textes à chacun d'eux.

Si Gautier apprécie la beauté des tableaux de Murillo, il est exaspéré de les trouver partout et déclare que « l'honneur et aussi la plaie de Séville est Murillo ». Il distingue cependant trois Murillo « admirables » à l'Académie de Madrid, *Sainte Élisabeth de Hongrie soignant les teigneux* [A 86], *le Songe du patricien* [A 39] et *la Fondation de Sainte-Marie-Majeure* [A 40], qui avaient été envoyés à Paris pendant l'occupation napoléonienne. Il a beaucoup à dire sur Goya, dont il connaît bien les gravures et qu'il tient pour « le peintre national par excellence » et « le petit-fils encore reconnaissable de Vélasquez ».

20-28 mars – Deuxième vente (la plus importante) de la collection Aguado à Paris [Lugt 16911]. Sur les 395 œuvres mises en vente, 240 sont espagnoles. Une troisième vente se tiendra du 18 au 22 avril [Lugt 16975]. Dans un inventaire de 1839 (dressé pour raisons d'assurance), la collection Aguado est estimée 3 330 950 francs. Au mois de mars, cependant, le produit de sa vente ne s'élève qu'à 501 644 francs[145].

Baudelaire visite la Galerie espagnole à plusieurs reprises[146].

Dans une lettre écrite entre 1843 et 1846, le collectionneur anglais William Coningham décrit la Galerie espagnole de Louis-Philippe à son ami l'artiste John Linnell : « La nouvelle Galerie espagnole sont *[sic]* infâme ; il n'y a pas un seul tableau qui vaille la peine d'être remarqué, sauf un portrait de Murillo. Vraiment, on ne trouverait rien d'aussi laid chez Isaacs, dans Regent Street[147]. »

Le catalogue du musée royal de Madrid compte 1 833 tableaux[148].

Parution du livre de Louis Viardot, *les Musées d'Espagne, d'Angleterre et de Belgique* (Paris, 1843).

1844

Louis-Philippe demande à Eugenio de Ochoa, critique et poète espagnol (voir janvier 1835) de réaliser un catalogue raisonné des manuscrits espagnols de la Bibliothèque royale. Durant ses sept années de résidence à Paris, Ochoa traduit également en français un certain nombre de classiques littéraires espagnols[149].

Le *Romancero général ou Recueil des chants populaires de l'Espagne, romances historiques, chevaleresques et moresques…* de Damas Hinard est publié à Paris.

1845

Salon (15 mars) – *Le Guitarero* de Courbet (New York, collection particulière) est accepté, mais 4 autres œuvres sont refusées.

1er août – L'article de Didier sur « L'Apuxarra » est publié dans la *Revue des deux mondes* (la seconde partie de l'article paraîtra le 1er septembre).

1er octobre – *Carmen* de Mérimée est publiée dans la *Revue des deux mondes*. Le 21 août 1844, il avait écrit à son ami Édouard Grasset qu'il avait consacré « quelques jours […] à l'étude du jargon des gitans[150] ».

19-20 décembre – Quatrième vente de la collection Aguado (succession du marquis de las Marismas), à Paris [Lugt 17961].

Constantin Guys, journaliste-illustrateur français (1805-1892), soumet plusieurs « Esquisses en Espagne » à l'*Illustrated London News,* lancé en 1842[151].

Parution du livre de Richard Ford, *Handbook for Travelers in Spain* (Londres, 1845). Une troisième édition paraîtra en 1855, avec d'abondantes révisions.

Parution d'*España,* de Gautier (Paris, 1845). Ce recueil de 43 poèmes, dont certains paraissent séparément dans diverses revues, est inspiré par le voyage de Gautier en Espagne (en 1840). Parmi les poèmes figurent « Ribeira » ; « A Zurbarán », publié pour la première fois dans *la Revue de Paris* (12 janvier 1844) ; et « Deux tableaux de Valdès Léal », un poème consacré à deux toiles de l'artiste, *In Ictu Oculi* et *Finis Gloriae Mundi,* qui sont conservées à l'hôpital de la Charité.

Une édition revue et corrigée du *Voyage en Espagne* paraît aussi la même année (Charpentier, Paris, 1845)[152].

1846

20 janvier – Le peintre Armand Leleux (1818-1885), frère d'Adolphe, souhaitant se rendre en Espagne, obtient une recommandation d'Ingres, son professeur, qui écrit à Cavé, directeur des Beaux-Arts : « Il va en Espagne et il désirerait y peindre une copie pour le gouvernement, il y a de si beaux Velázquez, peintre admirable et si peu connu en France que je n'hésite pas mon cher, à vous recommander ce jeune homme[153]… » Leleux, qui a été malade, ne livre qu'en janvier 1847 une copie de Murillo (*Saint Jean-Baptiste et l'Enfant Jésus,* du musée royal de Madrid). Il expose des sujets de genre espagnols aux Salons, de 1847 à 1853.

Salon (16 mars) – Le tableau de Courbet, *Portrait de M. XXX (Homme à la ceinture de cuir)* est accepté, mais 7 autres toiles sont refusées.

septembre – Début de la seconde guerre carliste, qui durera jusqu'en 1849.

27 septembre – L'article du baron Taylor « Quelques détails sur Murillo et ses œuvres » est publié dans le *Moniteur des arts*[154].
5 octobre – fin de novembre – Alexandre Dumas père (1802-1870) voyage en Espagne, accompagné par son fils (Dumas fils), son collaborateur Auguste Maquet et le peintre Louis Boulanger. Le peintre romantique Adolphe Desbarolles (1801-1886) et le graveur Eugène Giraud (1806-1881), que Dumas retrouve à Madrid le 10 octobre, se joignent au groupe. Ce périple est décrit dans le long ouvrage de Dumas père, *Impressions de voyage. De Paris à Cadix* (1847) [voir 1847].
10 octobre – Deux mariages royaux sont célébrés à Madrid : Isabelle II, fille de Ferdinand VII, épouse son cousin Francisco de Asis, et sa sœur, Luisa Fernanda (1832-1897), s'unit à Antoine d'Orléans (1824-1890), duc de Montpensier (le fils cadet de Louis-Philippe).
Gautier retourne en Espagne pour faire le compte rendu de ces mariages ; son article « Les fêtes de Madrid » paraît en 1846 et en 1847 dans *la Presse* et *Musée des familles,* et il sera republié sous le titre « En Espagne » en 1865 dans *Loin de Paris.* Durant son séjour, Gautier rencontre les voyageurs du groupe de Dumas (voir ci-dessus)[155].
Ce voyage l'amène à mieux connaître Velázquez : « Un peintre qu'on ne peut apprécier qu'en Espagne, écrit-il, c'est Velasquez, le plus grand coloriste du monde après Vecelli. Nous le mettons, pour notre part, bien au-dessus de Murillo, malgré toute la tendresse et la suavité de ce Corrège sévillan. Don Diego Velasco de Sylva est vraiment le peintre de l'Espagne féodale et chevaleresque. Son art est frère de celui de Calderon, et ne relève en rien de l'antiquité. Sa peinture est romantique dans toute l'acception du mot[156]. »
17 octobre – Constantin Guys est également en Espagne pour assister aux mariages royaux. Son illustration « The Spanish Marriages.–Madrid. The Puerta del Sol » est publiée dans l'*Illustrated London News.*
28 octobre – Dumas écrit de Grenade : « Alors que nous marchions vers le Generalife, nous nous arrêtâmes à une croisée de chemins pour écouter le son et le chant des castagnettes, regarder les ombres des feuilles jouer sur les murs blancs, et admirer une longue grappe de piments rouges qui pendait à une fenêtre comme une fantaisie de Decamps[157]. »
Le Paralytique de Murillo (Londres, National Gallery, Inv. 5931 [A82]), de la collection Soult, est acheté par le marchand d'art anglais William Buchanan, et vendu en 1846-1847 pour 160 000 francs à George Tomline. Il restera jusqu'en 1933 dans la collection des descendants de Tomline. Soult avait tenté, initialement, de vendre ce tableau à Louis-Philippe avec deux autres œuvres [voir 1835][158].
Le peintre Léon Bonnat (1833-1922) rejoint sa famille à Madrid ; il rentrera à Bayonne avec elle en 1853.

1847

Parution d'*Impressions de voyage. De Paris à Cadix,* de Dumas père (ancienne maison Delloye, Garnier frères éd., Paris, 5 vol., 1847-1848). Le livre est publié en espagnol et en allemand (1847).
Le protagoniste du roman de Théophile Gautier *Militona* est un jeune *madrileño* de bonne réputation qui a une passion pour la *plaza de toros.*
Constantin Guys est en Espagne, d'où il envoie ses dessins à des journaux.
Parution du livre d'Edgar Quinet, *Mes vacances en Espagne* (Paris, 1847).
La traduction de Damas Hinard de *Don Quichotte* est publiée. Une autre édition est publiée en 1869.

1848

22-25 février – La Révolution de 1848 force le roi Louis-Philippe à s'exiler à Londres. La deuxième République est proclamée à Paris.
De Londres, Louis-Philippe réclame à l'État français les œuvres de la Galerie espagnole, dont il revendique la propriété. L'État accède à sa demande et elles sont rendues à ses héritiers entre octobre 1850 et juillet 1851[159].
février – À Madrid, Bonnat s'inscrit à l'Académie de San Fernando, où il étudie la peinture d'histoire sous la direction de Federico de Madrazo[160].
15 novembre – L'article de Mérimée « Sur la peinture espagnole » – une révision des *Annals of the Artists of Spain* de William Stirling – est publié dans la *Revue des deux mondes.*
10 décembre – Louis-Napoléon Bonaparte (1808-1873), le neveu de Napoléon Ier, est élu président de la République pour une période de quatre ans.
Les galeries du Louvre sont réorganisées chronologiquement et par écoles.
Parution des *Annals of the Artists of Spain* de William Stirling-Maxwell (J. Ollivier, Londres, 1848). Cet ouvrage essentiel est aussi le premier livre d'histoire de l'art qui comporte, sous forme de talbotypes, des photographies de

gravures à l'eau-forte d'après les estampes et les tableaux cités.
Parution de *l'Espagne, le Maroc et l'Algérie* de Dumas père (Paris, 1848-1849, 4 vol.).

1849

1er janvier – La Galerie espagnole ferme ses portes[161].
1er août – L'État français commande au peintre Alfred Dehodencq (1822-1882) un tableau pour un montant de 2 000 francs. Il part pour Madrid le 27 août ; là-bas, il se lie d'amitié avec José et Federico de Madrazo, qui mettent à sa disposition un atelier.
Le Louvre fait l'acquisition du *Portrait à mi-corps de don Pedro Moscoso de Altamira, doyen de la chapelle royale de Tolède, depuis cardinal,* connu aussi sous le nom *Portrait d'un moine* (Inv. 942), considéré alors comme une œuvre de Velázquez (à présent, espagnol, XVIIe siècle). Il sera copié par de nombreux artistes français parmi lesquels Manet.
R. de Beauvoir publie son poème « A Goya » dans *l'Artiste*.

1850

29 janvier – Manet, qui vient d'avoir dix-huit ans, s'inscrit comme copiste au Louvre.
26 août – Louis-Philippe, ancien roi des Français (1830-1848), meurt en Angleterre.
27-28 août – Théophile Gautier consacre un article au musée espagnol dans *la Presse*.
septembre – Dehodencq présente à Madrid, au *salon* de l'Académie de San Fernando, son tableau commandé par l'État français, *la Corrida de los novillos* (Pau, musée des Beaux-Arts). Les critiques remarquent l'influence de Velázquez. Le tableau sera exposé à Paris au Salon de 1850-1851 sous le titre *Course de taureaux en Espagne* (no 766). Le tableau entrera au musée du Luxembourg avant 1852.
octobre 1850 – juillet 1851 – L'État français ayant accepté de rendre à Louis-Philippe les tableaux de la Galerie espagnole, toutes les œuvres de la Galerie et du musée Standish sont emballées et expédiées chez Christie's, Manson & Woods, à Londres, pour y être vendues. L'envoi comprend en tout 1 605 articles dont 505 tableaux, 126 sculptures et plâtres, 13 dessins et gravures, 956 pièces de mobilier, poteries, porcelaines, verreries, etc[162].
22 décembre – Dehodencq écrit à un ami au sujet de Velázquez : « Quelle peinture, mon cher ami ! Rien n'en donne une idée. C'est la nature prise sur le fait. L'observation la plus fine, les types les plus vrais, des harmonies de ton délicieuses, tout est là, jeté à profusion sur la toile. Sa manière vive et facile, sa façon de traiter le costume au point de vue de la tournure et du caractère, laissant de côté tous les détails, ces mains à peine indiquées quelquefois, témoignent d'une préoccupation continuelle de l'ensemble, de l'effet général ; et c'est réellement ce qui vous empoigne et vous arrache de terre à la vue de ses œuvres[163]. »
Salon (30 décembre) – *Un enterrement à Ornans,* de Courbet, est exposé. Champfleury écrit : « Sans connaître les admirables toiles de Velasquez, il se trouve d'accord avec l'illustre maître [...] Qui n'a pas l'intelligence de Velasquez ne saurait comprendre Courbet. Si les Parisiens connaissaient davantage les œuvres de Velasquez, ils se seraient sans doute moins fâchés contre l'*Enterrement à Ornans*[164]. »

1851

17 juin – Manet s'inscrit au Louvre pour faire une copie du *Moine,* qui est alors attribué à Velázquez (Inv. 942, acquis en 1849). La même année, le Louvre achète la *Réunion de treize personnages* (Inv. 943), alors également attribuée à Velázquez, et dont Manet fera aussi une copie.
24-28 novembre – Vente de la collection du maréchal Sébastiani, à Paris [Lugt 20536]. Parmi les lots figurent 11 tableaux espagnols et 700 bouteilles de vin d'Espagne, « assez vieilles et de qualité supérieure ».
26 novembre – Mort du maréchal Soult.
2 décembre – Coup d'État de Louis-Napoléon à Paris. Il se proclamera empereur, sous le nom Napoléon III, en novembre 1852.
J. Vallent écrit un article sur Goya dans l'*Encyclopédie du XIXe siècle*.
Traduction en anglais du récit de voyage d'Adolphe Desbarolles (1801-1886) et Eugène Giraud (1806-1881), par Charles Mac Farlane, qui paraît sous le titre *Two French artists in Spain* (George Routledge, Londres, 1851). Ce livre, qui décrit leur voyage en Espagne, en 1846, était paru sous forme de feuilleton dans *l'Assemblée nationale*. Il sera publié en 1855 en français.

1852

2 février – À Madrid, Isabelle II est victime d'une tentative d'assassinat.
7 février – Le musée de l'Ermitage, à Saint-Pétersbourg, ouvre au public.
16 février – Vente, à Paris, de la collection de Manuel Godoy, prince de la Paix [Lugt 20634].

19, 21 et 22 mai – Vente de la collection du maréchal Soult, à Paris (fixée initialement aux 24-26 mai) [Lugt 20846-20857]. 163 lots, dont 110 classés dans l'école espagnole, sont répertoriés dans le catalogue de la vente aux enchères. La vente rapporte, au total, 1 477 830 francs.
Le Louvre acquiert à cette occasion l'*Immaculée Conception* de Murillo (Madrid, musée du Prado, Inv. 2809 [A 110]) – le tableau le plus précieux du maréchal Soult – pour 586 000 francs (615 300 francs, frais compris). C'était, à cette époque, le prix le plus élevé jamais payé pour un tableau à une vente aux enchères. Jusqu'au 21 mai, le Louvre reçoit 30 demandes de la part de copistes et en l'espace de cinq années 167 demandes seront enregistrées.
Il sera rendu à l'Espagne en 1941, en échange d'autres œuvres.
Parmi les autres acquéreurs figurent le musée de Montpellier, qui achète *Sainte Agathe* de Zurbarán [G-G 220] ; Fiodor Bruni, directeur de l'Ermitage, ne parvient pas à se rendre acquéreur de l'*Immaculée Conception* mais réussit néanmoins à acheter 4 toiles ; la National Gallery de Londres, qui achète 3 œuvres ; et la Gemäldegalerie de Dresde, qui acquiert pas moins de 16 toiles espagnoles.
28 mai – Vente (initialement fixée au 18 mai) de feu la comtesse de Merlin (Mercedes Jaruco de Cuba), épouse du comte Christophe-Antoine de Merlin, ancien lieutenant-général de l'armée napoléonienne [Lugt 20842-20869]. 40 lots de tableaux sont mis en vente – dont 22 toiles espagnoles, « acquises [pour la plupart] pendant le voyage qu'elle fit en Espagne en 1845 ». Parmi ces dernières figurent les 6 œuvres (lots 1, 3, 5-8) qui n'avaient pas trouvé preneur à la vente du comte de Merlin, le 14 juin 1839 [voir 1839].
19 juin – Le peintre réaliste François Bonvin (1817-1887) écrit à son commanditaire Laperlier : « La vue des tableaux espagnols du maréchal Soult a réveillé chez moi une ardeur que je tiens à mettre à profit ; c'est pourquoi j'ai sur mon chantier des choses dont, je l'espère, vous ne serez pas mécontent[165]. »
21 novembre – Louis-Napoléon est élu empereur des Français sous le nom de Napoléon III.

1853

29 janvier – L'empereur Napoléon III épouse une noble espagnole, Eugenia de Montijo de Guzmán (1826-1920), comtesse de Teba, qui devient ainsi impératrice.
6-7, 13-14, 20-21 mai – Vente de la collection Louis-Philippe, à Londres, chez Christie's ; la vente de 501 lots rapporte 27 812 livres (1 260 000 francs) [Lugt 21383][166].
Les lots sont vendus comme suit : 6 mai : n°s 1-83 ; 7 mai : n°s 84-168 ; 13 mai : n°s 169-252 ; 14 mai : n°s 253-330 ; 21 mai : n°s 418-501.
14, 21, 28 mai ; 4 et 11 juin – 20 mai : lots 331-417. Les articles de Richard Ford sur les ventes Louis-Philippe et Standish sont publiés à Londres dans *The Athenæum*.
27-28 mai – Vente de la collection Standish à Londres, chez Christie's [Lugt 21422]. Elle comprend les 244 toiles léguées en 1842 par Standish à Louis-Philippe, dont 89 identifiées comme étant espagnoles. La vente aux enchères rapporte 9 859 livres (446 654 francs). 368 livres et dessins avaient été mis précédemment en vente, chez Christie's, du 6 au 30 décembre 1852 [Lugt 21071].
septembre-décembre – Mérimée séjourne en Espagne.
30 novembre – Delacroix rapporte dans son *Journal* un entretien avec le peintre Delaroche : « Je lui parlais un jour des admirables Murillo du maréchal Soult, qu'il voulait bien me laisser admirer ; seulement, disait-il, *ce n'est pas de la peinture sérieuse.* »
L'Alhambra du baron Taylor est publié, avec des lithographies par Asselineau.

1854

23 novembre – Fantin-Latour s'inscrit au Louvre afin de copier *l'Infante Marguerite* de Velázquez[167].
Après la mort de son père, en 1853, Bonnat quitte Madrid pour continuer sa formation à Paris. Il fera ses débuts au Salon en 1857.
L'inventaire du Museo Nacional de la Trinidad, Madrid, recense 1 733 tableaux.
La première partie des mémoires du maréchal Soult est publiée, *Histoire des guerres de la Révolution* (Paris, 1854).

1855

29 mars – La vente posthume, à Paris, de Collot, ancien receveur général et ancien directeur de la Monnaie (Lugt 22330), comprend 4 tableaux espagnols : *la Partie de cartes* de Murillo (n° 17), le *Martyre de sainte Agathe* (n° 19) et un *Portrait de Philippe IV* de Velázquez (en tant que Rubens), le *Saint Joachim et la jeune Marie* de Zurbarán (n° 18). Les ventes sont décevantes et Charles Perrier écrit : « Cela montre à quel point l'école espagnole est peu connue à l'étranger ; et s'il en est ainsi à Paris, qu'en serait-il à Rome, à Vienne et dans l'Europe du Nord[168] ? »

Ouverture, à Paris, de l'Exposition universelle, qui réunit pour la première fois les beaux-arts et les produits de l'industrie. L'art espagnol est représenté par 35 peintres, 5 sculpteurs, 1 graveur et 16 architectes, mais sa qualité est critiquée : « Comme l'Italie, [l'Espagne] est dans une décadence artistique complète : la noble terre des Murillo, des Velasquez, des Zurbaran et des Ribera, n'est plus qu'un temple sans pontifes. Aucun vestige de cette vieille école, qui est la sœur et la rivale de celle de Venise. La peinture religieuse et l'art pur ont fait leur temps en Espagne[169]. »
21 décembre – Baudelaire écrit, dans une lettre à un ami : « Je cherche partout un livret des *musées royaux* du temps de *Louis-Philippe,* et qui contienne les musées *Espagnol* et *Standish.* J'ai présumé que vous en pourriez avoir un[170]. »
Napoléon III fait don au Louvre de l'*Immaculée Conception* (MI 144 [A 116]), une esquisse à l'huile de Murillo.
Parution de *Velázquez and His Works* de sir William Stirling-Maxwell (J. W. Parker and Son, Londres, 1855). Le livre contient des reproductions de toutes les gravures de Velázquez publiées dans l'ouvrage essentiel de Stirling, *Annals of the Artists of Spain* (1848). Une traduction française paraîtra en 1865.
La Calcografía Nacional de Madrid réimprime des éditions de *la Tauromachie* et des *Caprices* de Goya.
Antoine de Latour (1808-1901), qui avait fait partie du cortège du duc de Montpensier, et s'était rendu en Espagne pour les cérémonies des mariages royaux, publie les notes de son voyage en tant qu'*Études sur l'Espagne : Séville et l'Andalousie.* C'est le premier d'une série d'ouvrages qu'il publiera.

1856

24 janvier – Delacroix écrit à Louis Guillemardet, lui demandant de donner à Laurent Matheron l'autorisation de voir ses Goya : « ...du portrait de ton père [...] et de celui d'une dame (petit portrait en pied) [...] que tu possèdes également. » La biographie de Matheron sur Goya, dédiée à Delacroix, paraîtra en 1858 [voir 27 novembre 1857, 1858].
janvier – Dans la presse de Londres et de Paris, plusieurs critiques décrivent avec enthousiasme un tableau de Murillo récemment découvert, *Saint Pierre pleurant,* qui est exposé au nouvel atelier parisien du peintre Henri Durand-Brager (1814-1879)[171].
5 avril – *La Sainte Famille* dite *la Vierge de Séville* de Murillo (Inv. 930) est « sortie de la Grande Galerie du Louvre par ordre de l'Empereur » pour être encastrée dans la boiserie du salon de l'impératrice au palais de Saint-Cloud, comme le montre une aquarelle de Fortuné de Fournier (château de Compiègne). La toile est renvoyée au Louvre le 23 août 1870.
juillet – À Madrid, Jaime Machén offre de vendre à l'État espagnol les planches de deux séries de gravures de Goya : *les Proverbes (les Disparates)* et *les Désastres de la guerre ;* sa proposition est refusée. Les planches étaient entrées en sa possession après avoir été vendues par Mariano, le petit-fils de Goya – qui en avait hérité en 1854 à la mort de son père, Javier. Machén les vendra finalement en 1862 à l'Académie de San Fernando[172].
Le journaliste-illustrateur Constantin Guys, qui se trouve alors en Espagne, réalise plusieurs dessins à Madrid, qui paraissent dans l'*Illustrated London News* du 2 août.
Le cabinet des Estampes de la Bibliothèque impériale (l'ancienne Bibliothèque nationale) acquiert une gravure à l'aquatinte de Goya, l'*Infant don Fernando, d'après Velázquez* (A 1930)[173].
20 novembre – La Bibliothèque impériale, à Paris, achète les épreuves de travail des *Désastres de la guerre,* de Goya.
Les tableaux légués au Louvre par Charles Sauvageot comprennent 6 portraits espagnols du XVIe siècle (MI 800, 807-810, tous attribués aujourd'hui à Alonso Sánchez Coello, et MI 795).

1857

27 mars – La vente de M. X*** [Louis Viardot], Paris, hôtel Drouot, comprend 9 tableaux espagnols, parmi lesquels figure une série par Antoliñez, une œuvre de Coello, un *Saint Paul* par Ribera et le *Portrait de l'Infante Marie-Thérèse d'Autriche* par Velázquez (Paris, musée du Louvre, MI 898 [LR-1963 389]), évalué à 7 000 francs. Il restera invendu.
5 mai – 17 octobre – *The Art Treasures Exhibition* se tient à Manchester, en Angleterre. Parmi les centaines de tableaux des écoles italienne, allemande, hollandaise et flamande figurent 97 toiles espagnoles, dont 31 Murillo, 24 Velázquez (dont 14 portraits) et 8 Zurbarán. De nombreuses œuvres ont été prêtées par des collectionneurs anglais, qui les avaient achetées en 1853 à la vente Louis-Philippe à Londres[174]. Charles Blanc dans ses *Trésors de l'art à Manchester* (Paris, 1857) remarque avec regret : « Qu'est devenu notre musée espagnol ? disons-nous souvent à Paris. – Il est tout entier en Angleterre... »
11 septembre – En compagnie de son collègue français Henri Martin (1860-1943), le peintre américain James

McNeill Whistler (1834-1903) visite l'exposition de Manchester. Il y voit des tableaux de l'école espagnole, dont des œuvres de (ou attribuées à) Velázquez, qui l'impressionnent beaucoup. Whistler était revenu spécialement de Paris pour visiter l'exposition[175].
27 novembre – Delacroix écrit à Matheron qu'il lui est reconnaissant de lui avoir envoyé le livre sur Goya et lui donne son opinion sur l'artiste : « Il m'est doublement agréable que ce soit à propos d'un grand artiste dont les compositions et la verve m'ont inspiré si souvent. Je vous sais aussi un gré infini de m'apprendre comme à tout le monde tant de détails intéressants, aussi bien sur sa vie si originale que sur ses ouvrages. Je ne doute pas qu'il ne vous ait fallu de longues et patientes recherches pour vous les procurer : mais il faut vous louer surtout de la manière dont vous les avez mis en œuvre pour augmenter l'intérêt du sujet. Laissez les Espagnols oublier les os de Goya dans la Chartreuse (cimetière situé à Bordeaux)... La Chartreuse est le lieu de son espèce le plus majestueux et le plus digne de son objet : et quant à l'abandon de ce tombeau doublement abandonné par ses compatriotes, c'est une suite de cette nécessité qui fait disparaître après nous ceux qui ont pu quelque temps garder notre souvenir[176]. »

1858

15 juillet – L'article « Quelques jours en Espagne » de John-Émile Lemoinne (1815-1892) paraît dans la *Revue des deux mondes*.
septembre – L'État français accepte 5 tableaux de la collection Soult en paiement d'une dette fiscale de 300 000 francs :
– Murillo, *Naissance de la Vierge* (MI 202 [A 130]), estimé 150 000 francs ;
– Murillo, *Miracle de saint Diego (la Cuisine des anges)* (MI 203 [A 11]), estimé 80 000 francs ;
– Herrera le Vieux, *Saint Basile dictant sa doctrine* (MI 206 [MR P.74]), estimé 20 000 francs ;
– Zurbarán, *Saint Pierre Nolasque* (*Saint Bonaventure au concile de Lyon*, MI 204 [G-G 18]), estimé 25 000 francs ;
– Zurbarán, *l'Exposition du corps de saint Bonaventure* (MI 205 [G-G 19]), estimé 25 000 francs.
Cet arrangement a été proposé à l'État par la famille Soult, après la mort du fils et héritier du maréchal, Napoléon-Hector Soult, duc de Dalmatie en juillet. Le baron Seillière est l'un des premiers à profiter de la vente privée de la collection et achète pour 25 000 francs *les Enfants (Los Niños* de Murillo [A 2630]) – la toile n'avait atteint que 9 000 francs à la vente de 1852.
26 novembre – Le nom de Manet apparaît pour la première fois dans le registre de la Bibliothèque impériale, à Paris.
Whistler et les peintres Alphonse Legros (1837-1911) et Henri Fantin-Latour (1836-1904) forment *la Société des Trois* pour promouvoir leur considération commune pour la peinture espagnole et hollandaise.
Parution de la biographie de Goya par Laurent Matheron. Elle est dédiée à Delacroix.
La traduction par Damas Hinard du *Poème du Cid* est publiée à Paris.

1859

janvier – Les 5 tableaux espagnols de la collection Soult [voir septembre 1858] sont mis en exposition dans la Grande Galerie du Louvre.
Salon (15 avril) – Édouard Manet (1832-1883) propose *le Buveur d'absinthe* (Copenhague, Ny Carlsberg Glyptotek [RW I 19]), mais le tableau est refusé.
30 avril – Gautier, dans sa critique du Salon, évoque la peinture de Zurbarán en parlant du tableau soumis par Baudry, *la Madeleine pénitente* (Nantes, musée des Beaux-Arts) : « Elle n'est pas bien sévère, mais qui songe à s'en plaindre et à lui préférer les farouches pécheresses de Zurbarán, aux yeux caves, aux joues ravinées, à la gorge flétrie, aux bras osseux, au teint jaune comme le crâne qu'elles roulent entre leurs maigres mains[177] ? »
Deux mois plus tard, dans un article du 20 juillet 1859, Gautier commente ainsi deux toiles de Boulanger, la *Rencontre de Gil Blas et de don Melchior Zapata* et le *Don Quichotte avec les chevriers* : « M. Louis Boulanger a mêlé à son sentiment personnel sur l'Espagne, qu'il connaît *de visu* [voir 1846], une imitation du faire et de la couleur de Goya. »
Baudelaire, en parlant de Baudry, fait également allusion à un peintre espagnol, en l'occurrence Velázquez : « M. Baudry, bien que sa peinture ne soit pas toujours suffisamment solide, est plus naturellement artiste. Dans ses ouvrages on devine les bonnes et amoureuses études italiennes, et cette figure de petite fille, qui s'appelle, je crois, *Guillemette*, a eu l'honneur de faire penser plus d'un critique aux spirituels et vivants portraits de Velasquez[178]. »
avril – Bonvin tient un Salon des Refusés dans son atelier, au 189, rue Saint-Jacques, où il présente une huitaine d'œuvres. Les exposants sont Fantin-Latour, Legros,

Théodule Ribot (1823-1891), Whistler et peut-être Antoine Vollon (1833-1900). Ils ont en commun une admiration pour les maîtres anciens hollandais et espagnols[179].

14 mai – Baudelaire écrit à Nadar pour lui conseiller d'aller voir, et de photographier, 2 tableaux de la duchesse d'Albe de Goya (« archi-Goya, archi-authentique ») chez un marchand de tableaux nommé Moreau. Ce sont des réductions de la *Maja vêtue* et de la *Maja nue* du Prado (Rotterdam, musée Boymans-van Beuningen)[180].

Manet peindra en 1862 *la Maîtresse de Baudelaire* (Budapest, Szépmüvészeti Múzeum [RW I 48]) et *Jeune Femme couchée, en costume espagnol* (New Haven, Yale University Art Gallery [RW I 59]), une œuvre généralement considérée comme un portrait de la maîtresse de Nadar. Ces toiles sont inspirées des *Majas* de Goya [voir 1862, 1866].

1er juillet – Manet s'inscrit comme copiste au Louvre. Bien que les registres n'indiquent pas ce qu'il y a copié, il s'agissait, entre autres, de la *Réunion de treize personnages,* d'après Velázquez (1859-1860, Norfolk, Chrysler Museum of Art [RW I 21]) et de son eau-forte d'après *l'Infante Marguerite* du maître espagnol [G 6].

Les hommages de Manet à Velázquez, *Cavaliers espagnols* [Lyon, musée des Beaux-Arts [RW I 26] et *Scène d'atelier espagnol* (collection particulière [RW I 25]), datent également de cette année et sont inspirés de la *Réunion de treize personnages.*

Parution de *Sixteen years of an artist's life in Morocco, Spain and the Canary Islands* d'Elizabeth Murray (1816-1882 ; Hurt and Blackett, Londres, 1859, 2 vol. [1850 ?]) ; les passages sur Tenerife sont traduits en espagnol et publiés dans *Eco de Comercio* (Santa Cruz de Tenerife, octobre 1859).

1860

15 août – L'article en deux parties de Valentin Carderera « François Goya – Sa vie, ses Dessins et ses eaux-fortes » est publié dans *la Gazette des Beaux-Arts.* La seconde partie, consacrée aux gravures de Goya, paraîtra en 1863. Parmi les illustrations se trouve une gravure de Bracquemond d'après l'album de dessin de Goya *Don Quichotte* [G-W 1475], circulant alors dans Paris (il sera acquis par le British Museum en 1862).

Manet signe et date *le Chanteur espagnol* (New York, Metropolitan Museum [RW I 32]) et *les Étudiants de Salamanque* (collection particulière [RW I 28]).

Parution des *Musées d'Espagne* de Louis Viardot (Paris, 1860).

On peut lire, dans la préface du *Guide Joanne* de l'Espagne et du Portugal : « Dans l'opinion vulgaire, l'Espagne est encore l'un des pays que l'on peut visiter sans au préalable avoir fait son testament[181]. »

1861

Salon (1er mai) – Manet expose *le Chanteur espagnol* (New York, Metropolitan Museum [RW I 32]) et le portrait de ses parents, *M. et Mme Auguste Manet* (Paris, musée d'Orsay [RW I 30]). Le premier est couvert d'éloges et Gautier écrit cette fameuse critique : « *Caramba !* Voilà un *Guitarrero* qui ne vient pas de l'Opéra-Comique, et qui ferait mauvaise figure sur une lithographie de romance ; mais Velázquez le saluerait d'un petit clignement d'œil amical et Goya lui demanderait du feu pour allumer son *papelito*[182]. »

Le tableau donne l'envie à un groupe de jeunes peintres et écrivains – Fantin-Latour, Legros, Carolus-Duran, Bracquemond, Baudelaire, Champfleury et Duranty – de visiter l'atelier de Manet afin d'exprimer leur admiration pour le *Chanteur espagnol.*

1er juillet – Parution de « Velasquez au Musée de Madrid » d'Ernest Beulé dans la *Revue des deux mondes,* qui publiera le 15 octobre un deuxième article de Beulé, « Murillo et l'Andalousie ».

1er-15 octobre – Manet expose *le Chanteur espagnol* [RW I 32] à la galerie Martinet, à Paris, bien que le tableau ne soit pas à vendre[183].

Parution de *l'Espagne inconnue. Voyage dans les Pyrénées, de Barcelone à Tolosa, avec une carte routière* de Justin-Édouard-Mathieu Cénac-Moncaut (1814-1871 ; Amyot, Paris, 1861, 2e éd., E. Dentu, Paris, 1870).

1862

mai – Le Louvre acquiert le *Philippe IV en costume de chasse* de Velázquez (aujourd'hui, atelier de Velázquez, MI 292, en dépôt au musée Goya de Castres [LR-1963 251]). *La Gazette des Beaux-Arts* publie une gravure de l'œuvre en juillet 1863.

Le 31 mai, Alfred Cadart et Félix Chevalier fondent la Société des aquafortistes. Manet, Braquemond, Fantin-Latour, Jongkind, Legros et Ribot sont parmi les membres fondateurs.

12 août – 2 novembre – La troupe de danse du théâtre royal de Madrid entame sa deuxième saison à l'hippodrome de Paris avec le ballet intitulé *la Flor de Sevilla.* La troupe et ses principaux danseurs, Mariano Camprubi et Lola Meléa – dont le nom de scène est Lola de Valence –, servent de modèles à Manet.

septembre – Charles Blanc se rend en Espagne avec Paul de Saint-Victor « … pour y voir le seul grand musée de l'Europe que nous n'eussions pas encore vu, le Musée de Madrid. À vrai dire, c'était Vélasquez qui nous attirait… ». Le voyage est peut-être motivé par l'entrée, au mois de mai, du Velázquez au Louvre, car Blanc écrira un article sur le maître espagnol pour *la Gazette des Beaux-Arts* un an plus tard [voir juillet 1863].

septembre-octobre – Le 1er septembre, l'eau-forte de Manet imprimée par Cadart, *les Gitanos* [G 21], est reproduite dans le premier numéro d'*Eaux-fortes modernes*, le journal interne de la Société des aquafortistes (récemment créée).

En octobre, le portfolio intitulé *Huit Gravures à l'eau forte par Manet* est publié par Cadart. La plupart des gravures de l'artiste sont réalisées d'après ses tableaux « espagnols » :

– 1. *le Chanteur espagnol* [G 16] ;
– 2. *les Petits Cavaliers* [G 8] ;
– 3. *Philippe IV* [G 7] ;
– 4. *« l'Espada »* [G 32] ;
– 5. *le Buveur d'absinthe* [G 9] ;
– 6. *la Toilette* [G 26] ;
– 7. *le Gamin au chien* [G 17] ;
– 8. *Un gamin* [G 27] et *la Petite Fille* [G 25] publiés sur un même feuillet.

La gravure qui a pour titre *l'Enfant à l'épée* [G 13] est aussi imprimée entre 1862 et 1863.

Au cours de 1862, Manet signe et date les tableaux suivants : *Mlle V… en costume d'Espada* (New York, Metropolitan Museum [RW I 58]), *Lola de Valence* (Paris, musée d'Orsay [RW I 53]), *Mariano Camprubi* (collection particulière [RW I 54]), *le Ballet espagnol* (Washington, Phillips Collection [RW I 55]) et *Guitare et chapeau* (Avignon, musée Calvet [RW I 60]). Ses portraits de femmes allongées, *la Maîtresse de Baudelaire* [RW I 48] et *Jeune Femme couchée, en costume espagnol* [RW I 59], datent également de cette année [voir 1866].

Manet rencontre Degas (1834-1917) pour la première fois lors d'une visite au Louvre. Il exprime sa consternation en le voyant essayer de copier *l'Infante Marguerite* de Velázquez à même une plaque de cuivre.

novembre – L'Académie de San Fernando achète à Jaime Machén les 80 planches des *Désastres de la guerre* et les 18 planches des *Disparates,* de Goya, pour la somme de 28 000 reales. Les planches entrent à la Calcografía Nacional, qui imprimera, en 1864, les premières gravures des deux séries. En 1870, Paul Lefort fera don des planches 81 et 82 des *Désastres*[184].

Carolus-Duran (1837-1917), ayant obtenu le prix Wicar dans sa ville natale de Lille, entreprend un long séjour en Italie (1862-1866). Il est très probable que c'est Velázquez qui l'inspira, dont le chef-d'œuvre le *Portrait du pape Innocent X* se trouve à Rome, à la galerie Doria-Pamphili[185].

Jean-Charles Davillier (1823-1883) et Paul Gustave Doré (1832-1883) publient, sous le titre « Voyage en Espagne », une longue série d'articles qui relatent leurs voyages dans la Péninsule (les textes couvrent une période de onze ans). Ces articles paraissent dans *le Tour du monde,* une des plus grandes revues européennes de voyages de la seconde moitié du XIXe siècle. Écrits par Davillier et illustrés par Doré, ils seront réunis dans un livre qui paraîtra en 1874 [voir 1874].

1863

1er mars – Manet expose 14 tableaux à la galerie Martinet, à Paris (11 d'entre eux peuvent être identifiés). La plupart de ces œuvres témoignent de sa fascination pour les thèmes espagnols :

– *Mme Brunet* (New York, collection particulière [RW I 31]) ;
– *le Gamin au chien* (Paris, collection particulière [RW I 47]) ;
– *l'Enfant à l'épée* (New York, Metropolitan Museum [RW I 37]) ;
– *Jeune Femme couchée, en costume espagnol* (New Haven, Yale University Art Gallery [RW I 59] ;
– *la Chanteuse des rues* (Boston, Museum of Fine Arts [RW I 50]) ;
– *Lola de Valence* (Paris, musée d'Orsay [RW I 53]) ;
– *les Gitanos* (fragments restants : Paris, collection particulière [RW I 42] ; Chicago, Art Institute [RW I 43] ; collection particulière [RW I 44]) ;
– *le Vieux Musicien* (Washington, National Gallery [RW I 52]) ;
– *le Ballet espagnol* (Washington, Phillips Collection [RW I 55]) ;
– *les Gitanos*, eau-forte [G 21][186].

7 mars – La lithographie de Manet *Lola de Valence* [G 69] sert pour la couverture d'une partition de Zacharie Astruc. La sérénade est dédiée à la reine d'Espagne. Le 1er octobre, l'eau-forte de Manet d'après son portrait de Lola de Valence, imprimée par Cadart, est reproduite dans le deuxième numéro d'*Eaux-fortes modernes.*

D'autres gravures de Manet sont publiées la même année : *Eaux-fortes par Édouard Manet,* un album de 14 estampes qui présente, en frontispice, toutes les gravures du portfolio de 1862 [voir 1862], ainsi que *Chapeau et guitare* [frontispice, G 62], *la Marchande de cierges* [G 19], *le Baïlarin (Mariano Camprubi)* [G 24], *l'Enfant à l'épée* [G 13], *les Gitanos* [G 21] et *Lola de Valence* [G 23].

1er avril – Vente Louis Viardot, à Paris [Lugt 27228]. Les 48 lots mis en vente comprennent 42 toiles, dont 2 tableaux espagnols : un Ribera (lot 26) et un Velázquez, *Portrait de Marie-Thérèse* (lot 37), tous deux demeurés invendus à sa vente de 1857 (voir 1857). La description révèle une curieuse histoire : « Ce portrait était au palais de Madrid. Lors de la retraite des Français, en 1814, un officier du roi Joseph coupa la tête et le buste dans le tableau original, et rapporta, roulé autour d'un bâton, ce fragment, qui passa dans la collection de M. Didot. Heureusement que, même ainsi mutilé, il forme un portrait complet et excellent. »

Salon (1er mai) – Jehan Georges Vibert (1840-1902) expose ses premières œuvres sur des thèmes espagnols. Les envois de Manet sont refusés.

15 mai (Salon des Refusés) – Sur les 6 œuvres qu'expose Manet, 5 portent sur des sujets espagnols, dont une gravure d'après le Velázquez acquis récemment par le Louvre, le *Portrait de Philippe IV* :

– *le Déjeuner sur l'herbe* (Paris, musée d'Orsay [RW I 67]) ;
– *Jeune Homme en costume de majo* (New York, Metropolitan Museum [RW I 70]) ;
– *Mlle V… en costume d'espada* (New York, Metropolitan Museum [RW I 58]) ;
– *Philippe IV, d'après Velázquez*, eau-forte [G 7] ;
– *les Petits Cavaliers*, eau-forte [G 8] ;
– *Lola de Valence*, eau-forte [G 23].

L'eau-forte *Lola de Valence* est accompagnée de ces vers de Baudelaire : « Entre tant de beautés que partout on peut voir / Je comprends bien, amis, que le Désir balance ; / Mais on voit scintiller dans Lola de Valence / Le charme inattendu d'un bijou rose et noir[187]. »

1er juillet – L'article de Charles Blanc « Vélasquez à Madrid » paraît dans *la Gazette des Beaux-Arts,* XV (1er juillet 1863). Blanc relate le voyage qu'il a fait en Espagne pour voir les Velázquez du Prado [voir 1862]. Il regrette toutefois d'avoir rédigé, en 1851, un essai sur le maître espagnol sans avoir alors pleinement apprécié son œuvre ; il écrit qu'il avait pourtant vu les Velázquez des collections de lord Ashburton et du prince d'Orange, ceux de la Galerie espagnole et de la National Gallery de Londres. De plus, il observe que c'est seulement par le biais des lithographies qu'il a connu les plus grandes œuvres du maître : les portraits équestres de Philippe IV et du comte-duc d'Olivares, *la Reddition de Breda, les Fileuses* et *les Ménines.* Il mentionne aussi les eaux-fortes de Goya d'après les œuvres de Velázquez, et son article est accompagné d'une gravure, par William Haussoullier, du Velázquez récemment acquis par le Louvre, *Philippe IV en costume de chasse* [voir mai 1862].

4 juillet – Des tableaux espagnols sélectionnés dans la collection Campana, en juillet 1862, sont exposés au Louvre. Ces toiles, choisies par l'Académie des beaux-arts, comprennent 2 œuvres attribuées à l'école de Murillo (qui ne sont plus considérées aujourd'hui comme faisant partie de l'école espagnole) et une série de 14 panneaux, *les Hommes illustres,* dont 5 sont attribués à Pedro Berruguete (MI 652-657)[188].

août – Manet expose *l'Enfant à l'épée* [RW I 37] au Salon de Bruxelles.

septembre – La seconde partie de l'article de Carderera sur Goya paraît dans *la Gazette des Beaux-Arts* [voir 1860]. La Calcografía Nacional de Madrid publie la première édition de la série de 82 gravures de Goya des *Désastres de la guerre* [G-W 993-1148].

Degas fera l'acquisition d'un volume de *Désastres,* peut-être l'année suivante, qui restera dans sa collection jusqu'à sa mort[189].

L'ouvrage de Charles Gueullette *les Peintres espagnols* est publié à Paris (1863).

Parution de *Apuntes histórico-biográficos acerca de la escuela aragonesa de pintura, recompilados por…* Francisco Zapater y Gómez (Madrid, 1863).

1864

17-29 février – Vente après-décès des œuvres de Delacroix, à Paris [Lugt 27692].

La vente comprend des croquis de l'artiste d'après des gravures de Goya, plus de 100 études de sujets espagnols, 7 carnets de croquis de son voyage en Espagne et au Maroc (janvier-juin 1832), plusieurs gravures de Goya, y compris les *Caprices* (lot 826), ainsi que 2 copies par Géricault d'œuvres espagnoles (acquises durant la vente de l'atelier de Géricault en novembre 1824).

Millet figure parmi les acquéreurs et, « avec l'aide de P. Burty, Sensier et d'autres amis [...] achète de nombreux dessins de Delacroix pendant et après la vente des œuvres de l'atelier du peintre[190]... ».

25 avril – M. R. Zarco del Valle, dans la *Chronique des arts,* parle de la réouverture du Prado, après « une longue fermeture ». Entre-temps, le nouveau directeur, Federico de Madrazo, a réinstallé la collection permanente par ordre chronologique et par écoles, dans des galeries bien éclairées : « Cet arrangement permet de jouir, d'étudier avantageusement et d'apprécier la beauté des tableaux de Vélasquez, de Murillo et autres maîtres placés maintenant sous la plus belle lumière. »

Salon (1er mai) – Manet expose le *Christ mort et les anges* (New York, Metropolitan Museum [RW I 74]) et *Épisode d'une course de taureaux,* qui est violemment critiqué. Plus tard, il découpera la toile et utilisera les fragments restants pour créer *le Torero mort* (Washington, National Gallery, Inv. 636 [RW I 72] et *la Corrida* (New York, Frick Collection [RW I 73]).

juin – Baudelaire écrit à Théophile Thoré. Il lui reproche d'avoir accusé Manet de faire, dans son tableau *Épisode d'une course de taureaux,* un pastiche du Greco, de Goya et de Velázquez : « Le mot *pastiche* n'est pas juste. M. Manet n'a jamais vu de *Goya*, M. Manet n'a jamais vu de *Gréco*. M. Manet n'a jamais vu la galerie Pourtalès. Cela vous paraît incroyable, mais cela est vrai [...] M. Manet, à l'époque où nous jouissions de ce merveilleux musée espagnol que la stupide république française, dans son respect abusif de la propriété, a rendu aux princes d'Orléans, M. Manet était un enfant et servait à bord d'un navire. On lui a tant parlé de ses pastiches de Goya que maintenant il cherche à voir des Goya. Il est vrai qu'il a vu des Vélasquez, je ne sais où[191]. »

15 août – La ligne de chemin de fer Irún-Madrid est inaugurée à San Sebastian, en Espagne. Théophile Gautier, invité des Chemins de fer, écrit une série d'articles retraçant son voyage de Paris à Madrid et retour pour le *Moniteur universel*. Ils sont publiés entre le 18 août et le 19 octobre. C'est la troisième fois que Gautier voyage en Espagne. Un article sur son retour au Museo Real, à Madrid (le Prado), est publié le 24 septembre ; dans cet article il s'extasie sur Velázquez : « Sa [le Prado] gloire particulière, sa richesse originale, c'est de contenir Velasquez tout entier[192]. »

La Calcografía Nacional de Madrid publie la première édition de la série de 18 estampes de Goya, *les Disparates* (qui paraît sous le titre *les Proverbes* [G-W 1571-1613]). En 1877, 4 gravures de la série [G-W 1601-1604] seront publiées pour la première fois dans *l'Art*.

Don Francisco de P. Mellado, dans la 10e édition de son *Guía del Viajero en España* donne la population de l'Espagne (15 673 481 habitants) et de Madrid (environ 300 000). Il indique que le musée des tableaux (le Prado), qui compte près de 2 000 toiles, est ouvert au public le dimanche, mais que les étrangers peuvent obtenir du directeur la permission de le visiter dans la semaine.

1865

1er février – L'article de Paul Mantz (le dernier d'une série de quatre) sur « la Galerie Pourtalès », publié dans *la Gazette des Beaux-Arts,* est consacré aux « peintures espagnoles, allemandes, hollandaises, flamandes et françaises ». Parmi les illustrations figure une gravure, par Flameng, du fameux *Roland mort* attribué alors à Velázquez. Paul Mantz écrit : « L'*Orlando* a toutes les qualités de force et d'harmonie qu'on admire chez Vélasquez, et ce tableau aura l'applaudissement de ceux-là mêmes qui ont vu le maître en son triomphe, dans ses grandes œuvres du musée, à Madrid. » Pour Mantz, cette œuvre et le *Triomphe de l'Église* de Murillo [A 42] comptent parmi les « vraies perles de la galerie. »

27 mars – 4 avril – Vente de la collection du comte James Alexandre Pourtalès-Gorgier (1776-1855), à Paris ; parmi les 383 œuvres mises en vente se trouvent 14 tableaux espagnols de Ribera, Murillo, Navarrete, Ribalta, Velázquez et Zurbarán.

Une des œuvres les plus fameuses de la collection est le *Roland mort*, attribué alors à Velázquez (italienne, en fait, XVIIe siècle, *Soldat mort,* Londres, National Gallery).

27 mars – Vente d'« Un Tableau par Ribera » à Paris [Lugt 28407].

10 avril – Vente de 8 tableaux espagnols de la collection Aguado, à Paris [Lugt 28443]. *La Chronique des arts* parle de « neuf tableaux, dont un seul, le Murillo, offrait un réel intérêt ». Il s'agit de la *Mort de sainte Claire* (Dresde, Gemäldegalerie [A 10]), que le général Faviers avait rapporté de Séville[193].

14 avril – La Bibliothèque impériale, à Paris, achète les épreuves d'essai des *Désastres de la guerre* et des *Proverbes,* de Goya.

Salon (1er mai) – Manet expose *Olympia* (Paris, musée d'Orsay, RF 644 [RW I 69]) et *le Christ insulté par les soldats* (Chicago, Art Institute [RW I 102]), qui sont violemment critiqués.

31 mai – 12 juin – Vente de Charles Auguste Louis Joseph, duc de Morny (1811-1865, demi-frère de Napoléon III), à Paris [Lugt 28564]. La vente comprend 5 tableaux espagnols (2 Velázquez et 3 Murillo).

août – Dans une lettre à Zacharie Astruc, Manet lui demande conseil au sujet de son voyage imminent en Espagne : « ... je suis extrêmement pressé de voir tant de belles choses et d'aller demander conseil à maître Vélasquez[194]. »

fin d'août – Manet part pour l'Espagne, où il compte rester un mois. Mais il revient quinze jours plus tard, en se plaignant de la cuisine du pays. Il visite Burgos, Valladolid, Tolède et passe sept jours à Madrid, où il rencontre le critique d'art et hispanophile Théodore Duret (1838-1927), dont il fera le portrait en 1868 (Paris, Petit Palais, Inv. 485 [RW I 132]).

1er septembre – À Madrid, Manet et Duret signent le livre des visiteurs au Prado ; Manet déclare qu'il est artiste. Manet écrit à Fantin-Latour : « Mon cher ami, que je vous regrette ici et quelle joie c'eût été pour vous de voir ce Vélasquez qui à lui tout seul vaut le voyage [...] C'est le peintre des peintres ; il ne m'a pas étonné mais m'a ravi. Le portrait en pied que nous avons au Louvre n'est pas de lui. *L'infante* seule ne peut être contestée. Il y a ici un tableau énorme rempli de petites figures comme celles qui se trouvent dans le tableau du Louvre intitulé les cavaliers, mais figures de femmes et d'hommes, supérieures peut-être et surtout parfaitement pures de restauration. Le fond, le paysage est d'un élève de Vélasquez. Le morceau le plus étonnant de cet œuvre splendide et peut-être le plus étonnant morceau de peinture que l'on ait jamais fait est le tableau indiqué au catalogue, portrait d'un acteur célèbre au temps de Philippe IV [*Pablo de Valladolid,* LR 82] ; le fond disparaît, c'est de l'air qui entoure ce bonhomme tout habillé de noir et vivant ; et les *Fileuses,* le beau portrait d'Alonzo Cano, *las Meninas* (les nains), tableau extraordinaire aussi, ses philosophes, étonnants morceaux – tous les nains, un surtout assis de face les poings sur les hanches [*Don Sebastian de Morra,* Madrid, musée du Prado (depuis 1819, Inv. 1202)], peinture de choix pour un vrai connaisseur, ses magnifiques portraits, il faudrait tout énumérer, il n'y a que des chefs-d'œuvre ; [...] Et Goya, le plus curieux après le maître, qu'il a trop imité dans le sens le plus servile d'imitation. Une grande verve cependant. Il y a de lui au musée deux beaux portraits équestres dans la manière de Vélasquez, bien inférieurs toutefois. Ce que j'ai vu de lui jusqu'ici ne m'a pas plu énormément ; je dois en voir ces jours-ci une magnifique collection chez le duc d'Ossuna [...] Je vais demain faire une excursion à Tolède. Là je verrai Greco et Goya très représentés, m'a-t-on dit[195]. »

14 septembre – Manet écrit à Baudelaire du château de Vassé : « J'ai vu de Goya des choses très intéressantes, quelques fort belles entres autres un portrait de la duchesse d'Albe en costume de *majo* d'un charme inouï. Un des plus beaux, des plus curieux et des plus terribles spectacles que l'on puisse voir, c'est une course de taureaux. J'espère à mon retour mettre sur la toile l'aspect brillant, papillotant et en même temps dramatique de la corrida à laquelle j'ai assisté[196]. »

17 septembre – Manet écrit à Astruc du château de Vassé : « Je n'ai nullement été satisfait de Ribera et de Murillo. C'est des peintres de second ordre décidément. Le portrait de Charles-Quint par Titien a l'air, à côté de celui [équestre] du duc d'Olivarès, d'un mannequin sur un cheval de bois. Deux hommes seulement, après le Maître, m'ont séduit là-bas : Greco dont l'œuvre est bizarre, des portraits fort beaux cependant (je n'ai pas été content du tout de son *Christ* de Burgos) et Goya dont le chef-d'œuvre se trouve, selon moi, à l'Académie (*la Duchesse d'Albe* [en fait, la *Maja vêtue*], quelle saisissante fantaisie). J'ai demandé vingt fois le peintre Garcia Martinez aux échos du Café suisse ; il était absent de Madrid ; je n'ai donc pas vu la Galerie d'Ossuna [à La Alameda]. J'ai admiré, comme vous, Tolède, Valladolid et San Pablo, Burgos et sa cathédrale. Mais quelle sale cuisine on mange dans ce pays... ! C'est vraiment fâcheux. Je suis resté sept jours à Madrid et j'ai eu bien le temps de tout y voir, le Prado avec toutes ses mantilles m'a plu énormément, mais le spectacle unique c'est la course de taureaux. J'en ai vu une superbe et compte bien à mon retour à Paris mettre sur la toile l'aspect rapide de cet assemblage de monde tout bariolé, sans oublier la partie dramatique, picador et cheval renversés et labourés par les cornes du taureau et l'armée de *chulos* cherchant à écarter l'animal furieux[197]. »

13 octobre – Manet écrit à Duret : « ... je vous aurais déjà écrit pour vous dire tout l'intérêt que j'ai pris à lire vos articles sur l'Espagne [publiés dans *l'Indépendant,* Saintes], mais j'étais encore absent de Paris quand votre envoi m'est arrivé [...] J'ai cependant fait déjà depuis mon retour *la Plaza de toros de Madrid* (Paris, musée d'Orsay [RW I 107]) ; à votre prochain voyage à Paris ne manquez pas de venir me voir, je serai bien aise d'avoir votre terrible et positif jugement. Ah mais j'espère bien que vos articles vont avoir une suite et que vous allez parler de l'Espagne au point de vue artistique et politique, Vélasquez, Goya, Greco à la rescousse ! Me les envoyer bien entendu. J'aurai grand plaisir à vous revoir et à causer un peu de nos aventures d'Espagne mais je ne vous accorderai jamais, je vous en avertis d'avance, que nous ayons bien déjeuné à Tolède[198]. »

Parmi les œuvres que Manet peint à son retour figurent 3 tableaux de *corridas,* tous datés de 1865-1866 : *Course de taureaux* (ou *la Plaza de toros de Madrid*) (Paris, musée d'Orsay [RW I 107]), et 2 toiles intitulées *Combat de taureaux* (Chicago, Art Institute [RW I 108] ; Tokyo, collection particulière [RW I 109]).

Louis Guillemardet lègue deux œuvres de Goya au Louvre : le portrait de son père, *Ferdinand Guillemardet* (MI 697 [G-W 677]), et un *Portrait de jeune femme espagnole* (MI 698 [voir G-W 678]). Ce sont les premiers Goya acquis par le Louvre.

Parution du livre de Pierre-Gustave Brunet *Étude sur Francisco Goya, sa vie, et ses travaux* (Paris, 1865)[199].

Autre publication de cette année, une traduction par Brunet du *Velázquez and His Works* de Stirling-Maxwell, sous le titre *Velazquez et ses œuvres, par William Stirling, traduit de l'anglais par G. Brunet, avec des notes et un catalogue des tableaux de Velazquez, par W. Bürger* [Théophile Thoré], Paris, 1865, 8 vol. L'ouvrage avait été publié pour la première fois en 1855 à Londres.

Parution de *Guide to Spain* de O'Shea (Londres, 1865).

1866

Carolus-Duran, encouragé par ses amis Édouard Manet et Zacharie Astruc, entreprend un long voyage en Espagne (Astruc s'y était rendu en 1864 et Manet en 1865). Son séjour est financé par le produit de la vente de son tableau *l'Assassiné* (Lille, palais des Beaux-Arts), qui a reçu une médaille au Salon de 1866 et lui a été acheté par l'État français pour 5 000 francs. Il restera plus de deux ans en Espagne et reviendra à Paris en 1868[200].

Salon (1er mai) – Deux tableaux de Manet, *le Fifre* (Paris, musée d'Orsay [RW I 113]) et *l'Acteur tragique* (Washington, National Gallery [RW I 106]), sont refusés.

En juillet, après avoir visité l'atelier de Manet, Thoré mentionne dans un article ce « grand portrait d'un homme en noir rappelant les portraits de Velázquez et que le jury a rejeté[201] ».

15 septembre – La lithographie de Manet *Plainte mauresque* [G 70] sert de couverture pour une partition de Jaime Bosch, un compositeur catalan installé à Paris.

2 novembre – Carolus-Duran s'inscrit comme copiste au Prado[202]. Entre le 10 et le 19 décembre, il réalisera une copie du *Nain el Primo, d'après Velázquez* (Paris, Sénat)[203].

Eugène Crépet décrit la chambre de Baudelaire : « Les murs étaient principalement ornés par deux toiles de Manet, dont une copie du portrait de la duchesse d'Albe [la *Maja vêtue*] par Goya, qu'il admirait beaucoup[204]. »

L'article de Pharamond Blanchard « Velasquez et ses œuvres » est publié dans *la Chronique des arts,* IV.

Parution de *l'Andalousie, l'art arabe et le peintre Murillo, fragment d'un voyage en Espagne ; par Jules Salles, membre de l'Académie du Gard* (imprimerie Clavel-Ballivet et Cie, Nîmes, 1866). Extrait des *Mémoires de l'Académie du Gard,* 1864-1865.

1867

17 avril – Vente de la collection Soult, à l'hôtel Drouot, à Paris [Lugt 29730]. Sur les 16 tableaux mis en vente, 14 sont des œuvres de peintres espagnols. Le Louvre achète la *Sainte Apolline* de Zurbarán (lot 5 ; MI 724 [G-G 245]) pour la somme de 7 000 francs.

21 mai – Vente à l'hôtel Drouot, à Paris, de la série de tableaux de Murillo sur la *Vie de la Vierge* [Lugt 29826]. La série atteint 47 100 francs, bien que les œuvres soient aujourd'hui considérées comme des copies et que l'on ignore où elles se trouvent.

22 ou 24 mai – Manet ouvre sa propre exposition dans un pavillon spécialement construit au pont d'Alma, hors de l'Exposition universelle. Courbet monte également une exposition dans son propre pavillon, qui ouvrira une semaine plus tard.

Manet expose 50 tableaux et 3 gravures ; presque la moitié des œuvres sont « espagnoles » ou d'influence espagnole. L'exposition marque l'apogée de la période espagnole de Manet. L'un des critiques décrit Manet comme « le Velázquez des boulevards… ou un espagnol à Paris[205] » :

– *Portrait de Madame Brunet* (New York, collection particulière [RW I 31]) ;
– *le Gamin* (Paris, collection particulière [RW I 47]) ;
– *le Chanteur espagnol* (New York, Metropolitan Museum [RW I 32]) ;
– *l'Enfant à l'épée* (New York, Metropolitan Museum [RW I 37]) ;
– *Jeune Femme étendue en costume espagnol* (New Haven, Yale University Art Gallery [RW I 59]) ;
– *la Chanteuse des rues* (Boston, Museum of Fine Arts [RW I 50]) ;

– *Mlle V... en costume d'espada* (New York, Metropolitan Museum [RW I 58]) ;
– *Philippe IV, d'après Velázquez,* gravure [G 7] ;
– *les Petits Cavaliers, d'après Velázquez,* gravure [G 8] ;
– *les Gitanos*, gravure [G 21] ;
– *Lola de Valence* (Paris, musée d'Orsay [RW I 53]) ;
– *Jeune Homme en costume de majo* (New York, Metropolitan Museum [RW I 70]) ;
– *le Torero mort* (Washington, National Gallery [RW I 72]) ;
– *le Christ aux anges* (New York, Metropolitan Museum [RW I 74]) ;
– *le Christ insulté par les soldats* (Chicago, Art Institute [RW I 102]) ;
– *l'Acteur tragique* (Washington, National Gallery [RW I 106]) ;
– *Un philosophe* (Chicago, Art Institute [RW I 99]) ;
– *Un philosophe* (Chicago, Art Institute [RW I 100]) ;
– *le Buveur d'absinthe* (Copenhague, Ny Carlsberg Glyptotek [RW I 19]) ;
– *le Matador saluant* (New York, Metropolitan Museum [RW I 111]) ;
– *le Fifre* (Paris, musée d'Orsay [RW I 113]).

3-6 juin – Vente de la collection du marquis de Salamanca à l'hôtel Drouot, à Paris [Lugt 29861].

19 juin – L'Empereur Maximilien est exécuté au Mexique.

juillet – L'eau-forte du *Chanteur espagnol,* par Manet [G 16], est insérée dans *l'Artiste* du 15 au 30 juillet.

Une troupe de danse espagnole se produit à l'Exposition universelle, à Paris[206].

Parution de la monographie de Charles Yriarte sur Goya : *Goya, sa biographie, les fresques, les toiles, les tapisseries, les eaux-fortes et le catalogue de l'œuvre avec cinquante planches inédites* (Paris, 1867). Y sont reproduits le *Trois Mai 1808* [G-W 984], *Asensio Julia* (fondation Thyssen-Bornemisza, Madrid [G-W 682]) et les *Majas au balcon* (Zurich, collection particulière [G-W 959]).

À Tolède, où il réside depuis près de six mois, Carolus-Duran peint un portrait du peintre Matías Moreno (Madrid, musée du Prado, Inv. 5842), inspiré par Velázquez[207].

À Paris, Gigoux achète 2 petites œuvres sur bois de Goya, intitulées chacune *Martyre* [G-W 922-923]. Elles viennent s'ajouter à la série de 4 œuvres sur fer-blanc qu'il avait acquise en 1840 [voir 1840]. Il léguera toutes ces œuvres, en 1896, au musée des Beaux-Arts de Besançon.

1868

1er avril – La gravure d'Alphonse Hirschafter d'après le *Caprice* de Goya n° 10 est publiée dans *la Gazette des Beaux-Arts*.

27 mai – Le peintre et graveur Jean-Louis Forain (1852-1931) s'inscrit comme copiste au Louvre pour copier à l'eau-forte Rembrandt et Goya.

juillet – Manet expose *le Torero mort* [RW I 72] au Havre, pour lequel il reçoit une médaille d'argent.

août – Le peintre Henri Regnault (1843-1871), lauréat du Prix de Rome en 1866, demande le transfert de sa bourse à Madrid. Arrivé en Espagne par le pays Basque, il passe par Bilbao, Burgos et Avila, avant de gagner la capitale. Dans les mois précédant son départ, Regnault avait visité l'atelier romain du peintre espagnol Mariano Fortuny (1838-1874), qui l'avait incité à aller dans le sud de l'Espagne[208].

4 septembre – Courbet signe le registre des copistes du Prado (qui n'indique pas, toutefois, ce qu'il y a copié). Cette visite peu connue de l'artiste à Madrid – il ne la mentionne pas dans sa correspondance – a lieu entre le 21 août et le 10 septembre[209].

12 septembre – Regnault et deux de ses camarades d'études, Georges Clairin (1843-1919) et Roger Jourdain (1845-1918), s'inscrivent comme copistes au Prado (respectivement n° 370, 368 et 369 ; Clairin et Jourdain donnent pour adresse Alcalá 16). Ils se recommandent de Federico de Madrazo, le directeur du musée royal[210].

Révolution de septembre – À Madrid, le général Juan Prim (1814-1870) mène une révolte contre la monarchie espagnole. Isabelle II se réfugie en France.

octobre 1868 – février 1869 – Regnault exécute le portrait équestre du général *Juan Prim* (Paris, musée d'Orsay), le leader de la Révolution du 29 septembre, devenu ministre de la Guerre en janvier. La commande du portrait lui avait été confiée par l'entremise du comte et de la comtesse de Barck (un fonctionnaire suédois à Madrid et son épouse française). En novembre, Regnault commence aussi un petit portrait de la comtesse de Barck (Paris, musée d'Orsay)[211].

1er décembre - Espérant attirer des acheteurs, Manet expose *le Chanteur espagnol* [RW I 32] et *l'Enfant à l'épée* [RW I 37] à la Société artistique des Bouches-du-Rhône de Marseille. Également en décembre, la gravure de Manet *Fleur exotique* [G 51] est gravée dans les *Sonnets et eaux-fortes* de Philippe Burty.

Napoléon III donne au Louvre *la Déposition du Christ* de Ribera (MI 736).

Le peintre français Paul Baudry (1828-1886) visite l'Espagne[212].

La Calcografía Nacional de Madrid réédite les *Caprices*, de Goya.

Parution de *Goya, noticias biográficas* de Francisco Zapater y Gómez (Saragosse, 1868).

1869

1er-4 février – Vente après-décès du peintre Adrien Dauzats (1804-1868) à l'hôtel Drouot, à Paris [Lugt 30942]. Sa collection comprend de nombreux croquis, études, aquarelles et compositions de personnages sur des thèmes espagnols, réalisés pendant ses voyages en Espagne avec le baron Taylor, en 1835-1837. Un tableau espagnol d'un maître ancien, *la Vierge noire,* est répertorié parmi ses biens et sa bibliothèque contient des éditions de *Don Quichotte* et de *Don Juan,* ainsi que des livres de voyage espagnols.

16-17 avril – Vente d'Alphonse Oudry, Paris [Lugt 31191]. Millet acquiert *Saint Ildefonse* du Greco, nº 139 (maintenant attribué à l'atelier du Greco, Washington, National Gallery [W X-361]). Après la mort de Millet, en 1875, il sera conservé par sa femme et acheté plus tard, lors de sa vente posthume, par Degas [voir 1894].

Salon (1er mai) – Regnault expose le portrait équestre de *Juan Prim* (Paris, musée d'Orsay, RF 21), qui lui vaut une médaille, et le portrait de la *Comtesse de Barck* (Paris, musée d'Orsay, RF 260). Carolus-Duran expose la *Dame au gant* (Paris, musée d'Orsay, RF 152), qui reflète son nouveau style, marqué par « l'influence espagnole ».

Manet expose *le Balcon* (Paris, musée d'Orsay [RW I 134]) et *le Déjeuner* (Munich, Bayerische Staatsgemäldesammlungen [RW I 135]), et cinq de ses eaux-fortes, dont la *Réunion de treize personnages* [G 8] et le *Portrait de Baudelaire* [G 38]. Ayant entendu dire que *l'Exécution de Maximilien* serait refusée, Manet ne la soumet pas au jury.

novembre 1869 – juin 1870 – Le peintre américain Thomas Eakins (1844-1917) effectue un voyage en Espagne et visite Madrid, Ronda et Séville.

Des 582 tableaux légués au Louvre et aux musées de Province par le Dr Louis La Caze (1798-1869), 272 destinés au Louvre sont catalogués par Reiset en 1870 : on y trouve 13 œuvres espagnoles, dont *le Pied-Bot* de Ribera (MI 893 [PS-S 174]), le *Portrait de l'infante Marie-Thérèse* de Velázquez (MI 898 [LR-1963 389]), provenant de la vente Viardot de 1863 (nº 37), et le *Saint Thomas de Villeneuve distribuant les aumônes* de Mateo Cerezo (MI 888), acquis à la vente Soult de 1852 (nº 89).

La collection La Caze était connue par de nombreux artistes – dont le peintre François Bonvin, grand ami du collectionneur – qui fréquentaient les salons du dimanche du docteur[213].

Parution du volume sur l'école espagnole dans *Histoire des peintres,* la grande série de Charles Blanc. La première livraison concernant un peintre espagnol datait de 1849. Les articles sont écrits par Blanc, Paul Lefort, Paul Mantz, Théophile Thoré-Bürger et Louis Viardot.

Une nouvelle édition de la traduction par Louis Viardot du *Don Quichotte* de Cervantes, avec 370 illustrations par Gustave Doré, est publiée.

1870

18 février – Manet expose *le Philosophe* (Chicago, Art Institute [RW I 99]) et l'aquarelle du *Christ mort et les anges* (Paris, musée du Louvre [RW II 130]) au cercle de l'Union artistique sur la place Vendôme.

Salon (mai) – Ribot expose *le Samaritain* (Paris, musée d'Orsay, RF 106) avec un succès modéré. Il sera acheté par l'État l'année suivante.

25 juin – Isabelle II abdique en faveur de son fils, Alphonse XII (1857-1885).

Il montera sur le trône d'Espagne en 1874 (1874-1875). Cependant, l'abdication conduit la dynastie des Hohenzollern de Prusse à revendiquer le trône, qui est en même temps disputé par Napoléon III, qui déclare la guerre à la Prusse, provoquant ainsi la guerre franco-prussienne (juillet 1870-1871). Les forces françaises sont vaincues, et Napoléon III capitule. La Prusse assiège Paris en septembre.

Paul Lefort fait don à l'Académie de San Fernando des planches 81 et 82 de la série de gravures de Goya *les Désastres de la guerre*[214].

Parution des livres de G. Villaamil *Los Tapices de Goya,* Madrid, de Marguerite Tollemache, *Spanish towns and Spanish pictures. A guide to the galleries of Spain,* Londres, et parution de l'*Histoire anecdotique de Jean-de-Dieu Soult,* Paris.

1871

26 octobre – Charles Blanc, directeur des Beaux-Arts et fondateur de *la Gazette des Beaux-Arts,* présente un rapport officiel exposant son projet d'ouverture d'un musée des Copies. Celui-ci a pour objectif d'exposer des reproductions peintes des chefs-d'œuvre d'art des musées étrangers, qui seraient commandées à de jeunes artistes français. Le ministère approuve le projet en décembre 1871 et le musée ouvre ses portes en avril 1873[215].

Davillier et Doré font un deuxième voyage en Espagne pour chercher des documents nécessaires à une histoire du verre à laquelle travaille Davillier (mais qui ne sera pas achevée).

1872

11-12 janvier – Paul Durand-Ruel (1831-1922) achète 24 toiles de Manet pour 35 000 francs. Il en exposera 14 durant l'année aux expositions de la Société des artistes français à Londres. Parmi les œuvres exposées, on trouve :
– *le Gamin* (Paris, collection particulière [RW I 47]) ;
– *le Chanteur espagnol* (New York, Metropolitan Museum [RW I 32]) ;
– *le Christ aux anges* (New York, Metropolitan Museum [RW I 74]) ;
– *Un philosophe* (Chicago, Art Institute [RW I 99]) ;
– *le Fifre* (Paris, musée d'Orsay [RW I 113]).
22 mars – Le Museo Nacional de la Trinidad est intégré dans le musée royal du Prado[216].
printemps – Davillier assiste à la féria de Séville en compagnie d'artistes espagnols.
été – Zacharie Astruc escorte Berthe Morisot (1841-1895) et sa sœur Yves à travers Madrid. Dans une lettre à sa sœur Edma Pontillon, Berthe Morisot rapporte : « J'ai écrit à Manet afin d'avoir l'adresse d'Astruc que je savais être là-bas depuis assez longtemps. Il me sera d'un grand secours puisqu'il parle espagnol, qu'il connaît Madrid à fond [...]. Nous irions tout à notre aise admirer les Vélasquez et les Goya. C'est pour moi à peu près le seul intérêt du voyage[217]... »
Au cours de cette même année, à Madrid, Zacharie Astruc fonde la revue *l'Espagne nouvelle*.
5 octobre – Mary Cassatt (1844-1926) vient passer trois semaines à Madrid. Elle visite le Prado dans la matinée et s'inscrit comme copiste au musée[218].
L'eau-forte de Manet *les Gitanos* [G21] est incluse dans *Cent Eaux-fortes par cent artistes*, ouvrage imprimé par Cadart.
Carolus-Duran, après avoir reçu la Légion d'honneur, ouvre un cours de peinture, qui attire de nombreux artistes américains[219].
La *Notice des tableaux exposés dans les galeries du musée national du Louvre* de Frédéric Villot (Charles de Mourgues frères, Paris, 1872) comprend 24 œuvres espagnoles.
Parution de la *Correspondance de Henri Regnault, recueillie et annotée par Arthur Duparc, suivie du catalogue complet de l'œuvre de H. Regnault et ornée d'un portrait gravé à l'eau-forte par Laguillermie* (Charpentier et Cie, Paris, 1872 et 1873, pour la 2e éd.).

1873

21 février – La vente de lord Dalling et Bulwer chez Christie's, Londres [Lugt 33696], comprend 4 œuvres de Goya qui, ainsi que l'indique le catalogue, provenaient de la collection de Louis-Philippe.
avril-décembre – Le musée des Copies de Charles Blanc [voir octobre 1871], qui aura une existence éphémère, ouvre ses portes au palais des Champs-Élysées (palais de l'Industrie). Les étudiants et les critiques ont pu y accéder avant le public (en novembre 1872). Dans le catalogue de la collection, publié par le *Journal des débats* le 30 décembre (et réimprimé dans *la Chronique des arts* le 3 janvier, le 7 et le 14 février 1874), figurent 157 toiles, dont 18 copies d'après des tableaux espagnols, principalement des Velázquez.
Au total, 199 œuvres (parmi lesquelles 31 copies d'après des œuvres espagnoles) lui sont destinées, Velázquez arrivant en deuxième position derrière Raphaël en terme de nombre d'œuvres :
– Carreño de Miranda, *Portrait de Charles [II] d'Espagne* – copie par A. Brune (1802-1875) ;
– Ribera, *la Déposition de Croix* (Naples, San Martino) – G.-G. Lethière (1760-1832) ;
– Ribera, *Saint Stanislas et l'Enfant Jésus* (Rome, galerie Borghèse) – F. Lafon ;
– Velázquez, *Portrait en pied de don Fernando* (Madrid, musée du Prado) – J.-B. Guignet (1810-1857) ;
– Velázquez, *Portrait en pied de Philippe IV* (Madrid, musée du Prado) – J.-B. Guignet (1810-1857) ;
– Velázquez, *Nain el Primo* (Madrid, musée du Prado) – J.-B. Guignet (1810-1857) ;
– Velázquez, *l'Idiot de Coria (el Bobo)* (Madrid, musée du Prado) – J.-B. Guignet (1810-1857) ;
– Velázquez, *l'Infant don Carlos* (Madrid, musée du Prado) – J.-B. Guignet (1810-1857) ;
– Velázquez, *les Fileuses* (Madrid, musée du Prado) – A.-M. Colin (1798 – 1873-1875) ;
– Velázquez, *Ménippe* (Madrid, musée du Prado) – A.-C.-G. Prévost (1832- ?) ;
– Velázquez, *Ésope* (Madrid, musée du Prado) – A.-C.-G. Prévost ;
– Velázquez, *Famille de Philippe IV* (Madrid, musée du Prado) – A.-C.-G. Prévost ;
– Velázquez, *Portrait équestre du duc d'Olivares* (Madrid, musée du Prado) – A.-C.-G. Prévost ;
– Velázquez, *Portrait équestre de Philippe IV* (Madrid, musée du Prado) – A.-C.-G. Prévost ;

– Velázquez, *Nain au chien* (Madrid, musée du Prado) – A.-C.-G. Prévost ;
– Velázquez, *les Filles d'honneur [les Ménines]* (Madrid, musée du Prado) – A.-C.-G. Prévost ;
– Velázquez, *les Buveurs* (Madrid, musée du Prado) – E.-P. Brigot (1836- ?) (Brigot exécuta également une copie de *Balthasar Carlos en chasseur* par Velázquez, dont Blanc fit l'acquisition en 1872, mais dont la qualité ne le satisfaisait pas suffisamment pour qu'il l'expose) ;
– Velázquez, *le Christ en Croix* (Madrid, musée du Prado) – L.-E.-C. Porion (1814- ?) ;
– Velázquez, *les Forges de Vulcain* (Madrid, musée du Prado) – L.-E.-C. Porion ;
– Velázquez, *la Dame aux gants* (ancienne galerie Aguado) – S.-M. Cornu (1804-1870) ;
– Velázquez, *les Lances* ou *la Reddition de Breda* (Madrid, musée du Prado) – H.-A.-G. Regnault (1843-1871) ;
– Velázquez, *Portrait de Léon X* [sic] (Florence, palais Pitti) – Steuben (1788-1856) ;
– Velázquez, *l'Infant Balthazar Carlos à cheval* (Madrid, musée du Prado) – Mme E. Tourny ;
– Zurbarán, *Saint François en prière* (ancienne Galerie espagnole, au Louvre, puis Londres, National Gallery) –A.-H. de Beaulieu (1819-1884).

Certaines copies prévues pour le musée des Copies arrivent trop tard : Ribera, *Martyre de saint Barthélemy* (Madrid, musée du Prado), par J. F. S. Layraud (1833-1913) ; Goya, *les Femmes au balcon* (Madrid), et Murillo, *Sainte Élisabeth soignant les malades* (Madrid, musée du Prado), par Prévost. D'autres sont refusées : Murillo, *la Trinité* (Londres, National Gallery), par H. D. Holfeld (1804-1872), venue du musée d'Orléans et renvoyée en janvier 1873, ou Velázquez, *l'Enfant de Vallecas* et *Nain barbu*, par Guignet, dont l'achat n'est pas ratifié.

Après la révocation de Blanc, à la mi-décembre 1873, son successeur, le marquis de Chennevières, prépare le démantèlement du musée. La plupart des œuvres seront envoyées à l'École des beaux-arts et le transfert des tableaux commencera à la fin du mois de janvier 1874. Certaines retournèrent dans des musées de province ou leur seront attribuées[220].

Parution de *Spagna* d'Edmondo de Amicis (1846- ? ; G. Barbèra, Florence, 1873). Ce livre connaît un grand succès en Italie et il sera traduit en espagnol en 1877, en français en 1878 et, en 1885, en anglais. Il sera édité cinq fois en France entre 1878 et 1894.

1874

20 février – Les lithographies de Manet *le Gamin au chien* [G 71] et *Guerre civile* [G 75] sont publiées par Lemercier. Cadart édite aussi la même année *Édouard Manet. Eaux-fortes,* un album de 9 gravures :
– *Chapeau et guitare* (frontispice) [G 62] ;
– *le Gamin* [G 27] ;
– *l'Infante Marguerite* [G 6] ;
– *le Torero mort* [G 33] ;
– *le Chanteur espagnol* [G 16] ;
– *la Toilette* [G 26] ;
– *les Petits Cavaliers* [G 8] ;
– *les Gitanos* [G 21] ;
– *Lola de Valence* [G 23].

printemps – L'*Exposition en faveur de l'œuvre des Alsaciens et Lorrains* se tient au palais Bourbon à Paris. Elle abrite des œuvres du Greco, de Coello, Murillo, Ribera, Velázquez et Goya.

Les tableaux de Goya *la Lettre* et *le Temps,* vendus à Londres, à la vente de la collection Louis-Philippe de 1853 [GW962, 961], sont achetés, par souscription, 7 000 francs pour le musée des Beaux-Arts de Lille[221].

John Singer Sargent (1856-1925) et sa famille, qui habitent Florence, renoncent à aller passer l'été à Venise pour se rendre à Paris et y chercher des ateliers où Sargent puisse étudier. Ils visitent l'atelier de Carolus-Duran le 26 mai et Sargent y entre quatre jours après[222].

Le recueil des articles de Davillier parus de 1862 à 1873 dans *le Tour du Monde* est publié sous le titre *l'Espagne* (Hachette et Cie, Paris, 1874) et illustré par 309 gravures sur bois de Gustave Doré. Il est traduit en italien en 1874, en anglais en 1876 et en danois en 1878.

1875

25-26 janvier – Vente de la collection du marquis de Salamanca à l'hôtel Drouot, à Paris [Lugt 35303].

3 mars – Première de *Carmen* de Bizet, d'après le roman de Prosper Mérimée, à l'Opéra-Comique de Paris (salle Favart). Malgré les huées du public et les critiques de son thème scandaleux, *Carmen* sera donnée 45 fois cette année-là et 3 fois l'année suivante. La mort de Bizet, au soir de la 33e représentation, le 3 juin 1875, ajoute à la notoriété de l'opéra.

Le Louvre achète le *Saint Paul Ermite* de Ribera (RF 125) à la vente de la marquise de Gouvello.

Une exposition de tableaux de la collection du duc de Montpensier s'ouvre au musée des Beaux-Arts de Boston.

Parmi les œuvres figurent 17 toiles espagnoles, acquises pour la plupart à la vente de son père, Louis-Philippe, en 1853. Des œuvres majeures de Zurbarán, Murillo, Velázquez, Ribera, Valdés Leal, Herrera le Vieux, Ribalta, Morales et Orrente sont exposées.
Parution de *l'Espagne, Splendeurs et misères. Voyage artistique et pittoresque. Illustrations d'Alexandre Prévost,* de P. L. Imbert (E. Plon et Cie, Paris, 1875, 1876). Imbert y parle de sa visite à la maison de Goya, la Quinta del Sordo, où il a vu les *Peintures noires.*

1876

7 mars – Vente posthume de Camille Marcille, Paris. 4 toiles espagnoles sont offertes ; le musée de Chartres acquiert *Sainte Lucie* de Zurbarán pour 510 francs.
10 avril – Vente de la collection d'Alphonse Oudry, hôtel Drouot, Paris [Lugt 36390]. Oudry, un ingénieur des Ponts et Chaussées, était collectionneur amateur de toiles de maître et sa collection consistait en 63 œuvres de peintres italiens, espagnols ou flamands.
La Calcografía Nacional de Madrid réédite *la Tauromachie* de Goya.
Salon (mai) – *L'Artiste* de Manet [RW I 244] et *le Linge* [RW I 237] sont refusés. Manet ouvre son atelier (15 avril – 1er mai) afin d'exposer, parmi d'autres, les toiles refusées.

1877

Salon (mai) – Manet expose *Portrait de Faure dans le rôle d'Hamlet* (Essen, Museum Folkwang [RW I 257]).
Le magazine *l'Art*, à Paris, est le premier à publier 4 gravures de la série des *Disparates*, de Goya. La 1re édition de la série, qui comprend 18 gravures, avait été publiée à Madrid en 1864 [voir 1864].
Parution de *Francisco Goya ; étude biographique et critique, suivie de l'essai d'un catalogue raisonné de son œuvre gravé et lithographié* de Paul Lefort (1829-1904), librairie Renouard, Paris.

1878

11-12 avril – Vente de la collection de Zacharie Astruc, Paris [Lugt 38255]. Celle-ci comprend des œuvres de Cano, Goya, Murillo, Velázquez et du Greco.
Les *Peintures noires* [G-W 1615-1627] de la Quinta del Sordo, la maison de Goya, sont présentées à l'Exposition universelle, à Paris, dans l'aile est du palais du Trocadéro. Bien qu'elles soient mal placées, installées dans un couloir qui va de la section espagnole à l'exposition ethnographique scandinave, elles suscitent un grand intérêt.
On peut lire, dans le *Livret-Guide du visiteur à l'exposition historique du Trocadéro,* de Philbert Bréban (E. Dentu, éd., Paris, 1878) : « Ces toiles, peintes avec une audace étonnante, soulèvent bien des critiques et sont l'objet de bien des discussions. Elles plaisent sans nul doute aux peintres impressionnistes, mais elles doivent leur rappeler que Goya, qui a fait ces œuvres à la fin du siècle dernier et au commencement du siècle actuel, les avait devancés, et n'avait pas craint d'exagérer de beaucoup le système de peinture qu'il cherchait à nous faire accepter. »

1879

fin d'août – septembre – Sargent fait le premier de ses voyages en Espagne. Il est à Madrid en octobre.
14 octobre – Sargent s'inscrit comme copiste au Prado, où il donne comme adresse Salud 13[223]. Il copie *la Trinité* du Greco (New York, collection particulière), *les Ménines* (collection particulière) et *les Fileuses* (Irlande) de Velázquez. Il entre en possession d'un tableau considéré alors comme un Greco, *Saint Martin et le mendiant* (Sarasota, Ringling Museum, attribué aujourd'hui à Jorge Manuel [W X-404]). Puis il part dans le sud, visite Grenade et Séville et traverse, à la fin de décembre, la Méditerranée pour gagner le Maroc[224].
décembre 1879 – janvier 1880 – *L'Exécution de Maximilien,* de Manet (Mannheim, Städtische Kunsthalle [RW I 124]), est exposée à l'hôtel Clarendon à New York et à la Studio Building Gallery à Boston. Le tableau est présenté par la cantatrice française Émilie Ambre, une amie de Manet en tournée dans ces villes. Manet exécute un portrait d'Ambre à son retour chez elle, dans le rôle de Carmen (Philadelphie, Museum of Art [RW I 334]).
En décembre également, à Paris, *la Vie moderne* parraine une exposition de tambourins à laquelle Manet participe.
Le Louvre acquiert *la Vision de saint François d'Assise* de Luis Tristan (RF 240). Le tableau est un don d'Isaac Pereire, qui l'avait acheté à une vente de la collection Aguado.
Le musée des Beaux-Arts de Lille acquiert, par donation et achat, 2 tableaux du Greco : le *Christ au jardin des Oliviers* (P 10 [W X-14]) et *Saint François* (P 51 [W X-298]).

1881

juin – L'Américain William Merritt Chase (1849-1915) fait son premier voyage en Espagne.

20 décembre – Les *Peintures noires* de Goya [G-W 1615-1627] sont admises par décret royal au Prado. Elles entreront en 1889 dans le catalogue du musée.

1882

Le *Guide de l'amateur au musée du Louvre* (écrit avant 1870) de Théophile Gautier (Paris, 1882) comporte une description des tableaux de l'école espagnole.

Parution du récit de voyage de Léon-Lucien de Rosny (1837-1914) et Lesouëf, *Souvenirs du voyage en Espagne de MM. Lesouëf & de Rosny, par Léon de Prunol* (Paris, 1882). Le livre, qui « se donne mais ne se vend pas », est publié par l'auteur et tiré à 100 exemplaires numérotés.

1884

4-5 février – Vente Édouard Manet, à l'hôtel Drouot à Paris [Lugt 43575]. Sargent achète pour 580 francs une étude à l'huile pour *le Balcon* (*Portrait de Fanny Claus* [RW I 133]) et une aquarelle représentant des iris [RW I 664] (toutes deux dans des collections privées).

26 mai – Parmi les 5 lithographies de Manet imprimées par Lemercier pour la veuve de l'artiste, figurent *l'Exécution de Maximilien* [G 73] et peut-être *la Barricade* [G 76].

1885

Odilon Redon publie son album de lithographies *Hommage à Goya* (Paris, 1885).

Parution du livre d'Ambroise Tardieu (né en 1840), *Un mois en Espagne. Voyage artistique à Madrid, l'Escorial, Tolède, Cordoue, Grenade, Séville, Cadix, Barcelone, etc. Avec quatorze vues de villes, de monuments, des portraits, etc.* (publié chez l'auteur, à Herment, 1885).

1887

avril – Le livre d'Alma Strettell *Spanish and Italian Folk songs* est publié avec des illustrations de Sargent.

Parution de *Well-worn roads of Spain, Holland, & Italy. Travelled by a Painter in search of the picturesque* de F. Hopkinson Smith (Houghton, Mifflin & Co., Boston et New York, 1887).

1889

16 juin – Theo Van Gogh écrit à son frère, Vincent, au sujet du portrait exécuté récemment par l'artiste, *l'Arlésienne : Madame Ginoux* (la version de Paris, musée d'Orsay [F489] ou celle de New York, Metropolitan Museum [F488]) : « J'ai reçu la visite d'un certain Polonais, qui connaît bien l'Espagne et les tableaux qu'il y a là-bas. Il disait qu'il était aussi beau que celui des grands Espagnols. » Van Gogh lui répondit deux jours après : « Je suis aussi content d'apprendre qu'il s'est trouvé quelqu'un d'autre qui ait vraiment vu quelque chose dans la figure de la femme en noir et jaune. Cela ne m'étonne pas, mais que je pense que le mérite en revient au modèle et non à ma peinture[225]. »

8 septembre – Degas arrive à Madrid tôt le matin, avec le peintre italien Giovanni Boldini (1842-1931), qui a eu l'initiative du voyage. Ils descendent à l'hôtel de Paris et Degas visite le Prado dès neuf heures. Les deux peintres assistent à une corrida, puis quittent finalement Madrid pour l'Andalousie. Ils sont à Tanger le 18 septembre et, de là, Degas annonce son intention de rentrer à Paris par Cadix et Grenade[226].

Parution de *Taureau et mantilles. Souvenirs d'un voyage en Espagne et en Portugal* de Léon de Rosny (1837-1914 ; Paul Ollendorff, Paris, 1889, 2 vol.). Le premier volume est une réimpression des *Souvenirs*... (1882) de Lesouëf et Rosny [voir 1882].

Gustave Clausse, membre de la Société centrale des architectes, publie *Espagne, Portugal. Notes historiques et artistiques sur les villes principales de la péninsule ibérique* (Librairie de l'art, Paris, 1889).

1890

Parution d'une édition majeure des gravures de Manet, assurée par la femme de l'artiste ; elle comprend 23 eaux-fortes, dont plus de la moitié étaient déjà parues dans les portfolios de 1862, de 1863 et de 1874.

1891

Parution de *l'Art en Espagne* de Paul Flat (1865-1918), Alphonse Lemerre, Paris, 1891.

1893

Duret fait don au Louvre d'un tableau du Greco, *Saint François d'Assise et frère Léon méditant sur la mort* (RF 794, aujourd'hui considéré comme une œuvre d'après le Greco).

Henri de Toulouse-Lautrec (1864-1901) exécute des dessins pour la couverture des recueils reliés des *Désastres de la guerre* (en 1893) et *la Tauromachie* (en 1894), de Goya. Le dernier est exposé à Nancy en 1894 et reproduit par Jules Ruis dans *la Revue encyclopédique* (1er octobre 1894)[227].

Parution de *la Peinture espagnole* par Paul Lefort (Bibliothèque de l'enseignement des beaux-arts, Paris).

1894

24-25 avril – Vente posthume de Mme Millet (veuve du peintre) à Paris [Lugt 52524]. Degas (par l'intermédiaire de Durand-Ruel) fait l'acquisition de *Saint Ildefonse* du Greco [voir 1869], nº 261, pour 2 000 francs.
Parution du livre de Maurice Barrès (1862-1923) *Du sang, de la volupté et de la mort (Un amateur d'âmes. Voyage en Espagne. Voyage en Italie, etc.)*[228].
Parution de *Por la España pintoresca. Viajes* d'Emilia Pardo Bazán (1852-1920 ; L'Em, Barcelone).
Lieutenant-colonel Charles Clerc, *Campagne du maréchal Soult dans les Pyrénées occidentales en 1813-1814* (L. Baudoin, Paris).

1896

29 février – Chase s'inscrit comme copiste au Prado pour réaliser une reproduction des *Ménines* (Madrid, musée du Prado, *Registre des artistes en visite,* 29 février 1896)[229].
septembre – Degas achète à Zacharie Astruc, pour 3 000 francs, *Saint Dominique* du Greco (Boston, Museum of Fine Arts [W 205])[230].

1904

14 octobre – Monet, sa femme Alice et leur fils Michel arrivent à Madrid, où ils sont accueillis par Paul Durand-Ruel. « Là, ils ont visité des musées, des églises et des écoles d'art. Monet était ému aux larmes par les tableaux de Velázquez. Une excursion à Tolède lui a rappelé l'année qu'il avait passée, jeune homme, en Algérie ; les Greco l'ont stupéfait[231]. »

Notes

1 McClellan, 1999, p. 63 nº 64 (Arch. nat. 01 1915 [79], fº 155).
2 Meslay, février 2001, p. 78.
3 Vol. I, p. 248.
4 Carrete Parrondo, 1987, et 1979, p. 61-74.
5 Matilla, 1994, p. 194.
6 *Catalogue des objets contenus…*, 1793.
7 *L'Infante Marguerite* est un des 19 portraits de la famille royale des Habsbourg qui furent peints par l'atelier de Velázquez et envoyés à la cour de Louis XIV par le monarque espagnol Philippe IV. Ces portraits ont été commandés en mars et septembre 1654 par Anne d'Autriche, mère de Louis XIV et sœur aînée de Philippe IV, qui les a fait placer dans ses appartements du Louvre (certains ont été perdus par négligence, d'autres vendus le 24 juillet 1797 et le 12 janvier 1798 aux ventes de Nesles, d'autres encore envoyés à Versailles, où il en reste quatre). Brown, 1986, p. 217 ; et Lebrun, 1809, p. 22.
8 « Galerie […] afin de permettre une meilleure compréhension des différences essentielles qui existent entre [les peintres] », cité dans Antigüedad, février 1987, p. 68.
9 Carrete Parrondo, 1979, p. 61-74.
10 « Créer, à la cour, des écoles et des musées qui ne peuvent exister en province », cité dans Antigüedad, février 1987, p. 68.
11 Cat. exp. Lille, 1998, p. 142.
12 Edelein-Badie, 1997, p. 330.
13 *Notice des tableaux…*, 1801, cité dans cat. exp. Paris, 1999, nº 171.
14 Gerard-Powell, 1998, p. 407-409.
15 Cat. exp. Paris, 1999, p. 226.
16 Lettre de Denon au Premier consul, Paris, 14 juillet 1803. Cité dans cat. exp. Paris, 1999, nº 126, p. 140 et 145, et dans Beroqui, 1931, p. 38 et 265.
17 *Notice de plusieurs précieux tableaux…*, an XI, nº 474. Voir aussi cat. exp. Paris, 1999, p. 164.
18 Willesme, 1987, p. 106.
19 *Le Christ au jardin des Oliviers* se trouve dans le vol. I, le *Jeune Mendiant* et *l'Adoration des bergers* dans le vol. III. Les tomes seront publiés en 1807, 1814 et 1828, mais le catalogue sera rebaptisé *Galerie du musée de France* à partir du 5e vol., en 1814.
20 Quynn, avril 1945, p. 445.
21 Laborde était le fils d'un banquier d'origine espagnole. Nommé attaché d'ambassade de Lucien Bonaparte, il partit pour l'Espagne en 1800. Il voyagea pendant cinq ans à travers la Péninsule avec des dessinateurs qui réalisèrent les illustrations du *Voyage pittoresque et historique de l'Espagne* ; c'était un livre coûteux, financé par une souscription de la cour d'Espagne (le roi Charles IV en avait commandé 50) et par d'autres Européens ; la guerre d'Indépendance interrompit la publication de l'ouvrage et Laborde puisa dans sa fortune pour la mener à bien. García-Romeral Pérez, 1999.
22 Bailey, 1984, p. 36.
23 Lebrun, 1809, p. v et vi.
24 Bourgoing, 1807, vol. I, p. 293, cité dans Lipschutz, 1972, p. 19.
25 Lasso de la Vega, 1933, p. 11, et Antigüedad, février 1987, p. 72.
26 Lovett, 1965, p. 122, note 38.
27 « Le moment est encore plus favorable […] en raison des dépenses énormes dues à la guerre ; de plus, le gouvernement vendra toutes les propriétés des nobles qui ont pris parti pour les Français […] Bien sûr, personne ne se doute de quoi que ce soit ici pour le moment mais le *peso duro* », Buchanan, 1824, vol. II, p. 229a.

28 Kagané, 1997, p. 10-11.
29 *Vivant Denon… correspondance,* n° 1543, p. 553.
30 Arch. des Musées nationaux, Z 4 1809, 5 janvier : « Tableaux et autres objets d'art choisis par le Directeur g^al^ du musée Napoléon dans les maisons de [suivent dix noms de personne, dont cinq seulement possèdent des œuvres considérées comme espagnoles ; comte d'Altamira, comte de Transtamarra, son fils, Prince de la paix, duc d'Yzaro, marquis de Villafranca] ». Voir aussi *Vivant Denon… correspondance,* vol. 2, p. 1351, note 2.
31 Hoffmann, 1961, p. 168.
32 Lelièvre, 1969, p. 367 : *Correspondance de Napoléon,* n° 14716, 15 janvier 1809.
33 *Vivant Denon… correspondance,* vol. 2, n° AN 78, p. 1351.
34 Antigüedad, février 1987, p. 73.
35 Beroqui, 1932, p. 93.
36 Beroqui, 1932, p. 94-95.
37 « Goya, peintre vivant, a gravé, à l'eau forte, une suite de divers tableaux du palais de Madrid », Lebrun, 1809, p. 22.
38 Bailey, 1984, p. 40.
39 Les sources divergent sur le nombre exact des œuvres qui figuraient dans sa collection. Il se peut qu'elle ait comporté 180 tableaux espagnols, comme l'indique Santos García Felguera (1991, p. 54). En 1852, la vente de sa collection comprenait 110 lots de toiles espagnoles.
40 Ford, 1855, I, p. 72. Cité dans Lipschutz, 1972, p. 33.
41 Lasso de la Vega, 1933, p. 16-17, cité dans Lipschutz, 1972, p. 44.
42 Bailey, 1984, p. 37.
43 Lanzac de Laborie, 1er août 1912, p. 635-636.
44 Gómez Ímaz, 1917.
45 Antigüedad, février 1987, p. 72, 79.
46 Gotteri, avril 1993, p. 46.
47 Santos García Felguera, 1991, p. 52, note 31.
48 Gotteri, avril 1993, p. 44.
49 *«… el museo de pintura reunirá todos los cuadros de los conventos suprimidos, que sean dignos de ofrecerse al estudio, o de exponerse a la vista del público »* (Beroqui, 1932, p. 93).
50 Antigüedad, février 1987, p. 80.
51 Gould, 1965, p. 98.
52 Santos García Felguera, 1991, p. 52.
53 Gould, 1965, p. 99. Cité aussi dans Lipschutz, *op. cit.,* p. 50.
54 Gould, 1965, p. 98-99. Cité aussi dans Lipschutz, 1972, p. 50.
55 Gerard-Powell, 1998, p. 407.
56 Antigüedad, février 1987, p. 78.
57 Quynn, avril 1945, p. 445.
58 Santos García Felguera, 1991, p. 21.
59 *Vivant Denon… correspondance,* n° 2593, 29 septembre 1812, cité dans Lelièvre, 1969, p. 367.
60 *Vivant Denon… correspondance,* n° 2796, 2809^2 et 2825, respectivement.
61 Beroqui, 1931, cité aussi dans Lipschutz, 1972, p. 50-51.
62 Lipschutz, *op. cit.,* p. 50.
63 Carr, 1982, p. 105.
64 Rouchès, 1930, p. 43.
65 *Vivant Denon… correspondance,* n° 2890, 27 juillet 1813.
66 *Ibid.,* n° 2923, 13 août 1813.
67 Antigüedad, février 1987, p. 78, 82-83.
68 Cat. exp. Paris, 1999, p. 241, note 102.
69 Arch. des Musées nationaux – Musée du Louvre, Paris (I DD.16), Inventaire Napoléon – peintures.
70 Quynn, avril 1945, p. 445.
71 Arch. des Musées nationaux, 1 DD 53.
72 Kagané, 1997, p. 11-12.
73 Cat. exp. Paris, 1999, p. 508-510. Une autre édition du catalogue de l'exposition est publiée en 1815 : *Notice des tableaux…,* avril 1815.
74 *Vivant Denon… correspondance,* n° 3169^2, 1er août 1814.
75 Metropolitan Museum, volume relié formé des catalogues suivants : *Notice des tableaux…,* 1815 ; *Notice des tableaux…,* avril 1815 ; *Notice des statues…,* 1815 ; et suppléments.
76 Arch. des Musées nationaux, 1 DD 53, p. 9-11. Les 284 tableaux et 104 objets divers provenant d'Espagne seront en définitive tous restitués.
77 *Vivant Denon… correspondance,* n°s 3537-3541, 3543.
78 Willesme, 1987, p. 112.
79 *Vivant Denon… correspondance,* n° 3561, 3 octobre 1815.
80 Willesme, *op. cit.,* p. 107.
81 Benisovich, 1956, p. 296-297.
82 Boone, cat. exp. New York, 1999, p. 22.
83 *Letters on the fine Arts…,* 1816, p. 25, 36 et 40.
84 *Catálogo de los cuadros…*
85 Comme l'indique Curtis (1883, p. 360-361).
86 Plazaola, 1989, p. 52.
87 Plazaola, *op. cit.,* p. 87.
88 Beroqui, 1932, p. 200-204. Cité aussi dans Lipschutz, 1972, p. 56.
89 Curtis, 1883, p. 116 ff., et Gotteri, avril 1993, p. 48.
90 Guinard, 1967, p. 85.
91 Guinard, *op. cit.,* p. 109 ; Plazaola, 1989, p. 145. Le texte suivra l'exemple des fameux *Voyages pittoresques et romantiques dans l'ancienne France* (1820-1878) de Taylor et Charles Nodier.
92 Alcolea Blanch, 1996, p. 35. Voir aussi Curtis, 1883, p. 467.
93 Comme le suggère Marie-Anne Dupuy dans cat. exp. Paris, 1999, p. 438-439.
94 Cat. exp. Paris, *op. cit.,* n° 71, 102 ; lot 894 : « Dix-huit dessins terminés à la plume et au lavis, offrant des sujets tirés du roman du Moine. Cette collection intéressante n'a pas été gravée. »
95 Alcolea Blanch, *op. cit.,* p. 39.
96 Beroqui, 1931, p. 272. Cité aussi dans Alcolea Blanch, *op. cit.,* p. 39.
97 Lipschutz, 1972, p. 110.
98 Lipschutz, *op. cit.,* p. 156.
99 Guinard, 1967, p. 52, note 11.
100 Cité dans Lipschutz, *op. cit.,* p. 114.
101 Cité dans García Felguera, 1989, p. 9.
102 Curtis, 1883, p. 117.
103 Mérimée, 1831, p. 73-75.
104 Lipschutz, *op. cit.,* p. 91.
105 Kagané, 1997, p. 13.
106 Guinard, 1967, p. 110, note 3.
107 1833 : le 23 juillet, le 2 août, ainsi que dans les deux numéros suivants ; cité dans Guinard, *op. cit.,* p. 111, note 7.
108 Lettre de José à Federico (le 30 septembre, 1833) ; cité dans Guinard, *op. cit.,* p. 124.
109 Guinard émet l'hypothèse que c'est peut-être Dauzats lui-même qui est l'auteur anonyme de l'article sur Goya paru dans le *Magasin pittoresque* (voir ci-dessous). Lettre citée dans Guinard, *op. cit.,* p. 126.

110 *L'Artiste,* VIII, 1834, p. 165-166 (Thoré), p. 256 (Gintrac). Gintrac avait vu le carton à Madrid.
111 Le *Magasin pittoresque,* II, n°s 27, 41 et 45.
112 Arch. des Musées nationaux, P. 5, 23 mai 1835. Voir aussi l'article anonyme dans *l'Artiste,* IX, 1835, p. 195.
113 Curtis, 1883, p. 117.
114 Cité dans Guinard, *op. cit.,*, p. 140.
115 *El Artista,* III, 1836, n. p. Cité dans Plazaola, 1989, p. 126.
116 Marinas, 1983, p. 135.
117 Thoré, 1835, XXI, p. 201-220, XXII, p. 44-64. Les citations p. 44 et 57.
118 Tromans, juin 1998, p. 68.
119 Plazaola, 1989, p. 128, et Tromans, juin 1998, p. 68.
120 Baticle, octobre 1998, p. 103.
121 S. C., 1836, p. 38-42. Cité dans Lipschutz, 1972, p. 36.
122 Dumas, mai 1837, p. 1-2.
123 Baticle, *op. cit.,* p. 103.
124 Tromans, 1998, p. 66.
125 Parmi les critiques publiées en 1837 figurent : O., 19 février, 4 avril, 18 juin 1837 ; Blaze, 15 mai 1837, p. 532-542 ; Anonyme, 2 juillet et 1er septembre 1837 ; Gautier, septembre 1837 ; Raphaël, septembre-décembre 1837, p. 336-345 ; Céséna, 1837 ; Gozlan, 1837, p. 107-120, 283-296 ; Jubinal, 1837. Liste dressée par Lipschutz, *op. cit.,* p. 400-401, et Plazaola, *op. cit.,* p. 138.
126 Guinard, 1967, p. 291.
127 Plazaola, *op. cit.,* p. 501.
128 Les publications actuelles varient beaucoup sur le nombre des tableaux exposés. La principale spécialiste, Jeannine Baticle, dénombre 440 toiles, dont 30 n'ont pas été exposées ; voir, du même auteur, l'essai figurant dans ce catalogue et Baticle et Marinas, 1981. Lipschutz (1972, p. 160) note qu'il y avait 446 œuvres. Debeaux-Fournier (août-septembre 1946, p. 51) en compte 412, plus 15 toiles de l'école du Nord et 26 des maîtres italiens (453 œuvres en tout).
129 Debeaux-Fournier, *op. cit.,* p. 51.
130 Plazaola, *op. cit.,* p. 149.
131 Parmi les critiques publiées en 1838 figurent : Matougues, 1838, p. 65-79, p. 105-108 ; « Musée espagnol », 1838, p. 1 ; F. P., 10 janvier 1838, p. 55, 22 janvier, p. 143-144, 10 février, p. 272, 26 février, p. 413-414 ; Huard, janvier 1838, p. 26 ; Délécluze, février 1838 ; carte anonyme à Louis-Philippe, 1838. Liste dressée par Lipschutz, *op. cit.,* p. 400-401, et Plazaola, *op. cit.,* p. 138.
132 Lipschutz, *op. cit.,* p. 80-81. Curieusement, aucune de ces œuvres n'est exposée dans la Galerie espagnole : le Velázquez n'a jamais quitté l'Espagne et le Murillo, emporté de Séville par le maréchal Soult, avait été offert au musée Napoléon, exposé en 1814 au Louvre, puis rendu en 1815 à l'Espagne, où il est demeuré depuis.
133 Le *Magasin pittoresque,* 1838, n° 3, janvier, et n° 9, mars.
134 Moreau-Nélaton, 1921, p. 29-30.
135 Alcolea Blanch, 1996, p. 50.
136 Baticle et Marinas, 1981, p. 227.
137 Alcolea Blanch, *op. cit.,* p. 52.
138 Le catalogue Aguado « devait contenir initialement 240 gravures, mais seules 36 *[sic]* d'entre elles ont été publiées. Les planches ont été vendues par la suite, et sont probablement tombées entre les mains de Virtue & Co., à Londres. Plusieurs d'entre elles sont parues dans W. B. Scott, *Murillo,* Londres, 1873 » (Curtis, 1883, p. 10, 353).
139 Brigstoke, 1982, p. 474.
140 Tromans, 1998, p. 66.
141 Ces chiffres proviennent du catalogue de la vente Standish de 1853. Curtis (*op. cit.,* n° 8) observe qu'après le legs Standish, la Galerie espagnole comptait 656 œuvres espagnoles, soit 140 de plus que le Prado ; Lipschutz (1972, p. 225-228) déclare que la Galerie espagnole possédait 712 tableaux et 214 dessins d'artistes espagnols. Voir aussi Thoré, 1842, p. 209-214.
142 Gautier, 1842, p. 539, 545.
143 Weisberg, cat. exp. Cleveland, 1980, p. 300, 315.
144 Berchet, « Introduction », dans Gautier, 1991, p. 12.
145 Curtis, *op. cit.,* p. 9.
146 Baudelaire, *Correspondance,* I, p. 880, note 1.
147 Cité dans Haskell, octobre 1991, p. 677.
148 Alcolea Blanch, *op. cit.,* p. 52.
149 Guinard, 1967, p. 127, note 11.
150 Buenaventura, « Introducción », dans Mérimée, 1986, p. 6.
151 Elles comprennent « Priests in Madrid, » et « Balcony Scene, at Andalusia, » (4 octobre 1845) ; « Costumes of the Prado » et « The Royal Palace at Madrid–The Armeria, » (le 13 décembre 1845).
152 Ce livre sera réédité à de nombreuses reprises : Paris, Charpentier, 1856, 1858, 1859, 1862, 1865, 1869 [?], 1870, 1875 ; et Paris, Laplace, Sanchez et Cie, 1873. De plus, il sera traduit en anglais (en 1853), en allemand (il paraîtra en Allemagne sous forme de série en 1842 et 1843) et en espagnol (à partir de 1920).
153 Boime, 1986, p. 31, 617, note 55.
154 Plazaola, 1989, p. 501.
155 Voir Dumas, 1959, p. 35 ; et Jasinski, 1929.
156 Gautier, 1847.
157 Dumas, *op. cit.,* p. 123.
158 Maclaren, 1970, p. 69.
159 Debeaux-Fournier, août-septembre 1946, p. 51.
160 Luxenberg, 1990.
161 Debeaux-Fournier, *op. cit.,* p. 51.
162 Debeaux-Fournier, *op. cit.,* p. 51.
163 Séailles, 1910, p. 32.
164 Champfleury, 1861, cité dans Lacambre, 1973, p. 182.
165 *François Bonvin…,* 1999, n° 31.
166 Vente citée intégralement dans Réau, 1960, p. 98.
167 Amornpichetkul, 1989, p. 363.
168 Perrier, dans un article de la *Revue des Beaux-Arts,* rapporté dans son homologue espagnol, *Revista de Bellas Artes,* Valencia, n° 16, avril 1855, p. 169-170. Aussi *Catalogue raisonné des tableaux de diverses écoles…,* 1855.
169 *Visites et études…,* 1856, p. 96.
170 Baudelaire, *Correspondance,* I, 331.
171 *Notices by different authors and artists…,* 1856.
172 Matilla, 1994, p. 194.
173 *Manet, 1832-1883,* cat. exp. New York, 1983, p. 119.

174 *Catalogue of the art treasures…*, 1857 ; et Blanc, 1857.
175 Munhall, 1995, p. 161.
176 Merci à Catherine Donnelier d'avoir porté cette lettre à mon attention. Delacroix, 2000, p. 84-85, n° 65.
177 Gautier, 1992, p. 18.
178 Baudelaire, « Salon de 1859 », 1976, p. 647.
179 Denney, septembre 1993, p. 100-101.
180 Baudelaire, *Correspondance*, I, 574.
181 Cité dans Wilson-Bareau, 1988, p. 15.
182 Le *Moniteur universel*, 5 juillet 1861.
183 *Manet*, cat. exp. New York, 1983, p. 507.
184 Matilla, 1994, p. 194.
185 Augé dans cat. exp. Castres, 1997, p. 124, n° 29.
186 Cat. exp. New York 1983, p. 507.
187 *Ibid.*, *op. cit.*, p. 507, 148.
188 Reiset, 1863.
189 Le volume fait toujours partie de la collection de sa famille. cat. exp. New York, 1988, p. 106.
190 Herbert dans cat. exp. Paris, 1975, p. 27.
191 Baudelaire, *Correspondance*, II, p. 386.
192 Merci à David Degener de m'avoir donné cette information.
193 *La Chronique des arts*, III, n° 100, 16 avril 1865.
194 Wilson-Bareau, 1988, p. 41 ; voir aussi *Manet par lui-même*, 1991.
195 Wilson-Bareau, *op. cit.*, p. 43-44 ; voir aussi *Manet par lui-même*, *op. cit.*
196 Wilson-Bareau, *op. cit.*, p. 48 ; voir aussi *Manet par lui-même*, *op. cit.*
197 Wilson-Bareau, *op. cit.*, p. 49-50 ; voir aussi *Manet par lui-même*, *op. cit.*
198 Wilson-Bareau, *op. cit.*, p. 56 ; voir aussi *Manet par lui-même*, *op. cit.*
199 Brunet a peut-être été une relation de Manet et c'est peut-être sa femme qui est le sujet du tableau de l'artiste *Portrait de Mme Brunet* (1860-1867), New York, collection particulière [RW I 31].
200 Cat. exp. Castres, 1999, p. 102.
201 *L'Indépendance belge* (5 juillet). Cité dans cat. exp. New York, 1983, p. 509.
202 « Durando, Carlos, [calle] Carmen, Hotel de Francia ». Il se recommande de Casado. *Registro de copistas* (L-36), 18 mars 1864 – 18 octobre 1873, n. p. [10].
203 Cat. exp. Castres, 1999, p. 101-102, n° 33, repr.
204 Crépet, 1906, p. 95. Cité dans cat. exp. New York, 1983, p. 102.
205 Essai de Wilson-Bareau, note 112.
206 Cat. exp. New York, 1983, p. 240.
207 Augé dans cat. exp. Castres, 1997, p. 124, repr. (comme autoportrait).
208 Brey Mariño, 1949, p. 15.
209 Luxenberg, novembre 2001, p. 690.
210 *Registro de copistas* (L-36), 18 mars 1864 – 18 octobre 1873, n. p. [15].
211 Brey Mariño, 1949, p. 54.
212 Idem, *op. cit.*, p. 25.
213 Béguin, 1969. Cité par Chu, 1974, p. 3.
214 Matilla, 1994, p. 94.
215 Boime, octobre 1964, p. 237-247.
216 Alcolea Blanch, 1996, p. 47.
217 *Berthe Morisot : The Correspondence…* p. 88, n° 71. Voir aussi Luxenberg, New York, 1993, p. 26.
218 « Mary S. Casstt. [sic], extranjera », n° 416, *Registro de copistas* (L-36), 18 mars 1864 – 18 octobre 1873.
219 Weisberg dans cat. exp. Cleveland, 1980, p. 320.
220 Boime, 1964. Voir aussi Duro, année 1985 (1987), p. 283-313, et Auvray, 1873.
221 Bien que le baron Taylor ait acheté ces deux œuvres pour la Galerie espagnole en 1838, seule *la Lettre* était exposée au musée.
222 Ormond et Kilmurray, 1998, p. 43.
223 *Libro de registro de los señores copiantes*, 27 octobre 1873 – 30 avril 1881. Cité dans Luna, 1988, p. 102.
224 Ormond et Kilmurray, *op. cit.*, p. XIII.
225 Cat. exp. New York, 1984, p. 207.
226 *Ibid.*, *op. cit.*, p. 392.
227 Cat. exp. Londres et Paris, 1991-1992, n° 124. L'artiste visitera l'Espagne en 1895.
228 Publié en 1912, *Greco ou le secret de Tolède*, de Barrès, est traduit en allemand en 1913 et en espagnol l'année suivante. Le portrait de l'écrivain par le peintre espagnol Ignacio Zuloaga (1870-1945) montre Barrès sur fond de paysage tolédan (1913, Musée historique lorrain, Nancy).
229 Cité dans Goley, 2000, note 8.
230 *The Private Collection of Edgar Degas…*, 1997, n° 600, p. 67.
231 Wildenstein, 1996, I, p. 369.

Catalogue

L'art espagnol

| Claudio COELLO
(Madrid, 1642 – Madrid, 1693)

Né à Madrid, Coello étudia le style du haut baroque avec Francisco Rizi (1614-1685), peintre du roi, qui lui enseigna également la fresque. S'il reste peu d'exemples de sa production murale, les nombreuses commandes qu'il reçut d'institutions religieuses en font l'un des meilleurs peintres du baroque tardif du XVIIe siècle. L'influence des peintures italienne et flamande de l'époque marque son style, qui porte aussi la trace de la Venise de la Renaissance. Son talent fut vite remarqué, et il fut nommé peintre du roi en 1683, puis, en 1686, succéda à Juan Carreño de Miranda (1614-1685) comme peintre de cour sous le règne de Charles II (1661-1700), dernier Habsbourg d'Espagne. Le XIXe siècle appréciait le travail de Coello, synthèse idéale des styles de Velázquez, Murillo et Cano, et les hispanistes français eurent tôt fait de reprendre l'idée erronée de Bermúdez qui voulait qu'il eût étudié avec Raphaël. La Galerie espagnole comptait une peinture de Coello.

D. R.

1.
La Madeleine pénitente
Vers 1665-1670

Huile sur toile
H. 60,5 ; L. 51,8
Cherbourg-Octeville, musée d'art Thomas-Henry
Inventaire 835.32
CATALOGUE RAISONNÉ
Sullivan, 1986, n° P14.

HISTORIQUE
Collection Thomas Henry ; don de Thomas Henry à la ville de Cherbourg, en 1835.
BIBLIOGRAPHIE
Notice… Cherbourg, 1835, p. 16, n° 32 ; *Notice…*, 1870, p. 14, n° 32 ; *Notice…*, 1912, p. 9 ; Harris, 1963, p. 322 ; Baticle, « Pintura española del siglo XVII en Francia », dans Madrid, 1964, n° 58, p. 296.
EXPOSITION
Paris, 1963, p. 135-136, n° 44.

Reproduit fig. 152

La Madeleine pénitente de Coello était l'une des sept œuvres espagnoles de la collection de Thomas Henry (1766-1836). Peintre, collectionneur et marchand d'art, Henry exposa dans les Salons entre 1798 et 1801 et voyagea dans toute l'Europe pour aiguiser son œil d'artiste. En 1816, ses talents lui valurent d'être nommé « Commissaire expert du musée royal » à Paris. En 1835, il fit don des 163 œuvres de sa collection pour fonder le premier musée de sa ville natale, Cherbourg, qui fut inauguré le 29 juillet et dont il fut le premier conservateur.

Une anecdote intéressante, parue en 1898 dans un journal local, révèle comment Henry avait acquis au moins l'une de ses toiles espagnoles : « Un jour le baron James de Rothschild [1792-1868] le chargea de lui trouver un Murillo authentique pour sa galerie ; Henry partit pour l'Espagne, et eut la chance de mettre la main sur deux tableaux. Le baron garda l'un et offrit l'autre à son mandataire. C'est ainsi que Cherbourg possède un Christ fléchissant sous la Croix [A 260] avec des figures de toute beauté[1]. »

La Madeleine pénitente fut l'une des premières œuvres de Coello à entrer en France. En 1807-1808, le marchand d'art Jean-Baptiste-Pierre Lebrun (1748-1813) avait acquis une autre toile du peintre, *Miracle de saint Pierre d'Alcantara* (Munich, Bayerische Staatsgemäldesammlungen [S-P82]), qui provenait initialement de l'église San Hermenegildo à Madrid. Il la vendit plus tard à l'ex-impératrice Joséphine. Dans son *Recueil de gravures* (1809) – qui comprenait une estampe du Coello –, Lebrun écrivit : « Jamais je n'avais vu des ouvrages [de ce peintre] en France[2]. »

Vers le milieu du siècle, ses œuvres étaient déjà plus connues. Ainsi, dans l'*Histoire des peintres de toutes les écoles (École espagnole)*, de 1869, W. Bürger (Thoré) observa : « Les Coello ne sont pas rares. Il y avait des Coello au Musée espagnol du Louvre, dans les galeries Soult et Aguado, dans la galerie Salamanca, etc.[3] », et, citant Bermúdez : « Les *professeurs* et les *connaisseurs (intelligents)* l'estimaient comme un de nos meilleurs *naturalistes* […] Coello, en Espagne, avait réuni le dessin d'Alonso Cano au coloris de Murillo et à l'*effet* de Velázquez[4]. » Thoré, dans un article plus ancien, avait attribué à tort le style un peu italianisant de Coello à Raphaël en déclarant : « Nous savons bien que Coello fut élève de Raphaël[5]. »

La ravissante Madeleine de Coello, avec ses cheveux tombant sur ses épaules, s'inspire peut-être plus de Van Dyck, dont Coello a vu et copié les œuvres dans les collections royales espagnoles. Les saintes et les madones naturalistes, qui peuplaient les tableaux espagnols du XVIIe siècle, enchantaient le public français[6] ; notamment les réalistes, impressionnés par ces modèles si manifestement tirés de la vie.

Le peintre Jean-François Millet (1814-1875) a dû sûrement connaître *la Madeleine* de Coello, car il étudiait la peinture à Cherbourg à l'époque de l'ouverture du musée Thomas-Henry, et son professeur l'y envoya faire des copies (il quitta Cherbourg pour Paris en janvier 1837)[7].

D. R.

1. Seignac, 7 juillet 1898. Je remercie M. Jean-Luc Dufresne, directeur du musée d'art Thomas-Henry, et son assistant Benjamin Simon de m'avoir généreusement fourni cette information.
2. Lebrun, II, 1809, p. 32.
3. W. Bürger, « Claudio Coello », dans Blanc, 1869, p. 4.
4. *Ibid, op. cit,* p. 1.
5. Thoré, 1834-1835, p. 165.
6. Voir Lipschutz, 1984, p. 4-20.
7. Moreau-Nélaton, 1921, t. 1, p. 17.

Francisco DE GOYA Y LUCIENTES
(Fuendetodos, 1746
Bordeaux, 1828)

Fils d'un maître doreur de Saragosse, élève dès l'âge de treize ans du peintre aragonais José Luzán, il voyage en Italie en 1770-1771. Il épouse, en 1773, Josefa Bayeu, dont le frère Francisco Bayeu (1734-1795), peintre de chambre du roi, est d'abord pour lui un puissant rival. Il devient cependant peintre du roi en 1786, peintre de chambre du roi en 1789, après l'avènement de Charles IV, premier peintre de chambre du roi en 1799, ce qui lui vaut un salaire élevé. Les commandes de la cour durent jusqu'en 1802. S'il n'est pas rémunéré pendant les cinq années du règne de Joseph Bonaparte, il ne prend sa retraite qu'en 1826.

À la suite d'une grave maladie, en 1792-1793, il était devenu sourd. Lorsque sa femme meurt, en 1812, est rédigé le fameux inventaire avec les œuvres destinées à Xavier (ou Javier), leur fils, qui en vendit certaines au baron Taylor pour la Galerie espagnole de Louis-Philippe.

En 1819, Goya achète aux environs de Madrid la maison que l'on appelle Quinta del Sordo (« la maison du sourd »). Dans les années 1820, il y peint à l'huile sur les murs de deux salles les *Peintures noires,* déposées par la suite, présentées à l'Exposition universelle de 1878, à Paris, et maintenant au musée du Prado. Il avait donné cette maison à son petit-fils, Mariano, en 1823, avant de s'établir, en 1824, à Bordeaux. Peintre et graveur, il avait traduit en gravure, dès 1778, les peintures de Velázquez des collections royales espagnoles. Quelques années après sa mort, le *Magasin pittoresque* de 1834 (p. 324) note qu'il « aurait espéré faire revivre Velasquez ».

G. L.

2.
La Prairie de Saint-Isidore
Mai-juin 1788

Huile sur toile
H. 41,9 ; L. 90,8
Madrid, Museo del Prado
Inventaire 750

CATALOGUES RAISONNÉS
Gassier-Wilson, 1970, n° 272 ; Gudiol, 1970, n° 252, 1980, n° 245 ; Guinard-de Angelis 1976, n° 246.

HISTORIQUE
Ducs d'Osuna, La Alameda, 1798 ; vente Osuna, Madrid, 1896, n° 66 (*La romería de San Isidro*) ; acheté pour le musée du Prado.

BIBLIOGRAPHIE
Yriarte, 1867, p. 85 (gravure hors texte face p. 79), p. 143 (cat.) ; Moreno de las Heras, 1997, p. 159-163, n° 53.

EXPOSITIONS
Madrid, 1896, 2e éd., p. 24-25, n° 66 ; Madrid, Londres et Chicago, 1993-1994, p. 172-178, 353, n° 26 ; Madrid, 1996A, n° 56.

Reproduit fig. 71

Cette vue sur la ville de Madrid, par-delà la prairie en fête et la rivière Manzanarès, est l'esquisse préparatoire pour un carton de tapisserie. Après la série des *Saisons,* achevée en 1787, au début de 1788 la Maison du Roi commanda cinq cartons de tapisserie, pour décorer la chambre des infantes, petites-filles de Charles III, au palais du Pardo[1]. À la fin de mai, Goya exprimait son inquiétude à son ami Zapater : il n'avait toujours pas terminé les esquisses qu'il devait montrer au roi et aux princes dès leur retour à Madrid, pour recevoir leur aval et entreprendre les cartons en grand format. Le temps manquait : « … et en plus, les sujets sont tellement difficiles et donne tant de travail, par exemple la prairie de Saint-Isidore, le jour du saint, avec toute la confusion dont on a l'habitude ici[2]. »

La fête de Saint-Isidore, saint patron de Madrid, a lieu le 15 mai. Goya a-t-il voulu revoir le site et observer le public avant d'en terminer avec ses esquisses pour les cartons, toutes les scènes ayant trait aux diverses activités de cette manifestation annuelle[3] ? Selon la coutume, le peuple de Madrid sort de la ville, traverse la rivière et monte vers l'ermitage du saint. Là il fait la queue pour arriver à la source miraculeuse, telle qu'on le voit dans une autre esquisse de la série. Ici, depuis le terrain en pente devant la chapelle, Goya a tracé le profil topographique de la ville, l'évoquant toute baignée d'une lumière de fin d'après-midi. La perspective se centre sur le cœur historique de Madrid, serré entre le palais royal et San Francisco el Grande, dont on aperçoit le dôme immense ; elle s'étend sur la gauche au pont de Ségovie et sur la droite jusqu'au quartier de la porte de Tolède.

Goya compléta ses cinq esquisses, qui furent bien accueillies, mais il n'avait terminé qu'un des cartons lorsque le projet fut définitivement interrompu, par la mort du roi. En 1798, les esquisses, avec celles de la série des *Saisons*, furent vendues aux ducs d'Osuna, qui les destinaient à la décoration de La Alameda, propriété située à quelques kilomètres de Madrid[4]. Charles Yriarte, de visite en 1866, la compara à « notre grand Trianon de Versailles ». À propos des vingt-deux Goya, qu'il décrit dans son catalogue, Yriarte remarqua : « La collection […] réserve une nouvelle surprise à ceux qui veulent suivre le peintre. Elle montre le terrible artiste qui a pu graver les *Désastres de la guerre* et peindre la Quinta sous un aspect inattendu. Il devient doux et tendre, précieux et raffiné, et son exécution serrée, léchée, presque amoureuse, rappelle un peu celle de Fragonard. Le choix des sujets fait songer à Watteau, à Lancret et à tous les galants peintres du siècle dernier. » Pour Yriarte, notre toile était « la plus curieuse de toute l'œuvre peinte » et il souhaitait que la gravure, d'après un dessin de son collègue et compagnon de voyage Tabar, donnât au moins une idée de « la *sensation* du tableau par ce mouvement et cette foule innombrable qui vient […] s'ébattre au bord du Manzanarès[5]. »

J. B.

1. Gassier-Wilson, 1970, p. 97-98, nos 272-276.
2. Pour la lettre de Goya (Madrid, Musée du Prado, bibliothèque), 31 mai 1788, voir Águeda et Salas, 1982, p. 182, n° 104.
3. Voir le cat. exp. Madrid, Londres et Chicago, 1993-1994 ; voir aussi le cat. exp. Madrid, 1996, p. 172-173, pour la disposition prévue pour les tapisseries dans la chambre des Infantes.
4. Gassier-Wilson, 1970, nos 248-255, 256-261, 272-275, 659-664 ; voir p. 383, annexe V. Les œuvres furent dispersées dans la vente aux enchères de 1896. Une photographie de J. Laurent figure dans son catalogue de 1872 (le cliché original, perdu, est remplacé par une copie à l'envers : NIM 7342 ; A-976 du cat. de 1872).
5. Yriarte, 1867, p. 79, 83-86, 141-145.

3.
Picador à cheval (Un garrochista)
Vers 1792 ? ; repeint vers 1808

Huile sur toile
H. 56 ; L. 47
Madrid, Museo del Prado
Inventaire 744
CATALOGUES RAISONNÉS
Gassier-Wilson, 1970, n° 255 ; Gudiol, 1970, n° 252, 1980, n° 245 ; Guinard-de Angelis, 1976, n° 312.

HISTORIQUE
Madrid, palais royal, avant 1819 ; déposé au Prado en août 1819 (Madrazo, 1945, p. 251, n° 75).
BIBLIOGRAPHIE
Catalogues du musée du Prado à partir de 1821 ; Yriarte, 1867, p. 130 ; Águeda, 1987, p. 45-48 ; Pérez Sánchez, 1987, p. 308.
EXPOSITION
Madrid, Londres et Chicago, 1993-1994, p. 251-252, 363, n° 60.

Reproduit fig. 131

Lorsque le Real Museo del Prado (musée royal du Prado) fut inauguré, en 1819, le catalogue recensa vingt et une peintures appartenant à l'école moderne et contemporaine. Parmi celles-ci on comptait les magnifiques portraits équestres peints par Goya – sous l'influence évidente de Velázquez – de Charles IV et de la reine Marie-Louise, dont le fils Ferdinand VII régnait à l'époque. En 1821 vint les rejoindre dans la galerie une petite toile représentant un picador. Dans les catalogues ultérieurs et jusqu'en 1872 ne figuraient que ces trois œuvres de Goya, alors que d'autres peintures de l'artiste étaient bientôt visibles sur les murs. À partir de 1834, *la Famille de Charles IV* (fig. 36), réponse de Goya aux *Ménines* de Velázquez, décorait, avec d'autres portraits royaux, un salon privé à l'usage de la famille royale mais auquel les visiteurs accédaient. Dès les années 1860, le public pouvait voir, d'abord dans des corridors obscurs, ensuite dans la section d'art moderne, à l'entrée de la galerie principale, les grands tableaux d'histoire du *Deux Mai 1808* (fig. 7) et son pendant *les Exécutions du trois mai* (fig. 8).

La provenance, à partir de la collection royale, du petit *Picador* ou *Portrait d'un torero à cheval*[1] peut paraître surprenante. Toutefois, une découverte récente a dévoilé le mystère : une radiographie a révélé l'existence, sous le picador, d'un portrait du jeune don Manuel Godoy, favori de la reine qui devint l'homme le plus puissant du royaume[2]. La toile de petit format a pu servir d'esquisse pour un portrait grandeur nature, peut-être une commande de la reine, qui aurait gardé la petite version pour elle ou l'aurait reçue en cadeau de Godoy. En 1808, lors de l'intervention politique de Napoléon Bonaparte dans les affaires de l'Espagne, Godoy fut l'objet d'une émeute populaire. Il est possible qu'une grande toile ait été détruite à cette époque, avec d'autres images du favori, détesté par le peuple. Ce petit portrait a subi des repeints (le travail est bâclé et n'est certainement pas de la main de Goya) pour transformer Godoy en un picador inoffensif et sauvegarder ainsi l'objet d'une violence destructrice.

Plus tard cette œuvre fut décrite comme étant une étude préparatoire, ayant un rapport avec une grande toile de la décoration de l'un des salons à La Alameda des ducs d'Osuna, aux alentours de Madrid (voir cat. 2)[3]. Curieusement, il semble que cette œuvre, telle qu'on la voit depuis qu'elle est au Prado[4], soit le premier « faux » dans la longue lignée des « Goya » fabriqués au cours du XIXe siècle. Il est, en tout cas, un document historique pour les rapports de Goya et de son époque et pour l'histoire du musée du Prado elle-même.

J. B.

1. Titre utilisé dans l'édition française du catalogue du Prado de 1828.
2. Águeda, 1987.
3. Il s'agit du *Choix des taureaux* (*Apartado de toros*), toile disparue depuis la Seconde Guerre mondiale (Gassier-Wilson, 1970, n° 254). C'est Yriarte, en 1867, qui décrit le *Picador à cheval* comme une « jolie esquisse d'une des figures de l'*Arroyo*, qui se voit à l'Alameda ».
4. Lors des préparatifs pour l'exposition des Goya de petit format (Madrid, Londres et Chicago, 1993-1994), il fut question d'une tentative de récupération de la peinture de Goya. Le tableau ayant toujours figuré au Prado dans son état actuel, il fut décidé de ne pas y toucher.

4 à 8.
Les Caprices (Los Caprichos)
1797-1799
Série de 80 planches à l'eau-forte et à l'aquatinte, gravée entre 1797 et 1798 et mise en vente au début de 1799 sous la forme d'une suite d'estampes brochées. Sans page de titre et sans explication autre que la légende gravée au bas de chaque planche, connue sous le nom *Caprices de Goya* – le titre *Caprichos de Goya* est indiqué au dos des reliures de l'époque –, la série fut annoncée dans le *Diario de Madrid* du 6 février 1799.

Goya élabora ses estampes à partir d'une série de dessins préparatoires qu'il intitula *Songes (Sueños)*. Il recourut au thème de la sorcellerie tournée en ridicule pour dissimuler que ses attaques contre les erreurs, les abus et les vices de la société de son temps visaient avant tout l'Église. L'image célèbre du *Songe de la raison* devait introduire cette série de *Songes* telle que Goya l'avait initialement souhaitée ; dans la suite complète des *Caprices*, elle devint la planche n° 43. Parmi les estampes conçues au départ comme des *Songes*, la planche n° 66 (cat. 8) fut gravée d'après le dessin du *Songe* n° 5, illustrant la sorcellerie, et dans les thèmes purement sociaux qui suivirent, la planche n° 7 des *Caprices* (cat. 5) fut gravée à partir du dessin n° 21 des *Songes*. Parmi les estampes plus tardives, exécutées lorsque Goya avait totalement maîtrisé les techniques de l'eau-forte et de l'aquatinte, citons les n°s 3 et 15 (cat. 4 et 6), ainsi que le n° 39 (cat. 7) à l'aquatinte pure, sans travail à la pointe, donc sans dessin linéaire.

Goya fut obligé, semble-t-il, de retirer la série de la vente après quelques jours, et il s'en débarrassa quatre ans plus tard en offrant (contre une bourse d'études pour son fils) les planches de cuivre au roi Charles IV, y joignant les invendus de l'édition.

Dans sa lettre d'offre (7 juillet 1803), Goya souligna que « ce sont surtout les étrangers qui les recherchent », et nous savons que des diplomates en poste à Madrid s'en emparèrent aussitôt, y compris Ferdinand Guillemardet, qui aurait rapporté à Paris, en 1800, l'exemplaire que Delacroix consultera (cat. 56 à 59). C'est surtout à travers cette célèbre série d'estampes que Goya fut connu en France. Un petit nombre d'exemplaires du premier tirage entra dans des collections particulières à Paris ; celui des *Caprices* ayant appartenu au baron Vivant Denon fut acheté à sa vente, le 12 février 1827, pour le cabinet des Estampes de la Bibliothèque royale (acquisition A7108). Ce sont ces estampes, d'une qualité exceptionnellement belle, qui sont présentées ici.

J. B.

BIBLIOGRAPHIE
Matilla et Medrano, 1999 (cette publication comprend des fac-similés de tous les dessins préparatoires, des estampes et des cuivres gravés, ainsi qu'une bibliographie exhaustive).

4.
Caprice n° 3 : Voici le croquemitaine. (Que viene el Coco.)

Eau-forte et aquatinte
H. 21,7 ; L. 15,3
Paris, Bibliothèque nationale de France, département des Estampes (collection Vivant Denon, A7108)
CATALOGUES RAISONNÉS
Delteil, 1922, n° 40 ; Harris, 1964, n° 38 ; Gassier-Wilson, 1970, n° 455.

Reproduit fig. 64

5.
Caprice n° 7 : Même ainsi il ne la distingue pas. (Ni asi la distingue.)

Eau-forte et aquatinte
H. 20 ; L. 15
Paris, Bibliothèque nationale de France, département des Estampes (collection Vivant Denon, A7108)
CATALOGUES RAISONNÉS
Delteil, 1922, n° 44 ; Harris, 1964, n° 42 ; Gassier-Wilson, 1970, n° 463.

Reproduit fig. 53

6.
Caprice n° 15 : Jolis Conseils. (Bellos consejos.)

Eau-forte et aquatinte
H. 21,8 ; L. 15,3
Paris, Bibliothèque nationale de France, département des Estampes (collection Vivant Denon, A7108)
CATALOGUES RAISONNÉS
Delteil, 1922, n° 52 ; Harris, 1964, n° 50 ; Gassier-Wilson, 1970, n° 481.

Reproduit fig. 52

7.
Caprice n° 39 : Jusqu'à son grand-père. (Hasta su Abuelo.)

Aquatinte
H. 21,5 ; L. 15
Paris, Bibliothèque nationale de France, département des Estampes (collection Vivant Denon, A7108)
CATALOGUES RAISONNÉS
Delteil, 1922, n° 76 ; Harris, 1964, n° 74 ; Gassier-Wilson, 1970, n° 526.

Reproduit fig. 66

8.
Caprice n° 66 : Ils s'en vont par là. (Allá va eso.)

Eau-forte et aquatinte
H. 20,9 ; L. 16,6
Paris, Bibliothèque nationale de France, département des Estampes (collection Vivant Denon, A7108)
CATALOGUES RAISONNÉS
Delteil, 1922, n° 103 ; Harris, 1964, n° 101 ; Gassier-Wilson, 1970, n° 583.

Reproduit fig. 68

9.
Portrait d'Asensio Juliá ? (Su Amigo Asensi)
1798 ?

Huile sur toile
H. 54,5 ; L. 41
Signé et dédicacé, en bas, à gauche :
Goya a su / Amigo Asensi
Madrid, Musée Thyssen-Bornemisza
Inventaire 166 (1971.1)
CATALOGUES RAISONNÉS
Gassier-Wilson, 1970, n° 682 : Gudiol, 1970, n° 378, 1980, n° 359 ; Guinard-de Angelis 1976, n° 345.

HISTORIQUE
Vista Alegre, Carabanchel (Madrid) ; propriété acquise en 1832 par la reine Marie-Christine ; propriété et tableau cédés à Isabelle II et à sa sœur, l'infante Luisa Fernanda, épouse du duc de Montpensier (inventaire de 1846) ; duchesse de Montpensier, 1858 ; Séville, palais de San Telmo, ducs de Montpensier, 1859-1890, puis duchesse de Montpensier, 1890-1897 ; Sanlúcar de Barrameda, infant don Antonio d'Orléans, 1897-1911 ; Paris, Durand-Ruel, achat, 27 janvier 1911 ; New York, Durand-Ruel, achat, 17 octobre 1912 ; Paris, Arthur Sachs, achat, 6 avril 1923 ; vente Londres, Sotheby's, 24 mars 1971, n° 17 ; Lugano, 1971, puis Madrid, collection Thyssen-Bornemisza.
BIBLIOGRAPHIE
Catálogo de los cuadros..., Séville, 1866, n° 263 ; Yriarte, 1867, p. 77 (repr. hors texte), 146 ; Baticle et Marinas, 1981, p. 89-90, n° 108 ; Matilla Tascón, 1982, p. 283-348 ; cat. exp. Madrid, Londres et Chicago, 1993-1994, p. 264-265, 365 et n° 66 ; Rivas Ramírez, 1999, p. 48-59.

Reproduit fig. 73

Ce petit tableau fit sa première apparition en avril 1846, dans un inventaire, établi par Vicente López, des peintures du Vieux Palais de la propriété de Vista Alegre à Carabanchel, près de Madrid[1]. La propriété avait été acquise en 1832, un an avant la mort de Ferdinand VII, par la reine Marie-Christine, qui entreprit de l'embellir et de remplir d'œuvres d'art les divers palais et maisons qui s'y trouvaient. Vista Alegre devint, en 1858, la propriété exclusive de la sœur cadette, l'infante Luisa Fernanda, et de son époux le prince Antoine d'Orléans, duc de Montpensier. L'année suivante, lorsque la propriété fut vendue à don José de Salamanca, le duc et la duchesse de Montpensier se déplacèrent avec leurs collections à Séville, au palais de San Telmo. Cette toile de Goya y figure, dans le catalogue des peintures édité en 1866. Un an plus tard, Charles Yriarte le décrit dans son livre et en donne une belle gravure hors texte, dessinée par Bocourt « d'après une photographie que S. A. le duc de Montpensier a bien voulu faire exécuter pour notre usage[2] ». Ici et dans le catalogue en fin de volume, l'œuvre porte le titre *Portrait d'Asensi,* dont Yriarte affirme que c'est « peut-être la seule dont nous ne connaissons pas l'origine ; nous ignorons jusqu'à la personnalité de cet Asensi, auquel Goya dédie cette œuvre ».

La mention du catalogue est complétée par une note : « N. B. Ces deux dernières toiles [ce portrait et *les Manolas au balcon*] [...] proviennent de la galerie du feu roi Louis-Philippe. »

S'il est question, comme l'indiquent Yriarte et tous les catalogues ultérieurs, d'un tableau ayant figuré dans la Galerie espagnole, il ne peut s'agir que de celui qui est décrit au catalogue sous le numéro 108, *le Portrait de Goya*[3]. Dans le catalogue de la vente Louis-Philippe chez Christie's en 1853, la même œuvre figure sous le numéro 446, *« GOYA. Portrait of himself »*. Si Colnaghi se rend acquéreur des *Manolas* (ou *Majas*) *au balcon*, vendu ensuite au duc de Montpensier sinon acheté pour son compte, c'est le marchand Durlacher qui enlève le portrait, ainsi que quatre autres tableaux de la vente[4]. Or, ces cinq tableaux passent dans la collection de sir Henry Bulwer, futur lord Dalling and Bulwer, et réapparaissent dans sa vente après-décès[5]. Le numéro 51 de cette vente porte le titre et l'indication de sa provenance : « Portrait of the artist. *From the Collection of King Louis Philippe.* » Il s'agit du « Portrait de Goya » de la Galerie espagnole, passé chez Christie's en 1853. Ayant appartenu à lord Dalling and Bulwer dès 1853 ou peu après, cet autoportrait – qui reste à identifier – ne peut plus être confondu avec celui qui se trouvait dans la collection Montpensier à Madrid ou à Séville entre 1846 et 1866[6].

L'erreur remonte aux affirmations d'Yriarte dans son catalogue[7]. Dans sa description du tableau, cet écrivain se lance dans des hypothèses romantiques : « Au pied du personnage on voit des pinceaux et une jatte de couleurs ; [...] c'est un portrait d'artiste ; la tête fine et le ton négligé de ces grands cheveux qui découvrent un front intelligent caractérisent un homme voué aux conceptions artistiques ; le costume lui-même est assez original pour nous confirmer dans cette idée : enfin [...] le modèle est blessé, sa main gauche repose dans un appareil que retient un ruban passé autour du cou. » Yriarte se demande s'il faut en conclure « qu'une chute faite pendant le travail a condamné l'artiste au repos, et que Goya en a profité pour le peindre [...] ? » Dans la gravure, et selon l'interprétation d'Yriarte, la main d'Asensi, au lieu d'être simplement plongée dans le peignoir, est représentée comme bandée et soutenue par un ruban qui n'est en réalité que la bordure bleue du peignoir. Mais laissons Yriarte se rattraper quant à la qualité de l'œuvre : « Goya a rarement fait mieux. La toile est d'une finesse exquise, et, malgré sa petite dimension, aussi largement peinte que les grandes œuvres de l'artiste. » Reste à établir l'origine de cette toile, qui fut sans doute acquise par Vicente López pour le compte de la reine Marie-Christine[8] entre 1832 et 1840, année de l'ascension d'Espartero et du départ de la reine mère pour la France.

J. B.

1. Dans l'inventaire de 1846, le tableau est situé dans le Vieux Palais, dans la pièce 34, *« De las escribanías »* (« bureaux ») : « *Goya :* Retrato de Asensi, en cuerpo entero (6 000 rs.) », voir Matilla Tascón, 1982, p. 320.
2. La photographie figure parmi les œuvres de la galerie du duc et de la duchesse de Montpensier à Séville dans les catalogues de J. Laurent à partir de 1872 (Archivo Ruiz Vernacci – J. Laurent, Instituto del Patrimonio histórico español, Madrid, Inv. A-1017 [ancien], 8131 [actuel]). Il n'existe pas encore de tirage moderne du cliché original, en verre. Ana María Gutiérrez, conservateur de ce document, nous a aimablement fourni des informations concernant ce tableau et d'autres photographiés par Laurent.
3. *Notice*..., 1838, 4ᵉ éd. (la numérotation des œuvres suivie est celle de la 4ᵉ éd. ; pour les éd. 1 à 3, il s'agissait du n° 104).
4. Vente Louis-Philippe, Londres, Christie's, 1853 (voir cat. 18), achetés par Durlacher : n° 169, « Old Women » – *le Temps* ou *les Vieilles* (Lille, palais des Beaux-Arts) ; n° 353, « Women of Madrid, in the dress of Majas » (collection particulière ; voir cat. 18) ; n° 375, « An interment » (musée de Grenoble) ; n° 445, « Portrait of Charles III » (l'une des versions citées par Baticle et Marinas, 1981, p. 273). MM. Francis Russell et Jeremy Rex-Parkes chez Christie's m'ont aimablement facilité la consultation des exemplaires annotés des catalogues de vente cités ici et dans la note 5.
5. Vente lord Dalling and Bulwer, 1873 (voir cat. 18). Les Goya de la collection Dalling and Bulwer ont échappé à Baticle et Marinas, alors que la vente est citée, p. 127, pour le n° 176, « Murillo » *Saint Bonaventure* (Yale University Art Gallery).
6. Le « Portrait of the artist » de la vente Dalling and Bulwer fut acheté dix guinées par Polak. On ignore la suite de son historique.
7. Le catalogue de la collection Montpensier, publié un an avant le livre d'Yriarte, n'indique une provenance de la Galerie espagnole que pour les seules *Majas au balcon* de Goya (Gassier-Wilson, 1970, n° 959).
8. Voir Rivas Ramírez, 1999, p. 53.

10.
Une dame en costume espagnol

Portrait présumé de María de Quero y Valenzuela, marquise de la Merced (dit de las Mercedes) ou de Maria Anna Waldstein, neuvième marquise de Santa Cruz
Vers 1797-1798

Huile sur toile
H. 52 ; L. 34
Inscription, au revers de la toile : *Goya 1799*
Paris, musée du Louvre, département des Peintures
Inventaire M.I.698

CATALOGUES RAISONNÉS
Gassier-Wilson, 1970, n° 678, note (réduction) ; Guinard-de Angelis, 1976, n° 336, note (réduction).

HISTORIQUE
Madrid, 1799 ? à mars 1800 ; Paris, Ferdinand Guillemardet, de 1800 à son décès, en 1809 ; Paris, Louis Guillemardet, jusqu'à à son décès, en mai 1865 ; legs au musée du Louvre.

BIBLIOGRAPHIE
Ségoillot, 15 juillet 1866, p. 222-223 ; Massarani, 1880, vol. 2, p. 254 ; Lafuente Ferrari, 1928, p. 46-47, n° 44 ; Desparmet Fitz-Gerald, 1928-1950, vol. II, p. 103, sous le n° 385 (étude sur nature) ; Baticle, 1977, p. 153 (réplique non autographe) ; Baticle dans *Catalogue sommaire illustré*..., 1981, p. 116, repr. (copie) ; Ressort *et alii*, Paris, à paraître (2002).

EXPOSITIONS
Madrid, 1928, n° 67 ; Paris, 1935, n° 346 (esquisse préparatoire) ; Paris, 1938, n° 8 (réplique réduite).

Reproduit fig. 141

En 1878, le sénateur Tullo Massarani, président de la section italienne des beaux-arts à l'Exposition universelle, commenta la présence des *Peintures noires* de Goya dans l'enceinte de l'exposition[1]. Il évoqua les scènes d'épouvante imaginées par un cerveau en proie à la démonomanie, et demanda quel en était l'auteur. « Elles étaient de Goya. Mais si par hasard un autre jour, vous alliez détendre vos nerfs fatigués au milieu des suaves merveilles du Louvre, vous vous rencontriez avec une séduisante mañola, la jolie grisette au nœud de ruban rouge à l'oreille, à la noire mantilla, au bras dodu dont les courbes parfaites se laissent parfaitement deviner sous la soie rose d'une coquette petite basquine à broderies d'argent. De quel pinceau était-il éclos, ce charmant petit démon mondain ? Du pinceau de Goya. »

La petite dame en *manola* ou *maja* était l'un des deux tableaux de Goya au Louvre à l'époque. Elle est en effet à l'opposé d'œuvres comme les *Peintures noires*. Elle participe au protoromantisme de la fin du XVIIIe siècle, et elle rappelle les grands portraits tels que celui de la duchesse d'Albe en noir (New York, The Hispanic Society of America) ou celui de la marquise de la Solana (Paris, musée du Louvre), dont notre portrait adopte, à l'envers, la pose approximative pour le port des bras et la façon de tenir l'éventail. Par ailleurs, l'allusion aux *majas* des estampes des *Caprices*, éditées en 1799 – planches 5, 7, 15 ou 27 (cat. 5 et 6) – est évidente.

Léguée au Louvre, en 1865, par Louis Guillemardet, fils aîné de l'ancien ambassadeur du Directoire à Madrid, dont Goya fit un portrait flamboyant en 1798-1799 (fig. 51), la petite toile fut accueillie par un article élogieux rédigé par une proche connaissance de la famille[2]. Elle réapparaît aujourd'hui après une longue éclipse, due surtout à l'existence d'un portrait de format plus grand et de composition presque identique (Paris, musée du Louvre, RF 1976-69)[3]. Le petit tableau a perdu son statut d'esquisse préparatoire (en 1928), pour descendre au rang ambigu de « réduction », voire de copie par une autre main. On a toujours supposé que la petite toile avait été ramenée de Madrid par Ferdinand Guillemardet avec son propre portrait. En l'occurrence, la première mention semble en être celle de Delacroix, qui évoque, dans une lettre à Louis Guillemardet datée du 24 janvier 1856, l'existence du « portrait de ton père et de celui d'une dame (petit portrait en pied) que tu possèdes également[4] ».

Le sujet du portrait en grand format de la dame fut identifié dans un inventaire de 1846 comme étant la marquise de las Mercedes[5]. Le rapport entre les deux œuvres reste une énigme, et on a même suggéré qu'elles ne représenteraient pas la même personne. Le petit portrait semble plus proche par sa tonalité et par sa retenue – aussi bien dans ses formes que dans l'expression du modèle – des beaux portraits cités plus haut. La pose est gracieuse et l'on songe à Goya, mais aussi à ses propos de 1794 concernant son assistant Agustín Esteve : celui-ci, encouragé par Goya, faisait preuve d'un talent insoupçonné pour peindre en miniature[6]. Toutefois, le traitement vigoureux du visage fait penser à celui des portraits miniatures peints par Goya en 1805[7] et le paysage du fond – libre, léger et bien agencé – est digne de Goya lui-même. Comprendra-t-on un jour l'histoire qui se tisse autour de ce petit tableau ? Ce qui est certain, c'est qu'il a joué un rôle en tant qu'œuvre présumée de Goya auprès d'un Delacroix et sans doute d'autres peintres avant son arrivée au Louvre en 1866.

J. B.

1. Devenues la propriété du baron d'Erlanger et récemment arrachées aux murs de la Quinta pour être transférées sur toile, les *Peintures noires* ne figurèrent ni dans la section officielle espagnole ni dans le catalogue de l'Exposition. Présentées dans un couloir, elles furent remarquées par quelques critiques et commentées par Philbert Bréban (1878, p. 126).
2. Ségoillot, 15 juillet 1866, p. 221-224. Cet article, découvert par Almudena Ros, sera commenté dans le cat. des *Écoles espagnole et portugaise* du musée du Louvre (à paraître).
3. Ce portrait fut commenté et son modèle identifié par Jeannine Baticle en 1977. L'identification avec Mariana Waldstein, marquise de Santa Cruz, est étayée par la ressemblance avec des portraits de la dame. Voir pour ces deux œuvres, le cat. du Louvre *(op. cit.)*.
4. *Correspondance Delacroix*, p. 199-200.
5. Inventaire de la collection du marquis de la Remisa, signé et daté par Ceferino de Araujo, le 5 mars 1846 (document inédit, aimablement communiqué par Manuela B. Mena Marqués) : « *107 Retrato de la marquesa de las Mercedes…* » Cette identification a soulevé des questions, d'abord de la part d'Enrique Lafuente Ferrari (1928). Lafuente explique que le nom du marquisat de la Merced fut modifié à l'époque en marquisat de las Mercedes, forme adoptée par Cienfuegos dans la dédicace d'un poème écrite à la mort de la marquise et que l'on retrouve dans l'inventaire de 1846.
6. Canellas López, 1981, p. 317, lettre 192 ; Águeda et Salas, 1982, p. 218, lettre 129.
7. Voir cat. exp. Madrid, Londres et Chicago, 1993-1994, n° 67-73.

11 et 12.
Les Désastres de la guerre (Los Desastres de la guerra)
1810-1814

Série de 82 planches, eaux-fortes avec aquatinte, gravées entre 1810 et 1814 environ, sur les thèmes de la guérilla livrée par les Espagnols contre les troupes de Napoléon et les atrocités commises de part et d'autre, à partir de 1808 ; puis la famine à Madrid en 1811-1812, dont les scènes furent suivies d'une nouvelle série de planches allégoriques et satiriques. Dans l'impossibilité de publier cette série, pour des raisons politiques, Goya tira un grand nombre d'épreuves d'essai et en forma deux jeux complets. Sur l'un d'eux il ajouta des légendes au crayon (Londres, British Museum). Ce jeu d'épreuves fut relié dans un album destiné à Ceán Bermúdez, avec une page de titre manuscrite ainsi libellée : *Fatales conséquences de la guerre sanglante en Espagne contre Bonaparte, et autres caprices allégoriques*. Restés inédits du vivant de Goya, 80 cuivres, acquis par l'Académie de San Fernando, à Madrid, furent édités pour la première fois en 1863 avec le titre – qui n'est pas celui de Goya – devenu célèbre.

Le tirage posthume fut exécuté avec la technique préférée de l'époque : une légère couche d'encre sur toute la surface de la planche annule l'effet toujours recherché par Goya du contraste entre le blanc du papier et les traits multipliés, rapprochés (figurant les ombres), ou les plages de ton produites par l'aquatinte ou des « lavis » d'acide. En revanche, les épreuves d'essai, sans doute tirées par l'artiste lui-même, possèdent toutes ces qualités. Les estampes exposées ici proviennent d'un ensemble de 39 « Scènes de l'invasion », achetées, avec d'autres pièces rares, par la Bibliothèque impériale à un Espagnol à Paris, en 1856 : la demande d'acquisition d'un lot de « 89 pièces de la main de Goya », signée par Achille Devéria pour les conservateurs le 29 octobre, avec l'approbation du Conservatoire « le même jour, d'urgence », fut autorisée par le ministre le 20 novembre. Avec les Goya et « un lot de 26 pièces diverses de l'école espagnole », la Bibliothèque comptait, dès cette époque, avec l'exemplaire des *Caprices* acheté en 1827 (cat. 4 à 8), une collection d'estampes espagnoles qu'un Manet pouvait consulter lorsqu'il venait travailler au cabinet des Estampes, à partir de 1858.

J. B.

BIBLIOGRAPHIE

Blas et Matilla, 2000 (cette publication comprend des fac-similés de tous les dessins et d'un grand nombre d'épreuves dont celles de l'exemplaire de Ceán Bermúdez, ainsi que la reproduction intégrale du tirage de 1863 et des cuivres gravés ; elle est complétée par une bibliographie chronologique).

11
Désastre n° 2 : À tort ou à raison. (Con razon ó sin ella.)

Vers 1812-1814

Eau-forte et lavis
H. 16 ; L. 22,1
Paris, Bibliothèque nationale de France, département des Estampes
Inventaire A1930, 1856
CATALOGUES RAISONNÉS
Delteil, 1922, n° 122 ; Harris, 1964, n° 123 ; Gassier-Wilson, 1970, n° 996.

Reproduit fig. 58

12
Désastre n° 39 : Barbares ! (Barbaros !)

Vers 1812-1814

Eau-forte et aquatinte
H. 15,8 ; L. 20,8
Paris, Bibliothèque nationale de France, département des Estampes
Inventaire A1930, 1856
CATALOGUES RAISONNÉS
Delteil, 1922, n° 157 ; Harris, 1964, n° 158 ; Gassier-Wilson, 1970, n° 1053.

Reproduit fig. 59

13 à 15.
La Tauromachie (la Tauromaquia)

1815-1816

Série de 33 planches à l'eau-forte et à l'aquatinte, gravées en 1815 et 1816, mise en vente par Goya, en feuilles, avec une table comportant le titre explicatif de la série, *Trente-trois estampes qui représentent différentes passes et actions de la Tauromachie, inventées et gravées à l'eau-forte à Madrid par Don Francisco de Goya y Lucientes*, et les titres des planches. Annoncée dans le *Diario de Madrid* du 28 octobre 1816, la série semble ne pas avoir rencontré beaucoup de succès, peut-être à cause de l'originalité même de la technique et des compositions de Goya par rapport aux séries traditionnelles, assez frustes, dont le public *aficionado* avait l'habitude.

Goya a commencé par graver les scènes contemporaines, dont plusieurs portent la date 1815. Il s'est ensuite attaqué aux planches qui retracent l'origine historique et le développement par les Maures de l'art de combattre les taureaux, puis sous les Rois Catholiques et la noblesse, jusqu'à la prise en charge de cet art par les *toreros* modernes, hommes du peuple idolâtrés pour leur adresse et leur courage. Cette compréhension de la chronologie interne de la série est démontrée par le fait que plusieurs des estampes « historiques » sont gravées au verso de planches utilisées pour des scènes contemporaines mais rejetées à cause de leurs défaillances techniques ou de leurs compositions insatisfaisantes.

La première édition fut imprimée avec le plus grand soin sur du très beau papier, à l'instar de celle des *Caprices*. D'après Paul Lefort, auteur du premier catalogue raisonné détaillé des estampes de Goya (1867-1868), à l'exception de rares exemplaires vendus à l'époque, le tirage de la *Tauromachie* resta dans la famille de Goya et ne fut diffusé qu'après la mort de son fils, en 1854. La Bibliothèque impériale en acheta une série complète en 1856, avec les épreuves d'essai des *Désastres de la guerre* (voir cat. 11 et 12). Une deuxième édition fut publiée à Madrid en 1855, mettant ainsi à la disposition d'un public plus large, y compris les artistes, les compositions extraordinaires de cette série.

J. B.

BIBLIOGRAPHIE

Matilla et Medrano, 2001 (cette publication comprend des fac-similés de tous les dessins, d'un grand nombre d'épreuves d'essai, des épreuves du tirage de 1815, 7 planches additionnelles de l'édition de 1876, et des cuivres gravés ; elle est complétée par une bibliographie chronologique).

13.
Tauromachie n° 5 : Le courageux Maure Gazul fut le premier qui combattit à la lance selon les règles de l'art. (El animoso moro Gazul es el primero que lanceó toros en regla.)

Eau-forte et aquatinte
H. 25 ; L. 35
Paris, Bibliothèque nationale de France, département des Estampes
Inventaire A1930, 1856
CATALOGUES RAISONNÉS
Delteil, 1922, n° 228 ; Harris, 1964, n° 208 ; Gassier-Wilson, 1970, n° 1157.

Reproduit fig. 55

14.
Tauromachie n° 28 : Le vaillant Rendon piquant un taureau dans l'arène de Madrid, passe dont l'issue lui fut fatale. (El esforzado Rendon picando un toro de cuya suerte murió en la plaza de Madrid.)

Eau-forte et aquatinte
H. 25 ; L. 35
Paris, Bibliothèque nationale de France, département des Estampes
Inventaire A1930, 1856
CATALOGUES RAISONNÉS
Delteil, 1922, n° 251 ; Harris, 1964, n° 231 ; Gassier-Wilson, 1970, n° 1206.

Reproduit fig. 56

15.
Tauromachie n° 33 : La mort malheureuse de Pepe Illo dans l'arène de Madrid. (La desgraciada muerte de Pepe Illo en la plaza de Madrid.)

Eau-forte et aquatinte
H. 24,5 ; L. 35
Paris, Bibliothèque nationale de France, département des Estampes
Inventaire A1930, 1856

CATALOGUES RAISONNÉS
Delteil, 1922, nº 256 ; Harris, 1964, nº 236 ; Gassier-Wilson, 1970, nº 1217.

Reproduit fig. 57

16.
Cannibales contemplant des restes humains
Vers 1800-1808

Huile sur panneau
H. 32,7 ; L. 47,2
Besançon, musée des Beaux-Arts et d'Archéologie
Inventaire 896.1.177
CATALOGUES RAISONNÉS
Gassier-Wilson, 1970, nº 923 ; Gudiol, 1970, nº 476, 1980, nº 592 ; Guinard-de Angelis, 1976, nº 409.

HISTORIQUE
Paris, Jean Gigoux, avant 1867 ; legs Gigoux au musée de Besançon, 1896.
BIBLIOGRAPHIE
Yriarte, 1867, p. 151 ; cat. exp. Madrid, Londres et Chicago, 1993-1994, p. 288-289, nº 83.

Reproduit fig. 60

En 1867, dans le « Catalogue des peintures de Goya » qui clôt la monographie de Charles Yriarte, quatre œuvres sont indiquées comme appartenant à M. Jean Gigoux, Paris. Deux sont à identifier avec la présente œuvre et son pendant *(Cannibales préparant leurs victimes,* Inv. 896.1.176), les deux autres avec le groupe de quatre petits tableaux sur fer-blanc également légués par Gigoux au musée de Besançon (voir cat. 23 et 24). Les titres donnés alors aux deux panneaux sont étranges : *J'en ai mangé* pour celui-ci, *l'Archevêque de Québec* pour son pendant.
Sur la foi des titres que donne Yriarte, les historiens de l'art ont voulu identifier soit l'archevêque en question (tentative qui échoua à cause des dates et de la mort naturelle du candidat proposé), soit, ensuite, un événement également historique mais plus lointain : le martyre de deux missionnaires français par des Iroquois au XVIIᵉ siècle[1]. Aujourd'hui, on préfère voir dans les deux scènes des allégories dans le genre des *Caprices* ou des *Désastres de la guerre*. Goya y stigmatiserait la violence et les superstitions primitives. Parallèlement, il fournirait au spectateur matière à réflexion, sans doute lors d'une période de désordres politique et civile : en voyant des « sauvages » qui s'adonnent à leurs pratiques… sauvages, on peut se demander – comme Goya le fait dans le titre de l'un de ses dessins d'album – si le fait d'être né cannibale ne rendrait pas le cannibale « Moins sauvage que d'autres » qui se livrent à des atrocités au sein d'une société dite civile[2].

Quant à la date d'exécution de ces œuvres, elle reste difficile à déterminer. La peinture fine et claire, les figures souples et grêles suggèrent une date pas très éloignée de celle des *Caprices*. Dans la série de dessins préparatoires dits *les Songes*, devenus ensuite les *Caprices* à sujets diaboliques (cat. 8), le *7ᵉ Songe,* qui préfigure la planche 69, est une scène de « cuisine » infernale, et dans le *Songe* nº 25 une tête humaine est servie sur un plat à des moines dévoreurs se nourrissant de leurs semblables[3]. En même temps, ces deux sujets semblent anticiper les scènes les plus cruelles des *Désastres de la guerre,* où l'on voit des hommes qui s'acharnent à mutiler leurs victimes et des corps dépecés.

Nous ne savons rien de l'origine des tableaux que possédait Jean Gigoux (1806-1894), peintre et lithographe, qui expose au Salon à partir de 1831 et y présente en 1833 une lithographie, *Portraits de MM. Delaroche et Delacroix* (nº 2877), ce qui le situe dans l'entourage de Delacroix et donc du cercle qui s'intéressait à l'œuvre de Goya. Gigoux aurait pu acquérir ses six tableaux – deux chefs-d'œuvre et quatre pastiches (cat. 23 et 24) – lorsque le marché qui se développait autour du petit-fils de Goya et de son héritage s'étendait vers la France. Cela se passa au début des années 1860 grâce aux rapports entre des collectionneurs et des peintres tels que Valentín Carderera et Federico de Madrazo, directeur du Prado à l'époque, et grâce aux amateurs français qui firent le voyage en Espagne, tels Charles Blanc ou Paul Lefort. Ces scènes étranges de cannibalisme dans la collection d'un artiste auraient pu renforcer l'image d'un Goya fasciné par l'horreur, mais leur légèreté et leur parfaite maîtrise technique auraient contredit la vision qu'avaient la plupart des critiques de l'art de peindre de Goya.

J. B.

1. Cat. exp. Paris, 1963, nº 121.
2. Album C, p. 2, *Salvage menos q.e otros* (Gassier-Wilson, 1970, nº 1245) ; Gassier, 1973, p. 230, 355, nº 152.
3. *7ᵉ Songe de sorcières émérites (7ᵉ Sueño de Brujas consumadas) ; 25ᵉ Songe. De certains hommes qui nous mangeaient (25ᵉ Sueño. De unos hombres q.e se nos comian),* Gassier-Wilson, 1970, nº 477 ; Gassier, 1975, p. 83, nº 46, p. 94, nº 57.

17.
Entourage de GOYA
Majas au balcon
Après 1814 ?

Huile sur toile
H. 193 ; L. 125,7
New York, The Metropolitan Museum of Art, H. O. Havemeyer Collection, Bequest of Mrs. H. O. Havemeyer, 1929
Inventaire 29.100.10
CATALOGUES RAISONNÉS
Gassier-Wilson, 1970, nº 960 ; Gudiol, 1970, nº 576, 1980, nº 555 ; Guinard-de Angelis, 1976, nº 472.

HISTORIQUE
Madrid, Xavier Goya, après 1812 ; l'infant don Sebastián Gabriel de Borbón y Braganza, avant 1835-1875 (inventaire de 1835) ; Madrid, sous séquestre de l'État, 1835-1860 ; restitué à l'infant don Sebastián, Madrid, 1860-1868, Pau, 1868-1875 ; héritage de l'infant don Sebastián (mort le 14 février 1875) ; retour de la collection à Madrid, 1881-1883 ; don Francisco de Borbón y Borbón, duc de Marchena, dès 1887 (mort en 1904) ; Paris, Durand-Ruel, achat, 9 novembre 1904 (nº de stock 7813) ; New York, Mr. et Mrs. H. O. Havemeyer, achat, novembre 1904 ; Mrs. H. O. Havemeyer, 1907-1929 ; New York, The Metropolitan Museum of Art, legs Havemeyer, 1929.
BIBLIOGRAPHIE
Águeda, mai-août 1982, p. 107, nº 48 ; Baratech Zalama, 1989, nº 247, p. 372-377 ; *Museo del Prado…*, 1991, nº 123 ; Tinterow dans cat. exp. New York, 1993, p. 15-17, pl. 13 ; Stein dans cat. exp. New York, 1995, p. 47 ; Tomlinson dans cat. exp. Washington, 2002, p. 247-249 ;

Nigel Glendinning, 2002, vol. I, p. 16, 26-28 ; Vega, 2002, vol. II, p. 220-222.

EXPOSITIONS

Madrid, 1900, n° 112 ; New York, 1993, p. 344, n° 296 (attribué à Goya) ; New York, 1995, p. 65, 68 ; Washington, 2002, n° 61.

Reproduit fig. 17

« Deux tableaux de jeunes femmes au balcon avec le n° vingt-quatre » : telle est la description, laconique, dans l'inventaire de 1812, de deux chefs-d'œuvre de Goya qui portent encore la marque de l'inventaire, X. 24, dans l'angle inférieur gauche de chaque toile[1]. Dans l'une d'elles, une plantureuse jeune femme, douce et blonde, s'appuie sur la balustrade de fer d'un balcon. Debout, l'air rêveur, elle se présente tranquillement au regard du spectateur, à qui une vieille célestine la montre du doigt[2]. Dans l'autre tableau, deux jeunes femmes assises derrière une balustrade semblable se penchent l'une vers l'autre tout en regardant ce qui se passe dehors. Un *majo* fumeur remplace la célestine sur la gauche, et la silhouette menaçante de son compagnon, le visage à peine visible entre la cape et le bicorne, surplombe les jeunes filles. De cette toile célèbre existe, exceptionnellement, une seconde version – présentée ici – qui, jusqu'à une date récente, fut acceptée comme une œuvre autographe du maître[3].

Depuis la découverte du lien entre l'inventaire de 1812 et la marque X avec un chiffre sur certains tableaux[4], la critique a supposé que les œuvres de l'inventaire qui n'étaient pas attribuées à d'autres artistes – Tiepolo et peut-être Velázquez[5] – devaient être des œuvres originales de Goya. Dans le cas des commandes de portrait, on sait depuis longtemps que des répliques ou des copies étaient réalisées dans l'atelier de Goya par des assistants, et il a même été admis, plus récemment, que la version « originale » d'une telle commande ait pu être exécutée sous le contrôle ou avec une participation plus ou moins grande de Goya, surtout dans le cas des portraits de Ferdinand VII, qui n'a posé qu'une fois pour Goya, en 1808. En revanche, il n'avait jamais été envisagé que des tableaux de genre, c'est-à-dire des œuvres d'imagination, de conception purement artistique, puissent être adaptés, voire initiés, par des peintres autres que Goya lui-même. Pour cette raison, quand les doutes concernant l'authenticité de certaines œuvres de l'inventaire ont surgi, les historiens ont cherché dans l'entourage le plus proche de l'artiste, évoquant la participation possible de Xavier, le fils dont Goya a cherché à favoriser la carrière, qui se déclara peintre dans son acte de mariage, et dont le propre fils, Mariano, a affirmé que son père avait peint l'une des œuvres qui décoraient la Quinta[6].

Dans le cas de la toile présente, comme pour les *Jeunes* (cat. 18), l'attribution à Goya est mise en question par ses qualités techniques et surtout esthétiques[7]. Variante dépourvue de la franchise et de la vitalité rythmique et dramatique qui caractérisent la version originale – rythmes qui se retrouvent dans la composition ainsi que dans la touche, de la main de l'artiste, dans toutes ses œuvres indubitablement authentiques –, elle a néanmoins joui d'une assez grande célébrité depuis son acquisition par l'infant don Sebastián, dans des circonstances et à une date que nous ignorons[8]. Elle fut inventoriée en juillet 1835 dans le palais de l'infant à Madrid, puis exposée au musée national de la Trinidad parmi les œuvres séquestrées en 1837, l'infant étant un sympathisant carliste. Plus tard, au retour à Madrid de l'infant, acquis à la légitimité d'Isabelle II, la toile figura dans sa galerie, où Charles Blanc la vit avec Paul de Saint-Victor en 1862 et n'hésita pas à la qualifier de « chef-d'œuvre de Goya[9] ». La galerie, accessible et citée par les guides de Lannau-Rolland en 1864 et de Germond de Lavigne en 1866, fut décrite et sommairement cataloguée, en 1865, par H. O'Shea, qui commente de Goya : « Deux Majos et deux Majas qui regardent depuis un Balcon. [...] Composition charmante[10]. » Avec la révolution de 1868, qui chassa Isabelle II du trône d'Espagne, l'infant don Sebastián émigra en France, où il vécut à Pau jusqu'à sa mort, en 1875. La toile des *Majas au balcon* ne figure pas dans le catalogue de l'exposition de Pau de 1876, mais elle apparaît dans un inventaire effectué à Madrid en 1885 avec cinq autres œuvres attribuées à Goya[11]. Dans le catalogue de vente de la collection du fils aîné de l'infant don Sebastián, des « Notes extraites des Archives de la famille » indiquent que les « Goya » sortaient des collections formées par ou sur les conseils de José de Madrazo, directeur du Prado à l'époque, à qui l'infant finit par acheter sa collection entière[12].

J. B.

1. Gassier-Wilson, 1970, n°s 958-959, p. 381, annexe I : « Dos quadros de unas jovenes al balcon con el n° veinte y quatro ». Les deux toiles de l'inventaire se trouvent dans des collections particulières.

2. Voir cat. exp. Lille, 1998-1999, p. 233-235.

3. On connaît d'autres cas, parmi des peintures déjà contestées – tels des panneaux de la série X.9 ou *le Mât de cocagne* (Gassier-Wilson, 1970, n°s 930-931 et 951) –, de réplique ou de copie non autographes. Sur la présente toile, voir le résumé des opinions par Tomlinson dans le cat. exp. Washington, 2002.

4. Salas, 1964.

5. Inv. 10 : « Dos de Tiepolo » ; Inv. 17 : « El retrato de Velázquez y su Compañero », qui pourraient être des copies faites par Goya.

6. Lors du « don » des planches des *Caprices* au roi, en 1803, Goya sollicita en échange une pension qui devait permettre à son fils de voyager pour s'instruire comme artiste ; plus tard, il devait lutter pour que cette pension soit maintenue (voir Sambricio, 1946, « Documentos », p. CXLII-CXLIII, n°s 219-221 ; Canellas López, 1981, p. 360, n°s 223-224, p. 477, 479, n^{os} CVIII, CXII). Pour l'œuvre de la Quinta, voir Gassier-Wilson, 1970, p. 384, annexe VI, n° 7a (l'œuvre – « Deux sorcières », selon l'inventaire dit de Brugada – n'a pas été identifiée).

7. La confrontation directe des deux œuvres (voir cat. exp. New York, 1995, p. 64-65) a confirmé pour moi-même comme pour beaucoup d'autres personnes les faiblesses de la version new-yorkaise.

8. Pour diverses hypothèses concernant la date d'acquisition du tableau, voir Glendinning dans *Goya 1900*, p. 26-27.

9. Pour la galerie de l'infant en 1835, voir Águeda, 1982. Louis Viardot (1845) commenta le nouveau musée, inauguré le 2 mai 1842 : « Sans la galerie confisquée de l'infant don Sébastien, le Musée national [...] ne méritait guère la peine qu'on allât le voir », et il cita la seule peinture de Goya, « une *Loge au cirque des taureaux* », c'est-à-dire les *Majas au balcon*, interprétée non comme une scène de rue mais comme une scène de corrida. Pour la galerie de l'infant en 1862, voir l'introduction de Charles Blanc à l'article de Sébastien de Bourbon, 1er août 1863, p. 176.

10. Lannau-Rolland, 1864, p. 82 ; Germond de Lavigne, 1866, p. 82 ; O'Shea, 1865, p. 300 (« *Goya*. Two Majos and two Majas looking out of a Balcony. [...] A charming composition. ») L'infant fut contraint de quitter la propriété sur la calle de Alcalá en 1865.

11. Vente Bourbon et Bragance, septembre 1876. L'inventaire avec estimation de la galerie de peintures, établi par Salvador Martínez Cubells, en juin 1885, comprenait ces œuvres : Gassier-Wilson, 1970,

Cette *Corrida* et son pendant, *la Procession,* qui auraient atteint respectivement les sommes de 3 000 et 2 500 francs dans la vente, étaient en réalité rachetés car ils réapparurent dans la seconde vente Salamanca, en 1875[9].

J. B.

1. Vente Salamanca, 1867.
2. O'Shea, 1865, p. 302 : la galerie était accessible aux visiteurs.
3. Sur Madrazo et Carderera, voir Wilson-Bareau, dans cat. exp. Londres, 2002, p. 24-25 ; pour leurs collections de tableaux voir O'Shea, *op. cit.* (Gallery of Señor Carderera), d'autres guides de l'époque, et le catalogue d'Yriarte, 1867, p. 136 (Carderera) et 137 (Federico et Luis de Madrazo).
4. Vente Salamanca, 1867, n°s 178-179. La mention d'une « Vente de Goya » semble indiquer la dispersion publique (événement dont aucune trace n'a été retrouvée à ce jour) d'œuvres ayant appartenu au fils de Goya (Gassier-Wilson, 1970, n°s 852, 952, 953, le n° 951 étant l'autre œuvre portant la marque de l'inventaire). Quant à la « Galerie de Goya », également citée au catalogue, il pourrait s'agir d'œuvres acquises directement de Mariano Goya (Gassier-Wilson, *op. cit.,* n°s 837, 890).
5. Pour l'inventaire, voir Gassier-Wilson, *op. cit.,* p. 381, annexe I, n° 1. La marque existe sur le *Mât de cocagne* (idem, *op. cit.,* n° 951) mais a dû être effacée sur la *Corrida.* Dans un inventaire plus tardif (dit à tort l'inventaire de 1828), on retrouve trois toiles de la série X.1 (inventaire de 1812), donc la quatrième reste à identifier : Gassier-Wilson, p. 381-382, annexe II, n°s 19, 29-30.
6. Vente Salamanca, 1867, Étienne Le Roy, « Préface ».
7. Silvestre, 26 mai 1867, p. 3.
8. Voir Stein, 1995, et Wilson-Bareau, 1996.
9. Vente Salamanca, 1875, n°s 13-14.

Francisco de HERRERA, dit HERRERA LE VIEUX
(Séville, vers 1590 – Madrid, 1654 ?)

Né à Séville dans une famille d'artistes, Herrera aurait étudié la peinture avec son père, maître de l'enluminure et graveur. Si ses premiers travaux connus sont des eaux-fortes datées de 1609, c'est avec la peinture qu'il se fera un nom, grâce à l'afflux de commandes qu'il recevra d'un nombre croissant d'institutions religieuses. En 1620, son style évolue du maniérisme au baroque, sous l'influence du courant naturaliste qui révolutionne alors la peinture sévillane. En 1650, il quitte Séville – décimée par la peste au cours du printemps de 1649 – pour Madrid, où il cherche à travailler, et où il mourra.
Selon Palomino, Herrera aurait été le premier professeur de Velázquez. Le XIXe siècle ne remettra pas en cause cette assertion, qui pourtant n'a jamais été prouvée. La Galerie espagnole exposa treize œuvres d'Herrera (dont la trace a été perdue), et deux peintures de son fils Francisco de Herrera le Jeune (1627-1685). Le Louvre fit l'acquisition de l'un de ses chefs-d'œuvre, *Saint Basile dictant sa doctrine* (MI 206), auprès de la succession du maréchal Soult en 1858.

D. R.

22.
La Tentation de Job
1636

Huile sur toile
H. 215 ; L. 151
Signé et daté, sur une pierre, en bas, à droite :
Fran^co.^ de Herrera / faciebat 1636 / en Sevilla
Rouen, musée des Beaux-Arts
Inventaire 844.1
CATALOGUE RAISONNÉ
Martinez Ripoll, 1978, n° P.65, fig. 55.

HISTORIQUE
Acheté par la ville de Rouen à un M. Derbanne pour le musée des Beaux-Arts, en 1844.
BIBLIOGRAPHIE
Thacher, 1937, p. 342, 345, 367-368 ; Baticle, 1964, p. 289, 293 ; Angulo Iñiguez, avril 1966, p. 194-195.
EXPOSITION
Paris, 1963, n° 55, p. 157, en tant que Saint Jérôme.

Reproduit fig. 29

Ouvert depuis 1809, le musée de Rouen, bien que riche en peinture religieuse italienne, ne possédait en 1858 que cinq tableaux espagnols, tous issus de collections privées : le *Job* de Herrera, alors intitulé *Vision de saint Jérôme ; la Mort d'Abel* de Montero de Rojas, acheté en 1843 à la vente Aguado à Paris ; et trois tableaux de Ribera. Parmi ces derniers, seul le *Saint Zacharie,* acquis en 1847, est toujours considéré comme une œuvre de Ribera ; *le Bon Samaritain,* acquis en 1839, est attribué à présent à Luca Giordano et le troisième n'était rien moins que le *Démocrite* de Velázquez, acquis en 1822 et attribué jusqu'en 1881 à Ribera (voir cat. 30).

Nous ignorons pour quelle institution religieuse espagnole fut peint *Job.* Signalé pour la première fois en France en 1844, lorsque la ville de Rouen l'acheta pour le musée des Beaux-Arts, il a été considéré comme un *Saint Jérôme* jusqu'en 1966[1].

Si la France abritait peu de tableaux de Herrera avant l'ouverture de la Galerie espagnole, elle ne manquait pas d'informations sur l'artiste. Au XIXe siècle, les chroniqueurs français de la peinture espagnole, comme Viardot, Quilliet et Laforge, traduisirent la courte biographie de Herrera écrite par Bermúdez. C'est ainsi que le public français en vint à admirer en lui « le premier qui, en Andalousie, laissa la manière timide que longtemps ont gardée les peintres espagnols, en se formant bientôt un style qui manifesta le génie national[2] ».

Dans la Galerie espagnole se trouvait de Herrera le Vieux un *Job sur le fumier* (localisation inconnue ; Ripoll, Pp. 196), aux dimensions voisines de celles du *Job* de Rouen, ce qui laisse supposer une origine commune. Toutefois, l'œuvre de Herrera la plus célèbre en France était le *Saint Basile dictant sa doctrine* (Paris, musée du Louvre, MI 206 ; Ripoll, Pp. 74). Provenant de la collection Soult, la toile était entrée au Louvre en 1858 et Théophile Thoré, dans sa critique de la collection Soult, en 1835, l'avait qualifiée de « composition miraculeuse[3] ».

Par ailleurs, les sources françaises du XIXe siècle mentionnaient un autre chef-d'œuvre de Herrera, exécuté pour l'église de San Bernardo à Séville (*in situ ;* Ripoll, Pp. 49) : *le Jugement dernier,* dont *Job* est inspiré[4]. Les commentaires de Viardot (tirés à nouveau de Bermúdez) sur les nus du *Jugement dernier* sont aussi applicables à *Job :* « Ils n'ont pu faire un usage du nu aussi fréquent [...] Mais, lorsque l'occasion s'en est offerte, ils ont toujours montré une grande connaissance de l'anatomie, et ont imité la nature dans ses plus difficiles aspects, avec un bonheur, une sûreté, que pouvaient seuls donner l'étude et le travail[5]. »

Ce *Job* est caractéristique de la peinture baroque espagnole qui fascinait les jeunes artistes français comme Legros, Bonvin et Ribot, en quête d'une manière de représenter ce que Thoré, dans les années 1860, avait appelé « l'art pour l'homme ». Dans les figures âprement réalistes de Herrera, de Ribera et de Zurbarán, ils trouvèrent le naturalisme, qui leur apparut comme un antidote aux contraintes de l'idéal.

D. R.

1. Voir Angulo Iñiguez, avril-septembre 1966, p. 194-195.
2. Quilliet, 1816, p. 155 ; aussi paraphrasé par Viardot, 1839, p. 192 ; et Laforge, 1859, p. 163.
3. Thoré, septembre 1835, p. 217.
4. Thacher, septembre 1937, p. 342.
5. Viardot, *op. cit.*, p. 194.

| Eugenio LUCAS VELÁZQUEZ (Madrid, 1817 – Madrid, 1870)

Élève de l'Académie de San Fernando, Lucas peint des portraits et des scènes de genre dans un style qui fait souvent penser à Goya, qu'il admirait, au point que bon nombre de ses œuvres furent abusivement attribuées au maître.

Quelques éléments de sa biographie n'ont été précisés que dans les trente dernières années. Ainsi sait-on que c'est en 1844 qu'il voyagea en France et passa par Paris, à l'âge de vingt-huit ans[1]. Il envoya deux tableaux à l'Exposition universelle de 1855, à Paris, dans la section espagnole, dont *Combat de taureaux à Madrid*[2], de 1848, montrant la vue panoramique d'une arène divisée.

Les scènes de torture et de prison sont l'une de ses spécialités, mais il représente aussi des femmes au balcon, dont une version est datée de 1862[3], plus anecdotiques que celles de Goya, mais avec la même composition.

Il apparaît donc comme un médiateur entre Goya et les peintres français du milieu du XIXe siècle.

G. L.

1. Baticle, 1972, n° 3, p. 174.
2. Idem, *op. cit.*, repr. p. 167.
3. Musée du Prado, Casón del Buen Retiro, n° 4427.

23.
La Rixe ou *Joseph descendu dans la citerne*
Après 1840 ou 1850 ?

Huile sur fer-blanc
H. 22 ; L. 32,5
Besançon, musée des Beaux-Arts et d'Archéologie
Inventaire 896.1.331

CATALOGUES RAISONNÉS
Gassier-Wilson, 1970, n° 1657c ; Gudiol, 1970, n° 686, 1980, n° 656 ; Guinard-de Angelis n° 646.

HISTORIQUE
Paris, Jean Gigoux : legs au musée de Besançon, 1894.

BIBLIOGRAPHIE
Yriarte, 1867, p. 151 (« Sujet tiré de la Bible ») ; Lafond, 1902, p. 111, n° 84 ; Desparmet Fitz-Gerald, 1928-1954, vol. I, p. 275 (attribution à Lucas).

Reproduit fig. 153

24.
La Victime ou *Rachel pleurant et les frères de Joseph ?*
Après 1840 ou 1850 ?

Huile sur fer-blanc
H. 22 ; L. 32
Besançon, musée des Beaux-Arts et d'Archéologie
Inventaire 896.1.343

CATALOGUES RAISONNÉS
Gassier-Wilson, 1970, n° 1657d ; Gudiol, 1970, n° 687, 1980, n° 657 ; Guinard-de Angelis, n° 645.

HISTORIQUE
Paris, Jean Gigoux ; legs au musée de Besançon, 1894.

BIBLIOGRAPHIE
Yriarte, 1867, p. 151 (non décrit) ; Lafond 1902, p. 111-112 (non décrit) ; Desparmet Fitz-Gerald, vol. I, p. 275 (attribution à Lucas).

Reproduit fig. 154

Ces deux petites peintures sur fer-blanc forment, avec deux autres, une série qui appartenait au peintre Jean Gigoux, possesseur également des deux panneaux de *Cannibales* (voir cat. 16). Si les *Cannibales* – délicates et fines peintures malgré leur sujet atroce – sont des chefs-d'œuvre de la maturité de Goya, les quatre sujets sur fer-blanc sont des œuvres romantiques dans le style de Goya, sans doute peintes par Eugenio Lucas Velázquez[1]. Se fiant à l'inventaire testamentaire, Gudiol les attribua à Goya, et les supposait achetées par Gigoux à Paris dans les années 1840[2]. En fait, l'attribution de ces œuvres a varié selon la conception qu'avait tel ou tel spécialiste de l'œuvre de Goya ou de Lucas[3]. L'une des peintures est une interprétation (à l'envers, donc avec une possible intention frauduleuse) de la lithographie de Goya *la Lecture* réalisée vers 1819[4]. Un ou deux de ces sujets évoqueraient le thème biblique de Joseph et ses frères, et les autres des drames dont le sens n'est pas clair.

Il s'agit de petites compositions, largement brossées, d'une intensité frappante, mais qui ne donnent pas dans la violence gratuite et les gestes et regards hystériques qui caractérisent si souvent les œuvres de Lucas Velázquez[5]. On trouve toutefois chez Lucas des œuvres que l'on peut rapprocher de celles de la collection Gigoux par leur style[6]. Les sujets supposent d'ailleurs une connaissance intime de l'œuvre de Goya. Nous avons déjà évoqué la source de l'un des tableautins dans une lithographie exécutée vers 1819. Si les autres dépendent des *Peintures noires* de la Quinta, ils rappellent surtout les dessins d'albums et les estampes des *Désastres de la guerre* – les figures luttant ou ployées et mourant dans les scènes de famine – ou des *Proverbes* – les gestes, les actes incompréhensibles. Or, les deux séries d'estampes furent éditées en 1863 et en 1864 respectivement, et Lucas possédait lui-même quatre planches des *Proverbes*, qui ne furent publiées à Paris dans *l'Art* qu'en 1877[7].

De l'origine et de la date d'acquisition de ces œuvres par Gigoux nous ne savons rien. Le peintre, collectionneur acharné, est mentionné sous la rubrique « Les collections particulières » dans le *Guide Joanne* de Paris en 1863 : « M. Gigoux, rue Beaujon, 17. Nombreuse collection de dessins par des maîtres de toutes les écoles ; beaucoup de tableaux, beaucoup d'estampes. » Gigoux a-t-il bénéficié de ses contacts professionnels avec des artistes ou des critiques tels qu'Yriarte ou Charles Blanc ? Nous savons, par la correspondance du jeune Federico de Madrazo, à Paris, qu'il connaissait et fréquentait Gigoux vers 1838-1839[8]. Madrazo et son collègue Carderera firent commerce plus tard, à Madrid et à Paris, des œuvres de l'héritage de Mariano Goya. Que les œuvres insignes que sont les *Cannibales*, jointes à des pastiches goyesques, aient pu être acquises par un peintre collectionneur n'est nullement surprenant.

J. B.

1. Ces œuvres ne sont pas recensées comme des Lucas par Elizabeth Du Gué Trapier (1940) ou de José Manuel Arnáiz (1981), dont le corpus un *« Intento de catalogación »* est néanmoins délibérément large.
2. L'inventaire est rédigé par Siméon Laprêt. Voir aussi Morales y Marín, 1994, p. 346-347, n°s 493-496 (ce catalogue, qui suit de très près celui de Gudiol, contient trop d'erreurs matérielles pour avoir été utilisé comme référence ici).
3. Sans avoir pu examiner les œuvres directement, je me suis abstenue, dans le catalogue Gassier-Wilson, de tout commentaire, pour ou contre une attribution à Goya.
4. Gassier-Wilson, 1970, n° 1657a ; Gudiol, 1970, n° 684, 1980, n° 654 ; pour la lithographie, voir Harris, 1964, vol. II, p. 421, n° 276 ; Gassier-Wilson, *op. cit.*, n° 1699 (par erreur dans la période de Bordeaux) ; Vega, 1990, p. 57, repr.
5. Les recherches documentaires d'Arnáiz *(op. cit.)* et de Baticle (1972, 3, p. 169-175) ont clarifié les données concernant les noms et les dates d'Eugenio Lucas Velázquez (1817-1870) et de son fils Eugenio Lucas Villaamil (1858-1918).
6. Voir Arnáiz, *op. cit.*, p. 446-447, n° 297.
7. Les planches « additionnelles » parurent dans le journal *l'Art*, vol. II, face aux p. 6, 40, 56 et 82, où elles accompagnaient une série d'articles par Charles Yriarte sur « Goya aquafortiste ».
8. *Correspondance Madrazo*, lettres n°s 31, 68, 71, 73.

Juan Bautista MARTINEZ DEL MAZO
(Province de Cuenca, vers 1612
Madrid, 1667)

Parti pour Madrid de sa province natale de Cuenca, Mazo obtint un emploi dans l'atelier de Velázquez (1599-1660), dont il épousa la fille Francisca en 1633. Avec l'aide de son beau-père, il accède à différentes charges à la cour – il sera le peintre de l'infant Balthasar Carlos (1629-1646) –, sans pour autant abandonner son rôle de premier assistant dans l'atelier du maître. Il réalise dans ce cadre de nombreuses copies des portraits royaux de Velázquez, mais c'est à travers la peinture de paysage que son talent propre apparaît au grand jour. Après la mort de Velázquez, en 1661, il le remplace au poste de peintre de cour, qu'il occupera jusqu'à sa propre mort, en 1667. Mazo était bien connu du XIXe siècle français, mais pour des œuvres attribuées à l'époque à Velázquez, au nombre desquelles la célèbre *Famille de l'artiste* (Vienne, Kunsthistorisches Museum), exposée au Louvre de 1809 à 1815 sous le nom du maître. Le travail de Mazo jouissait pourtant, en ce XIXe siècle, de la reconnaissance des historiens de l'art, qui le citaient dans leurs textes.

D. R.

25.
Marie-Thérèse, infante d'Espagne (1638-1683)
1644-1645

Huile sur toile
H. 148 ; L. 102,9
New York, The Metropolitan Museum of Art, Rogers Fund, 1943
Inventaire 43.101

HISTORIQUE
Collection chevalier Féréol Bonnemaison, Paris, jusqu'en 1827 ; sa vente, expert M. Henry, Paris, 17-21 avril 1827, n° 44, comme *Portrait d'une jeune fille* par Velázquez, vendu 1 500 francs (une des six peintures espagnoles faisant partie de la vente) ; collection Charles Auguste Louis Joseph, duc de Morny, Paris, 1863-1865 ; sa vente, palais de la présidence du Corps législatif, Paris, mai-juin 1865, n° 127, comme *Portrait d'une Infante* par Velázquez, vendu le 8 juin pour la somme de 51 000 francs ; collection Mrs. Lyne Stephens, Lynford Hall, Norfolk, avant 1874 ; sa vente, Londres, Christie's, 9-17 mai 1895, n° 321, comme *Une jeune fille appelée une Infante*, par Velázquez, vendu le 11 mai pour 4 515 livres Tho. Agnew and Sons, Londres, 1895 ; collection J. P. Morgan, Londres et New York puis collection J. Perpont Morgan, Jr., New York, 1896-1943 ; acquis de Knoedler and Co., New York, 1943.

BIBLIOGRAPHIE
Lagrange, 1863, p. 387-388, repr. p. 389 (gravée par Sotain, à l'envers) ; Mantz, 1874, p. 297-298 ; Curtis, 1883, p. 104-105, n° 268 ; Justi, 1889, p. 404-405, repr. p. 402, y voit un Velázquez « dans le style des années seize cent cinquante » ; Armstrong, 1896, p. 86, 1897, p. 86.

EXPOSITIONS
Paris, printemps 1874, n° 505, comme œuvre de Velázquez prêtée par Mrs. Lyne Stephens ; Londres, 1891, n° 112, comme *Portrait de l'Infante Marie Thérèse* par Velázquez, prêté par Mrs. Lyne Stephens ; Londres, 1896, n° 117, comme *Portrait d'une Infante* par Velázquez, prêté par J. Pierpont Morgan ; Londres, 1901, n° 131, comme *Portrait de l'Infante Marie-Thérèse*, par Velázquez, prêté par J. Pierpont Morgan.

Reproduit fig. 30

Au XIXe siècle et pendant une partie du XXe siècle, ce portrait fut considéré comme une peinture autographe de Velázquez. Il est maintenant considéré comme une œuvre de son gendre et principal assistant, Bautista del Mazo, dont l'habileté à adopter le style et la technique de son maître ainsi que les nombreuses copies et variations sur des compositions originales de Velázquez ont souvent conduit à des attributions erronées. Ce fut le cas de ce tableau, qui, les montants des enchères l'attestent, était très estimé et considéré par ses divers propriétaires comme un Velázquez.

Il représente la princesse espagnole María Teresa, seule fille de Philippe IV (1605-1665) et de sa première femme, Isabelle de Bourbon (1602-1644). À vingt-deux ans, en 1660, elle épousa son cousin le roi de France Louis XIV (1638-1715), et fut connue sous le nom de Marie-Thérèse. Ici, elle n'est qu'une fillette de sept ou huit ans.

D'autres portraits de Marie-Thérèse attribués à Velázquez se trouvaient dans les collections du marchand britannique Frank Hall Standish (mort en 1841), dont toute la collection fut cédée au roi Louis-Philippe et placée dans la Galerie espagnole en 1842[1] et à l'hispanophile Louis Viardot[2].

En dépit de ces erreurs d'attribution, Mazo était encore un peintre connu et admiré au XIXe siècle en France, car il était mentionné par Palomino, Ponz et Bermúdez, et les ouvrages de Quilliet et de Viardot reprenaient ces sources. « Le disciple le plus distingué de Jacques Velasquez », écrit Quilliet dans son *Dictionnaire* (1816), tandis que Viardot note que « Mazo-Martinez ne fut pas seulement copiste, comme son illustre maître dont il adopta le style et les procédés, il excella dans le portrait, et n'eut pas moins de succès dans la peinture du paysage animé[3] ». De plus, la Galerie espagnole exposait un portrait du jeune Charles II, dû à Mazo Martinez (localisation inconnue)[4].

En 1863, dans sa description de la collection du duc de Morny, et particulièrement de ce portrait, Léon Lagrange, parle de la passion que lui inspire la peinture de Velázquez : « C'est seulement par la reproduction littérale de la réalité qu'il a produit une œuvre de caractère. Quelle fierté déjà dans cette enfant de huit ans [...] il avait sous les yeux un être humain vivant, et il a reproduit la vie, la vie matérielle et la vie morale, la carnation brillante de l'enfant, l'aristocratie native du bébé royal[5]. » Il conclut : « Tel est Velázquez, le pinceau le plus ferme dans une main virile, au bout de cette main, un rare tempérament d'artiste, mais quant à l'homme, c'est-à-dire le goût, l'esprit, le savoir – néant[6]. » À la vente du duc de Morny en 1865, le prix ce tableau, un des cinq donnés à l'école espagnole, atteignit 51 000 francs et dépassa de beaucoup celui du tableau de Murillo, *Saint Antoine de Padoue* (Paris, ancienne collection Gaillard [A 283], autre vedette de la vente, vendu pour 13 000 francs).

Au printemps de 1874, alors qu'il appartenait à la collection de Mrs. Lyne Stephens de Linford Hall, Norfolk, le tableau fut joint à l'*Exposition au profit de la colonisation de l'Algérie par les Alsaciens-Lorrains,* qui eut lieu à Paris, au palais Bourbon. Cette manifestation, réunissant des œuvres de collections privées, présentait des peintures du Greco, de Murillo, de Ribera et de Goya. Les plus grands éloges furent réservés au portrait de l'infante : « l'exécution est une merveille. Le sentiment de la vie et de la réalité éclatent dans cette peinture où tout semble facile et venu du premier coup[7] », ainsi qu'à l'artiste que l'on considérait comme son auteur, « pour toutes ces choses qui tiennent au pur pittoresque, Velázquez a été un ouvrier hors pair ».

D. R.

1. Vente Standish, Londres, 27-28 mai 1852, lot 224, *Portrait en buste de Marie-Anne d'Autriche, reine d'Espagne,* née en 1635, morte en 1696 (H. 70 ; L. 51,5), de l'école de Velázquez, vendu 100 livres.
2. Vente Louis Viardot, Paris, 27 mars 1857, lot 49, *Portrait d'Infante Marie-Thérèse d'Autriche,* depuis femme de Louis XIV (H. 69 ; L. 59), par Velázquez, mise à prix : 7 000 francs. Invendu, il fut représenté à la vente Viardot du 1er avril 1863, n° 37, *Portrait de Marie-Thérèse d'Autriche,* et vendu à Louis La Caze pour 5 000 francs. Le tableau est maintenant au musée du Louvre (MI 898). Voir la « Chronologie », 1er avril 1863, pour l'histoire du tableau.
3. Quilliet, 1816, p. 201. Viardot, 1839, p. 216.
4. Portrait de Charles II, cité par Palomino (1749) dans la vie de Mazo Martínez. *Notice des tableaux de la Galerie espagnole...,* 1838. Cité par Baticle et Marinas, 1981, p. 103.
5. Lagrange, 1863, p. 387.
6. Idem, *op. cit.,* p. 388.
7. Mantz, 1874, p. 298.

| Bartolomé Esteban MURILLO (Séville, 1617 – Séville, 1682)

Murillo vécut toute sa vie à Séville. Il aurait, étant jeune, fait le projet de partir pour l'Amérique, mais n'y donna jamais suite. Il ne quitta la ville qu'à une occasion, pour se rendre à Madrid, en 1658, au moment où son compatriote sévillan Velázquez se trouvait à la cour de Philippe IV.

Orphelin à dix ans, Murillo partageait la vie d'une sœur plus âgée et de son mari, un barbier-chirurgien, et étudiait la peinture dans l'atelier de Juan del Castillo (1584-1640). Ses premières œuvres témoignent de l'influence de Zurbarán et du Velázquez des débuts, avec leurs contrastes appuyés, leur palette dense de bruns et d'ocres.

Séville n'était plus à cette époque la cité glorieuse qu'elle avait été ; les épidémies de peste et les famines des années 1650 avaient enclenché un processus de dégradation, mais ses habitants n'en continuaient pas moins à donner de l'argent aux institutions religieuses (églises et hôpitaux) et à financer la réalisation d'œuvres d'art qu'ils leur destinaient. Murillo peignait ainsi pour les ordres religieux, la cathédrale, les églises (Santa Maria la Blanca) et les hôpitaux (des Vénérables et de la Charité). Il avait parallèlement une clientèle de marchands étrangers, hollandais pour la plupart, qui lui passaient commandes de portraits, et auxquels il vendait (sans délai et à un bon prix) des scènes de la vie quotidienne avec des personnages enfantins.

À Séville, Murillo était le peintre le plus important de cette seconde moitié du XVIIe siècle. Il était en outre profondément impliqué dans la vie de sa cité : père d'une nombreuse famille, homme pieux, il faisait partie d'associations comme celle de la Charité, et avait fondé avec un autre artiste, Valdés Leal, une académie de dessin (1660).

Sa découverte de la peinture vénitienne (à la cour et par le biais de grandes collections sévillanes) eut une influence immédiate sur son style. La dureté des débuts fut abandonnée au profit de la douceur et du flou, d'une lumière moins crue, plus chaleureuse, d'un pinceau moins chargé en matière, donnant naissance à ce que l'on appellera son style vaporeux.

Grâce à cette technique, Murillo réussit à donner corps aux sujets religieux, comme si Marie, Jésus ou Sainte Anne étaient des individus tout comme nous, dont la vie, faite des mêmes problèmes et des mêmes joies, se déroulait dans un environnement domestique identique au nôtre. Ce type d'approche des sujets religieux a de tout temps été la raison première du succès du peintre.

Ses tableaux religieux demeurèrent pour la plupart à Séville. Les œuvres ayant quitté l'Espagne de son vivant étaient de nature profane, et, si leur nombre n'en fut que plus restreint, elles restent malgré tout à l'origine de la grande renommée du peintre en Europe. Pour la première fois, un peintre espagnol voyait son portrait et sa biographie connus au-delà des frontières de son propre pays. La guerre d'indépendance contre la France, commencée en 1808, fut déterminante pour la diffusion de son travail à l'extérieur de l'Espagne. Les églises de Séville furent vidées de leur contenu, et (grâce au maréchal Soult et, plus tard, à la collection de la Galerie espagnole de Louis-Philippe) les Parisiens eurent la possibilité de voir un nombre considérable de tableaux de Murillo, parmi lesquels quelques-uns de ses chefs-d'œuvre, comme l'*Immaculée Conception « Soult », Sainte Élisabeth de Hongrie,* provenant de l'hôpital de la Charité, et les peintures de Santa Maria la Blanca. Certains reprirent le chemin de l'Espagne, d'autres furent dispersés à travers l'Europe, et jusqu'en Amérique, lors de la vente de collections européennes.

D. R.

26.
Enfant au chien
Avant 1660

Huile sur toile
H. 70 ; L. 60
Saint-Pétersbourg, musée d'État de l'Ermitage
Inventaire 386
CATALOGUE RAISONNÉ
Angulo, 1981, II, n° 379.

HISTORIQUE
Séville, Nicolás de Omazur, 1690 ; Paris, vente du duc de Choiseul (Étienne François Choiseul-Stanville), 1772, avec *Fillette avec des fruits et des fleurs* (Saint-Pétersbourg, musée de l'Ermitage) ; acheté 4 600 francs par le prince Galitzine pour la Grande Catherine, qui le destine à l'Ermitage.
BIBLIOGRAPHIE
Choiseul, 1772, p. 37, n° 118 ; Blanc, 1853, p. 1, repr. ; Waagen, 1854, p. 111 ; Clément de Ris, 1879, p. 347 ; Stromer, 1879, p. 114 ; Curtis, 1883, p. 276-277, n° 413 ; Alfonso, 1886, p. 216, n° 376 ; Justi, 1892, p. 16-17 ; Lefort, 1893, p. 234 ; Réau, 1912, p. 393 ; Mayer, 1913, p. 101, 1922, p. 342 ; Zervos, 1932, p. 317 ; Milhan, 1944, p. 89 ; Dazier, 1949, p. 68, 74 ; Gaya Nuño, 1958, p. 243, n° 1870 ; Kagané, 1970, p. 91-93 ; Scott, 1973, p. 42-53 ; Gaya Nuño, 1978, p. 93, n° 82 ; Haraszti-Takacs, 1978, p. 309, 400 ; Angulo, 1981, II, n° 379, p. 297 ; Brown, 1982, p. 34-35 ; Haraszti-Takacs, 1983, p. 119, 157, n° 77 ; Ressort, 1983, p. 20-21, 54 ; Kinkead, 1986, p. 136, n° 29 ; Kagané, 1995, p. 74, 1997, n° 52 ; Cherry, 2001, p. 22 ; García Felguera, 2001, p. 80, 87 ; Krooke, 2001, p. 71, 72.
EXPOSITIONS
Osaka, 1970, n° 200 ; États-Unis, Mexique et Canada, 1975-1976, n° 14 ; Madrid, 1981, n. p., 18-19 ; Leningrad, 1984, n° 16, Belgrade, Lubliana et Zagreb, 1987-1988, n° 11 ; Nara, Okayama et Kumamoto, 1991, n° 3 ; Londres et Munich, 2001, n° 7.

Reproduit fig. 2

Dans l'inventaire de Nicolás Omazur, ce tableau est « Un chulito » ; « chulo », au Siècle d'or, s'appliquait simplement à un jeune garçon se comportant de façon espiègle et même un peu effrontément. Le catalogue de la vente Choiseul le décrit comme : « Un jeune garçon vu jusqu'aux genoux, tenant d'une main un panier de jonc, et fixant en riant un chien qui est près de lui. »

Ce sujet est l'un des thèmes favoris de la peinture profane de Murillo : un enfant « au panier » comme ceux que nous trouvons dans « Rinconete y Cortadillo » (une des *Nouvelles exemplaires* de Cervantes), un gamin qui fait « les commissions » dans la ville de Séville, vendant de la nourriture ou simplement la livrant à ceux qui l'ont achetée au marché (voir le *Jeune Mendiant,* Paris, musée du Louvre). Un enfant pauvre, comme l'indiquent ses vêtements, un de ceux qui courent les rues dans la seconde moitié du XVIIe siècle, essayant dans une période de crise de gagner quelques sous par de menus travaux. Et comme toujours dans les peintures d'enfant de Murillo, il est pauvre, mais pas triste, il sourit, jouant avec un chien dans un moment de repos.

Située dans la lignée du *Jeune Mendiant,* il s'agit aussi d'une œuvre de jeunesse, un peu plus tardive cependant. Les couleurs qu'utilise Murillo sont peu nombreuses, denses et sobres : une gamme de bruns, à laquelle s'ajoutent le blanc, le gris, le vert et le bleu. La touche est épaisse, chargée de matière, mais le clair-obscur est devenu beaucoup plus doux et les contrastes de lumière ne sont pas aussi violents que dans le tableau de Paris. Clément de Ris (1879) disait qu'il était peint « dans la manière sèche », par opposition à la « manière veloutée », plus douce, et à la « manière chaude », la meilleure selon lui. Cette manière ne nous paraît pas tellement « sèche » aujourd'hui, même si elle n'égale pas la délicatesse de celle des *Enfants mangeant un gâteau* (Munich, Alte Pinakothek), des années 1670.

L'enfant, aux cheveux courts et noirs, est plus proche physiquement du *Pouilleux* de Paris que les têtes blondes et bouclées des enfants de Munich, plus idéalisés, plus beaux et qui ressemblent davantage aux « enfants sacrés » (Jésus ou son cousin Jean-Baptiste).

Une simple suggestion de paysage, résolue de façon sommaire et avec peu de matière, contraste avec la minutie du peintre à représenter le panier en osier et la cruche en terre, attention à la matérialité des objets que Murillo partage avec d'autres peintres espagnols de son époque, Velázquez, Zurbarán, Alonso Cano ou Ribera. À partir de ce tableau de Saint-Pétersbourg, la scène naturelle pour ces peintures d'enfant sera le plein air.

Cette œuvre possède un pendant, *Fillette avec des fruits et des fleurs,* également conservé à l'Ermitage. Murillo a réalisé plusieurs paires de peintures comme celle-ci, sur des thèmes profanes et avec des enfants ou des jeunes en train de sourire. Un critique d'art[1] y a trouvé des allusions érotiques, mais, sans refuser tout à fait cet aspect, nous ne croyons pas qu'il soit déterminant. Ce sont des peintures aimables et agréables à regarder, pas du tout problématiques, parfaites pour orner les murs d'une maison du XVIIe siècle, celle de Nicolás de Omazur, l'ami de Murillo, ou ceux d'un palais rococo du XVIIIe siècle, celui de Choiseul, ministre de Louis XV. D'où l'intérêt que leur portèrent des femmes, collectionneuses[2] aux goûts modernes, comme Mme de Verrue (1670-1736), qui posséda une autre paire de tableaux, *Enfant souriant appuyé sur le rebord d'une fenêtre* (Londres, National Gallery), et *Jeune Fille relevant sa coiffe* (Londres, collection privée), la reine d'Espagne Isabelle Farnèse (1692-1766) ou Catherine de Russie (1729-1796).

Le prestige de ce type de peinture ne s'est jamais démenti. Elles se vendaient déjà fort bien du temps de Murillo et furent les premières ambassadrices de la renommée de l'artiste hors de Séville et hors d'Espagne. Depuis le XVIIIe siècle, elles ont souvent été copiées et gravées. Les deux peintures qui nous occupent furent gravées avant leur départ pour Paris, pour le catalogue de la vente Choiseul, en 1772. En Russie, en 1793, Yakov Yakimovich les copia pour la fabrique de tapisseries de Saint-Pétersbourg, et plusieurs gravures furent réalisées en Russie pendant le XIXe siècle (1847 et 1872). Mais le vrai responsable de leur célébrité et de leur diffusion fut Charles Blanc, qui inclut une nouvelle gravure dans son *Histoire des peintres de toutes les écoles. École espagnole* (Paris, 1859). Manet s'en inspira pour réaliser *le Gamin au chien* ou le *Portrait de son fils* (1860-1861, huile sur toile, Paris, collection particulière) et plusieurs estampes : *le Gamin* (1862, eau-forte, et 1868-1874, lithographie ; cat. 100) et *le Garçon et le chien* (1862, eau-forte et aquatinte)[3].

Pour Manet, elles étaient les seules peintures de Murillo – peintre d'enfants profanes et sales – à présenter un intérêt : « Ah ! quels bonshommes que Velázquez, Le Greco, Valdés Leal, Herrera le Vieux. Je ne parle pas de Murillo, je ne l'aime pas, excepté dans certaines études de pouilleux[4]. »

M. G. F.

1. Brown, 1982, p. 35-43.
2. Sur ces femmes du XVIIIe siècle et le rôle de Murillo dans leurs collections et dans la formation du « goût moderne », voir García Felguera, 2001, p. 79-87.
3. Stirling-Maxwell (1848, III, p. 1411) fait probablement allusion à ce tableau, *« Boy with a basket and a dog »*, quand il parle de *« Fancy compositions and figures »*, bien que les dimensions ne correspondent pas exactement.
4. Cat. exp. Paris et New York, 1983, n°s 6-9.

27.
Immaculée Conception des Vénérables, dite aussi *Immaculée Conception Soult*

Vers 1678

Huile sur toile
H. 274 ; L. 190
Madrid, Museo del Prado
Inventaire 2809

CATALOGUE RAISONNÉ

Angulo, 1981, II, n° 110.

HISTORIQUE

Séville, hôpital des Vénérables, jusqu'en 1813 ; réquisitionné par le maréchal Soult, Paris ; acheté par le musée du Louvre, Paris, à la vente posthume du maréchal, 19 mai 1852 ; musée du Prado, Madrid, 1941, à la suite d'un échange d'œuvres d'art entre les gouvernements français et espagnol.

BIBLIOGRAPHIE

Ceán, 1800, II, p. 53-54,60 ; Quilliet, 1816 (Saltillo, 1933), p. 100-101 ; Ceán, 1860, p. 93 ; *Vente Soult,* 1852, n° 57 ; Curtis, 1883, n° 29 ; Mayer, 1913, n° 166, 1923, p. 293 ; Gruyer, s. d., p. 277 ; Nicolle, 1929, p. 28-32 ; Sánchez Cantón, 1940, 1942, n° 2809 ; Palomino, 1947, III, p. 1033 ; Pantorba, 1947, p. 34 ; Ponz, 1947, IX, p. 794 ; Gaya Nuño, 1958, p. 27 ; Lipschutz, 1973, p. 120 ; Angulo, 1976, p. 43 ; Haraszti, 1977, n ° 23 ; Gaya Nuño, 1978, n° 311 ; Angulo, 1981, t. I, p. 414, t. II, n° 110 ; Domínguez Ortíz, 1982, p. 54 ; Mena, 1982, n° 75 ; Mâle, 1985, p. 56 ; Portús, 2001, p. 192-198 ; Stratton, 2002, p. 103.

EXPOSITIONS

Madrid, 1982 ; Londres, 1983, n° 75 ; Séville, 1991-1992, n° 46.

Reproduit fig. 125

Justino de Neve (1625-1685), chanoine de la cathédrale de Séville, dont Murillo fit également le portrait (1665, Londres, National Gallery, huile sur toile, H. 206 ; L. 129,5), commanda cette peinture à Murillo en 1678. D'après Ceán, il la destinait à un autel de l'église de Los Venerables Sacerdotes, l'asile qu'il venait de fonder pour accueillir les prêtres âgés. L'hôpital des Vénérables, ainsi dénommé dans la ville, est toujours l'un des édifices les plus caractéristiques du quartier de Santa Cruz et de la Séville baroque. Neve, responsable aussi de la commande des tableaux des lunettes de Santa María la Blanca, eut en sa possession dix-huit tableaux de Murillo et fut l'un des plus grands collectionneurs d'œuvres du peintre avec le Flamand Nicolás de Omazur.

L'œuvre, de grandes dimensions, est un tableau d'autel et une exaltation de Marie, la mère de Jésus-Christ, où sont réunies deux idées : la montée aux cieux de Marie vivante, sans le passage par la mort, l'Assomption, et la conception sans péché, l'Immaculée Conception. Le second thème, dont l'Église officielle fit un « dogme » au XIXe siècle, était devenu dès le XVIe siècle un étendard pour quelques ordres religieux, pour la ville de Séville, pour certains théologiens et pour l'Espagne. L'iconographie fut fixée dès la fin du XVIe siècle, mais elle se répandit surtout au XVIIe siècle grâce à Murillo, qui offrit le modèle canonique et « codifia » cette représentation qu'il a peinte une vingtaine de fois.

Pour les gens du XVIIe siècle, l'image de l'Immaculée Conception signifiait la dévotion à Marie, qui intercède pour les mortels auprès de Dieu, mais elle était aussi un signe d'identité, un symbole qui les unissait et dont ils étaient fiers. Ces idées, ou ces sentiments, Murillo les exprima mieux que quiconque en adoptant un type de femme jeune (qui n'est plus une fillette comme chez Zurbarán ou Velázquez) belle et sereine qui monte au ciel les pieds sur un croissant de lune et entourée de sympathiques angelots, sans les attributs, tels que litanies ou paysages, qui accompagnaient les figures des autres artistes.

Pour Ceán, l'*Immaculée Conception des Vénérables* est « supérieure à toutes celles de la main de Murillo qui existent à Séville, tant par la beauté de la couleur que par l'effet et le contraste du clair-obscur ». Il s'agit d'une œuvre de maturité dans laquelle l'air, les nuages et les anges occupent un espace plus vaste que de coutume dans ce thème. Le contraste entre la lumière dorée qui illumine la silhouette selon une diagonale bien marquée, presque verticale, et les deux triangles latéraux dans l'ombre rendent cette œuvre dramatique. Les angelots, libres de tout symbole et « vaporeux », s'agitent espiègles, s'engagent sur la voie du rococo, qui débute avec Titien.

L'*Immaculée Conception Soult* est la plus importante représentation de ce sujet peinte par Murillo et aussi la plus connue grâce à son séjour de plus de cent ans en France. La vie du tableau fut plus agitée que celle de son auteur. Le maréchal Soult s'en empara quand il occupait Séville avec ses troupes pendant la guerre d'Indépendance (1808-1814), ainsi que d'autres œuvres de Murillo de premier rang, comme *Sainte Élisabeth de Hongrie soignant les teigneux* de l'hôpital de la Charité. À plusieurs reprises, le maréchal, sans succès, essaya de le vendre, toujours pour des sommes très élevées : 250 000 francs en 1823 et pour 500 000 francs en 1835 à Louis-Philippe avec deux autres Murillo provenant de l'hôpital de la Charité de Séville (voir la « Chronologie »).

Finalement le musée du Louvre l'acheta à Paris aux enchères publiques qui suivirent la mort du maréchal, en 1852. La somme qu'il déboursa pour cette peinture (615 000 francs) fut la plus élevée jamais payée jusqu'alors pour un tableau, ce qui montrait son prestige en France, ce qui à l'époque revenait à dire en Europe. Le tsar Nicolas Ier et la reine Isabelle II d'Espagne avaient poussé les enchères, de même que la National Gallery de Londres, disposée à payer jusqu'à 5 000 livres.

Le prestige fut manifeste quand l'*Immaculée* se trouva accrochée à la place d'honneur dans le salon Carré du musée du Louvre, sur le mur des Italiens, près des œuvres de Véronèse, Raphaël et Léonard de Vinci, et face à Rubens et Van Dyck. Dans cette salle se pressaient les copistes du monde entier – notamment beaucoup de femmes – pendant la seconde moitié du XIXe siècle et les premières années du XXe siècle, jusqu'à ce que les avant-gardes viennent ternir la renommée de Murillo.

La figure de ce tableau est devenue en France, surtout grâce aux écrivains, comme l'a étudié Lipschutz, le prototype de la beauté féminine, non seulement de la Vierge glorieuse mais aussi des femmes andalouses en général. La contemplation de « la Madone de Murillo que possède le maréchal Soult » (avec la musique de Rossini, quelque paysage et autres sujets pittoresques) rappelle à Raphaël, le héros de *la Peau de chagrin* de Balzac (1831), les doux souvenirs de son premier amour. L'œuvre est un lieu commun de beauté et une image suffisamment diffuse pour être une référence que le lecteur peut partager.

Le retour du tableau en Espagne, le 8 décembre 1940 et sa remise solennelle, le 27 juin 1941, juste après la guerre civile, furent présentés comme un triomphe de la diplomatie espagnole dans une Espagne alors très isolée. On put donc le contempler au musée du Prado, et, parallèlement, il redevint un signe identitaire, en des temps qui n'avaient pas grand-chose de commun avec les XVIe et XVIIe siècles, si grands que fussent les efforts des gouvernants pour ressusciter « l'empire ». L'*Immaculée* de Murillo servit à orner de petites images religieuses (souvenirs de premières communions, neuvaines et fêtes religieuses en tout genre), des boîtes à bonbons et même à annoncer des fêtes militaires, en tant que « patronne » protectrice de l'infanterie dans l'armée espagnole.

M. G. F.

Jusepe DE RIBERA
(Jativa, 1591 – Naples, 1652)

Né en Espagne, à Jativa, cité voisine de Valence, Ribera passera cependant toute sa vie en Italie, où il reçoit le surnom Lo Spagnoletto. Il se fixe à Parme (sa présence y est attestée en 1611), puis à Rome (1613-1616), où il étudie à l'Académie de Saint-Luc ; il exécutera dans ces deux villes d'importantes commandes de nature religieuse avant de s'établir finalement à Naples en 1616. Ses premières œuvres témoignent de sa connaissance des peintres du nord de l'Italie, du Caravage en particulier (1573-1610). Résidant à Naples, Ribera n'en sera pas moins connu et apprécié dans son pays d'origine, grâce aux officiels espagnols en poste en Italie, comme l'ambassadeur d'Espagne à Rome ou les vice-rois de Naples – cette ville étant alors placée sous l'autorité espagnole. Quatre vice-rois lui passeront commande, et, leur mission terminée, emporteront dans leurs bagages les œuvres du peintre. C'est ainsi que les tableaux de Ribera entreront dans la collection royale espagnole, où Velázquez et Zurbarán, pour ne citer qu'eux, les découvriront. Ribera inspirera également à Murillo ses fameuses représentations de la Vierge Marie dans l'*Immaculée Conception*.

La série de dix-huit eaux-fortes qui fut tirée de ses tableaux contribuera également à faire connaître son travail. Ces gravures, célèbres dans toute l'Europe, étaient répertoriées dans les collections parisiennes au XVIIIe siècle, et, comme le note Théophile Thoré en 1835 dans un article de la *Revue de Paris* (XXII, p. 57), elles étaient visibles à la Bibliothèque royale.

Des copies de ses tableaux existaient déjà de son vivant - c'est là un fait acquis. Les Ribera répertoriés en France au début du XIXe siècle ont d'ailleurs pour la plupart fait l'objet d'une nouvelle attribution, à des artistes célèbres parfois, comme ce fut le cas avec le *Démocrite* de Velázquez (cat. 30), et le *Saint François* de Zurbarán (cat. 42). Recherchées des généraux de Napoléon, ses peintures avaient leur place dans les collections de Soult, de Junot, du comte Merlin et du baron Mathieu de Faviers. Les frères de Napoléon, Lucien et Joseph Bonaparte, firent également l'acquisition d'œuvres de Ribera lorsqu'ils résidaient en Espagne. En 1802, le musée du Louvre reçoit en cadeau l'*Adoration des bergers*, l'un des tableaux les plus célèbres de ses dernières années, et plus tard, en juillet 1814, l'extraordinaire *Magdalena Ventura avec son époux*, dite *la Femme à barbe* (Tolède, palais Lerma), constituera l'une des œuvres phares de l'« exposition des *écoles primitives* » de Vivant-Denon au Louvre.

Si ses martyrs violemment torturés nourrissaient l'imagination des poètes et des écrivains, aux yeux des artistes du milieu du XIXe siècle, Ribera représentait un modèle de naturalisme exceptionnel, qui allait devenir pour l'école réaliste une source d'inspiration précieuse.

D. R.

28.
Saint Sébastien soigné par les Saintes Femmes
1621 ?

Huile sur toile
H. 180,3 ; L. 231,6
Signé et daté, sur une pierre, au premier plan, à droite : *Jusepe de Ribera, de Spagnolet F. 1621* [date presque illisible]

Bilbao, Museo de Bellas Artes
Inventaire 69/206

CATALOGUES RAISONNÉS
Felton, 1971, p. 498-499, n° X-208 ; Pérez Sánchez et Spinosa, 1978, n° 78.

HISTORIQUE
Collection Diego Felipe de Guzmán, marquis de Leganés, Madrid, décédé en 1655 ; collection Philippe IV, à partir de 1657 environ ; envoyé par Philippe IV au monastère de l'Escorial sur une suggestion de Velázquez, vers 1657 ; réquisitionné par Frédéric Quilliet, *« Administrador de bienes Nacionales »*, et apporté à Madrid ; placé dans la caisse n° 65, d'après une liste d'œuvres enlevées à l'Escorial, signée le 3 décembre 1809 par Quilliet ; faisait partie des 6 toiles données en « récompense nationale » au maréchal Soult – décret royal du 27 décembre 1809 –, et emporté le 17 août par le mandataire de Soult, M. Barrillon ; le lendemain, ce dernier demanda un permis d'exportation pour ces œuvres et 15 autres appartenant à Soult, dont 13 déclarées comme copies d'atelier ; collection Soult, Paris, 1809-1851 ; vente de la collection Soult, Paris, 19, 21-22 mai 1852, n° 16, racheté 3 100 francs par le vendeur ; vente de la collection Soult, Paris, 17 avril 1867, n° 7, racheté 13 600 francs par le vendeur ; acheté, en 1924, à la marquise de Balleroy (arrière-petite-fille du maréchal Soult) par le musée des Beaux-Arts de Bilbao.

BIBLIOGRAPHIE
Santos, 1667, p. 79-80, 1681, p. 66 ; 1689, p. 81 ; Ximénez, 1764, p. 99 ; Ponz, 1947, p. 184 ; Ceán Bermúdez, 1800, IV, p. 190 ; Réveil et Duchesne, 1828, II, p. 133, repr. sous le titre *Saint Sébastien* ; Lasso de la Vega, 1933, p. 32, 85, n° 65 ; Pérez Sánchez, dans *Jusepe de Ribera 1591-1652*, Naples, 1992, p. 142, n° 18, repr. ; Madrid, Museo del Prado, 1992, p. 194, n° 17, repr. ; *Maestros Antiguos y Modernos…*, 1999, p. 102.

Reproduit fig. 9

En 1809, Quilliet connaissait déjà bien les vastes collections de l'Escorial quand il puisa dans ses trésors pour garnir le futur musée national de Joseph Bonaparte. Mais le tableau fut offert en « récompense nationale » au maréchal Soult.

Du vivant de Soult, le *Saint Sébastien* de Ribera figura dans la collection de tableaux espagnols, riche de plus de cent œuvres, que le maréchal avait réunie dans son hôtel particulier, rue de l'Université. Accessible aux visiteurs sur rendez-vous, elle constitua la collection de peinture espagnole la plus importante en France, sauf à la période où était ouverte au musée du Louvre la Galerie espagnole. Delacroix lui-même, à l'instar de nombreux peintres et connaisseurs, accéda, notamment en 1833, à la maison de Soult par l'intermédiaire d'un ami[1]. De plus, l'eau-forte publiée par Réveil en 1828 dut également contribuer à faire connaître cette œuvre.

Les étonnantes figures de martyrs torturés de Ribera fascinaient les visiteurs français de la Galerie espagnole, où étaient exposées vingt-six de ses œuvres. Pour certains, elles étaient une confirmation de la violence du catholicisme espagnol. Pour d'autres, le dégoût était contrebalancé par une admiration pour les talents de cet artiste, qui, « parmi [les] peintres naturalistes, déclara Louis Viardot, doit occuper le premier rang[2] ». De son côté, Charles Blanc écrivait sur cet « étrange peintre » : « Si le spectateur s'approche de la toile de Ribera, il a tout à coup devant les yeux des figures pleines de vie, quelque scène empruntée aux tragédies de la place publique, des masques vulgaires, des carnations palpables à force de vérité[3]... » Théophile Gautier, qui avait vu des Ribera en 1840 lors de son voyage en Espagne, consacra, en 1844, un poème à l'artiste, dont une strophe pourrait être appliquée à cette œuvre :

« Comme un autre le beau, tu cherches ce qui choque :
Les martyrs, les bourreaux, les gitanos, les gueux
Étalant un ulcère à côté d'une loque[4]. »

D. R.

1. Lettre au baron Schwiter, vers 1833. *Correspondance Delacroix,* I, p. 362.
2. Viardot, 1839, p. 61.
3. Blanc, « Ribera », 1850, p. 6. Il cite encore les Ribera de la Galerie espagnole.
4. Gautier, « Ribeira », 1890, p. 115. Publié pour la première fois en 1845.

29.
Le Pied-Bot
1642

Huile sur toile
H. 164 ; L. 93
Signé : *Jusepe de Ribera Español / F. 1642*
Paris, musée du Louvre
Inventaire MI 893
CATALOGUES RAISONNÉS
Felton, 1971, n° A-96 ; Pérez Sánchez et Spinosa, 1978, n° 174.

HISTORIQUE
Naples, 1637-1664, peint pour don Ramiro Felipe de Guzmán, duc de Medina de las Torres, vice-roi de Naples ; Naples, collection princes de Stigliano ; Paris, collection Dr Louis La Caze, avant 1849 ; legs La Caze au musée du Louvre, en 1869.
BIBLIOGRAPHIE
Horsin-Déon, 1861, p. 245-246 ; Mantz, mai 1870, p. 406 ; Reiset, 1871, p. 13, n° 32, repr. ; Lefort, 1882, p. 40-43, repr. ; Charcot et Richer, 1889, p. 42-44 ; Lafond, 1902, p. 207.
EXPOSITIONS
Paris, 1849, n° 36 (appartenant à M. La Caze) ; New York, Naples et Madrid, 1992, respectivement n° 60, n° 87, n° 111 et p. 147-163.

Reproduit fig. 140

Le célèbre *Pied-Bot* de Ribera est probablement entré en France au début du XIXe siècle, à la suite des bouleversements dus aux guerres napoléoniennes. Le tableau provenait de Naples, le nom des princes de Stigliano étant mentionné dans une inscription sur le cadre.

Les mendiants de Ribera, qu'ils prennent l'aspect de philosophes, de saints ou de figures de genre, charmaient autant qu'ils rebutaient le public du XIXe siècle. *Le Pied-Bot* incarne parfaitement ces points de vue opposés. Le personnage remplit la toile, et l'horizon, dans la partie inférieure du tableau, révèle un vaste ciel, accentuant la difformité du garçon. Il porte sa béquille sur l'épaule et la feuille de papier qu'il tient dans la main gauche demande l'aumône[1]. Pourtant, le portrait n'incite pas à la pitié, mais plutôt à partager la joie de ce jeune optimiste. En 1861, Horsin-Déon exprima cet aspect humanisant de l'œuvre de Ribera dans une critique de la collection Louis La Caze : « Mais de Ribera, M. La Caze possède des ouvrages fort remarquables. Nous avons admiré [...] un personnage qui, quoique moins gracieux, n'en est pas moins intéressant au point de vue de l'art ; nous voulons parler d'un nain tout bancroche, mais dont l'exécution est admirable de modelé et de vigueur. Cette figure est vivante et pleine d'expression ; elle rit et invite à rire. »

Le Pied-Bot était l'un des six Ribera que possédait La Caze, et l'une des treize œuvres espagnoles de l'importante collection qu'il légua pour le Louvre et les musées de province. Quoique peu importante en nombre, la collection de tableaux espagnols de La Caze comprenait des œuvres de tous les maîtres : Ribera, Velázquez et Murillo (néanmoins, toutes, sauf deux, ont été réattribuées depuis). Louis La Caze (1798-1869) jouissait d'une fortune familiale qui lui permettait de s'adonner à sa passion pour l'art. Il avait côtoyé dans sa jeunesse les peintres Géricault, Girodet et Guérin. Il partageait avec Bonvin un goût pour les toiles espagnoles et hollandaises du XVIIe siècle. De plus, ce dernier a certainement favorisé l'accès de la collection La Caze à ses amis peintres[2].

Bien que le Louvre ne possédât qu'un seul Ribera avant l'acquisition du *Pied-Bot,* les œuvres de l'Espagnolet n'étaient pas inconnues du public. Au milieu du XIXe siècle, de nombreuses collections privées renfermaient des toiles attribuées à l'artiste, notamment la collection du maréchal Soult, qui fut dispersée en 1852. En outre, les vingt-six Ribera exposés dans la Galerie espagnole (1838-1848) avaient familiarisé les Français avec les figures les plus sanglantes et les plus torturées de son œuvre. Enfin, les voyages en Espagne, devenus un rituel obligé dans les années 1860 pour les écrivains et les artistes, permettaient de voir, notamment au Prado, d'autres tableaux importants de ce peintre.

L'influence du réalisme cru, du naturalisme de Ribera, était manifeste dans les œuvres de peintres comme Regnault, Ribot, Dehodencq et Legros, qui, tous, exposèrent des tableaux « espagnols » aux Salons du second Empire. Les critiques de l'époque confirmèrent cette influence. En écrivant sur Bonvin, Millet et Breton au Salon de 1859, Théophile Gautier déclarait : « Ribera se regardait comme le chef de l'école des naturalistes[3]. » Castagnary reprochait à Ribot son usage du noir : « Assurément, si Ribera avait peint ces têtes de *Philosophes,* ce dont il eût été fort capable, son tableau, ayant poussé, serait aujourd'hui aussi noir que celui de M. Ribot ; mais trois cents ans auraient passé dessus, et trois cents ans c'est une excuse que M. Ribot ne peut pas invoquer, lui qui a peint son tableau hier[4]. »

Pour Mantz, « *le Pied-Bot,* qui n'est pas fait pour plaire aux amoureux de la peinture rose et galante, est d'un naturalisme plein de relief » ; cependant, « la figure du petit boiteux est discrètement enveloppée, et le modelé en est caressé avec amour »[5]. Pour Lefort, le tableau était l'une des « représentations réalistes[6] » de l'Espagnolet. Tout au long du XIXe siècle, cette œuvre fascinera les artistes : le peintre Charles Maurin (1856-1914) en fit une copie en buste, qu'il donna, en 1876, au musée Crozatier du Puy ; et même Henri Matisse (1869-1954) trouva une inspiration dans ce charmant enfant, dont il réalisa une copie en 1893 (collection privée ?).

D. R.

1. Elle porte cette inscription : DA MIHI ELIMO SINAM PROPTER AMOREM DEI (« donnez-moi l'aumône pour l'amour de Dieu »).
2. Denney, septembre 1993, p. 100-101.
3. Gautier, 1992, p. 115.
4. Castagnary, 1892, p. 376-377.
5. Mantz, 1870, p. 406.
6. Lefort, 1883, p. 152, repr. p. 151.

Diego DE SILVA VELÁZQUEZ (Séville, 1599 – Madrid, 1660)

La carrière de Velázquez s'est déployée dans trois lieux essentiels : Séville, où il apprit son art auprès de Francisco Pacheco ; Madrid, où il travailla au service de Philippe IV, de 1623 jusqu'à sa mort, en 1660 ; et l'Italie, où il voyagea en 1629 et en 1649. Il est demeuré constamment ouvert à toutes les influences artistiques rencontrées en chemin, sachant comment, de ces sources multiples, faire naître son propre style, qu'il s'agisse de la peinture vénitienne du XVIe siècle, du naturalisme caravagesque, et du travail de ses contemporains comme Rubens et les artistes « classicisants » actifs à Rome dans les années 1630. C'est dans les portraits de cour que son style s'exprime avec le plus de force, mais on lui doit aussi des scènes de genre, des sujets religieux et mythologiques.

D. R.

30.
Démocrite
Vers 1629

Huile sur toile
H. 98 ; L. 81
Rouen, musée des Beaux-Arts

HISTORIQUE
Rouen, bureau des Finances ; déposé à l'abbaye de Saint-Ouen, Rouen, préfecture de Seine-Inférieure, en 1790 ; vendu au peintre Lemonnier, en 1797 ; acquis par le musée de Rouen au peintre Lemonnier, en 1822.
BIBLIOGRAPHIE
Lebreton, 1881, p. 10 ; Weisbach, 1928, p. 141-158 ; Mayer, 1936, n° 67 ; Pita, 1952, p. 236 ; Pantorba, 1955, n° 33 ; Baticle, 1960, p. 543 ; Angulo, 1963, p. 36-40 ; López-Rey, 1963, n° 76 ; *Chronique,* 1964, p. 47-53 ; Gudiol, 1973, n° 51 ; Brown, 1986, p. 57 ; Bergot, 1992, p. 130 ; Augé, cat. exp. 1999, p. 11-22.
EXPOSITIONS
Bordeaux, 1955, n° 62 ; Stockholm, 1959, n° 94 ; Madrid, 1960, n° 44 ; Paris, 1963, n° 84 ; Madrid, 1990, n° 13 ; Castres, 1999, n° 1.

Reproduit fig. 4

Pour cette œuvre, comme pour le *Saint Thomas* d'Orléans, la paternité de Velázquez ne fut reconnue que tardivement. Jusqu'en 1881, le tableau fut attribué à José de Ribera, en raison probablement des similitudes avec certains de ses « philosophes ». Gustave Lebreton remarqua la ressemblance du personnage avec un des personnages des *Buveurs* (vers 1628, Madrid, musée du Prado) et l'attribua à Velázquez. Depuis, la plupart des spécialistes ont conservé cette attribution[1]. C'est dire que l'un des rares tableaux authentiques du peintre sévillan qui se soit trouvé en France ne fut pas considéré comme tel jusqu'à la fin du XIXe siècle. Tout cela montre la grande confusion critique qui existait autour du peintre au cours du siècle où il était « redécouvert » en Europe.

Il s'agit peut-être de la peinture de l'inventaire de la collection du marquis del Carpio à Madrid, car elle lui correspond par les dimensions et la description : « Un portrait d'une aune d'un philosophe en train de rire, avec un globe original de Diego Velázquez[2]. » Lors de l'exécution testamentaire de Carpio, le tableau fut acheté par un certain Pedro Rodríguez. Il était en 1790 dans le bureau des Finances de Rouen ; il fut déposé ensuite à l'abbaye de Saint-Ouen de cette ville, d'où il passa à la préfecture de Seine-Inférieure. Il entra au musée en 1822. On connaît deux autres tableaux représentant le même personnage, que l'on tend à considérer comme des copies ou des œuvres d'atelier, dans lesquels le personnage tient un verre de vin dans la main droite (Toledo, Museum of Art ; Mora, musée Zorn).

Du point de vue stylistique, il existe une différence notable entre la zone du col en dentelle et de la tête et le reste du tableau. La première est réalisée selon une technique beaucoup plus souple, mettant en évidence une réélaboration postérieure qui a été confirmée, d'ailleurs, par les analyses radiographiques[3]. Le reste montre une raideur dans le dessin et un goût pour définir les profils et les volumes qui invitent à dater le tableau avant le premier voyage du peintre en Italie, c'est-à-dire avant 1629.

Comme dans nombre de ses œuvres, Velázquez établit une tension entre la fiction et la réalité et ne livre que peu de pistes pour révéler le thème principal de sa peinture. Nous voyons un personnage vêtu dignement qui nous regarde directement, avec, devant lui, une mappemonde sur une table où se trouvent également deux livres. Son expression souriante l'a parfois fait identifier à Démocrite, le philosophe que la tradition occidentale représente riant. L'index de sa main gauche est dirigé vers le globe, mais on ignore si c'est simplement pour le signaler au spectateur, pour le faire tourner ou les deux à la fois. Toujours est-il que son expression, jointe à l'allusion géographique, propose clairement une réflexion codée, sceptique et distanciée sur la réalité et le monde. Il ne faut pas oublier que la mappemonde est un objet qui apparaît fréquemment dans les Vanités et autres représentations similaires.

Bien que le personnage soit décrit parfois comme « le géographe », il semble plus adéquat d'insister sur sa condition de « philosophe », compte tenu du fait qu'il s'agit d'une typologie fréquente dans la peinture de l'époque, comme le démontrent Velázquez lui-même, Ribera ou Rubens. Ce n'était pas le cas pour « les géographes » ou autres professionnels anonymes (quoique l'on connaisse surtout dans le milieu hollandais des représentations de géographe). Il faut rappeler à ce propos que l'auteur de l'inventaire déjà cité n'hésite pas à le décrire comme un philosophe.

Dans la discussion à propos du véritable sujet du tableau, le caractère marqué de portrait a toujours joué un rôle primordial. Velázquez a décrit un visage concret que l'on a voulu parfois identifier à certains visages des bouffons du palais. C'est ce qu'il réitérera quelques années plus tard avec son *Mars* (vers 1636-1639, Madrid, musée du Prado). C'est précisément ce qui inquiète le plus. Ribera, par exemple, recourt à un registre clairement réaliste, mais dans les visages de ses saints et de ses philosophes il n'est pas facile de découvrir des personnes concrètes. Velázquez ne construit pas « à la manière réaliste », mais il crée des relations entre la fiction et la réalité, déguisant des êtres réels. Ce jeu entre ce qui est représenté et qui le représente sera très apprécié des artistes européens du XIXe siècle qui étudièrent la peinture de Velázquez.

En tout cas, il s'agit très probablement de la meilleure peinture originale de Velázquez que l'on pouvait voir en France au XIXe siècle.

J. P.

1. Il y a cependant des exceptions comme Angulo, 1963, p. 36-40.
2. Pita, 1952, p. 236.
3. *Chronique*, 1964, p. 47-53.

31.
Le Bouffon don Juan d'Autriche
Vers 1632

Huile sur toile
H. 210 ; L. 123
Madrid, Museo del Prado
Inventaire 1200

HISTORIQUE
Madrid, palais du Buen Retiro, 1700 ; Madrid, Palacio Nuevo, 1772 ; Madrid, Académie de San Fernando, 1816 ; Madrid, musée du Prado, 1827.
BIBLIOGRAPHIE
Madrazo, 1872 ; Curtis, 1883, n° 72 ; Cruzada, 1885, p. 328 ; Moreno Villa, 1939, p. 67-72 ; Pantorba, 1955, n° 96 ; López-Rey, 1963, n° 422 ; Gudiol, 1973, n° 112 ; Brown, 1986, p. 97 ; Harris, 1991, p. 108.
EXPOSITIONS
Florence, 1986, n° 66 ; Madrid, 1986, n° 21 ; New York, 1989, n° 25 ; Madrid, 1990, n° 58.

Reproduit fig. 49

Entre la vision de la carrière de Velázquez que l'on pouvait avoir au XIXe siècle et celle qui s'est forgée au cours du siècle suivant, grandes sont les différences. Elles concernent aussi bien des questions de contenu, telle l'identification des œuvres originales, que la description de l'évolution stylistique du peintre. Ce tableau nous permet de réfléchir sur les divergences concernant la caractérisation du style de Velázquez. Aujourd'hui, les historiens s'accordent à dater ce portrait autour de 1632, date à laquelle, d'après des documents, le modèle avait reçu un vêtement semblable à celui qu'il porte ici. C'est dire que nous sommes face à une œuvre relativement précoce dans la carrière de l'artiste, immédiatement postérieure à la période, très classique, qui suivit son premier voyage en Italie. Cependant, longtemps on pensa qu'elle était beaucoup plus tardive. C'est ce qu'affirmaient des critiques avisés comme Justi ou Aureliano de Beruete, qui la dataient de la dernière décennie de la vie du peintre, alléguant des raisons de style. Beruete, par exemple, attirait l'attention sur sa technique extraordinairement sommaire[1], à l'apogée d'une carrière que l'on pourrait décrire comme un cheminement vers la dissolution des formes dans la couleur. Il s'agit là, en réalité, d'un lieu commun qui a énormément pesé sur toute l'histoire critique de Velázquez, mais aussi sur celles d'autres grands maîtres de la peinture occidentale. Au XIXe siècle, beaucoup décrivirent la carrière du peintre en termes d'« évolution », c'est-à-dire comme un chemin au cours duquel celui-ci accordait peu à peu une importance de moins en moins grande aux valeurs du dessin. L'apparition de nouveaux documents sur la vie et l'œuvre de Velázquez et le travail critique auquel ses tableaux ont été soumis modifient substantiellement les vues sur la question. Il n'y a plus lieu de parler de la carrière de Velázquez en termes d'évolution, et même si l'on remarque des différences de style au long de sa carrière, du début des années 1630 jusqu'à la fin de sa vie persiste un style commun. De fait, un grand nombre de ces différences de style ne sont pas dues à la distance chronologique mais aux divers besoins expressifs requis pour traiter des thèmes distincts.

Au XIXe siècle, l'identification du thème de cette peinture fut l'objet de divergences. Viardot, suivant une longue tradition, croyait qu'il s'agissait d'un portrait du marquis de Pescara[2] et, jusqu'en 1872, on continua à penser qu'il s'agissait d'un professionnel de la milice. Cette année-là, Pedro de Madrazo attira l'attention sur l'inventaire du Buen Retiro de 1700, dans lequel est dévoilée la véritable identité du modèle : le bouffon don Juan d'Autriche, qui reçut ce surnom du héros de la bataille de Lépante et qui travailla au service de la cour entre 1624 et 1645. Velázquez, comme dans nombre de tableaux au cours de sa carrière, joue avec le paradoxe narratif, dans lequel il était passé maître. Il nous présente un bouffon vêtu comme le héros qui lui donna son nom, et force le contraste entre son expression craintive et fuyante et l'environnement belliqueux dont il s'entoure : son habit militaire, le bâton de commandement ou les armes, munitions et armures éparpillées sur le sol. À l'arrière-plan est présentée de façon magistrale une bataille navale, allusion sans équivoque à celle de Lépante. Dans cette œuvre ainsi que dans la représentation de Mars en guerrier fatigué et mélancolique, Velázquez propose au spectateur, par le biais du paradoxe, un jeu subtil et intelligent sur les limites entre la réalité et la fiction, entre l'identité individuelle et l'identité historique et sociale.

Comme d'autres œuvres de cette exposition ayant pour modèles des bouffons et des « hommes de plaisir », ce portrait offre d'aborder le thème de l'attitude du public du XIXe siècle face à ces tableaux à l'iconographie si particulière. Ceux-ci produisaient chez Fernand Petit une aversion telle que, tout en reconnaissant que l'autoportrait de Velázquez dans *les Ménines* reste « un chef-d'œuvre incomparable », il considérait que la toile dans son ensemble était loin de mériter un tel qualificatif, car elle était enlaidie par les bouffons Maria Bárbola et Nicolasito Pertusato[3]. La voyageuse Frances Elliot, qui ne cachait pas son dégoût pour les bouffons, trouvait que *les Ménines* sont le portrait d'une famille de monstres[4]. Dans ces cas, il s'agissait d'une aversion envers les modèles, considérés comme indignes d'être représentés par le pinceau, et non envers l'attitude du peintre, que d'autres critiquaient. Frederick Seymour, par exemple, s'enchantait de la simplicité, de la bonté et de l'amour pour l'humanité de Murillo et croyait que Velázquez, dans ses portraits de bouffon, avait essayé de caricaturer les humbles. D'autres, tel le révérend Richard Roberts[5], voulaient découvrir, à travers ces portraits, l'artiste qui, dans toute l'histoire, a su comprendre la dignité innée de l'homme, dignité qui ne lui vient pas de sa position sociale mais de sa condition de fils de Dieu. D'autres encore, comme Richard Ford, admiraient les bouffons pour leurs qualités plastiques, et se souciaient peu des idées du peintre quant à la dignité humaine. Pour autant, ce sont ces tableaux qui retinrent le plus l'attention du public, des critiques et des artistes du XIXe siècle. Selon Frances Elliot, moult artistes s'attroupaient pour les copier, si nombreux qu'ils empêchaient les touristes de les contempler. En réalité, les attitudes décrites au XIXe siècle ressemblent à celles d'aujourd'hui, et de multiples écrivains voient en ces œuvres l'expression d'une profonde réflexion sur la dignité humaine. C'est le cas, entre autres, de John Berger[6], dans un très beau texte. Par ailleurs, des critiques proposant une lecture moins passionnée et plus contextualisée de ces œuvres ne manquent pas.

J. P.

1. Beruete, 1904, p. 94-95.
2. Viardot, 1860, p. 126-127.
3. Petit, 1877, p. 28-29.
4. Elliot, 1884, I, p. 90.
5. Roberts, 1860, p. 106-107.
6. Berger, 1994, p. 379.

32. *Le Bouffon don Diego de Acedo, El Primo*

Huile sur toile
H. 107 ; L. 82
Madrid, Museo del Prado
Inventaire 1201

HISTORIQUE
Madrid, tour de la Parada, 1701 ; palais de El Pardo, 1714 ; Madrid, Palacio Nuevo, 1772 ; Madrid, musée du Prado, en 1819.

BIBLIOGRAPHIE
Madrazo, 1872 ; Curtis, 1883, n° 69 ; Cruzada, 1885, p. 328 ; Pantorba, 1955, n° 85 ; Martín González, 1960, p. 251 ; López-Rey, 1963, n° 420 ; Brown, 1986, p. 148 ; Garrido, 1992 ; Davies, 1999 ; Mena, 2000, p. 110-114.

EXPOSITIONS
Genève, 1939, n° 101 ; Madrid, 1986, n° 24 ; Paris, 1987-1988, n° 30 ; Madrid, 1990, n° 55 ; Amsterdam, 1998, n° 161.

Reproduit fig. 46

L'une des facettes les plus remarquables de la production de Velázquez reste sa galerie de bouffons, nains et *hombres de placer* (« gens chargés de distraire ») qui servaient à divertir le roi d'Espagne et sa cour. Bien que le Sévillan ne fût pas le seul artiste à les avoir représentés, il est vrai que personne, avant ou après lui, ne traita ce thème aussi fréquemment ni avec autant d'originalité picturale et narrative. Le bouffon est le thème essentiel de près d'une douzaine de tableaux. La variété des contextes narratifs et des situations dans lesquels les bouffons apparaissent est assez large. Parfois ils sont isolés, parfois accompagnés d'autres membres de la cour, et ils prennent souvent une signification qui va au-delà de la mise en évidence de quelques traits physiques. Ils ont posé d'innombrables problèmes à ceux qui se sont penchés sur cette signification, donnant lieu à des interprétations aussi éloignées que celle qui consiste à considérer Velázquez comme un artiste à la conscience sociale presque contemporaine ou, au contraire, celle qui voit dans ces tableaux un exemple de l'objectivité implacable de leur auteur. Les lectures narratives sont aussi très diverses : certains pensent que ce sont de simples portraits, tandis que d'autres leur refusent cette qualité et s'efforcent d'y découvrir un symbolisme occulte.

Don Diego de Acedo est un exemple des hypothèses les plus fréquemment émises aujourd'hui à ce sujet. Le personnage supposé de ce tableau fut un bouffon au service du roi, entre 1635 et 1660, selon les documents. Ses occupations au palais ne s'arrêtaient pas au simple divertissement de la cour, car il travailla à « l'estampille », bureau chargé du fac-similé de la signature royale. Nous savons aussi qu'il séjourna à l'Alcázar, qu'il avait un serviteur et que, en 1643, il fut mêlé à une affaire passionnelle qui se solda par un crime. L'année suivante, il voyagea avec le roi en Aragon, et c'est alors que Velázquez fit son portrait. Nous ignorons l'origine de son surnom, qui signifie le Cousin, sur laquelle plusieurs hypothèses sont avancées. Le fait qu'il soit entouré de livres et d'objets d'écriture et qu'il porte un vêtement noir (un document signale le cadeau d'un vêtement de ce genre) amena les historiens à identifier le personnage du tableau à ce bouffon[1], bien que ce ne soit pas tout à fait certain.

Pour certains, le portrait du Prado fut réalisé en 1644 et c'est ce même tableau qui figure dans les inventaires de l'Alcázar de 1666, 1668 et 1700 comme portrait de El Primo. Cependant, en 1701, est mentionné à la tour de la Parada un portrait ayant des caractéristiques semblables, qui réapparaît en 1714 au Pardo parmi les tableaux transférés de la tour. Le plus probable est que le tableau de l'Alcázar ait été perdu, et que celui du musée du Prado ait été réalisé spécialement pour la tour de la Parada, vers 1636-1638, en pendant d'une autre toile, similaire, *l'Enfant de Vallecas* (Madrid, musée du Prado) ; ce que suggèrent non seulement les données que nous venons de citer, mais aussi le fait que le personnage se trouve dans un paysage avec, en arrière-plan, la Maliciosa, l'une des montagnes caractéristiques de la Sierra de Guadarrama. Le même décor apparaît dans *Baltasar Carlos chasseur* (Madrid, musée du Prado) ou *le Cardinal infant chasseur* (Madrid, musée du Prado), exécutés également pour la tour.

Le programme iconographique de la tour de la Parada comprenait une vaste série de peintures mythologiques, quatre effigies de philosophe, plusieurs portraits royaux, des vues des palais royaux, des scènes cynégétiques et des thèmes animaliers. C'est pourquoi certains ont pensé que les quatre tableaux de bouffon qui s'y trouvaient possédaient une signification particulière. Xavier de Salas suggéra qu'ils étaient des représentations des tempéraments[2], et, dernièrement, Manuela Mena voulut y voir une allusion burlesque au savoir philosophique[3]. Néanmoins, indépendamment de la possibilité qu'ils « signifient » quelque chose, il est certain que ces figures et leurs traits constituent des portraits d'une grande présence et il n'y a aucune raison de mettre en doute le fait qu'il s'agisse de bouffons de la cour. Ce tableau ne fut d'ailleurs pas l'unique occasion pour Velázquez de réaliser une telle entreprise, comme le montrent *Don Juan d'Autriche* et *le Géographe*, présents dans cette exposition (cat. 31 et 30).

Les réactions que provoquèrent ces peintures furent aussi variées au XIXe siècle qu'elles le sont de nos jours, bien qu'elles soient considérées unanimement et depuis toujours parmi les plus originales de l'artiste et les plus représentatives pour connaître son idéal esthétique. Au XIXe siècle, ces peintures établirent la renommée de Velázquez en tant que « peintre de la vérité » sachant affronter le motif pictural sans aucune sorte d'artifice et capable de transmettre une image directe et tout à fait véridique. Richard Ford décrit Sébastien de Morra comme un « nain, assis tel que le vit Velázquez, comme personne d'autre n'aurait osé le peindre[4] ».

C'étaient des œuvres qui rendaient parfaitement compte des capacités de leur auteur à construire une peinture apparemment en marge des conventions. De plus, quelques-unes, celle-ci par exemple, permettaient non seulement de connaître la technique du portrait de Velázquez, mais aussi son habileté à représenter des objets de nature morte ou des paysages, comme l'indiquent, ici, respectivement l'encrier et le livre, au premier plan, ou la Sierra, au fond. Tout cela fit écrire à un critique avisé, Aurelanio de Beruete, que Velázquez, dans ce tableau, « n'avait jamais plus avantageusement déployé son génie qu'en exécutant, à partir d'un modèle si ingrat, un de ses chefs-d'œuvre les plus admirables[5] ».

J. P.

1. Madrazo, 1872, n° 30.
2. Salas, 1977, n. p.
3. Mena, 2000, p. 112-113.
4. Ford, 1845, p. 789.
5. Beruete, 1904, p. 91.

33.
Pablo de Valladolid

Vers 1632-1635

Huile sur toile
H. 213 ; L. 125
Madrid, Museo del Prado
Inventaire 1198

HISTORIQUE
Madrid, palais du Buen Retiro, 1701 ; Madrid, Palacio Nuevo, 1772-1814 ; Madrid, Académie de San Fernando, en 1816 ; Madrid, musée du Prado, en 1827.
BIBLIOGRAPHIE
Curtis, 1883, n° 71 ; Cruzada Villaamil, 1885, p. 108 ; Beruete, 1898, p. 106 ; Mayer, 1936, n° 449 ; Pantorba, 1955, n° 53 ; López-Rey, 1963, n° 433 ; Gudiol, 1973, n° 107 ; Solkin, 1975 ; Brown, 1986, p. 104 ; Garrido, 1992, p. 420-426 ; Varela de Vega, 1993.
EXPOSITIONS
Genève, 1939, n° 89 ; Madrid, 1981, n° 67 ; Madrid, 1986, n° 23 ; Madrid, 1990, n° 57.

Reproduit fig. 31

Avec *Ésope* et *Ménippe*, ce tableau fut, parmi les œuvres de Velázquez conservées au musée du Prado, l'un des plus appréciés et des plus estimés des artistes de la seconde moitié du XIXe siècle. Beaucoup le copièrent et d'autres s'en inspirèrent pour leurs propres compositions. Ces œuvres firent la renommée de leur auteur comme « peintre de la vérité ». Elles permirent aussi à de nombreux artistes adhérant aux divers « réalismes » du XIXe siècle de faire de Velázquez le porte-drapeau de leurs revendications, afin de trouver des alternatives esthétiques au rigide carcan classique et académique.

Pablo est né à Vallecas, un village proche de Madrid, en 1587, et mourut dans cette ville en 1648. Dès 1632, il fit partie de la longue liste de nains, bouffons et « gens de plaisir » qui servaient à la cour. Sa présence parmi ces serviteurs n'était pas due à une quelconque tare physique ou mentale mais très probablement à ses dons comiques. De fait, dans cette peinture longtemps intitulée *l'Acteur*, il apparaît dans une attitude déclamatoire, les jambes tendues, montrant de la main une chose que nous ne voyons pas sur la toile ; il s'agit en réalité d'un geste accompagnant une allusion verbale.

L'âge que semble avoir le modèle ainsi que le style invitent à dater l'œuvre dans les années immédiatement postérieures à l'entrée du bouffon au service de la cour, entre 1632 et 1635. Il est intéressant de comparer ce tableau avec *l'Infant don Carlos* (Madrid, musée du Prado) car il présente le parti plus radical encore de dépouiller le portrait de toute rhétorique et de rompre avec les conventions classiques. Dans *l'Infant don Carlos*, une fine ligne horizontale à l'arrière-plan et le contraste entre une surface claire et une autre obscure, dans la partie gauche, sert à définir un espace tridimensionnel, avec deux murs et le sol. Dans *Pablo de Valladolid*, nous nous trouvons devant un espace absolument indéterminé ; nous savons que cet espace existe par l'ombre légère que projettent les jambes de Pablo, qu'il n'existe pas indépendamment du modèle, mais que c'est lui qui précisément le crée. Le peintre nous confronte beaucoup plus radicalement à la réalité physique et psychologique du personnage, et concentre notre attention sur son regard, vif, les gestes de ses mains ou l'expressivité qui émane de sa posture. Dans cette recherche de l'essentiel, l'artiste limite le jeu chromatique, le réduisant aux couleurs de terre du fond, sur lequel apparaît un corps traité essentiellement dans les gris et les noirs. Sur ce corps, comme des éclats de lumière et de couleur, se détachent à leur tour les zones les plus expressives de l'anatomie humaine : la tête et les mains.

La fortune critique et artistique de ce tableau fut immense. Il inspira de nombreux peintres parmi lesquels Goya, dont *Cabarrús* (Madrid, Banco de España) est une transposition presque directe[1]. Whistler, dans sa *Fillette bleue* s'inspire d'une photographie de la toile, de même que dans son *Autoportrait en brun et or* (Glasgow, Hunterian Art Gallery). Édouard Manet y recourut pour *le Fifre* (cat. 93), pour *l'Acteur tragique* (cat. 92) ou *l'Acteur Faure en Hamlet* (Hambourg, Kunsthalle). Le célèbre portraitiste américain George P. Healey réalisa son autoportrait avec une reproduction de ce tableau au mur[2]. Outre ces hommages picturaux, Manet fit souvent allusion à l'excellence de cette œuvre, en particulier dans une lettre à Fantin-Latour : « ... peut-être le plus étonnant morceau de peinture que l'on ait jamais fait...[3] » L'un de ses confrères, le peintre hollandais Josef Israels, après avoir vu le tableau, déclara : « Velázquez est le peintre qui se rapproche le plus du modèle de peintre que l'on imagine quand on est jeune[4]. »

Presque tous ceux qui ont écrit sur Velázquez ou sur le Prado durant la seconde moitié du XIXe siècle ont parlé de cette peinture avec enthousiasme. Jules Claretie écrit en 1870 : « Quoi de plus frappant que ce personnage vêtu de noir de la tête aux pieds : un comédien récitant son rôle ? Il parle, il agit, il se meut[5]. » Lucien Solvay, historien de la peinture espagnole, la prend en exemple pour démontrer l'habileté de Velázquez à obtenir de grands effets en faisant preuve d'une prodigieuse économie de moyens : « L'honnêteté fait le fond même de son art, qui s'offre comme il est, chevaleresque, sans détour, sans escamotage, poitrine découverte et visière levée. La tache noire d'un personnage, Pablillo de Valladolid, bouffon de Philippe IV, posée sur un fond gris, où tranche seulement le blanc d'une collerette, lui suffit et l'effet ainsi obtenu est énorme[6]. »

J. P.

1. Glendinning, 2000, p. 31.
2. Newberry Library, Chicago, voir Osborne, 1993, p. 67.
3. Lettre du 3 septembre 1865. Voir Wilson-Bareau, 1988, p. 43-44.
4. Israels, 1900.
5. Claretie, 1870, p. 210.
6. Solvay, 1887, p. 173.

34.
Ménippe
Vers 1638

Huile sur toile
H. 179 ; L. 94
Madrid, Museo del Prado
Inventaire 1207

HISTORIQUE
Madrid, tour de la Parada, 1703 ; Madrid, palais du Pardo, 1714 ; Madrid, Palacio Nuevo, 1772 et 1794 ; entré au musée du Prado, en 1819.
BIBLIOGRAPHIE
Curtis, 1883, n° 32 ; Mayer, 1936, n° 6 ; Pantorba, 1955, n° 80 ; López-Rey, 1963, n° 78 ; Palm, 1967, p. 207-217 ; Harris, 1982, p. 129 ; Brown, 1986, p. 163 ; Berger, 1991 ; Rico, 1991, p. 345-347 ; Garrido, 1992, p. 467-470 ; Tromans, 1996, p. 332-336 ; Cruz Valdovinos, 1999, p. 141-147 ; Mena, 2000.
EXPOSITION
Madrid, 1990, n° 50.

Reproduit fig. 90

Ésope et *Ménippe* sont mentionnés pour la première fois dans l'inventaire daté de 1703 de la tour de la Parada, un pavillon de chasse situé dans les monts boisés du Pardo, aux alentours de Madrid. Ils étaient accompagnés, notamment, d'un vaste cycle de peintures mythologiques réalisé par Rubens et son atelier, de plusieurs bouffons de Velázquez, de quelques portraits de membres de la famille royale habillés en chasseurs, également de Velázquez, et d'une autre paire de tableaux représentant des philosophes de l'Antiquité : Héraclite et Démocrite, peints par Rubens, d'une hauteur à peu près semblable à celle des tableaux de Velázquez, mais de largeur légèrement inférieure. Ces tableaux auraient fait partie de la même série et auraient été réalisés à la même époque, autour de 1638, bien que nous puissions nous demander pourquoi le très prolifique Flamand ne fut pas chargé de peindre la série complète.

Les tentatives pour éclaircir la signification de ces figures dans le contexte de la tour de la Parada sont multiples et variées. Certaines paraissent évidentes, comme la relation entre Ésope et l'abondance de fables peintes (dans le sens actuel, non dans le sens classique de « récit mythologique ») dans l'édifice. D'autres sont plus compliquées, elles assurément de la part du peintre une volonté de recherche narrative extrême et de la part de son public une grande subtilité d'interprétation. Les deux figures étaient bien connues du public espagnol cultivé, qui leur associait certaines significations concrètes[1]. D'autre part, dans l'Europe baroque, l'association entre philosophie et pauvreté était devenue un lieu commun figuratif, probablement lié à la grande fortune de la pensée stoïcienne de l'époque.

Bien que, aujourd'hui, le problème de la signification de ces tableaux puisse paraître passionnant, ce qui attirait le public du XIXe siècle était uniquement la représentation de philosophes antiques, pauvrement vêtus et décrits de façon réaliste. La construction picturale intéressait plus que la signification[2]. Comme Ésope, Ménippe fut un philosophe « simple », esclave de naissance, qui réalisa un grand travail de critique sociale. Les attributs qui le caractérisent sont les livres, qui témoignent de son activité intellectuelle, ses vêtements pauvres, qui révèlent son origine, sa vie humble et son détachement des biens terrestres, son sourire, révélateur d'un regard distancié et intelligent sur la réalité, et une cruche sur une table tenant tout juste sur deux pierres arrondies, allusion évidente à l'instabilité de la vie et à la relativité des choses, thèmes de son discours.

Deux bandes latérales ont été ajoutées au tableau, qui doivent être postérieures à l'inscription permettant de l'identifier. Celle-ci, comme celle qui est visible sur *Ésope*, se justifierait par l'absence de tradition iconographique permettant aux spectateurs de reconnaître le philosophe.

Ce qui étonne dans *Ménippe*, plus encore que chez son compagnon, c'est l'extraordinaire liberté d'exécution, bien plus grande que chez tout autre peintre contemporain. Le tracé, d'une grande justesse, donne une image véridique du philosophe. Velázquez nous propose ici une nouvelle manière de regarder la réalité et de la recréer sur la toile en marge des conventions du classicisme. Bien que les allusions rhétoriques ne manquent pas, la construction picturale s'impose avec une force telle qu'elle lui subordonne tout élément de type narratif. Il n'est pas étonnant que ces tableaux aient été parmi les œuvres les plus admirées des artistes et des critiques de la seconde moitié du XIXe siècle, qui en ont tiré de grands enseignements. Ainsi, la partie inférieure du corps de Ménippe, avec les chaussures, les pantalons ou l'extrémité de la cape, anticipe clairement la graphie picturale de Manet. De ces tableaux, Manet sut comprendre les leçons, qui auraient une influence décisive non seulement sur son œuvre mais également sur l'évolution de la peinture occidentale. Il suffit de comparer, par exemple, le personnage de *Ménippe* à celui qui porte un chapeau dans *le Vieux Musicien* (Washington, National Gallery). D'autres artistes, tels que Fortuny[3], Sorolla[4], Degas[5] et Sargent furent touchés par ce tableau et le copièrent.

J. P.

1. Voir Rico. C'est l'étude la plus importante sur la signification des deux philosophes dans la culture espagnole de l'âge moderne.
2. Solvay écrivait, par exemple : « Les figures baptisées de noms conventionnels, Ménippe, Ésope, sont d'admirables portraits, aux types très espagnols, n'ayant rien de grec assurément » (1887, p. 190).
3. Madrid, musée du Prado. On voit la copie sur une estampe qui montre son atelier au moment de sa mort. Voir Osborne, 1993, p. 68.
4. Santa Ana, 1991, p. 438. Se trouve à Madrid, au musée Sorolla.
5. Cité dans la vente des objets de son atelier. Voir Crombie, 1963, p. 128, et aussi l'essai de Geneviève Lacambre, note 84.

35.
ATELIER DE VELÁZQUEZ
L'Infante Marguerite
Vers 1653

H. 70 ; L. 59
Paris, musée du Louvre
Inventaire Inv. 941

HISTORIQUE
Paris, cabinet des Bains du palais du Louvre, 1654 ; Paris, palais des Tuileries, avant 1780 ; Paris, musée Napoléon, 1810.
BIBLIOGRAPHIE
Stirling-Maxwell, 1848, p. 653-654 ; Viardot, 1860, p. 97 ; Curtis, 1883, n° 255 ; Solvay, 1887, p. 186 ; Wyzewa, 1891, p. 64 ; Breal, 1919, p. 84 ; Manrique Lara, 1921, p. 195 et *sqq.* ; Pantorba, 1955, n° 112 ; Baticle, 1960, p. 534 et *sqq.* ; López-Rey, 1963, n° 398 ; Lipschutz, 1988, 138 et *sqq.*, 204 ; Augé, 1999, p. 11-22 ; Justi, 1999, p. 611-612.

EXPOSITIONS
Madrid, 1960, n° 78 ; Paris, 1963, n° 87 ;
Paris, 1991, n° 71 ; Mexico, 1994, p. 30.

Reproduit fig. 129

De toutes les œuvres attribuées à Velázquez et conservées dans les collections publiques françaises, *l'Infante Marguerite* est probablement la plus célèbre et celle qui a reçu le plus grand nombre d'éloges. Bien que, selon Justi, Velázquez fût aidé par Mazo[1] et que Manrique Lara, en 1921, ait douté de son authenticité[2], elle fut toujours considérée comme une œuvre autographe du peintre dans les autres catalogues critiques et les monographies jusqu'à ce que José López-Rey signale, en 1963, la différence entre l'âge du visage et celui que révèle le corps et de multiples problèmes de construction picturale. Elle est aujourd'hui généralement considérée comme une œuvre d'atelier[3].

Il s'agit de l'un des nombreux portraits royaux peints par Velázquez et son atelier dans les années 1650 à l'usage des différentes cours d'Europe et dont la réalisation se situe dans le vaste contexte de la politique matrimoniale qui préoccupait alors tant la famille royale espagnole. En 1654, il fut envoyé en France et installé dans le cabinet des Bains du palais du Louvre, où il resta jusqu'aux environs de 1709. Il faisait partie d'une galerie formée de vingt-quatre portraits de membres de la maison d'Autriche[4].

La grande popularité de cette œuvre en France au XIXe siècle ne surprend pas lorsque l'on considère les facteurs suivant. En premier lieu, sa qualité propre et le fait qu'elle reflète bien le style des dix dernières années de l'activité de Velázquez, où sa touche atteignit une aisance et un éclat extraordinaires. Mais influa également sur son succès la manière séduisante avec laquelle il présente ce modèle de grâce enfantine. Aucune autre école, aucun artiste dans l'histoire de la peinture européenne ne pouvait offrir un équilibre si particulier et si réussi de séduction chromatique, d'originalité, de maîtrise d'exécution et d'enchantement dans le choix du thème. De fait, depuis le XIXe siècle, les portraits d'infant et d'infante ont constitué un pilier fondamental de la fortune de Velázquez en tant que créateur d'icônes.

Les témoignages qui attestent la popularité de cette œuvre sont multiples, depuis les historiens et les critiques jusqu'aux romanciers, en passant naturellement par les artistes eux-mêmes. C'est à ce tableau que fait allusion Renoir quand il dit, à propos du ruban rose que l'on y voit : « Toute la peinture est là dedans[5]. » De même, il lui rend hommage avec sa célèbre *Loge d'opéra* (Londres, Courtauld Institute)[6]. Beaucoup d'autres se laissèrent séduire par ses attraits. En 1831, Mérimée essaya de le copier mais se déclara incapable de mener à terme sa tâche tant la complexité chromatique de l'œuvre était grande[7]. Comme lui, de nombreux professionnels et amateurs plantèrent leur chevalet devant ce tableau, qui, selon Stirling-Maxwell, est « une des peintures les plus populaires de la galerie et une pomme de discorde pour le copiste ». Parmi les artistes qui ont copié l'œuvre, on compte Manet et Degas, et parmi ceux qui s'en inspirèrent Millet, Sargent et Jean-Jacques Henner. Les valeurs chromatiques qui séduisaient tant le public du XIXe siècle furent soulignées par Lucien Solvay, qui évoque « son adorable symphonie de noirs, de blonds et de roses[8] » et son raffinement, que moult artistes contemporains essayaient d'obtenir et que personne n'arrivait à surpasser.

La fortune critique de *l'Infante Marguerite* ne fut pas circonscrite au champ des historiens et des artistes, elle se manifesta aussi dans la création littéraire. C'est le cas de *la Rose de l'infante,* un récit de Victor Hugo qui se réfère au tableau espagnol, le recréant dans chacun de ses détails[9].

Ces qualités conduisirent l'œuvre au salon Carré du musée du Louvre, lieu où étaient exposés les chefs-d'œuvre, et, selon le témoignage exagérément enthousiaste de Wyzewa, les autres peintures pâlissaient en comparaison[10].

En un certain sens, la fortune critique de *l'Infante Marguerite* est comparable à celle du *Bouffon au chien* du musée du Prado. Ce sont des tableaux qui jouirent d'une grande popularité au XIXe siècle (le premier plus que le second), furent souvent reproduits dans des monographies sur Velázquez et dans des études générales sur la peinture espagnole, et sont restés attribués à ce peintre jusqu'au milieu du XXe siècle. Depuis les dernières décennies, ces deux œuvres ne font plus partie cependant du catalogue des œuvres autographes de Velázquez. Elles ont en commun cette histoire d'estime mais aussi quelques caractéristiques formelles et stylistiques et elles servent à identifier certaines qualités qui firent de Velázquez l'un des artistes les plus appréciés des peintres et du public au cours de la seconde moitié du XIXe siècle.

J. P.

1. Justi, 1999, p. 611-612.
2. Manrique de Lara, 1921, p. 195 et *sqq.*
3. López-Rey, 1963, n° 398.
4. Baticle, 1960, p. 534 et *sqq.*
5. Cité par García Felguera, 1991, p. 143.
6. Idem, *op. cit.*
7. Lipschutz, 1988, p. 138-139.
8. Solvay, 1886, p. 186.
9. Lipschutz, *op. cit.*, p. 104.
10. Wyzewa, 1891, p. 64.

36.
ANONYME ESPAGNOL, attribué à Velázquez au XIXe siècle
Portrait d'un religieux
1633

Huile sur toile
H. 92 ; L. 73
Inscriptions : en haut, à gauche, *AE* [partie d'un T peu lisible] *54 DN* (lettres entrelacées) ; en haut, à droite, *1633*
Paris, musée du Louvre
Inventaire Inv. 942

HISTORIQUE
Donné par l'archevêque de Tolède au marquis de Guardia Real, Grenade, vers 1690 ; acquis à Grenade d'une descendante, la marquise de Guardia Real, par Couturier, en 1846 ; collection Couturier, Paris, puis collection J. M. Callery, Paris, 1849 ; acquis de la collection Callery par le musée du Louvre pour 4 500 francs, en 1849 (Couturier fournit, le 24 janvier 1850, à Callery une attestation sur l'origine du tableau qui est transmise au musée).
BIBLIOGRAPHIE
Villot, 1873, p. 341 ; Curtis, 1883, n° 65 ; Mesonero Romanos, 1899, p. 159 ; Manrique de Lara, 1921, p. 190 ; Hautecœur, 1926 ; Brejon de Lavergnée, 1981, p. 127 ; Justi, 1999, p. 471.
EXPOSITION
Paris, 1963, n° 111, repr.

Reproduit fig. 134

L'étude des œuvres qui furent parfois attribuées à Velázquez au XIXe siècle est à la fois intéressante et surprenante. Intéressante car elle permet de

s'imposer, coexistaient dans les mêmes années avec celles d'autres critiques et historiens qui maintenaient l'ancienne attribution, comme Gustave Geffroy, qui, au début du XXe siècle, évoque « cette qualité de chair blanche et froide dans l'air sombre du sépulcre, voilà le secret du génie du peintre[8] ».

À partir de ce moment, certains chercheurs essayèrent de trouver une paternité au tableau en marge de Velázquez. En 1949, Emilio Orozco, dans un article qui inscrit le thème du tableau dans le contexte du goût baroque pour la *« vanitas »*, l'attribue au peintre espagnol José Antolínez (1635-1675). Quelques années plus tard, Eric Young voit des relations stylistiques entre cette œuvre et une série de peintures qu'il regroupe autour de l'auteur anonyme du *Rémouleur* de l'Ermitage, à Saint-Pétersbourg[9]. María Luisa Caturla, qui pense que la peinture du *Rémouleur* a été réalisée par l'artiste galicien Antonio de Puga (dont il reste à peine quelques tableaux authentiques) attribue aussi à ce dernier le *Soldat mort*[10].

D'autres spécialistes toutefois ont préféré rechercher l'auteur parmi les artistes italiens du XVIIe siècle. Zampetti pensa à Cavallino[11]. Cette attribution ne convainquit pas Levey, qui ne trouva aucune relation stylistique évidente avec un peintre connu et l'attribua, avec réserves, à l'école italienne du XVIIe siècle[12]. Il s'agit en tout cas d'un tableau d'une qualité remarquable, qui n'a cessé de surprendre tous ceux qui l'ont vu et dont le style est en relation avec les écoles méridionales du XVIIe siècle.

Parmi les artistes impressionnés par cette œuvre figurent Gérôme et, surtout, Édouard Manet, qui en fera une gravure et s'en inspira pour son fameux *Torero mort* (cat. 84).

Comme d'autres œuvres qui aujourd'hui ne sont plus attribuées à Velázquez, le *Soldat mort* intéresse parce qu'il permet de cerner l'image que l'on se faisait au XIXe siècle du peintre et de l'école espagnole et de la comparer avec celle que nous en avons actuellement. La qualité générale et la maîtrise à tirer parti d'une gamme réduite de couleurs contribuèrent, sans doute, à le cataloguer parmi les œuvres de l'artiste. Le thème dut aussi être décisif, car il cadrait parfaitement avec le répertoire des lieux communs qui se mettait en place au sujet de la peinture espagnole du Siècle d'or. De fait, ce tableau, en ce qu'il montre l'irruption puissante d'un cadavre dans l'espace pictural, peut être mis en parallèle avec le *Finis Gloriae Mundi* de Valdés Leal (Séville, hôpital de la Charité).

J. P.

1. Baticle, 1960, p. 550.
2. Orozco, 1949.
3. Mantz, 1865, p. 99.
4. Sanjuanena, 1866, p. 49-53.
5. Curtis, 1883, n° 26.
6. Justi, 1999, p. 475-476.
7. Beruete, 1906, p. 11-12.
8. Geffroy, s. d., p. 143-144.
9. Young, 1976.
10. Cartula, 1982, p. 29.
11. Zampetti, 1966, p. 13-14.
12. Levey, 1971, p. 148-149.

Francisco DE ZURBARÁN
(Fuente de Cantos, 1598
Madrid, 1664)

Zurbarán fut, de tous les artistes espagnols, celui qui réussit le mieux à donner du naturalisme une interprétation à la fois personnelle et pleine d'intérêt. C'est à Séville que se déroula la plus grande partie de sa carrière, ce qui ne l'empêcha pas de travailler également dans d'autres régions, comme l'Estrémadure, et à Madrid. Pour cette raison, et grâce à l'abondante production de son atelier, ses œuvres connurent une diffusion très large à travers l'Espagne. Si les thèmes religieux dominent chez lui, il a peint également de nombreux portraits, quelques magnifiques natures mortes, une série de sujets mythologiques, et plusieurs tableaux d'histoire.

D. R.

39.
Sainte Lucie
Vers 1636

Huile sur toile
H. 115 ; L. 68
Chartres, musée des Beaux-Arts
Inventaire 3807

HISTORIQUE
Séville, maître-autel de l'église du monastère de la Merced Calzada ; Alcázar de Séville, 1810 ; Paris, collection Soult, 1852 ; cédé par Soult à Marcille, en 1876 ; acquis par le musée de Chartres à la mort de Marcille.

BIBLIOGRAPHIE
Guinard, 1947, p. 178-179 ; Ponz, 1947, p. 790 ; Cartula et Delenda, 1994.
EXPOSITIONS
Paris, 1925, n° 120 ; Grenade, 1953, n° 53 ; Bordeaux, 1955, n° 76 ; Paris, 1963, n° 96, Madrid, 1981, n° 9 ; New York et Paris, 1987-1988, n° 22 ; Madrid, 1988, n° 31.

Reproduit fig. 139

Parmi les nombreuses qualités qui expliquent l'attrait qu'exerça Zurbarán sur les Français du XIXe siècle, on note le traitement, si singulier à leurs yeux, de l'iconographie sacrée. Cette exposition nous montre, par exemple, la personnalité de l'artiste quand il affronte la figure de saint François ou sa manière d'aborder la représentation de l'Immaculée Conception. Un autre thème qu'il traite de façon extraordinairement séduisante est celui des saintes isolées sur un fond uniforme, portant les attributs qui les identifient traditionnellement et vêtues de superbes atours déjà quelque peu archaïques lorsqu'ils furent peints. L'artiste réalisa de nombreuses œuvres de ce genre tout au long de sa carrière, car elles répondaient aux attentes d'une large part du public de l'époque.

La fonction et le public de ces peintures ont beaucoup changé. Dans quelques cas, des documents indiquent leur localisation d'origine, dans des églises ou dans des couvents, et on peut même en voir, liées directement ou indirectement à Zurbarán, dans la cathédrale de Séville ou le couvent de Santa Clara de Carmona. Mais il est possible aussi que d'autres toiles répondent à des exigences de dévotion privée. Leur origine et leur destination ont souvent été associées aux processions, comme celle du Corpus Christi[1], où certains figurants représentaient des saints. Cependant, bien que la disposition de profil de beaucoup de ces figures rappelle l'image que présenterait le participant d'une procession à un spectateur de la rue, il est vrai aussi que ce choix du profil peut se comprendre exclusivement en termes de stratégie picturale. En tout cas, s'il existe au moins une relation diffuse entre ces saintes et la procession du Corpus Christi, c'est dans la mesure où toutes deux sont des manifestations d'une Église soucieuse d'exploiter les moyens de se rapprocher du peuple.

Cette *Sainte Lucie* est le pendant de la *Sainte Apolline* conservée au musée du Louvre[2]. Elles sont identifiées aux « deux saintes » que mentionne Antonio Ponz au XVIIIe siècle comme faisant partie du retable de l'église du couvent de la Merced Descalza à Séville[3], où travailla Zurbarán, principalement aux alentours de 1636. Il réalisa pour le même couvent d'autres tableaux remarquables, comme *Saint Antoine abbé* (Barcelone, collection particulière), *Saint Joseph et l'Enfant Jésus* (Paris, église Saint-Médard) ou *Saint Laurent* (Saint-Pétersbourg, musée de l'Ermitage). On a parfois fait remarquer que la qualité de *Sainte Apolline* est légèrement supérieure à celle de *Sainte Lucie*[4].

Lucie fut l'une des saintes les plus populaires en Espagne à la fin du Moyen Âge et dans les premiers siècles de l'époque moderne, car son histoire était teintée d'éléments romanesques et sa dévotion présentait une dimension utilitaire très appréciée. Elle est l'une de ces saintes des premiers siècles du christianisme qui ont souffert le martyre pour avoir défendu leur religion et protégé leur virginité. Afin que personne ne portât atteinte à son honneur elle avait décidé de s'arracher les yeux. Bien que ce récit soit relégué au rang de légende par les puristes, il est certain que, conséquence de l'histoire ou des associations entre son nom et la lumière, elle devint la sainte qu'invoquaient ceux qui avaient des problèmes de vue. Cela explique qu'elle fut l'objet d'une grande dévotion et que se multiplièrent les images la représentant invariablement avec un plat contenant deux yeux. Moins populaire en 1636 qu'auparavant, elle restait néanmoins une sainte aimée et appréciée, et nul, en contemplant cette œuvre, n'avait le moindre doute sur l'identité du personnage. C'est pourquoi la présence de l'inscription au bas du tableau étonne, qui apparaît aussi sur *Sainte Apolline,* sainte très populaire également, invoquée pour les maladies buccales.

Ce genre d'œuvre séduisait beaucoup le public européen du XIXe siècle, qui y voyait une conjonction harmonieuse entre la délicatesse des modèles, la gravité avec laquelle l'artiste a composé les tableaux et le raffinement de sa technique picturale. Le procédé de dresser la silhouette sur un fond neutre, sans que rien ne vienne distraire la vue, contribuait à ces effets, ainsi que l'utilisation de la lumière pour modeler puissamment les volumes. Les valeurs associées à ce tableau sont très bien exprimées dans le commentaire qu'en fit Charles Blanc en 1854 : « Celle-là, jeune et belle, se nomme Sainte Lucie ; elle est habillée d'une magnifique robe rouge à brocarts d'or et à grands plis très accusés : elle tient un plat d'argent contenant deux yeux, symbole de son martyre[5]. »

J. P.

1. Caturla et Delenda, 1994.
2. Guinard, 1947, p. 178-179.
3. Ponz, 1947, p. 790.
4. Caturla et Delenda, *op. cit.*, p. 92.
5. Blanc, 1854.

40.
Saint François en méditation, dit aussi *Saint François à genoux*
Vers 1635-1640

Huile sur toile
H. 152 ; L. 99
Londres, National Gallery
Inventaire NG 230

HISTORIQUE
Paris, Galerie espagnole, 1838 ; Londres, vente Louis-Philippe, 6 mai 1853, n° 50 (265 livres), acquis par la National Gallery.
BIBLIOGRAPHIE
Blanc, 1869, n. p. ; Stirling-Maxwell, 1948, II, p. 775 ; Soria, 1953, n° 166 ; Guinard, 1960, n° 354 ; Mac-Laren et Braham, 1970, p. 137-138 ; Gállego et Gudiol, 1977, p. 258 ; Baticle et Marinas, 1981, n° 356 ; Caturla et Delenda, 1994, p. 225.
EXPOSITIONS
Londres, 1981, n° 33 ; New York et Paris, 1987-1988, n° 53 ; Madrid, 1988, n° 103.

Reproduit fig. 77

Ce tableau de la National Gallery de Londres est l'un des chefs-d'œuvre réalisés par Zurbarán sur des thèmes franciscains. François est agenouillé dans un angle droit parfait, les mains croisées soutenant une tête de mort, le regard dirigé vers le ciel, la bouche entrouverte et le visage protégé par le capuce de l'habit. Il s'agit d'une œuvre dans laquelle Zurbarán a offert le meilleur de lui-même, évitant les éléments accessoires qui auraient pu souligner ses limites. Il situe le saint dans le coin d'une cellule nue, ce qui lui permet de s'abstraire du cadre ambiant pour se concentrer uniquement et exclusivement sur le corps et l'expression du personnage, traité avec la même gravité descriptive et la même rigueur de composition que n'importe laquelle de ses natures mortes. Pour définir les volumes et les espaces, Zurbarán choisit principalement une lumière orientée qui, en dernière analyse, relève du ténébrisme.

Comme dans nombre de ses œuvres, il montre ses capacités à jouer avec une gamme très limitée de couleurs et à en tirer toutes les possibilités. Il s'agit d'une véritable symphonie de gris et de bruns, maniés avec la maîtrise et la subtilité nécessaires afin de transmettre une sensation très véridique du volume et du réel. Comme dans les natures mortes, on sent dans ce type de tableau une volonté illusionniste qui tend à provoquer chez le spectateur non prévenu une confusion entre l'image et la réalité.

Il s'agit d'une œuvre typiquement « religieuse » qui peut être introduite dans un cadre intime et dans laquelle les valeurs de « l'histoire » ont été remplacées par les valeurs expressives. La lumière et la composition ne dévoilent pas des éléments narratifs mais décrivent des éléments d'une très forte valeur émotionnelle : les doigts entrecroisés, la bouche inquiète ou la texture rêche de l'habit. La peinture ne raconte rien, pas même un épisode de la biographie du saint. Elle nous transmet simplement d'une manière vraie et sincère une attitude profonde de piété. En ce sens, ce tableau est directement lié au catholicisme postridentin et son intérêt à la multiplication des images à haute valeur émotionnelle.

L'origine de ce tableau nous est inconnue. Par ses caractéristiques formelles il peut convenir à un contexte aussi bien public que privé, et nous n'avons à ce jour aucun document sur son commanditaire ou sur ses premiers destinataires. Considérant ses traits stylistiques et ses affinités avec les œuvres de cette époque, on le date habituellement autour de 1635-1640, la période de pleine maturité de Zurbarán.

En 1837, il se trouvait en possession de Louis-Philippe et il fit partie entre 1838 et 1848 de sa Galerie espagnole au musée du Louvre. Quatre-vingts peintures environ de Zurbarán y étaient exposées mais aucune n'atteignit la notoriété de ce *Saint François en méditation,* qui conféra au peintre, jusqu'alors inconnu, une place de choix parmi les maîtres de l'école espagnole. Durant des décennies, il fut le tableau le plus intimement associé à la mémoire de son auteur et il contribua, comme l'a signalé Haskell, à en altérer légèrement l'image[1].

Cette notoriété s'explique évidemment par sa magnifique qualité et par sa diffusion grâce à la gravure, ainsi que l'atteste une splendide eau-forte d'Alphonse Masson qui servit à illustrer quelques importantes publications sur la peinture espagnole, telle la monographie de Solvay.

Rare fut l'écrivain européen traitant de la Galerie espagnole, de Zurbarán ou même de la peinture espagnole, à n'avoir pas fait allusion à ce tableau, presque toujours évoqué en des termes extrêmement élogieux. En 1853, à l'occasion de son acquisition par la National Gallery de Londres, se fit jour dans le *Times* une légère polémique sur l'opportunité de cet achat. Quelques voix parmi les plus autorisées en Grande-Bretagne sur l'art espagnol se prononcèrent en faveur de l'achat, comme celle de Richard Ford[2]. Le ton général au XIXe siècle était une admiration inconditionnelle pour cette peinture, sur laquelle se projetaient des jugements qui dépassaient le milieu purement historico-artistique. Deux exemples, l'un anglo-saxon, l'autre français, montrent l'estime et le type d'opinion qu'elle suscitait. En 1848, William Stirling-Maxwell écrivit : « De ces lugubres tableaux monastiques, celui du Louvre, un franciscain agenouillé tenant un crâne est un des meilleurs. Le visage à peine visible sous la capuche brune est tourné vers le ciel ; pas la moindre trace d'expression sur ses traits pâles mais les yeux fous semblent fixer une sombre vision. Un simple coup d'œil à la toile imprime le personnage dans la mémoire pour toujours[3]. » Quelques années plus tard, le Français Charles Blanc émit un avis très semblable, en des termes également très littéraires : « Quand fut inaugurée la galerie espagnole, ce qui retint son attention ne fut pas Murillo ou Velázquez, ce fut un certain *Moine en prière* de Zurbarán, une de ces peintures qu'il n'est pas possible d'oublier, ne les eût-on vues qu'une fois. À genoux, sous sa robe de laine grise déchirée ça et là et rapiécée, le visage perdu dans l'ombre de son capuchon, un moine implore la miséricorde du Dieu des chrétiens, du Dieu doux et terrible. De ses mains pâles et décharnées il tient une tête de mort et les yeux levés au ciel, il semble dire : De profundis clamavi ad te, Domine, Domine [...] L'Espagne tout entière était résumée dans cette peinture passionnée, dévote et sombre, mystique et brutale tout ensemble[4]. »

L'œuvre eut également un impact chez les peintres contemporains, tel Édouard Manet, qui s'en inspira pour son *Moine en prière* (cat. 86).

J. P.

1. Haskell, 1980, p. 163.
2. Voir García Felguera, 1991.
3. Stirling-Maxwell, 1848, t. II, p. 775.
4. Blanc, 1854, p. 3, repr. p. 7 (avec le titre *Moine en prière*).

41.
L'Immaculée Conception avec saint Joachim et sainte Anne
Vers 1640

Huile sur toile
H. 255 ; L. 177
Édimbourg, National Gallery of Scotland
Inventaire NG 340

HISTORIQUE
Paris, Galerie espagnole, 1838, n° 332 ; Londres, vente Louis-Philippe, 7 mai 1853, n° 143, acquis par Hickman pour 90 livres ; collection lord Elcho ; acquis par la National Gallery d'Édimbourg, en 1859.

BIBLIOGRAPHIE
Pemán, 1950, n° 218 ; Soria, 1953, n° 143 ; Gaya Nuño, 1958, n° 3050 ; Guinard, 1960, n° 11 ; Frati, 1973, n° 273 ; Gállego et Gudiol, 1976, n° 144 ; Baticle et Marinas, 1981, n° 342 ; Stratton, 1988, p. 76 ; Brigstocke, 1993, p. 207-209 ; Caturla et Delenda, 1994, p. 169.

EXPOSITIONS
Manchester, 1857, n° 793 ; Édimbourg, 1951, n° 41 ; New York et Paris, 1988, n° 33 ; Séville, 1998, n° 48.

Reproduit fig. 76

L'arrivée massive de peintures espagnoles en France au XIXe siècle mit ce pays et le reste de l'Europe occidentale en contact non seulement avec des artistes et des styles pratiquement inconnus jusqu'alors, mais aussi avec un répertoire thématique qui, s'il participait aux caractéristiques générales de l'art de l'Europe catholique, comprenait aussi des scènes peu fréquentes chez les peintres des autres pays. Parmi les plus singulières se trouvent celles qui ont trait à l'Immaculée Conception, qui devinrent rapidement populaires grâce aux œuvres de Murillo.

Avant que le dogme ne fût promulgué, au milieu du XIXe siècle, la dévotion à l'Immaculée Conception avait eu une dimension fondamentalement espagnole. Dans les territoires appartenant à la monarchie hispanique, elle atteignit une diffusion extraordinaire qui s'explique par des raisons purement religieuses mais aussi politiques et sociales. Le thème finit par devenir un signe authentique d'identité collective et de ralliement. Certaines des plus importantes célébrations espagnoles de l'âge moderne eurent pour objet la glorification de ce mystère, et une part considérable de la production littéraire et artistique de ces siècles fut consacrée à exalter la dévotion à l'Immaculée Conception.

Parmi les peintres qui traitèrent fréquemment et avec originalité le sujet se trouve Zurbarán, qui peignit de sa main plus d'une douzaine de versions. Il présente généralement la Vierge comme une fillette, s'élevant dans un ciel d'une lumière dorée, entourée de symboles des litanies qui parfois s'appliquent à une ville aux références sévillanes. Parfois, il introduit d'autres éléments[1]. Ainsi, la version de la National Gallery de Dublin est accompagnée des personnifications de la Foi et de l'Espérance, et dans celle du musée national d'Art de Catalogne apparaissent deux jeunes hommes portant des vêtements de religieux dans la partie inférieure.

Dans le contexte des représentations de l'Immaculée Conception, le tableau d'Édimbourg est assez singulier, et ce, pour plusieurs raisons. En premier lieu par son iconographie, car la présence de saint Joachim et de sainte Anne (les parents de la Vierge) constitue une option assez archaïsante, qui se réfère plus aux modèles du XVIe siècle qu'à ceux du baroque. Il se distingue aussi par ses dimensions. Les autres Immaculées de Zurbarán sont des toiles de taille moyenne qui conviennent à des lieux aussi bien religieux que privés. Mais celle-ci est une œuvre monumentale qui ne pouvait être destinée qu'à une institution religieuse. Même son iconographie, avec sa forte charge historique et dogmatique, est plus proche du milieu de la dévotion publique.

L'origine de cette œuvre fut très discutée. La première information connue date de 1838, lorsqu'elle est citée dans le musée espagnol de Louis-Philippe. Elle se trouvait en compagnie d'autres tableaux de Zurbarán également de taille monumentale, comme les six grandes toiles de la

Chartreuse de Jerez de la Frontera, actuellement réparties entre les musées de New York, Grenoble et Poznan. Cette circonstance et l'analyse stylistique amenèrent César Pemán à émettre l'hypothèse de l'origine cartusienne du tableau, qui fut acceptée par d'autres historiens[2]. Cependant, comme l'a signalé Brigstocke, toutes les preuves sont circonstancielles[3]. La taille du tableau d'Édimbourg est légèrement inférieure à celle de *la Vierge du rosaire avec des moines chartreux* du musée de Poznan, qui, selon Pemán, serait son pendant. De plus, aucune des sources citant les six autres tableaux (Antonio Ponz au XVIIIe siècle ou la documentation sur la vente) ne fait référence à celui-ci. Il n'apparaît pas non plus parmi les dessins que réalisa le peintre français Dauzats à partir des tableaux de la Chartreuse à Cadix[4]. Ses dimensions et son format laissent penser qu'il fit partie d'un vaste retable.

Cette œuvre est un exemple excellent du style de Zurbarán dans les années centrales de sa carrière, autour de 1640. La Vierge suit un canon assez allongé, proche de celui de l'Immaculée Conception du musée Cerralbo de Madrid, mais, à la différence d'autres représentations similaires de Zurbarán, elle est plutôt statique. Elle est entourée d'un ciel de gloire qui démontre une certaine habilité du peintre – acquise au fil des ans – à créer l'espace en jouant des gammes chromatiques. Dans la partie inférieure, les figures de saint Joachim et de sainte Anne se découpent sur le fond d'une manière nette et puissante, les angles du visage masculin étant très marqués comme chez certains personnages du *Martyre de saint Jacques* (Madrid, musée du Prado), daté aussi entre la fin des années 1630 et les débuts de la décennie suivante.

J. P.

1. Stratton, 1988, p. 76.
2. Pemán, 1950, p. 218 et *sqq*.
3. Brigstocke, 1993, p. 207-209.
4. Baticle, 1987, p. 101-110.

42.
Saint François mort

Huile sur toile
H. 197 ; L. 106
Lyon, musée des Beaux Arts
Inventaire A 115

HISTORIQUE
Lyon, couvent des Colinettes ; Lyon, acquis par J. A. Morand, vers 1791 ; Lyon, acquis par Jean-Jacques de Boissieu, vers 1794 ; vendu au musée de Lyon, en 1806.

BIBLIOGRAPHIE
Kehrer, 1918, p. 121-123 ; Demerson, 1953, p. 69-80 ; Soria, 1955, nº 83 ; Guinard, 1960, nº 373 ; Frati, 1973, nº 369 ; Ternois, 1975, p. 228 ; Gállego y Gudiol, 1977, nº 234 ; Baticle, 1997, p. 177.

EXPOSITIONS
Bordeaux, 1955, nº 82 ; Paris, 1963, nº 103 ; New York et Paris, 1987-1988, nº 69.

Reproduit fig. 126

Bien qu'en règle générale la peinture du Siècle d'or ait été méconnue en France jusqu'aux premières décennies du XIXe siècle, il y eut des exceptions. Plusieurs tableaux de Murillo se trouvaient dans des collections françaises, de même qu'un portrait attribué à Velázquez. Autre cas exceptionnel, celui de ce *Saint François mort,* qui était déjà probablement en France à la fin du XVIIe siècle, appartenant, semble-t-il, au couvent franciscain des Colinettes de Lyon[1]. Vers 1791, il fut acheté par J. A. Morand et à la mort de celui-ci, en 1794, il passa entre les mains du peintre local Jean-Jacques de Boissieu. Celui-ci utilisa l'image pour composer une eau-forte intitulée *les Pères du désert.* Dans un paysage très boisé il nous montre au premier plan le saint d'Assise, copié presque littéralement sur le tableau qu'il possédait (bien que, en transposant l'image de la planche sur le papier, le cordon soit situé à droite). Derrière lui, un ermite médite devant un livre. La peinture n'est pas restée très longtemps entre les mains de Boissieu, qui la vendit, en 1806, au musée de Lyon.

Longtemps cette œuvre fut attribuée à José de Ribera, ce qui ne doit pas nous étonner si nous savons que Zurbarán resta un parfait inconnu en dehors des frontières espagnoles cent cinquante ans après à sa mort. En revanche, l'Espagnolet, considéré comme faisant partie de l'école napolitaine, était un maître reconnu et estimé grâce à la diffusion de ses œuvres et de celles de ses disciples dans toute l'Europe et à l'intérêt suscité par ses estampes. L'ouverture de la Galerie espagnole de Louis-Philippe eut pour conséquence une meilleure connaissance de l'œuvre de Zurbarán, ce que reflète bien la fortune critique de ce tableau qui fut catalogué à partir de 1847 sous le nom du peintre d'Estrémadure.

Quand Boissieu réalisa son estampe, il pensait sans doute que le tableau représentait une vision en extase de saint François. C'est pourquoi il n'eut aucun scrupule à transposer l'image à l'extérieur. Cependant, Zurbarán décrivait la vision qu'eut le pape Nicolas V lorsqu'il visita la tombe du saint à Assise. Comme le montre Odile Delenda, le peintre s'est directement inspiré du récit que le jésuite espagnol Pedro de Ribadeneyra avait donné dans son célèbre livre *Flos Sanctorum* : « Il était debout, droit, il avait les yeux ouverts comme une personne vivante et tournés modérément vers le ciel. Son corps était intact [...] il avait les mains recouvertes des manches de son habit sur la poitrine[2]. »

Le thème possédait tous les ingrédients nécessaires pour le rendre très populaire en Espagne : il mettait en scène l'un des saints les plus aimés, il favorisait la réflexion sur le pouvoir d'illusion de la peinture et jouait de manière efficace avec l'ambiguïté des frontières entre la prière, l'extase mystique et la mort. L'une des œuvres les plus importantes de la sculpture espagnole du XVIIe siècle (le *Saint François* de Pedro de Mena dans la cathédrale de Tolède) s'en inspira et Zurbarán le peignit au moins en deux autres occasions.

Les valeurs qui faisaient la popularité d'images de ce genre à l'époque et dans le pays où elles furent créées séduisirent également le public français du XIXe siècle. Le saint solidement planté au sol et isolé sur un fond sombre où se projette une ombre mettant en relief le volume, son expression à la fois mystique, anxieuse et désirante, la maîtrise consommée du peintre qui recourt exclusivement à une gamme de couleurs sombres et obtient en même temps une étonnante variété de tons, la recherche de l'essentiel sans éléments susceptibles de distraire l'œil, l'intense climat émotionnel, etc., toutes ces caractéristiques étaient alors fréquemment attribuées aux meilleurs représentants de l'école espagnole. La facture de cette œuvre concorde avec celle que l'on retrouve dans les tableaux du Zurbarán des années 1650, période où il adoucit peu à peu le modelé des figures.

J. P.

1. On a suggéré qu'il avait été donné par Marianne d'Autriche, femme de Philippe IV. Voir le cat. exp. Paris et New York, 1988, nº 69.
2. Cat. exp. Paris, 1988, p. 136.

La manière espagnole

| Léon BONNAT
(Bayonne, 1833
Monchy-Saint-Éloi, 1922)

Résidant à Madrid avec sa famille à partir de décembre 1846, il est élève, à l'Académie de San Fernando, de José et de Federico de Madrazo. Velázquez et Ribera, étudiés au Prado, ont la plus grande influence sur sa vocation de peintre et sur son goût pour le naturalisme et la recherche du clair-obscur. De retour en France, il obtient une bourse de sa ville natale et entre dans l'atelier de Léon Cogniet à l'École des beaux-arts, à Paris, où il n'obtient, en 1857, qu'un second grand prix de Rome. Grâce à sa bourse, il se rend néanmoins en Italie, où il se lie avec Henner, Delaunay et Gustave Moreau. Dans une lettre à Moreau du 16 mars 1860, Delaunay parle de lui comme du « jeune Espagnol[1] ».

Il rentre à Paris en 1860 et débute une brillante carrière officielle de portraitiste et de professeur.

Il lègue à sa ville natale, avec une clause qui en interdit le prêt, une collection riche en dessins de maîtres, mais aussi en peintures espagnoles, notamment de Goya, du Greco et de Ribera. Le musée Bonnat, à Bayonne, conserve diverses copies de Bonnat, dont cinq d'après des peintures espagnoles, le *Portrait d'Innocent X* par Velázquez (Rome, galerie Doria-Pamphili) ou le *Saint Barthélemy* de Ribera (Madrid, musée du Prado), en évident rapport avec le *Martyre de saint André* qu'il expose au Salon de 1863.

G. L.

1. Arch. musée Gustave-Moreau, Paris, *Correspondance Delaunay.*

43.
Job

Huile sur toile
H. 162 ; L. 130
Signé, en bas, à gauche : *Ln Bonnat*
Bayonne, musée Bonnat, collections municipales ; dépôt du musée d'Orsay (RF 487)
Inventaire 2679

HISTORIQUE
Don de l'artiste au musée du Luxembourg, Paris, 1886 ; dépôt au musée Bonnat, Bayonne, 1932.
BIBLIOGRAPHIE
Bénédite, 1912, n° 53, repr., 1924, n° 50, repr. ; Ducoureau, 1988, repr. p. 83 ; Rosenberg, 1992, p. 160, repr. fig. 28 ; Perutz, 1993, repr. fig. 78.
EXPOSITIONS
Paris, Salon de 1880, n° 395 ; Paris, 1883, Exposition nationale, n° 85.

Reproduit fig. 146

Job est mis à l'épreuve par Dieu, et bien qu'il ait tout perdu, au point de vivre sur un tas de fumier, il continue à louer Dieu, qui, satisfait de sa soumission, lui rendra ses biens. Ce sujet biblique est traité avec un réalisme de la misère d'inspiration tout espagnole. Le rapport avec les nus violemment éclairés de Ribera est évident, notamment le *Saint Paul ermite* acquis par le musée du Louvre en 1875, d'après lequel Bonnat fit une étude conservée au musée Bonnat, à Bayonne[1].

G. L.

1. Inv. 1169 ; H. 24 ; L. 19.

| François BONVIN
(Vaugirard, 1817
Saint-Germain-en-Laye, 1887)

Peu fortuné, Bonvin commença par suivre les cours de l'école de dessin installé rue de l'École-de-Médecine à Paris, avant de se former au contact des toiles que lui offrait le Louvre, où il fréquentait tout autant Chardin ou les frères Le Nain, que les Flamands, les Hollandais ou la Galerie espagnole. Il reçut ensuite les cours gratuits que dispensait l'atelier des Gobelins et, devenu fonctionnaire, suivit pendant un temps les cours de l'académie Suisse. Et c'est là, vers 1843, qu'il fera la rencontre décisive du peintre François-Marius Granet, dont il subira longtemps l'ascendant stylistique. Après avoir exposé des aquarelles sous les arcades de l'Institut, il est accepté au Salon, en 1847, avec un portrait, puis, à partir de 1849, avec les scènes de genre au caractère de plus en plus intimiste, où certains journalistes verront l'influence tout à la fois de Murillo dans les thèmes que de Velázquez ou de Ribera dans le parti coloré. Ces peintures lui assureront désormais le succès auprès des critiques et l'estime de nombreux collectionneurs.

D. L.

44.
Le Petit Savoyard
1845

Huile sur toile
H. 21 ; L. 27
Signé et daté, en haut, à gauche : *F Bonvin 1845*
Boulogne-sur-Mer, château-musée
CATALOGUE RAISONNÉ
Weisberg, 1979, p. 28, 163, n° 3, repr.

HISTORIQUE

Paris, galerie Georges Petit, vente M. A. Bellino, 20 mai 1892 ; New York, American Art Galleries, vente Josiah Bradlee, 20-21 février 1924 ; Paris, galerie Brame, 1924 ; Paris, galerie Tempelaere ; Paris, collection Marmottan, 1925 ; don Marmottan à Boulogne-sur-Mer, musée des Beaux-Arts et d'Archéologie, 1935.

BIBLIOGRAPHIE

Moreau-Nélaton, 1927, p. 25 et fig. 6 ; Weisberg, 1978, p. 280-298 ; cat. exp. Cleveland, 1980-1981, n° 1 ; cat. exp. Chartres, 1983-1984, n° 96.

EXPOSITION

Paris, mai 1866, s. n.

Reproduit fig. 147

Dans l'ouvrage qu'Étienne Moreau-Nélaton a consacré à l'artiste, en 1927, apparaît la première description de cette petite toile précoce de Bonvin : « On y voit un petit gamin, qui paraît être un de ces Savoyards, habitués dès le jeune âge à courir les grands chemins, dont les pieds reposent dans des sabots en attendant de rechausser les gros souliers qui les attendent. L'enfant, allongé par terre auprès du sac qu'il porte dans ses voyages, est en train de compter les sous dont se compose sa maigre fortune. »

L'image anecdotique du jeune Savoyard tout comme celle des jeunes *pifferari* italiens, partis vers les villes pour y exercer leur métier de ramoneur ou de musicien, sont un leitmotiv de la peinture du XIXe siècle, dans lequel certains critiques ont vu une dénonciation discrète et ambiguë de l'exode d'une partie de la population, obligée de se couper de ses racines pour pouvoir survivre. Les tableaux illustrant ce sujet, comme celui de Bonvin, ne visent cependant pas à une critique virulente de la société contemporaine, mais évoquent plutôt un moment volontairement attendrissant de cette enfance solitaire et pauvre. Cette toile rappelle nombre de jeunes et modestes modèles, tel le *Jeune Italien assis dans la chambre de Corot à Rome* (vers 1825-1827) du musée des Beaux-Arts de Reims ou encore l'apprenti du *Coin d'atelier* d'Octave Tassaert (1849) conservé au Louvre, mais, par sa palette et par ses ombres profondes, renvoie aussi aux nombreux personnages de Murillo, tel le *Jeune Mendiant* du Louvre. Le jeune garçon y est représenté d'une manière très semblable et avec un effet identique de lumière latérale, adossé à un mur, le visage baissé, concentré dans la contemplation de ses maigres biens avec, à proximité, le sac ou le panier dont s'échappe son pauvre avoir : une pomme.

D. L.

CAROLUS-DURAN (Charles DURAND, dit)

(Lille, 1837 – Paris, 1917)

Né dans une famille modeste qui avait une lointaine ascendance espagnole, Carolus-Duran commence son éducation artistique à l'âge de onze ans dans sa ville natale. Il se rend à Paris en 1853 et rencontre Fantin-Latour vers 1859, année où il est pour la première fois accepté au Salon. Par l'intermédiaire de Fantin-Latour et de Zacharie Astruc, qu'il a connu à Lille, Carolus-Duran fait la connaissance de Manet et d'autres artistes du camp du réalisme naissant. Contrairement à eux, il passe une grande partie des années 1860 à voyager à l'étranger : en Italie, de 1862 à 1866, et, surtout, en Espagne, de 1866 à 1868. Ses succès au Salon dans les années 1860 – *le Baiser,* en 1868 (Lille, palais des Beaux-Arts) et la *Dame au gant,* en 1869 (Paris, musée d'Orsay) – montrent l'assimilation, dans son œuvre, de l'art espagnol en général, de Velázquez en particulier, mais aussi de Goya.

En rentrant de Bruxelles à Paris après la Commune, Carolus-Duran ouvre un atelier, qui fut apprécié, notamment, par les étudiants américains ; et quand John Singer Sargent, son plus brillant élève, arrive en 1874[1], il lui transmet, outre certaines pratiques techniques, son profond respect pour l'art espagnol. Duran obtient un immense succès en développant l'art du portrait, gravissant en même temps l'échelle de la reconnaissance officielle. Il est élu membre de l'Académie des Beaux-Arts, en 1904, et devient directeur de l'Académie de France à Rome, en 1905, poste qu'il occupe jusqu'en 1912.

G. T.

1. Voir, en particulier, Weinberg, dans le cat. exp. New Haven, 1997, p. 5-29.

45.
Portrait du peintre Matías Moreno
1867

Huile sur toile

H. 81 ; L. 61,5

Inscription en bas à droite : *A mi queridisimo amigo / M. Moreno / Carolus Duran / Toledo 67*

Madrid, Museo del Prado

Inv. 5242

HISTORIQUE

Donné par Carolus-Duran à Matías Moreno, en 1867 ; acquis par ordre du roi pour le Museo de Arte Moderno, Madrid, 8 août 1918 ; déposé au Museo Provincial, Lugo, 7 février 1933 ; transféré au musée du Prado, 1988.

Reproduit fig. 50

« Velázquez, Velázquez, étudiez sans cesse Velázquez[1] », rappelait toujours Carolus-Duran à ses élèves, chose qu'il fit lui-même inlassablement pendant son séjour de trois ans en Espagne. Basé à Madrid – mais avec une longue incursion d'environ six mois à Tolède –, Duran passa des heures au Prado. Sa technique la plus achevée, le traitement de ses personnages par une peinture en *demi-teinte,* suivie d'une application judicieuse des lumières, est fondée sur l'observation de Velázquez : « Mon but a été toujours celui-là : exprimer le maximum au moyen du minimum[2]. »

Pendant son séjour à Tolède, Carolus-Duran peignit ce portrait pour son ami Matías Moreno (1840-1906), un peintre de genre qui avait étudié avec Federico de Madrazo. Longtemps considéré comme un portrait de Moreno, le modèle a été identifié en 1997 comme étant un autoportrait de Carolus-Duran[3]. L'une et l'autre de ces identifications sont concevables, les deux artistes se ressemblant dans les années 1860. Un autre portrait de Moreno se trouve au palais des Beaux-Arts de Lille.

G. T.

1. Cité dans Charteris, 1927, p. 2, et dans Weinberg, cat. exp. New Haven, 1997, p. 19.
2. Cité dans Alexandre, 1903, p. 20.
3. Augé, 1997, p. 124-127, n° 29 (comme autoportrait), et dans le cat. exp. Castres, 1999, p. 102, repr. (comme autoportrait).

| Théodore CHASSÉRIAU
(Samana, 1819 – Paris, 1856)

Comme Chassériau le précisait lui-même, il est « né à Samana (Amérique espagnole), de parents français, élève de M. Ingres ».
Son père est un diplomate français, sa mère une Créole, qui lui a transmis un teint foncé. Il évolue avec une grande aisance dans les milieux artistiques et intellectuels les plus distingués de Rome et de Paris. Dessinateur au talent précoce, il devint l'élève d'Ingres à onze ans, et expose sa première peinture au Salon en 1836. Il demeure fidèle à l'idéal ingresque d'élégance dans le style jusqu'au milieu des années 1840, pour développer ensuite sa propre manière, puisant sa source dans le colorisme de Delacroix, dont, en 1846, il suit les traces en Afrique du Nord. L'État lui passe commande d'importants travaux à de nombreuses reprises, et le succès est pour lui au rendez-vous de bien des Salons, jusqu'à sa disparition prématurée, à l'âge de trente-sept ans. Il est l'une des principales figures du romantisme français, jouissant de l'admiration des écrivains et des artistes de l'époque, et en particulier du grand hispanophile Théophile Gautier. Il a également pour amis Prosper Mérimée, Adrien Dauzats et Prosper Marilhat, qui tous vouent un intérêt passionné à l'art espagnol (voir l'essai de Stéphane Guégan).

G. T.

46.
Christ portant sa Croix, d'après Luis de Morales
Vers 1834

Huile sur toile
H. 76,5 ; L. 47,5
La Rochelle, musée des Beaux-Arts ;
dépôt du Louvre, RF 3858
Inventaire 353

CATALOGUE RAISONNÉ
Sandoz, 1974, n° 251, pl. CCXVII [ill. erronée].

HISTORIQUE
Collection baron Arthur Chassériau ; legs du baron Arthur Chassériau au musée du Louvre, Paris, 1934 ; entré en 1936 ; dépôt au musée de La Rochelle, 1937.

BIBLIOGRAPHIE
Sandoz, 1982, p. 31 ; Guégan, « Entre Paris et Alger : un croyant obstiné ? » dans cat. exp. Paris, 2002, p. 33, fig. 2, p. 72.

Reproduit fig. 149

Chassériau, comme Courbet et Ziegler, parvient à l'âge adulte dans les années 1830, à un moment où la peinture espagnole, objet d'un intérêt nouveau, occupe une grande place dans les esprits. Le goût de Chassériau pour les peintres espagnols se manifeste très tôt. Dans un album réuni par Arthur Chassériau, neveu de l'artiste (Paris, musée du Louvre, département des Arts graphiques, RF 26431), on trouve en effet un grand nombre d'esquisses de petites dimensions d'après des tableaux espagnols ; elles semblent dater de 1832, alors que Chassériau n'avait que treize ans et encore peu d'expérience. Si, pour Louis-Antoine Prat, ces dessins ne sont pas de sa main[1], Sandoz[2] et Arthur Chassériau ne mettent pas en doute leur attribution ; à tout le moins témoignent-ils d'un intérêt marqué pour l'art espagnol de la part d'un très jeune artiste. Fait notable, ces esquisses ont été réalisées longtemps avant l'ouverture de la Galerie espagnole, en 1838. Y figure un dessin du portrait de *l'Infante Marie-Thérèse* par Velázquez (Paris, musée du Louvre, MI 898), tableau qui appartenait à la collection de Louis Viardot en 1832, l'un des Cent mille fils de Saint-Louis ayant envahi l'Espagne en 1823 (c'est à Viardot que l'on doit d'avoir eu l'idée en 1834 d'une collection de peinture espagnole réunie à l'initiative du gouvernement français, idée qui trouvera son aboutissement dans la mission du baron Taylor et dans l'ouverture de la Galerie espagnole.) Il faut souligner également que le jeune homme choisit de reproduire des œuvres d'artistes comme Pantoja, qui n'étaient pas encore représentés au Louvre ; il se pourrait que le Pantoja de l'album fût une copie du *Portrait de femme* de la collection Salamanca (n° 193 ; H. 108 ; L. 88). Aux alentours de 1838, Chassériau réalise une belle copie à l'huile d'un portrait de Pantoja ou de son maître, Sanchez-Coello (ce tableau, intitulé *Fille de Greco,* sera présenté à l'étape new-yorkaise de l'exposition, mais ne l'est pas à Paris).

La copie du *Christ* du musée du Louvre[3], catalogué alors sous le nom de Luis de Morales (1509-1586), est une preuve supplémentaire de la préférence de Chassériau pour les peintres de la cour de Philippe II. Son hispanophilie des débuts l'incline vers le maniérisme des peintres de la fin du XVIe siècle, par opposition au naturalisme de Velázquez et de Ribera. Il rejoint par là le style précieux d'Ingres, son maître, dont les œuvres s'apparentent souvent davantage à Bronzino qu'à Raphaël. Il est de même très proche, en termes de sensibilité, d'écrivains comme Gautier, qui souligne la spiritualité fébrile de l'art espagnol, et sa profonde imprégnation de foi catholique. Lorsque l'ouverture de la fameuse Galerie lui permet d'étudier en détail la peinture espagnole, Chassériau est cependant vivement impressionné par les artistes du Siècle d'or, comme Zurbarán[4]. Le premier grand tableau de Chassériau, *Portrait de Lacordaire* (*Le R.P. Dominique Lacordaire ;* Paris, musée du Louvre, RF 1584) est un essai de zurbaranisme.

G. T.

1. Prat, 1988, II, p. 987.
2. Sandoz, 1982, p. 17-32.
3. Inv. 926, acquis en 1824 et maintenant classé « Espagne (?) début du XVIIe siècle ». Un tableau de sujet voisin, *Portement de croix,* par Moralès (H. 60 ; L. 49, actuellement non localisé ; Baticle et Marinas, 1981, n° 143), acheté en Espagne par le baron Taylor au comte de Torrepilares, en 1836, fut exposé dans la Galerie espagnole.
4. Se reporter aux commentaires de Chassériau sur les artistes espagnols consignés dans un carnet de notes, réimprimé par les soins de Sandoz, 1982, *op. cit.,* p. 30-31. Je remercie Bruno Chenique de son aide pour ce qui concerne Chassériau et l'art espagnol.

| Camille COROT
(Paris, 1796 – Paris, 1875)

La mère de Corot est une grande modiste parisienne, son père dirige le magasin. À l'âge de vingt-six ans, ses parents lui permettent de suivre des études de peinture, lui versant une pension épargnée pour une sœur récemment décédée. Cette indépendance financière structure sa carrière. N'étant pas contraint d'entrer à l'École des beaux-arts ni de courir les commandes, il demeure toujours à l'écart de la politique du monde de l'art. Il étudie quelque temps avec les paysagistes Michallon et Bertin avant d'accomplir, en 1825-1828, le premier de ses trois longs séjours en Italie. Grand voyageur, il parcourut la France, l'Italie et la Suisse, et traverse une fois la Manche pour aller visiter Londres. Mais sa connaissance de l'Espagne se limitait à la campagne du pays Basque, qu'il visita en 1872 à partir de Biarritz.

En 1845, Baudelaire place Corot « à la tête de l'école moderne de paysage », une position qu'il occupe avec Théodore Rousseau pendant plus de vingt ans, jusqu'à ce que Courbet le supplante. Naturaliste estimé, célèbre pour ses études « en plein air », il élabore néanmoins toujours ses compositions d'après des principes classiques. À la fin de sa vie, Corot est reconnu comme un grand maître, dont les œuvres sont très demandées des deux côtés de l'Atlantique. Son œuvre demeure déterminante pour la génération des impressionnistes – Monet, Pissarro, Degas et Morisot.

G. T.

47.
Saint François, appelé autrefois *Moine brun en prière à genoux*
Vers 1840-1845 ; retouché vers 1870

Huile sur toile
H. 48 ; L. 34
Signé, en bas, à droite : *Corot*
Paris, musée du Louvre, département des Peintures
Inventaire RF 1980-194
CATALOGUE RAISONNÉ
Robaut, 1905, II, n° 1043.

HISTORIQUE
Collection Robert, jusqu'en 1905 ; don anonyme au musée du Louvre, 1980.
BIBLIOGRAPHIE
Nouvelles Acquisitions…, 1985, p. 57 ; Compin et Roquebert, 1986, p. 160.

Reproduit fig. 78

Les biographes de Corot, Étienne Moreau-Nélaton et Alfred Robaut, pensaient que l'artiste n'avait jamais effectué de copies au Louvre. En effet, s'il fréquentait souvent le musée, il était plutôt connu pour y faire des esquisses des autres visiteurs et des copistes. Pourtant, on a découvert récemment sa carte de copiste datant de sa jeunesse[1], et, en 1996, le catalogue de la rétrospective *Corot* à Paris, Ottawa et New York insistait sur sa connaissance de l'œuvre de ses contemporains et de maîtres plus anciens.

Corot était fasciné par le thème du moine placé dans un paysage. En janvier 1856, il alla jusqu'à demander à un ami romain de lui commander des vêtements de capucin et de franciscain, qu'il fit porter à un modèle dans plusieurs œuvres à la fin des années 1850 et 1860. Mais son *Saint François,* fondateur de l'ordre mendiant, fut manifestement inspiré par une visite à la Galerie espagnole, où l'étonnant *Saint François en méditation* de Zurbarán fut exposé entre 1838 et 1848 (cat. 40). Dans l'œuvre de Corot, le visage du saint est fidèle à la description classique : « Un peu allongé, des yeux marron et simples […] des lèvres minces, une barbe noire, mais peu fournie […] extrêmement maigre, avec un habit grossier[2]. » Les franciscains et leur ordre réformé, les capucins, étaient si importants en Espagne que la Galerie espagnole comptait sept portraits de saint François. Celui de Corot, comme le saint de Zurbarán, aujourd'hui à Londres, porte l'habit rapiécé et le capuchon pointu des frères déchaussés.

Zurbarán a également peint un saint François à genoux dans un paysage (à présent à Madrid, dans la collection de Placido Arango), mais l'examen technique suggère que Corot a d'abord placé son personnage sur un arrière-plan uniforme, sans doute au milieu des années 1840, avant d'ajouter, peut-être, le paysage que l'on voit aujourd'hui.

G. T.

1. Wallens, novembre 2001.
2. Tomamaso da Celano, cité dans cat. exp. New York, 1988, p. 271.

| **Gustave** COURBET
(Ornans, 1819
La Tour-de-Peilz, 1877)

Né en Franche-Comté dans une famille de paysans prospères, il part pour Paris au moment de ses vingt ans, mais reste en dehors du cursus officiel de l'éducation artistique et suit les cours de l'académie Suisse, un établissement libre. Toute sa vie, il cultive une réputation de paysan-peintre, hostile à l'establishment, et de martyre de la liberté artistique. Dans ses premières œuvres, que les Salons de la monarchie de Juillet rejettent sans exception, les sentiments s'expriment à la manière romantique, tandis que les couleurs, vives, confèrent à l'ensemble une valeur décorative. Après un long voyage en Hollande et en Belgique en 1846, il opte pour un autre style, sombre, ténébriste, reprenant en cela les conventions de la peinture baroque. Ses immenses toiles, *Un après-dîner à Ornans* (1849), *Un enterrement à Ornans* (1850), et *l'Atelier du peintre* (1855), prouvent à l'évidence qu'il a assimilé les leçons du Caravage (pour le premier), de Zurbarán (pour le deuxième), de Rembrandt et de Velázquez (pour le dernier). Le Salon de 1848, ouvert à tous, révolutionnaire, lui décerne une médaille, et bientôt Champfleury et Baudelaire le consacrent apôtre du réalisme. Il nargue le gouvernement de Napoléon III en construisant son propre pavillon du Réalisme en face de l'Exposition universelle de 1855 ; l'initiative fut acclamée, y compris par la critique. Mais une entreprise similaire tentée en 1867 marquera les limites de ce type d'attitude, son goût du conflit ayant fini par lasser le public.

Condamné pour sa participation au démantèlement de la colonne Vendôme, en 1871, il connaît alors la ruine, l'emprisonnement et doit s'exiler en Suisse. Sa peinture monumentale, expression du réalisme, n'en fut pas moins dans les années 1860, pour Manet, Monet et Renoir, une source d'inspiration primordiale. Courbet aura par ailleurs fondamentalement contribué à faire apprécier à sa plus juste mesure l'art espagnol et à faire admettre le paradigme d'une peinture résolument non classique. Comme l'écrit Champfleury, en 1861, à propos de l'*Enterrement :* « Sans connaître les admirables toiles de Velasquez, il se trouve d'accord avec l'illustre maître, qui a placé des personnages les uns à côté des autres, et n'est pas inquiété des lois posées par des esprits pédants et médiocres[1]. » Courbet fit un court voyage en Espagne en 1868, dont on connaît peu de chose.

G. T.

1. Champfleury, 1861, rééd. dans Champfleury, 1990, p. 182.

48.
L'Homme à la ceinture de cuir, dit *Portrait de l'artiste*
1845-1846 (?)

Huile sur toile
H. 100 ; L. 82
Signé, en bas, à gauche : *Gustave Courbet*
Paris, musée d'Orsay

Inventaire RF 339
CATALOGUE RAISONNÉ
Fernier, 1977, I, n° 93.

HISTORIQUE
Atelier de l'artiste ; collection Juliette Courbet ; vente de l'atelier Courbet, Paris, hôtel Drouot, 9 décembre 1881, n° 5, acquis par l'État pour 26 100 francs ; Paris, musée du Luxembourg, 1882 ; Paris, musée du Louvre, 1887 ; Paris, musée d'Orsay, depuis 1986.
BIBLIOGRAPHIE
Bruno, 1872, p. 208 ; Eudel, 1882, p. 384-385 ; Le Hir, 1881, p. 181 ; Castagnary, 1882, p. 28-30 ; *Illustrated handbook...*, 1884, pl. 25 (lithographie ridicule de E. Pirodaus) ; Estignard, 1897, p. 20, 70, 150 ; Joubin, 1888, p. 38 ; Riat, 1906, p. 65, repr. ; Geffroy, octobre 1906, repr. p. 262 ; Bénédite, 1911, p. 25, 26, pl. V ; Léger, 1920 ; Clark, 1973, p. 41 ; cat. exp. Paris, 1973, n° 1, repr. sur la couverture ; cat. exp. Paris et Londres, 1977-1978, n° 13.
EXPOSITIONS
Paris, Salon de 1846, n° 429 ; Paris, 1855, n° 25 ; Paris, 1867 (sans certitude) ; Paris, 1882, n° 36.

Reproduit fig. 25

En 1854, Courbet écrit à Bruyas : « J'ai fait dans ma vie bien des portraits de moi [au] fur et [à] mesure que je changeais de situation d'esprit ; j'ai écrit ma vie, en un mot[1]. » En effet, Courbet ne réalise pas moins de dix autoportraits durant les années 1840, empruntant au registre romantique les traits du philosophe timide, de l'amant duelliste ou du désespéré vivant en marge de la société. Celui-ci, l'un des plus réussis, est en même temps le plus mystérieux de tous, au fond. On y voit l'artiste plongé dans ses pensées, sa craie posée près de lui, tenant sa ceinture d'une main, et de l'autre se caressant les cheveux, qui lui tombent dans le cou. La sensibilité romantique est tout entière projetée dans cette figure d'artiste pensif et inquiet. Courbet envoie le tableau au Salon de 1846, où il est accepté et exposé sous le titre de *Portrait de M****.

Courbet expose à nouveau ce tableau, en 1855, sous le titre *Portrait de l'auteur (étude des Vénitiens)*, et avec une fausse date, 1849. À partir des années 1920, plusieurs historiens de l'art établissent un rapprochement entre ce portrait et le titre initial, allant même jusqu'à lui trouver une parenté avec le fameux Titien du Louvre, *l'Homme au gant*. Des radiographies publiées en 1973 donnent raison à leur intuition, révélant que Courbet a peint ce tableau par-dessus une copie de *l'Homme au gant*, exécutée par ses soins. Courbet n'en disait pas moins de cette peinture : « C'est du sur-Vélasquez », souhaitant à n'en pas douter placer son art sous la bannière prestigieuse de la peinture hispanique, que la popularité de la Galerie espagnole était en train de porter aux nues. Quoi qu'il en soit, cette œuvre possède quelque chose de spécifiquement espagnol, dont l'historien moderne T. J. Clark rend bien compte lorsqu'il écrit : « Le portrait est du registre du mélodrame, mais cette fois sans pathos ; le Romantisme s'y anime d'une conviction d'un genre nouveau. Et c'est cela précisément que Courbet a emprunté aux peintures espagnoles du musée espagnol de Louis-Philippe, non pas tant leurs qualités formelles – dont il s'inspirera parfois, cependant –, que leur brutalité sans fard, l'émotion dépourvue de gêne qui traverse les œuvres elles-mêmes, et les vies légendaires de l'artiste. »

G. T.

1. Ornans, 3 mai 1854. Chu, 1996, p. 114.
2. Clark, 1973, p. 41.

49.
Le Violoncelliste. Portrait de l'artiste
1847

Huile sur toile
H. 117 ; L. 90
Signé, en bas, à gauche : *GC*
Stockholm, Nationalmuseum
Inventaire NM 3105
CATALOGUE RAISONNÉ
Fernier, 1977, I, n° 74.

HISTORIQUE
Collection Gustave Arosa, vendu à Paris, hôtel Drouot, n° 8, 25 février 1878, n° 20, repr. ; collection M. Mathey, 1912 ; collection Colon et C. E. S. Wood, États-Unis ; collection Ivar Krenger, Stockholm, vendu les 14-16 septembre 1932, n° 41, repr. ; offert au Nationalmuseum, Stockholm, par National Musei Vänners, 1936.
BIBLIOGRAPHIE
Haussard, 15 juin 1848 ; Champfleury, 28-30 septembre 1848 ; Quillenbois, 21 juillet 1855 ; Champfleury, 2 septembre 1855, dans Champfleury..., 1990, p. 172-173 ; Champfleury, 1861, cité dans Champfleury..., 1990, p. 182-183 ; Lemonnier, 1868, p. 70-71 ; Ideville, 1878, p. 46 ; Lemonnier, 1888, p. 48-49 ; Estignard, 1897, p. 153 ; Riat, 1906, p. 45, 49, 133, 254 ; Duret, 1918, p. 11-13, 49, repr. pl. IV ; cat. exp. New York, 1919, n° 1, repr. ; Léger, 1920 ; cat. exp. Stockholm, 1923 ; Mack, 1951, p. 45, 82 ; cat. exp. Philadelphie et Boston, 1959-1960, n° 11, repr. ; Fermigier, 1971, p. 21 ; cat. exp. Paris, 1973, p. 32-33 ; Clark, 1973, p. 42-43, 50 ; Faunce, 1993, p. 15 ; cat. exp. Paris et Londres, 1977-1978, n° 16 ; Guégan et Haddad, 1996, p. 13.
EXPOSITIONS
Paris, Salon de 1848, n° 1015 ; Bruxelles, 1851 (« Le Bassiste ») ; Bordeaux, 1855, n° 146 ; Paris, 1855, n° 10 (date de réalisation indiquée : 1845) ; Paris, 1867, n° 82 ; Bruxelles, 1877.

Reproduit fig. 24

Dans ce tableau fameux, Courbet se met en scène sous les traits de l'artiste sensible et expressif par excellence, le musicien. Lorsqu'il l'expose une nouvelle fois en 1867, il indique dans le catalogue que l'œuvre a été refusée au Salon de 1847, mais acceptée l'année suivante, et remarquée à cette occasion par de nombreux critiques, dont Champfleury. Pourtant, les listes du Salon de 1847 ne font état d'aucun autoportrait ou portrait de musicien de la main de Courbet. En 1977, Marie-Thérèse de Forges et Hélène Toussaint ont eu l'idée d'associer cette peinture à une œuvre de même format intitulée *Souvenir de Consuelo*, allusion au roman de George Sand (1804-1876), écrivain proche de l'apôtre de Courbet, Champfleury. Dans *Consuelo* (1842-1844), George Sand raconte l'histoire d'une jeune musicienne dévouée à son art.

Champfleury évoque souvent la peinture espagnole lorsqu'il parle du travail de l'artiste durant cette période : « Courbet [...] à la faveur de la révolution, car le jury académique aurait tout refusé, envoyait des peintures très remarquables et diverses, dont je parle le premier. Nourri de Rembrandt et de Ribeira, ce garçon avait pris de telles qualités solides, qu'il exagérait un peu ces ancêtres, On mettrait dans le musée

espagnol son portrait d'*Homme à la basse* qu'il resterait fier et tranquille, sans craindre les Velasquez et les Murillo[1]. » Un autre critique, Prosper Haussard, note par ailleurs : « Son violoncelliste a une étoffe de style et de manière, une manœuvre de toucher de clair-obscur qui se recommandent avec éclat ; c'est comme un ressouvenir de Caravage et de Rembrandt[2]. » L'impression dominante était donc celle du ténébrisme baroque mais la source d'inspiration précise faisait l'objet d'un débat. Quoi qu'il en fût, la peinture espagnole étant bien partie pour exercer sa prééminence durant les vingt années à venir, Courbet lui-même proclamait souvent que son art était analogue à celui des grands maîtres espagnols.
Courbet réalisa une autre version de cette composition – avec, à droite, une partition –, conservée au Portland Art Museum.

G. T.

1. Champfleury, 28-30 septembre 1848, dans Champfleury, 1973, p. 154. G. et J. Lacambre font remarquer que lorsque Champfleury reprit son compte rendu dans ses *Souvenirs et portraits de jeunesse* de 1872, il supprima les comparaisons louangeuses à Rubens et aux peintres espagnols qu'il avait faites dans la version initiale (n. 1, p. 153).
2. *Le National*, 15 juin 1848.

50.
La Signora Adela Guerrero, danseuse espagnole
1851

Huile sur toile
H. 158 ; L. 158
Signé et daté, en bas, à gauche : en rouge, G. *Courbet* ; en noir, *Bruxelles, 1851*
Inscription, en bas, à droite : *La Signora Adela Guerrero*
Belgique, musées royaux des Beaux-Arts
Inventaire 6416
CATALOGUE RAISONNÉ
Fernier, 1977, I, n° 125.

HISTORIQUE
Peint par Courbet en Belgique en l'honneur de Léopold Ier de Belgique, 1851 ; présenté par l'artiste le 24 septembre 1851.
BIBLIOGRAPHIE
Silvestre, 1856, p. 278 ; Estignard, 1897, p. 182 ; Léger, 1920 ; cat. exp. Paris, 1955, n° 16, pl. 19 ; cat. exp. Berlin, 1965, n° 35, repr. pl. 83 ; cat. exp. Paris, 1968-1969, n° 225 ; cat. exp. Rome, 1969-1970, n° 9, repr. ; Faunce et Nochlin, dans cat. exp. New York, 1988, n° 15.
EXPOSITION
Bruxelles, 1851.

Reproduit fig. 88

Invité à Bruxelles en 1851 par le Cercle littéraire et artistique, Courbet eut en retour un geste grandiose et maladroit comme il savait si bien le faire : il offrit ce tableau au roi Léopold. Le choix du sujet n'était pas moins curieux que l'objet du cadeau, Courbet étant un opposant à la monarchie (c'est pour cette raison qu'il refusera la Légion d'honneur en 1870).

Adela Guerrero appartenait à cette catégorie nombreuse de danseurs espagnols qui deviendront célèbres en se produisant dans les capitales européennes. Elle dansait à Bruxelles au moment de la visite de Courbet. Pour ce portrait, il a recours à l'imagerie des prospectus, des illustrations populaires et des partitions. La posture est inspirée du tableau de Goya, *la Duchesse d'Albe* (New York, Hispanic Society of America), qui se trouvait dans la Galerie espagnole de 1838 à 1848, mais la ressemblance est malgré tout limitée. En 1862, Manet représentera *Lola de Valence* dans une posture similaire, sans avoir jamais vu le tableau de Courbet, ce qui prouve que les deux artistes s'inspiraient de stéréotypes. Ces deux œuvres n'en sont pas moins empreintes d'une véritable sensibilité espagnole.

G. T.

Edgar DEGAS
(Paris, 1834 – Paris, 1917)

Edgar Degas est le fils aîné d'un couple parisien aisé. Sa mère, née à la Nouvelle-Orléans, meurt quand il a treize ans. Son père, un banquier allié à de grandes familles de Naples, encourage son fils dans ses études d'art. Degas entre, en 1854, dans l'atelier de Louis Lamothe, un ancien élève d'Ingres ; et, en 1856, il fait le premier des nombreux voyages en Italie qui l'amèneront, durant toute sa vie, à intégrer son observation des œuvres anciennes dans sa pratique contemporaine. Il rencontre Manet et découvre son œuvre au début des années 1860, et, dès la fin de la décennie, s'engage dans le réalisme et la peinture des sujets modernes. Il est, avec Pissarro, l'un des principaux organisateurs des expositions impressionnistes entre 1874 et 1886. Il ne se rend qu'une seule fois en Espagne, en 1889, en compagnie de Giovanni Boldini ; et dans les années 1890, il achète, outre des œuvres extraordinaires de Delacroix, Ingres, et de peintres contemporains, deux tableaux du Greco, l'un au critique Zacharie Astruc et l'autre issu de la collection de Millet.

G. T.

51.
Variation sur « les Ménines » de Velázquez au Prado ou Hommage à Velázquez
1857-1858

Huile sur toile
H. 31 ; L. 25
Munich, Bayerische Staatsgemäldesammlungen
Inventaire 12760
CATALOGUE RAISONNÉ
Lemoisne, 1984 (suppl.), n° 12.

HISTORIQUE
Collection Jeanne Fèvre, Nice ; collection Hector Brame, Paris ; collection privée, Bâle.
BIBLIOGRAPHIE
Cabane, Paris, 1950, p. 75 ; Reff, juin 1964, p. 250-259, 1976, I, p. 14, pl. 44, et carnet 11, p. 26, 28-30, 32 ; *Erläuterungen zu den ausgestellten Werken…*, 1981, p. 73-74 ; McMullen, 1984, p. 98, 222-223, 382, 456 ; Sutton, 1986, p. 42, 288, 290, 298-299 ; Druick et Zegers, cat. exp. Boston, Philadelphie et Londres, 1984-1985, p. xix, xxvi ; Brainerd, 1988, p. 31-37 ; « Lettres de Degas provenant des archives Durand-Ruel », 1989, p. 506 ; Darragon, « Degas sans Manet », 1989, p. 93-94 ; Reff, 1989, p. 190-195, 200 ; Loyrette, 1991, p. 101, 184-185, 583.

Reproduit fig. 38

Grâce à la présence de dessins analogues dans le carnet de l'artiste, Theodore Reff a pu situer cette œuvre au cours du séjour de Degas à Rome, en 1857-1858, et la placer dans un petit groupe d'images illustrant des événements de la vie des grands peintres – Giotto, le Tintoret, Velázquez et Bernard Palissy[1]. Degas a construit ces compositions, mais ne les a jamais travaillées au-delà du stade du dessin, de l'« ébauche » et de l'esquisse. La présente œuvre fait partie de la deuxième catégorie. Le nombre des œuvres restant et la qualité de certains dessins semblent indiquer que Degas a travaillé plusieurs mois à ce projet. Les dessins réalisés pour cette ébauche figurent dans le carnet numéro onze, et l'un d'eux a été exécuté d'après une gravure du prétendu *Autoportrait* de Velázquez, aujourd'hui attribué à Juan de Pareja (conservé à Atlanta)[2].

Comme Theodore Reff l'a observé, il était singulier que Degas travaille à une ébauche d'après Velázquez à Rome, où il y avait une seule œuvre, mais très célèbre, du maître espagnol : *le Portait d'Innocent X*, dans la galerie Doria-Pamphili. Toutefois, la série qu'avait conçue Degas était en tous points conforme à l'hagiographie romantique, et l'on voit à présent que le choix de Velázquez reflétait le nouveau statut acquis par la peinture espagnole dans les années 1850 et 1860. Degas n'avait que quatorze ans lors de la fermeture de la Galerie espagnole et sa sensibilité à l'œuvre de Velázquez a donc sans doute été formée par les livres et par les toutes récentes reproductions photographiques des tableaux célèbres (dans un autre carnet, utilisé en Italie, puis à Paris à partir de 1858-1860, on trouve des dessins d'après l'*Infante Marguerite* du Louvre (cat. 35) et la *Dame à l'éventail* de Velázquez (fig. 5), alors dans la collection Hertford à Paris – aujourd'hui dans la collection Wallace, à Londres)[3].

Reff a établi que cette œuvre, une variation sur les *Ménines*, ne représente pas un épisode connu de la vie de Velázquez mais plutôt une forme d'« hommage ». Elle a été réalisée à la même date que la *Scène d'atelier espagnol* de Manet (autrefois à la galerie Brame, à Paris), bien que Degas n'ait pas encore rencontré ce peintre à l'époque. Il se peut que les deux œuvres aient été inspirées par la *Réunion de treize personnages* du Louvre (cat. 37), mais il est intéressant de noter l'insistance de Degas, dans sa composition, sur le respect donné à Velázquez. Tout le monde savait que le maître espagnol avait souhaité être anobli, pour obtenir un plus grand prestige pour sa profession et lui-même, et qu'il avait réussi sur les deux plans.

G. T.

1. Reff, juin 1964, p. 252.
2. Carnet 11, Dc 327 réserve, Carnet 28, Bibliothèque nationale de France, Paris. Voir f°s 26, 28, 29-30 et 32.
3. Carnet 13, Dc 327d réserve, Carnet 16, Bibliothèque nationale de France, Paris. Voir f°s 84 et 112.

52.
Thérèse De Gas (1842-1895),
sœur de l'artiste, plus tard Mme Edmond Morbilli
Vers 1863

Huile sur toile
H. 89 ; L. 67
Paris, musée d'Orsay
Inventaire RF 2650

CATALOGUES RAISONNÉS
Minervino, 1970, n° 156 ; Lemoisne, 1984, vol. 2, n° 109.

HISTORIQUE
René De Gas, Paris ; vente après-décès De Gas, Paris, hôtel Drouot, 10 novembre 1927, n° 70, repr., acheté 181 000 francs par le musée du Louvre ; musée du Jeu de Paume, 1947 ; musée d'Orsay, 1986.

BIBLIOGRAPHIE
Jamot, 1er mars 1928, p. 175-176 ; Boggs, 1962, p. 17-18 ; Reff, 1976, p. 111-112 ; Loyrette, 1989, p. 21-23, 1991, p. 176-177 ; cat. exp. Paris, 1994, n° 54.

Reproduit fig. 41

On sait très peu de chose sur ce beau portrait de la sœur cadette de l'artiste. On pense aujourd'hui qu'il a été réalisé à la fin de 1862 ou au début de 1863, car le tableau était lié au mariage de Thérèse, avec son cousin germain Edmondo Morbilli, qui fut célébré le 16 avril 1863 à l'église de la Madeleine à Paris. Sans doute Degas représente-t-il sa sœur en fiancée, et non en jeune mariée, bien que, à travers la fenêtre, on aperçoive une vue de Naples, la ville où elle habitera avec son mari. Thérèse porte ici une mantille noire à l'espagnole, un élégant rappel de la nationalité de l'impératrice Eugénie.
La composition de l'œuvre est tout à fait traditionnelle, conforme au modèle prescrit par Ingres et suivi par le maître de Degas, Lamothe. Pourtant, la facture n'a rien de conventionnel. Bien que la toile soit clairement inachevée, on peut voir qu'à certains endroits Degas a employé une technique allusive. Le tableau a probablement été exécuté un an après sa rencontre avec Manet devant l'*Infante Marguerite* de Velázquez, au Louvre, et cette technique peut suggérer le « boueux tendre de Velázquez », que Degas admirait et qu'il a mentionné en 1874 aux frères Goncourt[1].

Degas a conservé toute sa vie ce tableau dans son atelier ; à sa mort, il a été transmis à son frère cadet, René.

G. T.

1. Cité par E. et J. de Goncourt, 1895, vol. V, p. 88-89.

| Alfred DEHODENCQ
(Paris, 1822 – Paris, 1882)

Élève de Léon Cogniet, il débute au Salon de 1844 et obtient une médaille de troisième classe en 1846. Parti en cure à Barèges (Pyrénées) pendant l'été de 1849, il en profite pour se rendre en Espagne réaliser, comme il le dit lui-même, le rêve de ses jeunes années. Il arrive à Madrid le soir du 27 août 1849. Les peintres José et Federico de Madrazo mettent bientôt un atelier à sa disposition. Au Prado, il admire Velázquez. Il se rend en novembre 1850 à Séville afin de rejoindre le duc de Montpensier, fils de Louis-Philippe, auprès duquel il reste jusqu'en 1853. Il est à Tanger en 1854, revient en France en juin 1855, puis repart en décembre s'installer à Cadix, où il se marie, et ne regagne définitivement la France qu'en 1864. Plutôt oublié en raison de cette longue absence, malgré sa présence au Salon parisien et des médailles en 1853 et en 1865, il est alors défendu par l'ami de Manet, Zacharie Astruc, pour qui il est le « révélateur pictural de l'Espagne ».

G. L.

53.
Course de taureaux en Espagne

Huile sur toile
H. 146 ; L. 206
Signé et daté, en bas, vers la gauche :
Alfred Dehodencq, juillet 1850 Madrid

Pau, musée des Beaux-Arts ;
dépôt du musée d'Orsay, RF 384
Inventaire 886.3.1

HISTORIQUE
Commandé par l'État le 1er août 1849 et livré avant le 9 décembre 1850 ; musée du Luxembourg, Paris, 1852 ; musée du Louvre, Paris, 1883 ; déposé au musée de Pau, 1885.
BIBLIOGRAPHIE
Séailles, 1885, p. 39-41, 54, 240, 1910, p. 29-46, no 31, p. 191, repr. p. 43 ; Georgel, 1998, p. 184, 227.
EXPOSITIONS
Madrid, 1850 ; Paris, Salon de 1850-1851, no 766 ; Paris, 1974, no 65, repr. ; Castres, 1997, no 32, repr.

Reproduit fig. 106

Peu après son arrivée à Madrid, Dehodencq se rend à l'Escurial, où il assiste, sur une place de village, à une course de jeunes taureaux ou *novillos,* moins grandiose, plus pittoresque que celle qu'il avait pu voir à Madrid. Selon Séailles, « il passe la soirée à composer un tableau des courses » : c'est sans doute l'esquisse du 4 septembre 1849, qui se trouve au musée Bonnat, à Bayonne. Il en fit le sujet du tableau dont il avait reçu la commande, mais dont le sujet n'avait pas été précisé. Dans un rapport du 1er août 1849, le directeur des Beaux-Arts transmet la demande de l'artiste et ajoute qu'il « a reçu une blessure très grave au bras droit en juin 1848 à l'attaque d'une barricade du Faubourg St Denis et qu'il est sur le point de partir pour les eaux de Barèges qui lui ont été expressément recommandées par son médecin pour son entière guérison. Je pense, Monsieur le Ministre, que M. Dehodencq est digne, par son talent et par le courage dont il a fait preuve lors des événements de juin, de la faveur qu'il sollicite[1] ».

Son tableau, d'un grand format digne de répondre aux souhaits de l'administration, fut exposé à Madrid et obtint un réel succès, attirant l'attention du duc de Montpensier. Pour financer son voyage à Séville, Dehodencq en proposa une petite version, *Course de novillos à l'Escorial*[2], à une loterie, en septembre 1850.

Quelques mois plus tard, après sa présentation au Salon, le grand tableau fut choisi pour le musée du Luxembourg, en quête, dans ces années de la deuxième République, de sujets réalistes. C'était pour l'artiste une véritable consécration. Il pouvait dès lors être admiré par la jeune génération, Fantin-Latour, Carolus-Duran, Legros et Zacharie Astruc[3]. Dans ses *Souvenirs* sur Manet publiés en 1897 dans la *Revue blanche,* Antonin Proust écrivit même que ce tableau joua un rôle déterminant dans la décision que prit son ami d'enfance de se rendre en Espagne en 1865[4].

G. L.

1. Arch. nat., F 21/24.
2. H. 73 ; L. 102,9, collection particulière. Voir cat. exp. Castres, 1999, no 41, repr.
3. Séailles, 1910, p. 45. Il cite également Valéry-Varnier, qui n'apparaît pas dans les dictionnaires d'artistes.
4. Proust, 1988, p. 27. Il signale même p. 26 à propos de la Galerie espagnole : « Cette galerie avait été souvent visitée par Manet dans son enfance. Il en regrettait la disparition. »

Eugène DELACROIX
(Charenton-Saint-Maurice, 1798
Paris, 1863)

Les premiers liens de Delacroix avec l'Espagne datent de son enfance : Ferdinand Guillemardet, qui signa comme témoin l'acte de naissance du futur peintre, partit peu après comme ambassadeur à Madrid et y fit la connaissance de Goya. Par la suite, Delacroix fut l'ami intime des enfants de Guillemardet, qui le recevaient souvent. Il pouvait voir alors les Goya rapportés d'Espagne en 1800 et sans doute aussi un exemplaire des *Caprices.*

Delacroix, qui a visité, encore lycéen, le Louvre avant les restitutions de 1815, se rappelle peut-être la *Famille de Velasquez*, maintenant attribué à Mazo, dont il acquiert pour cent francs, une copie par Géricault (collection particulière) lors de la vente de son atelier le 2 novembre 1824[1].

Dès 1819, sa correspondance nous apprend qu'il lit des ouvrages sur les drames de l'histoire espagnole du XVIe siècle[2] et son *Journal* fourmille de références à Goya et à Velázquez en 1824.

Lors de son voyage au Maroc et en Algérie en 1832, il passe rapidement en Espagne en mai 1832, rapportant de Cadix et de Séville des vues d'ensemble des couvents visités et des croquis de costumes modernes[3].

Louant, dans son *Salon de 1847* l'art de Delacroix, Théophile Thoré écrit : « Le peintre dont il se rapproche le plus, c'est peut-être Velazquez. Il en a le style un peu sauvage, les tons argentés, la brusquerie de touche, les effets superbes ; mais il n'est pas plus Espagnol que Vénitien ou Flamand[4]. »

G. L.

1. No 21. Voir Grunchec, 1976, p. 406, 418. Dans le carnet héliotrope – vers 1833-1834 –, Delacroix indique qu'il prête cette copie à Hippolyte Poterlet (Delacroix, 1996, p. 830).
2. Lettre à Félix Guillemardet du 23 septembre 1819, dans Delacroix, 1954, p. 81.
3. Voir Sérullaz, 1984, nos 1687-1720.
4. Thoré, 1870, p. 451.

54. *Portrait de l'artiste,* dit *Portrait de Delacroix « en Ravenswood »*
Vers 1821

Huile sur toile
H. 41 ; L. 33
Inscription, sur le châssis : *Raveswood*
Paris, musée-atelier Eugène-Delacroix ;
dépôt du musée du Louvre, RF 1953-38
CATALOGUES RAISONNÉS
Robaut et Chesneau, 1885, no 40 ; Georgel et Bortolatto, 1984, no 35, repr. ; Johnson, 1987, no 64, repr.

HISTORIQUE
Don de l'artiste au miniaturiste Joseph Auguste Carrier ; vente posthume J. Auguste Carrier, Paris, 5 mai 1875 ; collection Alfred Robaut ; collection Chéramy, 1885 ; vente P. A. Chéramy, 5 mai 1908, no 165 ; héritiers Chéramy, 15 avril 1913, no 26 ; collection Paul Jamot ; don Paul Jamot à la Société des amis de Delacroix, 1939 ; acquis par le musée du Louvre, 1953 ; dépôt au musée Delacroix, 1994.
BIBLIOGRAPHIE
Jobert, 1997, p. 116, repr. fig. 1.
EXPOSITION
Paris, 1998, no 13, repr.

Reproduit fig. 85

On s'est beaucoup interrogé sur le sens de l'inscription, au revers : Ravenswood est le nom de l'amant de Lucie de Lamermoor, dans le roman de Walter Scott, traduit en français en 1819. Renvoie-t-elle à l'identification de Delacroix avec ce jeune héros ou bien s'agit-il d'une dédicace à son ami Carrier, dont ce serait le surnom. Il est certain que c'est l'usage d'un costume du XVIIe siècle et la pose à la manière des portraits espagnols de cette époque qui nous importent ici. Cet autoportrait de Delacroix est bien antérieur à la copie qu'il devait faire en 1824 dans la galerie du duc d'Orléans d'un *Portrait de Philippe II,* qu'il croit de Velázquez, qui est en fait alors anonyme, avant d'être attribué, quelques années plus tard, à Carreño de Miranda. Pour sa mise en pages d'une figure crânement debout et pour les tonalités sombres, il y a plutôt quelque rapport avec le petit portrait de femme de 1799 qu'il pouvait voir chez ses amis Guillemardet (cat. 10).

G. L.

55.
Jeune Orpheline au cimetière
1823-1824

Huile sur toile
H. 65,5 ; L. 54,3
Paris, musée du Louvre, donation Étienne Moreau-Nélaton
Inventaire RF 1652

CATALOGUES RAISONNÉS
Robaut et Chesneau, 1885, n° 66 ; Georgel et Bortolatto, 1984, n° 88, repr. ; Johnson, 1987, n° 78, repr.

HISTORIQUE
Collection de Frédéric Leblond, ami de jeunesse de Delacroix, puis de sa veuve ; vente du Dr Gebaüer, leur neveu, Cléry, 31 mai-1er juin 1904, n° 12 ; collection Étienne Moreau-Nélaton, 1904 ; donation Étienne Moreau-Nélaton aux Musées nationaux, 1906 ; musée des Arts décoratifs, Paris, 1907 ; musée du Louvre, 1934.
BIBLIOGRAPHIE
Moreau, 1873, p. 168 ; Florisoone, 1963, p. 195-208, repr. p. 201.
EXPOSITIONS
Paris, Salon de 1824, partie du n° 451 (« Études, *même numéro* ») ; Paris, 1885, n° 87 ; Paris, 1991, n° 13, repr.

Reproduit fig. 87

Cette célèbre peinture est en rapport avec les *Massacres de Scio* (Paris, musée du Louvre), inspiré par un épisode particulièrement dramatique de la lutte pour l'indépendance des Grecs contre les Turcs, grand tableau présenté au Salon de 1824. L'attitude de la jeune fille éplorée est reprise pour le jeune homme à gauche. Delacroix fait allusion à cette œuvre – qu'il juge digne d'exposer au Salon avec l'étude de *Vieille Femme* (Orléans, musée des Beaux-Arts) – lorsqu'il note dans son *Journal,* le 17 février 1824, un paiement à « la mendiante qui m'avait posé l'étude dans le cimetière[1] », ce qui permet de le dater vers la fin de 1823 ou au début de 1824.

La manière dont est peinte cette figure, qui rappelle le métier de Goya dans le portrait de Guillemardet (Paris, musée du Louvre), est aussi à rapprocher de la technique de Murillo, entrevue en 1815 au Louvre et peut-être observée à nouveau grâce aux chefs-d'œuvre toujours présents chez le maréchal Soult.

G. L.

1. Delacroix, 1996, p. 51.

56 à 59.
Croquis d'après les Caprices de Goya

56.
Femme debout de face dans un paysage, copie d'un des personnages du Caprice n° 7 de Goya (fig. 53)
Vers 1824

Plume et encre brune, mine de plomb
H. 17,7 ; L. 10,7
Paris, musée du Louvre, département des Arts graphiques
Inventaire RF 10177

HISTORIQUE
Legs Étienne Moreau-Nélaton au musée du Louvre, 1927.
BIBLIOGRAPHIE
Sérullaz, 1984, t. II, n° 1314, repr.

Reproduit fig. 54

57.
Femme tenant des enfants, groupe de gauche du Caprice n° 3 (fig. 64) ; *Femme à l'éventail, au premier plan du Caprice n° 5 : Qui se ressemble s'assemble. (Tal para qual.)*
Vers 1824

Plume et encre brune
H. 17,7 ; L. 10,7
Paris, musée du Louvre, département des Arts graphiques
Inventaire RF 10178

HISTORIQUE
Legs Étienne Moreau-Nélaton au musée du Louvre, 1927.
BIBLIOGRAPHIE
Sérullaz, 1984, t. II, n° 1316, repr.

Reproduit fig. 63

58.
Feuille d'étude de nus ; en haut, figure de sorcière d'après le Caprice n° 66 de Goya (fig. 68)
Vers 1824-1826

Plume et encre brune
H. 31,8 ; L. 20,7
Paris, musée du Louvre, département des Arts graphiques
Inventaire RF 10460

HISTORIQUE
Legs Étienne Moreau-Nélaton au musée du Louvre, 1927.
BIBLIOGRAPHIE
Sérullaz, 1984, t. II, n° 1321, repr.

Reproduit fig. 70

59.
Âne assis vêtu d'un costume, copie partielle du Caprice n° 39 de Goya (fig. 66)
Vers 1824

Plume et encre brune
H. 20 ; L. 15,3
Annotation au crayon, d'une main étrangère : *d'après Goya.*
Paris, musée du Louvre, département des Arts graphiques
Inventaire RF 10384

HISTORIQUE
Legs Étienne Moreau-Nélaton au musée du Louvre, 1927.
BIBLIOGRAPHIE
Sérullaz, 1984, t. II, n° 1326, repr.

Reproduit fig. 67

La vente après-décès de Delacroix contenait onze dessins d'après les *Caprices* de Goya[1], dont un seul, passé par la collection de Philippe Burty, est maintenant au Louvre[2]. Le legs Moreau-Nélaton en comprend seize autres[3] et il en est encore entre des mains privées. L'artiste a dû disposer d'un exemplaire complet des *Caprices*, provenant sans doute de la famille Guillemardet, puisque, en 1799, Ferdinand Guillemardet, le père de ses amis d'enfance Félix et Louis, avait apporté quelque aide à Goya pour la réalisation de cet ensemble.

Delacroix s'intéresse à des personnages ou à des gestes issus de diverses pages – souvent sur une même feuille – auxquels sont parfois mêlés des croquis en vue de ses grands tableaux, comme *la Mort de Sardanapale*, du Salon de 1827-1828 (voir cat. 58). Son *Journal* nous apprend qu'il s'intéresse à Goya en 1824, puisqu'il note le 19 mars : « vu les Goya, à mon atelier, avec Edouard[4] », le paysagiste Édouard Bertin. Cela permet de proposer une datation, pour les feuilles présentées ici, vers 1824-1826.

G. L.

1. N° 640 de la vente posthume, Paris, hôtel Drouot, 17 février 1864 et jours suivants.
2. RF 31217 (Sérullaz, 1984, II, n° 1322, repr.).
3. Sérullaz, 1984, I, n° 13, II, n°s 1312-1321, 1323-1327, repr. Voir aussi Lipschutz, 1988, p. 121, 128.
4. Delacroix, 1996, p. 57.

60.
Sainte Catherine, d'après un tableau de la collection Soult
1824-1827

Huile sur toile
H. 81,5 ; L. 65
Inscription autographe, au dos, sur le châssis : *Eugène Delacroix à la baronne de Rubempré*
Béziers, musée des Beaux-Arts
Inventaire 896.1.9
CATALOGUES RAISONNÉS
Georgel et Bortollato, 1984, n° 860, repr. ; Johnson, 1987, t. I, n° 22 ; t. II, repr. pl. 19.

HISTORIQUE
Légué par l'artiste à Alberthe de Rubempré, sa petite-cousine ; legs Adalbert de Faniez à la ville de Béziers, 1896.
BIBLIOGRAPHIE
Florisoone, 1963, p. 200 ; Johnson, 1963, p. 302, repr. fig. 8 ; Delacroix, 1996, p. 586.
EXPOSITIONS
Bordeaux, 1963, n° 66 ; Nice, 1986, n° 32, repr.

Reproduit fig. 10

Le 21 juin 1856, Delacroix note dans son *Journal*, dans une liste de noms de proches à qui il destine des dons : « Rubempré, portrait de sainte[1] ». Il s'agit certainement de cette peinture, qu'il lègue par la suite à sa petite-cousine, Alberthe de Rubempré (1804-1879).

Il avait visité une première fois la collection Soult en 1824, mais l'on ne sait pas précisément à quelle date il a copié ce tableau qui en faisait partie et qui correspond au numéro 40 de la vente Soult des 19-22 mai 1852. Il y apparaît sous le nom de Zurbarán, tandis que l'inventaire après-décès de Delacroix le donne à Alonso Cano.

L'artiste a vu le 3 mai 1824 les tableaux du maréchal Soult, mais c'est la *Sainte Agathe* maintenant au musée de Montpellier qu'il cite parmi les « belles et mystiques figures de femmes » auxquelles il veut « penser »[2] pour les anges du *Christ au jardin des Oliviers* du Salon de 1827 (Paris, église Saint-Paul-Saint-Louis). En l'absence d'un journal pour les années suivantes, il est difficile de dater précisément cette copie, exécutée sans doute dans les années 1824-1827.

G. L.

1. Delacroix, 1996, p. 586.
2. Idem, *op. cit.*, p. 75.

61.
Méphistophélès dans les airs
1828

Lithographie
3e état
H. 27,3 ; L. 24 (feuille : H. 37,2 ; L. 47,8)
Inscriptions : en bas, à gauche, *Delacroix Inv t et Lithog.* ; en bas, à droite, *Lith. de Villain*
Légende, en bas : *De temps en temps j'aime à voir le vieux Père / Et je me garde bien de lui rompre en visière*
Paris, musée Gustave-Moreau
Inventaire 11912-95
CATALOGUE RAISONNÉ
Delteil et Strauber, 1997, p. 150-151, n° 58.

HISTORIQUE
Legs de Gustave Moreau à l'État, 1898 ; accepté en 1902.
BIBLIOGRAPHIE
Lipschutz, 1988, p. 128-130.
EXPOSITION
Rouen, 1998, n° 79, repr.

Reproduit fig. 69

Cette illustration pour la traduction française par Albert Stapfer du *Faust* de Goethe, publiée par Charles Motte en 1828, correspond à un épisode du prologue : Méphistophélès survole la ville après avoir parier, au ciel, avec le Seigneur qu'il lui gagnera l'âme de Faust – c'est ce qu'exprime la légende inscrite sous la lithographie –, et revient sur terre pour engager la lutte[1]. Mais ce troisième état, imprimé par Villain, devait être diffusé en feuille séparée. La figure volante aux jambes repliées est nettement inspirée par la sorcière de la planche n° 66 des *Caprices* de Goya (cat. 8), dont Delacroix avait fait un croquis (cat. 58).

G. L.

1. Voir le cat. exp. Paris, 1998, n° 58.

Andalusia. Cependant, même si la revue n'hésitait pas à transformer les croquis rapportés par leur reporter, il faut remarquer que, dans la gravure, le balcon est vu de biais, avec un environnement architectural précis et que les jeunes femmes ne regardent pas du tout dans la même direction.

Ce qui est remarquable, c'est que Guys recourt à une composition proche de celle de Goya dans des *Majas au balcon.* La version acquise par le baron Taylor était présentée dans la Galerie espagnole au Louvre avant 1848. Guys pouvait l'avoir vue, aussi bien que celle de la collection de l'infant don Sebastián (cat. 17), qui était visible à Madrid, dans sa galerie ouverte au public dès 1842. À la différence de Goya et de Manet, Guys représente les deux femmes seules.

G. L.

1. Paris, musée des Arts décoratifs (Inv. 34712), repr. dans le cat. exp. Rome, 1980, n° 34. Et Dufilho, 1997, n° 8 (1), p. 73.

66. *Femmes et officier* 1856

Crayon, plume et encre métallographique, lavis d'encre et aquarelle
H. 25,3 ; L. 18,3
Paris, musée des Arts décoratifs
Inventaire 34727

HISTORIQUE
Legs Dorville, 1942.
BIBLIOGRAPHIE
Dufilho, 1997, p. 339, n° 86.
EXPOSITIONS
Paris, 1937, n° 363 ; Rome, 1980, n° 37.

Reproduit fig. 119

Ce brillant croquis coloré représentant deux Espagnoles en mantille accompagnées par un officier sur la promenade du Prado à Madrid est utilisé avec une certaine fidélité dans la partie centrale d'une gravure de l'*Illustrated London News* du 26 juillet 1856, à la page 87, sous le titre *A street scene in Madrid*[1]. Outre un éclairage différent, les adaptations touchent surtout la représentation de l'officier : le plumet de son chapeau a disparu, la position de l'épée est changée – elle est tournée vers l'arrière – et le pan de sa veste est allongé. Jérôme Dufilho propose de dater le croquis autour du 15 juillet 1856. La virtuosité dans l'usage allusif de l'aquarelle et l'aptitude de Guys à saisir les attitudes entrevues dans la rue est ce qui va séduire Baudelaire.

G. L.

1. Repr par Jamar-Rolin, juillet-août 1956, p. 81, fig. 11.

Jean-Jacques HENNER
(Bernwiller, 1829 – Paris, 1905)

Grand prix de Rome de peinture en 1858, il passe six ans en Italie. Pendant ce séjour, il admire à Rome le *Portrait d'Innocent X* par Velázquez à la galerie Doria-Pamphili, comme il le rappelle dans ses conversations ultérieures avec Durand-Gréville, au cours desquelles le nom de Velázquez revient plus d'une vingtaine de fois. Il apprécie aussi au Louvre le portrait de l'*Infante Marguerite* et celui de *Philippe IV en chasseur* (maintenant au musée de Castres).

Il fait un court voyage en Espagne en 1883 et la visite du Prado ne semble pas lui avoir appris grand-chose de neuf sur la technique de Velázquez, dont il s'inspirait déjà, adoptant ses coloris argentins et éliminant les jaunes de son traitement des chairs.

Son compagnon de voyage, Faugère-Dubourg, lui envoie le 9 août 1885, de Nérac, où il a pu la trouver, « la série complète des eaux-fortes de Goya sur la tauromachie » que « vous regrettiez de n'avoir pu rapporter de Madrid »[1].

G. L.

1. Arch. du musée national Jean-Jacques-Henner, Paris, où sont également conservées les eaux-fortes de Goya. Faugère-Dubourg ajoute, dans sa lettre : « J'ai bien peur que Goya ne vous réconcilie pas avec les courses de taureaux dont il n'a vu que le côté pittoresque et bestial. C'est égal, regardez bien ces eaux-fortes, il y a là toute l'Espagne que nous avons entrevue à Burgos. »

67. *Portrait d'Henriette Germain* 1874

Huile sur toile
H. 40 ; L. 32,5
Signé, en haut, à gauche : *J. J. HENNER*
Paris, musée national Jean-Jacques-Henner
Inventaire JJHP 356

HISTORIQUE
Atelier de l'artiste, Paris, puis Bernwiller ; collection Jules Henner, son neveu, 1905 ; donation à l'État de Mme Jules Henner, 1923.
BIBLIOGRAPHIE
Lannoy, 1986, n° 343, repr., 1990, n° 402, repr.

Reproduit fig. 130

Henner est particulièrement réputé pour ses portraits d'enfant.

D'après son agenda de 1874, on sait qu'il peint en deux séances de pose – le 8 et le 12 janvier – ce portrait, qu'il décide de garder. Il en commence une seconde version pour la famille, de même format, exécutée entre les 16 et 28 janvier. La petite Henriette Germain, âgée de quatre ans, qu'il représente de face, avec ses cheveux blonds étalés sur les épaules, est la fille de Constant Germain, député de Haute-Garonne. Nul doute que l'artiste ait été satisfait de la manière enlevée de sa première version, qui fait écho au portrait de l'*Infante Marguerite* de Velázquez du musée du Louvre (cat. 35), dont il parle souvent dans ses entretiens, légèrement postérieurs, avec Durand-Gréville. Ainsi, il le déclare « très beau » le 17 décembre 1879[1], et s'en explique le 6 mars 1882 : « Son *Infante* du Louvre est une des plus belles choses qu'il y ait au monde : le nez et la bouche sont moins bien, mais le dessus des cheveux, le front et la tempe sont des chefs-d'œuvre de modelé et de ton simple[2] » ; ou le 18 novembre 1882 : « Regardez l'*Infante* de Velasquez. Voilà qui est modelé[3] ! » Enfin, le 21 juillet 1883, revenu d'Espagne, il dit encore : « La *Petite Infante* du Louvre est ce qu'on peut rêver de plus beau, croyez-moi. C'est modelé comme Phidias[4]. »

G. L.

1. Durand-Gréville, 1925, p. 73.
2. Idem, *op. cit.*, p. 155.
3. Idem, *op. cit.*, p. 161.
4. Idem, *op. cit.*, p. 165.

| Alphone LEGROS
(Dijon, 1837 – Watford, 1911)

Élève de Lecoq de Boisbaudran, il fait partie du cercle réaliste autour de Courbet et débute au Salon de 1857. Peintre et graveur, il est lié à Fantin-Latour et à Whistler. Son eau-forte *Chantres espagnols,* du Salon de 1861, est proche de celles de Manet. À partir de 1863, il séjourne principalement à Londres, où il enseigne, tout en continuant de participer régulièrement au Salon parisien. Il prend la nationalité britannique en 1880.

G. L.

68.
Une amende honorable
1868

Huile sur toile
H. 179 ; L. 175
Signé, en bas, à droite : *A. Legros*
Paris, musée d'Orsay
Inventaire RF 2771

HISTORIQUE
Acquis par l'État, 1868 ; musée du Luxembourg, Paris, 1871 ; Dépôt de l'État, 1926 ; musée du Louvre, Paris, 1929 ; musée de Cambrai, 1931 ; tribunal de Commerce de Niort, 1938 ; musée d'Orsay, 1982.
BIBLIOGRAPHIE
Bénédite, 1900, p. 12, 15, 32, 1912, n° 304, repr., 1924, n° 343, repr.
EXPOSITIONS
Paris, Salon de 1868, n° 1524 ; Vienne, 1873, Exposition universelle, France, n° 429 ; Paris, 1974, n° 154, repr.

Reproduit fig. 138

Fervent visiteur du musée du Louvre, cet admirateur de Holbein est aussi fortement marqué par les deux Zurbarán de la collection Soult entrés en 1858, particulièrement le grand tableau carré, *Saint Bonaventure au Concile de Lyon*[1] (fig. 137). Il en reprend le parti d'ensemble, avec les personnages remplissant la composition et regardant vers la gauche, aussi bien dans l'*Ex-voto*[2] du Salon de 1861 que dans la *Vocation de saint François*[3], exposé la même année chez Martinet. Il recourt au même le format carré dans la *Lapidation de saint Étienne,* du Salon de 1867, connu par une photographie de Michelez. Il avait aussi exposé cette année-là *Une scène de l'Inquisition,* sujet déjà traité par Joseph-Nicolas Robert-Fleury au Salon de 1841[4].

Avec *Une amende honorable*[5], en 1868, qui lui vaut une médaille, il propose une stupéfiante reprise de la peinture de Zurbarán, par le sujet espagnol, par la mise en place des figures et par le style même. À l'époque, le tableau de Zurbarán s'intitulait, à tort, *Saint Pierre Nolasque et saint Raymond de Pegnafort,* reprenant le titre du catalogue de la vente Soult de 1852, et passait pour représenter le chapitre de Barcelone, ce qui permettait un glissement vers une représentation de tribunal ecclésiastique.

G. L.

1. H. 250 ; L. 225. Voir le cat. exp. Paris, 1988, n° 3, repr.
2. Dijon, musée des Beaux-Arts.
3. Alençon, musée.
4. Reproduit dans le *Magasin pittoresque* (1841, p. 201), en tête d'un article rappelant l'histoire de l'Inquisition en Europe et particulièrement en Espagne, où elle fut abolie par Napoléon en 1808 et rétablie de 1815 à 1820.
5. La restauration entreprise en 2002 fait apparaître une composition sous-jacente. A-t-il réutilisé une toile déjà peinte pour des motifs économiques ou transformé le tableau de sujet voisin – hypothèse provisoire – présenté au Salon de 1867, dont on a perdu la trace ?

| Édouard MANET
(Paris, 1832 – Paris, 1883)

Né dans une famille bourgeoise aisée, renonçant à la carrière de son père, magistrat, Manet fait son apprentissage chez Thomas Couture et se nourrit de l'art des maîtres italiens. Il découvre ensuite en Velázquez « le peintre des peintres ». Son indépendance se manifeste très tôt et ses œuvres choquent le public habitué au classicisme banalisé et aux surfaces lisses alors en vogue. La tonalité claire, le refus du modelé et les aplats de ses toiles font croire qu'il ne sait pas peindre ou qu'il se moque du public ; la « trivialité » de ses sujets scandalise. Souvent refusé par les jurys, Manet persiste à tenter sa chance au Salon et ne veut jamais exposer avec ses amis impressionnistes. Il trouve en Zola, puis en Mallarmé, des défenseurs passionnés de son art.

J. B.

69.
Le Buveur d'absinthe ou *Un philosophe*
1858-1859, repris vers 1868-1872

Huile sur toile
H. 180,5 ; L. 105,6
Signé, sur le mur, à droite : *Manet*
Copenhague, Ny Carlsberg Glyptotek
Inventaire 1778
CATALOGUES RAISONNÉS
Tabarant, 1931, n° 27 ; Rouart-Orienti, 1970, n° 16 ; Rouart-Wildenstein, 1975, I, n° 19.

HISTORIQUE
Paris, atelier de Manet, rue Guyot, 1859 – 1870-1872 (vente : un des *4 philosophes,* estimé [1 500 francs] chacun) ; Paris, Durand-Ruel, janvier 1872 *(le buveur d'absinthe),* acheté 1 000 francs, n° de stock 950 ; Paris, Jean-Baptiste Faure, 10 novembre 1882, acheté 5 750 francs avec deux autres *Philosophes,* n° de stock 1170 ; Paris, Durand-Ruel, 20 février 1906, dépôt Faure ; acquis par la fondation Ny Carlsberg, à l'*Exposition d'art français,* Copenhague, 1914 ; donné à la Glyptotek, 1917.
BIBLIOGRAPHIE
Zola, 1867, p. 13 ; Randon, 29 juin 1867, p. 8, *le Buveur d'absinthe* (coupé à mi-jambes ; caricature) ; Godet, avril 1872, n° 6, *Mendiant à l'absinthe* (photographie) ; Claretie, 25 mai 1872 ; Bazire, 1884, p. 15 ; Proust, 1897, p. 134-135, 168, 1988-1996, p. 23-25, 1901, p. 72, 1988-1996, p. 89-90, 1913, p. 32-36 ; Faure, 1902, n° 28 ; Callen, 1974, p. 157, 169, 173, notes 1 et 76 ; Rouart-Wildenstein, 1975 ; Fonsmark, 1985, p. 5-32 ; cat. exp. Copenhague, 1989, n° 2 ; cat. exp. Paris, 1995-1996, n° 8 ; cat. exp. Copenhague, 2000, n° 40 ; Meller, février 2002, p. 110.
EXPOSITIONS
Paris, 1867, n° 29 *(le Buveur d'absinthe)* ; Paris, 1884, n° 5 (à M. Faure) ; Berlin, 1906, n° 4 ; Londres, 1906, n° 6 (2 000 livres) ; Paris, 1906,

n° 6 ; Stuttgart, 1906, n° 3 ; Munich, 1907, n° 5 ; Mannheim, 1909, n° 52 (prix indiqué, 64 000 deutsche Mark) ; Vienne, 1910, n° 2 ; Copenhague, 1914, n° 127.

Reproduit fig. 91

Ce tableau, le premier que Manet a voulu présenter au grand public, fut refusé par le jury du Salon de 1859. Dans son état actuel, il laisse apparaître un mélange de styles car Manet l'a remanié à plusieurs reprises. Quand il l'inclut dans son exposition rétrospective de 1867, il manque encore le verre, le bas des jambes du buveur et la bouteille. Le caricaturiste Randon, qui présente le tableau dans cet état, osa apostropher le peintre : « Voyons, monsieur Manet, à quoi pouvons-nous reconnaître que cet individu aime l'absinthe… ? il vous en coûtait si peu de lui en offrir un verre… »

Manet, qui modifia plus tard le format de son tableau et ajouta le breuvage funeste, a tenté à ses débuts de traiter des sujets neufs – un chiffonnier nommé Colardet lui servit de modèle – tout en se servant des méthodes apprises chez son maître, Thomas Couture, et des thèmes de la grande peinture. Ici, ce sont les philosophes antiques, tels que les a représentés Velázquez (cat. 34), et vus sans doute par Manet à travers les eaux-fortes de Goya, qui sous-tendent cette image baudelairienne d'une vie par trop moderne et banale pour le goût du public et des jurys.

J. B.

70.
Les Petits Cavaliers, d'après la *Réunion de treize personnages*
1859-1860 ?

Huile sur toile
H. 47 ; L. 78
Signé, en bas, à droite : *Manet d'après Vélasquez*
Norfolk, Virginie, The Chrysler Museum
Inventaire 71.679

CATALOGUES RAISONNÉS
Tabarant, 1931, n° 6 ; Rouart-Orienti, 1970, n° 5 ; Rouart-Wildenstein, 1975, I, n° 21.

HISTORIQUE
Paris, ateliers de Manet, 1860-1878 ; Paris, Jean-Baptiste Faure, 1878, acheté avec le *Déjeuner sur l'herbe* et *Filippo Lippi,* 2 600 francs, carnet Manet ; Paris, Durand-Ruel, 20 février 1906, dépôt Faure ; Paris, comtesse de Béarn, 1908 ; New York, Walter P. Chrysler, Jr., avant 1961 ; donné au Chrysler Museum, en 1971.

BIBLIOGRAPHIE
Madelène, dans *le Salon des refusés*…, 1863, p. 41 ; Proust, 1897, p. 129, 174, 1988-1996, p. 14, 16, 34 ; 1913, p. 23-24, 49 ; Faure, 1902, n° 48, *Réunion de Portraits* ; Reff, 1964, p. 556 ; Callen, 1974, p. 167, 172 ; cat. exp. Washington, 1982-1983, n° 32 ; Harrison dans cat. exp. Durham et Birmingham, 1986-1987, n° 31 ; Rudd, novembre 1994, p. 747-749.

EXPOSITIONS
Paris, 1867, p. 16, « Copies » (n° 3, *les Petits Cavaliers, d'après Vélasquez*) ; Berlin, 1906, n° 3, *Die Edelleute* ; Londres, 1906, n° 5 (800 livres) ; Paris, 1906, n° 5 ; Stuttgart, 1906, n° 2 ; Munich, 1907, n° 4.

Reproduit fig. 136

Dans un tableau acheté par le Louvre en 1851 comme un Velázquez, sans doute un fragment, et en assez triste état (cat. 37), Manet comprit ce qu'il lui fallait faire pour donner à la peinture contemporaine un nouveau départ. Il trouvait dans la disposition animée, mais sans « histoire » à raconter, de ces treize personnages en plein air, vêtus de costumes de couleurs diverses, dans des tonalités claires, le moyen d'avancer sur le terrain déjà conquis par Courbet, avec ses sujets modernes mais dans les tons plutôt sombres de son terroir. Les cavaliers du pseudo-Velázquez ont un air chic et bon genre que Manet traduit avec allégresse sur sa toile.

Enchanté par ce modèle, il en tire de multiples œuvres : plus d'un pastiche sur toile (cat. 71), et une eau-forte qu'il travailla longuement et édita à plusieurs reprises (cat. 76). Le plaisir qu'il a pris à copier son modèle espagnol se fera sentir tout au long de son œuvre, et notamment dans la célèbre *Musique aux Tuileries* (Londres, National Gallery). Sous les arbres, le public très parisien, composé de ses amis, est calqué sur les cavaliers espagnols. On identifiait alors les deux personnages de gauche comme étant Velázquez et Murillo ; Manet se place donc dans une position similaire avec son ami le peintre-graveur Albert de Balleroy.

J. B.

71.
Cavaliers espagnols
Vers 1859-1860

Huile sur toile
H. 45,5 ; L. 26,5
Signé, en bas, à gauche : *M*
Lyon, musée des Beaux-Arts
Inventaire B.1153b

CATALOGUES RAISONNÉS
Tabarant, 1931, n° 37 ; Rouart-Orienti, 1970, n° 25 ; Rouart-Wildenstein, 1975, I, n° 26.

HISTORIQUE
Paris, puis Munich, Chéramy ; vente Chéramy, Paris, galerie Georges Petit, 5-7 mai 1908, n° 219 ; Lyon, Dr Raymond Tripier ; légué au musée des Beaux-Arts de Lyon, en 1917.

BIBLIOGRAPHIE
Cat. exp. Paris et New York, 1983, n° 2 ; Rudd, novembre 1994, p. 747-749 ; cat. exp. Martigny, 1996, n° 11 ; cat. exp. Castres, 1999, n° 46 ; Mauner, dans cat. exp. Paris, 2000-2001, n° 13 et p. 49, 78-79 ; Meller, 2002, p. 72, 75, 92, fig. 20.

Reproduit fig. 95

On ne peut établir l'historique de ce tableau jusqu'à l'atelier de Manet, mais il ferait partie de tout un ensemble d'œuvres nées de la rencontre de Manet avec la *Réunion de treize personnages* (cat. 37), dit aussi *les Petits Cavaliers,* du musée du Louvre. Dans un autre pastiche, Manet choisit des personnages parmi les cavaliers et les dispose autour de la figure de Velázquez, assis devant son chevalet. On a émis l'hypothèse que ce tableau et la présente toile faisaient partie, à l'origine, d'une même composition, qui aurait figuré une variation sur *les Ménines.* Reste à examiner, par radiographie, les deux œuvres pour savoir si, effectivement, elles ont été découpées dans le même morceau de toile.
Toutefois, il semble que dans ce tableautin, où on peut s'amuser à identifier les cavaliers tirés ou adaptés du Velázquez, Manet a introduit le motif du garçon à l'avant-plan d'après des sources italiennes aussi bien qu'espagnoles. Le garçon porteur d'un plateau – ou d'une épée (cat. 73) – est un motif qu'il traite à plusieurs reprises, et qui se retrouve, bien plus tard, dans le fond du *Balcon* (cat. 99).

J. B.

72.
Le Chanteur espagnol ou *le Guitarero*
1860

Huile sur toile
H. 147,3 ; L. 114,3
Signé et daté, à droite, sur le banc : *éd. Manet 1860*
New York, The Metropolitan Museum of Art, Gift of William Church Osborn, 1949
Inventaire 49.58.2

CATALOGUES RAISONNÉS
Tabarant, 1931, n° 34 ; Rouart-Orienti, 1970, n° 33 ; Rouart-Wildenstein, 1975, I, n° 32.

HISTORIQUE
Paris, atelier de Manet, rue Guyot, 1868-1870 ; Paris (?), chez Duret, septembre 1870-1871 (dépôt) ; rue Guyot, 1871-1872, vente, *Joueur de guitare,* estimé 3 000 francs ; Paris, Durand-Ruel, janvier 1872, *l'Homme à la guitare,* acheté 3 000 francs, n° de stock 934 ; Paris, Faure, 3 janvier 1873, acheté 7 000 francs ; Paris, Durand-Ruel, 17 avril 1906, acheté 20 000 francs ; New York, William Church Osborn, 2 mai 1907, acheté 150 000 francs ; donné au Metropolitan Museum, en 1949.

BIBLIOGRAPHIE
Martinet, 15 octobre 1861 ; Godet, 1872, n° 19, *Espagnol jouant de la guitare* (photographie) ; Durand-Ruel, 1873, pl. XIX, *le Guitariste* (gravé par Ch. Courtry) ; Proust, 1897, p. 170, 174, 1988-1996, p. 28, 34, 1913, p. 40-42, 49 ; Faure, 1902, n° 29 ; Callen, 1974, p. 162, 172-173 ; cat. exp. Paris et New York, 1983, n° 10 ; Becker, 1983, p. 522, lettre 13 ; Flint, 1984, p. 357 ; Meller, 2002, p. 102.

EXPOSITIONS
Paris, Salon de 1861, n° 2098, *Espagnol jouant de la guitare ;* Paris, 1861, *le Joueur de guitare ;* Paris, 1867, n° 3, *le Chanteur espagnol ;* Marseille, 1868 ; Munich, 1869 ; Londres, 1872, n° 38, *The Guitar Player ;* Paris, 1884, n° 8 (à M. Faure) ; Berlin, 1906, n° 6 ; Londres, 1906, n° 7 (480 livres) ; Paris, 1906, n° 7 ; Stuttgart, 1906, n° 5 ; Munich, 1907, n° 7.

Reproduit fig. 40

Accepté par le jury du Salon de 1861, deux ans après le refus du *Buveur d'absinthe,* ce tableau marque l'arrivée de Manet sur la scène artistique parisienne. Immédiatement reconnue pour ses qualités, l'œuvre valut à l'artiste une « mention honorable ». On a dit que Manet lançait un défi à ses juges avec cette figure de fiction, si réelle et si allégrement « espagnole ».

Son chanteur est vêtu d'éléments de costume que l'on retrouvera dans d'autres œuvres (cat. 78 et 81). Manet avait tout fait pour que son tableau produise son effet parmi les centaines de toiles du Salon. D'après son ami Antonin Proust, il se moquait du fait « … que mon Guitarero joue de la main gauche une guitare accordée pour être jouée de la main droite », et se félicitait d'avoir capté en une seule séance la tête si vive et vigoureuse de son chanteur.

Ce succès officiel reste le seul que Manet ait connu jusqu'en 1881. Mais si les déceptions et les refus allaient suivre cette première et modeste consécration, elle marqua de façon sûre et définitive la prise de position de Manet comme porte-étendard de la jeune avant-garde. Velázquez et Murillo, contemplés ou copiés au Louvre, avaient inspiré une nouvelle peinture, claire et sans façons, qui allait faire son chemin.

J. B.

73.
L'Enfant à l'épée
1860-1861

Huile sur toile
H. 131,1 ; L. 93,4
Signé, en bas, à gauche : *Manet*
New York, The Metropolitan Museum of Art, Gift of Erwin Davis, 1889
Inventaire 89.21.2

CATALOGUES RAISONNÉS
Tabarant, 1931, n° 42 ; Rouart-Orienti, 1970, n° 37 ; Rouart-Wildenstein, 1975, I, n° 37.

HISTORIQUE
Paris, atelier de Manet, rue Guyot, 1860-1870 ; Paris (?), chez Duret, septembre 1870-1871 (dépôt) ; Paris, rue Guyot, 1871 ; Paris, Fèbvre, avant janvier 1872, acheté 1 200 francs, carnet-répertoire Manet ; Paris, Durand-Ruel, janvier 1872, acheté à Fèbvre, 1 500 francs, n° de stock 930 ; Paris, Alfred Edwards, dépôt Durand-Ruel contre emprunt ; vente anonyme [Edwards], Paris, hôtel Drouot, 24 février 1881, n° 39, repr. (eau-forte de Bracquemond), à Jules Feder pour Durand-Ruel, 9 100 francs ; Paris, J. Alden Weir, 28 juin 1881, acheté 10 000 francs pour Erwin Davis ; New York, Erwin Davis ; vente Davis, New York, Chickering Hall, Ortgies & Co., 19-20 mars 1889, n° 141, racheté 6 700 dollars ; donné au Metropolitan Museum, en 1889.

BIBLIOGRAPHIE
Chesneau, 1er avril 1863, p. 148-149 ; Godet, 1872, n° 16, *Enfant à l'épée* (photographie) ; Weitzenhoffer, 1981 ; cat. exp. Paris et New York, 1983, n° 14 ; cat. exp. Stockholm, 1985, n° 59 ; Wilson-Bareau, 1991, p. 29, 49 ; Mauner dans cat. exp. Paris, 2000-2001, p. 31, 48 ; Meller, 2002, p. 92.

EXPOSITIONS
Bordeaux, 1862, n° 438 ; Bruxelles, Salon triennal, 1863, n° 755 ; Paris, 1863, n° 134 ; Paris, 1867, n° 4 ; Marseille, 1868-1869 ; New York, 1883, n° 153 ; New York, 1886, n° 303.

Reproduit fig. 1

Lorsque les critiques s'élevaient contre les extravagances de Manet, ses aplats outrés, le manque de « fini » de sa peinture, ils revenaient toujours à *l'Enfant à l'épée* comme exemple de ce dont était capable ce peintre plein de talent mais qui refusait de se plier aux normes. Manet lui-même tenait ce tableau en très haute estime et le graveur novice qu'il était en 1860-1862 en fit plusieurs copies, gravant son sujet à l'eau-forte sur quatre cuivres différents. On s'est toujours demandé si la mise en scène tenait plus des Pays-Bas ou de l'Espagne. Or, Peter Meller vient de révéler une source italienne tout aussi convaincante que le garçon au plateau dans l'un des grands Zurbarán de la Galerie espagnole déjà signalé. Quel que soit son modèle, Manet a fait dans ce tableau le portrait du petit Léon, fils de la femme qui posait à l'époque pour ses projets de grands tableaux et qui deviendrait plus tard son épouse.

J. B.

74.
Le Buveur d'eau ou *la Régalade*
1861-1862 *(les Gitanos)* ; toile coupée et fragment remanié entre 1867 et 1872

Huile sur toile
H. 61,8 ; L. 54,3
Signé, en bas, à droite : *Manet*

Chicago, The Art Institute of Chicago, Bequest of Katharine Dexter McCormick
Inventaire 1968.303
CATALOGUES RAISONNÉS
Tabarant, 1931, n° 45 ; Rouart-Orienti, 1970, n° 46 ; Rouart-Wildenstein, 1975, I, n° 43.

HISTORIQUE
Paris, ateliers de Manet, rue Guyot, 1862 (toile non coupée) – 1868-1870 (toile coupée ?) – 1872 (inventaire : *la Régalade*, estimé 600 francs) ; 4, rue de Saint-Pétersbourg, juillet 1872-1875 ; Paris, Hubert Debrousse, septembre 1875 (*le Buveur d'eau*, acheté 1 500 francs, carnet Manet) ; Paris, Durand-Ruel, n° de stock 2780, étiquette sur châssis ; Paris, Charles Ephrussi (?) ; Paris, Dreyfus-Gonzalès, 1912 ?-1931 (selon Tabarant, 1931) ; Paris, Bernheim-Jeune, étiquette sur châssis ; New York, Paul Rosenberg (?) ; Chicago, Mr. et Mrs. Stanley McCormick, dès 1932 ; Chicago, Mrs. Stanley McCormick, 1947 ; légué à l'Art Institute of Chicago, 1968.
BIBLIOGRAPHIE
L'Autographe au Salon de 1865, 8 juillet 1865, p. 87, repr. (d'un dessin de Manet, R-W, II, D371, détail du tableau non coupé) ; Randon, 1867, p. 7, *les Gitanos* (non coupé ; caricature) ; Hanson, mars 1970, p. 158-166 ; Stuckey, novembre 1983, p. 161-162 ; cat. exp. Tokyo, Fukuoka et Osaka, 1986, n° 4 ; Wilson-Bareau, 1989, p. 31, 34, fig. 9, carnet Manet.
EXPOSITIONS
Les Gitanos avant découpage sont exposés à Paris, 1863, et à Paris, 1867, n° 9 ; Paris, 1884, n° 27, *le Buveur d'eau* (à M. Hubert Debrousse).

Reproduit fig. 96

D'un tableau ambitieux, montrant une famille de gitans en pleine campagne, Manet, découragé, fit plusieurs morceaux après l'exposition rétrospective de 1867. En 1862, il avait réalisé une belle eau-forte d'après sa toile, mais, comme souvent chez lui, cette reproduction rend la composition inversée. La caricature de Randon, à l'exposition de 1867, nous montre le tableau dans son ensemble. Manet avait créé une sorte de patchwork de motifs tirés de plusieurs sources, dont – pour l'agencement général – le *Philippe IV* de Velázquez, nouvellement acquis par le Louvre (déposé au musée Goya, Castres), que Manet copia immédiatement en dessin et à l'eau-forte. Le garçon buvant « à la régalade », dans le fond du tableau originel, est le seul morceau connu aujourd'hui. La radiographie a démontré qu'il s'agit bien d'un fragment de la grande toile, car la tête de la bohémienne y apparaît sous la partie repeinte de la chemise. Le fond sombre, ajouté pour couvrir le ciel aux grands nuages de la composition d'origine, fait ressortir la tête, très délicatement brossée, alors que la pose vigoureuse du garçon rappelle *le Pied-Bot* de Ribera (cat. 29) plutôt que le *Jeune Mendiant* de Murillo (fig. 148).

J. B.

75.
L'Infante Marguerite, d'après Velázquez
Vers 1861-1863

Eau-forte
Épreuve avant le premier tirage de 1874
H. 23 ; L. 19 (cuivre)
H. 16,3 ; L. 14,8 (trait carré)
Paris, Bibliothèque nationale de France, département des Estampes
CATALOGUES RAISONNÉS
Guérin, 1944, n° 6 ; Harris 1970, n° 14.

HISTORIQUE
Legs Étienne Moreau-Nélaton, 1927.
BIBLIOGRAPHIE
Wilson, 1978, n° 21 ; Reed et Shapiro dans cat. exp. Boston, Philadelphie et Londres, 1984-1985, p. 43-44 ; Fisher, 1985, p. 65-66, n° 30 ; Wilson-Bareau, 1988, p. 43, lettre 3.
EXPOSITION
Ingelheim, 1977, n° 19.

Reproduit fig. 33

Le portrait de *l'Infante Marguerite* par Velázquez (cat. 35) fut apprécié comme l'un des bijoux de la collection du Louvre. Il inspira de nombreuses copies, peintes ou gravées. Là où Degas s'aventura, semble-t-il, à graver un cuivre directement devant le tableau, Manet en fit un croquis au crayon qu'il lava ensuite d'encre ou d'aquarelle, sur son carnet de dessins. Nous ne connaissons ce précieux témoignage que par une photographie, prise en 1883, mais l'image fut traduite par Manet en une eau-forte dont nous ignorons la date exacte et qui ne fut éditée que bien plus tard, dans les années 1870. L'eau-forte de Degas, avec des rajouts veloutés à la pointe-sèche, est à l'opposé de l'image un peu naïve et guindée de Manet. Celui-ci semble avoir cherché à rendre la retenue et la distinction qu'il devinait dans le portrait de cette petite infante. Le joli portrait, sans doute une œuvre d'atelier, plut à Manet, qui soutenait depuis Madrid en 1865, dans une lettre à son ami Fantin-Latour, que de tous les Velázquez au Louvre « *l'Infante* seule ne peut être contestée ».

J. B.

76.
Les Petits Cavaliers, d'après Velázquez
Vers 1860-1862

Eau-forte
Épreuve de 3e état, avec la lettre ; recueil Cadart 1862
H. 24,8 ; L. 39
Signé, en bas, à droite : *éd. Manet d'après Vélasquez*
Paris, Bibliothèque nationale de France, département des Estampes
CATALOGUES RAISONNÉS
Guérin, 1944, n° 8 ; Harris 1970, n° 5.

HISTORIQUE
Legs Étienne Moreau-Nélaton, 1927.
BIBLIOGRAPHIE
Wilson, 1978, n° 23 ; Fisher 1985, p. 37, n° 6.
EXPOSITION
Ingelheim, 1977, n° 10.

Reproduit fig. 92

77.
Philippe IV, d'après Velázquez
1862

Eau-forte, pointe-sèche et aquatinte
Épreuve de 6e état ; recueil Cadart 1862
H. 35,5 ; L. 23,8 (cuivre)
H. 32 ; L. 19,9 (trait carré)
Avec la lettre, en bas : à gauche, *Vélasquez p.t* ; à droite, *ed. Manet sc.*, au centre, *PHILIPPE IV / ROI D'Espagne*, avec les noms des éditeurs et de l'imprimeur

Paris, Bibliothèque nationale de France, département des Estampes
CATALOGUES RAISONNÉS
Guérin, 1944, n° 7 ; Harris, 1970, n° 15.

HISTORIQUE
Legs Étienne Moreau-Nélaton, 1927.
BIBLIOGRAPHIE
Wilson, 1978, n° 22 ; Fisher, 1985, p. 45-46, n°s 13-14.
EXPOSITIONS
Ingelheim, 1977, n° 18 ; Paris et New York, 1983, n° 36.

Reproduit fig. 93

Manet a reproduit à l'eau-forte deux tableaux qui jouèrent un rôle capital dans l'évolution de son art. Il rendait ainsi hommage au maître de Séville, auteur, croyait-on à l'époque, de ces deux œuvres. La première, acquise par le Louvre en 1851, fut copiée par Manet en peinture (fig. 70), puis dans cette eau-forte. De la seconde, un portrait royal acheté par le musée en mai 1862, il n'existe aucune trace d'une copie à l'huile mais, en revanche, Manet en fit une étude à la mine de plomb qui dut servir à l'eau-forte. Ces deux estampes firent partie des recueils édités par Manet en 1862 et en 1874, comme des trois éditions parues après sa mort, dont les cuivres gravés par l'artiste sont conservés pour la plupart à la Bibliothèque nationale de France.

Dans les deux cas, Manet travailla longuement ses planches, et les étapes successives de chaque gravure sont connues par des épreuves : cinq ou six « états » dans le cas des *Petits Cavaliers* et autant pour le *Philippe IV*, où Manet essaya, dans une dernière reprise, d'ajouter des tons d'aquatinte à sa planche. Son travail et même sa façon d'attaquer le cuivre rappellent les eaux-fortes de Goya, dont les copies d'après Velázquez se trouvaient au Cabinet des estampes et que Manet put étudier. Éditées pour la vente, ces deux estampes furent également exposées à plusieurs reprises : au Salon des Refusés en 1863 et dans l'exposition particulière de 1867. Il s'agissait pour Manet de se montrer dans la mouvance de l'eau-forte moderne, tout en rendant hommage à Velázquez et en soulignant ses liens avec l'art d'un maître incontesté.

J. B.

78.
Mlle V... en costume d'espada
1862

Huile sur toile
H. 165,1 ; L. 127,6
Signé et daté, en bas, à gauche : *éd. Manet / 1862*
New York, The Metropolitan Museum of Art, H. O. Havemeyer Collection, Bequest of Mrs H. O. Havemeyer, 1929
Inventaire 29.100.53
CATALOGUES RAISONNÉS
Tabarant, 1931, n° 54 ; Rouart-Orienti, 1970, n° 51 ; Rouart-Wildenstein, 1975, I, n° 58.

HISTORIQUE
Paris, atelier de Manet, rue Guyot, 1862–1870-1872 ; *une f*[emme] *en cost*[ume] *de majo / toréador*, estimé 4 000 francs, est vendue en janvier 1872 à Durand-Ruel, Paris, pour 3 000 francs (*le Toréador*, n° de stock 954) ; Paris, Jean-Baptiste Faure, 16 février 1874, acheté 5 000 francs ; Paris, Durand-Ruel, 11 novembre 1896 – 9 janvier 1897 (dépôt n° 9021, *Femme torero*) ; 11 septembre 1897 – 30 août 1898 (dépôt n° 9182, *Toréador*) ; Paris, Durand-Ruel, 22 décembre 1898, acheté 45 000 francs (n° de stock 4906, *Femme toréador*) ; New York, Durand-Ruel, 28 décembre 1898, Paris, livre de stock, ou 21 janvier 1899, New York, n° de stock 2095 ; New York, Mr. et Mrs. H. O. Havemeyer, 31 décembre 1898, acheté 15 000 dollars ; New York, Mrs. H. O. Havemeyer, 1907-1929 ; légué au Metropolitan Museum, en 1929.
BIBLIOGRAPHIE
Godet, 1872, n° 12, *Jeune Toréador* (photographie) ; Natanson, 1896, p. 518 ; Farwell, 1969, p. 197-207 ; Callen, 1974, p. 163 ; cat. exp. Paris et New York, 1983, n° 33 ; McCauley, 1985, p. 181, 185 ; cat. exp. New York, 1993, n° A 344 ; Loyrette dans cat. exp. Paris et New York, 1994-1995, p. 396-397, n° 90 ; Mauner, cat. exp. Paris, 2000-2001, p. 30-31, fig. 3 ; Meller, 2002, p. 81, note 67.
EXPOSITIONS
Paris, 1863, Salon des Refusés, n° 365, *Mademoiselle V. en costume d'espada* ; Paris, 1867, n° 12, *Mlle V... en costume d'espada* ; Paris, 1884, n° 15 (à M. Faure) ; Paris, 1896.

Reproduit fig. 98

En 1862, Manet rencontra le modèle professionnel qui allait jouer un si grand rôle dans ses tableaux. Victorine Meurent, une rousse à la peau blanche, à la fois élégante et gamine, savait jouer de la guitare et tenir la pose. Elle remplaça la plantureuse Suzanne dans les rôles de nymphe ou de Vénus pour les tableaux ambitieux encore en cours dans l'atelier. L'une ou l'autre de ces modèles se cache d'ailleurs sous la figure de la femme toréador, car la radiographie nous montre, à l'envers, une grande étude de nu dont les formes se devinent sous la cape rose. Manet retourna sa toile ébauchée pour y élaborer cette curieuse scène.

La pose du modèle est calquée sur des gravures de gracieuses et graves figures allégoriques des vertus par Marcantonio d'après Raphaël : ici la Tempérance, qui traditionnellement tient bride et rênes, s'allie à la Justice, brandissant son épée. Mais ces sources italiennes sont elles-mêmes transformées et servies à la sauce espagnole. Les grandes figures de Velázquez et les gravures de la *Tauromachie* de Goya (cat. 13) se combinent chez ce Parisien épris de modernité avec tel ballet de l'Opéra dont les étoiles jouaient, en 1861, les rôles d'*espada* et de *banderillero*. Victorine en travesti, affublée de la veste et du chapeau du *Guitarero* (cat. 72) du Salon précédent, est une figure ambiguë mais d'un charme certain.

J. B.

79.
Le Ballet espagnol
1862

Huile sur toile
H. 60,9 ; L. 90,5
Signé et daté, en bas, à droite : *éd. Manet 62*
Washington, The Phillips Collection
Inventaire 1250
CATALOGUES RAISONNÉS
Tabarant, 1931, n° 50 ; Rouart-Orienti, 1970, n° 46 ; Rouart-Wildenstein, 1975, I, n° 55.
HISTORIQUE
Paris, ateliers de Manet : rue Guyot, 1862-1870 ; Paris ?, chez Duret, septembre 1870-1871 (dépôt) ; rue Guyot, 1871-1872 : estimé 3 000 francs, est acheté par Durand-Ruel, Paris, en janvier 1872

84.
L'Homme mort ou *le Toréador mort*
1863-1864 *(Épisode d'une course de taureaux)*; découpé et repris 1864-1865 ?

Huile sur toile
H. 75,9 ; L. 153,3
Signé, en bas, à droite : *Manet*
Washington, National Gallery of Art
Inventaire 636
CATALOGUES RAISONNÉS
Tabarant, 1931, n° 73 ; Rouart-Orienti, 1970, n° 64 ; Rouart-Wildenstein, 1975, I, n° 72.

HISTORIQUE
Paris, atelier de Manet, rue Guyot, 1863–1870-1872, vente : *Homme mort,* estimé 2 000 francs ; Paris, Durand-Ruel, janvier 1872, *le Toréador mort,* acheté 2 000 francs, n° de stock 935 ; Paris, Jean-Baptiste Faure, 9 février 1874, acheté 3 000 francs ; Paris, Durand-Ruel, 1892, acheté 16 000 francs, n° de stock 2561 ; New York, James S. Inglis, 1893, acheté 20 ou 30 000 francs ; New York, Cottier & Co. ; Elkins Park, Pennsylvanie, Peter A. B. Widener, 1894 ; Philadelphie, Joseph E. Widener, 1915 ; donné à la National Gallery of Art, en 1942.
BIBLIOGRAPHIE
Godet, 1872, n° 22, *Toréador tué* (photographie) ; Durand-Ruel, 1873, pl. CXVII, *Toréador mort* (gravé par Flameng) ; Hanson, 1970, p. 158-161 ; Callen, 1974, p. 163, 171 ; Reff dans cat. exp. Washington, 1982, n° 77 ; cat. exp. Paris et New York, 1983, n° 73 ; cat. exp. Stockholm, 1985, n° 61 ; cat. exp. Cologne, Zurich et Lyon, 1987-1988, n° 45 ; Wilson-Bareau dans cat. exp. Londres, 1992, p. 41-44, n° 26 ; cat. exp. Paris et New York, 1994-1995, n° 90 ; Galassi *et alii,* cat. exp. New York, 1999.
EXPOSITIONS
Paris, 1864, n° 1282, *Épisode d'une course de taureaux* : toile non coupée ; Paris, 1865, *l'Espada mort* (?) ; Paris, 1867, n° 5, *l'Homme mort ;* Le Havre, 1868 ; Paris, 1884, n° 24, *l'Homme mort (fragment du* Combat de taureaux), (à M. Faure) ; Paris, 1889, n° 488 ; Chicago, 1893, n° 3057 (à Mr. James S. Inglis, New York).

Reproduit fig. 104

Cette image de *l'Homme mort,* ainsi dénommé par Manet, est inoubliable dans la perfection et la sobriété de ses lignes et de ses accords. Elle eut néanmoins une « naissance » difficile. Manet envoya au Salon de 1864, en même temps que son *Christ* (cat. 85), une « course de taureaux » qui attira protestations et hilarité chez les critiques et le public. Les descriptions écrites et trois caricatures laissent deviner la composition originelle, dont on critiqua la perspective invraisemblable, le taureau trop petit, les *toreros* du fond trop grands : il était évident que Manet n'avait jamais assisté à une course de taureaux. La révélation par Theodore Reff, en 1982, des radiographies des deux fragments de la toile, celle-ci et la partie montrant trois *toreros* (New York, Frick Collection), prouve que Manet transforma par deux fois sa composition avant de l'envoyer au Salon. En s'appuyant sans doute sur des photographies et sur la presse illustrée, Manet a cherché à représenter quelques moments forts de la corrida.
Avant même de couper sa toile, Manet fut accusé de plagiat : son *espada* étendu sur le sol ressemblait, disait-on, au célèbre *Soldat mort* de la collection Pourtalès, à cette époque encore attribué à Velázquez (cat. 38). Baudelaire réfuta cette accusation et nous ne saurons sans doute jamais quelle a été la part de telle ou telle influence dans le tableau dont Manet a su tirer un chef-d'œuvre.

J. B.

85.
Le Christ mort et les anges ou *les Anges au tombeau du Christ*
1864

Huile sur toile
H. 179,4 ; L. 149,9
Signé, en bas, à gauche : *Manet*
Inscription, sur une pierre : *évang*[ile]. *sel*[on]. *St Jean / chap. XX v. XII*
New York, The Metropolitan Museum of Art
Inventaire 29.100.51
CATALOGUES RAISONNÉS
Tabarant, 1931, n° 72 ; Rouart-Orienti, 1970, n° 63 ; Rouart-Wildenstein, 1975, I, n° 74.

HISTORIQUE
Paris, atelier de Manet, rue Guyot, 1864–1870-1872, vente : *Christ et les anges,* estimé 4 000 francs ; Paris, Durand-Ruel, janvier 1872, *le Christ,* acheté 3 000 francs, n° de stock 959 ; collection particulière non identifiée ; Paris, Durand-Ruel, 4 juin 1881, *le Christ aux anges,* n° de stock 1178 ? ; New York, Durand-Ruel, 27 février 1895, dépôt n° 5253 ; 16 novembre 1900, Paris, livre de stock, ou 27 novembre 1900, New York, acheté 4 050 francs, n° de stock 2411 ; New York, Mr. et Mrs. H. O. Havemeyer, 7 février 1903, acheté 17 000 dollars ; New York, Mrs H. O. Havemeyer, 1907-1929, prêté au Metropolitan Museum ; légué au Metropolitan Museum, en 1929.
BIBLIOGRAPHIE
Bürger, 15 juin 1864 ; Godet, 1872, n° 20, *Descente de Croix* (photographie) ; Paris et New York, 1983, n° 74 ; Flint, 1984, p. 357 ; voir cat. exp. New York, 1993, n° 346 ; Paris et New York, 1994-1995 ; Loyrette, dans cat. exp. Paris et New York, 1994-1995, p. 400-402, n° 96 (repr. 68) ; Meller, 2002, p. 74, 78, fig. 28.
EXPOSITIONS
Paris, 1864, n° 1281, *les Anges au tombeau du Christ ;* Paris, 1867, n° 7, *le Christ mort et les anges ;* Londres, 1872, n° 91, *Christ in the Sepulchre ;* Boston, 1883, n° 1, *Entombment of Christ ;* New York, 1895, n° 8 ; Pittsburgh, 1902-1903, n° 94, *Angels at the Tomb of Christ.*

Reproduit fig. 102

Dans le catalogue du Salon de 1864, *les Anges au tombeau du Christ* de Manet voisinent avec son *Épisode d'une course de taureaux* (cat. 84) : deux tableaux qui présentent en gros plan un homme mort, l'un victime de son sort divin et inéluctable et de la cruauté des hommes, l'autre victime des jeux du hasard de l'arène et de la force brutale du taureau. Si l'*espada* étendu sur le sol est traité avec une retenue remarquable – à peine voit-on une trace de sang sur le sol près de son épaule, et son costume est impeccable – le Christ étale frontalement ses plaies, dans une lumière dramatique qui renforce la confrontation du spectateur avec cette représentation impressionnante de la mort. Ayant identifié une source espagnole – le « Velázquez » de la collection Pourtalès – pour l'*espada* mort, Thoré-Bürger prétendit, on ne sait pas très bien pourquoi, que Manet avait « pastiché » le Greco pour son Christ. On a proposé diverses sources pour cette composition, dont un Ribalta à deux anges gravé dans la livraison de l'*Histoire des peintres* de Charles

Blanc. Mais le rapprochement indiqué par Peter Meller avec une fresque d'Andrea del Sarto, artiste longuement étudié par Manet à Florence, suggère à nouveau que Manet intégra son expérience italienne à son intérêt pour le style espagnol.

J. B.

86.
Moine en prière
Vers 1864-1865

Huile sur toile
H. 146,4 ; L. 115
Signé, en bas, à gauche : *Manet*
Boston, Museum of Fine Arts
Inventaire 35.67

CATALOGUES RAISONNÉS
Tabarant, 1931, n° 100 ; Rouart-Orienti, 1970, n° 91 ; Rouart-Wildenstein, 1975, I, n° 104.

HISTORIQUE
Paris, atelier de Manet, rue Guyot, 1864–1870-1872, inventaire : *le Moine,* estimé 3 000 francs ; rue de Saint-Pétersbourg, puis rue d'Amsterdam, 1872-1882 ; Paris, Marcel Bernstein, 1882, acheté 6 000 francs, carnet Manet ; Paris, Jacques-Émile Blanche, échangé contre un Daubigny, après 1884 ; New York, Marie Sterner Galleries, après 1922 ; Boston, Museum of Fine Arts, acheté le 7 mars 1935.

BIBLIOGRAPHIE
Reff, 1970, p. 457 ; Murphy, 1985, n° 35.67 ; cat. exp. Copenhague, 1989, n° 10.

EXPOSITIONS
Paris, 1867, n° 21, *Un moine en prières ;* Paris, 1884, n° 25, *Un moine en prière* (à M. Bernstein) ; Paris, 1922, n° 106 (à Jacques-Émile Blanche).

Reproduit fig. 113

À l'exposition de 1884, ce tableau impressionnant fut catalogué parmi les œuvres de 1864, avec *l'Homme mort* (cat. 84) et *le Buveur d'eau* (cat. 74). Il appartenait alors à Marcel Bernstein, à qui Manet l'avait vendu, en 1882, un an avant sa mort, lorsque sa très grave maladie entraînait beaucoup de frais. L'œuvre se place dans le contexte des tableaux de 1864-1865 : *l'Homme mort* et le *Christ mort et les anges,* au Salon de 1864 (cat. 84 et 85), et *Jésus insulté par les soldats* au Salon suivant. Sa technique, grasse et vigoureuse, plaide également pour une datation avant la rencontre décisive avec Velázquez.

La source de cette œuvre est sans aucun doute le *Saint François avec les stigmates* de Zurbarán, ainsi catalogué pour la Galerie espagnole du Louvre en 1838. Acquis par la National Gallery à la vente Louis-Philippe (1853), Manet l'a probablement vu lors de sa visite à Londres en 1868. Mais l'inspiration de sa propre toile vient vraisemblablement de la grande eau-forte qu'Alphonse Masson avait présentée au Salon de 1855, et dont un bois fut gravé pour illustrer la livraison consacrée à ce peintre dans l'*Histoire des peintres* de Charles Blanc. Dans le catalogue du Salon des Refusés, une eau-forte de Masson d'après Ribera suit celles de Manet d'après Velázquez.

J. B.

87.
Une dame à sa fenêtre ou *Angelina*
Vers 1864-1865

Huile sur toile
H. 92 ; L. 73
Signé, en bas, à droite : *Manet*
Paris, musée d'Orsay
Inventaire RF 3664

CATALOGUES RAISONNÉS
Tabarant, 1931, n° 98 ; Rouart-Orienti, 1970, n° 93 ; Rouart-Wildenstein, 1975, I, n° 105.

HISTORIQUE
Paris, atelier de Manet, rue Guyot, 1864–1870-1872 ; Paris, Gustave Caillebotte, acheté en 1879 ? (en même temps que le *Croquet,* et sous l'indication « Esquisse » à 500 francs, carnet Manet, sans nom d'acheteur) ; legs Caillebotte aux Musées nationaux, 1894 ; Paris, musée du Luxembourg, 1896 ; Paris, musée du Louvre, 1929 ; Paris, musée du Jeu de Paume, 1947 ; Paris, musée d'Orsay, 1986.

BIBLIOGRAPHIE
Randon, 29 juin 1867, p. 7, *Une dame à sa fenêtre* (caricature) ; cat. exp. Copenhague, 1989, n° 13 ; Distel dans cat. exp. Paris et Chicago, 1994-1995, p. 42-43, fig. 17 ; cat. exp. Copenhague, 2000, n° 13.

EXPOSITION
Paris, 1867, n° 39, *Une dame à sa fenêtre (étude).*

Reproduit fig. 89

Adolphe Tabarant, « catalographe » des œuvres de Manet, brodait volontiers pour suppléer à son fonds documentaire (actuellement à la Pierpont Morgan Library, New York). Selon lui, ce fut Gustave Caillebotte, qui, ayant acquis ce tableau, « lui donna le nom du modèle qui l'avait posé, Angélina ». Si le tableau fut peint vers 1865, et acquis par Caillebotte vers la fin des années 1870, l'on se demande comment l'acquéreur aurait su le nom d'un modèle qui semble n'avoir posé pour Manet qu'aux fins d'un seul tableau. Cette dame à sa fenêtre, au regard attentif et pénétrant, serait-elle la reprise dans l'atelier d'une chose vue dans la rue. Ou s'agirait-il plutôt d'une tentative de créer, d'après un modèle convenable, un tableau délibérément « espagnol », calqué sur un thème sagement goyesque et qui rappelle les effets dramatiques de certaines planches des *Caprices ?* Les plans très contrastés du visage – les uns crûment illuminés, les autres très sombres – sont d'autant plus vivants que les traits de la dame sont typés jusqu'à la limite de la caricature. Elle garde néanmoins une authentique dignité propre à la tradition espagnole.

J. B.

88.
Combat de taureaux ou *la « Plaza de toros » de Madrid*
1865

Huile sur toile
H. 90 ; L. 110
Signé, en bas, à droite (au moment de la vente ?) : *Manet*
Paris, musée d'Orsay
Inventaire RF 1976.8

CATALOGUES RAISONNÉS
Tabarant, 1931, n° 114 ; Rouart-Orienti, 1970, n° 100 ; Rouart-Wildenstein, 1975, I, n° 107.

HISTORIQUE
Paris, atelier(s) de Manet, 1865–1870-1872 – vers 1878 ? ; Paris, Eugène Pertuiset, acheté à Manet ?, après 1872 ; Paris, hôtel Drouot, vente P[ertuiset], 6 juin 1888, n° 2, acheté 1 200 francs par Durand-Ruel ; Paris,

Durand-Ruel ; Berlin, avant 1928, puis Paris, baronne de Goldschmidt-Rothschild ; entré dans les musées nationaux en paiement des droits de succession et avec la participation de la Société des amis du Louvre, 1976 ; Paris, musée du Jeu de Paume, 1976 ; Paris, musée d'Orsay, 1986.

BIBLIOGRAPHIE

Zacharie Astruc, dossier « fragment du voyage » [1864], Paris, arch. du Louvre, Ms 420 (16/1), f°s 28-29 ; Rouart-Wildenstein, 1975, II, n° D286 ; Flescher, 1978, p. 38-42, 145 ; cat. exp. Stockholm, 1985, n° 62 ; Miura, 1988, p. 73-75 ; Wilson-Bareau, 1988, p. 19-20, 56, 68, 1991, p. 37 ; Wilson-Bareau dans cat. exp. Londres, National Gallery, 1992, p. 44-45 ; Galassi, 1999, p. 8-9, fig. 1.

EXPOSITIONS

Paris, 1884, n° 36, *le Combat de taureaux* (à M. Pertuiset) ; Londres, 1905, n° 86 ; Paris et New York, 1983, n° 91.

Reproduit fig. 107

En 1864, au cours d'un voyage en Espagne qui précéda celui de son ami Édouard Manet, Zacharie Astruc découvrit « quelques photographies de combats de taureaux d'un goût fort pittoresque », et il lui vint « l'idée de les adresser en présent à cet enragé d'Espagnol Manet [...] et de lui fournir quelques documents qui mettraient aux anges sa passion espagnole ». Et, selon Antonin Proust, avant le départ de Manet pour l'Espagne « la *Course de taureaux* [cat. 53] d'Alfred Dehodencq [...] avait achevé de l'enthousiasmer ». Arrivé à Madrid le 1er septembre 1865, Manet écrivit le 3 à Fantin-Latour : il avait déjà vu Velázquez et Goya, et espérait assister à une course de taureaux dans la soirée. Dès son retour en France, Manet se mit à un tableau-reportage de « la plaza de toros de Madrid ». On ignore si Astruc avait envoyé des photographies à Manet en 1864, mais Atsushi Miura a souligné les ressemblances entre une photographie parue en France, dans *la Critique illustrée* (25 juin 1865), et notre tableau. De plus, le récit que Manet fit à Astruc de la course qu'il avait vue correspond en tous points avec ce tableau, acheté plus tard par Eugène Pertuiset, le célèbre chasseur de lions, ami de l'artiste et collectionneur de ses tableaux.

J. B.

89.
Combat de taureaux
1865-1867

Huile sur toile
H. 48 ; L. 60,4
Signé, en bas, à droite : *Manet*
The Art Institute of Chicago, Mr. et Mrs. Martin A. Ryerson Collection
Inventaire 37.1019

CATALOGUES RAISONNÉS

Tabarant, 1931, n° 115 ; Rouart-Orienti, 1970, n° 98 ; Rouart-Wildenstein, 1975, I, n° 108.

HISTORIQUE

Paris, atelier de Manet, rue Guyot, 1865–1870-1872, vente : *Combat de taureaux*, estimé 500 francs ; Paris, Durand-Ruel, janvier 1872, *Combat de taureaux*, acheté 500 francs, n° de stock 970 ; New York, James S. Inglis, 1886 ; vente H. T. Chapman, New York, American Art Association, 21-23 février 1888, n° 147 ; New York, J. Cook, Jr. ; New York, Durand-Ruel, 1910 ; Chicago, Reinhardt Galleries ; Chicago, Martin A. Ryerson, 1912, acheté 16 000 dollars ; donné à l'Art Institute of Chicago, en 1937.

BIBLIOGRAPHIE

Godet (1884) dans Moreau-Nélaton, 1926, II, fig. 341 (*Exposition de 1884,* n° 3, Course de taureaux) ; cat. exp. Washington, 1982, n° 81 ; Flint, 1984, p. 357, 361 ; cat. exp. Copenhague, 1989, n° 14 ; Wilson-Bareau dans cat. exp. Londres, 1992, p. 45 et n° 28.

EXPOSITIONS

Londres, 1872, n° 36, *A Bull Fight ;* Londres, 1883, n° 54, *Course de Taureaux ;* Paris, 1884, hors cat. (photographié par Godet) ; New York, 1886, n° 190 ; New York, 1895, n° 19 ; Vienne, 1903, n° 28 (à Durand-Ruel) ; Toledo, 1912, n° 183 ; New York, 1913, n° 7.

Reproduit fig. 108

Ce tableau, plus petit que la scène peinte immédiatement après le retour en France de Manet (cat. 88), est aussi plus élaboré et esthétiquement plus satisfaisant. Si le grand tableau cherche avant tout à rendre ce que Manet nomma « la partie dramatique » du spectacle, celui-ci place le drame sur un tout autre registre, *espada* et taureau confrontés dans l'instant d'immobilité qui précède la course ultime et la mise à mort. Dans cette interprétation sans doute longuement méditée, Manet ramène les loges de l'arène et leur toit de tuiles, les gradins et la palissade dans le plan du tableau et dispose ses figurants, hommes et animaux, de façon à rythmer l'espace de l'arène. L'utilisation du jeu des ombres portées est notamment habile. Des perturbations de la matière picturale, à couches superposées, à l'avant-plan, suggèrent que le peintre y a effectué des changements ; un examen radiographique serait sans doute révélateur. Cette partie du tableau contraste visiblement avec celle qui se situe derrière la palissade, où les couleurs sont minces et fluides, et la foule est un papillotement de touches impressionnistes. L'Espagne des vieilles traditions est aussi porteuse d'avenir.

J. B.

90.
Philosophe ou *Mendiant aux huîtres*
Vers 1865-1867

Huile sur toile
H. 187 ; L. 110,5
Signé, en bas, à droite : *Manet*
Chicago, The Art Institute of Chicago, Arthur Eddy Memorial Collection
Inventaire 31.504

CATALOGUES RAISONNÉS

Tabarant, 1931, n° 104 ; Rouart-Orienti, 1970, n° 94 ; Rouart-Wildenstein, 1975, I, n° 99.

HISTORIQUE

Paris, atelier de Manet, rue Guyot, 1866–1870-1872, vente : un des *4 Philosophes,* estimé 1 500 francs chacun ; Paris, Durand-Ruel, janvier 1872, *le Philosophe*, acheté 1 000 francs, n° de stock 952 ; Paris, Jean-Baptiste Faure, 10 novembre 1882, lot de trois *Philosophes* achetés 5 750 francs ; Paris, Durand-Ruel, 1894, acheté 10 000 francs ; Chicago, Arthur Jerome Eddy, acheté 20 000 francs ; Chicago, Mrs. Eddy, 1920, et son fils Jerome O. Eddy ; donné à l'Art Institute of Chicago, en 1931.

BIBLIOGRAPHIE

Randon, 29 juin 1867, p. 6, *Philosophe* (caricature) ; Godet, 1872, n° 5, *Mendiant aux*

huîtres (photographie) ; Callen, 1974, p. 169, 171, notes 76, 86 ; cat. exp. Paris et New York, 1983, n° 90 ; Flint, 1984, p. 357.
EXPOSITIONS
Paris, 1867, n° 32, *Philosophe* ; Paris, 1870 ; Londres, 1872, n° 15, *The Philosopher* ; Paris, 1884, n° 30, *Un philosophe* (à M. Faure) ; New York, 1886, n° 244 ; New York, 1913, n° 5.

Reproduit fig. 112

Dans la lettre qu'il écrivit à Fantin-Latour, deux jours après son arrivée à Madrid, Manet exprima son bouleversement devant les Velázquez du Prado. Il commenta plusieurs tableaux, dont le « portrait d'un acteur » (cat. 33), « ses philosophes, étonnants morceaux… ». Ces derniers étaient des « portraits » grandeur nature d'*Ésope* et de *Ménippe* (cat. 34). Manet, qui devait déjà les connaître à travers les copies à l'eau-forte de Goya, subit le choc de ces images à la fois graves et vives de deux personnages célèbres de l'Antiquité. Est-ce cette rencontre qui lui permit de comprendre pleinement la signification de son *Buveur d'absinthe* (cat. 69) ? De retour dans son atelier, Manet se mit à peindre un pendant à celui-ci, auquel il en ajouta un autre, créant ainsi une paire de « philosophes mendiants » sur le mode du maître espagnol. Ils ont figuré au pavillon de l'Alma en 1867, avec *le Buveur d'absinthe* tronqué et sans verre. Plus tard, Manet décida de faire de ses grands misérables un quatuor, en remettant son *Buveur* au format d'origine et en peignant un *Chiffonnier* (Pasadena, musée Norton Simon) pour compléter le groupe qu'acheta Durand-Ruel en 1872.

La récente restauration de ce tableau et de son compagnon (cat. 91) a rendu l'éclat original à ces deux œuvres, qui occupent un terrain spécifique à Manet, entre un passé imbu de classicisme aussi antique que vélasquien et un monde contemporain en train de se révéler.

J. B.

91.
Philosophe ou *Mendiant au caban*
Vers 1865-1867

Huile sur toile
H. 187,7 ; L. 109,9
Chicago, The Art Institute of Chicago
Inventaire 10.304
CATALOGUES RAISONNÉS
Tabarant, 1931, n° 105 ; Rouart-Orienti, 1970, n° 95 ; Rouart-Wildenstein, 1975, I, n° 100.

HISTORIQUE
Paris, atelier de Manet, rue Guyot, 1864–1870-1872, vente : un des *4 philosophes,* estimé 1 500 francs chacun ; Paris, Durand-Ruel, janvier 1872, *le Mendiant,* acheté 1 000 francs, n° de stock 956 ; Paris, Jean-Baptiste Faure, 10 novembre 1882, lot de trois « Philosophes » achetés 5 750 francs ; Paris, Durand-Ruel, 1898 ; acquis par The Art Institute of Chicago, 1912.
BIBLIOGRAPHIE
Randon, 29 juin 1867, p. 8, *Philosophe* (caricature) ; Godet, 1872, n° 7, *Mendiant au caban* (photographie).
EXPOSITIONS
Paris, 1867, n° 32, *Philosophe* ; Munich, 1869 ; Londres, 1872, n° 31, *A Beggar* ; Paris, 1884, n° 29, *Un philosophe* (à M. Faure) ; New York, 1886, n° 240 ; Londres, 1905, n° 97, *A Beggar.*

Reproduit fig. 111

Le *Philosophe* qui s'enroule dans sa vieille cape, appelé aussi le *Mendiant aux huîtres* (cat. 90), adopte une posture qui exprime la fière indépendance propre aux cyniques, auxquels appartenait le Ménippe dont le « portrait » par Velázquez est la source de ce *Philosophe* de Manet. En revanche, son pendant, le *Mendiant au caban,* avance la main et demande l'aumône au spectateur.

Une savante restauration a rendu sa richesse primitive à cette œuvre longtemps ternie par de vieux vernis. On peut enfin apprécier le détail du costume : caban marron doré bordé de noir, par-dessus un manteau bleu également bordé de noir. Serait-ce un uniforme, complété par le béret rouge ? Sommes-nous en présence d'un militaire déchu ? Le tableau a figuré dans l'exposition de Manet au pavillon de l'Alma en 1867, année de la catastrophe qui mit fin à cinq ans d'engagement français au Mexique (cat. 95). Le vieux « philosophe » qui invite le passant à réfléchir sur son état lui renvoie une image peu réjouissante, qui laisse deviner une vie longue et douloureuse.

J. B.

92.
L'Acteur tragique. Portrait de Rouvière dans le rôle d'Hamlet
1865-1866

Huile sur toile
H. 187,2 ; L. 108,1
Signé, en bas, à droite : *Manet*
Washington, National Gallery of Art
Inventaire 1530
CATALOGUES RAISONNÉS
Tabarant, 1931, n° 103 ; Rouart-Orienti, 1970, n° 90 ; Rouart-Wildenstein, 1975, I, n° 106.

HISTORIQUE
Paris, atelier de Manet, rue Guyot, 1865–1870-1872, vente : *Rouvière,* estimé 2 000 francs ; Paris, Durand-Ruel, janvier 1872, *le Portrait de Rouvière,* acheté 1 000 francs, n° de stock 953 ; Asheville, Caroline du Nord, George Vanderbilt, 1898 ; Mrs. Edith Stuyvesant Vanderbilt, 1914 (par héritage), qui devient Mrs. Vanderbilt Gerry ; légué à la National Gallery, 1959.
BIBLIOGRAPHIE
Baudelaire, [janvier 1856], 1er décembre 1859, 28 octobre 1865 (notice nécrologique), voir 1976, II, p. 61-65, 241-243 ; Godet, 1872, n° 14, *Portrait de Rouvière en costume de théâtre* ; Venturi, 1939, II, p. 190, n° 77 ; Callen, 1974, p. 171, note 91 ; cat. exp. Washington, 1982, n° 27 ; cat. exp. Paris et New York, 1983, n° 89 ; McCauley, 1985, p. 187-188.
EXPOSITIONS
Paris, 1867, n° 18, *l'Acteur tragique* ; Boston, 1883 ; New York, 1895, n° 13.

Reproduit fig. 32

Ce tableau, que le jury d'admission du Salon refusa en 1866, fut acquis par Durand-Ruel en janvier 1872, lors d'un achat de vingt-trois tableaux à Manet. Malgré la qualité évidente de la peinture, *l'Acteur tragique* ne trouva acquéreur qu'en 1898, quand la galerie le vendit à George Vanderbilt (notons que Tabarant a semé la confusion à ce sujet en indiquant dans son catalogue de 1932 le passage de l'œuvre chez Faure. La version de Durand-Ruel, donné par Venturi et confirmé plus tard par Callen, contraignit Tabarant, en 1947, à admettre ses erreurs). L'*Acteur tragique* est la réplique qu'offre Manet du

« portrait d'acteur », de Velázquez (cat. 33), dont le modèle, Pablo de Valladolid, était bouffon de cour. Le fait que Manet ait pu garder en mémoire cette œuvre en peignant la sienne indique l'effet durable qu'avaient quelques visites au Prado sur cet œil sensible. Parmi vingt-deux tableaux de Velázquez au catalogue publié par le photographe J. Laurent à Madrid en 1863, il manque *les Ménines* et ce prétendu acteur. Mais la seule vue de ces œuvres maîtresses suffit à renseigner Manet sur l'art du noir sur noir, et sur la façon de donner autour des formes peintes une impression d'atmosphère et d'espace.

J. B.

93.
Le Fifre
1866

Huile sur toile
H. 160 ; L. 98
Signé, en bas, à droite : *Manet*
Paris, musée d'Orsay
Inventaire RF 1992
CATALOGUES RAISONNÉS
Tabarant, 1931, n° 117 ; Rouart-Orienti, 1970, n° 104 ; Rouart-Wildenstein, 1975, I, n° 113.

HISTORIQUE
Paris, atelier de Manet, rue Guyot, 1866-1870-1872, vente : *Fifre*, estimé 1 500 francs ; Paris, Durand-Ruel, janvier 1872, *le Fifre*, acheté 1 500 francs, n° de stock 961 ; Paris, Jean-Baptiste Faure, 11 novembre 1873, acheté 2 000 francs ; Paris, Durand-Ruel, 1893, racheté à Faure ; Paris, comte Isaac de Camondo, janvier 1894, acheté 30 000 francs ; légué au musée du Louvre en 1911, exposé en 1914 ; Paris, musée du Jeu de Paume, 1947 ; Paris, musée d'Orsay, 1986.
BIBLIOGRAPHIE
Callen, 1974, p. 163, 171 ; cat. exp. Washington, 1982 ; cat. exp. Paris et New York, 1983, n° 89 ; Flint, 1984, p. 357 ; cat. exp. Londres, 1992, n° 29 ; cat. exp. Paris et New York, 1994-1995, n° 102.
EXPOSITIONS
Paris, 1867, n° 11, *le Fifre* ; Paris, 1884, n° 33 (à M. Faure) ; New York, 1886, n° 22 ; Paris, Exposition universelle, 1889, n° 485.

Reproduit fig. 110

Manet a peint son jeune *Fifre* à son retour d'Espagne et souhaita présenter la toile au Salon de 1866, avec celle de *l'Acteur tragique* (cat. 92). Mais après le tollé provoqué par *Olympia* et son *Christ insulté* au Salon précédent, le jury décida de rejeter les deux œuvres. On aimerait connaître les motifs qui poussèrent le peintre à choisir tel ou tel personnage pour la série de « portraits en pied » qu'il a peints sous le choc de Velázquez. Si Rouvière dans le rôle d'Hamlet, figurant *l'Acteur tragique*, se conçoit parfaitement comme une réponse au *Pablo de Valladolid* (cat. 33), où situera-t-on *le Fifre*, si étonnamment moderne ? Avec quel tableau de Velázquez comparera-t-on ce petit garçon robuste ? Avec la netteté des formes et le regard clair du jeune infant don Baltasar Carlos ? Avec les aplats rouges et la silhouette tranchée du bouffon dit Barberousse ? Le fifre se tient dans l'espace le plus abstrait, enveloppé de la seule atmosphère. Manet lui-même commenta l'« acteur » de Velázquez avec la phrase : « C'est de l'air qui entoure ce bonhomme » – propos qui fait écho à l'avis de Goya et des critiques de son temps sur l'une des principales qualités de l'art de Velázquez, cette « magie de l'atmosphère » dont il savait doter ses tableaux.

J. B.

94.
Un matador de taureaux ou *le Matador saluant*
1866-1867

Huile sur toile
H. 171,1 ; L. 113
Signé, en bas, à gauche : *Manet*
New York, The Metropolitan Museum of Art
Inventaire 29.100.52
CATALOGUES RAISONNÉS
Tabarant, 1931, n° 113 ; Rouart-Orienti, 1970, n° 101 ; Rouart-Wildenstein, 1975, I, n° 111.

HISTORIQUE
Paris, atelier de Manet, rue Guyot, 1866-1870 ; Paris, Théodore Duret, 1870, acheté 1 200 francs à Manet ; vente Duret, Paris, Galerie Georges Petit, 19 mars 1894, n° 20, 10 500 francs à Durand-Ruel et Faure, n° de stock 2965 ; New York, Durand-Ruel, 25 octobre 1894, acheté, n° de stock 1223 ; Paris, Durand-Ruel, 31 août 1895, racheté ; New York, Durand-Ruel, 31 août 1895 – 31 décembre 1898, dépôt n° 5350 ; Paris, Durand-Ruel, 21 décembre 1898, demi-part de Faure achetée ; New York, Durand-Ruel, 21 décembre, livre de stock Paris, ou 31 décembre 1898, acheté 20 000 francs, n° de stock 2073 ; New York, Mr. et Mrs. H. O. Havemeyer, 31 décembre 1898, acheté 8 000 dollars ; New York, Mrs. H. O. Havemeyer, 1907-1929 ; légué au Metropolitan Museum, 1929.
BIBLIOGRAPHIE
Cat. exp. Paris et New York, 1983, n° 92 ; Wilson-Bareau, 1991, p. 54 (vente à Duret) ; cat. exp. New York, 1993, p. 353, n° 348.
EXPOSITIONS
Paris, 1867, n° 16, *Un matador de taureaux* ; Paris, 1884, n° 34, *le Matador saluant* (à M. Théodore Duret) ; New York, mars 1895, n° 24 ; Buffalo, 1896 (sans cat.) ; Pittsburgh, 1897-1898, n° 139 ; Boston, 1898, n° 58.

Reproduit fig. 109

On a longuement épilogué sur le geste et le « moment » choisis par Manet pour la pose de son modèle. Regard vers la Vierge dans la chapelle des *toreros*, ou vers une loge dans l'arène – qu'importe ! Manet lui-même ne nous fournit aucune explication. Recherche de la réalité, nécessité de travailler en présence du modèle : Manet nous présente un *espada* en costume de lumière, aux traits accusés, apparemment authentique. D'après Tabarant et Moreau-Nélaton, c'est Eugène Manet qui aurait posé, mais nous connaissons ses traits et ce visage n'est pas le sien. Pour Duret, il s'agissait d'un danseur espagnol attaché à l'Exposition universelle – mais la toile se trouvait exposée dès le 22 mai 1867 dans le pavillon de Manet, avenue de l'Alma. Il se peut que nous soyons confrontés au même cas que celui du « portrait » de Rouvière : le frère de Manet ou un autre modèle aurait porté les vêtements et prit la pose, alors que cette tête étonnante serait à rechercher parmi les cartes-photographies de *toreros* célèbres. Quelles qu'aient été les sources de cette peinture, sa construction savante et l'éclat des couleurs en font une des œuvres les plus franches et mâles du peintre.

J. B.

95.
L'Exécution de l'empereur Maximilien
Juillet-septembre 1867

Huile sur toile
H. 196 ; L. 259,8
Boston, Museum of Fine Arts
Inventaire 30.444
CATALOGUES RAISONNÉS
Tabarant, 1931, n° 130 ; Rouart-Orienti, 1970, n° 115 ; Rouart-Wildenstein, 1975, I, n° 124.

HISTORIQUE
Paris, ateliers de Manet, 1867-1883 ; Paris-Gennevilliers-Asnières, Suzanne Manet, 1883-1899 ; Paris, Léon Leenhoff, 1899 ? ; Paris, Ambroise Vollard, juillet 1899, acheté 500 ou 800 francs ; Boston, Frank Gair Macomber, 1909, acheté grâce à Mary Cassatt ; donné par Mr. et Mrs. Macomber au Museum of Fine Arts, en 1930.
BIBLIOGRAPHIE
Cat. exp. Providence, 1981, n° 29 ; cat. exp. Londres, 1992, n° 1 ; cat. exp. Paris et New York, 1983, n° 104 ; cat. exp. Londres, 1992, n° 1 ; cat. exp. Mannheim, 1992-1993, s. n, pl. 8.

Reproduit fig. 114

L'empereur Maximilien fut fusillé par un peloton d'exécution au Mexique le 19 juin 1867. La nouvelle est arrivée à Paris le 1er juillet, lors de la distribution des récompenses de l'Exposition universelle. Manet, frappé par le désastre et cette preuve de la culpabilité de Napoléon III – il n'était pas seul à récuser sa politique extérieure et la désastreuse « aventure » mexicaine qui se déroulait depuis 1862 –, décida d'en faire le sujet d'une peinture à grande échelle, un « tableau d'histoire ». En 1865, il avait vu au Prado les *Deux Mai 1808* (fig. 7) et *Trois Mai 1808* (fig. 8), de Goya, qualifiés dans les guides de « furieuses ébauches ». La grande toile des *Exécutions du trois mai* a servi de base à trois grandes compositions de Manet. Celle-ci, la première, fut brossée à la hâte dans l'idée, croit-on, de la présenter dans son exposition en cours. Mais si Manet se laissait aller au gré des événements, en essayant d'en tirer partie par la suite, dans le cas présent il fut pris au piège de sa recherche de la « vérité ». Sans nouvelles sûres au départ, il imagina une scène à la mexicaine, avec les juaristes en costume du pays, fictif, mais la note « vraie » du chapeau qu'affectionnait l'empereur. Lorsque les nouvelles se précisèrent, Manet commença à transformer sa toile – en changeant les sombreros des soldats en casquettes – puis abandonna cette toile et recommença sa poursuite de la « vérité » sur une autre.

J. B.

96.
Portrait d'Émile Zola
Février-mars 1868

Huile sur toile
H. 146,5 ; L. 114
Signé, à droite, sur la brochure : *MANET*
Paris, musée d'Orsay
Inventaire RF 2205
CATALOGUES RAISONNÉS
Tabarant, 1931, n° 132 ; Rouart-Orienti, 1970, n° 118 ; Rouart-Wildenstein, 1975, I, n° 128.

HISTORIQUE
Paris, puis Médan, Émile Zola, 1868, donné par Manet ; Médan, Mme Zola, 1902 ; donné par Mme Zola au Louvre sous réserve d'usufruit, 1918 ; Paris, musée du Louvre, 1925 ; Paris, musée du Jeu de Paume, 1947 ; Paris, musée d'Orsay, 1986.
BIBLIOGRAPHIE
Cat. exp. Paris et New York, 1983, n° 93 ; cat. exp. Paris et New York, 1994-1995, n° 108 ; Schmidt, dans cat. exp. Bâle, 1999, p. 21-41, fig. 14 (*la Gazette des Beaux-Arts,* 1867) et n° 1 ; cat. exp. Paris, 2000-2001, fig. 4.
EXPOSITIONS
Paris, Salon de 1868, n° 1660, *Portrait de M. Émile Zola ;* Paris, 1883, n° 304 ; Paris, 1884, n° 42 (à M. Émile Zola).

Reproduit fig. 151

Le portrait d'Émile Zola fut peint en février et mars 1868 dans l'atelier de Manet, au 81, rue Guyot. Zola y apparaît en critique d'art, dans un coin de l'atelier arrangé pour suggérer sa table de travail. Il y règne un désordre de livres et de plaquettes, avec notamment celle, à l'avant-plan, de son article sur Manet de l'année précédente, rééditée au moment de l'exposition particulière, avenue de l'Alma : sur la couverture, bleue, de la plaquette apparaissent leurs deux noms : ZOLA et MANET, dont la plume de l'écrivain semble caresser les caractères typographiques. Tout ici est savamment allégorique. Zola tient grand ouvert, coupe-papier à portée de main, un volume de *la Gazette des Beaux-Arts.* Récemment identifié, sur la page de droite débute le premier d'une série d'articles de Paul Lefort, son « Essai d'un catalogue raisonné » des estampes de Goya, paru le 1er février 1867, et dont les premières pages évoquent les *Copies d'après Velázquez.* Dans un cadre au mur, par-dessus la table, apparaissent trois œuvres emblématiques : une estampe japonaise, la photographie d'*Olympia* par Godet, et à demi cachée une gravure – où l'on se plaît à reconnaître l'eau-forte de Goya (mais il en existait par d'autres artistes) – d'après le *Bacchus,* dit *Los borrachos,* de Velázquez. Ainsi Goya et Velázquez se retrouvent avec Manet et Zola dans ce portrait, qui trouvera sa place au Salon de 1868.

J. B.

97.
Portrait de Théodore Duret
Juin-juillet 1868

Huile sur toile
H. 43 ; L. 35
Signé, en bas, à gauche (à l'envers) : *Manet 68*
Paris, Petit Palais, musée des Beaux-Arts de la Ville de Paris
Inventaire 485
CATALOGUES RAISONNÉS
Tabarant, 1931, n° 133 ; Rouart-Orienti, 1970, n° 119 ; Rouart-Wildenstein, 1975, I, n° 132.

HISTORIQUE
Paris, Théodore Duret, 1868, commandé en juin, payé une caisse de vieux cognac en septembre ; donné par Duret au musée, 1908.
BIBLIOGRAPHIE
Cat. exp. Paris et New York, 1983, n° 108 ; Wilson-Bareau, 1988, p. 17-20, 25-26, 56, lettre 8, p. 69-78, 1991, p. 37, 46, 54, 56 (lettres à Duret) ; cat. exp. Copenhague, 1989, n° 19 ; cat. exp. Paris, 2000-2001, n° 14.
EXPOSITIONS
Paris, 1884, n° 43 (à M. Théodore Duret) ; Paris, 1907, n° 80.

Reproduit fig. 117

Manet et Duret se sont rencontrés par hasard en 1865 à Madrid. Ils ont signé le registre ensemble au Prado, et sont allés aux taureaux un soir. Duret, qui s'occupait d'une affaire de famille à Cognac, ne se transforma en critique d'art parisien qu'à partir de 1867. Il eut avec Manet des rapports d'amitié mais aussi d'affaires. En juin 1868, l'artiste lui adressa une lettre : « Mon cher Duret, Je pense qu'on pourrait faire un petit portrait en pied dans les dimensions que vous désirez ; une tête seule est toujours une chose ennuyeuse, pour le reste ce sera ce que vous voudrez ou ce que vous pouvez, entre amis on ne doit pas avoir d'exigences. » Duret énerva ensuite cet ami en le priant de re-signer la toile, plus discrètement, ce qui lui valut une belle signature… à l'envers. Manet mit plusieurs de ses meilleures toiles en dépôt chez Duret pendant la guerre, lui vendit trop avantageusement plusieurs peintures, dont le *Matador de taureaux* (cat. 94), insistant pour que le prix au rabais restât entre eux, et en fit son exécuteur testamentaire. Ce petit portrait superbement peint, avec sa nature morte bien plus intéressante que le bourgeois en pied, donne la mesure des deux hommes : l'ironie brille par son absence chez le modèle.

J. B.

98.
Fleur exotique
1868

Eau-forte et aquatinte
Épreuve de 2e état, avec la reprise à l'eau-forte et à l'aquatinte ; l'une des douze épreuves sur Chine des *Sonnets et eaux-fortes*
H. 17,9 ; L. 12,9
Signé, en bas, à gauche (2e état) : *Manet*
Paris, Bibliothèque nationale de France, département des Estampes
CATALOGUES RAISONNÉS
Guérin, 1944, no 51 ; Harris 1970, no 57.

HISTORIQUE
Legs Étienne Moreau-Nélaton, 1927.
BIBLIOGRAPHIE
Wilson, 1978, no 57 ; Fisher, 1985, p. 82-84, nos 45-46.
EXPOSITION
Ingelheim, 1977, no 56.

Reproduit fig. 116

« C'est convenu je ferai une eau-forte sur le sonnet de M. Renaud. » Ainsi répondit Manet à Philippe Burty à son invitation de participer à un projet d'édition pour un livre de bibliophile. *Sonnets et eaux-fortes* est un ouvrage extrêmement raffiné, où trente textes font face à trente images dans une mise en pages soignée, qui assure l'unité de l'ensemble. C'est à Goya que Manet demanda conseil pour son estampe, créant une image tirée des *Caprices* (cat. 6) mais mise au goût, du second Empire et de son romantisme littéraire. La silhouette de l'élégante *maja,* richement travaillée à la pointe, est mise en valeur par l'aquatinte dont le grain, ouvert et assez irrégulier, crée ce fond atmosphérique que l'on retrouve dans les portraits « espagnols » de Manet, et notamment dans celui du *Fifre* (voir cat. 93 et 94). Cette *Fleur exotique,* créée pour le poème assez plat de Renaud, est une sorte d'hommage à Baudelaire, un an après sa mort : mais cette Espagnole à la blanche poitrine est sans doute un peu trop sage pour l'auteur des *Fleurs du mal.*

J. B.

99.
Le Balcon
1868-1869

Huile sur toile
H. 169 ; L. 125
Signé, en bas, à droite : *Manet*
Paris, musée d'Orsay
Inventaire RF 2772
CATALOGUES RAISONNÉS
Tabarant, 1931, no 135 ; Rouart-Orienti, 1970, no 121 ; Rouart-Wildenstein, 1975, I, no 134.

HISTORIQUE
Paris, ateliers de Manet : rue Guyot, 1869-1870 ; Paris, chez Duret, septembre 1870-1871, dépôt ; rue Guyot, 1871-1872, inventaire : *le Balcon,* estimé 18 000 francs ; rue de Saint-Pétersbourg et rue d'Amsterdam, 1872-1883 ; vente Manet, Paris, hôtel Drouot, 4-5 février 1884, no 2, 3 000 francs, à Caillebotte ; Paris-Petit Gennevilliers, Gustave Caillebotte ; legs Gustave Caillebotte aux Musées nationaux, 1894 ; Paris, musée du Luxembourg, 1896 ; Paris, musée du Louvre, 1929 ; Paris, musée du Jeu de Paume, 1947 ; Paris, musée d'Orsay, 1986.
BIBLIOGRAPHIE
Bodelsen, 1968, p. 344 ; cat. exp. Paris et New York, 1983, no 115 ; Distel dans cat. exp. Paris, 1994-1995, p. 42-43, fig. 16 ; cat. exp. Lille, 2002, no 159.
EXPOSITIONS
Bruxelles, Salon triennal, 1869, no 754 ; Paris, Salon de 1869, no 1616 ; Paris, 1884, no 52.

Reproduit fig. 80

Dans l'inventaire qu'il fit de son atelier vers 1872 Manet mit *le Balcon* en troisième place, après l'*Olympia* et *la Partie carrée* (c'est-à-dire *le Déjeuner sur l'herbe*), l'estimant 18 000 francs. Le tableau resplendissait sur les murs de ses divers ateliers, et fut acheté à sa vente après-décès par Gustave Caillebotte, confrère impressionniste et collectionneur hors pair de la nouvelle peinture. Le tableau du *Balcon* est un hommage à l'art – un « art de peindre » en lui-même (évoquera-t-on *les Ménines* ?). C'est aussi un hymne caché à la vie bourgeoise dans ses traditions sociales et culturelles. Deux artistes-peintres, Berthe Morisot et Antoine Guillemet, et une violoniste, Fanny Claus, en ont été les modèles. Et pour le garçon du fond, Manet reprit le motif, ancien et souvent répété, de son *Enfant au plateau* (voir cat. 71).

Les origines de cette composition restent obscures : scène vue à Boulogne au cours de l'été de 1868 ? Souvenir – évidemment lointain – des *Majas au balcon* de la Galerie espagnole, qui figurait sur une planche du *Goya* de Charles Yriarte, paru en juin 1867 ? Souvenir des *Balcons* de Guys (cat. 65) ? *Le Balcon* résume tout un monde de références, unissant l'art des grands maîtres aux trivialités contemporaines.

J. B.

100.
Le Gamin
1868-1874

Lithographie
Épreuve du 2e état, tirage 1874
H. 28,9 ; L. 22,8 (trait carré)
Signé, en haut, à gauche : *Manet*
Avec la lettre en bas, au centre (2e état) :

LE GAMIN; plus bas, à gauche : *(Tiré à cent exemplaires)*; à droite : *Imp. Lemercier & Cie Paris*
Paris, Bibliothèque nationale de France, département des Estampes
CATALOGUES RAISONNÉS
Guérin, 1944, n° 71; Harris 1970, n° 30.

HISTORIQUE
Épreuve du dépôt légal, 1874.
BIBLIOGRAPHIE
Wilson, 1978, n° 75; Paris et New York, 1983, n° 8; Fisher 1985, p. 105, n° 62.
EXPOSITION
Ingelheim, 1977, n° 45.

Reproduit fig. 94

Vers 1860-1861, Manet peignit une variante d'après un tableau célèbre de Murillo (cat. 26). Ce dernier, passé de la collection du duc de Choiseul au musée de l'Ermitage, à Saint-Pétersbourg, en 1772, était connu par une excellente gravure; par ailleurs, le tableau fut reproduit dès 1852 à la première page de la livraison sur *E. Murillo* de l'*Histoire des peintres* de Charles Blanc. Manet fit une eau-forte d'après sa propre toile, en 1862, puis, une dizaine d'années plus tard décida d'en faire une lithographie. Il avait légèrement remanié son tableau, sans doute avant de le vendre à Durand-Ruel, en 1872. Le photographe habituel de Manet, Charles-Michel Godet, fit un cliché d'après la toile définitive, et un tirage a dû servir à Manet pour calquer l'image sur la pierre lithographique. Le garçon n'est ni le petit Alexandre, ce garçon d'atelier s'était suicidé vers 1859, ni le jeune Léon, fils de la compagne de Manet. En revanche, le gros chien velu est celui de la famille Manet, que l'on retrouve dans d'autres œuvres exécutées entre 1860 et 1867. En 1874, Manet édita sa lithographie en même temps que celle qui s'intitule *Guerre civile* (cat. 101). Les deux œuvres furent soigneusement tirées, à cent épreuves, sur un papier appliqué, légèrement violacé, qui fait ressortir la richesse des noirs.

J. B.

101.
Guerre civile
1871-1874

Lithographie
Épreuve du 2e état, tirage 1874
H. 39,9; L. 50,8
Signé et daté, en bas, à gauche : *Manet / 1871*
Avec la lettre en bas, au centre (2e état) : *GUERRE CIVILE*; au bas du sujet, à gauche : *Tiré à cent exemplaires*; à droite : *Imp. Lemercier & Cie r. de Seine 57 Paris*
Paris, Bibliothèque nationale de France, département des Estampes
CATALOGUES RAISONNÉS
Guérin, 1944, n° 75; Harris 1970, n° 72.

HISTORIQUE
Épreuve du dépôt légal, 1874.
BIBLIOGRAPHIE
Wilson, 1978, n° 79; Fisher, 1985, p. 94-95, n° 55.
EXPOSITION
Ingelheim, 1977, n° 73.

Reproduit fig. 115

Dans cette magnifique lithographie, un soldat mort – image renversée de *l'Homme mort* de Manet (cat. 84) – gît au sol devant une barricade. On voit des débris et quelques pavés épars; sur l'un d'eux Manet a apposé sa signature et la date 1871. Celle-ci explique le contexte de cette scène tragique, où les pieds et le bas d'un pantalon rayé indiquent un civil mort à côté du soldat. Manet a passé la guerre franco-prussienne à Paris. Parti en province pour rejoindre sa famille à la fin de la guerre, il est rentré à Paris immédiatement après la semaine sanglante qui mit fin à la Commune.

La date 1871 n'est pas celle de l'exécution de l'œuvre, elle est plutôt historique, comme le *19 Juin 1867*, qu'il brossa sur la toile définitive de son *Exécution de Maximilien* (Mannheim, Kunsthalle). Édité avec la belle lithographie du *Gamin* (cat. 100), *Guerre civile* est un plaidoyer contre la force et la brutalité des hommes.

J. B.

102.
Berthe Morisot au bouquet de violettes
1872

Huile sur toile
H. 55; L. 38
Signé et daté, en haut, à droite : *Manet 72*
Paris, musée d'Orsay
Inventaire RF 1998.30
CATALOGUES RAISONNÉS
Tabarant, 1931, n° 176; Rouart-Orienti, 1970, n° 158; Rouart-Wildenstein, 1975, I, n° 179.

HISTORIQUE
Paris, Théodore Duret, date inconnu; vente Duret, Paris, galerie Georges Petit, 19 mars 1894, n° 22, *la Jeune Femme au chapeau noir,* 5 100 francs à Durand-Ruel pour B. Morisot; Paris, Berthe Morisot-Manet; Paris, Julie Manet, sa fille, plus tard Mme Ernest Rouart, 1895, par héritage; Paris, héritiers Rouart, 1967-1998; acquis par le musée d'Orsay, 1998, avec la participation du Fonds du Patrimoine de la fondation Meyer et d'un mécénat coordonné par le journal *Nikkei.*
BIBLIOGRAPHIE
Bodelsen, 1968, p. 344-345 (procès-verbal n° 28); cat. exp. Paris et New York, 1983, n° 130; cat. exp. Copenhague, 1989, n° 25; cat. exp. Martigny, 1996, n° 29; cat. exp. Paris, 2000, n° 12; cat. exp. Paris, 2000-2001, n° 31; cat. exp. Lille, 2002, n° 165.
EXPOSITION
Paris, Salon d'Automne, 1905, n° 10.

Reproduit fig. 121

Après les sombres aspérités de la *Femme à sa fenêtre* (cat. 87), après les contrastes savants, appris chez Velázquez, de ces figures taillées dans les fonds lumineux, telle celle du *Fifre* (cat. 93), ce portrait de Berthe Morisot incarne peut-être mieux que toute autre toile l'esprit « espagnol » dans l'impressionnisme de Manet. La noire silhouette joue « dans la transparence de l'atmosphère » (un mot de Manet à Proust à propos du *Concert champêtre* au Louvre), et les traits de Berthe, si fins et pourtant si décidés, son regard fier et en même temps séducteur émergent comme par miracle de ces mèches de cheveux clairs et des rubans sombres. Manet n'abandonna jamais ses noirs, qui ne font chez lui que rehausser ses clartés. Aspects sombres et clairs de sa propre personnalité. Berthe a la vitalité, l'intensité du regard des « portraits » de femmes au balcon de Goya.

J. B.

103.
Berthe Morisot à l'éventail
1872

Huile sur toile
H. 60 ; L. 45
Signé, en bas, à gauche : *Manet 72*
Paris, musée d'Orsay
Inventaire RF 1671
CATALOGUES RAISONNÉS
Tabarant, 1931, n° 175 ; Rouart-Orienti, 1970, n° 157 ; Rouart-Wildenstein, 1975, I, n° 181.

HISTORIQUE
Paris, atelier de Manet, rue de Saint-Pétersbourg ; Paris, Théodore Duret, fin de 1873 ? *(Femme à l'éventail),* acheté 600 francs, carnet Manet ; Paris, Georges de Bellio, avant 1884 ; Paris, Donop de Monchy, 1894, par héritage ; acquis par Étienne Moreau-Nélaton pour 1 900 francs à Paris, hôtel Drouot, vente anonyme, 27 mars 1897, n° 43 ; donation Étienne Moreau-Nélaton aux Musées nationaux, 1906 ; Paris, musée des Arts décoratifs, 1907 ; Paris, musée du Louvre, 1934 ; Paris, musée du Jeu de Paume, 1947 ; Paris, musée d'Orsay, 1986.
BIBLIOGRAPHIE
Cat. exp. Paris, 1991, n° 82 ; cat. exp. Paris et Washington, 1998, n° 23 (exposé à Paris), fig. 134 ; cat. exp. Paris, 1998-1999, n° 187.
EXPOSITION
Paris, 1884, n° 65, *Femme à l'éventail* (à M. de Bellio).

Reproduit fig. 122

Pour quelle raison Théodore Duret (cat. 97), qui n'était pas un vrai intime du peintre et de sa famille, a-t-il possédé le portrait, si émouvant, de Berthe Morisot au bouquet de violettes (cat. 102) ? Par ailleurs, nous savons, grâce au carnet de vente de Manet, que Duret lui a acheté, à la fin de 1873, une *Femme à l'éventail* pour 600 francs, et l'on peut se demander s'il ne s'agirait pas de cet autre portrait de Berthe qui devait aboutir, à une date inconnue, chez le Dr Georges de Bellio ? Étant donné l'intérêt de Duret pour l'Espagne, comme pour tout ce qui touchait à l'Orient, il aurait pu sans doute en être l'acquéreur.

Peint dans l'atelier de la rue de Saint-Pétersbourg, le « portrait » – au visage caché par l'éventail – fait partie d'une série de toiles sur lesquelles Manet a capté la grâce et la fantaisie de son modèle. Légèreté de la touche, décision du geste : on comparera ce petit portrait en pied avec celui par Goya de son ami Asensi (cat. 9).

J. B.

104.
L'Artiste ou *Portrait de Marcellin Desboutin*
1875

Huile sur toile
H. 192 ; L. 128
Signé et daté, en bas, à droite : *Manet / 1875*
São Paulo, Museu de Arte de São Paulo Assis Chateaubriand
Inventaire 77.1958
CATALOGUES RAISONNÉS
Tabarant, 1931, n° 225 ; Rouart-Orienti, 1970, n° 202 ; Rouart-Wildenstein, 1975, I, n° 244.

HISTORIQUE
Paris, Henri Debrousse, septembre 1875, *l'Artiste,* acheté 3 500 francs, carnet Manet ; Paris, Auguste Pellerin, avant 1899 ; Paris, Durand-Ruel et Bernheim-Jeune, et Berlin, Paul Cassirer 1910, acheté en tiers ; Berlin, Eduard Arnhold, 1910, acheté 300 000 deutsche Mark, avec *la Famille Monet au jardin ;* Paris, Wildenstein, 1954 ; São Paulo, Museu de Arte, 1954.
BIBLIOGRAPHIE
Cat. exp. Paris et New York, 1983, n° 146 ; Wilson-Bareau, 1989, p. 31, 34, fig. 9, carnet Manet ; cat. exp. Martigny, 1996, n° 46.
EXPOSITIONS
Paris, 1884, n° 78 (à M. Hubert Debrousse) ; 1900, Paris, Exposition universelle, Centennale, n° 446 (à M. Pellerin) ; 1910, Berlin et Munich, n° 1 ; Paris, 1910, n° 8.

Reproduit fig. 123

Dans les années 1870, la palette de Manet s'éclaircit, sa touche se brise, et il expérimente un temps l'impressionnisme, surtout en 1874, à Argenteuil l'été, et à Venise à l'automne. Mais son art était trop marqué par le grand art du passé pour rester à la surface des choses, et, pour son envoi au Salon de 1875, il réalisa *Argenteuil* (Tournai, musée des Beaux-Arts), œuvre solidement charpentée. Deux toiles complémentaires, qui furent refusées au Salon de 1876, révèlent le chemin qu'il allait suivre. En 1875, il peignit *le Linge* (Merion, Barnes Foundation), scène de plein air inondée de lumière, et *l'Artiste,* un portrait de son ami peintre et graveur Marcellin Desboutin. Avec Desboutin, nous retrouvons, sur un mode renouvelé, la sobriété des grands portraits en pied de la décennie précédente. *L'Artiste,* comme *l'Acteur tragique* (cat. 92), est un professionnel, mais, dans la simplicité de sa mise, il rejoint en philosophe *le Buveur d'absinthe* (cat. 69), moins la fébrilité baudelairienne, et les mendiants (cat. 90 et 91) inspirés par Velázquez. Manet, ni réaliste ni impressionniste, aura inventé un art à lui, à expressivité plus large que les tendances du jour.

J. B.

105.
Espagnols ou *Danseuse et majo*
1879

Tambourin ; huile sur parchemin
D. 18,5
Signé, sur le bord, à droite : *Manet*
Collection particulière
CATALOGUES RAISONNÉS
Tabarant, 1931, n° 315 (ensemble de tambours de basque) ; Rouart-Orienti, 1970, n° 303 ; Rouart-Wildenstein, 1975, I, n° 323.

HISTORIQUE
Paris, Antonin Proust ? ; Paris, Étienne Moreau-Nélaton ; héritiers Moreau-Nélaton, 1927 ; collection particulière.
EXPOSITIONS
Paris, 1884, hors cat. ; Paris, 1978, n° 17.

Reproduit fig. 124

En 1880, la galerie attachée à *la Vie moderne,* journal mondain dirigé par l'éditeur Georges Charpentier et le critique Émile Bergerat, inaugura une exposition des *Nouvelles Œuvres d'Édouard Manet.* Le mois précédant, pour Pâques, une exposition était consacrée aux œufs d'autruche, décorés par des peintres à la mode, dont Manet. En 1879, Manet avait peint pour une œuvre de charité à la galerie une série de tambourins à thèmes essentiellement espagnols. Ici, si la danseuse est moderne, le *majo* enveloppé dans sa cape sort tout droit des *Majas au balcon* (voir cat. 17) de Goya que Manet a pu connaître, dans l'une ou l'autre de ses deux versions, par la gravure ou la photographie. L'objet a survécu intact, avec ses rubans et ses grelots d'origine. C'est un objet-souvenir, un reste d'hispanisme, de cette mode dont Manet a connu toute la force et qu'il a suivie jusqu'à la source. Les œuvres de Velázquez et Goya auront nourri son art tout au long de sa vie.

J. B.

| Jean-François MILLET
(Gruchy, 1814 – Barbizon, 1875)

À partir de 1835, il se consacre à la peinture, étudiant à Cherbourg les tableaux anciens de la collection Thomas Henry, qui vient d'être donnée à la ville. Il est à Paris en 1837, où il fréquente le Louvre et, dès son ouverture, la Galerie espagnole. Jusqu'en 1845, il partage son temps entre Cherbourg et Paris. À partir de 1849, il s'installe à Barbizon et se tourne vers la représentation naturaliste de la vie paysanne, sans craindre de représenter la fatigue et la misère, comme dans *Un paysan se reposant sur sa houe* du Salon de 1863, d'un réalisme puissant.

G. L.

106.
Sainte Barbe enlevée au ciel
1841

Huile sur toile
H. 92,5 ; L. 73,5
Signé, en bas, à gauche : *F. MILLET*
Angers, musée des Beaux-Arts
Inventaire MBA 793

HISTORIQUE
Legs Julien Bessonneau au musée, 1917.
BIBLIOGRAPHIE
Rosenberg, 1992, fig. 14, p. 155.
EXPOSITIONS
Castres, 1997, n° 94, repr. ; Karuizawa, 2001, n° 10, p. 34 et 164, repr. p. 35.

Reproduit fig. 23

Millet, à ses débuts, fréquente les musées. On sait qu'il est particulièrement intéressé par la Galerie espagnole du Louvre. C'est là qu'il a pu étudier une version, peut-être celle qui est maintenant à l'Hispanic Society of America, à New York[1], de la composition de Ribera, *l'Assomption de la Madeleine* de l'Académie de San Fernando, à Madrid. Il reprend le même parti avec la sainte qui s'élève dans les cieux, sur un nuage, entouré d'anges, dont l'un, à droite, porte les palmes du martyre, au-dessus d'un paysage. Le catalogue de la Galerie espagnole précise que le site en est parfaitement identifiable : « les côtes de la Provence et la Sainte-Baume ». Millet représente avec précision, en bas à gauche, le supplice de sainte Barbe devant la tour où elle était enfermée. Ses cheveux défaits, son regard tourné vers le haut dans un mouvement de prière, l'ascension marquée par la grande diagonale de la draperie sont autant d'analogies avec la composition de Ribera, plus qu'avec les deux *Assomption* conservées au musée d'art Thomas-Henry de Cherbourg, celle de Philippe de Champaigne, aux angelots potelés, ou celle – de petit format – de Prud'hon, qui ne présentent pas de paysage dans la partie basse.

G. L.

1. Baticle et Marinas, 1981, n° 229, repr. ; H. 255 ; L. 175.

107.
Notre-Dame-de-Lorette
1851

Huile sur toile cintrée à la partie supérieure
H. 232 ; L. 132
Signé, à droite : *J.-F. Millet*
Dijon, musée des Beaux-Arts
Inventaire 5036

HISTORIQUE
Vente à Paris, hôtel Drouot, 18 avril 1884, n° 40 (*Vierge glorieuse*, 3 700 francs) ; acquis pour le musée de Dijon en vente publique, Paris, hôtel Georges-V, 10 mai 1969, n° 86 grâce au don de Pierre Lévy.
BIBLIOGRAPHIE
Sensier, 1881, p. 128 ; Soullié, 1900, p. 64 ; Moreau-Nélaton, 1921, t. 1, p. 98, fig. 75 ; Granville, 1975, p. 344-353, repr. p. 345.

Reproduit fig. 75

Alfred Sensier rapporte ces propos de Millet : « Je vivais au Louvre, au musée espagnol, au musée Standish, aux dessins[1]… » Nul doute qu'il y ait remarqué l'*Immaculée Conception* de Zurbarán (cat. 41), dont il reprend ici le hiératisme de la Vierge et de son solide vêtement plissé. Il mêle d'une manière originale l'iconographie traditionnelle de la Vierge immaculée sur son croissant avec celle d'une Vierge à l'Enfant, ici un nouveau-né qui ne tient pas encore sa tête, observé avec un réalisme rare. Ce grand tableau, qui a retrouvé après son entrée au musée de Dijon son format original cintré, servait d'enseigne à un magasin de nouveautés, *À Notre-Dame-de-Lorette,* au coin de la rue Notre-Dame-de-Lorette et de la rue Saint-Lazare à Paris. Son propriétaire, Collot, collectionneur de Delacroix, de Corot et des peintres de Barbizon, commande également en 1851 son portrait à Millet[2].

En 1858, Millet reçut la commande d'une *Immaculée Conception* de composition voisine, destinée au wagon spécial offert au pape Pie IX[3].

G. L.

1. Sensier, 1881, p. 56.
2. Musée de Dijon (dépôt du musée d'Orsay).
3. Huile sur toile, H. 79 ; L. 45. Propriété de Aikawa Press Industry Co. Ltd., Tsuru, en dépôt au musée préfectoral de Yamanashi, à Kofu (Japon).

| Gustave MOREAU
(Paris, 1826 – Paris, 1898)

Élève de Picot, Gustave Moreau subit l'influence de Chassériau, son voisin dans les ateliers de l'avenue Frochot, avant de s'installer, en 1853, dans la maison du 14, rue de la Rochefoucauld, qui, agrandie par ses soins, allait devenir, après sa mort, le musée Gustave-Moreau. Sa bibliothèque et sa documentation ont été conservées. On y trouve, parmi les livraisons (non reliées) de l'*Histoire des peintres de toutes les écoles,* de Charles Blanc, celles qui concernent les peintres espagnols Ribera, Velázquez, Murillo, Zurbarán et Alonso Cano, et dans ses cartons quelques gravures d'après Velázquez[1] ainsi que *la Musicienne,* une eau-forte de Charles Jacque avec une fausse signature de Ribera[2]. À l'Exposition universelle de 1878, Moreau remarque les *Peintures noires* de la Quinta del Sordo, de Goya[3], présentées dans l'*Exposition historique* du

Trocadéro et prêtées alors par le baron d'Erlanger (maintenant à Madrid, musée du Prado) qui l'inspirèrent peut-être pour sa *Galatée* du Salon de 1880 (Paris, musée d'Orsay).

G. L.

1. Musée Gustave-Moreau, *Roland mort* (collection Pourtalès) par François Flameng, hors texte de *la Gazette des Beaux-Arts*, 1er février 1865 (Inv. 16658-29), *Pablo de Valladolid* par Henri Guérard dans la même revue, 1er août 1880 (Inv. 11918-9) et *les Fileuses* par Milius, extraites de *l'Art* de 1878 (Inv. 11918-10). Voir Lobstein, automne 2002.
2. Musée Gustave-Moreau (Inv. 11918-7), tiré de *l'Artiste* du 1er janvier 1865, signé et daté : *A. Ribera 1621*. Voir Sanchez et Seydoux, 1998, n° 1865-3.
3. Musée Gustave-Moreau, Arch. GM 241 (« Notes pour les choses à revoir à l'Expos. Univ. / Trocadéro – fresques de Goya...... ») et Des. 3547, repr. dans Lacambre, printemps 1998, p. 50, fig. 3 et p. 54.

108.
Portrait de Philippe IV à cheval, d'après Velázquez
1859

Huile sur toile
H. 87,5 ; L. 63,5
Paris, musée Gustave-Moreau
Inventaire : Inv. 13619

HISTORIQUE
Legs de Gustave Moreau à l'État, 1898 ; accepté en 1902.
BIBLIOGRAPHIE
Mathieu, 1991, p. 76, n° 24, repr. ; Capodieci, 2002, p. 591, 593.

Reproduit fig. 128

Cette copie a été peinte en janvier 1859[1], lors du second séjour de l'artiste à Florence. Elle est plus petite que l'original, conservé au palais Pitti (H. 126 ; L. 93), de même composition que la version monumentale de 1636 (Madrid, musée du Prado). Quilliet pensait que l'exemplaire conservé à Florence lui était antérieur. Pour servir de modèle à la statue commandée au Florentin Pietro Tacca et destinée aux jardins du Buen Retiro, représentant le roi « sur un cheval dans le mouvement de la courbette », Velázquez « exécuta dans un petit cadre le portrait du roi, qui se trouva d'une ressemblance inouïe »[2]. Même si l'attribution est aujourd'hui parfois contestée, Moreau considérait qu'il s'agissait d'une peinture de Velázquez et y dénotait des qualités picturales qui l'intéressaient : « Velasquez : tons nourris mais sourds. Eclat contenu. Superbes qualités de colorations. Ors magnifiquement fouettés, superbe plénitude de ses tons bruns dans les chevaux, costumes, etc. gris brun de ses terrains. Localité du ton très simple et sans variété outrée. Tons solides. Emploi des terres – pâleurs adorables, lividité de tons[3]. »

Il le compare à la manière assez voisine mais plus « liquide » de Van Dyck, dont il a copié le *Portrait équestre de Charles Quint* à la Tribune des Offices. Ils forment toujours pendants dans le bureau où Moreau a regroupé la plupart de ses copies peintes et où il recevait, à la fin de sa vie, ses visiteurs, d'après le témoignage de Robert de Montesquiou.

G. L.

1. Musée Gustave-Moreau, Arch. GM 335-2.
2. Quilliet, 1816, p. 373.
3. Capodieci, 2002, p. 585, annexe 3.

| Henri REGNAULT
(Paris, 1843 – Buzenval, 1871)

Élève de Lamothe et de Cabanel, il obtient le grand prix de Rome en 1866. Il ne reste que deux ans en Italie, et part pour l'Espagne en juillet 1868, retrouvant à Burgos son ami Georges Clairin. À Madrid, il s'enthousiasme pour Velázquez au musée du Prado. Il peint la tête de l'*Enfant de Vallecas* dans une copie ébauchée par Clairin, conservée au musée de Louviers avec cinq copies d'après Velázquez par un autre compagnon de voyage, le peintre Roger Jourdain. Pour son envoi de troisième année de pensionnaire de l'Académie de France à Rome, il entreprend une copie à grandeur de la *Reddition de Breda (les Lances)*, qui ne le satisfait guère (Paris, École des beaux-arts). Il passe à Séville, « où Murillo lui apparut sous un jour tout nouveau, et qu'il déclara presque aussi grand que son grand Velasquez[1] ». En 1870, il est à Tanger, d'où il regagne la France, lorsque la guerre éclate. Il meurt au combat pendant le siège de Paris.

G. L.

1. Timbal, 1881, p. 284.

109.
Juan Prim ; 8 octobre 1868
1869

Huile sur toile
H. 315 ; L. 258
Signé et daté, en bas, à gauche :
H. Regnault Madrid 1869
Paris, musée d'Orsay
Inventaire RF 21

HISTORIQUE
Acquis par l'État des héritiers de l'artiste pour le musée du Luxembourg, Paris, 1872 ; musée du Louvre, 1881 ; musée d'Orsay, 1980.
BIBLIOGRAPHIE
Baillière, 1872, p. 49-53 ; Blanc, 1876, p. 356 ; Timbal, Paris, 1881, p. 272-275 ; Claretie, 1882, p. 11 ; Marx, s. d., p. 43-46, repr. p. 45 ; Lacambre, cat. exp. 1974, n° 197, repr. ; cat. exp. Saint-Cloud, 1991-1992, n° 53.
EXPOSITIONS
Paris, Salon de 1869, n° 2010 ; Londres, 1871, Exposition internationale, France, n° 551 ; Paris, 1878, Exposition universelle, France, groupe 1, classe 1, n° 723 ; Paris, 1889, Exposition universelle, Centennale, n° 572.

Reproduit fig. 161

Regnault se trouve depuis peu à Madrid lorsqu'éclate une révolution. On sait, par les lettres à son père, qu'il est témoin de l'entrée victorieuse du général Prim, qui, après diverses tentatives, parvient à renverser la reine Isabelle. Deux ans plus tard, le 30 décembre 1870, Prim est assassiné.

C'est grâce au comte de Barck que l'artiste obtient l'autorisation d'exécuter le portrait du nouvel homme fort. Trop peu traditionnel – c'est, de fait, plus un tableau d'histoire qu'un portrait –, il est refusé par le général, qui aurait souhaité une allure plus noble et qui était choqué de ne pas avoir de chapeau. D'ailleurs, l'artiste n'avait pas obtenu de séance de pose et avait dû travailler de mémoire. Le tableau, monumental comme les grandes effigies royales espagnoles du Siècle d'or, est finalement gardé par Regnault, qui l'envoie à Paris, au Salon de 1869, où il fait grand effet. Charles Blanc écrit même qu'il « a mordu sur notre mémoire comme ferait une eau-forte de Goya ».

« Quoiqu'il dérive de Velasquez, de Goya et de Delacroix, il est original » pour Théophile Gautier, qui avait remarqué, dans son compte rendu de *l'Illustration,* qu'au fond « s'agite une foule ébauchée à la Goya avec une turbulence et une furie de brosse incroyable », mots que reprend presque textuellement Baillière dans sa monographie sur l'artiste.

Si la populace est inspirée du célèbre *Deux Mai 1808,* de Goya, c'est le nom de Velázquez qui revient sans cesse pour le cheval. Ainsi, Charles Blanc, en 1876, le trouve « assez semblable aux chevaux héroïquement vrais de Vélasquez », et Jules Claretie, en 1882, y voit « un cheval pris à l'écurie princière de Velasquez ».

G. L.

110.
La Comtesse de Barck habillée en Espagnole
1869

Huile sur toile
H. 60 ; L. 44
Dédicacé, signé et daté, en bas, à gauche :
A. M. le comte de Barck souvenir bien affectueux de son ami Henri Regnault [Ma]*drid 1869*
Paris, musée d'Orsay
Inventaire RF 260

HISTORIQUE
Vente X (John W. Wilson), Paris, 27-28 avril 1874, n° 115 ; acquis du baron de Beurnonville par le musée du Louvre, 1879 ; musée d'Orsay, 1981.
EXPOSITIONS
Paris, Salon de 1869, n° 2011 ; Paris, 1872, n° 45 ; Paris, 1878, Exposition universelle, France, groupe 1, classe 1, n° 724.

Reproduit fig. 142

Regnault avait fait la connaissance en Espagne, chez la duchesse Colonna, du comte suédois Nils de Barck, amateur d'art, proche de Napoléon III. De Barck était à l'origine du retour de Londres à Madrid du général Prim, qu'il avait accompagné en le cachant. C'est grâce à lui que Regnault avait pu peindre son *Juan Prim* (cat. 109). Le portrait de la comtesse de Barck connut les mêmes déboires ; son mari ne put l'acheter. Regnault le lui réserve cependant, comme il l'explique au marchand Brame, en refusant une proposition d'achat : « Il comptait sur des affaires qui devaient lui rapporter une fortune mais qui ont mal tourné, grâce aux bons soins de M. Prim et de cette troupe de saltimbanques[1]... » La comtesse est vêtue d'un costume espagnol et campée comme un portrait de Goya.

G. L.

1. Lettre envoyée de Tanger en juin 1870, copie à la documentation du musée d'Orsay.

Théodule RIBOT
(Saint-Nicolas-d'Attez, 1823
Colombes, 1891)

L'envoi refusé au Salon de 1859 de cet élève de Glaize fut présenté, avec les œuvres de Whistler, de Fantin-Latour et de Legros, dans l'atelier de Bonvin. Comme eux, il étudie la peinture ancienne au Louvre. Il fréquente aussi avec assiduité les collections Laperlier et La Caze. Nous savons que la collection du Dr Louis La Caze[1], accessible le dimanche dans son hôtel du 18, rue du Cherche-Midi à Paris, avant son entrée au Louvre, en 1869, comprenait des peintures françaises, notamment des natures mortes de Chardin, mais aussi quelques chefs-d'œuvre espagnols.

L'intérêt de Ribot pour Ribera n'échappe pas aux critiques du temps. Déjà, à propos du *Saint Sébastien* (Paris, musée d'Orsay) exposé au Salon de 1865, Ernest Chesneau écrit dans *le Constitutionnel* du 9 mai 1865 : « Dans le même esprit que Ribeira, c'est aussi fort sinon plus fort que Ribeira. » Ses plus importantes peintures d'histoire sont dorénavant marquées par le clair-obscur et le réalisme espagnols.

G. L.

1. Marx, s. d., p. 133.

111.
Le Supplice des coins ou *le Supplice d'Alonso Cano*
1867

Huile sur toile
H. 150 ; L. 209
Signé, en bas, à droite : *t. Ribot*
Rouen, musée des Beaux-Arts
Inventaire 869-4

HISTORIQUE
Acquis en 1869 de l'artiste par la ville de Rouen pour 4 000 francs.
BIBLIOGRAPHIE
Du Camp, 1867, p. 264-265 ; Dolent, 1888, p. 21-22 ; cat. exp. Paris, 1979, n° 269, repr.
EXPOSITIONS
Paris, Salon de 1867, n° 1281 *(le Supplice des coins)* ; Rouen, 1869, n° 319 *(le Supplice d'Alonso Cano)* ; Paris, 1880, s. n. ; Paris, 1892, n° 42.

Reproduit fig. 133

Au Salon de 1867, personne ne reconnut le sujet réel du tableau, mais l'on reprocha à l'artiste sa patine noire. Le caricaturiste Cham sous un croquis du tableau qu'il intitule *la Question* porte cette légende : « La véritable question est de savoir si ces gens-là ont jamais pris un bain. J'en doute[1]. » Maxime du Camp va jusqu'à parler « d'une copie servile d'une toile de l'Espagnolet ». Il pensait peut-être au *Saint Sébastien soigné par les Saintes Femmes* (cat. 28), qui venait de réapparaître quelques jours avant l'ouverture du Salon, dans la vente Soult du 17 avril 1867, mais l'artiste pouvait aussi connaître, pour la mise en place des figures, la pose du supplicié du *Martyre de saint Barthélemy* de Ribera, composition en largeur dont il existe plusieurs exemplaires, par exemple au palais Pitti, à Florence, au musée de Grenoble[2] et au musée de Lyon[3]. Ribera a peint aussi une version en hauteur[4] qui présente de grandes analogies avec *le Supplice des coins* et dont un exemplaire figurait dans la Galerie espagnole, au Louvre. Adolphe Masson l'a reproduite dans une grande eau-forte exposée au Salon des Refusés de 1863[5]. Depuis 1835, et tout au long de sa carrière, ce graveur s'est inspiré de divers tableaux espagnols du Louvre. Il est aussi l'auteur d'un portrait de Ribot et d'une petite eau-forte, présentée au Salon de 1881, d'après *le Supplice des coins,* envoyé à Paris en 1880 pour une exposition. Sans doute les deux artistes se côtoyaient-ils dès les années 1860, dans le milieu des adeptes du réalisme.

Le sujet est un épisode célèbre de la vie du grand peintre, sculpteur et architecte Alonso Cano (1601-1667), dont parlent avec des variantes tous ses biographes. Charles Blanc, dans la livraison de l'*Histoire des peintres* qu'il lui consacre en 1855, discute longuement de cette affaire. Si Ceán Bermúdez, en 1800, la considère comme une fable, Palomino, en 1744, en fait l'épilogue d'une longue période où l'artiste se serait caché, après avoir trouvé sa femme assassinée tandis que don José Pellicer, dans des *Anales manuscritos* qui ont été transmises à Blanc par M. Delaroca, précise la date du meurtre, le 14 juin 1644. Un copiste qu'hébergeait Cano lui tua son épouse de quinze coups de couteau, puis disparut. « Quand vint son mari, les soupçons se portèrent sur lui [...]. Il fut arrêté, mais il subit la question avec une fermeté indomptable, niant jusqu'au bout qu'il fût l'auteur d'un tel meurtre, et l'affaire ayant été instruite, Alonso Cano fut reconnu innocent[6]. »

La légende formée autour de cet événement disait que le roi Philippe IV « défendit que l'on touchât au bras droit de l'artiste, en considération des belles choses que ce bras avait peintes[7]. »

Ribot a donc volontairement donné une attitude impassible à Alonso Cano, ce que ne comprit pas la critique du temps : c'est sans doute la raison qui le poussa à préciser le sujet lorsqu'il envoya son tableau à Rouen en 1869. Il obtint à cette occasion une médaille d'or.

G. L.

1. Dans *Cham au Salon de 1867*, Paris, 1867, n° 1281.
2. Acquis pour le musée, à Paris, en 1828.
3. Légué en 1863 par le comte Sébastien Des Guidi, de Lyon. Une inscription sur le châssis commençant par « Le 1er septembre. 1847 donné à Mr Philippe... » fait peut-être allusion à une transaction.
4. Baticle et Marinas, 1981, n° 244 (H. 197 ; L. 151), reproduit la version conservée à Barcelone, musée des Beaux-Arts de Catalogne.
5. Bibliothèque nationale de France, département des Estampes (cote AA 4).
6. P. 5 (livraison n° 171).
7. *Ibid*, p. 4.

112.
Le Samaritain
1870

Huile sur toile
H. 112 ; L. 145
Signé, en bas, à droite : *t. Ribot*
Paris, musée d'Orsay
Inventaire RF 106

HISTORIQUE
Acquis par l'État, 1871 ; musée du Luxembourg, Paris, 1874 ; Dépôt de l'État, Paris, 1926 ; ambassade de France (service de l'attaché commercial), Varsovie, 1931 ; transféré par la ville de Varsovie au Musée national, Varsovie, 1938 ou 1939 ; restitué à la France le 19 février 1998 ; musée d'Orsay, 28 avril 1998.
BIBLIOGRAPHIE
Bénédite, 1912, n° 436, repr., 1924, n° 205, repr. ; cat. exp. Lacambre, 1974, n° 200, repr.
EXPOSITIONS
Paris, Salon de 1870, n° 2421 ; Vienne, 1873, Exposition universelle, France, n° 549 ; Paris, 1878, Exposition universelle, France, groupe 1, classe 1, n° 727 ; Londres, 1908, Exposition franco-britannique, n° 399, repr. ; San Francisco, 1915, n° 71.

Reproduit fig. 144

Pour illustrer la parabole du bon Samaritain (Évangile selon saint Luc, chapitre X), Ribot choisit de représenter le Samaritain charitable sur son cheval en une minuscule silhouette à l'horizon, tandis qu'il centre son tableau sur l'homme dépouillé et laissé à demi mort par des brigands. Le violent clair-obscur est bien dans la manière de Ribera, et le corps renversé au premier plan fait penser aux nus torturés de *Prométhée* ou d'*Ixion* (Madrid, musée du Prado) ; mais tandis que les géants de Ribera hurlent de douleur la bouche ouverte, l'homme étendu de Ribot a le visage renversé vers l'arrière, à peine visible, comme dans un tableau de même sujet du musée de Rouen, *le Bon Samaritain* ténébriste acquis en 1839 sous le nom de Ribera et maintenant attribué à Luca Giordano[1].

Une réflexion de Romain Rolland, notée le 2 juin 1887 lors d'une exposition monographique consacrée à Ribot à la galerie Bernheim-Jeune, rend bien compte de l'effet que produisent ses peintures : « Pas un instant, je ne puis m'imaginer que j'ai devant moi des tableaux français. On pense aux Espagnols, Ribera, Zurbaran, aux maîtres noirs[2]. »

G. L.

1. Voir le cat. exp. Paris et Milan, 1988-1989, n° 81, repr. (tableau acquis en 1839 pour le musée de Rouen sous le nom de Ribera).
2. Rolland, 1952, p. 136.

113.
Les Œufs sur le plat

Huile sur toile
H. 52,4 ; L. 92,5
Signé, en bas, à gauche : *t. Ribot*
Amsterdam, Rijksmuseum Vincent Van Gogh
Inventaire s 463 S/1997

HISTORIQUE
Atelier de l'artiste ; vente veuve Théodule Ribot, Paris, hôtel Drouot, 30 mai 1896, n° 23, repr. ; Arcade Gallery, Londres, 1965 ; collection particulière, États-Unis ; acquis de Hazlitt, Gooden & Fox, Londres, 1997.
BIBLIOGRAPHIE
Vergeest, 2000, n° 893, repr.

Reproduit fig. 83

Ribot a souvent représenté des œufs sur le plat, aussi est-il imprudent de considérer que cette nature morte, reproduite dans le catalogue de la vente posthume de son atelier, a appartenu auparavant à un collectionneur particulier[1].

Elle présente de nombreuses analogies avec la nature morte, plus petite, du musée du Haubergier à Senlis[2] : on y trouve, dans une présentation inversée, des œufs cuits dans un plat creux en terre brune et le même colimaçon en grès vu sur l'autre face. Ici, il a représenté, en outre, un pot de terre vernissée au fond, un chou et quelques cerises à gauche. Ces natures mortes pourraient être toutes deux relativement tardives, même si Ribot semble se consacrer à ce type de sujet qui plaisait aux amateurs dès les années 1865-1875. Par son réalisme, son intérêt pour le rendu des matières rugueuses vivement éclairées par la lumière zénithale de l'atelier-grenier de Colombes[3], l'artiste paraît familier des œuvres de jeunesse de Velázquez et, particulièrement, pour les effets de matière et la lumière sur les poteries, du *Marchand d'eau à Séville*. Ce chef-d'œuvre enlevé par Arthur Wellesley, futur duc de Wellington, au roi Joseph et conservé dans sa demeure d'Apsley House, à Londres, était connu de longue date par la gravure et avait été reproduit également par Charles Blanc, dès 1851, pour illustrer la première livraison consacrée à Velázquez dans l'*Histoire des peintres de toutes les écoles*, souvent rééditée par la suite.

G. L.

1. En 1892, à l'exposition *Th. Ribot* à l'École des beaux-arts, de Paris, le n° 64, *les Œufs sur le plat,* appartenant à M. Steken, ont les mêmes dimensions (H. 52 ; L. 93) que la toile d'Amsterdam. Cependant, le catalogue de la vente posthume, qui indique pour certaines œuvres leur présence dans l'une ou l'autre des expositions antérieures consacrées à Ribot, ne fait aucune mention de l'exposition de 1892 pour ce tableau.

2. Repr. dans Weisberg, 1980, n° 120 (H. 59 ; L. 74), donné au musée en 1939, passé dans la vente Debrousse des 4-6 octobre 1900, n° 187 (H. 60 ; L. 73) et à rapprocher peut-être du n° 22 de la vente posthume (H. 59 ; L. 72), présenté à l'exposition *Ribot* de la galerie Bernheim-Jeune à Paris en 1890, n° 168.

3. Sertat, 1er août 1892, p. 1111, en donne une photographie.

John Singer SARGENT
(Florence, 1856 – Londres, 1925)

Sargent naît peu de temps après que son père, un chirurgien de Philadelphie, et sa mère, passionnée d'art, eurent choisi de s'expatrier. Il parle plusieurs langues, sa famille se déplaçant régulièrement entre l'Italie, la France, la Suisse, l'Autriche et l'Allemagne. Ses parents l'emmènent pour la première fois en Espagne en 1868. Sargent, dont l'aptitude au dessin s'est manifestée très tôt, entame en 1873, à dix-sept ans, des études artistiques à l'Accademia delle Arti de Florence. La famille déménage pour Paris l'année suivante, soucieuse de mettre à sa disposition une formation de très grande qualité. Il entre dans l'atelier de Carolus-Duran, et, en 1874, passe les terribles épreuves d'admission au cours de dessin d'Adolphe Yvon à l'École des beaux-arts. En 1877, il propose pour la première fois un tableau au Salon (*Fanny Watts,* Philadelphie, Museum of Art), qui est accepté. Cette œuvre élégante marque le début d'une carrière de portraitiste de la haute société. Lors de sa première visite au Prado, en 1879, Sargent copie plusieurs tableaux de Velázquez ; l'année suivante, il voyage en Hollande et copie des portraits de Hals. Les expositions, en Europe et aux États-Unis, lui consacrent une place grandissante, et il sait y mêler de façon équilibrée portraits et scènes de genre pittoresques, peintes en Bretagne, en Italie, en Espagne, et au Maroc. Il mettra sa réputation en danger en présentant au Salon de 1884 l'audacieux *Madame X* (New York, Metropolitan Museum), portrait qui sera tourné en dérision par le public et pris en défaut par la plupart des critiques.

À partir de 1881, Sargent effectue quelques visites professionnelles en Angleterre, rencontrant Burne-Jones et Alma-Tadema, et se prend d'intérêt pour l'Aesthetic Movement. Devant l'échec de sa carrière parisienne, son ami Henry James, qui habite Londres, l'encourage à venir s'y installer, ce qu'il fait en 1886. Si bien des observateurs britanniques jugent d'abord son style pictural trop « français », ils se laissent peu à peu séduire par ses emprunts habiles aux maîtres anciens, aux impressionnistes, et à certains de ses contemporains. Exposée à la Royal Academy en 1887, sa *Carnation, Lily, Lily, Rose* (Londres, Tate Gallery), œuvre à la poésie crépusculaire, lui est achetée pour intégrer des collections nationales. Il s'affirme définitivement dans sa vocation de portraitiste favori des aristocrates, des célébrités et des nouveaux riches, avec le triomphe de *Lady Agnew of Lochnaw* (Édimbourg, National Galleries of Scotland) à la Royal Academy, en 1892.

S'il résidait toujours à Londres, Sargent ne s'en intéresse pas moins à la vie culturelle américaine. Il fait le premier d'une série de voyages de travail en 1887-1888, à l'occasion de commandes de portrait qui lui ont été passées à Newport, Boston, et New York. En 1890, son ami l'architecte Charles McKim l'aide à obtenir la commande d'un décor mural pour la nouvelle bibliothèque publique de Boston, projet qui l'occupa de façon intermittente jusqu'en 1919. Sargent conçoit et exécute des décors muraux pour le Museum of Fine Arts de Boston (1916-1925) et la Widener Memorial Library de l'université d'Harvard (1922), tout en poursuivant son activité de portraitiste au gré des commandes et de peintre indépendant.

Au tournant du siècle, ce sont ses aquarelles, véritables morceaux de bravoure, et ses huiles réalisées durant ses voyages de vacances qui constituent ses travaux les plus novateurs. Conçues comme un moyen d'échapper au stress et aux frustrations du portrait de commande, ces œuvres sont les premières à être vendues dans des galeries. L'année 1909 marque une percée déterminante, avec l'acquisition par le Brooklyn Museum de quatre-vingt-trois de ses aquarelles lors de l'exposition de la galerie Knoedler, à New York. Sargent est décoré de nombreuses médailles et reçoit plusieurs diplômes d'honneur. S'il se montre plein d'énergie et sait paraître au premier plan dans les milieux professionnels, il est aussi un célibataire connu pour « sa propension à la réserve ». Sargent enseigne de façon occasionnelle à la Royal Academy, à Londres, mais, à l'exception de quelques amis peintres (Wilfrid de Glehn, Adrian Stokes et Henry Tonks) avec lesquels il entretient personnellement des relations amicales, il n'encourage pas la formation autour de lui de cercle d'étudiants ou de disciples. À sa mort, des expositions commémoratives sont organisées à Londres, Boston et New York.

Trevor Fairbrother

114.
Tête d'Ésope, d'après Diego Velázquez
1879 ?

Huile sur toile
H. 46,4 ; L. 37,2
Chapel Hill, North Carolina, Ackland Art Museum, The University of North Carolina at Chapel Hill, Ackland Fund
Inventaire 75.16.1

HISTORIQUE
Faisait partie de la vente Sargent, Londres, Christie's, 24-27 juillet 1925, s. n. ; acquis par Agnew, agissant pour le compte d'Alvan Tufts Fuller, Boston : transféré à la Fuller Foundation ; acquis par Agnew, 1961, à la vente de la Fuller Foundation, n° 41 ; acheté par Robert H. Smith, Washington, à Agnew en 1964 ; racheté par Agnew en juin 1974 ; acheté par l'Ackland Art Museum en août 1975.

BIBLIOGRAPHIE
McConkey, 1998, 8 ; Fairbrother, 2000, p. 47, fig. 2.4 ; Crawford, cat. exp. Washington, 1992, p. 56-57 ; Fairbrother, cat. exp. Seattle, 2000, p. 46-51.

EXPOSITIONS
Chapel Hill, 1987 ; Chapel Hill, 1992-1993 ; New York, 1993 ; Chapel Hill, 1994-1997 ; Chapel Hill, 1998 ; Chapel Hill, 1999 ; Seattle, 2000-2001.

Reproduit fig. 47

Sargent représente la tête d'Ésope aux mêmes dimensions que celles de l'œuvre originale de Velázquez (fig. 48), ce qui lui permet de tester la méthode *alla prima* apprise dans l'atelier de Carolus-Duran et de la confronter à celle de l'Espagnol. Plutôt que d'essayer de reproduire trait pour trait son modèle, Sargent met tout naturellement en pratique le style que ses cinq années parisiennes lui ont appris. Le résultat est, pour ce visage qui constitue l'une des figures les plus expressives de Velázquez, un rendu plein de vie, d'une grande précision, proche de la spontanéité de l'esquisse.

L'objectif de Carolus-Duran était de montrer à ses élèves comment construire une impression visuelle la plus forte possible en usant d'un style ample, dans une très grande économie de moyens. À une distance appropriée, les coups de pinceau hardis et les touches de couleur étaient censés se fondre en une image d'un réalisme frappant. Il exigeait des élèves qu'ils limitent au minimum les dessins préparatoires au moment de commencer un tableau. Ils étaient tout juste autorisés à indiquer les contours et les proportions de manière extrêmement succincte au fusain ou à la peinture très légère. L'étape suivante, ô combien cruciale, consistait à déterminer les principaux volumes du visage avec un pinceau large chargé d'une peinture couleur chair dans les tons intermédiaires. Une fois cette teinte étalée de façon un peu approximative, on ajoutait les tons plus foncés, simulant les ombres qui, par leur jeu, donneraient à la tête son modelé, et la détacheraient du fond. Les couleurs claires étaient appliquées à la fin, ménageant des rehauts pleins de vie accentuant l'aspect palpable des zones les plus lumineuses. Les différentes étapes de cette technique sont visibles dans le tableau de Sargent, dans les traits de pinceau qui modèlent les joues, dans les rehauts qui donnent aux lèvres et au menton leur netteté. Le style de Sargent possède en l'occurrence moins de rigueur que celui de Velázquez : la différence apparaît à l'évidence dans le traitement de la chevelure, simplifié et impressionniste chez l'un, plus riche de détails et d'une tactilité très affirmée chez l'autre.

Ce travail de copie aida Sargent à mettre au point la technique qui lui sera propre, et qu'il utilisera tout au long de sa carrière. Il exercera aussi et avant tout une influence sur son approche picturale des visages d'hommes âgés, qu'il éclaire d'une certaine intensité dramatique. On retrouve en effet, comme en écho, la *Tête d'Ésope* dans ses grands portraits masculins, *William M. Chase*, *Henry Lee Higginson* (1903, Harvard University Portrait Collection), et *Henry James* (1913, Londres, National Portrait Gallery).

Trevor Fairbrother

| Amédée DE TERNANTE-LEMAIRE
(Châtillon-sur-Seine, 1821?, après 1866)

Le dictionnaire de Bénézit ne cite sous le nom de cet artiste que des portraits : *Portrait en pied de Marie de Médicis*, au Louvre, *Portrait de Jeanne d'Autriche* ou de *Marie de Rohan-Montbazon*, à Versailles, oubliant de citer que le premier est copié de Frans Pourbus le Jeune (commande de 1847) et les suivants de Cristobal de Morales, d'après un tableau de la Galerie espagnole, et de Louis Elle, dit le Vieux (commandes de 1841 et 1840), car, il faut bien l'admettre, plus qu'un artiste reconnu et malgré sa présence épisodique sur les cimaises des Salons à partir de 1849, où il présente des portraits, Ternante a surtout vécu de commandes publiques. Alors que nous savons peu de chose de ses œuvres originales – l'existence, cependant, d'un *Village de Pravady (Bulgarie)*, passé en vente à Paris le 14 décembre 1994, laisse penser à un artiste n'hésitant pas à voyager –, son travail de copiste, toujours reconnu de qualité par les inspecteurs des Beaux-Arts et payé au-dessus des tarifs habituels, lui vaut de figurer aujourd'hui dans des institutions réputées.

D. L.

115.
Innocent X (1574-1655), copie d'après Velázquez
1846

Huile sur toile
H. 131 ; L. 112
Versailles, musée national du château
Rome, ambassade de France auprès du Saint-Siège dépôt du musée national des châteaux de Versailles et de Trianon
Inventaire MV 4248

HISTORIQUE
Commandé pour Versailles, en 1846.
BIBLIOGRAPHIE
Constans, 1995, p. 852.

Reproduit fig. 127

Admiré depuis 1648, date où il fut peint, le portrait du pape Innocent X par Velázquez a toujours été conservé comme une œuvre insigne au sein des collections de la famille romaine des Doria-Pamphili et se trouve encore exposé aujourd'hui dans la galerie Doria, ouverte au public. Ce tableau a suscité, depuis lors, des commentaires élogieux. Hippolyte Taine, par exemple, dans le premier tome de son *Voyage en Italie*[1], écrivait au sujet de sa visite à la galerie lors de son voyage de 1864 : « Le chef-d'œuvre entre tous les portraits est celui du pape Innocent X par Velázquez : sur un fauteuil rouge, devant une tenture rouge, sous une calotte rouge, au-dessus d'un manteau rouge, une figure rouge, la figure d'un pauvre niais, d'un cuistre usé ; faites avec cela un tableau qu'on n'oublie plus ! Un de mes amis revenant de Madrid me disait qu'à côté des peintures de Velázquez qui sont là, toutes les autres, les plus sincères, les plus splendides semblaient mortes ou académiques. » Ce tableau a eu aussi droit aux honneurs du *Grand Dictionnaire universel du XIXe siècle* (tome neuvième, p. 703) de Pierre Larousse, où la notice qui lui était consacrée mentionnait encore les nombreuses répétitions autographes ou semi-autographes et quelques reproductions existantes de cette peinture. Ce texte inventoriait enfin une partie des gravures qui en furent tirées.

Accompagné d'une telle réputation, ce portrait s'imposait, tant d'un point de vue historique que d'un point de vue esthétique, dans les salles que Louis-Philippe avait décidé de consacrer à l'histoire dans le château de Versailles. Aussi une copie en fut-elle commandée, en 1846, à Amédée de Ternante, qui irait ainsi rejoindre, par exemple, celle qui fut commandée à Charles Alexandre Debacq (1804-1850) du portrait de Gaspard de Guzman, comte-duc d'Olivares, d'après l'œuvre de Velázquez, peinte vers 1625[2]. Réalisée sur les lieux mêmes où l'œuvre était conservée et d'une absolue fidélité à son modèle, cette copie est exemplaire des nombreux travaux commandés par l'administration des Beaux-Arts pour encourager les jeunes artistes ou secourir leurs aînés.

D. L.

1. Taine, 1990, p. 225.
2. Constans, 1995, p. 229.

Bibliographie

« Chroniques du laboratoire. Notes sur les radiographies de deux tableaux appartenant aux musées de Pau et de Rouen », *Bulletin du Laboratoire du Louvre,* 1964.
« Lettres de Degas provenant des archives Durand-Ruel », annotations de Caroline Durand-Ruel Godfroy, *Degas inédit,* actes du colloque Degas, musée d'Orsay, 18-21 avril 1988, Paris, 1989.
« Nouvelles diverses », *Journal des débats,* 22 février 1885.
« Une dernière visite à la galerie Pourtalès », *la Vie parisienne,* 21 et 28 janvier 1865.
« Velázquez et la Critique d'art française aux XVIIe et XVIIIe siècles », *Varia Velazqueña.*

Águeda Mercedes, « La colección de pinturas del infante Don Sebastián Gabriel », *Boletín del Museo del Prado,* mai-août 1982.
Águeda Mercedes et Salas Xavier de éd., *Francisco de Goya, Cartas a Martín Zapater,* Madrid, 1982.
Alcolea Blanch Santiago, *The Prado,* New York, 1996.
Alexandre Arsène, *Carolus-Duran,* Paris, 1903.
Alfonso L., *Murillo,* Barcelone, 1886.
Allende-Salazar Juan, *Velázquez, des meisters gemälde,* Leipzig, 1925.
Álvarez Turienzo Saturnino, *El Escorial en las letras españolas,* Madrid, 1984.
Amaury-Duval, l'*Atelier d'Ingres,* Paris, 1993.
Amornpichetkul Chittima, « Berthe Morisot : A Study of Her Development from 1864 to 1886 », thèse dactylographiée, Brown University, 1989.
Andersen Hans Christian, *Viaje por España,* Madrid, 1862, rééd. 1988.
Angulo Diego Íñiguez
– « Murillo y Goya », *Goya,* n° 148-150.
– *Murillo. Catálogo crítico,* Madrid, 1981.
– « Mythology and Seventeenth-century Spanish Painting », *Studies in Western Art,* 1963.
– « El "San Jeronimo" de Herrera el Viejo, del Museo de Rouen », *Archivo español de arte,* avril-septembre 1966.
– « Quelques tableaux de Murillo. Les femmes à la fenêtre de Murillo, de la Galerie Nationale de Washington », *Évolution générale et développements régionaux en histoire de l'art,* actes du XXIIe Congrès International d'Histoire de l'art, Budapest, 1972.
Anonyme, « École de peinture espagnole », *le Constitutionnel,* 2 juillet et 1er septembre 1837.
Anonyme, « L'ouverture du Salon », *le Siècle,* 12 mai 1879.
Anonyme, « Le nouveau Musée espagnol », *Journal des artistes,* 19 février, 4 avril, 18 juin 1837.
Anonyme, « Musée espagnol », *le Charivari,* 3 janvier 1838.
Anonyme, – « Revue des arts. Paris, 14 février 1835 », *l'Artiste,* [1835].
Anonyme, « Salon de 1833 », *l'Artiste,* 3e art.
Anonyme, – « Salon de 1838 », *l'Artiste,* t. XV, n° 7, 1838.
Antigüedad María Dolores, « La primera colección publicada en España : el Museo Josefino », *Fragmentos,* Madrid, février 1987.
Armstrong W.
– *The Life of Velázquez,* New York, 1896.
– *Velázquez : A study of His Life and Art,* Londres, 1897.
Arnáiz José Manuel, *Eugenio Lucas : Su vida y su obra,* Madrid, 1981.
Athanassoglou-Kallmyer Nina Maria, *Eugène Delacroix : Prints, Politics and Satire 1814-1822,* New Haven et Londres, Yale University Press, 1991.
Auvray Louis, *le Musée européen,* Paris, 1873.
Ayala Mallory N., *Murillo,* Madrid, 1991.
Ayala Nina, « Juan Bautista Martínez del Mazo : Retratos y paisajes », *Goya,* 1991.
Bailey Colin
– « Lebrun et le commerce d'art pendant le Blocus continental. Patriotisme et marge bénéficiaire… », *Revue de l'art,* n° 63, 1984.
– « The Comte de Vaudreuil : Aristocratic Collecting on the Eve of the Revolution », *Apollo,* juillet 1989.
Baillière Henri, *Henri Regnault 1843-1871,* Paris, 1872.
Baratech Zalama María Teresa, « La testamentaría del Infante Don Sebastián Gabriel de Borbón y Braganza », *Archivo español de arte,* 1989.
Barbier Luc, *le Moniteur,* 3 vendémiaire an II, rééd., Paris, vol. 22, 1847.
Bardi, *La obra completa de Velázquez,* Barcelone, 1977.
Baticle Jeannine
– « Recherches sur la connaissance de Velázquez en France de 1650 à 1830 », *Varia Velazqueña,* Madrid, 1960.
– « Pintura española del siglo XVII en Francia », *Goya,* Madrid, 1964.
– « L'activité de Goya entre 1796 et 1806 vue à travers le "Diario" de Moratín », *Revue de l'art,* n° 13, 1971.
– « Eugenio Lucas et les satellites de Goya », *la Revue du Louvre et des Musées de France,* 1972.
– « Le portrait de la marquise de Santa Cruz par Goya », *la Revue du Louvre et des Musées de France,* 1977.

– « Zurbarán vu par Dauzats en 1836 », *Gazette des Beaux-Arts*, octobre 1998.
– « Zurbarán y Francia », dans *Zurbarán ante su centenario 1598-1998*, Valladolid, 1999.
Baticle Jeannine, Lacambre Geneviève et Ressort Claudie, « École espagnole », dans *Catalogue sommaire illustré des peintures du musée du Louvre*, 1981.
Baticle Jeannine et Marinas Cristina, *la Galerie espagnole de Louis-Philippe au Louvre. 1838-1848*, Paris, 1981.
Baudelaire Charles
– « Philibert Rouvière », *Nouvelle Galerie des artistes dramatiques vivants*, [janvier 1856].
– dans *l'Artiste*, 1er décembre 1859.
– « Le comédien Rouvière », *la Petite Revue*, 28 octobre 1865 (notice nécrologique).
– *Correspondance*, Paris, 1973, 2 tomes.
– *Œuvres complètes*, Paris, 1975 et 1976, 2 tomes.
– *Écrits sur l'art*, Paris, 1992.
Bazire Edmond
– *Manet*, Paris, 1884.
– « Préface » du *Catalogue de vente des tableaux, pastels-aquarelles par Eva Gonzalès*, hôtel Drouot, 20 février 1885.
Béguin Sylvie, « Musée du Louvre. Hommage à Louis La Caze », *la Revue du Louvre et des Musées de France*, 1969.
Bénédite Léonce
– *Expositions périodiques d'Estampes. Musée national du Luxembourg, Catalogue des œuvres exposées de Alphonse Legros*, Paris, 1900.
– *Courbet*, Paris, 1911.
– *Le Musée du Luxembourg. Les peintures*, Paris, 1912.
– *Le Musée du Luxembourg. Les peintures. Ecole française*, Paris, 1924.
Benisovich Michel, « Sales of French collections of paintings in the United States during the first half of the Nineteenth Century », *The Art Quarterly*, automne 1956.
Bennassar Bartolomé et Lucile, *le Voyage en Espagne. Anthologie des voyageurs français et francophones du xvie au xixe siècle*, Paris, 1998.
Berchet Jean-Claude, « Introduction », dans Théophile Gautier, *Voyage en Espagne*, Paris, 1991.
Berger John, *Velázquez. Äsop. Erzäklungen zur Spanischen malerei*, Francfort, 1991.
Bergot François, Pessiot Marie et Grandjean Gilles, *Musée des Beaux-Arts de Rouen. Guide des collections. xvie-xviie siècles*, Paris, 1992.
Berichte der Diplomatischen Vertreter des Wiener Hofes aus Spanien in der Regierungszeit Karls III. (1759-1788) / Despachos de los representantes diplomáticos de la Corte de Viena acreditados en Madrid durante el reinado de Carlos III (1759-1788), Madrid, 1970.
Bermúdez Ceán Juan Agustín, *Diccionario histórico de los más ilustres profesores de las bellas artes en España*, Madrid, 1800, rééd. Madrid, 2001.
Bernis Carmen, « La moda en los retratos de Velázquez », *El retrato en el Museo del Prado*, Madrid, 1994
Beroqui Pedro
– « Apuntes para la historia del Museo del Prado : Cincuenta cuadros para Napoleón », *Boletín de la Sociedad Española de Excursiones*, 1931.
– « El Museo del Prado (notas para su historia) », *Boletín de la Sociedad Española de Excursiones*, 1932.
– *El Museo del Prado 1818-1868*, Madrid, 1932.
– *El Museo del Prado (notas para su historia). El Museo real 1819-1833*, Madrid, 1933.
Beruete Aureliano
– *Velázquez*, Paris, 1898.
– *Velázquez*, Londres, 1906.
Bjurström Per, « Jacob Gustaf De la Gardie och Goya », *Meddelanden från Nationalmuseum* (Stockholm), 1962.
Blanc Albert, *Mémoires politiques et correspondance diplomatique de J. de Maistre*, Paris, 1859.
Blanc Charles
– *Les Trésors de l'art à Manchester*, Paris, 1857.
– « L'Iconographie espagnole de M. Valentin Carderera », *Gazette des Beaux-Arts*, 15 avril 1860.
– *Histoire des peintres de toutes les écoles. École espagnole*, Paris, 1869, les livraisons concernant les artistes espagnols avaient paru depuis 1849 (Ribera), 1851 (Velázquez), 1852 (Murillo), 1853 (Zurbarán), 1855 (Alonso Cano), etc.
– *Les Artistes de mon temps*, Paris, 1876.
Blas Javier et Matilla José Manuel éd., *El libro de los Desastres de la guerra. Francisco de Goya*, Madrid, 2000.
Blaze Henri, « Galerie espagnole au Louvre », *Revue des deux mondes*, 15 mai 1837.
Bodelsen Merete, « Early Impressionist Sales 1874-94 in the light of some unpublished "procès verbaux" », *The Burlington Magazine*, juin 1968.
Boggs Jane Sutherland, *Portraits by Degas*, Berkeley, 1962.
Boime Albert
– « Le Musée des Copies », *Gazette des Beaux-Arts*, octobre 1964.
– *The Academy and French Painting in the Nineteenth Century*, New York, 1971, New Haven et Londres, 1986.
– « Maria Deraismes and Eva Gonzalès. A Feminist Critique of *Une Loge aux Théâtre des Italiens* », *Woman's Art Journal*, automne 1994–hiver 1995.
Boissard, *le Siècle*, 20 octobre 1856.
Bomford David et *alii*, *Art in the Making : Impressionism*, cat. exp. Londres, National Gallery, 1990-1991.
Bonnat Léon, introduction à Beruete, *Velazquez*, Paris, 1898.
Boone M. Elizabeth, « Sol y Sombra : American Artists Explore the Sunlight and Shadows of Spain », *España : American Artists and the Spanish Experience*, New York, Hollis Taggart Galleries, 1999.
Bourbon Sébastien de, « Des huiles et des vernis employés pour la peinture », *Gazette des Beaux-Arts*, 1er août 1863.
Bourgoing Jean-François de, *Tableau de l'Espagne moderne*, Paris, 1807.
Bourjot Auguste, « Salon de 1838 », *la France littéraire*, 1838, 2e série.
Boutard M.
– « Beaux Arts, Musée Royal : L'Exposition des tableaux de l'école espagnole », *Journal des débats*, 14 août 1814.
– « Beaux-Arts. Dictionnaire des peintres espagnols, par F. Q. », *Journal des débats*, 17 avril 1817.

Braham A., « The early style of Murillo », *The Burlington Magazine*, 1965.
Brainerd Andrew W., *The Infanta Adventure and the lost Manet*, Long Beach, Michigan City, Ind., 1988.
Breal Auguste, *Velázquez*, Paris, 1919.
Bréban Philbert, *Livret-Guide du visiteur à l'exposition historique du Trocadéro*, Paris, 1878.
Brejon de Lavergnée Arnauld et Thiébaut Dominique (dir.), *Catalogue sommaire illustré des peintures du musée du Louvre. II Italie, Espagne, Allemagne, Grande-Bretagne et divers*, Paris, 1981.
Bres N., « Nouvelle Exposition », *Mercure de France*, août 1814.
Brey Mariño María, *Viaje a España del pintor Henri Regnault (1868-1870)*, Valence, 1949.
Brigstocke Hugh
– *William Buchanan and the 19th-century art trade : 100 letters to his agents*, Londres, 1982.
– *Italian and Spanish Paintings in the National Gallery of Scotland*, Édimbourg, 1993.
– « El descubrimiento del arte español en Gran Bretaña », dans cat. exp. *En torno a Velázquez : The Apelles Collection*, Oviedo, Museo de Bellas Artes, 1999-2000.
Brooke X., *Murillo, Scenes of Childhood*, Londres, 2001.
Brown Jonathan
–*Francisco de Zurbarán*, New York, 1973.
– « Murillo, pintor de temas eróticos. Una faceta inédita de su obra », *Goya*, Madrid, 1982.
– *Velázquez. Pintor y cortesano*, Madrid, 1986.
Brown Jonathan et Elliott John, *Un palacio para el rey*, Madrid, 1981.
Bruno Jean, *les Misères des gueux*, entièrement illustré d'œuvres de Courbet, Paris et Bruxelles, 1872.
Buchanan William, *Memoirs of Painting, with a History of the Importation of Pictures, by the great Masters, into England*, Londres, 1824.
Bürger W.
– « Salon de 1863 à Paris », *l'Indépendance belge*, 11 juin 1863.
– « Salon de 1864 à Paris », *l'Indépendance belge*, 15 et 26 juin 1864.
Burke Marcus B. et Cherry Peter, *Collection of Painting in Madrid. 1601-1755*, Los Angeles, 1997.
Burty Philippe
– *Maîtres et petits maîtres*, Paris, 1877.
– « Eva Gonzalès », *la République française*, 8 janvier 1885.
Cabane Pierre, *Edgar Degas*, Paris, 1950.
Callen Anthea, « Faure and Manet », *Gazette des Beaux-Arts*, mars 1974.
Canellas López Ángel, *Francisco de Goya. Diplomatario*, Saragosse, 1981.
Capodieci Luisa, *Gustave Moreau. Correspondance d'Italie*, Paris, 2002.
Carr Raymond, *Spain, 1808-1875*, New York, 1982.
Carrete Parrondo Juan
– « La Compañía para el grabado de los cuadros de los reales palacios », *Cuadernos de Bibliofilia*, n° 1, 1979.
– « Una interesante y prematura experiencia editorial, La Compañia para el grabado de los cuadros de los reales palacios », *Cuadernos de Bibliofilia*, n° 1, 1979.
– « El grabado en el siglo XVIII », *El grabado en España (Siglos XV al XVIII)*, Madrid, 1987.
Carrière Charles, *Négociants marseillais au xviiie siècle*, Marseille, 1973.
Castagnary Jules
– « Préface », *École nationale des beaux-arts*, Paris, 1882.
– *Salons, 1857-1870*, Paris, 1892.
Catálogo de los cuadros, dibujos y esculturas pertenecientes a la galería de SS. AA. RR. los Serenísimos Sres. Infantes de España, duques de Montpensier, Séville, palais de San Telmo, 1866.
Catalogue of Prints engraved from the Works of Diego Rodriguez de Silva y Velázquez and Bartolomé Esteban Murillo, 1873.
Catalogue raisonné des tableaux de diverses écoles composant le précieux cabinet de feu M. Collot, Paris, 1855.
Catalogue sommaire illustré des peintures du musée du Louvre, « Italie, Espagne… », Paris, 1981.
Caturla María Luisa, *Antonio Puga*, La Coruña, 1982.
Caturla María Luisa et Delenda Odile, *Zurbarán*, Paris, 1994.
Céséna A. G. de, « Le Musée Espagnol », *Revue française et étrangère*, 1837.
Champfleury
– « Revue des Beaux-Arts », *le Pamphlet*, 28-30 septembre 1848.
– « Salon de 1848 », *le Pamphlet*, 28-30 septembre 1848.
– « Du réalisme », *l'Artiste*, 2 septembre 1855.
– « L'Enterrement d'Ornans, 1851 », *Grandes figures d'hier et d'aujourd'hui*, Paris 1861.
– « Courbet en 1860 », *Grandes figures d'hier et d'aujourd'hui*, Paris, 1861.
Champfleury. Son regard et celui de Baudelaire, Paris, 1990.
Charcot Jean-Marie et Richer Paul, *les Difformes et les malades dans l'art*, Paris, 1889.
Charteris John, *John Sargent*, New York, 1927.
Chennevières Philippe de, *Souvenirs d'un directeur des Beaux-Arts*, Paris, 1979.
Cherry P., *Murillo. Scenes of Childhood*, Londres, 2001.
Chesneau Ernest, « L'Art contemporain », *l'Artiste*, 1er avril 1863.
Chu Petra ten-Doesschate
– *French Realism and the Dutch Masters, The influence of Dutch seventeenth-century painting on the development of French painting between 1830 and 1870*, Utrecht, 1974.
– *Lettres of Gustave Courbet*, Chicago et Londres, 1992.
– *Correspondance de Courbet*, Paris, 1996.
Claretie Jules
– *Journées de voyage. Espagne et France*, Paris, 1870.
– « Le Salon de 1872 », *le Soir*, 25 mai 1872.
– *Peintres et sculpteurs contemporains, 1re série*, Paris, 1882.
– « La vie à Paris », *le Temps*, 23 janvier 1885.
Clark Timothy J., *Image of the People. Gustave Courbet and the Second French Republic 1848-1851*, Greenwich, 1973.

Clément de Ris Athanase Louis
– *Le Musée Royal de Madrid,* Paris, 1859.
– « Musée impérial de l'Ermitage à Saint-Pétersbourg », *Gazette des Beaux-Arts,* avril 1879.
Compin Isabelle et Roquebert Anne *Catalogue sommaire illustré des peintures du musée du Louvre et du musée d'Orsay. École française,* Paris, 1986.
Conquêtes artistiques de la Révolution et de l'Empire, les, Paris, 1902.
Constans Claire, *Musée National du Château de Versailles. Les Peintures,* Paris, 1995.
Correspondance B. Morisot : Correspondance de Berthe Morisot avec sa famille et ses amis, Paris, 1950.
Correspondance Delacroix : Correspondance générale d'Eugène Delacroix, Paris, 1935-1938.
Correspondance Denon : Marie-Anne Dupuy, Isabelle le Masne de Chermont, Elaine Williamson, *Vivant Denon, directeur des musées sous le Consulat et l'Empire. Correspondance (1802-1815).*
Correspondance Gautier : Correspondance générale de Théophile Gautier, t. III (1846-1848), Genève et Paris, 1988.
Cottini J., *Examen du Musée du Louvre, suivi d'observations sur les expertises en matière de tableaux,* [Paris, 1851].
Crépet Eugène, *Charles Baudelaire : Étude biographique…,* Paris, 1906.
Crombie Theodore, « Velázquez observed. New Looks at an Old Master », *Apollo,* 1963.
Cruz Valdovinos José Manuel, « Menipo y Esopo en la Torre de la Parada », dans Svetlana Alpers, et *alii, Velázquez,* Madrid et Barcelone, 1999.
Cruzada Villaamil Gregorio, *Anales de la vida y de las obras de Diego de Silva Velázquez. Escritos con ayuda de nuevos documentos,* Madrid, 1885.
Cunningham Allan, *The life of Sir David Wilkie,* Londres, 1843.
Curtis Ch. B., *Velázquez and Murillo. A description and historical catalogue of the works,* Londres et New York, 1883.
Dacier Émile, « La curiosité au XVIIIe siècle : Choiseul collectionneur », *Gazette des Beaux-Arts,* juillet-septembre, 1949.
Darragon Eric, « Degas sans Manet », *Degas inédit,* actes du colloque Degas, musée d'Orsay, 18-21 avril 1988, Paris, 1989.
David Jacques-Louis, *Second Rapport sur la nécessité de la suppression de la commission du muséum,* Paris, 1794.
Debeaux-Fournier H., « Le Musée Espagnol de Louis-Philippe et sa restitution à la famille royale », *Bulletin des Musées de France,* août-septembre 1946.
Decamps Alexandre, *le National,* 15 février 1838.
Delacroix Eugène
– *Lettres intimes,* Paris, 1954.
– *Journal,* Paris, 1980.
– *Nouvelles lettres,* Bordeaux, [2000].
Delécluze Étienne-Jean
– « Beaux-Arts », *Lycée français,* 1819.
– « Galerie espagnole », *le Journal des débats,* 24 février 1838.
Delenda Odile
– *Velázquez, peintre religieux,* Genève, 1993.
– « Biografía ilustrada de Zurbarán : nuevos datos », *Zurbarán ante su centenario 1598-1998,* Valladolid, 1999.
Delenda Odile et Garraín Villa Luis J., « Zurbarán à Llerena », *Gazette des Beaux-Arts,* janvier 1995.
Delteil Loys, *le Peintre-graveur illustré,* « Francisco Goya », Paris, 1922.
Delteil Loys et Strauber Susan, *Delacroix. The graphic work,* San Francisco, 1997.
Demerson Georges, « A propos du Saint François d'Assise de Zurbarán », *Bulletin des musées lyonnais,* IV, 1953.
Denney Colleen, « Exhibitions in Artists Studios : François Bonvin's 1859 Salon des Refusés », *Gazette des Beaux-Arts,* septembre 1993.
Deraismes Marie, « Une exposition particulière de l'Ecole réaliste », *l'Avenir des femmes,* 5 juillet 1874.
Desessarts, « Salon de 1838. 2e art., sujets religieux », *l'Écho français,* 10 mars 1838.
Desnoyers Fernand, *Salon des Refusés : La peinture en 1863,* Paris, 1863.
Desparmet Fitz-Gerald X., *l'Œuvre peint de Goya,* Paris, 1928-1950.
Dezallier d'Argenville
– *Abrégé de la vie des plus fameux peintres, Paris, 1745, Vies des éminents peintres et sculpteurs espagnols,* 1715-1724, éd. anglaise, 1739, éd. espagnole abrégée, 1742 et 1744, éd. française, 1749.
– Le *Voyage pittoresque de Paris,* 1757.
Díez José Luis, *Federico de Madrazo : Epistolario,* Madrid, 1994.
Distel Anne
– *Impressionism : The First Collectors,* New York, 1990.
– *Gustave Caillebotte : The Unknown Impressionist,* Londres, 1996.
Dolent Jean, *Amoureux d'art,* Paris, 1888.
Dorival Bernard, *Extrait des différents ouvrages publiés sur la vie des peintres,* Paris, 1976.
Druick Douglas et Zegers Peter, « Manet's "Balloon" : French Diversion, The Fête de l'Empereur 1862 », *The Print Collector's Newsletter,* 14 mai-juin 1983.
Du Gué Trapier Elizabeth
– *Eugenio Lucas y Padilla,* New York, 1940.
– *Velázquez,* New York, 1948.
Ducoureau Vincent, *le Musée Bonnat à Bayonne,* Paris, 1988.
Dufilho Jérôme, *Constantin Guys (1802-1892) dessinateur et artiste reporter,* thèse de doctorat en histoire de l'art dactylographiée, université de Paris-I, 15 mars 1997.
Duflo Pierre, *Constantin Guys, fou de dessin, grand reporter 1802-1892,* Paris, 1988.
Dumas Alexandre
– « M. le Baron Taylor en Espagne », *la Presse,* 28 mai 1837.
– *Adventures in Spain,* Philadelphie et New York, 1959.
Durand-Gréville E., *Entretiens de J.-J. Henner. Notes prises par E. Durand-Gréville après ses conversations avec J.-J. Henner (1878-1888),* Paris, 1925.
Durand-Ruel, *Galerie Durand-Ruel. Recueil d'estampes gravées à l'eau-forte,* préface par Armand Silvestre, 300 eaux-fortes par divers graveurs, Paris et Londres, 1873.
Duret Théodore, *Courbet,* Paris, 1918.
Duro Paul, « Le musée des copies de Charles Blanc à l'aube de la IIIe République. Catalogue », *Bulletin de la Société de*

l'histoire de l'art français, année 1985, paru en 1987.
Edelein-Badie Béatrice, *la Collection de tableaux de Lucien Bonaparte, prince de Canino,* Paris 1997.
El arte europeo en la Corte de España durante el siglo XVIII, Madrid, musée du Prado, 1980.
El cuaderno italiano 1770-1786 : Los orígenes del arte de Goya, Madrid, 1994.
Encyclopédie ou Dictionnaire raisonné des sciences, des arts, et des métiers pour une société de gens de lettres, 2e éd. 1759.
Engerand F., *Inventaire des tableaux commandés et achetés par la Direction des Bâtiments du Roy (1709-1792),* Paris, 1901.
Erlaüterungen zu den ausgestellten Werken, Neue Pinakothek München, Munich, 1981, 4e éd.
Estignard Alexandre, *Courbet, sa vie et ses œuvres,* Besançon, 1897.
Eudel Paul
– *L'Hôtel Drouot en 1881,* Paris, 1882.
– *L'Hôtel Drouot et la curiosité en 1884-1885,* Paris, 1886.
Eusebi Luis, *Catálogo de los cuadros de escuela española que existen en el Real Museo del Prado,* 1819.
F. P., « Musée espagnol », *le Moniteur universel,* 10 janvier, 22 janvier, 10 février, 26 février 1838.
Farwell Beatrice, « Manet's *Espada* and Marcantonio », *Metropolitan Museum Journal,* 1969.
Fath Manfred, Germer Stefan, et *alii, Edouard Manet. Augenblicke der Geschichte,* Mannheim, 1992.
Faunce Sarah, *Gustave Courbet,* New York, 1993.
Faure Élie, *Velazquez,* Paris, s. d. [1903].
Faure Jean-Baptiste, *Notice sur la Collection J.-B. Faure, suivi du catalogue des tableaux formant cette collection,* Paris, 1902.
Félibien André, *Entretiens sur les vies et sur les ouvrages des plus excellents peintres anciens et modernes avec la vie des architectes,* 1725.
Felton Craig M., *Jusepe de Ribera : A Catalogue Raisonné,* thèse de doctorat, université de Pittsburgh, 1971.
Fermigier André, *Courbet – Etude biographique et critique,* Genève, 1971.
Ferran J.-P., *la Haute Bourgeoisie protestante marseillaise à la veille de la Révolution. Etude d'histoire économique et sociale,* faculté des lettres d'Aix-en-Provence, s. d.
Fisher D. J., *Murillo as genre painter,* New York, 1950-1953, thèse.
Flescher Sharon, *Zacharie Astruc : Critic, Artist and Japoniste,* New York et Londres, 1978
Flint Kate, *Impressionists in England : The Critical Reception,* Londres, Boston, Melbourne et Henley, 1984.
Florisoone Michel
– « Comment Delacroix a-t-il connu les "Caprices" de Goya ? », *Bulletin de la Société de l'histoire de l'art français,* année 1957, paru en 1958.
– « La genèse espagnole des Massacres de Scio de Delacroix », *la Revue du Louvre et des Musées de France,* 1963.
– « La raison du voyage de Goya à Paris », *Gazette des Beaux-Arts,* décembre 1966.
Fonsmark Anne-Birgitte, « Absinthdrikkeren », *Meddelelser fra Ny Carlsberg Glyptotek,* Copenhague, 1985.
Fontenay abbé de, *Dictionnaire des artistes ou Notice historique et raisonnée des architectes, peintres, graveurs, sculpteurs…,* Paris, 1776.
Ford Richard
– *A Handbook of Travellers in Spain and Readers at home,* Londres, 1845.
– « Sale of Louis-Philippe's Spanish Pictures », *The Athenaeum,* 14 et 21 mai 1853.
Fören-Fransk Konste femte utställning, Nationalmuseum, Stockholm, 1923.
Foucart Bruno, *le Renouveau de la peinture religieuse en France 1800-1860,* Paris, 1987.
Francis Henry S., « Portrait of Jester Calabazas », *Bulletin of the Cleveland Museum of Art,* LII, 1965.
Frati Tiziana, *L'opera completa di Zurbarán,* Milan, 1973, éd. espagnole, 1975.
Fried Michael, *Manet's Modernism or The Face of Painting in the 1860's,* Chicago, 1996.
Frimmel Th. v., *Lexikon der Wiener Gemäldesammlungen,* Munich, 1914.
Furcy-Raynaud, « Correspondance de M. d'Angivillier avec Pierre », *Nouvelles archives de l'art français,* 1905.
Galassi Susan Grace, Hoenigswald Ann, Park Malcolm, Wilson-Bareau Juliet, *Manet's* The Dead Toreador *and* The Bullfight : *Fragments of a Lost Salon Painting Reunited,* New York, The Frick Collection, 1999.
Gallati Barbara D., *William Merritt Chase,* New York, 1995.
Gállego Julián et Gudiol José, *Zurbarán 1598-1664,* Paris, 1987.
García Felguera María de los Santos
– *La Fortuna de Murillo* (1682-1900), Séville, Archivo Hispalense, 1989.
– *Viajeros, eruditos y artistas. Los europeos ante la pintura española del Siglo de Oro,* Madrid, 1991.
– « Niños afortunados », dans *Niños de Murillo,* Madrid, musée du Prado, 2001.
García-Romeral Carlos, *Bio-bibliografía de Viajeros extranjeros por España y Portugal (Siglo XIX),* Madrid, 1999.
Garrido Carmen, *Velázquez : Técnica y evolución,* Madrid, 1992.
Gassier Pierre
– *Les Dessins de Goya. Les albums,* Fribourg, 1973.
– *Les Dessins de Goya : II,* Fribourg, 1975.
Gassier Pierre et Wilson Juliet, *The Life and Complete Work of Francisco : Goya with a catalogue raisonné of the paintings, drawings, and engravings,* New York, 1971.
Gautier Théophile
– « Envois de Rome », *la Presse,* 30 août 1836.
– « Beaux-Arts : Collection de tableaux espagnols », *la Presse,* 24 septembre 1837.
– « Collection de tableaux espagnols », *la Presse,* 24 septembre 1837.
– « Exposition du Louvre. M. Ziegler », *la Presse,* 16 mars 1838.
– « Exposition du Louvre », *la Presse,* 13 avril 1838.
– « Les Caprices de Goya », *la Presse,* 5 juillet 1838.
– « Salon de 1839 », *la Presse,* 30 mars 1839.

– « Salon de 1840. III », *la Presse,* 20 mars 1840.
– « Francisco Goya y Lucientes », *le Cabinet de l'Amateur*, I, 1842.
– « Salon de 1844 », *la Presse,* 27 mars 1844.
– *España,* Paris, 1845.
– « Salon de 1845. Quatrième article », *la Presse,* 20 mars 1845.
– « Salon de 1846 », *la Presse,* 3 avril 1846 et 4 avril 1846.
– « Les fêtes de Madrid », *Musée des familles,* 1847.
– *Salon de 1847,* Paris, 1847.
– « Salon de 1848 », *la Presse,* 28 avril 1848.
– *La Presse,* 1er juillet 1848.
– « Le musée espagnol », *la Presse,* 27 août 1850.
– *Les Beaux-Arts en Europe,* Paris, 1856.
– « Salon de 1861 », *Moniteur universel,* 3 juillet 1861.
– *Les Dieux et des demi-dieux de la peinture,* Paris, 1864.
– *Loin de Paris,* Paris, 1865.
– « Paris–L'Art. Le Musée du Louvre », *Paris-Guide* [Paris, 1867].
– *Tableaux à la plume*, Paris, 1880.
– « Les courses royales à Madrid », *Loin de Paris,* Paris, 1881.
– *Guide de l'amateur au musée du Louvre, suivi de la vie et des œuvres de quelques peintres,* Paris, 1882.
– « Ribeira », *Poésies,* Paris, 1890.
– *Exposition de 1859,* texte établi et annoté par Wolfgang Drost et Ulrike Henninges, Heidelberg, 1992.
Gaya Nuño Juan Antonio
– *La pintura española fuera de España,* Madrid, 1958.
– « Peinture picaresque », *l'Œil,* décembre 1961.
– *Historia del museo del Prado,* Madrid, 1969.
– *La obra pictórica completa de Murillo,* Barcelona-Madrid, 1978.
Géal Pierre
– *Recherches sur la naissance des musées d'art en Espagne de Charles III à Isabelle II,* Paris, université de la Sorbonne – Paris-IV, 1998, en cours de publication.
– « L'invention de l'école espagnole de peinture aux XVIIIe et XIXe siècles », *Cahiers du GRIMH,* 1999.
Geffroy Gustave
– *La National Gallery,* Paris, s. d.
– *Le Louvre. La peinture étrangère,* Paris, s. d.
– *L'Art et les artistes,* octobre 1906.
Genet Henri-Émile, « Notes d'art, deux expositions rétrospectives : Eva Gonzalès et Berthe Morisot », *la République française,* 9 avril 1914.
Gensel Walter, *Velázquez,* Stuttgart et Leipzig, 1905.
Georgel Chantal, *1848, la République et l'art vivant,* Paris, 1998.
Georgel Pierre, *Courbet. Le poème de la nature,* Paris, 1995.
Georgel Pierre et Rossi Bortolatto Luigina, *Tout l'œuvre peint de Delacroix,* Paris, 1984.
Gerard Powell Véronique, « Joseph Bonaparte et la collection des Bourbons d'Espagne », *Curiosité, Études d'histoire de l'art en l'honneur d'Antoine Schnapper,* Paris, 1998.
Germond de Lavigne A.
–*Itinéraire descriptif, historique et artistique de l'Espagne et du Portugal,* Guide Joanne, Paris, 1866, 2e éd. révisée.
Gerstenberg Kurt, *Diego Velázquez,* Munich, 1957.
Gerstle Mack, *Gustave Courbet,* New York, 1951.
Glendinning Nigel
– *Goya and his critics,* Londres et New Haven, 1970.
– « Goya's Country House in Madrid : The Quinta del Sordo », *Apollo,* février 1986.
– « Nineteenth-Century Editions of Goya's Etchings. New Details of their Sales Statistics », *Print Quarterly,* 1989.
– « El problema de las atrubiciones de Goya », dans *Goya 1900. Catalogo ilustrado y estudio, de la exposición en el Ministerio de Instrucción publica y Bellas Artes,* Madrid, 2000.
Glendinning Nigel, Harris Enriqueta et Russell Francis, « Lord Grantham and the taste for Velázquez : " The Electrical Eel of the day " », *The Burlington Magazine,* octobre 1999.
Glover Michael, *The Peninsular War, 1807-1814,* Londres, 1974.
Godet Jules-Michel, *Œuvres de M. Ed. Manet,* 24 photographies, Paris, [1872].
Goley Mary Anne, *The Influence of Velasquez on Modern Painting : The American Experience,* Washington, D. C., Board of Governors of the Federal Reserve System, 2000.
Gómez Imaz Manuel, *Inventario de los cuadros sustraídos por el gobierno intruso en Sevilla en el año 1810,* Séville, 1917, 1re éd. 1896.
Gómez Moreno Manuel, « Un Velázquez en el Museo de Orleáns », *Archivo Español de Arte y Arqueología,* 1925.
Goncourt Edmond et Jules de, *Journal,* Paris, 1895.
Gonzalo Anes, *Las colecciones reales y la fundación del Museo del Prado,* Madrid, 1996.
Gotteri Nicole, « Deux tableaux offerts au maréchal Soult par le chapitre de la cathédrale de Séville », *la Revue du Louvre et des Musées de France,* avril 1993.
Gould Cecil, *Trophy of Conquest : The Musée Napoléon and the Creation of the Louvre,* Londres, 1965.
Gower Ronald, *The Northbrook Gallery,* Londres, 1885.
Goya : Nuevas visiones, Madrid, 1987.
Gozlan Léon, « Le Musée espagnol à Paris », *Revue de Paris,* 1837.
Granville Pierre, « "Notre-Dame-de-Lorette" et l'effusion spirituelle chez J.-F. Millet », *la Revue du Louvre et des Musées de France,* n° 5-6, 1975.
Gruyer Anatole François, *Voyage autour du salon Carré au musée du Louvre,* Paris.
Gudiol José, *Velázquez 1599-1660. Historia de su vida ; catálogo de su obra ; estudio de la evolución de su técnica,* Barcelone, 1973.
Guégan Stéphane et Haddad Michèle, *l'ABCdaire de Courbet et le réalisme,* Paris, 1996.
Guérin Marcel, *l'Œuvre gravé de Manet,* New York et Amsterdam, 1969.
Guinard Paul
– « Zurbarán et la "Découverte" de la Peinture Espagnole en France sous Louis-Philippe », *Hommage à Ernest Martinenche,* Paris, 1939.

– « Los conjuntos dispersos o desaparecidos de Zurbarán : anotaciones a Ceán Bermúdez », *Archivo Español de Arte*, 1946, 1947, 1949.
– « Velázquez et les romantiques français », *Varia Velázqueña*, Madrid, 1960.
– *Zurbarán et les peintres espagnols de la vie monastique*, Paris, 1960.
– « Baudelaire, le Musée espagnol et Goya », *Revue d'histoire littéraire de la France*, avril-juin 1967.
– *Dauzats et Blanchard : peintres de l'Espagne romantique*, Paris, 1967.
Hanson Anne Coffin
– « Édouard Manet, "Les Gitanos", and the Cut Canvas », *The Burlington Magazine*, mars 1970.
– *Manet and the Modern Tradition*, New Haven, 1979.
Harastzi-Takács M., *Spanish Genre Painting in the Seventeenth Century*, Budapest, 1983.
Harris Enriqueta
– « A contemporary review of Goya's "Caprichos" », *The Burlington Magazine*, 1964.
– « Sir William Stirling-Maxwell ad the History of Spanish Art », *Apollo*, janvier 1964.
– « Velázquez and Murillo in Nineteenth-Century Britain. An Approach Through Prints », *Journal of the Warburg and Courtauld Institutes*, 1987.
– *Velázquez*, Oxford, 1982.
– « Velázquez and his Works, by William Stirling », dans William Stirling, *Velázquez. Bilingual edition*, Madrid, Ayuntamiento de Madrid, 1999.
– « Spanish Paintings in Paris », *The Burlington Magazine*, juillet 1963.
Harris Jean C., *Edouard Manet : Graphic Works : A Definitive Catalogue Raisonné*, New York, 1970, éd. révisée, *Edouard Manet : The Graphic Work : A Catalogue Raisonné*, rééd. San Francisco, 1990.
Harris Tomás, *Goya : Engravings and Lithographs*, Oxford, 1964.
Harrison Jefferson C., *French Paintings from The Chrysler Museum*, 1986-1987.
Haskell Francis
– *Rediscoveries in Art. Some aspects of taste, fashion and collecting in England and France*, Oxford, 1980.
– « William Coningham and his collection of Old Masters », *The Burlington Magazine*, octobre 1991.
Haussard Prosper
– « Salon de 1838 », *le National*, 15 mars 1838.
– *Le National*, 15 juin 1848.
Hautecœur Louis, *Musée national du Louvre. Catalogue de peintures exposées dans les galeries. II École italienne et École espagnole*, Paris, 1926.
Havemeyer Louisine W., *Sixteen to Sixty : Memoirs of a Collector*, 1re éd. 1961, New York, 1993.
Head Edmund sir, *A Handbook of the History of the Spanish and French Schools of Painting*, Londres, 1848.
Herrero García M., *Ideas de los españoles del siglo XVII*, Madrid, 1966.
Hilary Macartney, « Sir William Stirling Maxwell : Scholar of Spanish Art », *Espacio, Tiempo y Forma*, 1999.
Hoffmann Léon-François, *Romantique Espagne. L'image de l'Espagne en France entre 1800 et 1850*, New Jersey et Paris, 1961.
Horsin-Déon, « Les cabinets d'amateurs à Paris », *l'Artiste*, 1861.
Huard É.
– « Musée espagnol », *Journal des artistes*, 21 janvier 1838.
– *Vie complète des peintres espagnols et histoire de la peinture espagnole*, 1839.
Hugo Kehrer, *Francisco de Zurbarán*, Munich, 1918.
Hugo Victor, *Œuvres complètes. Histoire*, Paris, 1987.
Huysmans Joris-Karl, *l'Art moderne*, Paris, 1883.
Ideville H. d', *Gustave Courbet. Notes et documents sur sa vie & œuvre avec huit eaux-fortes par A. P. Martial et un dessin par Édouard Manet*, Paris, 1878.
Illustrated handbook of musée du Luxembourg, Paris, 1884.
Israels Josef, *Spain. The Story of a Journey*, 1898, Londres, 1900.
Jamar-Rolin Luce, « La vie de Guys et la chronologie de son œuvre », *Gazette des Beaux-Arts*, juillet-août 1956.
Jamot Paul, « Acquisitions récentes du Louvre », *l'Art vivant*, 1er mars 1928.
Jasinski René, *l'« España » de Théophile Gautier*, Paris, 1929.
Javel Firmin, « L'exposition Eva Gonzalès », *l'Événement*, 23 janvier 1885.
Joanne Adolphe, *Paris illustré*, Paris, 1863.
Jobert Barthélemy, « Un graveur et ses thèmes », dans cat. exp. *Delacroix. Le trait romantique*, Paris, 1998.
John S. Thacher, « The Paintings of Francisco de Herrera, the Elder », *The Art Bulletin*, New York, 1937.
Johnson Lee, *The Paintings of Eugène Delacroix : A Critical Catalogue*, Oxford, 1981-1986.
Joubin Henri, *Musée de portraits d'artistes*, Paris, 1888.
Jowell Frances, *Thoré-Bürger and the Art of the Past*, thèse de doctorat, Harvard, 1971.
Jubinal Achille, *Notice sur M. le Baron Taylor et sur les tableaux espagnols achetés par lui d'après les ordres du roi*, Paris, 1837.
Justi Karl
– « Das Leben des HL. Bonaventura Gemalt von Herrera D. A. und Zurbarán », *Jahrbuch des Preussischen Kunstsammlungen*, 1883.
– *Diego Velázquez and His Times*, Londres, 1889.
– *Murillo, Leipzig*, 1891.
– *Murillo*, Leipzig, 1892.
– *Velázquez y su siglo*, 1888, Madrid, rééd. 1999.
Kagané Ludmila L.
– *Bartolomé Esteban Murillo. El maestro espagnol del siglo XVII*, Parkstone, 1995.
– *The Hermitage Catalogue of Western European Painting. Spanish Painting, fifteenth to nineteenth centuries*, Florence, 1997.
Katow Paul de, « L'exposition Eva Gonzalès, Salons de la *Vie Moderne* », *Gil Blas*, 17 janvier 1885.
Kératry Auguste Hilarion, *Du beau dans les arts d'imitation avec un examen raisonné des productions des diverses écoles de peinture et de sculpture*, Paris, 1822.

Kinkead, « The Picture collection of Don Nicolas Omazur », *The Burlington Magazine,* 1986.
Kleiser Martínez L., *Refranero General Ideológicolo Español,* Madrid, 1953.
L'Amateur, « Salon de 1838 », *la Quotidienne,* 10 mars 1838.
Laborde, *Voyage pittoresque et historique de l'Espagne,* 1820.
Lacambre Geneviève, « La *Galatée* de Gustave Moreau entre au musée d'Orsay », *48/14 La revue du musée d'Orsay,* printemps 1998.
Lacambre Geneviève et Jean
– *Champfleury. Le Réalisme,* Paris, 1973.
– « Tableaux religieux de Boissard de Boisdenier », *Revue de l'art,* 1975.
Lafond Paul, *Ribera et Zurbarán,* Paris, 1902.
Laforgue E., *Des arts et des artistes en Espagne jusqu'à la fin du dix-huitième siècle,* Lyon, 1859.
Lafuente Ferrari Enrique
– *Catálogo ilustrado de la exposición de pinturas de Goya…, Madrid, Abril-Mayo MCMXXVIII,* Madrid, octobre 1928.
– *Velázquez,* Barcelone, 1944.
Lagrange Léon, « La Galerie de M. le Duc de Morny », *Gazette des Beaux-Arts,* janvier et mai 1863.
Lannau-Rolland A., *Nouveau Guide général du voyageur en Espagne et en Portugal,* guide Garnier, Paris, 1864.
Lannoy Isabelle de
– *Jean-Jacques Henner, 1829-1905. Essai de catalogue*, thèse dactylographiée de l'école du Louvre, 1986.
– *Musée national Jean-Jacques Henner. Catalogue des peintures,* Paris, 1990.
Lanzac de Laborie Léon de, « Le musée du Louvre au temps de Napoléon d'après des documents inédits », *Revue des deux mondes,* 1er août 1912.
Laren Young A. Mc, Mc Donald M., Spencer R., *The Paintings of James McNeill Whistler,* New Haven et Londres, 1980.
Lasso de la Vega Miguel, marquis de Saltillo, *Mr. Frédéric Quilliet. Comisario de Bellas Artes del Gobierno Intruso (1809-1814),* Madrid, 1933.
Laurent J., *Catalogue des principaux tableaux des musées d'Espagne,* Madrid, 1868, supplément.
Laverdant Désiré, « Salon de 1842 », *la Phalange,* 8 mai 1842.
Le Hir, *Journal des amateurs,* 1881.
Le Masque de Fer, « A travers Paris », *le Figaro,* 21 février 1885.
Lebreton G., *Attributions données à des tableaux du musée de Rouen,* Paris, 1881.
Lebrun Jean-Baptiste-Pierre, *Recueil de gravures au trait, à l'eau forte, et ombrées, d'après un choix de tableaux de toutes les écoles, recueillis dans un voyage fait en Espagne, au Midi de la France et en Italie, dans les années 1807 et 1808,* Paris, 1809.
Lefort Paul
– « Essai d'un catalogue raisonné de l'œuvre gravé et lithographié de Francisco Goya », *Gazette des Beaux-Arts,* 1er février 1867, 1er février 1868, 1er avril 1868, 1er août 1868.
– « Ribera et son tableau du "Pied-Bot" au Louvre », *Gazette des Beaux-Arts,* janvier 1882.
– *Velázquez,* Paris, 1888.
– *Murillo et ses élèves,* Paris, 1892.
– *La Peinture espagnole,* Paris, 1893.
Léger Charles, *Courbet selon les caricatures et les images,* Paris, 1920.
Lelièvre Pierre, « La mission de Vivant Denon en Espagne (novembre 1808-janvier 1809) », *Archives de l'art français,* 1969.
Lemonnier Camille
– *Gustave Courbet et son œuvre,* Paris, 1868.
– *Les Peintres de la vie,* Paris, 1888.
Leroy Louis
– « Salon de 1865. I. Le tohu-bohu du premier jour », *le Charivari,* 5 mai 1865.
– « Les expositions de MM. Courbet et Manet », *le Charivari,* 13 juin 1867.
Lettres de Degas, Paris, 1931.
Levey Michael, *National Gallery Catalogues. The 17th and 18th Century Italian Schools,* Londres, 1971, rééd. 1986.
Liedtke Walter, « Zurbarán's Jerez Altarpiece Reconstructed », *Apollo,* 1988.
Lipschutz Ilse Hempel
– *Spanish Painting and the French Romantics,* Cambridge, 1972.
– « Murillo y " la brune aux longs cils noirs et aux yeux de velours " », *Fragmentos,* 1984.
– *La pintura española y los romanticos franceses,* Madrid, 1988.
Lobstein Dominique, « La gravure et la lithographie d'inspiration espagnole au Salon. 1820-1880 », *48/14. La revue du musée d'Orsay,* automne 2002.
Locke Nancy, « New Documentary Information on Manet's " Portrait of the Artist's Parents " », *The Burlington Magazine,* avril 1991.
Longhi Roberto, « Un San Tommaso di Velázquez e le congiunture italo-espagnole tra il '500 e il '600 », *Vita Artistica,* 1927.
Lopera Álvarez, *De Ceán a Cossío : La fortuna crítica del Greco en el siglo XIX,* Madrid, 1987.
López Torrijos R., « El tema de la picaresca en la pintura española del siglo de oro », *Actas del Congreso Internacional sobre la picaresca,* Madrid, 1979.
López-Rey José
– « A pseudo Velázquez: the Picture of a Dwarf with a dog », *Gazette des Beaux-Arts,* octobre-décembre 1950.
– *Velázquez: A catalogue raisonné of his œuvre,* Londres, 1963.
– « Velázquez's " *Calabazas* with a Portrait and a Pinwheel " », *Gazette des Beaux-Arts,* octobre 1967.
– « Vues et réflexions sur Murillo », *Gazette des Beaux-Arts,* janvier 1987.
– *Velázquez. Catalogue Raisonné,* Cologne, 1996.
Lovett Gabriel H., *Napoleon and the Birth of Modern Spain,* New York, 1965.
Loyrette Henry
– « Degas entre Gustave Moreau et Duranty : Notes sur les portraits, 1859-1876 », *Revue de l'art,* 1989.
– *Degas,* Paris, 1991.
Lugt Fritz, *Répertoire des catalogues de ventes intéressant l'art ou la curiosité,* La Haye, t. 2, 1953, t. 3, 1964.
Luna Juan J., « John Singer Sargent y el Museo del Prado », *Historia 16,* 1988.

Luxenberg Alisa
– « Léon Bonnat (1833-1922) », thèse de doctorat, Institut d'art, université de New York, 1990.
– « Essay » *Spain, Espagne, Spanien : Foreign Artists Discover Spain, 1800-1900,* New York, 1993.
– « Buenos días, Señor Courbet : the artist's trip to Spain », *The Burlington Magazine,* novembre 2001.
Mac Laren Neil et Braham Allan, *National Gallery Catalogues : The Spanish School,* Londres, 1970.
Madelène Henri de la, dans *le Salon des refusés par une réunion d'écrivains…,* Paris, 1863.
Madrazo Mariano de, *Historia del Museo del Prado. 1818-1868,* Madrid, 1945.
Madrazo Pedro de
– *Catálogo de los cuadros del Real Museo de Pintura y Escultura de S. M.,* Madrid, Oficina de Aguado, 1843.
– *Catálogo descriptivo e histórico, de los cuadros del Museo del Prado de Madrid. Parte primera. Escuelas italianas y españolas,* Madrid, 1872.
Maestros Antiguos y Modernos, Museo de Bellas Artes de Bilbao, Bilbao, Fundación BBK, 1999.
Mâle E., *l'Art religieux de la fin du xvie, xviie et xviiie siècle,* Paris, 1931.
Manrique de Lara Manuel, « Velázquez en el Museo del Louvre », *Revue hispanique,* 1921.
Mantz Paul
– « La galerie Pourtalès. IV. Les peintures espagnoles, allemandes, hollandaises, flamandes et françaises », *Gazette des Beaux-Arts,* 1er février 1865.
– « Salon de 1868 », *l'Illustration, Journal universel,* 6 juin 1868.
– « La collection La Caze au musée du Louvre », *Gazette des Beaux-Arts,* mai 1870.
– « Exposition en faveur de l'œuvre des Alsaciens et Lorrains », *Gazette des Beaux-Arts,* août, septembre et octobre 1874.
Marcel Nicolle, *Ville de Nantes. Musée municipal des Beaux-Arts. Catalogue,* Nantes, 1913.
Marcy Pierre, *Guide populaire dans les musées du Louvre* [Paris, 1867].
Marías Fernando, *Velázquez : Pintor y criado del rey,* Hondarribia, 1999.
Marinas Cristina, « La Galería Española del Rey Luis Felipe », *Academia,* 1983.
Marquet de Vasselot Jean-Jacques, *Répertoire des catalogues du musée du Louvre (1793-1926),* Paris, 1927.
Martinet Louis, dans *le Courrier artistique,* 15 octobre 1861.
Martínez Fiera Joaquín, *Un museo de pinturas en el Palacio de Buenavista. Proyecto de la Real Academia de Nobles Artes de San Fernando,* Madrid, 1942.
Martínez Ripoll Antonio
– *La iglesia del Colegio de San Buenaventura,* Séville, 1976.
– *Francisco de Herrera « El Viejo »,* Séville, 1978.
Marx Roger
– *Henri Regnault 1843-1871,* Paris, s. d.
– *Maîtres d'hier et d'aujourd'hui,* Paris, s. d. [1914].
Massarani Tullo, *l'Art à Paris,* Paris, 1880, 2 tomes.
Matheron Laurent
– *Goya,* Paris, 1858.
– *Goya,* éd. bilingue, français-espagnol, Madrid, 1996.
Mathieu Pierre-Louis, *Tout l'œuvre peint de Gustave Moreau,* Paris, 1991.
Matilla José Manuel
– « Gabinete Francisco de Goya », *Obras maestras de la Real Academia de San Fernando,* Madrid, 1994.
– *Velázquez en blanco y negro,* Madrid, 2000.
Matilla José Manuel et Medrano José Miguel
– *El libro de los Caprichos. Francisco de Goya,* Madrid, 1999.
– *El libro de la Tauromaquia. Francisco de Goya,* Madrid, 2001.
Matilla Tascón Antonio, « La Real Posesión de Vista Alegre, residencia de la reina Doña María Cristina y el duque de Riansares », *Anales del Instituto de Estudios Madrileños,* Madrid, 1982.
Matougues Benoist de, « Musée espagnol », *le Lithographe : Journal des artistes et des imprimeurs,* 1838.
Matrod H., « Deux tableaux espagnols au Musée du Louvre », *Chronique des arts et de la curiosité,* 1922.
Mayer August L.
– *Murillo,* Stuttgart et Berlin, 1913.
– *Diego Velázquez,* Berlin, 1924.
– *Velázquez. A Catalogue Raisonné of the Pictures and Drawings,* Londres, 1936.
Mc William Neil, *Dreams of Happiness, Social Art and the French Left, 1830-1850,* Princeton, 1993.
McCauley Elizabeth Anne, *A. A. E. Disdéri and the Carte de Visite Portrait Photograph,* New Haven et Londres, 1985.
McClellan Andrew, *Inventing the Louvre : Art, Politics, and the Origins of the Modern Museum in Eighteenth-Century Paris,* Berkeley, Los Angeles et Londres 1999.
McConkey Kenneth, *A Painter's Painting : John Singer Sargent's A Spanish Woman,* Londres, 1998.
McMullen Roy, *Degas. His Life, Times, and Work,* Boston, 1984.
Meller Peter, « Manet in Italy: some newly identified sources for his early sketchbooks », *The Burlington Magazine,* février 2002.
Mena Marqués Manuela
– « Velázquez en la Torre de la Parada », *Estudios sobre Velázquez,* Madrid, 2000.
– « Goya y Maella en Valencia. Reliogiosidad ilustrada y tradición » dans cat. exp. *Goya y Maella en Valencia : Del boceto al cuadro de altar,* Valence, 2002.
Mercey Frédéric de
– « Salon de 1838 », *Revue des deux mondes,* 4e série, t. XIV.
– « La galerie du maréchal Soult », *Revue des deux mondes,* 15 mai 1852.
Mérimée Prosper
– « Le musée de Madrid », *l'Artiste,* 6 février 1831.
– « Les grands maîtres du musée de Madrid », *l'Artiste,* mars 1831.
– « Annals of the Artists of Spain », *Revue des deux mondes,* 15 novembre 1848.
– *Carmen,* Madrid, 1986.
Meslay Olivier, « Murillo and the "smoking mirrors" », *The Burlington Magazine,* février 2001.
Mesonero Romanos Manuel, *Velázquez fuera del Museo del Prado,* Madrid, 1899.

Mihan G., « Masterpieces collected for the Hermitage by Catherine II and her Successors », *Apollo*, avril 1944.
Miura Atsushi, « La vision photographique dans *Combat de taureaux* de Manet », *Revue de l'art*, n° 79, 1988.
Moffitt John F., « Velázquez, Fools, Calabacillas and Ripa », *Pantheon*, 1982.
Montoto S., *Murillo*, Séville, 1923.
Morales y Marín José Luis
– *Los Bayeu*, Saragosse, 1979.
– *Goya : Catálogo de la pintura*, Saragosse, 1994.
Moratín Leandro Fernández de, *Diario (Mayo 1780-Marzo 1808)*, Madrid, 1968.
Moreau fils Adolphe, *Delacroix et son œuvre*, Paris, 1873.
Moreau-Nélaton Étienne
– *Millet, raconté par lui-même*, Paris, 1921.
– *Bonvin raconté par lui-même*, Paris, 1927.
Moreno de la Heras Margarita, *Goya : Pinturas del Museo del Prado*, Madrid, 1997.
Moreno Villa José *Locos, Enanos, negros y niños palaciegos. Gente de placer que tuvieron los Austrias en la corte española desde 1563 a 1700*, Mexico, 1939.
Mulcahy Rosemarie, « Alonso Sánchez Coello and Grand Duke Ferdinando I de' Medici », *The Burlington Magazine*, août 1996.
Munhall Edgar, *Whistler et Montesquiou : The Butterfly and the Bat*, New York et Paris, 1995 / *Whistler et Montesquiou. Le Papillon et la Chauve-souris*, Paris, 1995.
Murphy Alexandra F., *European Paintings in the Museum of Fine Arts*, Boston, 1985.
Musées d'Espagne, les, Paris, 1860.
Museo del Prado : Inventario general de pinturas, II, El Museo de la Trinidad, Madrid, 1991.
Natanson Thadée, « Peinture. A propos de MM. Charles Cottet, Gauguin, Edouard Vuillard et d'Edouard Manet », *la Revue blanche*, 1er décembre 1896.
Navarrete Benito, *La pintura andaluza del siglo XVII y sus fuentes grabadas*, Madrid, 1998.
Nerval Gérard de, « Les dieux inconnus », *la Presse*, 29 juin 1845.
Nicolle M., *la Peinture au musée du Louvre. Ecole espagnole*, Paris, 1929.
Notice des tableaux composant le musée de Cherbourg, 1835.
Notice des tableaux de la Galerie Espagnole exposés dans les salles du musée royal au Louvre, Paris, 1838, 4 éd.
Notice des tableaux exposés jusqu'à présent dans la galerie du musée du Roi, Madrid, 1828.
Notices by different authors and artists, extracted from several publications of 1856, on the picture of St. Peter Weeping, by Murillo, Londres, 1856.
Nouvelles Acquisitions du département des peintures musée du Louvre, Paris, 1985.
Núñez de Arenas M., « Manojo de noticias. La suerte de Goya en Francia », *Bulletin hispanique*, 1950.
O'Shea Henry, *A Guide to Spain*, Londres, 1865.
Oertel Richard, *Francisco de Goya*, Bielefeld et Leipzig, 1907.
Ormond Richard et Kilmurray Elaine, *John Singer Sargent, The Early Portraits*, Volume I of *Complete Paintings*, New Haven et Londres, 1998.
Osborne Carol M., « Yankee Painters at the Prado », cat. exp. *Spain, Espagne, Spanien. Foreign Artists Discover Spain 1800-1900*, New York, 1993.
Palm Erwin Walter, « Diego Velázquez : Äesop und Menipp », *Lebende Antike Symposium für Rudolf Sühnel*, Berlin, 1967.
Palomino Antonio, *Vidas*, 1re éd. 1724, Madrid, 1986.
Palomino y Velasco A. A., *Museo pictórico y escala óptica con el Parnaso español pintoresco laureado*, Madrid, 1715-1724, Madrid, 1947.
Pantorba Bernardino de, *La vida y la obra de Velázquez. Estudio biográfico y crítico*, Madrid, 1955.
Pemán César, « La reconstrucción del retablo de la Cartuja de Jerez de la Frontera », *Archivo Español de Arte*, XXIII, 1950.
Pérez Delgado R., *Murillo*, Madrid, 1972.
Pérez Sánchez Alfonso E.
– *Pasado, presente y futuro del Museo del Prado*, Madrid, 1977.
– *Juan Carreño de Miranda (1614-1685)*, Avilés, 1985.
– *Zurbarán*, Madrid, 1993.
Pérez Sánchez Alfonso E. et Spinosa Nicolas, *l'Opera completa del Ribera*, Milan, 1978.
Perutz Vivien, *Edouard Manet*, Londres et Toronto, 1993.
Pesenti Campagnoni Donata et Tortonese Paolo (dir.), *les Arts de l'hallucination*, Paris, 2002.
Pesquidoux Léonce de, *Voyage artistique en France*, Paris, 1857.
Pichois Claude
– « Baudelaire jeune collectionneur », *Humanisme actif : Mélanges d'art et de littérature offerts à Julien Cain*, Paris, 1968.
– *Baudelaire : Études et témoignages*, Neuchâtel, 1976.
Pichois Claude et Ziegler Jean, *Baudelaire*, Paris, 1987.
Piles Roger de, *Abrégé de la vie des peintres*, 1re éd., 1699, 2de éd, Paris, 1715.
Pita José Manuel, « Los cuadros de Velázquez y Mazo que poseyó el Marqués del Carpio », *Archivo Español de Arte*, 1952.
Planche Gustave, « Salon de 1838 », *Revue du xixe siècle*, rééd. dans *Etudes sur l'école française*, Paris, 1855.
Plazaola Juan, *le Baron Taylor*, Paris, 1989.
Ponz Antonio, *Viaje de España* (1772-1784), Madrid, 1947.
Portús Javier
– *La Sala Reservada del museo del Prado y el coleccionismo de pintura de desnudo en la corte española. 1554-1838*, Madrid, 1998.
– *Guía de la Pintura Barroca Española, Museo del Prado*, Madrid, 2001.
Prat Louis-Antoine, « Dessins rejetés », *Inventaire général des dessins. École française. Dessins de Théodore Chassériau (1819-1856)*, Paris, 1988.
Proust Antonin
– « Édouard Manet. Souvenirs », *la Revue blanche*, février-mai 1897, rééd. Caen, 1988, et Paris, 1996
– « L'art d'Édouard Manet », *le Studio*, 15 janvier 1901, supplément rééd. Caen, 1988, et Paris, 1996.
– *Edouard Manet. Souvenirs*, Paris, 1913.
Pruvost-Auzas Jacqueline, « L'apôtre Saint

Thomas de Velázquez au Musée des Beaux-Arts d'Orléans », *Varia Velázqueña*, Madrid, 1960.
Quatremère de Quincy, *Essai sur l'idéal dans ses applications pratiques aux œuvres de l'imitation propre des arts du dessin*, Paris, 1837.
Quilliet Frédéric, *Dictionnaire des peintres espagnols*, Paris, 1816.
Quynn Dorothy MacKay, « The Art Confiscation of the Napoleonic Wars », *The American Historical Review*, avril 1945.
Rafaëlli Jean-François, *Promenade d'un artiste au Musée du Louvre*, Paris, 1913.
Randon G., *le Journal amusant*, 29 juin 1867.
Raphaël J., « Le Musée espagnol », *la France littéraire*, septembre-décembre 1837.
Réau Louis
– *Les Musées de Saint-Pétersbourg*, Paris, 1912.
– « Velázquez et son influence sur la peinture française du XIXe siècle », *Velázquez : Son temps, son influence*, Paris, 1960.
Reff Theodore
– « New Light on Degas's Copies », *The Burlington Magazine*, juin 1964.
– « Copyists in the Louvre, 1850-1870 », *The Art Bulletin*, décembre 1964.
– « Manet and Blanc's " Histoire des peintres " », *The Burlington Magazine*, juillet 1970.
– *Degas : The Artist's Mind*, New York, 1976.
– *The Notebooks of Degas*, Oxford, 1976.
– « Les vies des maîtres anciens dans les œuvres de jeunesse de Degas », *Degas inédit*, actes du colloque Degas, musée d'Orsay, 18-21 avril 1988, Paris, 1989.
Reiset Frédéric.
– *Notice des tableaux du Musée Napoléon III exposés dans les salles de la Colonnade au Louvre*, Paris, 1863.
– *Notices des tableaux légués au Musée National du Louvre par M. Louis La Caze*, Paris, 1871.
Ressort Claudie, « Murillo et les amateurs français », *Murillo dans les musées français*, cat. exp., Paris, 1983.
Ressort Claudie et *alii*, *Ecoles espagnole et portugaise. Musée du Louvre. Département des Peintures*, Paris, 2003 (à paraître).
Réveil Étienne Achille et Duchesne Jean, *Musée de peinture et de sculpture avec notices descriptives, critiques et historiques par J. Duchesne aîné*, Paris, 1828.
Riat Georges, *Gustave Courbet, peintre*, Paris, 1906.
Ricci Seymour de, *Description raisonnée des peintures du Louvre. Italie et Espagne*, Paris, 1913.
Rico Francisco, « Los filósofos de Velázquez o el Gran Teatro del Mundo », cat. exp. *El Siglo de Oro de la pintura española*, Madrid, 1991.
Rivas Ramírez Rosa M., « Una Real Posesión poco conocida : Vista Alegre », *Reales Sitioss*, 1999.
Robaut Alfred et Chesneau Ernest, *l'Œuvre complet de Eugène Delacroix*, Paris, 1885.
Rodríguez Marín, F., *Más de 21.000 refranes castellanos*, Madrid, 1926.
Roger-Marx Claude, *Eva Gonzalès*, Saint-Germain-en-Laye, 1950.
Rolland Romain, *le Cloître de la rue d'Ulm*, Paris, 1952.
Roman d'Amat Ariane, *la Représentation des peintres anciens par les peintres aux Salons parisiens de 1780 à 1880*, mémoire dactylographié de l'école du Louvre,, Paris, 1987.
Rose-De Viejo Isadora, « Jean-Louis Gintrac and Goya's "La Boda" », *The Burlington Magazine*, août 1997.
Rosenthal Léon, *Du romantisme au réalisme. Essai sur l'évolution de la peinture en France de 1830 à 1848*, Paris, 1914.
Rouart Denis et Orienti Sandra, *Tout l'œuvre peint d'Édouard Manet*, Paris, 1970.
Rouart Denis et Wildenstein Daniel, *Édouard Manet. Catalogue raisonné*, Lausanne et Paris, 1975.
Rouchès Gabriel, « Les premières publications françaises sur la peinture espagnole », *Bulletin de la Société de l'histoire de l'art française*, 1930.
Roujon H., *Murillo*, Paris.
Rudd Peter, « Reconstructing Manet's "Velázquez in his studio" », *The Burlington Magazine*, novembre 1994.
S. C. [A. de Saint-Chéron ?], « Galerie de tableaux du maréchal Soult. Murillo », *l'Artiste*, XI, 1836.
Sáenz de Miera Jesús, « La magnificiencia del rey Prudente y la fama de El Escorial », dans cat. exp. *Felipe II. Un príncipe del renacimiento*, Madrid, 1998.
Saint-Santin M. de (Philippe de Chennevières), « M. Heim (François Joseph Heim) », *Gazette des Beaux-Arts*, janvier 1867.
Saint-Victor Paul de, « Salon de 1863 », *la Presse*, 27 avril 1863.
Salas Xavier de
– [X] de, « Lista de cuadros de Goya hecha por Carderera », *Archivo español de arte*, 1931.
– « Sur les tableaux de Goya qui appartinrent à son fils », *Gazette des Beaux-Arts*, février 1964.
Saltillo M. de, *Mr. Frédéric Quilliet, Comisario de Bellas Artes del gobierno intruso 1809-1814*, Madrid, 1933.
Sanchez Pierre et Seydoux Xavier, *les Estampes de* l'Artiste, *1831-1904*, Paris, 1998.
Sánchez Cantón F. J.
– *Goya*, Paris, Crès, s. d.
– « La Inmaculada Soult en Madrid », Madrid, *Semana*, 24 décembre 1940.
– « Como vivía Goya », *Archivo español de arte*, XIX, 1946.
– *Vida y obras de Goya*, Madrid, 1954.
Sandoz Marc
– *Théodore Chassériau*, catalogue raisonné des peintures et estampes, Paris, 1974.
– « Théodore Chassériau et la peinture espagnole », *Cahiers Théodore Chassériau*, Paris, 1982.
Sanjuanena Ramón, « Otro Velázquez apócrifo », *El Arte en España*, V, 1866.
Santa Ana Florencia de, « La perdurabilidad de Velázquez en la pintura española del siglo XIX : Sorolla », dans *Velázquez y el arte de su tiempo*, Madrid, 1991.
Santos Padre Francisco de los, *Descripción breve del Real Monasterio de San Lorenzo del Escorial*, Madrid, 1667, 1681 et 1689.
Savignac Mme Alida de, « Beaux-Arts : musée Espagnol », *Journal des demoiselles*, Paris, janvier 1838.
Sayre Eleanor A.
– « Goya's Bordeaux Miniatures », *Boston Museum Bulletin*, n° 337, 1966.

– *Late Caprichos of Goya : Fragments from a Series,* New York, 1971.
Scott William B., *Murillo and the Spanish School of Painting,* Londres, 1873.
Séailles Gabriel
– *Alfred Dehodencq, histoire d'un coloriste,* Paris, 1885.
– *Alfred Dehodencq, l'homme et l'artiste,* Paris, 1910.
Ségoillot Hadrian, « Goya au musée du Louvre », *l'Artiste,* 15 juillet 1866.
Seignac Ph. de, « Histoire anecdotique du musée de Cherbourg », *la Croix de La Manche,* 7 juillet 1898.
Sensier Alfred, *la Vie et l'œuvre de Jean-François Millet,* Paris, 1881.
Serrera J. M. et Valdivieso, « La época de Murillo. Antecedentes y consecuentes de su pintura », dans *El arte en las cortes europeas del Siglo XVIII,* Séville, 1982.
Sertat Raoul, « Littérature et Beaux-Arts. Théodule Riobot (exposition de l'œuvre de) », *Revue encyclopédique,* 1er août 1892.
Sérullaz Maurice, avec la collaboration d'Arlette Sérullaz, Louis-Antoine Prat, Claudine Ganeval, *Musée du Louvre, Cabinet des dessins. Inventaire général des dessins. Ecole française. Dessins d'Eugène Delacroix 1798-1863,* Paris, 1984.
Silvestre Théophile
– *Histoire des artistes vivants, français et étrangers, Etudes d'après nature,* Paris, 1856.
– « Vente des galeries Pommersfelden et Salamanca », *le Figaro,* 26 mai 1867.
Solkin David H., « Philibert Rouvière : Edouard Manet's l'acteur tragique », *The Burlington Magazine,* novembre 1975.
Solvay Lucien, *l'Art espagnol,* Paris, 1887.
Soria Martin S.
– « Zurbarán, right and wrong », *Art in America,* XXXII, 1944.
– « Some Flemish Sources of Baroque Painting in Spain », *Art Bulletin,* XXX, 1948.
– *The Paintings of Zurbarán,* Londres, 1953, rééd. 1955.
Soullié Louis, *Peintures, aquarelles, pastels, dessins de Jean-François Millet relevés dans les catalogues de vente de 1849 à 1900,* Paris, 1900.
Spuller E., « M. Edouard Manet et sa peinture », *le Nain jaune,* 9 juin 1867.
Steinberg Leo, recensión de José López-Rey, *Velázquez,* Londres, 1963.
Stendhal, *Mémoires d'un touriste,* Paris, s. d.
Stirling-Maxwell William
–*Annals of the Artists of Spain,* Londres, 1848, 3 vols.
– *Velazquez and his Works,* Londres, 1855, rééd. Madrid, 1999.
Stratton Suzanne, « La Inmaculada Concepción en el arte español », *Cuadernos de Arte e Iconografía,* 1988.
Stromer Th., *Murillo, Leben und Werke,* Berlin, 1879.
Stuckey Charles F., « Manet Revised : Whodunit ? », *Art in America,* novembre 1983.
Sullivan Edward, *Baroque Painting in Madrid : The Contribution of Claudio Coello with a catalogue raisonné of his work,* Columbia, University of Missouri, 1986.
Sutton Denys, *Edgar Degas. Life and Work,* New York, 1986.
Tabarant Adolphe
– *Manet. Histoire catalographique,* Paris, 1931
– *Manet et ses œuvres,* Paris, 1947.
Taillasson Jean-Joseph, *Observations,* Paris, 1807.
Taine Hippolyte, *Voyage en Italie I. A Rome,* Paris, 1990.
Taylor Isidore, baron, *Voyage pittoresque en Espagne, au Portugal et sur la côte d'Afrique, de Tanger à Tetouan,* Paris, 1826, 1832.
Ternois Daniel, « Les tableaux des églises et des couvents de Lyon », actes du colloque *l'Art baroque à Lyon,* Lyon, 1975.
The Encyclopaedia Britannica, a dictionary of arts, sciences, and general literature, 9e éd., Édimbourg, 1875-1889.
The Penny Encyclopaedia, Londres, 1851, rééd. dans *Richard Ford in Spain,* Londres, 1974.
Thoré Théophile
– « Murillo », *l'Artiste,* 1834-1835.
– « Études Sur la Peinture Espagnole. Galerie du maréchal Soult », *Revue de Paris,* septembre 1835.
– Th[oré], « Zurbaran. Le Caravage espagnol », *l'Artiste,* IX, 1835.
– « Salon de 1838 », *la Revue de Paris,* LII, 1838.
– « Musée Standish », *le Cabinet de l'amateur,* 1842.
– *Salons,* Paris, 1868.
– *Salons de T. Thoré, 1844, 1845, 1846, 1847, 1848,* Paris, 1870, 2de éd.
– [W. Bürger], *Salons de W. Bürger, 1861-1868,* Paris, 1870.
Thuillier Jacques, « Raphaël et la France », dans cat. exp. *Raphaël et l'art français,* Paris, 1983.
Timbal Charles, *Notes et causeries sur l'art et sur les artistes,* Paris, 1881.
Tomlinson Janis
– « A Report from Anton Raphael Mengs on the Spanish Royal Collection », *The Burlington Magazine,* février 1993.
– *Francisco Goya y Lucientes : 1746-1828,* Londres, 1994.
Tormo Elías, « El despojo de los Zurbaranes en Cádiz, el viaje de Taylor y la efímera Galería Española del Louvre », *Cultura Española,* XIII, 1909.
Tromans Nicholas
– « The Iconography of Velázquez's Aesop », *Journal of the Warburg and Courtauld Institutes,* 1996.
– « Le baron Taylor à Londres en 1837 », *la Revue du Louvre, la Revue des Musées de France,* juin 1998.
Varela de Vega Juan Bautista, « Pablillos de Valladolid, bufón músico de Felipe IV », *Boletín de la Real Academia de la Purísima Concepción de Valladolid,* 28, 1993.
Vega Jesusa
– *Orígen de la litografía en España : El Real Establecimiento Litográfico,* cat. exp. Madrid, 1990.
– « Goya 1900. La Exposicion », dans *Goya 1900. Catalogo ilustrado y estudio, de la exposición en el Ministerio de Instrucción publica y Bellas Artes,* Madrid 2000.
– *Estudiar a los maestros : Velázquez y Goya,* Saragosse, 2000.
Vega Jesusa, Glendinning Nigel et Portús Javier, *Estudiar a los maestros : Velázquez y Goya,* Saragosse, 2000.
Velázquez Carmen María del, *La España de Carlos III de 1764 a 1776 según los*

embajadores austríacos : Documentos, Mexico, 1963.
Vente don Sébastien de Bourbon, 1876 : *Catalogue abrégé des tableaux exposés dans les salons de l'ancien asile de Pau appartenant aux héritiers de feu Mgr l'infant don Sébastien de Bourbon et Bragance.*
Vente don Sébastien de Bourbon, 1890 : *Catalogue des tableaux provenant de la Galerie de S.A.R. Don Sébastien Gabriel de Bourbon, Bragance et Bourbon, Infant d'Espagne et de Portugal* [...] *Formant la Collection du Prince Pierre de Bourbon et Bourbon, Duc de Durcal.*
Venturi Lionello, *les Archives de l'impressionnisme,* Paris et New York, 1939.
Vergeest Ankje, *The French Collection. Nineteenth century French paintings in Dutch public collections,* Amsterdam, 2000.
Véron Eugène, « La peinture au Salon de Paris », *l'Art,* 1879.
Viaje de Cosme de Médicis por España y Portugal (1668-1669), Madrid.
Viardot Louis
– *Etudes sur l'histoire des institutions, de la littérature et des beaux-arts en Espagne,* 1835.
– « Le musée de Madrid », *Revue républicaine, Etude sur l'histoire des Institutions, de la littérature, du théâtre et des beaux-arts en Espagne,* Paris, 1836.
– « L'abside de la madeleine », *le Siècle,* 10 août 1838.
– *Notices sur les principaux peintres de l'Espagne,* ouvrage servant de texte aux gravures de la galerie Aguado, Paris, 1839.
– *Les Musées d'Espagne, d'Angleterre et de Belgique. Guide et mémento de l'artiste et du voyageur,* Paris, 1843.
– *Guide et mémento de l'artiste et du voyageur suivis de notices biographiques sur les principaux peintres de l'Espagne,* 2e éd., très augmentée, 1860A
– *Musées de France. Paris. Guide et memento de l'artiste et du voyageur, faisant suite aux Musées d'Italie, d'Espagne, d'Allemagne,* 2e éd., Paris, 1860B.
Villa Nicole, *Collection de Vinck. Inventaire analytique. Tome VI. La Révolution de 1830 et la monarchie de Juillet,* Paris, 1979.
Villot Frédéric, *Notice des tableaux exposés dans les galeries du musée national du Louvre, Ire partie, Ecoles d'Italie et d'Espagne,* Paris, 1849, rééd., 1873.
Visites et études de S. A. I. le Prince Napoléon au palais des Beaux-Arts, Paris, 1856.
Vivant Denon, directeur des musées sous le Consulat et l'Empire : Correspondance, 1802-1815, Paris, 1999.
Volk Mary C., « Rubens in Madrid and the decoration of the King's Summer apartment », *The Burlington Magazine,* septembre 1981.
Waagen G. F.
– *Treasures of Art in Great Britain,* Londres, 1854.
– *Galleries and Cabinets of Art in Great Britain,* Londres, 1857.
Wallens Gérard de, « Corot as a copyist at the Louvre », *The Burlington Magazine,* novembre 2001.
Walsh Amy, « Pierre-Jean Mariette », *The Grove Dictionary of Art,* Londres, 1996.
Weale W. H. J. et Richter J. P., *A descriptive catalogue of the collection of picture belonging to the earl of Northbrook,* Londres, 1889.
Wehle Harry B.
– « The Holy House of Nazareth », *Bulletin of the Metropolitan Museum of Art,* 1920.
– *The Metropolitan Museum of Art. A catalogue of Italian, Spanish and Byzantine Paintings,* New York, 1940.
Weinberg H. Barbara, « Sargent and Carolus-Duran », *Uncanny spectacle : the public career of the young John Singer Sargent,* New Haven, 1997.
Weisbach W., « Der sogennante Geograph von Velazquez und die Darstellungen des Demökrit und Heraklit », *Jahrbuch Preuszischen Kunstsammlungen,* 1928.
Weisberg Gabriel
– « The Tradional realism of François Bonvin », *Cleveland Museum of Art Bulletin,* novembre 1978.
– *Bonvin,* Paris, 1979.
Weitzenhoffer Frances, « First Manet paintings to enter an American museum », *Gazette des Beaux-Arts,* mars 1981.
Wethey Harold E., *El Greco and His School,* Princeton, 1962.
Wildenstein Daniel, *Monet or the Triumph of Impressionism,* Cologne, 1996.
Willesme Jean-Pierre, « Hôtel de Talleyrand-Périgord, puis Soult », *le Faubourg Saint-Germain, rue de l'Université,* Paris, 1987.
Wilson Bareau Juliet
– *Manet por sí mismo. Correspondencia y conversaciones. Pinturas, pasteles, grabados y esbozos,* Barcelone, s. d.
– *Goya's Prints,* the Tomás Harris collection in the British Museum, Londres, 1981.
– *Goya's Prints,* Londres, 1981-1996.
– « The Hidden Face of Manet », *The Burlington Magazine,* cat. exp. Londres, 1986.
– *Édouard Manet : Voyage en Espagne,* Caen, 1988.
– « L'année impressionniste de Manet : Argenteuil et Venise en 1874 », *Revue de l'art,* n° 86, 1989.
– *Manet par lui-même,* Paris, 1991.
– « Goya and the X Numbers : The 1812 Inventory and Early Acquisitions of "Goya" Pictures », *Metropolitan Museum Journal,* n° 31, 1996.
– « Goya in The Metropolitan Museum », *The Burlington Magazine,* février 1996.
– « The Roots of Goya's Realism » dans cat. exp. *Goya's realism,* Copenhague, 2000.
Wolff Albert, « Le Salon », *le Figaro,* 23 mai 1879.
Wornum Ralph N., *Descriptive and Historical Catalogue of the Pictures in the National Gallery : with Biographical Notices of the Deceased Painters : Foreign Schools,* Londres, 1874.
Wyzewa Théodore de, *les Grands Peintres de l'Espagne et de l'Angleterre,* Paris, 1891.
Ximénez Andrés, *Descripción del Real Monasterio de San Lorenzo del Escorial...,* Madrid, 1764.
Young Eric, « Antonio Puga, his Place in Spanish Painting and the Pseudo-Puga », *J. Paul Getty Museum Journal,* 1976.
Yriarte Charles, *Goya, sa biographie, les fresques, les toiles, les tapisseries, les eaux-fortes et le catalogue de l'œuvre,* Paris, 1867.
Zervos Christian, « A propos de Manet », *Cahiers d'art,* n° 6-7, 1932.
Zola Émile, *Ed. Manet. Étude biographique et critique,* Paris, 1867.

Expositions

Amsterdam, 1998
Esplendor de España. 1598-1648. De Cervantes à Velázquez, De Nieuwekerk.
Bâle, 1999
Manet Zola Cézanne, Kunstmuseum.
Belgrade, 1981
Exposición de arte español.
Berlin, 1906
Ausstellung der Sammlung Faure, Paul Cassirer, [Durand-Ruel].
Berlin, 1965
De Delacroix à Picasso.
Berlin, Munich et Paris, 1910
Edouard Manet (Aus der Sammlung Pellerin), Cassirer et Moderne Galerie, galerie Bernheim-Jeune, *Trente-Cinq Tableaux de la collection Pellerin.*
Bologne, 1998
Luci del Secolo d'Oro spagnolo, Pinacoteca Nazionale.
Bordeaux, 1855
Exposition de la Société des artistes vivants.
Bordeaux, 1862
Ouvrages de peinture, sculpture, architecture, gravure et lithographie des artistes vivants, galerie de la Société des amis des arts.
Bordeaux, 1955
L'Âge d'or espagnol. La peinture en Espagne et en France autour du caravagisme, galerie des Beaux-Arts.
Bordeaux, 1963
Delacroix, ses maîtres, ses amis, ses élèves, galerie des Beaux-Arts.
Bordeaux, 1998
Goya, hommages, galerie des Beaux-Arts.
Bordeaux, Paris et Madrid, 1979-1980
L'Art européen à la Cour d'Espagne au XVIIIe siècle.
Boston, 1883
American Exhibition of Foreign Products, Arts and Manufactures, Mechanics' Building.
Boston, 1898
Loan Exhibition of Pictures by Modern Artists, Copley Hall et Allston Hall.
Boston, Philadelphie et Londres, 1984-1985
Edgar Degas : The Painter as Printmaker, Museum of Fine Arts, Philadelphia Museum of Art et Hayward Gallery.
Bruxelles, 1863
Exposition générale des beaux-arts, Salon triennal.
Bruxelles, 1869
Exposition générale des Beaux-Arts, Salon triennal.
Bruxelles, 1877
Cercle artistique et littéraire.
Buenos Aires, 1980
Panorama de la pintura española desde los Reyes Católicos a Goya, Palacio del Consejo Deliberante.
Buffalo 1896
Fifth Annual Exhibition, Buffalo Society of Artists, Library Building.
Castres, 1997
Les Peintres français et l'Espagne de Delacroix à Manet, musée Goya.
Castres, 1999
Velázquez et la France. La Découverte de Velázquez par les peintres français, musée Goya.
Chapel Hill, 1987
Art From Art, Ackland Art Museum, University of North Carolina.
Chapel Hill, 1992-1993
Œuvres issues des collections permanentes, Ackland Art Museum, University of North Carolina.
Chapel Hill, 1994-1997
Œuvres issues des collections permanentes, Ackland Art Museum, University of North Carolina.
Chapel Hill, 1998
Œuvres issues des collections permanentes, Ackland Art Museum, University of North Carolina.
Chapel Hill, 1999
Œuvres issues des collections permanentes, Ackland Art Museum, University of North Carolina.
Chartres, 1983-1984
Exigences de réalisme dans la peinture française entre 1830 et 1880, musée des Beaux-Arts.
Chicago, 1893
World's Columbian Exposition (Loan Collection : Foreign Masterpieces Owned in the United States), Department of Fine Arts.
Cleveland, 1965
Calabazas, Cleveland Museum of Art.
Cleveland, 1980-1981
The Realist Tradition, French Painting and Drawing, 1830-1900, Cleveland Museum of Art.
Cologne, Zurich et Lyon, 1987-1988
Triumph und Tod des Helden, Wallraf-Richartz-Museums, Kunsthaus et musée des Beaux-Arts.
Copenhague, 1914
Exposition d'art français du XIXe siècle, musée royal.
Copenhague, 1989
Manet, Ordrupgaard.
Copenhague, 2000
Gloria Victis ! Vainqueurs et vaincus dans l'art français, 1848-1910, Ny Carlsberg Glyptotek.
Dijon, 1987-1988
Alphonse Legros, musée des Beaux-Arts.
Durham et Birmingham 1986-1987
French Paintings from The Chrysler Museum, North Carolina Museum of Art et Birmingham Museum of Art.
Édimbourg, 1951
An Exhibition of Spanish Painting from El Greco to Goya, The National Gallery of Scotland.
Édimbourg, 1996
Velázquez in Seville, The National Gallery of Scotland.
Florence, 1986
Da el Greco a Goya, Palazzo Vecchio.
Francfort-sur-le-Main, 1987-1988
Eugène Delacroix : Themen und Variationen. Arbeiten auf Papier, Städtische Galerie im Städelschen Kunstinstitut.
Gand, 1874
Salon, Exposition triennale.
Genève, 1939
Les Chefs-d'œuvre du musée du Prado, musée d'Art et d'Histoire.
Genève, 1989
Du Greco à Goya : Chefs-d'œuvre du Prado et des collections espagnoles. 50e anniversaire de la sauvegarde du patrimoine artistique espagnol. 1939-1989, musée d'Art et d'Histoire.
Grenade, 1953
Zurbarán, Palacio de Carlos V.
Ingelheim, 1977
Edouard Manet : Das graphische Werk.

Karuizawa, 2001
Le Chemin de Millet, musée d'art Mercian.
Le Havre, 1868
Exposition maritime internationale du Havre.
Lille, 2002
Berthe Morisot 1841-1895, palais des Beaux-Arts.
Lille, 1998-1999
Goya, un regard libre, palais des Beaux-Arts.
Londres, 1872
Third Exhibition by the Society of French Artists, Durand-Ruel, 168 New Bond Street.
Londres, 1872
Fourth Exhibition by the Society of French Artists, Durand-Ruel, 168 New Bond Street.
Londres, 1873
Sixth Exhibition by the Society of French Artists, Durand-Ruel, 168 New Bond Street.
Londres, 1874
Eighth Exhibition by the Society of French Artists, Durand-Ruel, 168 New Bond Street.
Londres, 1883
Paintings, Drawings and Pastels by Members of la Société des impressionnistes, Durand-Ruel, Dowdeswell's Galleries, 133 New Bond Street.
Londres, 1891
Winter : Exhibition of Works by the Old Masters, Royal Academy of Arts.
Londres, 1896
Winter Exhibition : Exhibition of Works by the Old Masters, Royal Academy of Arts.
Londres, 1901
Spanish Painters, Art Gallery of the Corporation of London.
Londres, 1905
A Selection from the Pictures by Boudin, Cézanne, Degas, Manet…, Grafton Gallery.
Londres, 1906
Exhibition of Paintings & Watercolours by Manet (Faure Collection), Durand-Ruel, Sulley & Co's Galleries, 159 New Bond Street.
Londres, 1908
Exposition franco-britannique.
Londres, 1971
Art into Art, The Burlington Magazine.
Londres, 1976
The Golden Age of Spanish Painting, The Royal Academy.
Londres, 1981
El Greco to Goya : The Taste for Spanish paintings in Britain and Ireland, The National Gallery.
Londres, 1983
Murillo 1617-1682, Royal Academy of Arts.
Londres, 1986
The Hidden Face of Manet, Courtauld Institute Galleries.
Londres, 1992
Manet : The Execution of Maximilian. Painting, Politics and Censorship, National Gallery.
Londres, 1996
Gustave Caillebotte : The Unknown Impressionist, Royal Academy of Arts.
Londres, 2001
Goya: drawings from his private album, Hayward Gallery.
Londres, 2001
James Gillray: The Art of Caricature, Tate Gallery.
Los Angeles et Paris, 1988
Politique et Polémique : la caricature française et la Révolution, 1789-1799.
Madrid et Londres, 1983
Bartolomé Esteban Murillo, musée du Prado et Royal Academy of Arts.
Madrid et New York, 1988-1989
Goya y el espíritu de la Ilustración, musée du Prado et The Metropolitan Museum of Art.
Madrid et Washington, 2002
Goya : La imagen de la mujer, musée du Prado, *Goya : Images of Women*, National Gallery of Art.
Madrid, 1896
Catálogo de los cuadros, esculturas, grabados y otros objetos artísticos de la antigua casa ducal de Osuna, palais de l'Industrie et des Arts (2e éd.).
Madrid, 1900
Obras de Goya, Ministerio de Instrucción Pública y Bellas Artes.
Madrid, 1928
Centenario de Goya. Exposición de pinturas, musée du Prado.
Madrid, 1960
Velázquez y lo velazqueño, Casón del Buen Retiro.
Madrid, 1981
Pintura española del siglo XVII en los museos provinciales de Francia, Madrid, Museo del Prado.
Madrid, 1981
El arte en la epoca de Calderón, Madrid, Palacio de Velázquez.
Madrid, 1986
Monstruos, enanos y bufones en la corte de los Austrias, Madrid, Museo del Prado.
Madrid, 1988
Zurbarán, Madrid, musée du Prado.
Madrid, 1990
Velázquez, Madrid, musée du Prado.
Madrid, 1996A
Goya. 250 aniversario, musée du Prado.
Madrid, 1996B
Tapices y cartones de Goya, Palacio Real.
Madrid, 1996C
Visiones del Prado, musée du Prado, 1996.
Madrid, Londres et Chicago, 1993-1994
Goya : El Capricio y la Invencion. Quadros de gabinete, bocetos y miniaturas, musée du Prado, *Goya : Truth and Fantasy*, Royal Academy of Art et The Art Institute of Chicago.
Manchester, 1857
Art Treasures of the United Kingdom Collected at Manchester in 1857, Museum of Ornamental Art.
Mannheim, 1909
Ausstellung von Werken der Malerei des 19. Jahrhunderts, Kunsthalle.
Mannheim, 1992-1993
Edouard Manet. Augenblicke der Geschichte, Städtische Kunsthalle.
Marseille, 1868
Exposition de la Société des amis des arts de Marseille.
Marseille, 1868-1869
Exposition de la Société artistique des Bouches-du-Rhône, ancienne préfecture (rue Montgrand).
Martigny, 1996
Manet, fondation Pierre-Gianadda.
Mexico, 1991
Pintura mejicana y pintura española de los siglos XV al XVIII, Palacio de Bellas Artes.
Mexico, 1994
Obras maestras de los pintores españoles en los museos de Francia, museo de San Carlos.

Montauban, 1999-2000
Les élèves d'Ingres, musée Ingres.
Montréal, 1933
A Selection from the Collection of the Late Sir William Van Horne, Museum of Art.
Munich, 1869
Première Exposition internationale des beaux-arts dans le palais de l'Industrie à Munich, Glaspalast.
Munich, 1907
Manet-Monet-Ausstellung, Galerie Heinemann, [Durand-Ruel].
Nantes et Paris, 1995-1996
1815-1850 les années romantiques, musée des Beaux-Arts et Galeries nationales du Grand Palais.
New York, 1919
Loan Exhibition of the Works of Gustave Courbet, The Metropolitan Museum of Art.
New York et Paris, 1987-1988
Zurbarán, The Metropolitan Museum of Art et galeries nationales du Grand Palais.
New York, 1883
Pedestal Fund Art Loan Exhibition, National Academy of Design.
New York, 1886
Works in Oil and Pastel by the Impressionists of Paris, American Art Galleries et National Academy of Design.
New York, 1895
Paintings by Édouard Manet, Durand-Ruel.
New York, 1895
Manet, Durand-Ruel.
New York, 1913
Loan Exhibition of Paintings by Édouard Manet, Durand-Ruel.
New York, 1984
Van Gogh in Arles, The Metropolitan Museum of Art.
New York, 1989
Velázquez, The Metropolitan Museum of Art.
New York, 1993
Splendid Legacy : The Havemeyer Collection, The Metropolitan Museum of Art.
New York, 1993
Spain, Espagne, Spanien : Foreign Artists Discover Spain, 1800-1900, The Equitable Gallery.
New York, 1995
Goya in the Metropolitan Museum of Art, The Metropolitan Museum of Art.
New York, 1999
Manet's The Dead Toreador *and* The Bullfight : *Fragments of a Lost Salon Painting Reunited,* The Frick Collection.
New York, Naples et Madrid, 1992
Jusepe de Ribera 1591-1652, The Metropolitan Museum of Art, musée de Capodimonte et musée du Prado.
Nice, 1986
Delacroix. Peintures et dessins d'inspiration religieuse, musée national Message Biblique Marc-Chagall.
Paris et Chicago, 1994-1995
Gustave Caillebotte 1848-1894, Galeries nationales du Grand Palais et The Art Institute.
Paris et Londres, 1977-1978
Gustave Courbet, Grand Palais et Royal Academy of Arts.
Paris et Milan, 1988-1989
Seicento. Le siècle de Caravage dans les collections françaises, Galeries nationales du Grand Palais et Palazzo Reale.
Paris et New York, 1983
Manet 1832-1883, Galeries nationales du Grand Palais et The Metropolitan Museum of Art.
Paris et New York, 1994
Impressionnisme. Les Origines, Galeries nationales du Grand Palais et The Metropolitan Museum of Art.
Paris et Versailles, 1989-1990
Jacques Louis David, musée du Louvre et musée national du château.
Paris et Washington, 1998
Manet, Monet. La gare Saint-Lazare, musée d'Orsay, *Manet, Monet, and the Gare Saint-Lazare,* National Gallery of Art.
Paris, 1849
Exposition du bazar Bonne Nouvelle.
Paris, 1861
Galerie Martinet, boulevard des Italiens.
Paris, 1861-1862
Cercle de l'Union artistique.
Paris, 1863
Galerie Martinet, boulevard des Italiens.
Paris, 1863
Salon des Refusés, palais des Champs-Élysées.
Paris, 1865
Société nationale des Beaux-Arts : Exposition des œuvres inédites des sociétaires, galerie Martinet.
Paris, 1867
Tableaux de M. Édouard Manet, avenue de l'Alma.
Paris, 1870
Cercle de l'Union artistique, 18, place Vendôme.
Paris, 1874
Explication des ouvrages de peinture exposés au profit de la colonisation de l'Algérie par les Alsaciens et des Lorrains, palais de la présidence du Corps législatif, palais Bourbon.
Paris, 1874
Atelier d'Eva Gonzalès, 11, place Breda.
Paris, 1876
Atelier de Manet, 4, rue de Saint-Pétersbourg.
Paris, 1880
Théodule Ribot. Exposition générale de ses œuvres, galeries de l'Art.
Paris, 1882
Exposition des œuvres de G. Courbet, École des beaux-arts.
Paris, 1883
Portraits du siècle, École des beaux-arts.
Paris, 1884
Exposition des œuvres d'Édouard Manet, École des beaux-arts.
Paris, 1885
Exposition Eugène Delacroix, École des beaux-arts.
Paris, 1885
Salons de la *Vie Moderne.*
Paris, 1889
Exposition universelle, Centennale de l'art français, palais des Beaux-Arts, Champs-de-Mars.
Paris, 1892
Exposition Th. Ribot, Écoles des beaux-arts.

Paris, 1900
Exposition universelle, Exposition centennale de l'art français, Grand Palais.
Paris, 1905
Salon d'Automne (Œuvres d'Édouard Manet), Grand Palais.
Paris, 1906
Exposition de 24 tableaux et aquarelles par Manet formant la collection Faure, galerie Durand-Ruel.
Paris, 1912
La Musique et la danse, pavillon de Bagatelle
Paris, 1922
Cent Ans de peinture française, musée des Arts décoratifs.
Paris, 1925
Art ancien espagnol, hôtel Jean-Charpentier.
Paris, 1935
Goya. Exposition de l'œuvre gravé, de peintures, de tapisseries, et de cent dix dessins du musée du Prado, Bibliothèque nationale.
Paris, 1937
Un peintre de la vie moderne au xixe siècle : Constantin Guys, musée des Arts décoratifs.
Paris, 1938
Peintures de Goya des collections de France, Orangerie.
Paris, 1955
Gustave Courbet, Petit Palais, musée de la Ville de Paris.
Paris, 1963
Trésors de la peinture espagnole. Églises et musées de France, palais du Louvre-musée des Arts décoratifs.
Paris, 1968-1969
Baudelaire, Petit Palais, musée de la Ville de Paris.
Paris, 1973
Autoportraits de Courbet, musée du Louvre.
Paris, 1974
Le Musée du Luxembourg en 1874. Peintures, Grand Palais.
Paris, 1974-1975
De David à Delacroix, Grand Palais.
Paris, 1975
Jean-François Millet, Grand Palais.
Paris, 1976
La Peinture espagnole du Siècle d'or. De Greco à Velázquez, Petit Palais, musée de la Ville de Paris.
Paris, 1978
Manet : dessins aquarelles eaux-fortes lithographies correspondance, galerie Huguette Berès.
Paris, 1979
L'Art en France sous le second Empire, Grand Palais.
Paris, 1982
Collection Thyssen-Bornemisza. Maîtres anciens, Petit Palais, musée de la Ville de Paris.
Paris, 1983
Murillo dans les musées français, musée du Louvre, Les dossiers du département des peintures.
Paris, 1987-1988
Cinq Siècles d'art espagnol. De Greco à Picasso, Petit Palais, musée de la Ville de Paris.
Paris, 1988
La Modernité de Constantin Guys, bibliothèque historique de la Ville de Paris.
Paris, 1991
De Corot aux impressionnistes, donations Moreau-Nélaton, Galeries nationales du Grand Palais.
Paris, 1995-1996
Manet, Gauguin, Rodin... Chefs-d'œuvre de la Ny Carlsberg Glyptotek de Copenhague, musée d'Orsay.
Paris, 1997
Théophile Gautier, la critique en liberté, musée d'Orsay.
Paris, 1997-1998
La collection Havemeyer. Quand l'Amérique découvrait l'impressionnisme, musée d'Orsay.
Paris, 1998
Delacroix. Le trait romantique, Bibliothèque nationale de France.
Paris, 1998-1999
Mallarmé 1842-1898. Un destin d'écriture, musée d'Orsay.
Paris, 2000
La Dame aux éventails. Nina de Callias, modèle de Manet, musée d'Orsay.
Paris, 2000-2001
Manet, les natures mortes, musée d'Orsay.
Paris, Strasbourg et New York, 2002-2003
Chassériau. Un autre romantisme. Galeries nationales du Grand Palais, musée des Beaux-Arts et The Metropolitan Museum of Art.
Philadelphie et Boston, 1959-1960
Gustave Courbet, 1819-1877, Philadelphia Museum of Art et Museum of Fine Arts.
Pittsburgh, 1897-1898
Second Annual Exhibition, Carnegie Institute.
Pittsburgh, 1902-1903
Loan Exhibition, Carnegie Institute.
Rio de Janeiro, 2000
Esplendores de Espanha. De El Greco a Velázquez, Museo Nacional de Bellas Artes.
Rome, 1969-1970
Gustave Courbet, Académie de France, Villa Médicis.
Rome, 1980
C. Guys, pittore delle vita moderna, Palazzo Braschi.
Rome, 1991
La pittura madrilena del secolo XVII, Palazzo delle Esposizioni.
Rome, 2001
Velázquez, Fundación Memmo.
Rouen, 1869
Exposition municipale des Beaux-Arts.
Rouen, 1998
Delacroix, la naissance d'un nouveau romantisme, musée des Beaux-Arts.
Saint-Cloud, 1991-1992
Henri Regnault (1843-1871), Musée municipal.
San Francisco, 1915
Panama-Pacific International Exposition, Fine Arts.
Saragosse, 1996
Goya y el infante don Luis de Borbón, Patio de la Infanta.
Seattle, 2000-2001
John Singer Sargent, Seattle Art Museum.
Séville, 1991-1992
Pintura sevillana de los siglos de Oro, Hospital de los Venerables.
Séville, 1998
Zurbarán, Museo de Bellas Artes.
Séville, 1999
Velázquez y Sevilla, Junta de Andalucia.
Sofia, 1989
La pintura española en su Siglo de Oro, fondation internationale Ludmila-Yivkova.
Stockholm 1959
Stora Spanska Mästare, Nationalmuseum.

Stockholm, 1985
Manet i Närbild, Nationalmuseum.
Stuttgart, 1906
Manet-Monet-Ausstellung Sammlung des Französischen Opernsängers Faure, [Durand-Ruel].
Tokyo, 1980
Velázquez y la pintura española de su tiempo. Cuadros del Museo del Prado y de los Museos Provinciales de Francia, Musée national.
Tokyo, 1991
Portraits du Louvre, musée national d'Art occidental.
Tokyo, Fukuoka et Osaka, 1986
Edouard Manet, Isetan Museum of Art, Fukuoka Art Museum et Municipal Museum of Art.
Toledo, 1912
Inaugural Exhibition, Toledo Museum of Art.
Toledo, 1941
Spanish Painting, Toledo Museum of Art.
Troyes, 1989
Prédilections académiques, musée des Beaux-Arts.
Valence, 2002
Goya y Maella en Valencia : Del boceto al cuadro de altar, musée des Beaux-Arts et cathédrale.
Vienne, 1873
Exposition universelle, France. Œuvres d'art et Manufactures nationales.
Vienne, 1903
Entwicklung des Impressionismus in Malerei u Plastik, Wiener Secession.
Vienne, 1910
Manet-Monet, galerie Miethke.
Washington, 1982-1983
Manet and Modern Paris, National Gallery of Art.
Washington, 1985-1986
The Prints of Edouard Manet, International Exhibitions Foundation (exp. itinérante).
Washington, 1990
Spanish Paintings of the Fifteenth through Nineteenth Centuries, National Gallery of Art.
Washington, 1992
John Singer Sargent's « El Jaleo », National Gallery of Art.

Crédits photographiques

Amsterdam
Van Gogh Museum : fig. 83
Angers
Musée des Beaux-Arts : fig. 23
Baltimore
Museum of Art : fig. 34
Bayonne
Musée Bonnat : fig. 146
Besançon
Musée des Beaux-Arts et d'Archéologie : fig. 60, 153, 154, 160
Béziers
Musée des Beaux-Arts : fig. 10
Bilbao
Museo de Bellas-Artes : fig. 9
Boston
© Museum of Fine Arts, tous droits réservés : fig. 45, 113, 114
Boulogne-sur-Mer
Château-musée : fig. 147
Bruxelles
Musées royaux des Beaux-Arts : fig. 88
Chapel Hill
University of North Carolina, Ackland Art Museum : fig. 47
Chartres
Musée des Beaux-Arts : fig. 139
Cherbourg
Musée Thomas Henry : fig. 152
Chicago
The Art Institute : fig. 96, 108, 111, 112
Cleveland
The Cleveland Museum of Art : fig. 43
Copenhague
Ny Carlsberg Glyptotek : fig. 91
Dijon
Musée des Beaux-Arts : fig. 75, 156
Édimbourg
National Gallery of Scotland : fig. 76
Glasgow
Collection Mrs. Maxwell Mcdonald, Pollok House : fig. 21
Grenoble
Musée des Beaux-Arts : fig. 159
La Rochelle
Musée municipal : fig. 149
Laval
Musée du Vieux-Château : fig. 158
Lille
Palais des Beaux-Arts : fig. 22, 74
Londres
Apsley House, The Wellington Museum : fig. 11
National Gallery : fig. 77, 103
© London, 2001,Tate Gallery, Bequeathed by W.C. Alexander, 1932 : fig. 44
The Wallace Collection : fig. 5
Lyon
Musée des Beaux-Arts : fig. 95,
© Studio Basset : fig. 126
Madrid
Musée du Prado : fig. 7, 8, 12, 13, 31, 37, 46, 48, 49, 50, 71, 90, 125, 131
Musée Thyssen-Bornemisza : fig. 73
Montauban
Musée Ingres, cliché Roumagnac : fig. 28
Munich
Bayerische Staatsgemäldesammlungen : fig. 38
Nantes
Musée des Beaux-Arts, cliché Patrick Jean : fig. 82
New York
The Metropolitan Museum of Art : fig. 1, 3
– Catharine Lorillard Wolfe Fund : fig. 72
– Gift of William Church Osborn : fig. 40
– Kretschmar Fund : fig. 19, 30
– Bequest of Collis P. Huntington : fig. 18
– Bequest of Mrs. Havemeyer : fig. 79, 98, 99, 102, 109
Norfolk
Chrysler Museum of Art : fig. 136
Orléans
Musée des Beaux-Arts : fig. 155
Paris
Bibliothèque nationale de France département des Estampes : fig. 33, 52, 53, 55, 56, 57, 58, 59, 61, 62, 64, 65, 66, 68, 84, 92, 93, 94, 115, 116, 120
Collection particulière : fig. 86, 124
Église Saint-Paul-Saint-Louis : fig. 15
Infirmerie Marie-Thérèse : fig. 14
Laboratoire des musées de France
© C2RMF/ Odile Guillon : fig. 134
© Annie Thomasset fig. 141
Musée des Arts décoratifs : fig. 118, 119
Musée-atelier Eugène-Delacroix, fig. 85
Musée Jean-Jacques-Henner : fig. 130
Petit Palais, musée des Beaux-Arts de la Ville de Paris : fig. 117
Photothèque des musées de la Ville de Paris, cliché Joffre : fig. 81
Réunion des musées nationaux : fig. 6, 17, 20, 27, 25, 26, 35, 39, 41, 42, 51, 54, 63, 67, 70, 78, 80, 87, 89, 97, 100, 105, 107, 110, 121, 122, 129, 135, 137, 138, 140, 142, 144, 148, 151, 157,
photo. Blot : fig. 145
photo. Lewandowski : fig. 143
photo. Ojeda : fig. 69, 128
photo. Schormans : fig. 132
Pau
Musée des Beaux-Arts : fig. 106
Rome
Ambassade de France auprès du Saint-Siège : fig. 127
Rouen
Musée des Beaux-Arts : fig. 4, 29, 133
Saint-Pétersbourg
Musée d'État de l'Ermitage : fig. 2, 16
São Paulo
Museu de Arte de São Paulo : fig. 123
Séville
Hospital de la Caridad : fig. 150
Stockholm
Nationalmuseum : fig. 24
Washington
National Gallery of Art : fig. 32, 104
The Phillips Collection : fig. 101

Publication du département de l'Édition, dirigé
par Béatrice Foulon

Coordination éditoriale
Marie-Dominique de Teneuille
assistée de Julie Lecomte

Relecture des textes
Katia Lièvre

Traduction des textes
Anne-Marie Éluard
Marie-France Eslin (texte de Javier Portús et María de los Santos García Felguera,
notices des artistes espagnols)
Agnès Takahashi
Aline Weill (essais de Gary Tinterow, Juliet Wilson-Bareau, chronologie,
notices de Gary Tinterow et Deborah L. Roldán)

Conception graphique
Évelyne Simonin
avec la collaboration de
Marie-Hélène Granjon

Chef de fabrication
Jacques Venelli

Fabricant
Isabelle Loric

Photogravure
Bussière Arts Graphiques

Cet ouvrage a été achevé d'imprimer en septembre 2002 sur les presses de l'imprimerie Aubin Ligugé,
qui en a également réalisé le façonnage.

Dépôt légal : septembre 2002
ISBN : 2-7118-4490-0
EC 30 4490